文王周易解密

张家明 著

中国社会科学出版社

图书在版编目（CIP）数据

文王周易解密/张家明著. —北京：中国社会科学出版社，2015.1（2019.3 重印）

ISBN 978－7－5161－5526－4

Ⅰ.①文…　Ⅱ.①张…　Ⅲ.①《周易》—研究　Ⅳ.①B221.5

中国版本图书馆 CIP 数据核字（2015）第 026857 号

出 版 人	赵剑英
责任编辑	郭沂纹
特约编辑	段启增
责任校对	李　楠
责任印制	李寡寡

出　　版	中国社会科学出版社
社　　址	北京鼓楼西大街甲 158 号
邮　　编	100720
网　　址	http://www.csspw.cn
发 行 部	010－84083685
门 市 部	010－84029450
经　　销	新华书店及其他书店
印刷装订	北京君升印刷有限公司
版　　次	2015 年 1 月第 1 版
印　　次	2019 年 3 月第 2 次印刷
开　　本	710×1000　1/16
印　　张	36.75
插　　页	2
字　　数	617 千字
定　　价	98.00 元

凡购买中国社会科学出版社图书，如有质量问题请与本社联系调换
电话：010－84083683
版权所有　侵权必究

周易，商周社会之变易
　周易，西周建国之演义
　　周易，西周腾飞之羽翼
　　周易，亶父翦商之旨意
　　　周易，姬昌革命之宏议
　　　周易，商周智慧之博弈
　　　　周易，奴隶处境之迥异
　　　　周易，西周史料之补逸

封面八卦介绍

《文王周易解密》十六个字概括全书内容。

十六个字：周易，周义，周翼，周意，周议，周弈，周异，周逸。

周易，商周社会之变易；

周易，西周建国之演义；

周易，西周腾飞之羽翼；

周易，亶父翦商之旨意；

周易，姬昌革命之宏议；

周易，商周智慧之博弈；

周易，奴隶处境之迥异；

周易，西周史料之补逸。

这就是《周易》的真谛。卜筮、哲学不与《周易》相干。《周易》是史书，写"商周社会之变易"，写文王的祖父公亶父立意灭商，即"亶父翦商之旨意"。文王继承祖父遗志制定各项方针政策策略，与商搏斗终身，"姬昌革命之宏议"。最后由文王的儿子武王姬发完成灭商兴周的历史任务。所以，周易是"西周建国之演义"，是"西周腾飞之羽翼"。它描述了商周两个政治集团百年的斗争，是"商周智慧之博弈"。商周是奴隶社会，奴隶是社会的生产力，商朝大批屠杀奴隶，活人祭天，活人殉葬，千万奴隶死于无辜，激起奴隶反抗，奴隶全国大逃亡，社会陷入混乱。周人出法律"有亡荒阅"保护奴隶，废止人殉人祭。两地形成鲜明对照，《周易》就写"奴隶处境之迥异"。周人的胜利，正确对待奴隶是非常重要的原因。《周易》成书于商末周初，客观地记录了灭商兴周的历史事件，所以说它是"西周史料之补逸"。

作者的话

《周易》是采用易经形体而写的一本历史纪实书。而易经则是我们华夏族以八卦为表达形式的卜筮学。它是华族宗教神学。

《周易》因为采用易经形体，被历代朝廷和学人看作卜筮书。儒家以孔子名义写若干辅导书，总称"十翼"。十翼作者想借《周易》改卜筮为义理之学。由于历史的局限性，它们只在形式上有所区别，实质上是把易经理论推向高峰，使易经理论趋于完整。因为十翼的关系，《周易》又被看作哲学。

《周易》是卜筮书还是哲学书，不由人们主观定义，而由它的内容决定，由《周易》作者的写作意图决定。《周易》具有卜筮形式、神学因素，具有那个时代的哲学思想，但是它不是卜筮书，也不是哲学书。

《周易》被卜筮和哲学两层金箔贴得严严实实，它的朴实的泥塑木雕内核不见了身影。要认识它的本来面目，就要剥除两层金箔，直接读原著，结合历史环境，作者身世，利用历史资料、考古发现、现代科学知识，综合分析，严谨思考。

《周易》的内容就是六十四卦，即六十四篇文章。一篇篇读，一遍遍思考。看懂北京故宫不能只围着紫禁城转悠，要进去，看古物，看挂图，听工作人员讲解。看一遍可能不行，还得再看。《周易》是特定历史（殷商衰退、西周崛起）、特定条件（作者姬昌坐牢无言论自由）的产物。六十四篇文章所说，就是西周革命的事。其中有些篇章，说是卜筮而无法求出卜筮解，说是哲学而无法求出哲学解。因此在许多解读文章，包括十翼中，不乏牵强附会之作。

我认为恢复《周易》的本源是必要的，一本书被千古误读不是正常的。历史上已经出现矛盾，既然定义为卜筮书，就不该称哲学书，反之也一样，二者必居其一。这种畸形误读在中国存在了两千余年。仔细读，《周易》不是两栖动物，更不是三栖动物，《周易》就是《周易》，《周易》写历史，记革命过程。

　　《周易》难读，难在辅导书导岔了路。你从郑州到北京该向北走，可有人告诉你往西走，你便到了西安。还走呢，到了新疆。再走呢，……《周易》被人为供上神坛，古古怪怪，神秘兮兮，要么抽象玄学，离现实生活百里，要么算命卜卦，亲民咫尺。许多人一怕玄学高不可攀，二怕迷信低俗，对《周易》敬而远之，不读为上。群经之首成群书之尾，普通读物成无字天书。既然是普通读物，我们就该让它回到普通读物的位置。《周易》作为纪实史料可以部分填补西周史的不足。如果给它增加点知识性，趣味性，通俗化，或许会有更多的读者，或许会对社会的今天和明天发挥一些积极作用。

　　本书作者在写作过程中得到中国社会科学院学部委员、中国社会科学院近代史研究所原所长张海鹏先生的悉心指导和大力帮助，在此深表感谢。

序

张家明先生著《文王周易解密》将在中国社会科学出版社付梓，作者嘱我写几句话，我不得辞。

家明长我三岁，同是湖北省汉川县张家大嘴人。儿时同在汉川县私立两铭小学上学。我那时个子不高，他似乎比我还矮些，长得黑黑的，小名叫黑子（赫字，汉川人发音相同）。他其实长我一辈，是我的族叔。儿时不大讲礼貌，我们在玩耍时不以叔侄相称。我记得他的家在西湾东头第一家一间土坯屋，很矮小。我见过他的婆婆，似乎他们家就是祖孙二人过日子。他的父母我未曾见面。我清楚记得，大约1948年，八九岁的时候，我到他家去玩，看见他家大门口两边墙上（我们家乡称为干阴头）挂着一些干草，问他婆婆这是什么，老婆婆告诉我是车前草，晾干了，可以泡水喝，是利尿的好东西。这是我第一次知道了车前草的作用。

大约在1949年，家乡解放的那一年，忽然不见了玩伴和同学，很久都不见他的身影。以后隐约听说他家搬到汉口去了，从此一去毫无音信。时间过了60多年，2012年某日，忽然接到他打来的电话，说他在北京，住在儿子这里。他的儿子在北京某机关供职。我们亟谋见面。见面时，两人都是垂垂老者。两人互道分别后的种种情形。

原来，他的父亲曾在新四军五师负责修理枪械，1946年五师突围前，为了精简部队，一些不是战斗人员的人便遣散回乡。乃父回到汉口，生活艰辛，靠拉板车度日。1949年父亲把他接到汉口。武汉解放后，他们的日子过得还是很艰难。兄弟姐妹多，他是老大，只读到初中毕业就就业了。他长期在武昌造船厂工作，通过刻苦自学提高文化水平和专业水平。

家明极聪明，自学获得湖北函授大学汉语言文学专业资格，业余钻研数学，对组合数学的"河图洛书"有较深探究，数学论文在若干大学学报发表，论文《三维幻方解》被推荐在美国人工智能学会第二届年会发表。1989年，论文《四维幻方定理》在中国合肥举行的国际组合数学学术会上发表。我的数学成绩很低，只是在50多年前在高中学过一点数学基础知识，早已抛诸脑后，看到他的数学论题，什么三维幻方、四维幻方，如堕五里雾中，懵然难解其意。

他长期在武昌造船厂担任工程师，主持过大中型产品的制作，在技术刊物上发表过自己撰写的技术论文，也翻译过英文的技术标准。他担任过工厂党委宣传部干部，做过车间党支部书记，熟悉工厂工作，了解基层工厂的工人。

最令我惊异的，是他在退休后，十多年来专门钻研《周易》，读了大量有关先秦的史学著作、考古资料，运用他善解数学难题的能力，解八卦卦画，解周易真义，认为周易不是一部卜筮书，也不是哲学书，而是一部有关周朝兴起的纪实的历史书。家明现在研究的东西，属于史学领域，广义来说，与我是同行。但是中国历史学宏博、渊深，中华五千年历史尽在其中。他深钻的是历史的头，我学习的是历史的尾。我不能说对历史学是外行，但是对于先秦历史，我又的确是外行。他所著《文王周易解密》，的确新论迭出，但对我来说，我还是门外汉。读历史著作如此，我实在是太惭愧了。这说明，即使是历史学领域，知识是何等渊博，人的一生所知实在甚少，不努力学习，随时都有落后的危险。

60多年后再见面的这位儿时的玩友、同学，居然以这样的面目与我相见，实在令我感慨、唏嘘。我对他稍有了解，对他的自学能力钦佩无既，他既懂工业，又懂数学，还懂先秦历史，实在是一个自强不息者。他的著作即将面世，使我感到无比高兴。我熟悉的故乡人中，又有一位有著作贡献于世了。

但是，我对他的《文王周易解密》不能置评，也不能对他的著作与坊间已经刊刻付印的各种周易书加以比较，因为我没有这样的水平。多说一句都可能是外行话，藏拙要紧。不管是卜筮书，还是哲学书，在这之外，他提出历史书的解读，总是可以给读者一个新的理解，给读者理解《周易》一种新的思考方向，我以为读者如果认同这一点，就是家明的一大成就。

《文王周易解密》是一部通俗、普及读物，作者力图提高它的知识性，趣味性，通俗化，这种努力是值得鼓励的。

我们再见面时,我改变儿时对他的称呼,敬称他为家明叔,他大不满,还是要求恢复儿时的称呼。我不能违拗,只得从权。看到他的新著,看到他的一生经历,我受到鼓舞。从谈话中,我深感他是一位信仰共产主义的老共产党人,他的谈吐,对我是一种鞭策。

近日,家明通过电子邮件发给我一首诗,敬录如下,谨做共勉:

赠海鹏
横堤杨柳小河浅,旧港新街缭紫烟。
孝感习学官会计,珞珈修道治桑田;
热腾翰海坐冷凳,寒笼群山探暖泉。
诚借先贤笔与纸,丹批长沙二百年。

这是一位儿时朋友给我的鼓励,谨敬谢不敏!

老朋友要我为他的新著写篇序言,我引以为荣。于是写了上面的话,虽然不能为他的新著增光,却希望用这些话把分隔了60多年的友情连接起来。

张海鹏
于北京东厂胡同一号
2014 年 7 月 12 日

目 录

绪论篇　泛论易经

八卦之"八卦" ……………………………………………………（3）
八卦之卦画
　——古老的二进制载体 …………………………………………（8）
八卦卦画引发的大爆炸
　——二进制的神功 ………………………………………………（12）
卦名是客体读音 ……………………………………………………（17）
卦名是客体读音（续）………………………………………………（21）
易经，华教神学 ……………………………………………………（25）
姬昌改造八卦 ………………………………………………………（29）
《周易》，姬昌主义 …………………………………………………（32）
《周易》如何描写西周革命 …………………………………………（37）
解剖一只麻雀 ………………………………………………………（41）
十翼，孔门之易 ……………………………………………………（47）
汉易，汉人之易 ……………………………………………………（52）

本论篇　《周易》本原解

第一部分　概述
　——乾，元亨利贞 …………………………………………………（60）
　第一章　乾【西周崛起概略】………………………………………（61）

第二章　坤【西周崛起，天时地利】……………………………（73）
　　第三章　节【文王自传，《周易》主要作者】…………………（81）

第二部分　亶父奠基时期
　　——潜龙勿用 ……………………………………………………（88）
　　第四章　屯【屯垦岐山，西周从此习政治】……………………（89）
　　第五章　兑【风风雨雨，亶父谋商奠王基】……………………（95）
　　第六章　泰【跋山涉水，西周小往大来】………………………（105）

第三部分　季历开拓时期
　　——见龙在田 ……………………………………………………（112）
　　第七章　归妹【帝乙归妹，政治联姻】…………………………（113）
　　第八章　丰【季历之死，西周折戟】……………………………（122）
　　第九章　未济【事业未竟，路途犹如伐鬼方】…………………（132）
　　第十章　既济【季历有功，功在殷商，利在西周】……………（139）
　　第十一章　旅【人生之旅，姬昌初尝苦辣】……………………（145）
　　第十二章　巽【风沙蔽日，旅途斗法不平静】…………………（152）

第四部分　姬昌发展时期
　　——君子终日乾乾 ………………………………………………（158）
　　第十三章　履【伏虎，敌我态势分析】…………………………（159）
　　第十四章　小过【过去生活片段】………………………………（167）
　　第十五章　大壮【西周崛起，周人高处不胜寒】………………（175）
　　第十六章　夬【决策失误，祸患无穷】…………………………（182）
　　第十七章　震【商王之死，震撼全国】…………………………（189）
　　第十八章　渐【鸿雁于飞，千古伉俪】…………………………（199）
　　第十九章　颐【民生，民生，自力更生】………………………（208）
　　第二十章　大有【丰收六要】……………………………………（216）
　　第二十一章　小畜【小有储蓄，密云不雨藏有雨】……………（222）
　　第二十二章　同人【建立最广泛的联合阵线】…………………（227）
　　第二十三章　解【姬昌主义之外交政策】………………………（234）
　　第二十四章　家人【姬昌主义之论家庭】………………………（242）

第二十五章　否【长期战略,否定殷商帝国】………………………(252)
第二十六章　观【知彼知己,百战不殆】………………………(257)
第二十七章　晋【武功安邦建国】………………………………(264)
第二十八章　剥【西周人的蚕食策略】…………………………(271)
第二十九章　比【比较优劣,求实的认知方法】………………(277)
第三十章　遘【奴隶大逃亡,社会大动荡】……………………(284)
第三十一章　讼【西伯吃官司,"元首之吉"】………………(297)
第三十二章　困【牢狱之灾,凤凰折翅】………………………(303)
第三十三章　坎【过涉灭顶,惊涛骇浪】………………………(313)
第三十四章　中孚【狱火炼人,幽宫深院穷兴师】……………(320)
第三十五章　无妄【姬昌蹲狱,岐周息政进休眠】……………(328)
第三十六章　睽【别离之苦,鸿渐于飞情丝乱】………………(334)
第三十七章　姤【岐山凤雏,羽翼未丰】………………………(340)

第五部分　姬昌扩张时期
——或跃在渊……………………………………………………(344)
第三十八章　贲【藏形匿影】……………………………………(345)
第三十九章　豫【丰京之谋】……………………………………(352)
第四十章　恒【德进简册,恒久;功入宏图,悠悠】……………(360)
第四十一章　咸【感撼并举,撼铲双用】………………………(368)
第四十二章　蹇【攻坚克难,有利西南】………………………(374)
第四十三章　大畜【强化备战,秣马厉兵】……………………(385)
第四十四章　大过【春去也,且看子孙兜风光】………………(392)

第六部分　姬发灭商立周决战时期
——飞龙在天……………………………………………………(398)
第四十五章　蛊【殷商衰败,非一日之寒】……………………(399)
第四十六章　明夷【光明与黑暗,历史的十字路口】…………(407)
第四十七章　谦【君子之德,文武兼备】………………………(418)
第四十八章　师【兵法之祖,军事建设姬昌论】………………(425)
第四十九章　临【临战动员令】…………………………………(434)
第五十章　复【反复调查,运筹帷幄】…………………………(444)

第五十一章　需【武王东征,牧野决战】·················(453)
第五十二章　革【江山易姓,革命成功】·················(463)
第五十三章　损【开国伊始,节俭为先】·················(473)
第五十四章　益【强化新生大周王朝】···················(481)
第五十五章　离【黄祸黄火,八千里电闪惊日月】·········(487)
第五十六章　萃【群英荟萃,生死均安】·················(494)
第五十七章　升【凤鸣岐山,飞龙在天】·················(503)
第五十八章　随【巾帼英雄太姒】·······················(511)

第七部分　姬旦巩固政权时期

——亢龙有悔··(517)
第五十九章　蒙【分化瓦解敌对势力】···················(518)
第六十章　鼎【革故鼎新,大周兀立】···················(526)
第六十一章　涣【管蔡谋叛,大周遭遇倒春寒】···········(536)
第六十二章　井【改邑不改井,国固民安】···············(544)
第六十三章　噬嗑【刑罚,改造人的强制工具】···········(554)
第六十四章　艮【铲除"商山",美化岐山】·············(561)

参考书目 ··(570)

绪论篇

泛论易经

八卦之"八卦"

现在媒体流行一个词:"八卦"。什么"八卦新闻""八卦故事""八卦花絮",说的是这新闻这故事无关紧要而又诙谐风趣,特能吸引人家的眼球和耳朵。它可以影响电视台的收视率和报刊的发行量。可是这个词与"易经"八卦是两码事,人家"易经"八卦是"吉祥物",说的人和听的人都一片虔诚,几乎要斋戒沐浴。关乎吉凶祸福,关乎个人前程,谁敢马虎!

八卦是什么?先看图:

有个初步印象了吧?八卦是一幅画,古老的图画,很有规则,四平八稳。它由八个小单元组成,像一个住宅小区,中央是广场,周围是单元

楼，单元楼不高，三层，都朝向广场中心。这些单元楼在八卦图中被称作"卦画"。没有房子，空地一块；没有卦画，空白画布一张。当然你也可以在地上画，在沙盘里画，在石头上凿。卦画是八卦的支架，也是八卦这朵花的八片花瓣，花的精气神。所有的故事都靠它演绎，所有文章都靠它展开。

　　看到了吧，卦画是由直线条组成的。有两种，一种，一根长直线；一种，两根短直线，两短直线首尾相邻接，与长直线一般长；古人也有用三根短直线凑成一根长直线的。对这两种线，后人有多种说法。郭沫若说是人的生殖器，长线表示男性生殖器，两短线表示女性生殖器。也说得过去，古人崇尚阴阳，女为阴，男为阳，有阴阳才有人类。天有阴阳才有白天和黑夜。有的人另有说法，根据是人的认识发展过程。原始人没有文化不识字，头脑没开化。史书推测古人"结绳记事"，长线是一根绳，两短线是一根绳中间打结，一长变两短。这说法合理。有外国学者调查，当今世界，还有不开化的部族，采用结绳记事。八卦产生于古代，也就是产生于古人结绳记事的时候。它太古老了，古老到什么时候？五千年？八千年？一万年？这要靠学者，特别是考古工作者确定我们的先民结绳记事是什么时候。有据可证的是，《周易》产生于三千年前，《周易》以八卦做文章，肯定了八卦至少有三千年历史。

　　八个卦画代表八种自然事物，什么呢？天，地，山，河，风，雨，雷，电。人们生活在地球上，每天与这些事物打交道，日日月月，世世代代，生生死死，哭哭笑笑，都跟它们密切关联。

　　八卦最外圈有八个汉字："乾、兑、离、震、巽、坎、艮、坤。"现代中国人有几个能把这八个字全认下？它们是卦画的标注，给居民楼钉个楼牌号，让人好找；也像人有名字一样，给卦画起名，让人好呼叫。八个汉字叫"卦名"。我们已经知道，八卦产生于古代，而汉字产生于夏商周，商朝周朝才有成熟的汉字。这几个汉字的含义与八卦中的八种自然事物不搭边。于是我们不得不往别处想，它们只是ABCDEFGH，或者是音符，记录古人口传下来的发音，天发音乾，地发音坤……就如软座椅发音"沙发"。八个汉字不属于八卦的部件，图上可有可无。人的名字只用来呼叫，写户口本，身份证，人死了烧了，名字烧不掉。人名属社会所有，卦画的名字也属社会所有，只用来交流信息。它本身没有什么神秘处，没有必要对其顶礼膜拜。历史上确实有一批人对这么几个汉字折伏的。

内圈的十字标不属八卦，是作者添加的方向标。

图中有两点奥妙处，一是方向性，一是数理性。中国处于北温带，北冷南暖，住房大门一般朝南开，适应地理和气候。看北京城，看故宫，东南西北多规矩。又，北有北斗星，北极星，北极星"永远不动"。斗转众星移，北极星伟大，很神圣，根深蒂固。第一位帝王看中了这个方向，坐北面南。有的部落也觉得这方向好，人死了埋葬选南北向。八卦图的方向就是部落首脑，后来的帝王座位的取向，下北上南，左东右西，不是我们的左手右手，是在座的帝王的左手右手。这同现代地图标准方向相反。数理性是说，八个卦画组成圆形，在同一直径两端的两卦画互相对立，长短线条相反。例如乾三长，坤三短；离，两长一短，坎，两短一长；就是说，有结绳对无结绳，配对出现。后人还发现，无结绳表示0，有结绳表示1。用现代二进制规则计算它，直径两端的卦画，各表示一定的数值，对立两数之和等于7。例如，乾，三根光绳，为0，坤，三根有结绳为7：第一根（在圆内圈上）为1（2的0次方），第二根（中圈上）为2（2的1次方），外圈为4（2的2次方）。乾坤之和等于7。其他如此。古人不一定有这种知识，他们只取两者对立，也觉是新发明。

八卦的卦字从圭从卜。圭，指土圭，把泥土堆成立柱测日影，古人没有钟表，靠这种办法定时辰，分四季。又有说古时有日晷（gui），江苏仪征出土日晷实物可证，铜制的，比土圭好。圭字是晷表的刻度。古人问吉凶，一用火烤乌龟壳，看裂纹图像，叫卜；二用野蒿秆剁成小段若干计数，随机分堆，获取奇数或偶数用来定吉凶，叫筮。近代出土商朝的成千上万乌龟壳都刻有卜辞（我们称甲骨文），这是我们的一笔文化财富。野蒿秆则早已变成肥料让草木消化了，没有留下痕迹。八卦主要是用野蒿秆计数问吉凶，等同烧乌龟壳，功能一样，但是这办法简单多了。

现在我们用文字回答什么是八卦。（不说下定义，那要求太严谨。）八卦是用两种线条"｜""｜"组合成八种不同的符号，表示自然界八种自然现象，分布八方，借以解说吉凶的图画。

文中的八卦图，叫原创八卦，或原生态八卦，历史上称"先天八卦"。它很简洁、朴实、庄重，渗透着远古原始土壤的芳香。可是后来被人们红妆艳裹，弄成了大家族。名牌效应生出一溜子事端。首先八卦傍伏羲，冠名"伏羲八卦"。伏羲跟八卦什么关系，谁也说不清楚。伏羲是神话人物，半人半蛇，与他妹妹结婚造人。八卦是现实生活中的物件。那时八卦无名，伏羲有名。八卦靠伏羲出了名。伏羲是神，八卦也神了。接着，道家出场了，傍了八卦的名，冠名"阴阳八卦"。道家的太极图画在了八卦中间，搭船佬坐中仓，再冠名"太极八卦"。太极八卦满天飞。道家生何年何月？道家老祖老子，春秋人，与孔子同时代。八卦生于原始社会。两者相隔几千年，至少也隔五百年！再后来，金木水火土五行，红黄蓝白黑五色，河图洛书都挤进八卦。有的还要排辈分，硬称八卦是它儿子、孙子。八卦成了古代文化的堆积。名人出场，一群粉丝涌来，小者要签名，大者要照相，霸道的要结婚。八卦的命运如此。请看八卦家族图。

　　已经有点神奇了吧？这不算。更神奇的是八卦有"神灵"。那时的古人相信任何东西有神灵。他们有十万个为什么解不开，为什么有天，为什么有地，为什么有风雨雷电，为什么有地震洪水，为什么有人，人为什么有病痛生死……如果是狮子老虎就好了，它们不会想，它们没有思维能力。人会思维，想去想来，想了一百天也没有结果。第一百零一天，有人想出来了，人不是会做梦吗，梦里是另一个世界。那里似人非人，似狗非狗。他们就把这种似是而非的人或动物叫神仙，那虚虚幻幻的叫灵魂。首先是人有灵魂。人死了灵魂出窍。人有七窍，两耳、两眼、两鼻孔、一口，用玉石塞住七窍，灵魂就跑不了，人像生前一样。后来发现还有漏洞，灵魂从肛门或生殖器跑了。又加两窍，还得堵塞。到了汉朝，有条件的话，给死人穿金缕玉衣，以为灵魂再也跑不了。后来考古的人把墓挖开一看，玉衣散落，剩下几根骨头。古人会说，唉，没办法，科技不发达，没办法阻止灵魂逃跑。20世纪，是我们的年代，有人著书立说，称"人有灵魂，灵魂重7.1克"。可能科技发达了，可以量出灵魂的重量。想过吗，它是气体液体还是固体？是由哪种分子组成的？人在娘肚子里有灵魂吗？是否每个人的灵魂都是7.1克？"灵魂不灭"傍上"物质不灭"，给灵魂穿新衣，可以吓唬许多具备新知识的人。

先民相信八卦是有灵魂的。八卦是八仙聚会。天有上帝，地有地神，山有山神，河有河伯，风有风神，雨有雨神，雷有雷公，电有电母。这么多神仙，挤在八卦里，天上事他们不管，专管人间，你说那八卦神也不神。八卦的灵魂跟神仙们伙在一起，比在梦里看到的凶狠多了，说降灾就降灾，说赐福就赐福。古人社会有巫祝，所谓半人半神，专门掌握八卦，从事人与神的交互传达。八卦是他们的法器，法力无边，神旨，圣旨在八卦中，巫祝翻译给大家听。巫祝水平高的，大家听得五体投地，水平差的，听者也五体投地，怪自己没有灵性。

现代人的八卦新闻，八卦故事，可能来自类似巫祝的虚虚实实，说有就有，说无就无。你相信也好，不相信也罢，不必考察、证实。笑一笑，十年少。有利健身。

稍微掌握一下，八卦有三要素：卦画、卦名和方向。

八卦之卦画

——古老的二进制载体

八卦是一幅古老的图画，由八个小单元组成，像一个住宅小区，中央是广场，周围是居民楼，居民楼不高，三层，都朝向广场中心。这些居民楼在八卦图中被称作"卦画"。卦画是八卦的八朵鲜花。

下面我们仔细观赏一下这些居民楼。它们是八卦的基本构件：

| ☰ 乾 | ☱ 兑 | ☲ 离 | ☳ 震 |
| ☴ 巽 | ☵ 坎 | ☶ 艮 | ☷ 坤 |

居民楼各有特色，把短线间的空白当作窗户，则每幢楼图像是唯一的，各不相同：乾无窗，兑三楼窗，离二楼窗，震二三楼窗，巽一楼窗，坎一三楼窗，艮一二楼窗，坤全有窗。旁边的汉字是物业钉的楼号牌。文雅一点，加两字，成"乾字斋"，"兑字斋"，"离字斋"，"震字斋"，"巽字斋"，"坎字斋"，"艮字斋"，"坤字斋"。这像是某高等学府的学生寝室。这几个汉字也可以改用"甲乙丙丁戊己庚辛"、"一二三四五六七八"或者"ABCDEFGH"，可见有很大的灵活性，只是代号，用不着对代号考古，更不必对它下跪。八卦中八个特定汉字叫"卦名"，或说居民楼楼名。八幢楼各表示一种自然现象，它们的对应关系如下：

天☰（乾）　雨☱（兑）　电☲（离）　雷☳（震）

风☴（巽）　河☵（坎）　山☶（艮）　地☷（坤）

八种自然事物是主体，卦画是自然事物的符号，括号里的汉字是这两者的名称。确切说它是自然事物的名称。任何一种自然事物主体，都有一个符号，一个名称。

组成卦画的两根线条也有名字，叫"爻"，无结绳"｜"叫阳爻、有结绳"¦"叫阴爻。有时按它们所在位置被称作"初爻，二爻，三爻……"

所谓"八卦"、"卦画"、"卦名"、"阴爻"、"阳爻"是巫祝们的占卜术语，《周易》作者只借以作掩体写文章。我们了解这些不是为算命卜卦，也不是为了研究阴阳五行学说或儒家学说，而是便于以后读解《周易》。在我看来，《周易》是兴周灭商的政治学。

八卦反映原始社会低下的生产力和先民文明发展初始程度，反映远古先民使用二进制的社会实践。它来自社会实践，具有浓厚的宗教色彩，但是它绝对不是什么"天赐神物"。

几百万年前，原始人跟动物一样不识数。我们看《动物世界》，草原上一大群牛、一大群马，牛王、马王哪里知道自己群里有多少同类。猴群、狮群也一样。人除了直立走路、会造简单工具、使用石器以外，识数水平等于零，跟动物一样。人类经过长时间磨炼，吃熟食、造工具，学说话，头脑渐趋开化。他们从一个太阳、一个月亮，村前一条河、村后一座山认识了一。这是文化的起步。又经过许多年，大约在一万年前，人类学会了结绳记事。没事光绳子一根，有事在绳子上打个结。可以这样设想。母系社会，老祖母当家。这天早晨她想到一件事，日当顶时要领导大家祭天，于是她在显眼地方挂一根绳，表示这件事一定要做而未做。晚上她给绳打个结表示事已办妥，了了心愿。又一次，她指定大女儿和二女儿各派一人打猎。她在茅屋挂了两根绳记他们的收获。第一天两人的上门女婿空手而归，没有啥要记，空绳两根；第二天，大女婿抓到了兔，老祖母在一根绳上打了结（她不管抓了几只）；第三天，二女婿逮到一只鹿，她在另一根绳上打了结（她不管鹿比兔大）；第四天，都有斩获，她在两根绳上都打了结。……

结绳记事肯定远不止这些。

又过了几千年，人的认知再迈进一步，他们发现世上的事物可以不用绳打结，画线条也可以。结绳记事变成符号记事。记号"｜"表示一根绳，等同于现今数字"0"，记号"｜"表示绳打了一个结，等同于现今数字"1"。两种记号可以表示无和有，做过了和没有做。

八卦可能就产生于这个时候。这时正是母系社会向父系社会过渡的阶段，距今大约八千年到五千年。人们已经由结绳记事向符号记事迈进一步。

距今五千年左右汉字处于胚胎中。先民识数的能力大有提高，用十进制取代了二进制，一直沿用至今。时间太久远，二进制被人们忘得一干二净。

当汉字于夏朝前后诞生时，人们用汉字序词给卦画做顺序号，二进制更被深藏。

请各位仔细研究下表（顺序取从左到右）。

客体	天	雨	闪电	雷	风	河	山	地
英文	Sky	Rain	Lightning	Thunder	Wind	River	Mountain	Earth
卦画	☰	☱	☲	☳	☴	☵	☶	☷
卦名	乾	兑	离	震	巽	坎	艮	坤
汉码	一	二	三	四	五	六	七	八
二码	000 (0)	001 (1)	010 (2)	011 (3)	100 (4)	101 (5)	110 (6)	111 (7)

八卦所载的客体，天雨电雷风河山地，念起来拗口；按照现代汉语使用习惯，排位是天地山河风雨雷电，念起来顺口，但是打乱了卦画的排列次序，不能这样。

卦画与标号一一对应，由小到大。卦画排列很有规律：底层前四阳爻，后四阴爻；中层两阳两阴，两阳两阴；上层阳阴相间排列。

二进制标号,与卦画一致,0对应阳爻,1对应阴爻,这正是卦画与二进制等同的地方。人们承认八卦是二进制,着眼点就在这里。这无可辩驳地证明卦画是二进制,或说八卦的基本元素是二进制。原创作者在制作八卦的过程中使用了二进制。括号中的数码是由二进制换算成的十进制数码,只用来附带说明二进制与十进制的关系。

中式标号:在许多易经著作中,有给八卦中式标号的。中国人习惯从一开始(二进制中从0开始),这样一来,中式标号与卦画对应不上,让人看不出卦画中的数理关系,更以为八卦与数码毫无关系。中国人就这样丢失和忘记了二进制,丢失了几千年!忘记了几千年!

我用现代二进制作一个八卦(见下图),您看它是否与原创八卦对等?肯定地说,它们的数值是相等的。它可以用来证明八卦与二进制的血肉关系。二进制的八卦是存在于中国人心目中的活化石。

我之所以这样解剖八卦,是想知道它神秘何在。中国历史上,易经的实施家和研究家,不论他是哪个派别都以卦画论事,都把卦画人格化、神仙画,吹嘘它上知天文、下知地理、中知人间万事。如果真如此,则我们不能随意丢了这活宝贝;如果假如此,我们则应当互相关照一下,别耗费精力,误了正事。

正宗版　　　　　　　　　　　　山寨版

八卦卦画引发的大爆炸

——二进制的神功

什么是二进制？我们先实干一下。

我给你一个苹果，请你记一下。你在纸上记1。（对，用阿拉伯数码。）

我再给你一个苹果，请记下你手里的苹果数。你在纸上写2。

我刁难你一下，请用二进制。你那是十进制，习惯写法。这时，如果你学过二进制，你会在纸上写10，如果你没学过你就蒙头了。二进制逢二进一，两个苹果写成10。

好，我再给一个，二进制，记11，你不会二进制，又蒙头了。

我还给你一个，二进制，记100，你不会二进制，你再次出洋相了。这时我给了你四个苹果。如果我们的游戏继续下去，给第五个，记101，第六个，记110，第七个，111，第八个，记1000。你不会二进制，你的眼睛就发直了。

回过头看看，二进制中，始终使用0和1两个数码，2以上数码，包括2全不用。

二进制"逢二进一"。例如我给第七个，你记111，我再给一个，记为1000，你的思路是，先第一位加1成2，第一位变成0。第二位是1，后面进来1成2，见2向前进位，第二位也成了0；第三位原来记有1，后面进来1成2，见2向前进位，第三位变成0；第四位原来没有，记下进位来的1，完成。

我们又掉入了中式陷阱，习惯从一开始。

如果我把第一个苹果细分，给你二分之一、四分之一、八分之一……

直到细末，我不要你记了，用二进制记很麻烦，我只要你考虑最后会细到什么程度？

"什么程度？0。""对，0（准确说，趋近0，不等于0），这很关键。"中国人有时很粗心，忽视了这个0。比如说，孩子出生，几岁了？一岁。户口本一岁起步。上户口就填写孩子一岁。一岁以前呢？在娘肚子里。是这样吗？数学家不这么答。他说，一岁以前还有364天、半岁、两月、一周、一小时、分、秒、0。

数学上有说法：大到无限，小到极小，小到趋近于0。没有谁说0最小，0比负数大。有说0是没有。那就把10元人民币的0去掉吧，不行。水0度（此处省掉符号℃）结冰，能说没有温度吗？0度比零下温度高。走到黑龙江，零下30度，冷得要死，0度地方是安乐窝，难找。生活中有许多例子，从0开始而不是从1开始。如钟表，起点在12那里，12压了0，指针到1，偏转30度才到1，不从1起。量体重，磅秤指针对0不对1。中国老秤，秤空盘，秤杆水平，秤砣所在位置的刻度叫定盘星，是0不是1；田径场上，跑道起点，是0不是1。

八卦使用二进制，其起点是0不是1，乾为0。中国人把乾定1，走了岔道，永远丢失二进制。

二进制有优缺点。先说缺点。上述例子，八个苹果，记1000，四位数，八十个怎么办呢？记1010000七位数，数目越大位数越多。结绳记事过时了，在骨板乌龟壳上雕刻，费事又容不下，画在沙地上吧，后面的没写完，前面的被风吹平了。管国库的官员收了万担粮食记个账用二进制得多少竹板（古人把数刻在龟甲上或竹木上）？花多长时间才能完成记账任务？比如我们写年月2011年9月，若用二进制则必须耐心写11111011011年1001月，写完还得回过来用十进制换算检查。写的人花了老半天，看的人也得花老半天才领会过来。

这逼着人们想办法缩小位数，十进制应运而生。十进制强多了，达尔文定律，优胜劣汰，适者生存，二进制被十进制取代。新的几千年是十进制的天下，不论东方人还是西方人。二进制优于结绳记事，战胜了结绳记事，符号代替了实物。后来居上的十进制优于二进制和其他进位制。据美国数学家易勒斯调查，在原始各民族307种记数系统中有

莱布尼兹

146种是十进制，106种是五进制、十进制、二十进制混用。人有两手十个指头，是随身携带的最方便的计算器。小小买卖扳着指头一数，成交。二进制记数法实实在在有点笨，很自然地被人们抛弃了。年代一久远，就销声匿迹了。

八卦最具历史意义的伟大功绩之一，是承载原始二进制，启发现代人发明二进制计算机（电脑），以至把现代科学技术推进到一个崭新的阶段。

测测您的智商，看了八卦图，仅仅从数学方面考虑，您受到什么启发？您的智商可能很高，可是时机不好，没有得到任何启发。有一个人受到启发，他的名字叫莱布尼兹。他比我们具有几大优先：他是德国人，洋人头脑好使，脱离中国传统思维，有新思路；他是数学家，有专业敏感；他生在17世纪，大发明的年代，是牛顿的哥们，他抢先了。莱布尼兹在自己的研究中发现了原始二进制，欣喜若狂。他推断1表示统一，是上帝的标记，0表示无，在上帝的身边，处于万物开端。1和0可记万物，说明上帝从虚无中创造了宇宙。

莱布尼兹在现代数学方面很有成就。他奠定了符号逻辑学的基础，是数理逻辑的前驱之一。他还设计制造了一种手摇计算机。这些都为现今的电子计算机提供了理论和实践经验。

莱布尼兹从中国八卦里发现了二进制，佩服中国先民智商高，进而想到，把二进制用于计算机，果然，他的二进制计算机在二百年后就大显神通了，现代人没有计算机几乎不能工作和生活。

这位发明家当时激动地说："我的这种不可思议的新发明，……是因为我发现了一位圣人伏羲的古代文字的秘密。"他对八卦极为赞赏，称赞它是"流传在宇宙间科学中的最古老的纪念物"。

遗憾的是中国人自己没有这种评价。对于八卦，儒家空谈理论，无边无际，天花乱坠；实干家们则寻神觅鬼，驱凶求吉，什么八卦相命，八卦堪舆，八卦起名，八卦求职，八卦出行，八卦打麻将，八卦炒股，八卦预测国民经济发展……煞费苦心，无助于科学进步，在虚无中安慰自己。

电脑怎样使用二进制呢？这只有电脑专家能说清，不过我们知道点基本原理就可以了。现代科技开发出半导体，这种物质导电能力介于导体和绝缘体之间，如锗（zhe）、硅（gui）、硒（xi）和某些化合物。半导体具有单向导电的特性，科学家利用这一特性，制作成二态器件。所谓二态，就是两种物理状态,例如电灯泡的亮与不亮,电路的连通和断开,导通和截止,类似开关。用 1 表示导通,0 表示截止,一颗半导体产生 1 和 0 两种信号,A、B 两颗则有四种信号:AB 都不通(00)、B 通 A 不通(01)、A 通 B 不通(10)、AB 都通(11)。用其表示代码,00 代赵,10 代钱,01 代孙,11 代李。若这电脑只有两颗半导体管,再编个相应的软件,你在键盘上先后敲入 00、10、01、11,屏幕上立即出现赵钱孙李四字。若用三颗半导体管就有八种信号。再多呢,四颗、八颗……现在不是半导体管是芯片,一块芯片上布列许多半导体,半导体也小得用显微镜看,芯片成大规模集成电路,那信号数就成天文数字了。这就是二进制的神通,确切些说是二进制加半导体的神通。

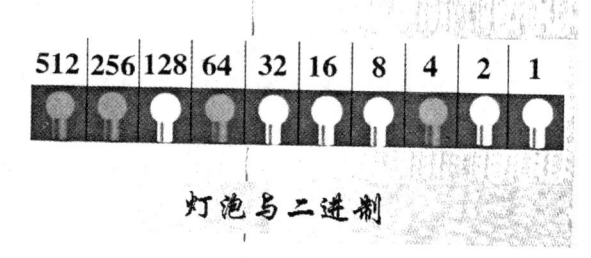

　　二进制的缺点是写起来太长、费时、费纸张,而它的优点是简单,只有 0 和 1 两个数码。半导体电路则利用了二进制的简单,以电子的高速度克服了二进制的所有缺点。古老的被人们废弃的二进制在计算机中复活了。

　　作小调一首歌之。

　　二记事,二进制,发明圣手莱布尼兹。人信八卦有神灵,神灵飘落德意志。阴爻阳爻画八卦,01 二符,写尽天下事。

　　手机小,彩电大,电脑视窗任你奔驰;天网地网因特网,天边消息在咫尺。遥控遥测有奇招,太空遨游,旅者搭的士。

　　一位法国人说八卦卦画是文字。真见鬼了,又是外国人叫板。我们中国辞书成堆,从《说文解字》到《现代汉语词典》,没有哪一本说它是文字。八卦很圣洁,说它是文字,有些庸俗,亵渎神灵;或者反过来,文字高雅,八卦俗气,八卦有何文字可言。近些年,中国学术界讨论汉字的起源,十分热烈。葛英会先生在《古代文明》发表一篇文章《筹策、八卦、结绳与文字起源》,他引唐兰先生一段话,"八卦的一画(指阴爻阳爻)和一字的一画很难区别……照我的意见,八卦的起源是用筹(suan)筹(卜算子）来布成爻，古文'学'字也就像两手布爻的情况"。葛先生接着写道："出土资料，八卦卦爻是数字，而不是一长横两短横的阴阳爻，也恰恰说明，一至八这八个用于记录卦象的直线数字，应是受到筹策布爻的启迪创制而成的。由此，我们认为，从这样的角度上谈文字源于八卦，应当具有一定的合理性。"

汉字起源问题，我不参与讨论。两位先生肯定八卦与数有密切关系也对，只是两位先生具有与历代学者同样的思路，忽视二进制谈八卦的"数"。这是中国人远离二进制始终无法求解的根本原因。其实事情很简单，八卦使用二进制。二进制是许多数制的一种，从这一角度讲八卦是数的载体。离开二进制数，八卦不存在。八卦是否汉字之源，我们没有可靠依据。但是八卦记录了二进制，且阳爻为0，阴爻为1，这已经为中外专家所承认，是无可争辩的事实。中国人一代一代往下传，传了几千年。八卦记录了中国先民从结绳记事进化到符号记事阶段，从初始识数到使用二进制阶段，虽然这种二进制很粗糙、简单而原始。

法国人说得对，八卦卦画是文字。数码是文字的先驱。

既然辞书收集许多原始数码，八卦的阴阳爻，也是原始数码，"｜"表示一，"｜"表示零，分别读作 yi 和 ling。它们似应作为汉字的两个原始数码收入辞书。在当今计算机以及数码电器普及天下的形势下，更有必要。计算机的内核使用二进制，所谓数码实实在在指的是二进制。计算机的奠基人莱布尼兹承认他受了中国八卦的启发，使用了二进制才使他的计算机腾飞起来。

卦名是客体读音

考一考您，八卦上的八个字"乾、兑、离、震、巽、坎、艮、坤"您认识几个？

可能您全认识，如果您没有读过易经或没有翻字典，你还是不全知道它们的含义。

它们叫八卦卦画的名字。实际上，卦画是客体的符号，卦名是客体的名字。

人生下来都有名字，铁蛋、二丫、张三、李四，让人好呼喊。八卦的卦画也各有名字。名和客体的对应关系见前《八卦之卦画》图表。

为什么写卦名专题呢？

历史上易学家们，有点见佛就拜的现象。此话怎讲？就是说八卦图有三要素：卦画、卦名和方位。一个以符号表示客体，一个以名字表示客体。有的易学家不在客体上做文章，而是在卦画和卦名上做文章。如宋朝的大学问家朱熹分别给八个卦画起了形象名，什么乾三连、坤六段、震仰盂、艮覆碗、兑上缺、巽下断、离中虚、坎中满。朱熹的一番苦心就是把卦画形象化，让读易者易于记住它。现代人《周易探源》作者更是图文并茂地花大篇幅阐述。我就想，为什么作者不直接说卦画是客体的符号、编号，从0到7？

更离谱的是对卦名的解释和崇拜，我从《周易探源》摘录部分供讨论：

乾："犹如太阳永远健康的运动不息"，"《说文》乾，上出也。从乙。乙，物之达也"。"乙象春草木，宛曲而出。"

坤："为什么选用坤字呢？《说文》坤，地也。从土从申。申，神也。""坤为植物由地出生，土被分裂之状。"

艮："艮与根通，植物之根使植物上长，而止其下长。山犹如由地面上长，而止于地面之上，与根之作用相一致。"

兑："兑，说也。说与悦通。八卦中的泽指池中水，在游牧时代是最令人喜悦的地方，故用兑代表了泽。"

震："因霹雳振物产生的声如巨雷之声，故以震表示雷。"

巽：共字上两个已字，"为二人跪于基上之象形，似作风不正，受罚之象；又像被风吹之象，故以巽名风"。

坎："从记号形象来看，为中有微阳、众水并流，水流过之处，使土地下陷而生险象，故用坎字代水。"

离："离代火。又，离，丽也。《正韵》：离，附也。有依附而生之意，这与蚕的寄生意义一致。"

历史上，许多易学家就是这么解释卦名的，《周易探源》作者只是其中之一。

中国突然进口一种有弹簧的软座椅，这东西中国原来没有。第一个翻译者为难了。随之灵机一动，有了，去听洋人怎么说。"啊，沙发。沙法。"于是软座椅叫"沙发"。如果有考证癖的人一定要考证"沙"与"发"，岂不离题甚远！

猜字游戏是从后儒以孔子的名义开始的。

八卦选取八大自然现象（上表中称"客体"，凡是文中提及客体，就是表列的自然现象），雨是其一，以兑表示。

看先人的解释：（以下引文都是标名"十翼"中的文章）

《说文》："兑，说也。"

《杂卦》："兑，见而巽伏也。"

《象传》："丽泽，兑。"

《说卦》："兑为泽，为少女，为巫，为口舌，为毁折，为附决。其于地也，为刚卤，为妾，为羊。"

我们来分析。"兑，说也。"古时"说"通"悦"，兑是喜悦的意思。"丽泽，兑。"兑表示泽。"兑为口"，口能说话。说去说来就是不说兑表示雨。

八卦中，离表示闪电。

《序卦》说："坎者，陷也。陷必有所丽，故受之以离。离者丽也。"一种名叫黄仓庚的鸟，古人称之为离（繁体字），它的羽毛美丽，所以，

"离者丽也"。黄仓庚不是闪电,它的羽毛之美也不是闪电。艮在八卦中表示山。儒家说:"物不可以终动,止之。故受之以艮。艮者止也。"(《序卦》)

其他几个字儒家也多从字面解释。

兑,说也,悦也,喜悦也。能说八卦有一卦叫喜悦吗?喜悦否是人的内心感受,八卦取象全是自然现象,两者不同类。"兑是泽。"此说只有定义泽为雨的情况下成立。定义泽为池泽、沼泽、湖泽,这与坎为河同属、重复。设想一下,有河的情况下,古人设计八卦是挑选泽还是挑选雨?雨对先民太重要了,重要到立雨神,经常祭祀。与雨相比,泽在其次。"兑为口。"口为人的五官之一,非自然客体。

我再详细一点说卦名是注音符号。古时没有注音符号,借用人们熟悉的汉字注音,中国辞书过去都用这个方法。

二进制时代的先民创作八卦的时候,汉字没有诞生。目前没有任何根据证明,汉字与八卦同时诞生,那几个汉字与八卦同属原创。到商朝周朝时中国才有成熟的汉字。八卦中的汉字就是后人根据前人一代代耳听口传配上去的。就像第一个翻译者,无法翻译软座椅而去听洋人发音沙发而记沙发。如果商周人为了表义确切,可以直接写天地山河风雨雷电。可能出于慎重,他们没有这样写,而选了另外八个字,"乾坤艮坎巽兑震离"。它们从进入八卦到如今几千年,有多少人能真正弄清它们的含义?以及它们与客体的关系?他们既不知道八卦中的二进制,也不明白八个特定汉字仅仅是注音而已。也可能是八卦太神圣,使他们诚惶诚恐、畏惧而误判。

我国长沙马王堆汉墓考古震惊于世。该墓出土了一幅帛书(写在丝织品上的书)《周易》。帛书《周易》的卦序是迄今为止所知最古老的一种排列,它的卦名完全不同于上述八个汉字。它们是"键(乾)、根(艮)、赣(坎)、辰(震)、川(坤)、夺(兑)、罗(离)、筭(巽)"。为叙述简便,我以古汉和帛汉区别它们。帛汉的出现,有力地证明古汉只是注音,只是客体的读音。受方言影响,你可以用彼汉字,我可以用此汉字,只要发音贴近就行。这值得我们的易学家们深思,也值得大家深入探讨。比如说,解"兑"为"悦"。那么湖南人写一个"夺"字又怎么解呢?是不是该解成"抢夺"、"掠夺"?古汉可能为黄河上中游地区居民的发音,帛汉则是南方居民的发音。

如果去其注音汉字,恢复实名,将更容易让人理解八卦,少走许多弯路。

　　有一个真实故事。安徽有座包公墓，遭到破坏，考古人员进行抢救性发掘。他们实地勘测，发现墓有一大一小。为了慎重起见，从小墓试掘，不料先掘出包夫人墓志铭。再后掘出包夫人棺椁，再后，掘出包公墓志铭，再后掘出包公棺椁。考古人员惊呆了，小墓是包公夫妇，大墓谁呢？后来发掘大墓，从表面挖深三米，一色生土，是一座典型的土堆疑墓。原来是包公的后人们怕盗墓，在改葬包氏夫妇时有意做两墓，一大一小，大虚小实，疑惑盗墓者。问题来啦，几代人以后，或者战争或者水灾，后人再也分不清虚实。按照习惯思维，大人物筑大墓，小人物筑小墓。小墓是仆人，连带烧点纸钱已经很对得起他了。于是包氏后代人每年清明节扫墓向大墓作揖叩头。

　　我们仔细韵一韵，对"乾兑离震巽坎震坤"八个汉字顶礼膜拜是不是像包公的后人对大墓作揖叩头？

卦名是客体读音(续)

方块汉字是象形文字，讲形、声、义。

"乾兑离震巽坎艮坤"能表示"天地山川风雨雷电"吗？我们用"形、声、义"对照检查它们。

现代辞书《辞海》、《新华字典》如何定义"天地山川风雨雷电"？我综合简述如下：

天：天空，地面以外的空间。乾像吗？义合吗？

地：地球的表面层，陆地，地面。坤像吗？义合吗？

山：地面上由土石构成的隆起部分。艮像吗？义合吗？

川：泛指河流。坎像吗？义合吗？

风：空气的流动现象。巽像吗？义合吗？

雨：云中降落的水滴。兑像吗？义合吗？

雷：带异性电子的两块云碰撞产生的强烈爆炸声。震像吗？义合吗？

电：带异性电子的两块云碰撞产生的强光。离像吗？义合吗？

从这里可以看出，"乾兑离震巽坎艮坤"既不是象形字也不是象声字，更不具有客体的实在意义。

它们是什么？是注音符号！相当于现在的注音符号"qian, dui, li, zhen, xun, kan, gen, kun"。古时没有这种顺心的工具，唯有用汉字注音。所谓名"乾兑离震巽坎艮坤"就是远古中原古人的地方发音，天qian，地kun，山gen，川kan，风xun，雨dui，雷zhen，电li。这犹如湖北人把"鞋"（xie）发音成hai。

再看汉字发展史。

史载汉字有6000年历史。考古学家根据古人遗址文物证明历史。中国甘肃"仰韶文化遗址"，距今6000多年，文物上有人为划痕，疑似文字。西安半坡村遗址属仰韶文化，距今 5600—6080 年，是个典型的原始社会母系氏族公社村落。出土文物陶器上刻有 113 个简单符号分 22 种，人们估计它们是中国最早的文字。距今约 5000 多年，中国进入父系社会。黄河流域有大量此时期遗址。山东"大汶口文化遗址"距今 4000—5000 多年，出土文物陶尊上有日月山图案。山东"龙山文化"略晚于大汶口，其出土文物也有明显图案。它们可能都是原始文字。约在距今 4000 年，大禹治水，变公天下为家天下，建立中国历史上第一个王朝——夏朝。此时期有河南"二里头文化"证其发展。出土文物上有 20 多种符号，未见成熟汉字，不过这时社会上已经流行农历《夏小正》、易经《连山》（都已失传），可推测汉字初具雏形。距今 3600 年，夏亡商立。汉字进入半成熟期，钟鼎文甲骨文可见一斑。距今 3000 年，商灭周兴，汉字成熟，《周易》成书（其实是册，竹卷）。按孔子说，这是"中古"。同理汉字应是古汉字或称古代汉语。秦始皇统一汉字，此汉字与彼汉字有何不同，且不细究，对今天来说，它还是古代汉语。

汉字历史悠久，它像别的事物一样，经历一个漫长的变化发展过程。我把它粗略分为五个阶段：1）从原始社会到夏朝是它的胚胎时期，只有简单符号。2）从夏至商是婴幼时期，符号杂以文字。3）周秦是青壮时期，汉字比较成熟，老古文。4）秦以后成熟时期，近古文。5）20 世纪初至现在，现代汉语。

对照历史：

原始社会，汉字没有出世，或说汉字处于胚胎时期，根本不可能给八卦起名"乾兑离震巽坎艮坤"。虽然夏有《连山》，商有《坤乾》，但是汉字不成熟，也没有条件用文绉绉的"乾兑离震巽坎艮坤"起名，并且至今在出土文物中未见踪迹。周人有条件给"天地山川风雨雷电"命名，用自己时代流行的汉字"乾兑离震巽坎艮坤"记下这些发音。《连山》《坤乾》的书名也应该是周人音译。注音或音译是语言交流的手段之一，如英译汉，"沙发""咖啡""模特""的士""马达""拜拜"等等，这些汉字都失去原有意义，只起注音作用。周人跟八卦创建时代相差漫长，两者对同一事物如天、地、山、川发音不可能一样，所以我说只是近似注音。周人对八卦的音义是分开的，如乾与天，乾卦中"九五飞龙在天，利见大人"。乾天有别，乾是音符，天是实体。天：天空，地面以外的空间。如果乾天一义，作者为什么不说"飞龙在乾"而说"飞龙在天"？孔子对乾天也是分开的。孔子名句"五十而知天命",他不说"五十而知乾命"。

我们再分析"乾兑离震巽坎艮坤"在汉语历史中的衰亡。

乾与坤指天地,多用于起人名、地名或诗词,跟易经挂靠,取吉兆。这两字被后人接纳,处于半死亡状态。震、兑、离、坎四字,现实生活中人们都在本来意义"震动"、"兑换"、"分离"、"沟坎"使用,压根就不与八卦挂钩。巽、艮两字,现实生活中几乎销声匿迹。

卦名是注音,不理解这点,就会走岔道。《说卦》中说,"乾,健也。坤,顺也。震,动也。巽,入也。坎,陷也。离,丽也。艮,止也。兑,说也"。

这都是人们强行规定这几个字的特定属性,不反映客体实际。对人类来说,大自然有两重性:提供人类生存条件,同时给人类以无穷灾难。天不全健,地不全顺,震来吉凶并存,巽入生涩硬凑,坎陷勉强,离丽失实,艮止造作,兑说则野马脱缰。

"兑,说也。"怎样理解?古时"兑"、"悦"、"说"通用,悦,愉悦,高兴。于是兑,高兴欢悦的意思。我们知道八卦取八种自然界现象,所说的"兑,欢悦也"则是人的心理反应,属社会现象。以兑为悦置换八卦中的雨,让人的情感与天象地貌并列,破坏了八卦内涵的统一性。这是一种差错。再是"兑"读"悦 yue",仅取读音,则可说接近黄河中游陕西河南古人对"雨"的地方发音。望文生义,解悦为愉悦,则越解释越糊涂。文中又定义"兑为泽",泽又被指定为湖泽。《周易探源》中说"伏羲氏用长短索,仿水池的外形,创造了兑上缺的记号,记号兑上缺也是记号字泽。……八卦中的泽指池中水,在游牧时代,是最令人喜悦的地方,故用兑代表泽"。这段话中问题不少,展开分析则离本题太远。

常识:借来注音的汉字,只借音不借义。"拜拜"只借其音表示英语再见,我们偏要说"拜了又拜,跪拜、敬礼有加"岂不治丝益棼,乱中添乱!

"兑"是"雨"的古发音。治易者受历史限制,不明白"兑"是音符。

泽是雨。辞书中,泽有几种含义,其中之一是雨。"池泽"怎么可以同八大自然现象相比?并且"池泽"也同坎指的河川重复。雨水,从古至今是人类生存的必要条件,雨量大小有无,与人类息息相关。现今的电视台都有一个铁定节目"天气预报",牵动全国(全世界)上下。风调雨顺则喜,旱涝成灾则忧。今人如此,何况古人!八卦制作人不会忽略这一点。池泽也者,其重要性不可与雨比。

大自然提供人类生存条件,同时给人类以无穷灾难的两重性,人类感触至深。这是八卦产生的原因。正因为灾难重重,人们无法抗御,设想天地山川风雨雷电都是神,用八卦人神对话,祈福避凶。解卦不能脱离这个大背景。

《周易》六十四卦,除了天地山川风雨雷电保持古老的命名外,其他五十六卦的命名全采用字义,如屯就是屯垦,蒙,启蒙,师,师旅等,指事明确,后人读起来一般不会发生歧义。

易经，华教神学

易经是什么？

易经是神学。我这样回答可能会引起轩然大波。

神学，《辞海》诠释："基督教论证上帝（也称天主）的存在、本质和研究教义、教规的学问。广义也泛指各宗教的宗教学说。"

易经是什么？华教教义。华夏民族宗教教义。与基督教不同者，华教没有入教程序，历史早于基督教，信徒比基督徒多，信奉的上帝，是东方神，基督教信奉的是西方之神。两者相同处是都尊上帝，徒众是上帝的子民。

易经的载体是八卦，换言之华教的教义在八卦中。离了八卦解说就无所谓易经。持怀疑态度的任何一位专家可以试一试，撇开八卦去谈易经。

八卦是古人设计的一种图形符号，是先民进行"人神对话"的工具。八卦中的"天地山川风雨雷电"是以上帝（天）为首的一群神。八卦是神学不是自然科学，它取象自然但是并不研究自然，并不研究天文地理风雨气象的自身规律，它注重的是天地山川风雨雷电的灾变以及"控制"灾变的神灵。

龟卜也是古华夏宗教的表现，但是三千年来没有人把它列入易经。龟卜是在龟甲或牛骨上钻坑，然后用火烤，产生裂纹呈现图像，人们根据图像判断成败吉凶，然后把占卜过程和结果刻于甲骨上。甲骨文中有大量"人神对话"的记录。最高神是上帝，风雨雷电等神是上帝的臣仆。

"贞翌癸卯帝其命风。"（上帝命刮风）"于帝使风，二犬。"（人用二狗祭祀上帝祈求刮风），"贞柴于帝云"（烧柴祭祀祈求上帝布云）。"帝其令雷。"（上帝命令兴雷）"帝令雨。""庚寅帝不令其雨。"（上帝命令下雨或不得下雨）类似的记载甲骨文中成千上万。这是有关气象和农业的，还有征战、抓捕逃奴、城邑建筑、人体健康、皇位安危等，都用龟卜请上帝示意成败吉凶。

八卦采用野蒿（蓍草）秆段计数，求取奇数偶数定阴阳，请上帝在卦象上示意成败吉凶。

蓍草跟乌龟一样，被视作神物。此法叫筮法、巫筮或筮爻。商朝时两方法并用，合称卜筮。朝廷设有专业卜筮官员。《尚书·洪范》记载："稽疑：择建立卜筮人，乃命卜筮。曰雨，曰霁，曰蒙，曰驿，曰克，曰贞，曰悔。凡七卜五，占用二，……汝则有大疑，谋及乃心，谋及卿士，谋及庶人，谋及卜筮。①汝则从，龟从，筮从，卿士从，庶民从，是之谓大同。身其康强，子孙其逢。吉。②汝则从，龟从，筮从，卿士逆，庶民逆，吉。③卿士从，龟从，筮从，汝则逆，庶民逆，吉。④庶民从，龟从，筮从，汝则逆，卿士逆，吉。⑤汝则从，龟从，筮逆，卿士逆，庶民逆，作内吉，作外凶。⑥龟筮共违于人，用静吉，用作凶。"

这是中国最早记录的卜筮规则。卜筮取七象：雨（雨）、晴（霁）、云（蒙）、休止（驿），进取（克）、和顺（贞）、遗恨（悔）。五方征兆定吉凶：自己，卿士，庶人，龟卜，筮爻。五方意见有同有异，意见一致则大同大吉，不一致则分多种情况。龟卜、筮爻是决定因素。

据考古资料，筮法比卜法更早，古人称数字卦，以数取象。比起龟卜来，筮爻简单易行。龟卜逐渐被淘汰，筮爻则长盛不衰，至今风行于世。后世卜筮连词并称，实际是卜亡筮存，专指八卦筮爻。秦汉以后，野蒿秆也逐步淘汰，用钱币、汉字笔画、姓名年龄取代。

广义的易经泛指与八卦有关的论述，按照两千多年人们研究认可的典型著作有《连山》、《归藏》、《周易》《十翼》《京房易》。《连山》、《归藏》失传（可能压根就没有成书）。《十翼》是儒家以孔子名义写的《周易》解读书、是《周易》副产品。《京房易》是西汉人京房对《周易》的解读、改构的代表作。汉至三国时期的易学家突出人物有孟喜、京房、郑玄、荀爽、虞翻等人。他们认为经先儒改造的《周易》不能用来预测吉凶，这班后儒就挂《周易》名，发明"汉易"。"汉易"已经是有名无实的《周易》。五本代表作中，《周易》成了易经的正宗、核心、骨骼。

狭义的易经就是《周易》。《辞海》："易经，①即《周易》。②指《周易》中同《传》相对而言的经文部分。"社会上通行的有关《周易》或易经的书都是同一内容。标以讲易经，实际讲《周易》，或标以《周易》，实际讲易经。

这是对《周易》的历史性曲解，是《周易》的硬伤。我另写文章阐述。

开头我说易经是神学。我又说易经中包含"十翼"。儒家宣称，"十翼"是反神论。其实这并不确切，儒家所反对的只是宗教仪式和使用方向，而不反对宗教本身。只是认为拿易经来指导生活琐事有点大材小用，应该用它解释天地人生，也就是说并不否定易经。"十翼"属易经体系。不论儒家如何申辩，他们是跳不出易经所规定的教义的，并且还推波助澜，增加许多易经条款。如以爻代表天地人，按爻位分出少女、中女、长女、少男、中男、长男。"十翼"之一的《说卦》说："乾为马，坤为牛，震为龙，巽为鸡，坎为豕，离为雉，艮为狗，兑为羊。"（动物世界）又说："乾为首，坤为腹，震为足，巽为股，坎为耳，离为目，艮为手，兑为口。"（人体器官）又说"乾为天，为圜，为君，为父，为玉，为金，为寒，为冰，为大赤，为良马，为老马，为瘠马，为驳马，为木果"。

乾可表示 14 种事物。《说卦》以同样的表述，坤表示 13 种事物，震表示 18 种事物，巽表示 16 种事物，坎表示 20 种事物，离表示 14 种事物，艮表示 11 种事物，兑表示 9 种事物。八种卦象共表示 115 种事物。这些规定既限定一定范围，又给解卦者很大的灵活性。

易经是以八卦形式、反映华夏民族原始宗教信仰并高度概括提炼的古神学理论。原始宗教主要是天神崇拜。八卦中的天地山川风雨雷电是以上帝（天）为首的一群神。八卦是古人设计的一种图形符号，就像现代巫师手中的请神道具，人们用以进行"人神对话"。

《周易》重叠八卦为六十四卦，扩大了易经的容量。现代出土的马王堆帛书《周易》，它是按原创八卦排序。所谓"帛书周易"，是现代人的命名，它可能早于《周易》。"十翼"对《周易》进行理论化处理，汉易对《周易》进行实用化发挥，这样从八卦至汉易就形成一个完整的易经体系。

易经被用来指导日常生活，具有操作性和实用性。

"易"是原始宗教活动的概括，集中表现在对八卦的崇拜和运用。系统描述这种宗教活动的文章，古人称作"易"。经过整理加工提炼后的这类文章被称为"易经"。"易经"带有浓厚的宗教迷信色彩，相当于我国后来的佛学和西方的圣经。

姬昌改造八卦

王国维《今本竹书纪年疏证》:"帝辛二十三年,囚西伯于羑里。""帝辛二十九年,释西伯,诸侯逆西伯,归于程。"

文王姬昌在今河南汤阴羑里坐牢七年。

《史记·三代世表》:"季历生文王昌,益《易卦》。"《史记·本纪周》:"西伯盖即位五十年。其囚羑里,盖益《易》之八卦为六十四卦。"

西周诸侯国国君姬昌是殷商朝廷政治要犯,关押羑里监狱七年。姬昌图谋推翻殷商王朝。他父亲季历、儿子伯邑考被朝廷所杀,他这是第二次被囚,三十年前第一次被囚于甘肃玉门数月。在羑里监狱,姬昌改造八卦,使之服务于西周革命。

姬昌对八卦进行三大改造:第一,改变八卦排位;第二,重叠八卦为六十四卦,即"益《易》";第三,重配卦辞和爻辞。

请看下图:左图是伏羲八卦(原创八卦),右图是文王八卦(改排八卦)。因为有了改排八卦,后人为了区别,命前者为先天八卦、伏羲八卦,后者为后天八卦、文王八卦。

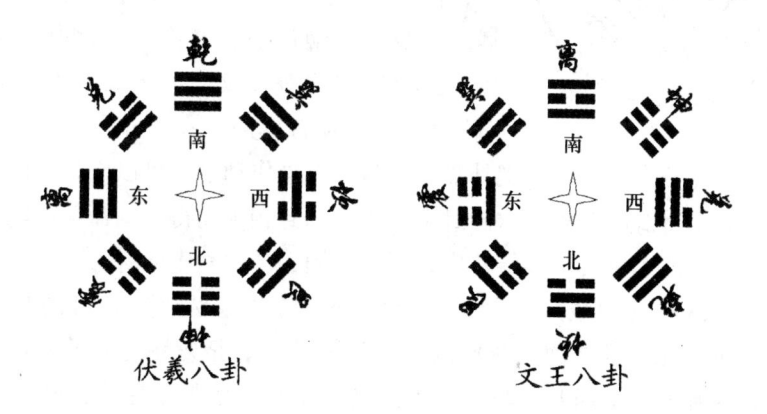

两者有什么不同呢？我们已知八卦三要素：卦画、卦名、方位。姬昌对卦画方位重排，改变天地山川风雨雷电的方位，其中的天（乾）被移于西北，地（坤）被移于西南。这两种八卦同时流行三千年，人们不知其奥妙，平常对待之，只是以为姬昌喜欢弄点新花样。

历史告诉我们，姬昌时代是原始宗教盛行的时代。芝麻绿豆大的事，人们都要请示神明指点迷津，人人心中都装着上帝。每个人的命运都与上帝连在一起。好了，姬昌找到新大陆，他的诸侯国在商朝的最西部，把代表上帝的天（乾）从南方移到西北。这是一着恶招！上打商纣王，下震老百姓。当时不是天命决定一切吗？纣王是天子，姬昌把纣王的老爸搬了家，他爸不管这个儿子了，跑到西边去照顾别人了。西边谁呢？姬昌的西周诸侯国。与此相适应，地（坤）被从北方移于西南。这与西周处商疆西南吻合。还有雨（泽）从东南移到正西，镶嵌在天地之间，这就构成完整的意思，上帝施泽惠于西周。其他移位各有含义不赘述。天地移位，寓意天命转移，纣王失了精神支柱，老百姓动摇了对纣王的尊敬和俯伏，纣王还混得下去吗？天命改变被后人说成为革命。姬昌改造八卦制造革命舆论，把对方推到非法位置，自己则占领了有利山头。这是一。

第二，"益《易》"六十四卦。

姬昌有许多话要说，八卦只能写八篇文章，要多写文章就得扩大八卦的范围，扩大的最简易办法是重卦。八卦卦画依次交错相叠成六十四卦。那时人们使用十进制，已经不懂二进制的数理变化，叠卦虽然含有二进制数理关系，但并不是按二进制变化关系产生的结果。插图是我按照姬昌叠卦意图设计制作的转盘图。卦画的方位按"文王八卦"定位，不用"乾坤……"卦名，直书八大自然事物，返璞归真。转盘分内外两盘，把外盘作定盘，内盘作动盘，可以旋转。内外两卦对位表示重卦的意思。六画卦由两个三画卦相重而得。内盘每旋转四十五度，产生八个重卦；旋转八次，正好一周，产生六十四卦。

有文献称《归藏》已经是六十四卦，帛书《易经》有可能是《归藏》逸本。无确证之前，我们以《史记》为据，把发明专利给姬昌。姬昌扩大八卦为六十四卦，写了六十四篇大文章。他打破原有卦序（如果有的话），按事件发生时间先后排列，形成架构上的有机整体。

第三，重配卦辞和爻辞。当时流行的易经中有的配有卦辞或爻辞，姬昌大部摒弃，稍微保留有用词句以作遮掩。卦辞和爻辞是《周易》的主体。《周易》如实记录灭商兴周历史事件，阐述商亡周立的必然趋势，以及西周人的革命战略、方针和政策。

这些卦辞和爻辞，悬浮在易经之中，给人们以广阔的想象空间，使中国文化人的智慧开发殆尽。但是它既不能用来卜筮，也不能拿来充作哲学教材。人们只得尊其为"群经之首"、"中华之瑰宝"，戴上桂冠，供于神坛。

八卦进入了《周易》，《周易》容纳了八卦。简单推理，凡易经必谈八卦，《周易》中有八卦，所以《周易》是易经。但是深入细想呢？文章开头说了，姬昌是囚犯，被剥夺言论自由。他跟朝廷有血海深仇，他又是负有"翦商"历史任务的政治家，他的责任和处境是矛盾的。他要寻求出路。这条路就是伪装。喜好八卦而不真的崇敬八卦，喜爱易经而不真的研究易经。姬昌取得了成功，持矛狱卒、典狱长，直至大臣、纣王都没有窥透姬昌的用心。如果被看透，姬昌的脑袋就不属于自己。问题是后人也被蒙蔽，他们堂而皇之地把《周易》归入易经，并拥推为易经的骨干作品。误会，极大的误会。京剧大师梅兰芳先生一辈子善演京剧旦角，台上所见总是女性，但不能由此认定梅先生是女性吧。文王八卦，姬昌穿八卦外衣，内里还是姬昌啊！

《周易》,姬昌主义

《周易》是易经吗?

回答这个问题之前,先要弄清《周易》是什么性质的书。

我们先看《周易》写了些什么。

《周易》写了六十四篇文章,记述殷商灭亡前八十余年和西周王朝立国后十余年约一百年的历史变迁。分为七个部分:

第一部分　序篇——乾,元亨利贞。综合介绍。共分三篇:

一、"乾",综合介绍西周革命六个阶段。

二、"坤",综合介绍西周地域。

三、"节",《周易》作者自我介绍(姬昌简历)。

第二部分　奠基篇——潜龙勿用。公亶父奠基时期。共分三篇:

一、"屯",屯垦岐山,西周从此习政治。

二、"兑",风风雨雨,亶父谋商奠王基。

三、"泰",跋山涉水,西周小往大来。

第三部分　开拓篇——见龙在田。季历时期,征战,扩张。共分六篇:

一、"归妹",季历迎娶殷商皇室姑娘挚任氏,商周联姻。

二、"丰",季历征战、战功显赫,被商谋杀。

三、"未济",事业未竟,路途犹如伐鬼方。

四、"既济",季历有功,功在殷商,利在西周。

五、"旅",姬昌奔丧,乞讨、初次坐牢。

六、"巽",姬昌奔丧之补充,挚任氏、崇侯斗智。

第四部分　发展篇——君子终日乾乾。西周全面发展、备战,姬昌被囚。共分二十五篇:

甲　姬昌早期生活片段（共六篇）：

一、"履"，伏虎，敌我态势分析。

二、"小过"，青少时期生活片段。

三、"大壮"，西周崛起，季历高处不胜寒。姬昌首伐商，败。

四、"夬"，决策失误，祸患无穷。首伐善后。

五、"震"，姬昌参加帝乙葬礼，目睹人殉人祭。

六、"渐"，姬昌、太姒大婚。

乙　姬昌论策略（共六篇）：

一、"颐"，论民生。

二、"大有"，关于农业丰收的六要求。

三、"小畜"，常备不懈。

四、"同人"，关于团结各类人员的意见。政党思想的萌芽。

五、"解"，论外交政策。

六、"家人"，姬昌主义之论家庭。制止人祭，和睦家庭。

丙　姬昌论形势（共六篇）：

一、"否"，长期战略，否定殷商帝国。殷商大往小来。

二、"观"，知此知彼，百战不殆。

三、"晋"，武功安邦建国。

四、"剥"，逐步剥蚀，对商策略。

五、"比"，内外比较。认识形势的方法。

六、"遁"，商国奴隶大逃亡，社会崩溃。西周反对追逃，出《有亡荒阅》令。

丁　姬昌在狱中（共七篇）：

一、"讼"，天下第一讼，"元首之吉"。姬昌官司败诉。

二、"困"，牢狱之灾，凤凰折翅。

三、"坎"，过涉灭顶，惊涛骇浪。狱中片段，姬高其人。

四、"中孚"，狱火炼人，幽宫深院穷兴师。狱中生活片段。

五、"无妄"，姬昌蹲狱，岐周息政进休眠。谨言慎行，初识八卦。

六、"睽"，别离之苦，鸿渐于飞情丝乱。

七、"姤"，岐山凤雏，羽翼未丰。狱中感言。

第五部分　扩张篇——或跃在渊。姬昌出狱、受命、东征。共分七篇：

一、"贲"，伪装成功。韬光养晦，都邑内迁。

二、"豫"，丰京之谋。出狱后图商，着重于军事动员。

三、"恒"，思想和物质建设。

四、"咸"，分别对待各类人员，分化瓦解敌对势力。

五、"蹇"，朋聚西南。

六、"大畜"，紧急备战。

七、"大过"，老来生活片段。

第六部分　决战篇——飞龙在天。武王姬发东征，灭商，兴周。共十四篇：

一、"蛊"，殷商腐朽，无可救药。

二、"明夷"，殷商朝廷，分崩离析。人物分析，纣王及三臣。

三、"谦"，品德、思想建设，包括建军，征伐。

四、"师"，姬子兵法，姬昌论军事建设。

五、"临"，临战动员。

六、"复"，战前反复调查。

七、"需"，长途奔袭，牧野之战。

八、"革"，己巳国庆日。

九、"损"，开国后干九件大事。

十、"益"，强化新政权。

十一、"萃"，武王隆盛庙祭。向上帝祖先报捷。

十二、"离"，革命之火，烧死纣王。

十三、"升"，凤鸣岐山，飞龙在天。

十四、"随"，英雄母亲。太姒一辈子。

第七部分　巩固篇——亢龙有悔。姬旦巩固政权。共分六篇：

一、"蒙"，分化瓦解敌对残余势力。

二、"鼎"，处理旧王朝遗民。

三、"涣"，平定管蔡叛乱，二次东征。

四、"井"，处理遗民，改邑不改井。

五、"噬嗑"，刑罚，维护新政权的强制工具。

六、"艮"，论山，灭商兴周全过程概要。

上面七部分的文章可以回答《周易》是什么书了。

《周易》如实记录灭商兴周历史事件，阐述商亡周立的必然趋势，以及西周人的革命战略、方针和政策。这应当是周史部分。《周书》只有部分文章被选入《尚书》。有部分被辑录于《逸周书》。《周易》实际上是《周书》的姊妹篇。历史上此时把它当卜筮书，彼时又把它当哲学书，以致弄得面目全非。《周易》飞天下，天下不知《周易》真谛。

《周易》，是在奴隶制社会条件下，贵族阶级进行社会革命的完整的理论体系。它是以姬昌为代表的，包含古公亶父，季历，文王姬昌，武王姬发、姬旦四代人百年革命实践经验的总结，是贵族阶级为调整阶级对抗，促进生产力发展，建立有序的阶级统治所创建的理论、方针、政策和策略。它的主要内容包括：天命论的世界观，推翻不适应生产力发展的旧的国家机器殷商王朝，保障奴隶人权，改善民生，分封诸侯；推行礼治，等等。

古公亶父奠定了一套对敌斗争的理论、方针、政策和策略。现代人喜欢把政治主张或思想学说叫"主义"。古公亶父的那一套，称它为"亶父主义"也没有什么不恰当。亶父的儿子季历是实干家，理论上无建树，以生命殉道。亶父的孙子姬昌，对亶父主义进一步发展和完善，主要表现在对古老八卦的改造，强调天命转移，搬掉了商人的精神依托，给予周人以强有力的意识支撑。再就是把大政方针细化，使之更加适合当前的斗争形势。姬昌死后又有他的儿子姬发、姬旦周公和军师姜尚把亶父主义推向高峰，形成一套完整的革命理论。这套理论可以名之曰：

姬昌主义。

回答文章开头的问题，《周易》是易经吗？不是。易经是神学，《周易》是政治历史学。

在特定的历史条件下，即殷商强大，西周弱小，两者力量相差悬殊的情况下，在姬昌被囚，无言论自由，随时有被杀的情况下，《周易》作者姬昌只能借壳上市，采用易经形式写作被认为是非法的文章。《周易》不可避免带有易经的特征。天命论，易经的灵魂，《周易》无法绕开的坎限。天命论，被人们用来维护殷商现成秩序；《周易》里，天命论被用来改革现成秩序，把精神枷锁变成精神动力的武器。八卦，是义经的载体、主要表达形式。《周易》借来制造革命舆论，摇撼殷商王位，涣散诸侯军心，破除底层百姓对旧秩序的迷信。但是八卦、八重卦的卦量又限制作者思想的发挥，总体只能写六十四篇文章，不能多，不能少。每篇文章也只能写七节，一节卦辞，六节爻辞，不能多，不能少。词语方面也不得不吸收一些巫卜用语，如元亨利贞，吉凶悔吝等。这样，从外表上看起来与易经无二。我们只须知道，《周易》是花木兰从军，女扮男装，外表是用来搪塞当局的。

《周易》如何描写西周革命

《周易》像一座矿山，表面有厚厚的山石，一层叫卜筮，一层叫哲理，一层叫古字词、典故。它被这层层岩石覆盖了三千年。开发它，难，不是一般的难。除了三层石头，还有三千年来形成的习惯势力。

《周易》是矿山，必有矿山的特征。山里有矿，遇地震，遇山崩，遇水流冲刷，遇雷击，遇现代探矿仪器，总会露出苗头，让人发现苗头而开采它。

《周易》是早就露出苗头的，只是没有引起人们的注意，或注意了又避开了。

孔子是第一位发现苗头的，并且说是金矿。

孔子《系辞下传》载："《易》之兴也，其于中古乎？作《易》者，其有忧患乎？是故，履，德之基也；谦，德之柄也；复，德之本也；恒，德之固也；损，德之修也；益，德之裕也；困，德之辨也；井，德之地也；巽，德之制也。"

意思是：《周易》的兴起大概是在中古吧？作《周易》的人大概是心怀忧患吧？因此之故，它的一些卦都反映出与治理国家有关的描述，如履，是德治的基础；谦，是德治的权柄；复，是德治的根本；恒，是德治的稳固；损，是德治的修养；益，是德治的富强；困，是德治的拉力；井，是德治的地域；巽，是德治的制度。

接着孔子进一步以肯定的方式质疑：

"《易》之兴也，其当殷之末世、周之德盛邪？当文王与纣之事邪？是故其辞危。危者使平，易者使倾。"

意思是：《周易》的兴起，大概是在殷末德衰、西周德盛崛起的时候吧？是有关文王与商纣王的事吧？所以它的辞章具有危机，殷商临危，想使自己太平起来，西周趁机，想使对方倾覆。

这已经把事情说准十有八九。如果循着这条路径走下去，金矿早已挖出，《周易》在两千五百年前就不是今日这个样子。它就是革命书。

孔子被自己的世界观害苦了，也被后儒害苦了。

《周易文化大学讲稿》描述："孔子一生'不语怪力乱神'，就是从不谈论稀奇古怪的事物、不谈论暴力、不谈论犯上作乱的事情，也不谈论那些神秘兮兮的事情。"

这就误事了，孔子发现了金矿，后儒听社会上流传，寻短见的人吞金立即死亡。金矿开出来岂不把社会上的人都毒死了。开掘否？慎重。

那文王、商纣的事不同一般，是暴力，是"血流漂杵"，是把商纣王的头割下挂在旗杆顶示众，是犯上作乱。这样血淋淋的事，儒家心理上接受得了吗？接受不了。自己"不语"，也想让别人"不语"。后儒让孔子和他的伟大发现分道扬镳了。

《周易》被改头换面了，武戏变成了文戏。"霸王别姬"的戏不能演，演演"梁山伯与祝英台"吧。

孔子的远孙、汉朝的孔安国说："先君孔子，生于周末。……赞'易'道，以黜《八索》。"他是说，孔子喜欢易经的道理，但不喜欢八卦的卜筮并废黜八卦。

我们知道，易经离了八卦就无所谓易经。孔安国的话是有毛病的。汉儒对《周易》进行了颠覆性的改造，他们把《周易》甩了，只捡了一些不伤皮肉的道理，用来作儒家的教科书。为了使自己的理论站住脚，他们又反过来说，孔子如何如何。

我们尊重孔子开初的发现。循着他发现的途径前进。他的发现给《周易》定了位：时间，"中古"，"殷之末世、周之德盛"，商末周初；事件，"文王与商纣之事"。

按照孔子指引的方向，我们再仔细读《周易》。

《周易》说了些什么？"文王与商纣之事"。西周崛起，殷商再三镇压，杀之不死，最后纣王被武王所杀。纣王自焚。商灭。周兴。周朝在中国历史上八百年。

《周易》六十四卦，我们炸开卜筮、义理岩石，你会发现真金。

六十四卦，或说六十四篇文章，有三十四篇是明显陈述"文王与商纣之事"的。占全书一半有余。它们是：屯，蒙，需，讼，师，履，同人，大有，豫，随，蛊，临，噬嗑，贲，复，无妄，大畜，颐，大过，离，遁，大壮，明夷，家人，睽，蹇，解，困，井，革，鼎，渐，归妹，旅。其中有十四篇更是直截了当。如明夷篇中指名箕子（商纣大臣），归妹篇中指名帝乙（纣王的父亲）。有的指事，如离篇写"突如，其来如，焚如，死如，弃如"。这就是纣王末日写照，字字丝丝入扣。再如履篇，"履虎尾"，说明西周人面对的是一只虎，老虎厉害，随时可以咬死你，但是它是将会死掉的老虎，你踩它尾巴，它奈何不了你，几个字把事情说透了。

尽管《周易》语言晦涩，但是作者给读者留下许多进山的路标，归纳之，有六类：

一、地域路标："西"，"西南"。西周处西南，西南是福地。

坤：西南得朋，东北丧朋，安贞吉。

小畜：密云不雨，自我西郊。

小过：密云不雨，自我西郊。

随：王用享于西山。

升：王用享于岐山，吉，无咎。

蹇：利西南，不利东北，利见大人，贞吉。

既济：东邻杀牛，不如西邻之禴祭，实受其福。

这就告诉读者，《周易》赞颂的是西周。你可以循着这路标进到山里。

二、政治路标：西周处建侯、立国时段，因此多处论及。

坤：或从王事无成有终。

益：王用享于帝；迁国。

涣：王假有庙，利涉大川（图王事），利贞。

讼：或从王事无成。

乾：群龙无首，吉。

豫：利建侯行（兴）师。

屯：勿用有攸往，利建侯。

屯：利居贞，利建侯。

师：大君有命，开国承家，小人勿用。利大人。

革：大人虎变。

讼：中吉，终凶，利见大人，不利涉大川。

同人：同人于野，亨。利涉大川，利君子贞。

告诉我们，《周易》对卜筮预测之类不感兴趣，按卜筮岔道走下去，或按义理岔道走下去都到不了金山。

三、征战路标：商周对峙，发生多次征战，《周易》有所描述。

需：武王东征过程。牧野决战。

师，讲军队建设，建军原则。篇中"师出以律"成后世军事家们必尊的经典。

离：王用出征。有嘉。折首。获匪其丑。无咎。

晋：晋其角。维用伐邑。厉吉无咎。贞吝。

四、祭祀路标：西周坚持祭祀从简，反对用活人祭祀。

既济：东邻杀牛，不如西邻之禴祭（简祭），实受其福。

升：孚，乃利用禴，无咎。

遁：商朝社会骇人听闻的人殉人祭，奴隶求生逃亡，社会大动荡。

五、牢狱路标：姬昌两次坐牢，多篇文章提供信息。

履：履道坦坦，幽人贞吉。

归妹：利幽人之贞。

噬嗑：利用狱。

坎：牢狱之灾。

困：监狱生活。

六、典故路标：这些故事发生于《周易》时代或以前。

泰：以祉，元吉，"帝乙归妹"（有其事，季历娶挚任氏）。

归妹："帝乙归妹"，其君之袂不如其娣之袂良。

未济：震用"伐鬼方"三年，有赏于大国，贞吉悔亡（有其事，季历伐鬼方）。

既济："高宗伐鬼方"，三年克之，小人勿用。

大壮："丧羊于易"，无悔（有其传说，寓意子报父仇，姬昌仿效之）。

凭着这些路标，我们可以走向金山，开发出金矿，认识真正的《周易》。《周易》是史书，是史诗。它不是卜筮书。儒家反对卜筮而反掉了《周易》，就如产婆，泼脏水时连同婴儿一起泼出去了。儒家改造《周易》是失败之举，破坏了《周易》的真谛。《周易》也不是哲学书。

解剖一只麻雀

把一只麻雀解剖开来，看看它的五脏六腑，就知道其他动物的身体内部结构。我们现在共同解读一卦，探一探《周易》到底说了些什么。参加者四人：姬昌（《周易》作者）；高亨（《周易古经今注》作者，他是一位现代学者，并不赞同卜筮，只是以卜筮试解《周易》，有贬"十翼"之意）；R（《十翼》的代表者，"十翼"是否为孔子所作，历史上有争议）；本人（本书作者，以 M 代）。

讨论题："遯"。通行版《周易》中的第 33 卦。卦画见图。卦画结构是艮下乾上。

我们先解题，"遯"。

遯，读 dun，通行《周易》有两种写法，遁与遯。辞书称一个是繁写，一个是简写，含义一样。《现代汉语词典》词目，遁（遯）①逃走，②隐藏。

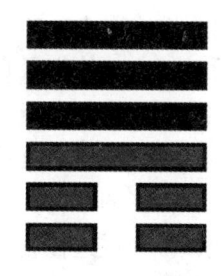

姬昌：词典的意思就是我的意思。

R《序卦》："恒者久也，物不可久居其所，故受之以遯。遯者退也。"《杂卦》："遯则退也。" M：有点接近，深层含义可能大相径庭。

高亨："遯疑借为豚。《说文》豚，小豕也。遯，小猪。"

M：文中提到"臣妾"、"君子小人"。从文章内容看，不像是说小猪，主要是描写人。R "遯者退也"，字面解释也对。我赞成姬昌说法。联系历史背景，取遁为"逃走"，文章生辉。

再看全文：

艮下乾上，遯。亨。小利贞。（此句，易经中叫卦辞；以下六条易经中叫爻辞。）

初六　遯尾，厉，勿用有攸往。

六二　执之用黄牛之革，莫之胜说。
九三　系遁，有疾厉。畜臣妾，吉。
九四　好遁，君子吉，小人否。
九五　嘉遁，贞吉。
上九　肥遁，无不利。
请各位根据提要说出中心思想。

姬昌：纠正"提要"的说法，我写的就是全文，已经记述了完整的意思。前两节叙事，后四节议论。我们刻竹简、写羊皮，不能洋洋洒洒动笔几千言。文中的"初六、六二……"巫史叫爻题，我不管它的含义，只把它当序号用。殷商社会人殉人祭，骇人听闻。人殉人祭，你们懂吗？

M：不懂。

姬昌：啊，不懂。人殉就是活人跟死人一起埋葬，人祭就是杀活人献给上帝祖先"吃"。建庙，建宫室，要奠基、置础、安门、落成。每道程序都拿奴隶活人祭祀，有的先杀后埋，有的不杀而活埋。奠基，杀儿童四人；置础，活埋二人；安门，杀八人、活埋四十二人；落成，杀、活埋共五百八十五人。悲惨吧，奴隶没有反抗能力。你看那六七岁小弟弟更没有反抗能力，他们天真可爱，稚气纯真，一会儿被刀砍了小脑袋，鲜血从脖颈喷流出来，眼睛还惊恐地睁着，惨叫声撕心裂肺，随着刀光一闪就停止了。一条条生命就这样毁了。一座庙宇建成要杀八百八十三人。我参加过一次商王的葬礼。那次杀四百多人殉葬。商王带头，贵族上行下效，全国成风。你说这社会是不是疯狂了？还有穷人过的日子吗？奴隶们先是偷偷逃跑，后来是公开逃跑，成群结队。逃深山，逃荒野，逃国外。家里田间没有人干活了，社会秩序大乱。偷抢杀人到处有。商帝和贵族们慌神了，下令全国抓捕。遁就是逃亡和抓捕。奴隶们为了活命，逃亡、躲避，求得短暂平安，不解决根本问题，所以我记之"遁，亨。小利贞"。这就是遁卦的意思。

高亨：姬昌先辈所说我第一次听到。我从书籍上知，遁卦说的是，古人用小猪祭祀神灵，神灵小有享受，祭祀者只能小有吉利。

R：姬昌说的太实在，不利讲哲学。高亨引古说也不对，鬼呀神的我不喜欢。我的意思在《彖》中："'遁亨'，遁而亨也。刚当位而应，与时行也。'小利贞'，浸而长也。遁之时义大矣哉。"《象》中也有："天下有山，遁。君子以远小人，不恶而严。"

M：高亨说法不可取。R 的"刚当位而应"、"天下有山"是巫卜术语（要知巫卜术语的读者可阅读吕绍刚《周易辞典》）。按卦画解读，由画产生突变，上升"时义大矣哉"的哲学，给人印象是卦画产生哲学，哲学来源于卦画。不妥。不能责怪 R。R 一没有姬昌切身见闻，二没有历史资料，三没有考古事业支撑。再是姬昌是政治家，R 是学问家，政治上失意，攻汉语哲学，专业不对口。各人关注事情的角度不同。

讨论第一节"初六　遯尾，厉，勿用有攸往"。

姬昌：奴隶全国大逃亡，以商帝为首的奴隶主全力抓捕。你逃，我尾随而追，所以记"遯尾"。这件事情在国内搞得很凶狠，记一"厉"字。在我们西周看来，追逃是肚子疼贴膏药，于事无补，记"勿用有攸往"。当局要找找奴隶逃亡的原因，对症下药。

高亨：听今人说小猪剁断尾巴易长肥，故曰"遯尾，厉"。人有所求则有挫折之虞，故"勿用有攸往"。

R：《象》曰："遯尾之厉，不往何灾也。"（隐遁是避开尾随而来的危险，不隐遁又有什么灾祸呢？）

M：赞成姬昌。我们现代人拥有考古资料，证实姬昌所记属实。甲骨文记载，连商帝们也忙于追逃。高亨解读不可取。R 说的可能是自己的身世。求官不得，隐遁又不甘心，处于进退两难中。

讨论第二节"六二　执之用黄牛之革，莫之胜说"。

姬昌：有的奴隶主抓住了逃奴，用黄牛皮筋捆绑起来，不让他再逃脱，记"执之用黄牛之革，莫之胜说"。

M：先解释几个词。执：抓的意思。革：去毛的皮。莫：不让。胜：能够。说：通脱，逃脱。为什么用黄牛皮？

姬昌：黄牛皮筋比绳索牢实。奴隶是奴隶主的财产，跑一个人等于跑一堆财产。奴隶主心疼，所以下狠心捆绑结实。

高亨：用黄牛皮筋捆起来，"执之用黄牛之革"，小猪跑不了，但是猪不长肉，"莫之胜"，故解脱之，"说"。

R：姬昌务实，高亨务玄，我喜欢务虚。《象》曰，"执用黄牛（之革）固志也"（意：君子坚守自己的意志，就像用黄牛皮捆物那样牢实稳固）。

M：姬昌用事实说话，有说服力，我同意。高亨务玄，是他假设巫卜会那样说。R 说的是人的德行修养。跑题。

讨论第三节"九三　系遁，有疾厉。畜臣妾，吉"。

R：《象》曰："系遁之厉，有疾惫也。畜臣妾吉，不可大事也。"

高亨：人有疾病缠身，犹如小猪被绳系在木桩上，不自由，不舒服。对臣妾也应如此，要把他们圈养起来，主人才可安逸。

姬昌：逃奴被抓起来系于房柱，这样做有害无益。"系遁，有疾厉。"人不是猪羊，你还要奴隶干活，总不能天天系着吧。对待臣妾（奴隶统称臣妾），要畜养，猪羊要喂饱，何况人哩。更不可随意拉去祭祖陪葬。杀人不比杀猪，人这鬼东西有头脑，有情感，会思维，随意杀无辜，后患无穷。

M：毕竟是革命家，姬昌说的有道理。

讨论第四节"九四　好遁，君子吉，小人否"。

姬昌：奴隶大逃亡是个社会问题，根源是人殉人祭，乱杀无辜，随意一次杀几百人。我们想想，死一人牵扯一家，毁了一家，几百人就是几百家。闹得人心惶惶，谁有心生产，谁还愿意服侍你？别人不种粮食，你天天喝西北风？看见没有，有的小贵族已经堕落，开始偷抢。奴隶逃光了，你偷抢无门，把他妈杀吃了吧。好生解决逃奴问题，从根子上着手，对治国安邦的大人君子来说，吉事一桩。鼠目寸光，小人愚夫，整天吆喝抓，抓，抓，越抓越乱。"好遁，君子吉，小人否。"

R：《象》曰："君子好遁，小人否也。"——某《周易》作者解读《象》："喜好高明地隐遁，于君子吉祥，小人却做不到。"

高亨："好，读为美好之好，与爱好之好，义皆不谐。疑好者馈也。……《礼记·内则》'凡接子（结婚）择日，冢子则大牢，庶人特豚，士特豕，大夫少牢，国君世子大牢。'接子之大典，庶人仅用特豚，则庶人馈豚不徒财有不给，亦礼所不许，故曰'好遁，君子吉，小人否'。"

M：姬子之论切中时弊，抓住要害，对症良方。R 之论是另一个主题：君子。R 的君子专指社会的精英，他们是介于最高统治层和底层庶民之间的一个阶层。他们有文化、有知识、有一定财富。他们的品德修养和追求是靠拢、进入最高层。一旦被排斥，即有怀才不遇之感，情绪消沉，行动退隐。R"遁者退也"，说的就是这部分怀才不遇的智者。遁者，两种人，姬昌笔下的奴隶逃亡者，R 笔下的失意隐者。所以文中出现各说各话的局面。

高亨模拟筮卜者解《周易》，仍然以小猪说卦。说大婚送礼，有钱人多送，送牛羊，无钱人少送，送小猪，"君子吉，小人否"。这跟姬昌对话也是各说各。

讨论第五节"九五　嘉遯，贞吉"。

R：《象》曰："嘉遯贞吉，以正志也。"阿 A 翻译：成功及时地隐退，符合正道而可获吉祥，说明能端正志向。

高亨：古谓喜庆之事为嘉。嘉豚者，喜庆之事所用小猪也。嘉豚自是吉祥，故曰嘉豚，贞吉。

姬昌：社会要善待逃奴。首先要给他们松绑，打开枷锁，不用黄牛皮带捆缚他们，让他们干活有饭吃，更不要拿去活埋祭祖。人图什么呢？活命。你不让人家活，人家一跑你也活不了。善待人家也是善待自己。道理简单，做到不容易。然而不做不行。不做，凶；做得好，吉利，所以记之"嘉遁贞吉"。

M：R 失意君子论。高亨小猪祭享论。姬昌奴隶逃亡论。姬昌所论是帝国存亡大事，境界高，着眼准，有现实意义和历史意义。

讨论第六节"上九　肥遯，无不利"。

姬昌：上面几条以说教为主，有些人可能还是不听。有必要制定政策，订立法律，保护奴隶（不是解放奴隶）。政策和法律要规定废弃人殉人祭，让人吃饱，不受寒冻。奴隶有生命保障和基本生活条件，自然会稳定下来积极生产，不思逃亡。如此对双方有利，互赢。"肥遯，无不利。"

西周制定了一个法律叫《有亡荒阅》，上述内容全部在其中。你们可以去解读。

R：《象》曰："肥遯无不利"，无所疑也。

阿 B 翻译：远走高飞，没有什么不利。

M：R 说的还是君子善于隐遁，去志已决。"社会问题我无法解决。拜拜，你们折腾去吧。等你们折腾好了我再回来。"

高亨：《说文》，"肥，多肉也"。肥小猪利于作祭物，利于作膳物，故曰肥豚，无不利。

M：R 一"退"到底。君子见形势不妙，隐，退，隐退。逃，遁，逃遁。这有点不负责任，把社会问题完全交给"小人"去处理，社会走向何方？

高亨解《周易》，确切说是解易经。用《周易》无法实施卜筮。所以高亨不得不改"遁"为"豚"，改"好"为"馈赠"。

M：西周的《有亡荒阅》，最早见于《春秋左传》，现今见于《中国史稿》和《中国古代史》。此法典只留下名称而没有内容。历来专家们只解释其名。"有亡，谓奴隶之逃亡者。荒，大也。阅，今言搜索。"大意：对逃亡的奴隶，进行大搜捕，都抓起来，各归其主。

这与西周的现实相矛盾，西周是逃亡奴隶的最大窝藏者，奴隶视西周为救星。西周会出这样的法律束缚自己的手脚吗？它还指望奴隶替它打仗灭商哩。又，这与商朝廷的做法相吻合。商帝亲自指挥奴隶主全国各地抓逃奴，西周人出法律说抓得好，抓得合法，这不是长敌人的威风灭自己的志气吗？周文王何以得天下？（更多讨论见遁卦。）

★　★　★

《周易》是史记，记的是历史。商周史料很稀缺。传说《周书》是正史，但是竹简时代不易保存。孔子选了部分编入《尚书》，后人又捡了些篇章汇编为《逸周书》。汉朝司马迁根据已有资料和传说写出周史部分汇入《史记》。《周易》被长期定为卜筮书或哲理书，它的史料价值被掩盖，一个贵族革命的完整思想体系被弄得七零八碎。我们现代人有条件有责任恢复它的原貌。我们较前任何一代古人有更富裕的历史资料，有广泛的基础科学知识，有近百年的考古事业。考古资料是信史的组成部分，它可以补充和修正信史。如本篇，没有考古工作者对殷墟的发掘和人殉人祭的暴露，就无法说清"遁"、"遯尾"、"执之用黄牛之革"、"畜臣妾吉"等的意思。《周易》是纪实，它用文字与其他史料、考古资料同时印证了一段古史。

十翼,孔门之易

"十翼"是十篇文章:《彖传上》、《彖传下》、《象传上》、《象传下》、《系辞上传》、《系辞下传》、《文言》、《说卦》、《序卦》、《杂卦》。

历史上,它们从来没有单独成书,总是夹杂于《周易》中一起出版面市,所以没有恒定的书名。"十翼"不是书名,是十篇文章的总括简称。有时有人把它当书名,在书名中加一"传"字,有的不加。说是十篇也不确切,因为它从来不发单行本,只能说是七篇文章,其中三篇分上下,团圆成十篇。"十翼"作者是谁呢?多说是孔子。此说牵强,许多书记载孔子"述而不作"。有的人如北宋欧阳修著《易童子问》,自问自答,说"十翼"中有许多错误,"十翼"不是孔子所写。童子(欧阳修假托)问曰:《系辞》非圣人之作乎?曰(欧阳修解答):何独《系辞》焉,《文言》、《说卦》而下,皆非圣人之作;而众说淆乱,亦非一人之言也。20世纪初,中国兴起新文化运动,对《周易》重新评估,《周易》和"十翼"名声不甚好,被边缘化。"十翼"作者是谁,也没有更多的人深究。是谁写都没有多大深究意义。

近年掀起《周易》热和孔子热,人们挺《周易》而挺孔子,挺孔子而挺十翼,三家成一家,三事成一事。

古人划了一条界线,原生态的书叫"经",解释经的注解、评语、文章叫"传"。"十翼"是解释《周易》的,所以统统叫传。因为传是经的附加部分,该怎么称呼就很随意。

《周易文化大学讲稿》(以下简称《讲稿》)的作者说,"所谓'翼'即指翅膀。其含义是,就像翅膀帮助鸟儿飞翔一样,孔子所作的传有助于对经文的理解;鸟儿离开翅膀无法飞翔,《周易》没有了孔子的传也就无法理解了"。

又说，经与传虽然有区别，"但《周易》却不同，因为孔子曾为《周易》作传，由于孔子的特殊地位，他为《周易》所作的传文，与《周易》的经文一样被视为'易经'的组成部分"。

《讲稿》就是按照《周易》加"十翼"等于《周易》的含义阐述的。书中《周易》一词出现约700次，有669次就是这个意思。作者多处引用十翼的语句或段落，都说成《周易》所说。

历史上儒家是把《周易》与"十翼"等同看待的，甚至"十翼"地位超过了《周易》，但是还没有谁从文字上肯定"十翼"是经。

我觉得有几个问题要澄清。

易经、《周易》、"十翼"的关系。

易经是神学。（见本书《易经，华教神学》一文）要全过程考察它的发生和发展。任何一本谈到易经产生的书，都不可避免地要谈到八卦，提到《连山》、《归藏》、龟卜、筮数；这些笼括起来就是原始宗教活动或论述。这是华夏民族特有的宗教现象。华夏民族从远古直至今天，信奉的是上天、上帝。上天上帝是同一名词。信奉的深广程度，随历史条件不同而有差异。我认为它会伴随中华民族的存在，而延续下去，直至地球末日。研究易经的理论叫神学。易经理论是圣经。华夏圣经。不要以为中国没有神学。除了道教、佛教、伊斯兰教、天主教，就是华教。士大夫喜欢标榜清高，把易经分成官方的主流学派、民间非主流学派。主流谈义理，非主流谈筮卜，共同谈易经。考察中国历史，这两个流派从来都不是界限分明，因为有一位共主，上帝。两学派也互斗，有时此消彼长，有时合流。西周以前，卜筮之学，官府掌控，官方民间一统，东周以后分出多个流派。易经之理（包括义理书籍和相关迷信活动）在中国长盛不衰。

《周易》，特定历史条件下的产物（见本书《周易，姬昌主义》一文），借用易经，记史述政，反映周初革命的历史事件。因为借用易经形式，周人蒙过了殷商王朝的严格检查，八百年后又蒙过了秦朝的焚书。人们称赞它是儒家群经之首，如果真是，不早成灰烬了，它过不了秦火关。《周易》与易经有相似处，形式而已，功能不同，它不可用来卜筮。这就是汉朝人改革《周易》的主因。先秦以前流行易经卜筮，其中可能有《归藏》，马王堆帛书易可能与《归藏》有关。《春秋》中的许多卦例，其卦辞有的与《周易》同，有的不同，说明当时社会上流行多种易经版本，《周易》不是唯一。当时还流行变卦，所谓变卦，就是解卦碰钉子，另谋出路。尽管后人为变卦润色，说它如何科学，但是都得不出《周易》可以预测未来的结论。易经本来也无法预测未来，何况《周易》。

"十翼"，孔门作品，儒家代表作，是否孔子所作无关紧要。"十翼"是翼，《周易》的辅导书，吸附在《周易》体上生存。《讲稿》说："鸟儿离开翅膀无法飞翔，《周易》没有了孔子的传也就无法理解了。"有这么神吗？能不能反过来说，没有《周易》就没有十翼。体之不存，翼将焉附？20世纪40年代出版的《周易古经今注》（高亨著，1984年再版），他就是撇开"十翼"解《周易》。高亨说，本书（《周易古经今注》）两个特点，一"不守易传"（十翼），二"不谈象数"。"我认为《易经》（高亨把《周易》与易经等同）作于周初，易传作于晚周，其间相去已数百年，传的论述当然不会完全符合经的原意。而况易传作者往往借用经文，来发挥他们的世界观。"

"十翼"着重说义理、说哲学，讲述易经的哲学思想，它反对卜筮和卜筮的滥用。从这个角度讲，有某些进步意义。但是从思想体系来说仍然属易学体系，还是神学。"十翼"从三个方面强调易经：第一，天人合一。肯定人类社会以外有一个天，这个天是冥冥中的上帝。某些人硬要说"十翼"中的天是自然规律，我们看不到"十翼"发现了怎样的自然规律。"天尊地卑"、"天行健"都不是自然规律。第二，天地人三才。天第一，人第二，地第三，不是说人在天地间渺小，而是说人类社会要按照天地人大小安排秩序，天尊地卑，按尊卑安排人的地位，每个人都要服从这种安排。春秋战国时代，礼崩乐坏，诸侯纷争，称王称霸。儒家就想以天地人三才理论来整顿社会秩序，大家安分守己，不要你争我夺；小民也不可造反，人家是天子，你是小民。第三，强调士大夫阶层的作用。士大夫就是社会上的君子，上不想当皇帝，下不想当庶民，但是想驾驭社会朝自己定的方向发展。所以高唱君子要修身养性齐家平天下。一旦失意，退隐大吉。

易经，《周易》，"十翼"三者有相同点，有不同点，不等同，互不可取代。中间不可画等号。

"十翼"与《周易》的关系，有关系又没有关系。

先说有关系。《周易》作了"十翼"的载体。没有《周易》，儒家也可以写很多哲学书。有了《周易》，儒家就按照《周易》的形体，循着《周易》的路径写出"十翼"。《周易》和"十翼"，形体上成连体婴。

没有关系：

主旨不同，《周易》写政治，"十翼"写哲学。

取材不同，《周易》取材现实社会，"十翼"取材卦画。

主张不同，《周易》主张暴力，文治武功。"十翼"主张礼治，息武修文。君君、臣臣、父父、子子，各安其位。

排序不同，《周易》按事件发生的时间先后排列。"十翼"按卦画形态排列。卦画或相似，或对称。对称就被说成"对立统一"。现行《周易》的排序是儒家的手笔。

三、"十翼"确实存在不少错误，历史上因为认定是孔子所作，出于崇拜，都不假思索。稍有异议，就会招致唾沫。

我在此举出一二。

曲解卦象：

《说卦》："乾健也，坤顺也，震动也，巽入也，坎陷也，离丽也，艮止也，兑悦也。"这些解释都让人丈二金刚，摸不着头脑。

八卦的"乾坤艮坎巽兑震离"是卦名，取读音，不取含义，指代"天地山川风雨雷电"。八卦中取自然界八种实体是象征以天帝为首的八位神灵。古人以八卦传言，犹如当今的无绳电话，天地通话，祈祷天神、地神、山神、河神、风神、雨神、雷神、电神消灾赐福。十翼是想破除这种迷信，给八卦以新意。作者没有申明，是八卦有此"健、顺、动、入、陷、丽、止、悦"的特性呢，还是人为的硬性设定？天何以健？不能是空、远、邈吗？据我推测，指代天的乾，是古人对天的读音，帛书易，记天为健，读音而已，非健康、健壮义。坤顺有道理吗？不能是大、广、平、逆吗？巽入、离丽、艮止、兑悦更是毫无道理（见本书《卦名是客体读音》一文）。后儒循着这条思路解卦，牵强附会，越解越糊涂。

"生生论。"《系辞上传》："《易》有太极，是生两仪，两仪生四象，四象生八卦。八卦定吉凶。吉凶生大业。"

这一段话历来被视作经典，言述图示。

我们展开分析。太极生两仪，两仪指日月或阴阳，说得过去。两仪生四象，四象被指定为老阳、老阴、少阳、少阴，（这是含糊概念）或春夏秋冬四时，也可说得过去。四象生八卦，问题来了。八卦是什么？天地山河风雨雷电。一、重复。太极与天同义或近义。天又与两极的日月近义。二、逻辑混乱。天地山河是两极（日月或阴阳）所生吗？天生天，两仪生天，四象也生天。宇宙间乱了伦次。老和尚的经念岔了。后儒是不是有点小和尚念经！

"十翼"是儒家以自己的世界观对《周易》评解，把《周易》变得面目全非。儒家是想批驳卜筮，改造《周易》，利用《周易》阐述自己的哲学观点，但是他们没有找准对象。《周易》不谈卜筮，是假易经。再是儒家的世界观属易经系统，与卜筮者一样，都是上帝的信徒，他们不可能与易经划清界限。什么唯物论、辩证法，是近百年的概念。上帝观念在中国社会统治几千年，直至满清王朝倒台。生活在两千多年前的儒家能独立于上帝阴影之外吗？还有一点，儒家是个社会群体，上下两千余年，群体里的人参差不齐，对"十翼"的修订损益兼有，良莠并存。

今天的我们，应给"十翼"以适当的评价，肯定其历史功绩，批评其错误；不批评也可，但不可认谬论为真理，把缺点当优点大加赞扬。比如儒家以卦画说事，有违科学，后人就没有必要去吹嘘他们如何具有哲理。又如筮法，什么天数、地数、盈数、大衍数，这是古人蒙古人的游戏，初小一年级数学，今人何必陷进去，硬说"筮法中包含着丰富的哲学思想"。"我们所应研究的还是筮法中所包含的哲学思想。"这样研究岂不成了研究癖。

"十翼"本欲反卜筮迷信，但是作者们无法跳出易经圈，结果，把人们包括他们自己导入另一种迷信——"十翼"所确定的信条。

汉易，汉人之易

易经，是华教神学。华夏民族以八卦为中心的宗教理论，即宗教教义。

《周易》，是姬昌主义，它是采用易经形体而写的政治学。

"十翼"是与《周易》相关联的义理哲学著作，儒家写出的有关易经哲学思想的论文。"十翼"反映儒家的世界观，为易经增添许多教义，发展了易经学说。把"十翼"与《周易》等同是错误的。《周易》除了保存易经形体以外，对易经没有实质帮助。

后人认为"十翼"是反对卜筮的，然而"十翼"的出现既没有反掉卜筮，更没有反掉易经。为什么？原因简单，"十翼"属于易经思想体系。一家人，一个思想，只是持家的方法有所不同。

在孔子年代，尽管号称他的学生三千，但跟随他学易经的人是极少的。稍后，对易经的研究即发生分歧。人们围绕易经到底是卜筮还是义理争论。儒家分裂，形成不同流派。大多数人还是认为易经是卜筮之学。"十翼"的起步极端不顺。秦始皇不烧易经，有这个原因。

约距孔子以后四百年，汉武帝"废黜百家，独尊儒术"，确立儒家思想在中国的统治地位。"十翼"遇到了春风化雨。但是与人们的想象相反，这是十翼的最倒霉时期。朝廷设立五经博士，有施仇、孟喜、梁丘贺、京房列于学官。易经是官书。五经博士都是易经正宗传人，他们挟"十翼"而另辟蹊径。孟喜创卦气说，把易经卦画与气象节令联系起来，用于占筮灾异。京房创纳甲法，把天干（甲乙丙丁）融入卦画，服务于卜筮。梁丘贺也有一套易说，其要义与京房同。剩下施仇虽对"十翼"也有论述，但和者渺渺。此时期，更有甚者，拿"十翼"解吉凶，"十翼"直接为卜筮服务。《讲稿》叹曰："这真是令人哭笑不得的事。"

儒术在汉代得独尊，易学大发展，出现许多易学家。其中京房名声最大，其纳甲卜筮之学影响深远。

京房著作名《京氏易传》。其书虽以易传命名，但并不注释经文，也不附和"十翼"。而以乾、坤为根本，以坎、离为性命，统摄六十四卦，用世应、飞伏、游魂、归魂等解说爻、卦之关系，实为易经的象数说。京易以阴阳、五行之说，把自然界的灾变现象，附会成人事变化中祸福之迹兆。宣扬天人感应。

这是中国易学发展的蓬勃期。以京房为代表的易学可以简称为汉易。汉朝之易，汉族人之易。此后的易学家一般在以"十翼"为代表的孔易和汉易之间选边。孔易和汉易只是教派的分歧，孔易侧重义理，汉易侧重卜筮。让人费解的是他们都说自己的易是《周易》，都打着《周易》的招牌，推销自己的产品。也可以这样说，他们都把《周易》拉入自己的阵营，以壮大声威。

汉后的易经各派纷争，虽有小的高潮，但都没有超过义理派、象数派的范围和成熟程度。

汉易，从本质上说是回复易经教义，在新条件下更适合人们的信仰和操作。

中国五千年的大环境是全民信神。有文明史以来，人类社会被分成"两个社会"，真实的人类社会、虚无的神仙社会。神仙社会"掌控"人类社会。中国土地上，各教分明。华教建祠（《周易》时代称庙），佛教建寺，道教建庵，天主教建堂，回教建清真寺。祠寺庵堂是神灵祖先的虚拟住所。华教是中国的主教。过去的千百帝王，是宗法社会的最高祭师、教主，次下的地方首脑是各地的祭师、教主。易经是华教教义，用来沟通两个社会的桥梁。人们建立易经、发展易经无非是如何用好这座桥梁。谁能废止它呢？儒家能吗？他们以"十翼"批卜筮，只能是小批大帮忙。儒家学派最终与其他学派合流。

宗教是社会发展到一定阶段的产物，是人们认识客观事物受限制的反映。人对客观事物的认识是有限的，逐步的，反复的，循环的，长期的，上升的。不认识而信，叫迷信。人们不能越过迷信而生活。人们只能在发展科学的过程中逐步减少迷信。须知，按认识发展而论，还会产生新的迷信。各国宪法规定宗教信仰自由，就是基于这种人类认识的有限性。邪教也是迷信，但是它的教义，或教团首脑，违背现政府政策，或其活动危害人民群众利益，他们不享有宪法规定的权利。

新文化运动特别是新中国成立以后，儒家思想作为旧文化的代表被批判，卜筮作为封建迷信活动被人们抛弃。在这样的历史背景下，易经的发展受到一定抑制。

易经受抑制是历史的必然。易经是神学，唯心论。它是科学不发达，人们认识客观世界受限制的产物。

人类的认识，科学与迷信之间关系，我用以下"认识流程图"表述。

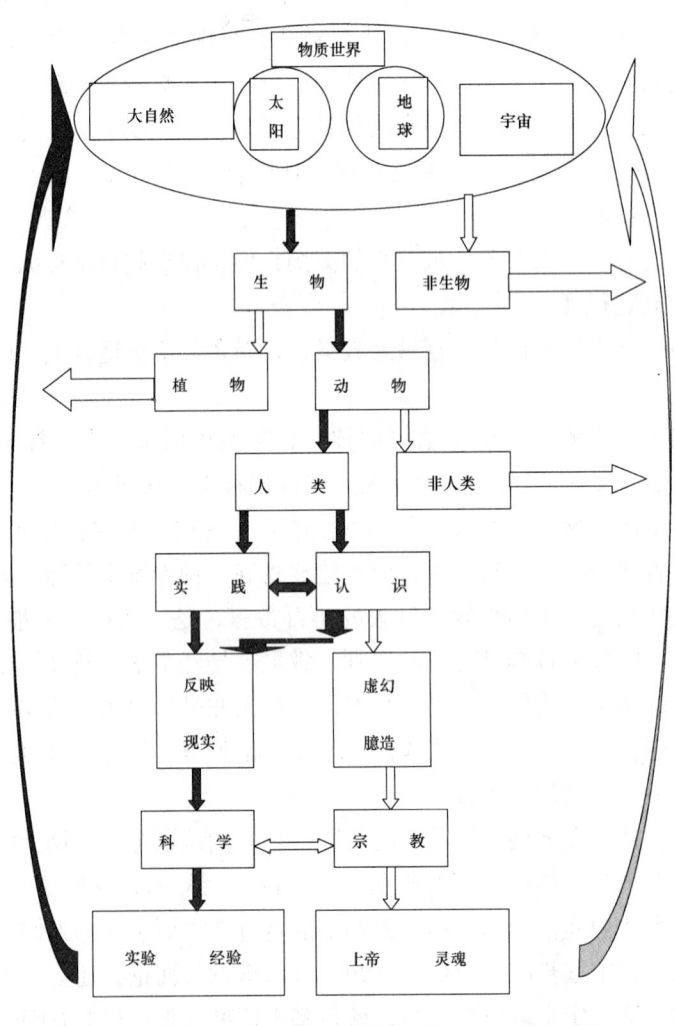

认识流程图

顶层，大自然，宇宙，物质世界，同一含义。它包括我们熟知的太阳和地球。人类头脑以外存在的客观世界，是我们人类的生存空间，也是我们认识一切事物的源流。

宇宙间存在两种物质：有生命的物质和无生命的物质。它们实际上属于顶层，是物质世界的一部分。为了说明问题，从物质世界分化出来，加以强调，置于第二层。

第三层，生物中分动物和植物，按照从属关系，它们还是物质。经过生命过程，它们成为灰土和气体，回到大自然，物质不灭。它们可能再去组成新的生命。羊吃草，让羊延续了生命，拉出羊粪球，回到大地，肥了草木。狮子把羊吃了，羊被消灭了，消化了，一部分回到大地，一部分变成狮子的细胞，狮子有生命特征。当狮子死了的时候，它也同羊一样，进行物质循环。一切，包括人类，也不能例外。没有谁对谁格外开恩。没有谁长生不老。有人吹牛，彭祖活了八百岁。八百岁还是死了，还是同一般生物一样，变成了灰土和气体。

第四层，动物里分人类和非人类。还是回到顶层，人类和非人类也是物质。奇巧的是动物有大脑，人的大脑更发达。六十五万年前的蓝田猿人，脑颅的容量，约为七百八十毫升。晚于蓝田猿人的北京猿人，脑颅的容量，平均为一千零五十九毫升，最大的有一千二百二十五毫升，比较接近现代人的平均脑量一千四百毫升。脑是动物的中枢神经主要部分，专管全身知觉、运动、思维和记忆等活动。它是人体的司令部。所有感觉器官，眼耳鼻口皮肤内脏等得到的信息，传到脑，脑经过分析综合立即作出反应，该储存的储存，该行动立即命令运动器官工作。脑是思维的机器。没有大脑，或者大脑坏死，就不能思维。不能思维就是植物人。脑是一切知识的存储器和处理器。所谓知识就是对客观世界和主观世界的反复认知。

第五层，人类有两种基本活动：实践和认识。认识来源于实践，实践第一，认识第二。有时认识反作用于实践。番茄能不能吃？螃蟹能不能吃？河豚能不能吃？砒霜能不能吃？吃了就知道。有的是美味，有的是毒药，有的养身，有的要命。生命换来经验，要命的东西千万别吃。吃的人已经死了，活着的人添了知识。人们进入下一个层次的实践。

实践，认识，再实践，再认识，良性循环，正确地反映现实。但是认识的能动性又产生一个旁支，那就是虚幻，臆造。虚幻，臆造来源于天灾的无法抗拒，水灾、旱灾、火灾、雷暴、地震、海啸、瘟疫、疾病；虚幻，臆造也来源于对刚死去的亲人难以割舍的情怀，他们的形影总是挥之不去；虚幻，臆造还来源于人的梦幻。人一生约有三分之一的时间在睡眠中度过，约有五分之一的时间在做梦。睡眠时，部分脑神经休息，部分脑神经还在无管理状态下工作，形成梦呓。梦境五花八门无法解释。虚幻，臆造还来自人脑的破坏，神经错乱，没有了正常思维。人的头脑有千亿个神经元，它们是如何工作的，至今是个谜。

第七层，科学和宗教。正确的实践产生科学。科学又推动实践。虚幻，臆造产生宗教。八卦、古老易经当产生于此时。宗教与科学之间没有鸿沟。宗教用神解释世界，符合人类认知的局限性，消除人类对各种灾难的恐惧，增强生存的信心。科学滞后于宗教，总是跟在宗教后面解释客观事物，而在人类面前永远存在一个未知世界。宗教和科学互相联系，互相渗透。《周易》从易经中分化出来，走向科学。

第八层，科学是人类认识客观世界的正确途径，有强大的生命力。人们还是必须坚持经验、实验、探索。宗教依赖于人们对客观世界的无知，造出上帝、鬼神、灵魂。给人以精神寄托和枷锁。两者比较，它们的差异是，宗教的起步很早，科学的起步太晚，不在同一条起跑线上。宗教定了一个常数，叫拥有百分之百人群，上帝创造人类，上帝创造一切，鬼神统治世界。科学跟在后面，踏踏实实地经验、实验、探索，证明人类不是上帝创造的，是猿猴进化而来的。宗教怀疑你的证明，科学也底气不足。好吧，存疑。达尔文花五年时间在全球探索，用大量事实证明，万物不是上帝创造，写出划时代的著作《物种起源》，英国的宗教政府不准发表。好吧，存疑。宗教说，大地是宇宙的中心，科学家哥白尼说，大地是个圆球体，绕着太阳旋转，太阳是宇宙的中心。宗教有权，宣布为邪说。好吧，存疑。布鲁诺坚持哥白尼学说，教廷将其烧死。可以烧死人，却不可以烧死真理。今天，世界上没有一个人相信地球是宇宙的中心。甚至哥白尼的学说也要有所修正，太阳也不是宇宙的中心。科学家们一波一波地向宗教冲击，宗教的常数开始动摇了。再不是百分之百，而是百分之九十九，九十八，上帝让出了百分之一二的地盘。

第九层，啊，又到了顶层。双方回到大自然，回到物质世界，进行下一轮的拼搏。科学像蚕，上帝像一篓桑叶。蚕吃桑叶，桑叶只会越来越少，科学越来越壮实。从来只看见科学在发展，宗教在萎缩。宗教总是一本易经管万世。科学则总有新花样，今天发明显微镜，看见了细菌，找到病源，制个新药，消灭天花、疟疾、肺结核，人们不再受瘟疫之苦。明天发明个天文望远镜，看月亮、太阳、星星。现在又有什么电脑，遥控遥测，宇宙飞船。科学家先飞到月亮上一看，不用说神仙不能住，连小草蚂蚁也不能生存。科学仪器测到，太阳表面温度六千度，人是不敢去啦，估计神仙也不敢去。

宗教的常量成了变量，由百分之百向下消减，科学则得寸进尺，百分比慢慢增高。

不能要求一个晚上消灭宗教，那不是科学，那是幼稚和无知，但是相信科学总是胜利者。科学的地盘在扩大，宗教的地盘在缩小。拼搏的时间，可能几百年，几千年，甚至还长。

看了上面的流程图你就知道，易经能不能预测？先问上帝会不会预测。宗教说上帝创造人；科学说，人创造上帝。上帝随人意，没有七情六欲。不结婚，没有老婆也没有子孙。你给他什么衣就穿什么衣，中国上帝穿汉服，外国上帝穿古民族服。吃也没有讲究，供什么吃什么，实际上也没有吃，还是人吃了，老鼠吃了。上帝支配权受限制，哪有精力搞预测？有人以为神能指点迷津，能预测。那是人们自己的假设。那不是预测，是猜测，是蒙，有对与错各占一半的几率。没有实际指导意义。易经依托的是上帝，既然上帝自己都不会预测，易经何来预测？《周易》能预测吗？《周易》离经叛道，理所当然更不能预测。《周易》背离易经，谈政治，是社会科学，它站到科学一边，不搞唯心的猜测。科学预测，看前提条件再推论，按根据发言。社会上有人说《周易》如何如何神秘，如何如何能预测，那是蒙人的。有一位易学家谈《周易》能预测国民经济的发展，大篇介绍西方统计预测资料，相比之下，反而证明《周易》无此功能。

本论篇

《周易》本原解

第一部分

概　述

——乾,元亨利贞

　　本部分综合介绍灭商兴周全过程,反映西周百年革命梗概,共包含三章：第一章　乾,描述西周文王家族四代人以百年时间分六个阶段完成灭商兴周大业；第二章　坤,描写西周人受天命,利用地区优势,团结西部诸侯,为最后决战所做思想和组织准备工作；第三章　节,《周易》主要作者是文王姬昌,节卦是其狱中交代材料,并就此作《周易》作者介绍。

第 一 章

乾【西周崛起概略】

乾下乾上，乾。元亨利贞。

　　（乾上乾下：卦画构成，下卦为乾，上卦也为乾。乾：天，先民对天的读音，没有深奥含义。元：伟大，高尚。亨：通达，顺利。利：福祉，利益，有利。贞：纯洁，纯正，坚贞。元亨利贞：美好之极。）

　　在易经理论中，"乾下乾上，乾。元亨利贞"。称作卦辞，里面包含卦画的文字表述、卦名和赞词。此句"乾下乾上"叫卦画的文字表述，"乾"叫卦名，"元亨利贞"叫赞词。在《周易》中，卦名是文章标题，赞词是文章内容。卦画及其文字表述仅仅作为应付狱方而提及，与文章内容无关。书中各篇文章，都是同一格式，以后不再说明。

　　右图是乾卦卦画，由上下两个三画乾卦重叠而成，仍然叫乾卦。下图是："文王八卦转盘"图。所谓转盘是笔者根据姬昌改造八卦的创意设计的。转盘图改"乾坤艮坎巽兑震离"为"天地山川风雨雷电"，不用原卦名，直书八大自然事物，返本归真，去其神秘面纱，便于我们理解它的原意。卦画的方位按"文王八卦"定位，我们应该特别注意，天（乾）被移于西北，地（坤）被移于西南。这是画龙一笔点睛！转盘分内盘和外盘。外为定盘，内为转盘（反之也可）。内盘每旋转45度，产生8个新卦。旋转一周，64卦。八卦重叠为64卦就这样形成。六画卦由两个三画卦相重而得。司马迁《史记》说："文王……其囚羑里，盖益易之八卦为六十四卦。"

把转盘的"天（乾）"旋转至外盘"天（乾）"的位置，就是"乾卦"。

乾是八卦的专用字，表示天。先民只取乾的读音，不取它的含义。中原先民地方口音念天为乾。南方先民念天为键。出土文物长沙马王堆帛书《周易》不写乾而写键。由此可见，"乾"只表示天的音符。用"前、钱、千……qian"都可以。乾表示天，天不等于乾。如"天气预报"不能说成"乾气预报"。解卦者赋予"乾"字许多神秘属性是故弄玄虚。

在易经中乾表示天。谁见过天？人们每天见天，谁能说清天是什么？古人把它说成上天、上帝、人格化了的万能之神。《周易》保留原有含义。但是乾卦不谈天，专谈龙。隐喻周人是龙，殷商王朝是虎，周商斗争是龙虎斗。

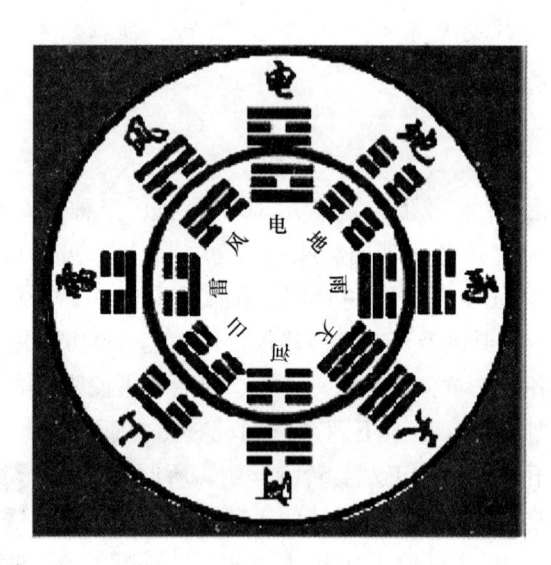

特例，内外同名，从天起逆时针方向：
乾、兑、坤、离、巽、震、艮、坎

姬昌改造八卦，把天（乾）由八卦上的南方移于西北，寓意上帝放弃殷商，把治理天下的使命交给西周。这叫文王"受天命"，周人灭商的行动叫"革命"。

西周人有了上帝的护佑，革命事业必成。因此说，"乾。元亨利贞"。美好之极。

《周易》记录了周人灭商兴周的伟大历史事件。

我写"天净沙"一首,赞美西周人在历史转折关头勇于站起来,建立了千秋功业。

天净沙

渭水岐山周原,姬昌姬发姬旦,白髦斧钺金鞍,孟津飞渡,牧野周商鏖战。

琼室玉门雕栏,酒池肉林婵娟,肉羹肉丸肉干,杯盏未残,纣王鹿台火燔。

商朝开国前是夏朝的诸侯属国,商部落居于黄河下游地区,以今天的河南商丘为中心,活动于济水、泗水一带。商逐渐强盛起来,夏则走向衰落。约在公元前1600年,商侯国首领成汤兴兵灭夏,建立商帝国,成为中国历史上第二个奴隶制国家。商朝的势力范围,东到渤海,西达昆仑山脉,北到阴山辽河,南至长江流域(见商代形势图)。商的中期,商帝盘庚迁都于殷(今河南安阳附近)。后人又把商叫殷或殷商。

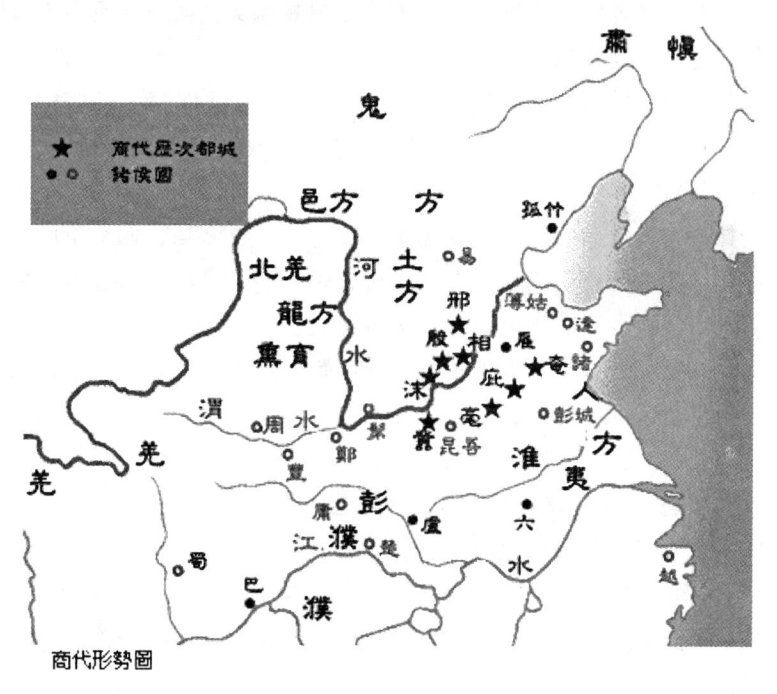

商代形势图

史书记载，从成汤至帝辛（名字叫"受"，后人称纣王）五百多年。晚期的商朝政治腐朽，国力衰落，人心涣散。纣王无道，腐化，残酷，刚愎自用。商的西部属国、渭水流域的周部落崛起。周部落的首领姬姓。商朝先是利用周的强盛稳定西部疆域，后又担心周对自己构成威胁而加以打击。近百年间，商周关系愈演愈烈。公元前1114年，商帝文丁杀了周首脑季历。季历的儿子姬昌继位。姬昌采取韬光养晦策略，以待时机。但是仍然为商帝所不容，将其囚禁羑里监狱七年。姬昌在监狱完成了对八卦的改造，写成名震千古的革命书《周易》。公元前1074年出狱，立即着手伐商，因年事已高，死于事业未竟。儿子姬发继位，十年后，即公元前1051年，周历庚寅年，继父业再次伐商，一举推翻商的统治，商纣王自焚身死，大周王国建立。这是中国历史上的第三个奴隶制国家。大周王国统治中国八百年！

《周易》是兴周灭商的全记录。它包含有对商周形势的分析；周人的以德建国的方针、政策和策略；灭商的人力、军力、财力的准备；对人民的团结，对敌人的分化瓦解，等等。人问《周易》是什么？可以用现代词语比喻，简单回答就是，《周易》类似于大家熟知的孙文主义，毛泽东思想。孙文主义搞资产阶级革命，毛泽东思想搞无产阶级革命，《周易》，即姬昌主义，搞贵族革命。

革命一词最早出现于《周易》之"革卦"、《逸周书·商誓解》"革纣之命"和孔子为《周易》写的解读文章"十翼"，"汤武革命"（商汤、武王的革命）。

乾卦是周人革命的梗概。这场革命经过了一百多年，六个阶段，或说六个时期，即古公亶父奠基时期、季历开拓时期、姬昌全面发展时期、姬昌东征时期、姬发决胜立国时期、姬旦巩固政权时期。

儒家《彖》曰："大哉乾元，万物资始，乃统天。云行雨施，品物流行。大明终始，六位时成，时乘六龙以御天。乾道变化，各正性命，保合太和，乃利贞。首出庶物，万国咸宁。"

《象》曰："天行健，君子以自强不息。"

M（本书作者代码）：我说明三点。

一、《象》传是"十翼"之一，紧跟《周易》卦辞之后，评注卦辞。《周易》六十四卦，篇篇有《象》辞。古人视作经典，属必读内容。本书适度取舍。

二、传统易经论述中，都认定"十翼"是孔子所作。史载，孔子一般述而不作，只口授而不写书。"十翼"中有孔子的思想和言论，"十翼"成书则是后儒的作为。本书写"十翼"作者为儒家或不写。

三、《象》传以儒家的世界观解读《周易》，并且，立足于改革《周易》，改变卜筮之学为义理之学，自成体系。"十翼"所用是古代汉语，我们要读懂它，必费一定功夫。此处，只作简介，未作注评，是避免章节过于冗长。

初九，潜龙勿用【无限潜力，古公亶父奠基时期】

（初九：卦画的最下一爻。潜龙：潜伏着的龙。用：施行，采用。）

"初九，潜龙勿用"，易经中称爻辞，包含爻题"初九"和爻辞"潜龙勿用"两部分，爻题是解卦的根据，爻辞是推论。爻题是随卜筮结果变化的。古时掌握卜筮的是皇室专职官员，称巫史。他们有一套卜筮规则和方法。卜者用野蒿秆五十根，随意分堆计数，最后获得一个奇数或偶数，规定奇数记九，偶数记六。卦画有六条直线，叫爻位，从下往上，分别叫初爻、二爻、三爻、四爻、五爻、上爻，配上奇偶数，就有初九、初六、九二、六二、九三、六三、九四、六四、九五、六五、上九、上六共十二种形态。十二种形态再加上它们间的人定关系，于是千变万化。《周易》中，把爻题当章节序号用，废除那些烦琐规则，爻辞就是文章内容。全书是同一模式，不再赘述。

"初九"相当说文章"第一节"。

龙被中国人尊为神兽，有头像鳄，有角像鹿，有身像蟒，有爪像鸟。它是水陆空三栖动物，水中能游，陆上能行，天上能飞。但是现实生活中却没有这种动物。据近代学者闻一多的说法，我们的祖先崇敬图腾，他们各以鸟兽为本氏族的图腾。后来各氏族组

成联合体，取各氏族图腾的部分肢体组合成新的图像，命名"龙"而为联合体的图腾。再后来，龙成为中华民族的象征。

周人自信是龙的传人，也自比为龙，有担当振兴华夏民族的神圣责任。

传说中的龙能呼风唤雨，腾云驾雾，具有无与伦比的巨大力量。但是周人初登政坛，仅仅是一条潜藏着的龙。周人有取而代商的志向。姬昌的祖父"亶父"是开创大周王业的奠基人。他带领部落由不开化地区迁移至岐山周原（今陕西岐山），在此筑城邑，训练军队，建行政机构，使部落初具国家雏形；经过他对社会的长时观察和研究，总结正反经验，制定了"翦商"的十六字方略："辅国建侯，开荒拓土，三单潜龙，谷熟当收。"亶父做了三件事：一、臣服商朝，成为西方诸侯国。二、与皇室结亲，靠拢政治核心。三、选定三儿子季历作接班人，以便顺利传位给姬昌。

"潜龙勿用"：处于弱小阶段的西周，不可有大的动作。

儒家《象》曰："潜龙勿用，阳在下也。"

M：《象》是"十翼"的组成部分，跟随爻辞作注解，每卦六条，全书三百八十四爻，象辞则有三百八十四条以上，因为有时《象》对卦辞也做评注。《象》和《彖》都根据卦画卦辞爻辞阐述，从卦画中引出哲理。例如本爻，姬昌的原意是，西周弱小，不是干大事业的时候，形象说是"潜龙勿用"。《象》以卦画初九解释"潜龙勿用"；"初"，指第一爻，在卦画的最下端，九表示阳，故说"阳在下也"。译成白话就是：潜伏着的龙之所以没有大作为，是因为爻的位置不好，在卦画的最下面。姬昌从商周对峙的实际出发，"潜龙勿用"的判断只适用于当时条件。儒家从卦画出发，"潜龙勿用"的判断适用于任何时代、任何人。比如说现代人卜着这一爻，解卦者告诉你，回家待着吧，"潜龙勿用，阳在下也"。

九二，见龙在田，利见大人【小试兵刀　季历开拓时期】

（九二：单卦由下往上数第二爻，用野蒿秆数得一个奇数，记"九二"。"九二"，文章第二节。见：现，显露。大人：有社会地位的人。）

公元前1139年，亶父逝世，三儿子季历继位。季历有文化，有贤内助，有武功，有灵活的头脑。他一上台抓两手，一抓生产，二抓军事。抓生产有吃穿，抓军事可守可攻。

此时商朝的边疆很不安宁，一些"蛮夷"民族见天高皇帝远，经常有人闹点事端，少则十来人，多则千百人犯境侵扰，杀人放火，抢了财物女人就走。边民不堪其扰，便纷传报向朝廷。商朝全国有一千多诸侯国。诸侯具有拱卫中央镇守边疆的责任和义务，但其中吃干饭的多，干实事的少。商帝采用以侯治侯的策略，他看中西周有一定实力，便任命季历为西伯侯，群侯之领袖。按照《竹书纪年》的说法，叫作"九命为伯"，相当于西部军区司令。其实，这是一个苦差事，有责任有义务就是没有爵禄，政府不拨兵不拨响。季历临危受命，用老祖宗积攒的一点本钱，执行商帝的指令在西部平乱。他在位二十五年，大小仗打了七次，六胜一败。季历在不断的征战中，为西周大赚了一把。西周军事力量壮大了，征战经验丰富了，经济实力雄厚了，西周名气远扬了。一条潜伏的龙抖动了身子，出现在田间，出现在商朝的领土上，"见龙在田"。季历旋风，敌人闻风丧胆，朋友交口称赞，朝廷奖励有加。季历成当代军事明星，"利见大人"。

俗话说，人怕出名猪怕壮。商帝有所考虑了，如此发展下去，他会不会带兵打到我首都朝歌来。满朝文武也添油加醋鼓捣。商帝立即下决心将季历杀死。杀季历，朝廷没有给出任何理由，是一桩千古冤案。

季历死，结束了季历的开拓时期。

九三，君子终日乾乾，夕惕若厉，无咎【韬光养晦 姬昌全面发展时期】

（九三：单卦由下往上数第三爻，用蓍草数得一个奇数，记"九三"，文章第三节。乾乾：勤勉努力。夕：夜晚。惕：小心谨慎。厉：危险。咎：过失，灾祸。）

公元前1114年，季历死，姬昌继伯位，是为西伯，二十六岁。姬昌出于报父仇的激愤，带兵征伐朝廷。由于力量相差悬殊，周兵大败，死了几百号人，姬昌逃得快，幸免于难。商朝廷手下留情，没有乘胜捣毁周人老巢。如果捣了，历史将是另外写法。

姬昌当了一回冒失鬼，处境险恶，懊悔万分，整日愁眉苦脸，战战兢兢，如履薄冰，"君子终日乾乾，夕惕若厉"。好在坏事到此为止，只丢了几百人，保住了头头和根据地，没有伤筋动骨，"无咎"。

这一回的教训管了他几十年。这对西周也大有好处，可以一心"闭门造车"，大力发展西周经济，造就了一个姬昌全面发展西周的好时机。

姬昌的运气不错，战场上的敌手老商帝战后两年死了，纣王（帝辛）继位。新人新政策，帝辛立即起用姬昌。《史记·殷本纪》"以九侯、周侯、邘侯为三公"。周侯即为西伯姬昌，从此进入内阁，当了二十多年太平官。他利用这段宝贵时间积极发展生产，训练军队，制定和调整各项政策，改善奴隶主和奴隶间的关系，改善和周边邻国的关系，周国日趋强盛。正当他春风得意，灾祸来了。老对手崇侯虎告发他背后妄议商帝是非，商帝也早有剪除姬昌的意思。见崇侯虎检举，立马下令重刑炮烙处死。因为他在朝廷人缘关系好，众臣求情作保，留了性命，但是牢狱难免。他被关进今河南汤阴的羑里。这是他第二次进监狱。他大儿子伯夷考死于父难。七年牢狱生活，让他从五十九岁到了六十五岁。一蹒跚老者矣。

九四，或跃在渊，无咎【刀光剑影，姬昌西伐东征】

（九四：乾卦由下往上数第四爻，用野蒿秆数得一个奇数，记"九四"，文章第四节。跃：飞跃。渊：深水潭。咎：错误，过失。）

周人用重金美女买动商帝，姬昌于公元前1174年获释。王国维《今本竹书纪年疏证》记载，帝辛"二十九年，释西伯，诸侯逆（迎接的意思）西伯归于程（西周）"。奇怪的是，帝辛"三十三年，王锡命西伯，得专征伐"。《史记·殷本纪》说得更清楚：商帝"乃赦西伯，赐之弓矢、斧钺，得专征伐"。弓矢、斧钺是当时军权的信物，西伯成了名副其实的西部军区司令，并且可以自行决定征伐。商帝这一着臭棋，等于放虎归山，并且容许它吃人，包括吃自己。

好啦，好风凭借力，送我上青云。周人进入姬昌东征时期！

姬昌压抑几十年，这一下如火山喷发，早该要做的事现在着手做了。

东征，几代人的夙愿和希望。西周一切准备就绪，人力，军力，物力，财力，甚至包括修战争通道，足以满足东征。姬昌小试牛刀的第一个目标是崇侯虎的崇国。三下五去二，吃了，崇侯虎没有话说，因为姬昌有尚方宝剑。崇侯虎死，国灭。崇国倒霉蛋，先祭了刀。接下来，谁阻挡东征，谁就是刀下鬼，于是有"明年伐犬戎，明年伐密须，明年败耆国，明年伐邘"一连串的征战发生。

龙跃入深潭，不，龙跃入深深的大海，掀起惊涛骇浪，风云骤起，上帝要重新安排世界。"或跃在渊，无咎。"

毕竟，岁月不饶人，姬昌年龄太大，死了，死于劳累，死于身体机能衰老，死于东征道上。享年七十七岁。

九五，飞龙在天，利见大人【决胜千里　姬发决胜时期】

（九五：用野蒿秆数得一个奇数，记"九五"，文章第五节。）

公元前1062年，姬发继位。姬发排行老二，老大伯夷考作人质于商朝廷，姬昌犯案受株连被处死。姬发登台，进入周人的决胜立国时期。东征前，姬发虚虚实实演兵，让对方摸不着头脑。先拿下了黎国。史称"西伯戡黎"。黎国在太行山区，距离商的首都朝歌很近，消息一会儿就到了朝歌。但是黎国又离朝歌很"远"，隔着群山，朝廷不易出兵。商帝眼睁睁丢了黎国。有大臣报告商帝，他还说，我是具有天命的人，我怕什么！

商帝倒行逆施，国势衰危，奴隶大逃亡，生产停滞，社会秩序混乱，朝廷分崩离析，多名大臣叛商去周，连贴心大臣也遭劫难，比干掏心，箕子被囚，微子出逃。商朝处于风雨飘摇中。有谁再顺势鼓点风，洒点雨，商朝的茅屋大殿就垮塌了。

公元前1052年，帝辛"五十一年冬十一月戊子，周师渡孟津而还"。"西伯戡黎"，是火力侦察。孟津回师是心理战，也有实际指导意义：一可麻痹商帝。周人在商帝面前示弱，让商帝产生错觉，"周人，老土，成不了大气候"。二可摸清黄河天堑军渡的难易。此外还有一点也重要，那就是全国诸侯对周人东征的态度。一切都在周军统帅部的盘算之中，回师收到预期的效果。

《史记》对武王伐商记得特别仔细。

武王祭祀过上帝，然后邀约八大同盟军，庸、蜀、羌、髳、微、卢、彭、濮，汇集全国数百诸侯，率领兵车300辆，虎贲（卫军）3000人，士卒45000人，浩浩荡荡开到牧野（今河南淇县西南）。牧野距离商都朝歌只有70里。一路上，姬发多次作战前动员，举行了誓师大会，列数纣王罪状，鼓励军队同纣王决战。

商帝听说周人真的来攻，他的军队远在东线，只得临时拼凑17万人应对。商军都是奴隶和战俘，也来不及进行阵战训练，一上前线，立即倒戈（这点很关键）。商帝见大势已去，登鹿台（他营造的安乐窝）自焚而死。

武王进城，亲自向商帝的尸体射了三箭，然后下车，用轻吕宝剑砍刺，用黄色大斧斩下头颅，悬挂于白髦大旗上……

这就是历史上有名的"甲子昧爽"和"牧野决战"。所谓"甲子昧爽"是说甲子日那天早晨天未大亮，周军布阵牧野。商军17万人，一触即溃。两军牧野决战，一天改变世界。

"飞龙在天，利见大人。"

姬昌时期，龙跃入深深的大海，掀起惊涛骇浪，风云骤起，上帝要重新安排世界。

姬发时期，"飞龙在天"，上帝真的重新安排了世界，有利于涌现一批风云人物，"利见大人"。

上九，亢龙有悔【革故鼎新　姬旦巩固政权时期】

　　（上九：乾卦由下往上数第六爻，最后一爻，在最上，用野蒿秆数得一个奇数，记"上九"，文章第六节。亢：过度，极限，极顶。）

周王国有国庆日吗？读遍各种史书，没有一本记这件大事。有学者在西周出土文物墙氏盘上找到一点影子，说是"甲子昧爽"、"牧野决战"后的第五天周王国成立，但是难以确定。笔者在《周易·革卦》中，找到印证。革卦卦辞说："己日乃孚，元亨利贞，悔亡。"六二爻辞说："己日乃革之，征吉，无咎。"己日就是己巳日，恰为"甲子昧爽"日以后的第五天！古人不像现代人把国庆日弄得轰轰烈烈，但是在文中也可以看出，他们把国庆日当作吉日。"己巳日，元亨利贞"，美好极了。顶级形容词用上了。"元亨利贞"四字连用，在《周易》中出现频率不高。"己日，征吉"，己巳日，象征吉祥。

周王国的国庆日当是公元前1051年2月10日，周历庚寅年2月25日！（详见革卦）

大周立国后，千头万绪，首先废帝为王，商天子叫帝，周统称王。姬发为武王，追封姬昌为文王，季历为王季，亶父为太王。开国后的事，有祭祀上帝祖先，定国家机构和人选，确定首都，分封诸侯，处理战俘，释放囚犯，安置旧朝人员，改善奴隶生活，恢复生产，开市贸易，镇压反抗势力，征伐朝歌以外地区等等，千头万绪。武王和他的助手们夜以继日，忙得焦头烂额。武王累病了，累死了。死时54岁。从此进入姬旦的巩固政权时期。

从亶父立项、奠基，到姬发东征决胜、大周王国成立，作为一个工程圆满完成了，作为一个事物的发展过程也算结束了。现在进入新的过程。先是打江山，现在是保江山。工作性质和内容都改变了。一切从零开始。

"亢龙有悔"，有的易学家认为，龙走到头了，危险了，警惕，还可以好转。这是积极的说法。消极的便说，完了，从此倒霉了。其实我们没有必要按吉凶论事，任何时候，任何地方都存在吉凶，"亢龙有悔"就一定凶吗？我们可以看作一个过程的结束，一个新过程的开始。悔可以理解为"返回"。不是回到原点，是在高层次上，开始新的过程。《周易》作者提醒继任者，原来的事情已经办完了，就要立即着手干新的事，不可停留。

武王的儿子诵继位，称成王，虚岁十三，毛头小子，啥也不懂。开国后的事全落在周公姬旦肩上。姬旦这人文武全才，也可说是个天才。他一把快刀斩乱麻。武王在日定下的事，有的做了，有的正在做。又不断增添了许多新的事，都一一处理得当。

姬旦突然遇到一件最麻烦而又棘手的事情："管蔡反戈"和"武庚叛乱"。

"管蔡反戈"是内乱，"武庚叛乱"是外患。两者勾结，凶险之极。权衡利弊，姬旦决定大义灭亲。他立即统率周兵平定了叛乱，杀了管叔鲜、武庚，流放了蔡叔度。接着又率军东征，扫平东夷各部落，花三年时间，才求得国内太平。新朝廷顶住了第一次大风浪。

为了巩固新王朝，他参照历代法典，根据周朝的实际，制定出各方面的法律、政策和策略。朝廷有章可循，官员有法可依，老百姓有利可图，社会秩序稳定。

用九，见群龙无首，吉【激流勇进】

（用：施行。）

"用"字在古文中，从卜从中，吉兆之意。用九，这是全卦的附加语，周易中只有乾坤两卦有附加语。附加语强调，用野蒿秆分堆计数，每一爻都得出一个奇数，巧的是六次得奇数，没有一次偶数。六个爻位，又得六个奇数，非常奇特，仅六十四分之一的几率，得之不易。

商末朝政糜烂，全国一千多诸侯，谁敢站出来说个不字？能站出来的就是英雄。谁呢？周人。周人默默无闻一百年。这期间，任何一个想当英雄的人都有机会站出来当英雄，但是没有。这时没有群雄争霸，历史的任务落在周人肩上。周人成了当然的中心，当然的英雄，当然的领袖。这个地位不是偷来的，也不是抢来的，是时势造就的。革命前，大家都对朝廷有意见，私下里牢骚满腹，空悲叹。周人一呼，人们醒悟了，周人成了群龙之首。革命后，商朝倒台了，商的原有千多诸侯，几百号拥周，剩652个大小方国失去首脑，显现出群龙无首、无政府主义之状。这局面只有周人收拾，对他们该收编的收编，该封爵的封爵，该征伐的征伐。中国嘛，大家庭，大家一起和睦过日子多好，"吉"。

第二章

坤【西周崛起，天时地利】

坤下坤上，坤。元亨。利牝马之贞。君子有攸往，先迷后得主。利，西南得朋，东北丧朋。安贞吉。

（坤：地，黄河渭河地区古代先民对地的读音为坤；长沙马王堆帛书记南方口音为"川"。元：伟大，高尚；亨：通达，顺利；利：福祉，收益，有利；贞：纯洁，纯正，坚贞。元亨利贞：美好之极。牝（pin）马：母马。牝马之贞：纯洁而温驯。攸：所。）

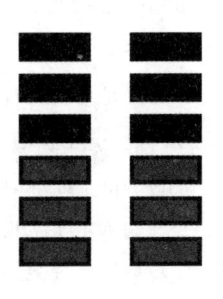

把转盘的"地（坤）"旋转至外盘"地（坤）"的位置，叠卦还是称地（见乾卦转盘图和右小图）。卦名称坤，中原先民地方口音念地为坤。卦画是六条组合短棒，用二进制是111111，十进制值为63。

姬昌改造八卦，把地卦（坤）从原创八卦的北方改移至西南，寓意商版图的西南是西周，这西南方是革命圣地。上帝在西北，周人在西南，西部是周人的天地。看商朝形势图就知道，周诸侯国在商朝领土西部。姬昌把天地位置稍作改变，其意义非同一般，有惊天地、泣鬼神、震万民之妙。在古代，先民都信奉上帝鬼神，在商帝轻慢上帝的背景下，周人表现出虔诚、恭敬，自然地，上可取悦于天，下可号召于民。"元亨利牝马之贞"，美好至极，温良恭俭让至极。"元亨利贞"为美好至极，加"牝马"二字强调温驯、服从，取悦于上帝。君子可干自己想干的事，"君子有攸往"。

姬昌向天下昭示：西周人是上帝的子民，能够像牝马（母马）那样温顺,听候上帝的召唤和驱使,心甘情愿做上帝的温驯奴仆。姬昌自我感觉,现在上帝把历史使命交给西周人,取代商朝自立;过去看不清、拿不准,现在明白啦,有主心骨啦,"先迷后得主",再也用不着自卑和动摇,要勇于抛头露面承担责任,全方位对上帝尽义务。"君子有攸往。"

《周易》地域观念极强,书中多处提到西、西部、西南,因为周人处西部,总把西部或与西部相邻的西北、西南作为最吉祥的方向。这反映周人自己的世界观是天命论。同时也是一种做作,一种宣传。人们习惯于太阳从东方升起,周人突然制造一个悬念,"太阳正从西方升起"。周人不在乎是真是假,是否有品德问题,在乎人们是否注意到西周正在崛起。用现在的话说,有强烈的广告效应。由于西周的外交政策是睦邻友好,西南部邻国都成西周的天然盟友,"西南得朋"。西南盟国庸、蜀、羌、髳、微、卢、彭、濮八大金刚,在武王东征时,大大地发挥了作用。东北方向是伤心地。姬昌的父亲季历曾经伐燕京而败。此燕京是燕京山,在今山西,处周国东北。更讨厌的是崇国,它紧挨着周国的东部。还有,也是主要的,商朝首都殷、陪都朝歌在东北部,商朝廷是周人革命的目标。因此,周人心目中,东北向是凶险的方向,难以找到同盟军,"东北丧朋"。周人自信,只要正确分清敌友我,政策策略得当,一定平安,吉祥。"安贞吉。"

姬昌将原创八卦方位改变,乾卦移至西北,坤卦移至西南,意在天命改变。

初六 履霜,坚冰至【旅途艰险】

(初六:单卦由下往上数第一爻,用野蒿秆数得一个偶数,记"初六"。姬昌把它当作文章第一节的序号。以下同,不再重复。履(Lǚ):鞋,踩踏。)

公元前1139年,西周姬家降生了一个婴儿,名姬昌。老祖父亶父左右端详,高兴地说了一句话:"我们这一族应当有王者出现,这该是在昌吧。"这老头有宏大的政治抱负,眼睛早盯上了一把龙椅,为了这个目标干了不少事情,只是自己风烛残年,来日有限,把希望放在孙子身上。姬昌不仅有老头的四分之一血统，还有老头的政治寄托。姬昌从小就是政治化身，成了政治圣童。他穿上祖父的鞋，走祖父指的路。这条路是深秋的路，满山红叶，遍地寒霜。他越往前走，进入严冬，所见是大雪封山，坚冰覆地。"履霜，坚冰至。"路漫漫兮修远！

祖父爱屋及乌，爱孙子而爱孙子的父亲。姬昌的父亲季历是老三，接班排不上号。老祖父说服大儿、二儿，让老三继了位。季历也没有吃到好果子，为商朝卖了一阵子命，命也丢了。圣童姬昌继位，第一个打击是父死，第二个打击是被羁押玉门，第三个打击是伐商失败，第四个打击是羑里坐牢，第五个打击是大儿子被杀……天啊，既生昌，何生商？既生商，何生昌？

人家商朝是一座大山，它有六百年的统治手段，有一套巨大而牢固的官僚机器，有强大而难以战胜的军队，还有那么多诸侯帮凶。更有甚者，商纣王残忍毒辣，杀人视同儿戏。

周人在做白日梦吧？是不是哪根神经出了毛病？

姬昌问自己，你能够搬动这座大山吗？你踩着寒霜，还能够踏破坚冰吗？

六二　直方大，不习，无不利【海纳百川】

　　（直方大：古人认为天圆地方。地是平直的，东南西北，广阔宏大。习：学习，习惯，探究，熟悉。）

姬昌脑子里装着亶父的希望。他相信亶父是有政治头脑的人，他的判断一定是有根据的。既然上帝赋予周人使命，周人怕什么？山有多大？有大地大吗？每天，太阳东升西落，连太阳也不轻慢大地。大地"直方大"，东到大海，大海那边接着天；西到昆仑山，山那边还有数不清的山；南有南海，北有北海，都与天相连。古人见识实在，这已经是站得高看得远的了。在这方面姬昌也高明不了多少。现代人连小孩都知道，大地，是个球，名地球，地球是圆的。科学家们把一些金属物发射

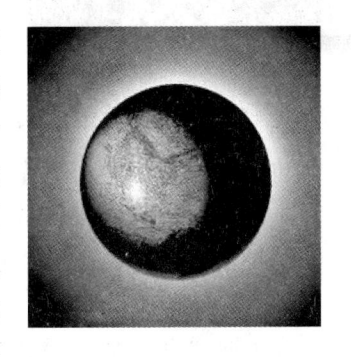

到天上，让它围绕地球旋转，出去了还可以收回。最近，2012年6月，我国有三名航天员景海鹏、刘旺、刘洋飞到地球外绕地球飞了13天。其中的刘洋是位女士，真实的嫦娥，全国13亿人心目中的英雄。刘洋回来后说："我很享受太空的工作和生活。太空独特的失重环境，使我时时刻刻都有鱼儿自由遨游的感受，无拘无束。所有的物品都因为失重而飘浮着飞翔着，与地面截然不同，似乎一切都有了生命，有了趣味。无论你的身体处于什么方位，都能自如地工作和生活。"她还说："处于远离地球340公里的高度遥看地球，美妙惬意。她弧段的边缘清晰可见，披着一层蓝白相间的光晕，阳光投射在海洋上照出深深浅浅的蓝，大地脉络分明，海岸线清晰绵长。地球是如此的美丽，这让我更加热爱并珍惜我们赖以生存的家园。"

现代人上天看地球已经不是稀罕事。回到三千年前呢？甭说三千年，就是五百年前，古人也说地是方的，东南西北，无限延伸。大地是圆是方，姬昌没能耐管。他只要知道大地"直方大"就行。周人的心胸犹如大地的直方大，耿直、端庄、博大，对老百姓有亲和力。

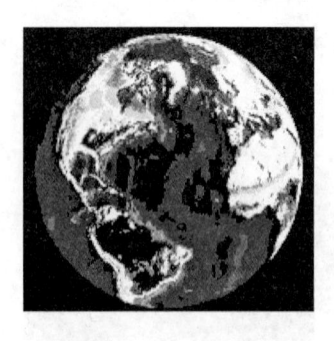

还有，八卦坤卦专述大地。大地是神，地神。地神什么样？古人缺了诚心把他塑造得栩栩如生，只设个名目，模模糊糊，还规定，"天子祭地，祭大地之神也；诸侯不得祭地，使之祭社也；家又不得祭社"，使之祭土地公公也。土地公公到处是，普遍而悠久，长生不老，老而不死，死而不活。武汉市汉阳区有一个归元寺，地处市中心，归元寺附近有一个居民小区，小区大门口就有一座土地庙，里面供奉着土地公公和土地奶奶。周围土地被房产商开发了，他们也无事可管，整天闲着专享香火。估计他们是地神家族。姬昌给地神派上用场，把他请到西周管土地。不信？看文王八卦和伏羲八卦有何不同？坤由北迁徙到西南！上帝搬家了，地神也搬家了，看你商朝还有什么底气？

大地"直方大"。大地的隐私，神的天机，凡人不可深究。"不习"：不熟悉，不习惯，没有关系，时间久了就熟悉了，习惯了，没有什么不利的，"无不利"。

六三 含章可贞。或从王事，无成有终【美德是精神力量】

（含：包含，含藏。章：文采绚丽，美德。王事：建国之事，改变王权之事。）

姬昌不动声色地开展搬山运动。条件不成熟，只能不动声色，不能大张旗鼓。

周人具有"直方大"的大地精神，还有勤劳、勇敢、善良、友好、向上的品德。同是中华民族，周是商的一部分，周人有的商人不会没有。笼统讲是这样。但是，具体讲，在特定环境里，人与人不同。周小商大，周有大地精神，才能容纳万物，才有窥视中原的雄心。商则地位所限，只图江山平稳，胸无大志。周人勤劳，周人的领袖人物带头农耕，商帝做得到吗？周人首脑生活简朴，商帝做得到吗？周人勇敢，打起仗来，头头身先士卒，商帝做得到吗？周人善良，对待老百姓，特别是奴隶，给予生活出路，不随意杀害，不搞人殉人葬，商帝做得到吗？周人立足自富，"不富以其邻"，商帝做得到吗？……周人的整体精神、整体品德优于商人，特别是领导层。这就会引起事物变化。周人的品德，像玉一样，含藏着绚丽的韵纹，给人以高尚、华贵、真诚的感觉。"含章可贞。"含章之美是一种具有华彩内涵的美，魅力无穷的美，这种美也许不耀眼，但是它长久不褪色。时机到来，还会发出动人心魄的光辉。周人有时也过于谨慎，太强调"牝马之贞"，强调温驯，服从。"或从王事"，遥遥无期。不过从另外一个角度考虑也有好处，以时间换空间，准备工作做充分，"王事"暂时"无成"，却可以求得圆满"有终"。

六四 括囊。无咎无誉【谨言慎行】

（囊：口袋。括囊：扎紧口袋。）

周商处于战略的相持阶段。周不可能打倒商，周的地域小，仅有全国的五十分之一，打起仗来没有回旋余地。周的军队只有商的二十分之一，不是商的对手。舆论上很被动，臣伐君，有叛逆之罪，会遭到全国共诛共讨。周国内人心也不齐，还有一个动员过程。

囊，口袋，魔袋，里面装的什么？猜猜。装的是西周人的谋略、粮食、战车、刀矛、几万兵。这些现在都不能显山露水，必须在条件成熟的时候拿出来用。目下就是将口袋口扎紧。括，捆扎，约束。约束自己，扎紧口袋。"括囊。无咎无誉。"

西周不想扎紧口袋也不行，商帝帮它扎紧，杀你个季历，杀你个伯夷考，囚你个姬昌，乖了吧。你还想显山露水！逞能？不行的。乖乖地在羑里监狱待着吧。姬昌很识时务，识时务者为俊杰。不识时务者非俊杰，人家把刀架在脖子上，自找死没有价值。

有一种小昆虫叫尺蠖，它走路特别，一屈一伸。前身前进了，停住，后身跟上；后身跟上了，停住，前身再前进。走走停停，停是为了更好地走。周人从尺蠖那里受到启发，不能与自己的生命过不去，装点孬，先屈后伸。"括囊"，管住自己的嘴巴，少自夸，多烧香，最好能让商帝感觉内疚，后悔自己莽撞把好人投进了监狱，伤了良臣。

六五　黄裳。元吉【西周必胜】

（黄，中色，裳，下衣，引申谦虚。）

"黄裳。元吉。"周人崇尚本土的另一种说法。按方位说，西及与西相邻的西北、西南最可贵；按颜色说，黄色最可贵。因为西周繁衍于黄土高原，崛起于黄土高原。黄土高原属雍州。古代黄土高原的生态环境比现在好，林木繁茂，青草丛生，动物结群，雨水丰润，土质松软肥沃，种子下地，即有丰厚的秋收。诗经里形容说，岐山周原，野菜都像蜜糖一样甜美。西周人出自内心地热爱这块土地，总是用各种方式歌颂它、赞美它。"黄"，特指黄土高原。"裳"，古时专指下衣，即裤子，泛指服饰。转义为穿着服饰的人们。"黄裳"，美称黄土高原的周人。"元吉"，前程美好。

大禹治水以后首次将中国分为九州：冀州土壤白色松软，兖州土壤黑色肥沃，青州土壤白色带盐碱，徐州土壤青色粘连，扬州青色腐殖泥土，荆州也是青色腐殖泥土，豫州石灰、沙性冲积土，梁州土壤青而发黑，雍州土壤黄色，属九州中上上等。

古书《禹贡》里记载，夏人对全国土地肥沃、颜色状况作过考察分析，以此用作纳贡的根据。后人硬把颜色加入八卦中，于是颜色具有神秘色彩，颜色也分出高贵和低贱，也具有吉凶朕兆。搞迷信的人也聪明，只要能用就拿来为我所用。其实是主观愿望，缺乏科学性。

"黄裳。元吉。"只是姬昌拿来激励西周人勇气的励志语。在监牢里，环境所迫，姬昌不可畅所欲言。他只能用古老易经的语言作幌子，把自己内心要说的事深藏其中。

上六　龙战于野，其血玄黄【决战在即】

（龙战：商周决战。玄，黑色，隐喻殷商朝廷。黄，黄色，黄土高原的人，隐喻周人。玄黄：周商最后血拼。）

"龙战于野，其血玄黄。"这也是励志语。在乾卦里已经说明周人自比为龙，这里设想有某一天周人与商人会战于某城郊野。那时商周最后摊牌，要么商亡，要么周死，不可两立。黄，黄色，黄土高原的周人。玄，黑色，商朝的政治中心在古兖州。按《禹贡》的说法，兖州土壤黑色，这里隐喻殷商王朝。周商将流血拼死。也可能周人就此一搏，分天之明，死去了，抑或活得更好。命运将由上天安排。

用六　利永贞【骚动在母腹中的胎儿】

（用：《说文》：用，从卜从中，可施行也。占卜得吉兆就可去施行某事。）

用字在古文中，从卜从中，吉兆之意。用六，这是全卦的附加语，周易中只有乾坤两卦有附加语。用野蒿秆分段计数，六次全得偶数，也属稀罕，得之不易。

商必亡，周必胜。为什么？周人获得佳卦：纯六。天是周人的天，地是周人的地。商不敬天不敬地。天得不到商的应有尊重和祭祀，老饿肚子。地得不到商的福荫，众庶生命不保。大批战俘被杀，大批臣妾（奴隶）被活埋、活祭、殉葬。中小官僚也被剥得沦为下民喘不过气。商把鬼方抓来的首脑杀了腌制成干肉宴请诸侯。诸侯们吃在口里怒在心中倒抽凉气。商活到头了，该天诛地灭。周是旭日初升，取代商是水到渠成。由此建立千秋大业，永载史册。"利永贞。"

第 三 章

节【文王自传,《周易》主要作者】

兑下坎上，节。亨。苦节，不可贞。

（兑下坎上：卦画结构，下兑卦，上坎卦。节，卦名。节：植物茎上着生叶与分枝的部分，有些植物的节略微膨大，比较明显，如竹、甘蔗、蓼等，引申义有时段、节令、节度、礼节、气节等。）

将内转盘的"雨（兑）"，旋转至外盘"河（坎）"的位置就是"节卦"，见转盘图和右小图。

《周易》不是自然科学，不研究自然物的各种属性，它只借自然物的某一属性，说明社会问题。竹、甘蔗、蓼之类不是有节吗？节，随时间变化，于是缀词"时节"，"时段"，"芝麻开花节节高"。人的一生类似于竹、甘蔗、蓼、芝麻之节，随着时间变化，人从出生到去世，经历襁褓、童少、青壮、老弱等时段。这些时段之间不像植物那样有明显的节作标志，可是人们在有意无意中认定有节。各人在自己的各个时段，身体状况，思想成熟程度，在社会上的经历，际遇等都是不相同的。

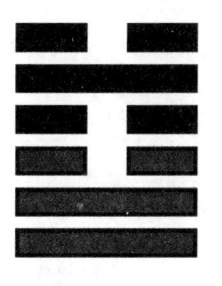

人生就如竹、甘蔗、蓼分节，时好时坏，时甜时苦，时壮时蔫。

在狱中，姬昌按照羑里狱方的常规要求写出简历。他写了53个字交出，狱方看后，没有提出任何问题立即转交商帝。他的自传是这样写的："节，亨。苦节，不可贞。初九　不出户庭，无咎。九二　不出门庭，凶。六三　不节若，则嗟若，无咎。六四　安节，亨。九五　甘节，吉，往有尚。上六　苦节，贞凶。悔亡。"商帝看后，大发雷霆："这哪里是自传，完全是摆八卦阵！"

在羁押的情况下，他只能闪烁其词。现在事隔几千年，他人已成泥土，我们把他的短文展开并复原，已经不存在任何风险。

"节，亨。苦节，不可贞。"我的前半辈子，各个时段，还算通达，顺利，"节，亨"。概括说，苦楚多，波折多，回忆起来不愉快，"苦节，不可贞"。父亲早死，西周那一大摊人马衣食住行都得我管。我年轻，从小娇生惯养，没有一点管理经验，千斤重担无法推卸，有点儿赶鸭子上架。我只得苦撑苦熬。

初九　不出户庭，无咎

（初九：卜筮术语，开始第一爻卜得一个奇数。户：《六书经蕴》：室之口也。凡室之口曰户，堂之口曰门；一扉曰户，两扉曰门。咎：轻度灾祸。无咎：无灾患。）

公元前1139年，姬昌出身于西周君主家庭。父亲季历被朝廷任命为西伯，官居朝廷牧师，有军事谋略，能征善战。母亲太任，挚姓贵族姑娘，曾进入殷商朝廷内宫。商帝帝乙做主，嫁给季历。她有文化有教养。生育独子姬昌。太任相夫教子，人们称赞她是贤妻良母。祖父公亶父，德高望重。他带领部族从豳州迁至岐山周原，臣服朝廷，镇守边疆。他让季历继位而不让季历的两个哥哥继位主要是寄希望于姬昌，好让姬昌顺利接班。姬昌出生时，亶父健在，看见婴儿眉清目秀，全身泛香，老头子迷信，认定姬昌是图大事的料。所谓图大事就是造反剪商。这是有远见而又是把后人放在刀尖上的危险想法。

"不出户庭，无咎。"姬昌从小天真烂漫，和一般孩子一样不懂事，不知人间还会有什么灾患，不知天有多高地有多厚。又和一般孩子不一样，养尊处优，饭来张口，衣来伸手，在家有家庭教师上课学知识。

姬昌18岁初婚。新娘子是子姓贵族女子，与商帝同姓，不幸的是头胎难产，婴儿夭折，从此绝育。二房妻是子氏之妹，一直无生育。

九二　不出门庭，凶

（门庭：见前"户庭"注。）

公元前1114年，商帝文丁杀季历。《晋书·束皙传》等书引《纪年》："文丁杀季历。"《书钞》四十一引"文丁杀周王"云云。季历被杀成历史事实。季历为什么被杀？问文丁？谁敢问。隔了许多年，有臣子问他孙子纣王。纣王说，该杀，他太会用兵，打一仗胜一仗，那样打下去，不打到朝歌来了吗？姬昌就这样失去了父亲。人在家中坐，祸从天上来。"不出门庭，凶。"这年他25岁。他到甘肃玉门办父亲丧事，殷商朝廷以要犯之子将其羁押，生死莫测。屋漏还遇连天雨，"凶"事连连。正当姬昌命悬一线，天赐良机，文丁处于病危之中，商大臣商容等几位同情西周，在文丁面前求情保了姬昌的小命。同时，西周花钱买通办事人员，得以通融，姬昌才安全回西岐，化险为夷。

六三　不节若，则嗟若，无咎

（节：节制，约制。若：表示"……的样子"。嗟（jie）：痛惜。）

公元前1113年，文丁十二年，姬昌继父位，史称西伯，26岁。

公元前1112年，文丁十三年，文丁死。姬昌想报仇，仇家死了，没了对象。

公元前1111年，文丁的儿子初继位，称为帝乙。姬昌报仇时机来了，兴兵伐商，败，留得残兵败将回家。姬昌心情可以理解，杀父之仇不共戴天，这件事情不办，寝食难安。心潮冲动，说干就干。商朝廷是可以随便打的吗？第一条，名不正言不顺，你造反，诸侯都不答应，等着看笑话。第二条，商朝的兵不是吃干饭的，训练有素，且数量20倍于西周。人家凭数量就可以把你生吃掉。第三条，姬昌算什么，毛头小子一个，没有学过军事，也没有打过仗，步法战阵是咋回事都弄不清。姬昌仅凭情感冲动而不是以控制节制自己就把队伍拉到战场，"不节若"。如果这场战争不败那就只有出现奇迹。没有奇迹，留下一片嗟叹之声"则嗟若"。好在商帝乙初即位，也不想多打仗，把战争贩子打跑了就收兵，没有造成西周的彻底灭亡，"无咎"。

文王纪念像

六四　安节，亨

帝乙是短命天子，在位九年就呜呼了。公元前1102年，帝辛，即商纣王继位。他出于安定西部的想法，不记前仇，任命姬昌为三公。《史记·殷本纪》："以西伯昌，九侯，鄂侯为三公。"姬昌成为朝廷重臣。

同年，姬昌与太姒结婚，姬昌38岁，太姒14岁。第二年生大子伯夷考，公元前1099年生二子姬发（后来的武王）。下一年（公元前1098年）生三儿子蔡叔鲜。公元前1096年生四儿子姬旦（后来的周公）。姬昌太姒怎么也没有想到，他们竟然生了一个开国皇帝和一个天才。姬旦文韬武略，兴邦定国，名留千古。

"安节，亨。"这是姬昌最安稳最顺心的年代，官运亨通，家道大发。在此期间，姬昌写了许多论述西周革命的文章。他的文章大部分散失，只有少量收入《逸周书》里。

九五　甘节，吉，往有尚

（甘：甜美。尚：尊崇。）

公元前1097年，姬昌率宗族去毕邑进行大型祭祀活动。《今本竹书纪年疏证》："帝辛六年，西伯初禴于毕。"《唐书·历志》："至纣六祀，周文王初禴于毕。"在毕邑结识族侄姬高。此人后来一直在羑里监狱照顾姬昌，两人成为知心朋友和同志（姬高后来是开国功臣，封为毕公）。

公元前1086年，奉朝廷令姬昌伐翟，获胜。这是一次真正的带兵打仗。

《夏商周通鉴》引上海博物馆楚简《容成氏》：帝辛十九年，有丰、镐、舟、石邑、邘、鹿、耆、崇、密须九邦叛商，姬昌领纣王命说服七邦，只有丰、镐不服。姬昌带兵征伐。丰、镐不战而屈，愿降西周而不愿归服商朝廷。这次带了兵，但是没有真正打仗。

西周自伐商失败至目前近30年来，埋头于国内建设，加强品德教育，训练军队，基本解决老百姓温饱问题。西周成为人们向往的乐园。公元前1082年春正月，西部所有诸侯朝周，显示西周兴盛，已经是一支举足轻重的政治力量。同年，名流伯夷叔齐兄弟自孤竹归于周，欲求久住。在这几年，姬昌夫妇又连生贵子，五子叔度，六子振铎，七子叔武相继出世。

"甘节，吉，往有尚。"生活就像蜜糖，甘甜可口。日子越过越舒坦，所有的事都那么顺心吉祥，未来的光景更加令人神往。姬氏家族，硕果累累。

姬昌也随着革命进程制定许多政策法令。史上有名的废止人殉人祭的法令《有亡荒阅》出于姬昌手笔。

上六　苦节，贞凶。悔亡

孔子说自己五十而知天命，姬昌是五十而不知天命。

公元前1080年，商帝囚西伯于羑里（今河南汤阴）。倒霉了，祸临头了！其实冤枉，姬昌没有罪。要说有罪，罪在"存在"。存在就是罪。西周死吧，死了就没有罪。崇国是老邻居，崇侯虎父子是姬昌的老对手。

他对纣王说,"西伯积善累德,诸侯皆向之,将不利于帝。"天啦,这是罪过?"积善累德"是罪,不积善不累德不是罪,什么逻辑?"诸侯皆向之",朝廷明示西部诸侯听命于西伯,"伯"者,一方诸侯之首,诸侯皆向之,何罪之有?商帝内心有小九九,西周发展势头难料,但是他装糊涂,不告不理。崇侯虎一告,有人出头,正好,那就把姬昌杀掉吧,把他剁成肉丸吃了。万幸的是,姬昌人缘好,大臣们纷纷跪求,商帝只得格外开恩,免死,下狱,终身监禁。他抛妻别子被送到羑里蹲大牢,一蹲七年。

"苦节,贞凶。"姬昌在羑里每日所见高墙大院,早上太阳,晚上星星。这是姬昌一生中最黑暗的时段,虽然保命,与植物人又有什么两样。像吃黄连,从口里苦到肚子里。姬昌又回过来安慰自己,这可能就是命运吧,后悔也没有用,"悔亡"。

姬昌在监狱有两件事使他深感有希望,增强活着的信心。一件是,姬高一直陪伴他。姬高身居侯位,自愿来到监狱,甘当姬昌贴身侍从,照顾起居,谈天说地。另一件是,演练八卦。在原始宗教盛行的年代,人们都相信卜筮,特别是上层社会的人,一举一动都要卜筮,八卦是卜筮工具之一。他打定主意,动动脑筋,利用八卦写几篇文章。借其名,换其神,把西周人想做的事,它的战略和策略,它的行动方针和方法统统写出来,搞点思想理论建设。他觉得意义重大。他想革命,首先对八卦革命,把八卦改造成宣扬革命的工具。他很忙,日子过得紧张有趣。这篇大文章后人叫做《周易》。

他还有一件在监狱始终不知道的痛苦事:他的大儿子伯夷考,由于姬昌下狱而受牵连被商帝杀死。

公元前1074年,由于西周人用重金美女贿赂商帝,姬昌获得自由。姬昌已经65岁。出狱后做了三件事:一是把《周易》初稿交给老四姬旦

姬昌在狱中

完善。二是奉商帝令（商帝误认姬昌忠于自己），征伐邻近几个诸侯国，为将来的东征打通道路。三是又生了三个儿子，老八叔处，老九叔封，老十季载，为将来大周帝国分封诸侯增加生力军。

公元前 1062 年，姬昌逝世，享年 77 岁，在君位 51 年。姬发继西伯位。公元前 1051 年，姬发载着父亲灵牌东征灭商。周人废帝为王，姬发即王位，称武王，追谥姬昌为文王。

第二部分
亶父奠基时期
——潜龙勿用

　　本部分介绍西周沿革，古公亶父遭打击后，发愤图强，立志"翦商"，共三章：第四章　屯，屯垦岐山，兴农立业；第五章　兑，风风雨雨，亶父谋商奠王基；第六章　泰，跋山涉水，西周小往大来，开创革命根据地。

第四章

屯【屯垦岐山，西周从此习政治】

屯。元亨利贞。勿用有攸往，利建侯。

（震下坎上：屯卦的结构，下震卦，上坎卦。屯：聚集，屯聚，屯垦。建侯：建立侯国，创建事业。侯国又叫诸侯，是中央王朝以下的二级或三级地方行政组织，史书上常称诸侯国或方国。）

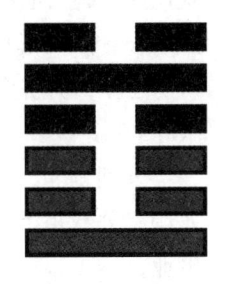

将转盘上的"雷（震）"旋转到外盘"河（坎）"的位置，内外卦就构成屯卦，见右小图和转盘图。

屯卦从下往上记成二进制则成011101，换算成十进制是29。屯卦主要描述事物的发源。

《史记·周本纪第四》：周的始祖后稷名弃，他的母亲是有邰氏的女儿，叫作姜原，姜原是帝喾（kù）的正妃。有一天姜原到野外去，看到地上有巨人的足迹，心里忽然有一种兴奋的喜悦想去踩它，踩下之后觉得身子里受到感动就好像怀了孕一般。到了相当的时间果然生下一个孩子。因为不是在正常情况下怀的孩子，所以认为不吉祥，就将他弃置在里中狭窄的道路上，但是经过那里的牛马却都避开了他而不践踏他；于是又移置到树林里，刚好遇到树林里有很多人，就换了地方，丢到结了冰的沟渠上，但却有飞来的鸟张开翅膀为他盖着垫着。到这时候，姜原觉得很神异，于是就抱回，并且将他抚养长大。

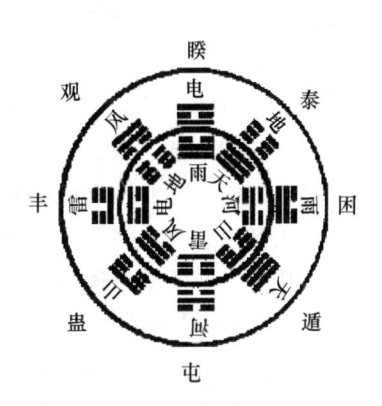

因为当初想丢弃他，所以就起名弃。《史记》作者司马迁修史在这里有些迁就权势，把神话传说入了正史。中国古代，人们缺乏历史唯物史观，不能正确地解读历史，凡是帝王的祖先都是神仙授精，然后生出某某，违背人类繁衍之道。这当然也可用来吓唬老百姓。再是这位"弃"，明明是有父亲的。他的父亲是帝喾，因为文章开头就说姜原是帝喾的正妃。还有，既然弃是帝喾的儿子，周人的始祖就不应当是弃，而是帝喾，或更早的颛顼（zhuanxu）。颛顼是帝喾之父辈、黄帝之孙，还可归根到黄帝那里。

弃长大成人以后，帝尧很看重他，因为他懂农耕，就让他做了管农事的官，官名"后稷"，赐以姬姓，封于邰邑（今陕西西安西渭水漆水交汇处）。后稷这一族的兴起，正当陶唐、虞、夏的时代，历代都有美好的德行。

后稷死，经过多代传位至不窋（zhu），正遇夏后政治衰败，成汤革命，夏亡。不窋丢官携家逃到境外戎狄地区（今陕西甘肃境内）。不窋死，儿子鞠继位。鞠死，儿子公刘继位。公刘在史上有贡献，周人多歌颂他。在戎狄地区，因当地不适宜农业，周人先祖一直漂泊不定。公刘带领部落迁至豳邑（今陕西彬县东北）定居，重修后稷的事业，致力于耕种，伐木垦荒，筑房建屋，男耕女织，吃穿不愁。远处的百姓都感念他归附他，周室自此兴旺。

公刘逝世，经庆节、皇仆、差佛、毁隃（yu）、公非、高圉（yu）、亚圉，公叔祖类，传位到古公亶（dan）父。古公亶父再兴后稷、公刘的事业，做了很多有德义的事情，整个都邑的人都拥戴他。姬氏部落成为西部富有的家族。这引起贫穷的薰育、戎狄部族的眼红，他们常来攻击抢劫。亶父就以财物相送。薰育、戎狄以为人善可欺，得寸进尺，还想占土地、房人口，老百姓怒不可遏，要求武装自卫。亶父却冷静地劝慰大家说，"部落首领之所以对外攻伐，都是为了本部落民众过好生活。老百姓属于我们或属于他们都是一样的。我带领大家抵抗，杀了他们的首领，收容了他们的百姓。我确实不忍心这样做。"于是他带领部族从豳地南迁，来到岐山周原（今陕西岐山县境）。《孟子·梁惠王下》："太王（古公亶父）去邠（bin，同豳）逾梁山，邑于岐山之下居焉。"地域接近政治中心。从此，姬氏部落称周人或西周。周人在岐山建城池，修房屋，设行政官制，使部落初具国家雏形。

"屯"，屯垦，屯聚，西周有个良好的起步。"元亨利贞"，发展势头，美好之极。"勿用有攸往",目前不可图谋大事。"利建侯",有利于建立诸侯方国。

这是正史的叙述,《西周史》作者不完全赞同。但是西周发展的脉络大体一致,那时的姬昌掌握历史材料不多,也只有靠传说写故事。

初九　磐桓,利居贞,利建侯【立足建侯】

（磐：大石。桓：木立柱。磐桓：徘徊,不进也。）

周人由豳地迁徙于岐山周原时,正是商纣王的祖父武乙当政。

这大约在公元前1159年,周人迁居岐山,立即遭到朝廷征服（兑卦详述）。周人唯一的选择是臣服。这种选择很明智,周人面前立即出现一条光明大道。《今本竹书纪年疏证》载,公元前1157年,商帝武乙"命古公亶父,赐以岐邑"。正式任命古公亶父为西周侯国国君,并且正式赐予岐邑为西周合法领土。有了合法领地他们就可以好好规划一番,建一个像模像样的都城,于是进入大规模地开发、建设阶段。

今日岐山

首先是建筑民宅。过去住窑洞、地穴,现在兴建地上房屋,改善居住条件。

《诗经·大雅·绵》："绵绵瓜瓞，民之初生。自土沮漆。古公亶父，陶复陶穴，未有家室。古公亶父，来朝走马，率西水浒，至于岐下。爰及姜女，聿来胥宇。"

这诗章古奥难懂，读起来麻烦，会意就行，就是亶父夫妇谋划盖房建屋，让大家从地下搬到地上。

《诗经》接着叙述，建筑宗庙、城墙，道路，宫殿……所有建筑，虽然都非常原始、简陋，但是在当时还是第一流的。

搞建筑少不得重石、大木，"盘桓"，这些，岐山有的是，就地取材，花点劳力就行。

岐山脚下有座城，城墙耸立。城里房屋成片，庙宇轩昂，街道纵横交错，马路四通八达。这就是当时的西周根据地岐邑，是三千年前的政治特区。周人在这里安居乐业，努力建设侯国，"利居贞，利建侯"。

六二 屯如邅如，乘马班如，匪寇，婚媾，女子贞不字，十年乃字【政治联姻，季历有望得佳妇】

（邅（zhan）：难行不进。班：花斑，花马。匪：非，不是。字：婚约。）

周商进入友好发展新时期。商朝廷很需要西周这样的诸侯国。西部边境一直不安宁，有一个安分守己，又具有一定实力的侯国在西部，西部可以平静，少了朝廷许多麻烦。周人则有自己的利益。西周先是流浪汉，在边境线流浪了几代人，现在有了安居之所，又在朝廷上了户口，有了绿卡，可以一心埋头建设家园，带领部族奔小康。还有就是古公亶父正在酝酿一个奋斗目标，眼下虽然不能公开谈论，但是西周上层都心中有数，目前只有和平发展将来才有出息。

更动西周心弦的是"帝乙归妹"。殷商朝廷为了向西周示好，主动提出和亲。帝乙做主，把妹妹四公主嫁给季历。亶父喜不自胜。这桩婚姻牵动西周上下的心。季历更急不可耐，忙带领一班迎亲队伍赴朝。

旁观者不明事理，以为季历他们是一帮子寇贼，"看啦，他们骑着大花马，磨磨蹭蹭，鬼鬼祟祟，像是进城打家劫舍的毛贼。""屯如邅如，乘马班如。"其实，他们哪里知道，这班骑花马的人不是寇贼，是进城娶媳妇的。"匪寇，婚媾。"这么美好的事让他们误解了，真晦气。果然，人家姑娘父母，说是他们卜了卦了，女儿十年之内不嫁，十年以后再说。"女子贞不字，十年乃字。"原来是帝乙有意考验西周，把婚期推得老远。

那些旁观的人更不知道，季历这帮人不仅仅来娶媳妇，还想顺便探探朝廷虚实，以便决定自己的行止。他们已有初步印象，朝廷目前还稳定，周人不可轻举妄动，起码十年之内不可摇撼。

六三 即鹿无虞，惟入于林中，君子几，不如舍，往吝【扩疆守土，苦于缺乏将帅才】

（即鹿：接近鹿。虞：古时管理山林的官员。惟：发语词，无实义。几：求。又，几通机，机智，机动。舍：放弃。）

帝王们进山林围猎，是娱乐也是练兵。进山林有守林官"虞"作向导。目下，猎人已经接近猎物却不见向导在身边，"即鹿无虞"，不敢贸然追杀，怕误入山林深处遭遇凶险，不如舍弃，求个平安。"惟入于林中，君子几，不如舍，往吝。"

西周缺乏专业军事人才。政治斗争最终靠军事说话。西周初期只能拿出几百人打仗。军事首脑是部族首脑，打仗就是聚众械斗，没有什么战略战术。如果有姜子牙式的人物就好了，那时没有姜子牙，姜子牙几十年以后才出现。面对现实，"即鹿无虞"，目标可望不可求，不要自寻烦恼。在家练练兵，瞅瞅时局再说。

六四 乘马班如，求婚媾，往吉，无不利【投靠急切，季历再登求婚路】

（班如：盘旋。）

又是这班队伍在路上来来往往，车辚辚，马萧萧，钟鼓响，彩旗飘，看样子，还是去求婚的。姑娘许以十年后，周人不相信她是铁石心肠，多去几次，她不会不动摇芳心。"乘马班如，求婚媾，往吉，无不利。"行进的队伍个个心中明白，这又是去试探商王的。果然，帝乙这回答应了。

定了吉日，到时迎娶。

九五　屯其膏，小贞吉，大贞凶【屯其膏脂，荒山处处有黄金】

（屯：聚集。膏：油脂，肥肉，引申为财富。贞：卜问。）

一个强大国家的兴起，军事力量的强大仅仅是一个方面，重要的是物质财富。物质财富哪里来？靠发展生产，多养牛羊猪马、多种谷粟，开荒改土，让众庶有口粮还有点积蓄，干活热情上升。西周人对外不掠夺，对内也不掠夺。积聚财富，"屯其膏"，不靠掠夺。掠夺只能获得短暂的小利，"小贞吉"。从大的方面说，失信于民，失信于诸侯，是非常凶险的事，"大贞凶"。所以，西周人反复告诫自己，应该特别注意。"屯其膏"很有讲究，意义重大，是一个上得天、下得民的事情。商的失措，就是厚赋税，鹿台国库积满钱财，钜桥粮仓堆满谷粟，国富民穷。

《诗经·大雅·皇矣》描写亶父带领族众屯垦荒地，自屯其膏：

"作之屏之，其菑其翳。修之平之，其灌其栵。启之辟之，其柽其椐。攘之剔之，其檿其柘。帝迁明德，串夷载路。天立厥配，受命既固。"

这里一连四句排偶的字句，都是讲用各种方法来清除地面杂草树丛。说明亶父他们，当初曾经在周原艰苦地开荒拓地，解决吃穿，进行原始积累。

上六　乘马班如，泣血涟如【弱肉强食，周人初悟生存道】

（泣血：痛哭至眼睛出血。涟如：泪水不断流。）

西周经历了痛苦的开创，给周人痛苦的首先是朝廷。朝廷军事征伐，使周人死伤惨重，亶父的亲兄弟亶仲就死于此次兵难。当时他是带兵头领，身先士卒，一马当先，"乘马班如"。不料被商兵乱箭射死。周的失败和亶仲的惨死，使亶父们想起来就悲伤，有时哭得眼睛流血。"泣血涟如"。周人从此跟殷商结下了血海深仇。只是因为力量相差太大，只得忍气吞声，谋求长远。

第五章

兑【风风雨雨，亶父谋商奠王基】

兑下兑上，兑。亨，利贞

（兑下兑上：卦画结构，上下都是兑。兑：雨的音符，帛书《周易》音"夺"。亨：亨利，亨吉，通达，顺利。利：利益，福祉，收益。利贞：有利之卜。）

将内转盘的"雨（兑）"旋转至外盘"雨（兑）"的位置就是兑卦，见乾卦转盘图和右小图。兑卦是千古之谜。此卦去其序号，只有三十个字，在六十四卦中是字数最少的。字少，就是提供的信息量少，解卦难度大。首先是卦名"兑"。兑，原创八卦卦名，表示雨。如何确定它是雨呢？八卦所表示的是自然界八种事物，"天地山川风雨雷电"，它们与人类生存息息相关。八卦反映古人对自然环境的认识和崇拜。奇怪的是，从春秋时代起，几乎所有的易学家都望文生义，解释"兑"为"悦"，指定悦为欢悦、快乐的意思。如儒家《序卦》曰："入而后悦之，故受之以兑，兑者悦也。"欢悦是人的一种情感，或者解兑为泽，并专指地上聚水的地方。这样，雨从八卦中抹掉了，永远干旱。以泽取代雨，无雨，泽也枯竭。泽本来有雨的含义，如《汉书杨雄传上》"泽渗漓而下降"；王安石《上杜学士开河书》，"幸而雨泽时至"，句中的泽都是指雨。泽还具有恩泽的含义，甲施恩于乙，如雨水润泽庄稼。不知儒家为何疏忽，硬把雨给抠掉。雨的规模、雨的作用和它对于人类的重要性远超过泽。定泽为水泽，即湖塘沼泽，虽然也重要，但无法与雨相比，且又与八卦中表示水的坎（河）重复。雨是八卦的八大基本要素之一，将其抽掉，八卦成七卦。两千多年来，以兑指泽，解兑为悦，远离八卦原意。这是儒家解读《周易》的误区，也是《周易》的灾区。原始八卦无字有声，可以理解，当时文字还没有发明。夏人给以配音，无非耳闻口传，商周有了文字，以字记其音。

考察兑通悦，兑悦同音，跟雨的发音接近，它们的声母都是汉语拼音的y。儒家解卦着眼于义，忽略其音，以致一失足成千古错。

姬昌着手写兑卦，想了几个月，提笔，放下，又提笔，又放下，反反复复，写了四个字"兑，亨，利贞"。难啦，因为他离祖父的时代、祖父的生活已经很远，他得慢慢回忆。在"小过"篇中，他曾写过，"密云不雨，自我西郊，公弋取彼在穴"。公，姬昌的祖父公亶父（《史记》称古公亶父，《西周史》作者说是误读，应去其"古"字），他从殷商西部兴云鼓风，"密云不雨，自我西郊"，开创了翦商事业，"公弋取彼在穴"。

古公亶父翦商的想法不是心血来潮，异想天开。它是社会生活的反映。殷商晚期，政治衰败，经济萧条，社会纷乱，没有大的社会变革，不能改变现状。公亶父的周国，经过上几代人的建设，已经具有一定实力，自认为可以担当改天换地的重任。因此决心"翦商"，兴些风雨，"兑"，洗洗社会污泥恶垢，冲刷一下沟道使之畅通，"亨"；也卜问过神龟，说是有利的征兆，"利贞"。

请看先儒对此卦的评注。

《彖》曰："兑，说也。刚中而柔外，说已利贞，是以顺乎天，而应乎人。说以先民，民忘其劳。说以犯难，民忘其死，说之大，民劝矣哉。"

意思："刚中而柔外"，九二和九五都是刚爻居卦画中位，两爻的上爻都是柔爻，所以刚居其中而柔居其外。"说已利贞"，以和悦为行为准则，有利行事。和悦准则顺乎天也应乎人。和悦在前，老百姓忘其劳苦。以和悦奔赴国难，老百姓都不贪生怕死。和悦的大义使老百姓处处得到勉励。

M（作者代码）：《彖》和《象》都是"十翼"篇名。它们跟踪解评《周易》；《彖》跟踪卦辞，有六十四条，《象》跟踪卦辞和爻辞有四百五十条。"十翼"解读《周易》与卜筮官员解读的共同立场是"看图识字"，立足于卦画，在卦画上做文章。由于跟踪之故，"十翼"与《周易》

鱼目混珠，历来一同视作经典，让人是非难辨。本书部分引出象象言论，在于说明他们始终按画解卦，唯图是论，误读《周易》，努力把它们从《周易》身上剥除。

本卦《象》词，解兑为悦，愉悦，和悦，那么帛书定名为"夺"，又如何解？此一错；以卜筮规则的"刚、柔、中"评说吉凶好坏。二错；由卦画推论"民忘其劳"，"民忘其死"，"民劝矣哉"，是一种异类嫁接，犹如城里人去乡下，看见一片青草就大呼丰收。青草不是麦苗。再仔细看，那不是真正的乡下，是一幅大风景彩图；三错。

初九　和兑，吉【斜风细雨，姬氏部族农家乐】

（和兑：风雨平和。）

周人的始祖"弃"是古代社会的农官，被后人尊崇为百谷之神。由此推测，后稷时代，周人祖先已经进入农耕社会，并且，与同时代别的部落相比，只有后稷部落最擅长农业。他们已经能够制造较为先进的农具，会挑选粮食作物种子，懂得气候、水利、土质的有关知识。仰赖大自然的赐予和自己的勤劳，他们过着平稳的日子。

由于政治原因而多次迁徙的周部落，到公刘时定居豳邑（豳，读bin，也有写为邠、彬）。豳邑地处今陕西旬邑西南、彬县附近。此前在邰邑居住了一段时间。为了扩大地域，适应农业发展和人口增多的需要又从邰邑迁出。公刘在豳邑开田亩，建住房，筑宫室，设官司，办守卫（《诗经·公刘》"其军三单"，三支队伍），很有一番立国气势。他们在豳邑居住了百多年，生活平淡而安宁，就如沐浴在和风细雨中，"和兑，吉"。

《象》："和兑之吉，行未疑也。"

意思：卦画初九，阳刚，性情刚烈但处底层不妙，九四也是阳刚，同性相斥，得不到九四同情和帮助，故必自己拿定主意，独善其身，行止不疑。

M：这说不上是义理。好像算命先生对求卦者说，你看你，卜着初一，虽然阳刚，但与九四无应。别指望人家了，自己拿主意吧。

九二　孚兑，吉，悔亡【人杰地灵，周人岐山遇好雨】

（孚：诚信，踏实。兑 yue：雨之地方古读音。）

周部落的宁静终于被人打破了。周人聪明和勤劳换来周部落的富有，引来贫穷者的嫉妒和侵扰，他们被迫再迁。

《今本竹书纪年疏证》：（周部落）"武乙元年（公元前1159年）（周部落）由邠迁于岐周。"《孟子·梁惠王下》："太王去邠，逾梁山，邑于岐山之下居焉。"周族从豳邑出发，渡过泾水，向西南行，越过乾县的梁山，过杜水，沿漆水南下再西折，达渭河北岸，落脚于今陕西扶风北、岐山东北六十里的京当、法门、黄堆地区。这一带土地肥沃，适宜于发展农业。岐山山脉又是天然的防御屏障，可以防备戎狄的侵扰。

《诗经·鲁颂·閟》："周原膴膴 hu，堇荼如饴。爰始爰谋，爰契我龟，曰止曰时，筑室于兹。"

——周原这地方十分肥沃，种了苦菜也会长成饴糖那样甜。于是就开始谋划，用龟甲占卜，兆曰宜于在此定居、筑城。

据考古调查，周的城邑在今陕西岐山东北六十里；东到下樊、召陈二村，西到董家、凤雏村，是宫室的分布区。在凤雏村东南的云塘村，南到齐镇、齐家村，发现有西周的制骨、冶铜、制陶作坊及平民居住遗址；在凤雏村西南发掘出一座早周宫室建筑遗址，出土了文王时代前后的卜甲卜骨……

亶父继公刘之业，效公刘之法，垦荒辟地，兴办水利，建筑城堡，修建住房、庙宇，操练军队。岐山在亶父的经营下，又成为周人的乐土。周人在这里安逸踏实地生活着。

人们的心情愉悦，对风雨的感觉也不同一般，觉得上天在护佑岐山，风调雨顺。风是好风，雨是好雨，仿佛风雨也有情感，有诚信。"好雨知时节，当春乃发生。随风潜入夜，润物细无声。"风雨都变得可爱。"孚兑，吉，悔亡。"豳邑遭洗劫之痛也渐渐遗忘了。

六三　来兑，凶【铩羽去势，商周和解共谋生】

"来兑，凶。"突来之暴风雨，凶。

岐山出现一个极乐世界，这消息很快传进商帝耳朵里。

"什么？天国吗？"武乙没有弄清，以为臣子编故事。

臣子告诉他，岐山新近迁来一邦人，称周部落，为首的叫亶父，他们在岐山搞得轰轰烈烈，开荒造屋，筑城练兵。像山大王，又未见抢劫，像君子，又未见来朝廷注册。

商帝命令，再探。回报如故。

别以为商朝已经步入衰落就不管这等闲事。事关殷商安全，武乙连忙召集群臣商议，议决出兵征讨，要打它个下马威。在殷虚出土的甲骨文中，有较多的记载（参见杨宽《西周史》）：

"贞令从仓侯璞周。"（《殷虚书契前编》）——卜问，商王命令从仓侯征伐周部落，吉利吗？专家称"璞"就是征伐的意思。

"癸未卜……一令……族璞周，叶王事。"（《殷虚书契前编》）——癸未日占卜，商王命令□□族（甲骨字脱落或不识，以□代替）协助朝廷征伐周部落。专家称"叶"为协助的意思。

"贞令多子族眔 dai 犬侯璞周，叶王。"（《殷虚书契前编》）——卜问，商王命令多子族眔 dai 犬侯协助朝廷征伐周部落，吉利吗？

"己卯卜，□贞，令多子族从犬侯璞周，叶王事。"（《殷虚书契前编》）——己卯日占卜，问，商王命令多子族从犬侯协助朝廷征伐周部落吉利吗？

"贞□□令从璞周。"（《殷虚书契前编》）——商王占卜，问，命令□□征伐周部落吉利吗？

……

政府军三番两次不停征伐，有如突来之暴风骤雨，凶神恶煞。"来兑，凶。"周部落受得了吗？投降，投降，举手投降。周人命苦，前门避狼，后门却遇虎。商王说，投降就好，我们和好，我封你是诸侯，你乖乖向我进贡。

《今本竹书纪年疏证》："武乙三年（公元前1157年）命周公亶父赐以岐邑。"

商帝要周国乖点，周国真的很乖，人家进贡送龟犬马牛鹿象，钱币金玉，唯有周国送"巫嬠"。

卜辞记载："贞周氏（致）巫。""丁巳卜，□贞，周氏（致）嬠。"（《殷虚文字乙编》）

氏，古低字，低首，惶恐敬奉。前卦敬奉巫，后卦敬奉嬠。巫嬠是什么？巫是巫师，嬠是美女。周人特高明，看透商王心理，知道他最喜欢这两样东西。而这两样东西是腐蚀剂，它可以慢慢消化殷商王朝机体。巫嬠还有一个用途，巫嬠是人，近到商王身边，犹如现在的电子探头，多少可以捞点消息，让商王在周人的监控之中。

商帝之所以关注周方国，是因为周国的行止关系西部的安宁。两者各有需要，各有所图。商要周在西部发挥镇抚作用，周要借商这棵大树乘凉。

周成了商的属国，商是周国的宗主。

让我们记住了，西周是被商王朝征服的。商王朝引狼入室，从此埋下祸根。

《象》曰："来兑之凶，位不当也。"

意思：六三处位不好，阴处阳位，"位不当也"，又与上六同性，无喜悦可言。

这仍然不是义理，也不是解读《周易》。

九四　商兑未宁，介疾有喜【商雨未宁，西周可乘疾有喜】

（商：殷商。宁：安宁，宁静。介：通芥。小草。比喻微小。介疾：小病。有喜：病愈。）

殷商朝廷的风雨不间断地吹打，让西周人不得安宁，"商兑未宁"。周人受了风寒，鼻塞发烧，感冒之状。伤风感冒，小小毛病，不久病愈，"介疾有喜"。

殷商朝廷武力征服周人，使周人蒙受有史以来的最大损失和羞辱。姬氏部落从来没有侵伐过别人，也没有屈服过别人对自己的侵伐。从豳迁岐不是屈服吗？不完全是，周人有自己的打算，他们渴求文明。中原地区文明开化，周人南迁，有利本族进步。殷商朝廷的武力征服是周人没有想到的，毫无思想准备，以致死伤不少人。文明古国也不文明。周人如果继续硬扛下去，部落有被消灭的可能。亶父唯有选择投降。但是心中不服，他觉得有许多许多的新问题需要好好想想。

殷商朝廷并不想消灭周部落，只想对他示示威，增加点财源。"周族人不是农业搞得好吗？以后让他们多给朝廷进贡点粮食、土特产。"

周人成了殷商的子民。既是子民商帝也给予关怀。巫嫘及时送回商帝对亶父问好的信息，都记录在甲骨上：

"贞串弗裁（一个古怪字，裁字去衣，电脑中无，以裁代）周，十二月"（《铁云藏龟》）。——十二月，王卜问，串族会不会去伤害周国？专家称"裁"就是伤害的意思。

"癸卯卜，其克裁周"（《书契拾掇》）。——癸卯日，王卜问那个克伤害了周吗？

"周方弗其有祸"（《殷虚文字缀合》）。——周方不会受伤害吧？

"周方弗亡祸"（《殷虚文字缀合》）。——周方没有祸患吧？

"周侯今□亡祸"（《殷虚文字甲编》）。——周侯今天该没有祸殃吧？

……

亶父心中一块石头落了地，"介疾有喜"。打了又摸，先让你痛苦，然后再安抚你。征伐是手段，拉拢利用是目的。商帝漏了底线，周人大有生存空间，信心倍增。

《象》曰："九四之喜，有庆也。"

意思：九四属阳，他的紧邻六三属阴，为少女，看看，阴阳相配，可成就美满婚姻，大庆在眼前。

M：显然这是解"兑"为愉悦。又是以卦画九四处位和一些卜筮规则解说，说的都是一些悬虚缥缈的事。

《象》的点评中，避开了"商兑"的商字。商是什么意思？孔子知道。《系辞·下》第十一章中说："《易》之兴也，其当殷之末世，周之德盛邪？当文王与纣之事邪？是故其辞危。危者使平，易者使倾，其道甚大，百物不废。"这明明说的是商周之事，商即殷商。本文中写商周初交，周眼中无商，商大肆用兵，直到周屈服方止，再给予封侯。"商兑"就是殷商对周用兵，兴起武力镇压的暴风雨。《象》作者不知商为何意，于是避而不提。三国魏人王弼注《周易》曰："商，商量裁制之谓也。"
与《周易》相去更远。

九五　孚于剥，有厉【循序渐进，亶父嬗变定指针】

（孚：诚信，信用，转义下神、踏踏实实。剥：剥除，剥离，剥
蚀。厉：严厉，严格认真。）

公刘、公亶父都是朴素的部落首脑，他们就是一个大家长，家长的
职责是管理家庭，带领全族种地打猎，让大家有饭吃、有衣穿。周人迁
去迁来，无非如此。现实生活又反复告诉人，光当家长是不够的，社会
上还有争斗，你生活好了，人家要来抢劫物，抢女人，你不乐意就杀
你，就要死人流血。家长要带领大家拿起刀棍自卫。家长变军长。家长
必须学会格斗，必须有点组织能力，能把几十人几百人作合理安排，不
是乌合之众。歹人来了能有效制服对方，家长应具备带兵的本事。

现实生活还给亶父以启发，军队有大小强弱之分。公刘的"三单"
不敌狄夷的人多势众，亶父的团练又不及朝廷的王师。有了王师，说打就
打，说停就停。商帝为什么不一直打到周部落灭亡呢？亶父对这个问题思
索很久，也和同僚探讨过。有人提出种地的道理。种地，第一年丰收，第
二年差点，第三年半收，还想种下去，颗粒无收。为什么？地力用完了。
地力指土质、肥料。古人不懂施肥，不知改良土壤，但是他们另有办法：
轮作。种两年休种两年，让土地有个恢复期。这时的农民，变成农艺师，
知道控制土地。商帝打仗，控制周人死活，除了力量还有技巧，除了技巧
还有思想。他要考虑全局、考虑过去和未来。这就是后人说的政治。周人
不懂政治，商人用刀枪告诉他什么是政治。亶父学了点政治。当家长要学
会当军长，还不行，还要当政治长。

亶父头脑有了一个飞跃。他朝着一个成熟的政治家迈进了一步。

亶父以五年时间完成了对商国的考察和评估。他认为，商国频繁东西
用兵，财政枯竭；国民贫穷，社会纷乱；人殉人祭，虐杀无辜，涣散人
心，潜伏政治危机；农业生产停滞，国家财源困难；国威猛跌，诸侯各行
其是，戎狄蛮夷趁机作乱；综合上述，国将难保。

亶父想想自己年暮，看不到将来的变化，但是他相信自己的后人看得

到。而且寄希望于后人，秉承上帝旨意出来收拾这场乱局。

经过亶父深思熟虑，提出十六字指针："辅国建侯，开荒拓土，三单潜龙，谷熟当收。"

公亶父觉得，事情可办，但不可急办，不可蛮办，更不可瞎办。商朝目前是山，周部落算什么？一块小石头。就算商是小石头，自己呢？鸡蛋！左右是悬殊。此种形势下，只能吃萝卜，剥一戳 chuo，吃一戳。"孚于剥，有厉。"

"孚于剥，有厉"：头脑不可发热，要冷静下来，踏踏实实地干，对那庞然大物逐步剥蚀，使它冰消瓦解，产生意想不到的奇特效果。要严格认真执行剥蚀之法。

《象》曰："孚于剥，位正当也。"

意思：好运，卜着九五，九五至尊，天皇位，阳居阳位，"位正当也"。

好就好在画好，顾恺之、吴道子等人的仕女山水，张择端的《清明上河图》。好画生好运，谢你吉言。

上六 引兑【细雨蒙蒙，西方细雨向东来】

（引：牵引，导引。兑：雨水，暴风雨。）

亶父意思是：第一，取得商王欢心，臣服他，"辅国建侯"，得个诸侯名号，有点政治地位。第二，开荒拓土，搞好农工生产，富强家园。构筑好鸡窝，鸡窝孵小鸡，有朝一日，鸡窝飞出金凤凰。第三，建军，"三单潜龙"。《诗经·公刘》中有"其军三单"句，在高岗临水地方驻扎三支军队，后以"三单"表示军队。霍霍磨刀待用。第四，组建袖珍朝廷，凤雏变凤凰，凤鸣岐山，百鸟和鸣。到麦浪金黄，"谷熟当收"，弓腰开镰收割。条件成熟时，把商朝这堆谷粟收进西周的仓廪里。

十六字真金就是这样提炼的。这是长期的恒久的斗争方略，是引导西周富国强兵、问鼎中原的指南针，放弃它，或违背它，没戏。

公元前1139年，公亶父逝世。离世前把君位交给第三儿子季历，托付季历再传位给姬昌，姬昌有母亲的皇族血统，他有条件成为将来的领袖人物。

亶父将十六字指针对季历作了详细讲解。季历得真传。

《象》曰:"上六引兑,未光也。"

意思:上六登顶,九五为阳,阴乘阳,还想引诱别人同乐,其内心不光明正大。

第 六 章

泰【跋山涉水,西周小往大来】

乾下坤上,泰。小往大来,吉,亨

(泰:平安,安宁。亨:通顺。)

将转盘"天(乾)"旋转至外盘"地(坤)"的位置,就是泰卦,见屯卦转盘图和右小图。

"小往大来",多小为小?多大为大?不说具体事,无法说下去。

姬昌笔下,西周。时间,公刘时代以前。小到什么程度?张家庄,李家屯,几十百把户,百多人,大不过三百。同姓族,姬家人,只有媳妇是外族娶来的。一窝子人三世同堂、四世同堂,繁衍快的,五代、六代。这是一个中型部落。公刘是族长,或者叫部落酋长。这里是起点,大小的起点。大到什么程度呢?我们一翻历史就知道大到中华大地。不过姬昌是当事人,当局者迷。他不知道会大到何种程度。他只写"小往大来"从小处往大处走,知道起点,不知道终点。从发展势头和主观愿望来说,希望是一条吉祥而通达的前景。"小往大来,吉,亨。"

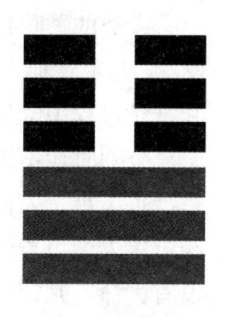

《彖》曰:"小往大来,吉亨。则是天地交而万物通也;上下交而其志同也。内阳而外阴,内健而外顺,内君子而外小人,君子道长,小人道消也。"

《象》曰:"天地交泰,后以财成天地之道,辅相天地之宜,以左右民。"

这是按画解卦加发挥。"坤上乾下"说是天地两气相交，地气上升（往），天比地大，即"小往大来"意也。于是……君子道长，小人道消也。

初九　拔茅茹，以其汇，征吉【野菜充饥，生活贫苦】

（茅：草本植物，白茅草；可食。茹：食。汇：汇集；分类。）

"拔茅茹"：拔茅草作食物。茅，草本植物，可食的茅是白茅。《现代汉语词典》白茅条："多年生草本植物，春季先开花，后生叶子，花穗上密生白毛。根茎可以吃，也可入药，叶子可以编蓑衣。"茹：看两个成语就知道其含义。"含辛茹苦"、"茹毛饮血"，茹都是吃的意思。

现代人差不多都看过电视节目《动物世界》。动物们活着的第一件大事就是找食物，食草的，食肉的，互相形成食物链。人类也是食物链上的一环，吃和被吃。

人类的蒙昧期无异于动物，食物靠大自然赐予。动物、植物能吃就吃。"茹毛饮血"。营养不足，人的寿命到不了二十岁。人类在采集野果和狩猎过程中学会造工具，从动物群体中分化出来，逐步改善吃的条件。

公刘时代不再"茹毛饮血"，但是没有发达的农业和畜牧业，食物还是严重不足，人们不得不尝百草。我们现在有品种多样的蔬菜水果，都是经过古人亲口尝试无毒而保留下来的。白茅是一种野生植物，人们吃过后没有丢命，判定无毒，成了食物。

"拔茅茹，以其汇，征吉。"拔取白茅做食物，按根茎叶分类，能吃的留下，不能吃的扔掉，保证不出病害，有利健康。

此爻词反映古人生活的艰苦，反映公刘时代农牧业不开化，食物匮乏，人们每日为糊口而斗争。

《象》曰："拔茅征吉，志在外也。"

拔茅是咋回事，作者还没有搞清楚，就半空里丢出一句"志在外也"。是屋外，院外，还是天外？医治空谈毛病的单方是，空腹三日，然后取白茅九两，煮水连服三日，最后吃下根茎。若仍无效，病者可到郊野拔取白茅生吃即愈。

定居到（岐山）。"

这是一次艰难之旅。几百号人马，扶老携幼，大包小包，路途又有梁山和杜水、沮漆（河流）相隔。特别是河流难渡，当时没有舟船或者稀少，老弱病残优先，一般人只能腰挂葫芦泅渡。稍有风吹浪打，可能沉入水底。经历一山两水的折腾，有人倒在路上，最后到岐山，人数不复当初。

《象》曰："包荒得尚于中行，以光大也。"

意思：九二居中，具有中庸之道，光明正大原则，能够包容别人的缺点，就是践行这种原则并使之发扬光大。

看那亶父几百人口跋山涉水，拼死拼活，一幅悲壮图景。哲人玩赏画中的九二，"包荒得尚于中行"。处之局外，百倍轻松。

九三　无平不陂，无复不往，艰贞无咎，勿恤其孚，于食有福【无平不陂，甘苦相倚】

（陂 bei：山坡，斜坡。贞：正。恤：忧虑。孚：诚信。食：食品，谋生。）

"无平不陂，无复不往。"这是当时的励志成语。没有平地，不显高坡；没有返回，不知所往。人们要正视自己的艰难行程。不必对自己的诚信质疑。因此接下来说"艰贞无咎，勿恤其孚"，这对于谋生存是有福庆的，"于食有福"。

此爻接上爻而述。西周经过山水颠簸，死了人，失了土地，丢了财物，有些人看不到前途，埋怨责备之声不绝于耳。骨干们出来做工作，告诉大家，"无平不陂，无复不往。换个地方谋生，一定会得到更大的幸福"。大家想想觉得在理，世界上的路，哪都是平坦的呢？你不走走，怎么知道哪里顺畅，哪里艰险？还是我们的亶父有见识，带领我们奔向幸福。

《象》曰："无往不复，天地际也。"

意思：没有一味前往而不返回的。泰卦由乾下坤上构成，象征天地循环交汇。九三就处于交汇线，天的边缘是地，地的边缘是天。

九二　包荒用冯河，不遐遗，朋亡，得尚于中行【葫芦苦渡，相携而行】

（包荒：包，通匏，匏 pao，葫芦。荒，虚空。冯河：无舟而渡，泗渡。不遐遗：不疏远、不放弃。朋亡：亲朋亡故。尚于中行：追求美好。）

这是对过去苦难岁月的回忆。

"包荒用冯河"，包、匏 pao 通用。匏，葫芦之属。《诗经·北风·匏有苦叶》："匏有苦叶。"匏瓜：葫芦，俗称"瓢葫芦"。葫芦是攀缘草本，卷须分歧，开白花，结大果，果的对径可达 30 公分。农村人很熟悉葫芦，城市人一般不识。蔬菜市场有卖，较小，鲜嫩的可吃，老的锯开掏空做水瓢，整体打孔掏空可作酒壶或浮球。"荒"就是掏空的意思。《释文》"荒，郑读为康，云'虚'也"。《毛卷》："荒，虚也，又训空。"冯河：渡河，无舟而渡，即泗渡。全句：用空葫芦作浮球绑腰间（古称腰舟）泗渡过河。"遐遗"，遐，疏远。遗，丢弃。"不遐遗"，过河之时，不忘相携同行。朋亡：亲朋亡故。大家忍着痛苦，噙着眼泪依依惜别。"得尚于中行。"美好的追求鼓舞着大家勇往直前。全句：途中遇河，人们用葫芦作浮球泗渡，相携同行，不离不弃，也有亲人遇难，为了追求美好的生活，大家勇往直前。

这一段文字就是亶父率族南迁的纪实。

周人在豳州受外族骚扰无法安居，决意南迁。

《诗经·大雅。緜》："緜緜瓜瓞，民之初生，自土（通作"杜"）沮漆。"

《西周史》说："这次周族的迁都路线，从豳（今旬邑西南）出发，渡过泾水，向西南行，越过乾县的梁山，过杜水，沿漆水南下，再向西折

（葫芦古称匏瓜）

六四　翩翩，不富以其邻，不戒以孚【君子翩翩，为富以仁】

（翩翩：鸟疾飞状。喻举止轻盈。戒：戒备，怀疑。孚：诚信。）

周人立足于自食其力，靠劳动、靠耕耘以解决温饱。它不像别的部落，更不像近代史上的大英帝国，宠海盗，搞殖民地，把眼睛盯着别人、发人家的横财，杀人抢劫，富贵自己。周人"不富以其邻"，不靠掠夺邻近部落发富自己。他们甚至作出了相反的选择：亶父之时，周方国已有一定积蓄，邻近的戎、狄部落眼红，常来抢劫。亶父让大家把财产送给他们。戎狄得寸进尺，还想占据土地。"民皆怒，欲战。"亶父说，给吧，那里的土地和老百姓由我领导和由他们领导是一样的。我去杀他们有些于心不忍。周人南迁这是主因。英国老殖民主义者自诩为君子，君子风度在哪里？看看我们的周人，他们才是真正的君子。"翩翩"，君子无私无畏，共同富裕，一身轻松。翩翩君子，没有人怀疑周人的真诚，"不戒以孚"。

《象》曰："翩翩不富，皆失实也。不戒以孚，中心愿也。"

意思：翩翩君子，不求富贵，这是假话；不怀疑别人的真诚是内心的良好愿望。

六五　帝乙归妹，以祉元吉【福从天降，位及人臣】

（帝乙：商纣王的父亲。归：嫁。妹：少女。祉：福祉。）

商纣王的父亲帝乙，将皇室姑娘挚太任嫁给周方国西伯侯季历做妻子。这位挚太任生了独子姬昌，六百年商帝国的掘墓人。朝廷的意图是通过联姻，融化周族，稳定动荡不安的西部疆域；与皇室结亲，对西周来说，大大抬升了政治地位，进一步融入了中原文明。更深层的意义在于西周更接近政治核心，为以后的革命创造条件。周商关系进入蜜月期。尽管这里面有着错综复杂的内幕故事，然而世人所知的是周人已经走到政治高峰，"小往大来"，婚姻给周人带来福祉和大吉，"以祉元吉"。此故事史称"帝乙归妹"其详情见"归妹"卦。

王母太任

《象》曰："以祉元吉，中以行愿也。"

意思：九五居中，中者，中庸之道。把握中庸之道，带来福祉和大吉，这正是践行自己的心愿。

卦画只是一种二进制符号。二五处卦画中位，不能产生中庸之道。如果能如此简单地产生中庸之道，或者我们能简单地看出处中位的物体都具有中庸之道，那么，这中庸之道，岂不太不中用又庸俗吗？

"帝乙归妹"的故事是非难辨。说它是，因为它记于《周易》。在我国，《周易》成书最早，许多辞书都把《周易》作为词语之源、典故之源。说它非，因为对照历史，疑点重重。帝乙登位，季历已死，姬昌28岁，相差一代至两代人。帝乙何以嫁妹给季历？因此我们只能当作一个美好的传说对待它，也许还有正规的说法在泥土中，等待人们考古。

上六　城复于隍，勿用师。自邑告命，贞吝【如果……敌城自毁】

（复：通覆，倾覆，倾倒。隍：干涸的护城河，有水叫池，无水叫隍。勿用师：不用出兵即可陷城。告命：祷告天命。贞：卜。）

到岐山以后，西周人得到一个新环境，立了雄心壮志，要在这里建设美好家园，求得长久康泰。"小往大来"，大到建好岐山家园也就心满意足了。周人此时的追求，仅此而已。

但是事情的发展打破了西周人的美梦。殷商朝廷觉得这位不速之客，不知是虎还是狼，竟敢在商的边疆大兴土木，大肆开荒拓土，于是兴兵征伐。周人当然不是对手，其唯一的也是明智的选择就是投降。商朝廷接受了周的投降并封亶父为诸侯，赐岐邑为合法管区。这件事本也可以到此为止，两者相安无事，然而商帝惹出一个麻烦，他把亶父的一根神经拨动了，激发了亶父一种莫名其妙的潜力。亶父在屈辱中想找解脱，其办法就是把对方打翻在地，再踏上一只脚。为此他冷静下来思考，他觉得最理想的状态是，对方"城复于隍，勿用师"。他们的城墙自己垮塌，自取灭亡，不用周人出兵。更进一步，对方有人跑到西周来请兵，请亶父出山收拾残局。当然这有些想入非非、不切实际，亶父自己也感到不妥，可以想，不可以行。这件事情必须从长计议，经过长时调研思考，终于决心"翦商"，出他一口恶气。

"小往大来"是否能大到翦除殷商的程度？这问题留待历史来回答。

《象》曰："城复于隍，其命乱也。"

如果实指殷商王朝，此话中的。如果不是，那就……

第三部分
季历开拓时期
——见龙在田

  姬昌的父亲季历当政,它是殷商王朝的女婿。商周处于蜜月期。季历南征北战,大显军威,实践宣父的长期战略。商帝不容西周崛起,杀季历。姬昌初尝苦果。

第七章

归妹【帝乙归妹，政治联姻】

兑下震上，归妹。征凶。无攸利

（兑下震上：卦画结构，下兑卦，上震卦。归妹：男婚女嫁，婚姻。）

将内转盘的"雨（兑）"旋转至外盘"雷（震）"的位置就是"归妹卦"，见转盘图和左小图。

男婚女嫁，人之常理。原始社会人如动物一般：群婚制，不分兄弟姊妹上下。事实证明，乱婚，血缘近，产生许多疾病，人类退化，甚至有的部落消亡。经验促使人们禁止群婚，改群婚为平辈婚。还不行，改平辈内婚为外婚，即氏族内部兄弟姊妹不得通婚，成年男子统统被赶出去自己找对象，在外族生活直到死了，落叶归根，遗体回娘家埋葬；本族姑娘则与外来男子配对，男方上门，女婿死了，滚回老家去，这里无他葬身之地。一家以老太婆为中心，女性在自己家代代相传。这就是母系社会。社会发展，男子显示出优越性，社会过渡到父系社会。夏商周是父系社会的成熟期。婚姻关系变为女到男家，安家在男方。女子出嫁如归家，名之曰"归妹"。古代婚俗，出嫁女带着妹妹或侄女同嫁一夫，《春秋左传》中有许多这方面的婚例。一般地说，归妹就是男婚女嫁。父系社会允许一夫多妻，它不是制度，没有硬性规定，视经济状况而定，你养得起，可以三宫六院七十二妃；你养不起，一个也难，认命当光棍。当今，一夫一妻，许多国家写入宪法。中国的一夫多妻制，史书上说早已改制了，实际延续到新中国成立，第一部

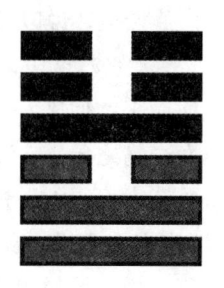

新宪法制定，宣布废止一夫多妻制，实行一夫一妻制。

何以"归妹，征凶，无攸利"？这有一段悲壮的婚姻故事。姬昌笔下，血泪横溢。

卦中提到"帝乙归妹"。帝乙是商纣王的父亲。有人说帝乙把妹妹嫁给文王姬昌。不是的。据史载和《诗经·大明》描述，帝乙做主，将一个姓挚的贵族姑娘嫁给季历做老婆（是第几房无关紧要）。这是一段政治联姻。帝乙有所图，在于对西周表示亲善。按照《竹书纪年》记述，此时帝乙还是太子，当政的是他老爸文丁。季历为了表现出对殷商王朝的忠心，以及报答帝乙归妹的关怀，东征西讨，立了汗马功劳。谁知好事变坏事，惊吓了文丁。文丁杀了季历。"帝乙归妹"这段婚姻给季历以美好的感受，也让季历以生命作了代价。"归妹。征凶。无攸利。"

《彖》曰："归妹，天地之大义也。天地不交，而万物不兴。归妹，人之终始也。说以动，所归妹也。'征凶'，位不当也。'无攸利'柔乘刚也。"

《彖》这段话的意思是，婚嫁是天地大义。此论没错。问题是此论从何而来？何来？卦画中来。解卦者以慧眼看出，卦画"兑下震上"，有男女交媾之象。《说卦传》第十章说："震一索而得男，故谓之长男；……兑三索而得女，故谓之少女。"卦画"兑下震上"长男少女，天作之合，"有男女交媾之象"由此而来，此其一。"说以动"，兑，说也，说悦通用，悦，愉悦也，快活也，震，动也。兑震两卦相叠，快活而动，有似新婚，此其二。"归妹"产生于"说以动"。"征凶"产生于"位不当"。怎么位不当呢？除了初九、上六当位外其他都不当位；九二阳占阴位，六三阴占阳位，九四阳占阴位，六五阴占阳位。"无攸利"产生于"柔乘刚"。主要指五爻柔乘于四爻刚上。这些都是巫卜理论，也是儒家阐述的义理。巫师可用来吹吹牛，义理者拿来蒙人。

初九　归妹以娣，跛能履。征吉【一夫多妻，母以子贵】

（跛：腿脚有毛病，走路不方便。）

第七章　归妹【帝乙归妹，政治联姻】

　　高亨《周易古经今注》："归，嫁也。妹，少女之称也。娣，女弟，即妹妹也。"古人嫁女常姊妹同嫁一夫。新疆民歌《达坂城的姑娘》有"……带着你的嫁妆，带着你的妹妹，嫁人就嫁给我"句，反映古时少数民族中也存在姊妹同嫁一夫的习俗。"归妹"还包含新娘带侄女同嫁一夫的，也包含男方已婚再娶，此新娘属二房、三房、N房。大家习以为常，并不歧视后继者。后继者没有舆论压力，也不自卑。大家公平竞争，生儿子为大。

　　一夫多妻制是一定社会经济制度的产物。人类社会由原始公有制进入财富私有制以后，要使家族财富永远按父系纯血统保持下去，就必须有男性子孙代代相传。按照自然法则，一个妻，难以保证家族有男丁相继。而要保证代代有男性子孙就必须是一夫多妻。多妻多产，不仅确保有男丁，而且有择优的条件，让家族永远兴旺。没有子嗣则"绝后"。所谓"不孝有三，无后为大"。一夫多妻制在实行中也有一些演变，如没有子嗣可以用旁支"过继"，或者以女"招赘"，或者私买小妾再生，或者另立"外室"借腹。有的宗教不允许一夫多妻，于是人们采取频繁离婚再婚的方法以解决财产继承问题。"归妹以娣"，是一夫多妻的一种特殊形式。古时诸侯贵族，以联姻强化相互关系。"归妹以娣"，则给予这种关系以双保险和多保险。一夫多妻适用于富有阶级，穷光蛋只能一妻，甚至一个也养不起。彻底结束一夫多妻制的条件，一是改变观念，男女平等，男女都有财产继承权；二是财权公有化。

　　姬昌的爷爷公亶父、奶奶太姜有政治头脑，带领部落逐步内迁，到季历这一代，已经到了今天的西安附近。他们驻足岐山周原，称为西周人。西周被迫称臣进贡，殷商朝廷封其为诸侯国，赐以歧邑。西周为镇定商西部边疆发挥了举足轻重的作用，朝廷格外重视。商帝许以和亲，将四公主下嫁西周三公子季历。据媒人介绍，四公主芳龄十九，眉清目秀，知书达理，能歌善舞，品德贤淑，她是太子子羡（后来的帝乙）的妹妹。太子代表父王文丁主婚。公亶父夫妇立即答应了这门亲事。朝廷赏光，老夫妻求之不得。不久新媳妇浓妆艳抹，吹吹打打进了家门。

　　"归妹以娣"，帝乙主婚嫁出的姑娘只能做小老婆，因为季历已过而立之年，家里早有几房老婆。"跛能履"，"跛"，不是说腿脚有疾，而是说论嫁时间晚了些，走在人家后面了。大老婆小老婆无关紧要，主要看能否生儿子,"能履",能走路、能履行生子职责就行。母以子贵。如今的姬昌就是小老婆四公主生的。因此,归妹即男婚女嫁是人生大事、喜事,象征吉利,"征吉"。

《象》曰:"归妹以娣,以恒也。跛能履吉,相承也。"

意思:妹妹或侄女从嫁,这是恒常之道。妹妹或侄女虽然当偏房,但只要她能生育男丁,就可继承家业乃至王位,这是社会赞成的,属吉祥的取向。犹如跛足之人,虽不如正常人那么利索,但是并不妨碍行走。

M:《象》说"归妹以娣,以恒也"是不对的。恒:恒久,恒常,永远。《周易》中没有提倡恒久、恒常、永远,也没有称赞"恒久、恒常、永远"。事实是随着奴隶制和封建制经济的解体,"归妹以娣"的婚俗也消亡了。

九二 眇能视,利幽人之贞【受宠若惊,处事片面】

(眇:瞎了一只眼。幽:暗,隐。幽人:被囚禁的人,眼光受限的人。贞:迹象。)

"眇能视,利幽人之贞":瞎了一只眼睛,还可以看事物,但是毕竟视野受影响,就像处于幽暗之处看世界,模模糊糊。

季历

西周与商朝廷,在政治上是主从关系。西周承认朝廷的宗主地位,称臣纳贡;朝廷承认西周是诸侯国,享有土地经营权,享有合法建立武装自卫和征伐权,享有封地内的自治权。在受到外族侵略而无法抗御时,西周可以得到朝廷的援助和保护。在血缘关系上,是翁婿关系。四公主嫁西周。西周地位大大提升。西周成皇家亲戚,季历是驸马爷。

公元前1139年,对西周来说,是很关键的一年。这一年,姬昌诞生,公亶父去世,季历继位,成为诸侯国君。季历登位后,为了报答朝廷的知遇之恩,按照朝廷的要求南征北战。据王国维

《今本竹书纪年疏证》载：

公元前1138年，周师伐程，战于毕，克之。

公元前1130年，周师伐义渠乃获君以归。

公元前1126年，周公季历来朝，王赐地30里，玉十珏（jue，合在一起的两块玉），马十匹。

公元前1125年，周公季历伐西落鬼戎。

公元前1123年，周公季历伐燕京之戎，败绩。

公元前1121年，周公季历伐余无，克之，命为牧师。

公元前1118年，周公季历伐始呼之戎，克之。

公元前1114年，周公季历伐翳徒之戎，获其三大夫，来献捷。

王嘉季历之功，锡之圭瓒（玉器），秬 ju 鬯 chang（美酒），九命为伯，既而执诸塞库，季历困而死。因谓文丁杀季历。

季历如日中天，军功卓著，先受封为"牧师"，继受封为"西伯"，成为西方诸侯之长，还连连受奖。最终却招来杀身之祸。

一辆马车顺着宽广的阳光大道顺畅疾驰，突遇一个沟坎，人仰马翻。

显然，这是商王的欲擒故纵之计。或说朝廷对西周的政策既利用又限制，只准臣服，不准膨胀。西周是常胜军，其发展趋势威胁朝廷。朝廷不能容忍。

西周人淳朴，偏处一隅，见识浅短，哪里懂得政治斗争复杂性。犹如独眼看世界，"眇能视"，看大世界，眼花缭乱，模模糊糊，却看不见细微处的龌龊。专注于细微处，又看不清高远处的利刃悬空。犹如深居山野的樵夫，只知一担木柴换回两升米的快乐，"利幽人之贞"，却不知集市上还有连两升米也不给你的无赖。

《象》曰："利幽人之贞，未变常也。"

意思：九二居中，利于深居闺房的妇人坚守妇德，没有改变恒常之道。

"幽人之贞"何意？易学家说，妇道。妇道是什么？请到街上随机调查，有几人知什么是妇道。调查结果令人失望，谁也不知，过去人们称誉的三从四德的妇道消失得无影无踪。可见这妇道也不是恒常之道。

六三　归妹以须，反归以娣【归妹以须，偷梁换柱】

（须：嫠，楚地称姐为嫠。古时有"须女"一词：《史记·天官婺女注》，须女，贱妾之称，妇职之卑者。）

归妹以姐，妹出嫁姐从嫁，不合当时情理。须，与嫠通，古称贱妾为嫠，官府中，后宫职位较低的女官也称嫠。

帝乙归妹。帝乙主婚嫁给季历的四公主，其实就是一位"嫠"。"四公主"名挚任氏，出身贵族家庭，她父亲是朝廷内史，也算高官。她十四岁那年，朝廷全国选美，为当时的太子帝乙选妃，她被选中进宫。经过几年培训，她琴棋书画、礼仪歌舞，样样精通。十八岁那年，帝乙要纳她为第十二房妃。她不喜欢帝乙的粗暴冷漠性格，坚决不从。帝乙很生气，贬她为库守，管理衣物布帛，成为后宫职位较低的女官："嫠"。一年过去，她仍然没有悔意。于是帝乙决定打发她出宫。当时正是西周初露头角时节，帝乙他爸急需有人镇抚边境，正好那里冒出一个公亶父，于是结上亲戚，把挚任氏嫁给亶父的小儿子季历。西周人不明就里，还真以为是四公主，金枝玉叶，受宠若惊。不过朝廷真是以公主规格置办婚礼，大肆铺张一番。"归妹以须，反归以娣。"以须代公主出嫁，充作男方小妾。此外还有一层蒙纱，帝乙姓"子"，姑娘姓"挚"，这两字读音很近，可以混淆视听。这是天字第一号秘密，帝乙一方都知道，谁敢议论，谁不怕掉脑袋？季历一方谁知道？谁也不过问。季历孤芳自赏感觉良好：新娘美貌，又有才智，"岳父家"权重位高，自己属皇亲国戚，高诸侯一等，政治资本捞足。这个秘密挚任氏心知肚明，她一时不说，直到帝乙死、季历死、姬昌懂事时，她才告诉了他。姬昌含着眼泪把这悲壮故事写进《周易》。

《象》曰："归妹以须，未当也。"

意思：须，贱婢。以贱婢代小姐出嫁，不适当哦。

请把这意见对帝乙直说吧。帝乙不违法，只是品德不良。帝乙也不在乎品德不良。

九四　归妹愆期，迟归有时【待价而沽，节外生枝】

（愆期：错过了日子，延误时日。）

这是商帝玩的小伎俩，目的在吊西周人胃口。他早就许愿，说只要有一片忠心，干点功绩让大家看看就结成儿女亲家。公亶父心花怒放，对朝廷王事特别卖力，但是帝乙长时间不兑现。直到西周站稳脚跟，显示出巨大潜力，事情才有着落。

《象》曰："愆期之志，有待而行也。"

意思：延误婚期的用意，是想看一看对方的行动。

六五　帝乙归妹，其君之袂不如其娣之袂良。月几望，吉【宜亲宜友，和谐一家】

（君：这里指正室，即大妻。袂 mei：衣袖、衣饰。良：好。月望：月亮每月圆缺一次，月圆称作满月或望月。月几望，两解，几既通用，意为"已到月圆时"；几作数词用，意为"几度明月"。）

帝乙归妹，假事真做。皇家四公主下嫁西周，一时传为美谈。全国上下，诸侯邦国，听到消息争先恐后赠物送礼，都想上下左右笼络一番，共存共荣。商帝也想借此粉饰自己已经百孔千疮的王朝，给人一个清平盛世的印象，对其女儿婚礼大张旗鼓。出嫁那时，四公主嫁妆车载马驮，其队列首尾不相见。从朝歌到岐邑，一千多里路，迎送队伍，人来人往，络绎不绝。

新娘抵达西周，又是热闹非凡，小小岐邑拥挤得水泄不通。从此，挚任氏是西周媳妇。西周是新建小方国，经济实力薄弱，历任首领倡导简朴，饮食衣着都很一般。挚任氏的到来仅从服饰看，就给人以鹤立鸡群的感觉。因此卦辞说"其君之袂不如其娣之袂良"。君，季历的原配夫人，妹，挚任氏，新娘子，小夫人。原配夫人的服饰远不可与新人的服饰相比。不仅仅服饰，新人的文化修养，情操，气质，背景，都比原配夫人优胜。可贵者，新人平易近人，不居高自傲，丈夫喜欢，姐妹亲昵。几度明月，"月几望"，大家就相处得和睦和美，一片"吉"祥景象。

《象》曰："帝乙归妹，不如其娣之袂良也。其位在中，以贵行也。"

意思：帝乙所嫁公主，其服饰之华丽还不如从嫁的侄女。她的显贵处在于她地位高贵，行止高雅。

我们难以理解《象》的意思，因为该作者是把"帝乙归妹"作为古老典故介绍，然后从中引出地位高贵，高贵的原因是九五，"其位在中，以贵行也"。这是要告诉人们什么？

上六　女承筐，无实。士刲羊，无血。无攸利【陈年隐忧，前路莫测】

（筐：竹器，指盛装果实的竹筐。士：男子。刲 kui：割，刺。）

描述祭祀活动。据民俗书籍介绍，古时婚仪，男女新婚要到宗庙祭祀，新郎新娘要向天地祖宗敬献礼物。礼物包括饭食、美酒、水果，牲畜。新娘献水果，新郎献活羊。活羊牵到宗庙，由新郎亲自宰杀，以示虔诚。新人之举将感动上苍，得到福荫，白头偕老。

挚任氏陷入沉思，婚仪历历在目，但是，人去房空，季历已死，留下孤儿寡母。她疑惑，是不是当初，自己以公主之名出嫁，"女承筐，无实"。人不知天知，亵渎神灵，天降惩罚，使我俩不得白头偕老？是不是季历献羊，当时他怕我恐惧，只做了杀羊的姿式而没有真的杀羊，"士刲羊，无血"，以致神灵怀恨在心，惩罚我夫妻、母子？季历死，西周还能干什么呢？"无攸利"。

《象》曰："上六无实，承虚筐也。"

意：（卦画）上六无实，奉献的是虚筐。

卦画崇拜。上古时代，可以理解。现今还崇拜，也可以谅解。不过无论谁，要知道这是缺乏科学知识的迷信表现。科学推动社会前进，迷信阻滞社会进步。人们要崇尚科学，发展科学，不能崇尚迷信，发展迷信。

★　★　★

《今本竹书纪年疏证》记有一则神话传说："季历之十年，飞龙盈于殷之牧野，此盖圣人在下位将起之符也。季历之妃曰太任，梦长人感己，溲于豕牢，而生昌，是为周文王，龙颜虎肩，身长十尺，胸有四乳。"神话就神在荒诞：姬昌出生不与他父亲季历相干，他妈梦长人感己而怀孕；他妈临产时把儿子生在猪圈里；儿子形态怪异，龙颜虎肩，身长十尺，胸有四乳。

据《烈女传》载，挚任氏，又称太任，文王之母，挚任家中女也。王季娶为妃。大任之性，端一诚庄，惟德之行。及其有娠，目不视恶色，耳不听淫声，口不出敖言，能以胎教。溲于豕牢，而生文王。文王生而明圣，大任教之，以一而识百，卒为周宗。

古人说太任施行胎教。所谓胎教就是，妇人怀孕，睡觉不侧身，坐不倾斜，行不坐大车，饮食不沾怪味，肉食来路不正不食，酒席胡闹不坐，眼睛不看恐怖图景，耳朵不听淫邪声音。夜间让人朗诵诗歌，讲动听故事。这样，则婴儿形象端正，才德优秀。文王之母就懂得这些道理，也这样做了。

大任，中国史上胎教第一人。姬昌聪慧与胎教有关。有点科学道理，这比神话传说胜一筹。

编故事的人把姬昌描绘成似人似怪，无非说明姬昌的聪明是天上掉下来的。

《烈女传》给予纠正，强调太任胎教。孕育讲科学，对后代有好处。

今人纪念太任，辟太任公园。其公园在河南平舆县古槐镇。据说太任故乡在平舆县。

第 八 章

丰【季历之死，西周折戟】

离下震上　丰。亨，王假之，勿忧，宜日中

（离下震上：卦画结构，下为离，上为震。丰：大，多。亨：通享，用食物供奉祖先鬼神或天子。假：到达。宜：合适，正好。日中：中午。）

将内转盘的"电（离）"旋转至外盘"雷（震）"的位置就是"丰卦"，见屯卦转盘图和左小图。

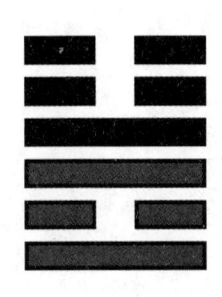

"丰，亨。"侯国首脑王季用食物供奉祖先、鬼神和天子。"王假之，勿忧"，王季到达所祭祀之地，禳 rang 祈（求）他们保佑，去祸得福，消除忧虑。此祭祀选定在中午太阳当顶时，"宜日中"。

《周易古经今注》作者高亨猜测说，这里面隐藏有古代故事。这一点他猜对了，只是不知道什么故事。其实故事就在字里行间，他没有进一步探索。

公元前1139年，季历即位。这个位不是帝位、王位，是西周部落的君位，说得难听点，就是部落酋长。季历是公亶父的第三个儿子，文王姬昌的父亲。大周立国后追封为王季。这篇以"丰"为篇名的文章，专写季历辉煌而短暂的一生。

在"归妹"篇中，说到季历娶了皇家姑娘挚任氏，季历为了表现对殷商朝廷的忠诚和朝廷对他宠信的感恩，他南征北战，呕心沥血，最后献出生命。

他的一辈子和军事分不开。他的征战生涯从伐程开始。

第八章 丰【季历之死,西周折戟】

《今本竹书纪年疏证》载,公元前1136年,武乙二十四年,周师伐程,战于毕,克之。

程国,出自风姓,以国为氏,为重黎之后。据《通志氏族略》、《广韵》等所载,相传上古时高阳氏委派其子孙为南正之官,掌管祭祀神灵;封重弟黎为火正之官,掌管民事。其子孙世袭该职。商时封重黎之裔孙于程(今陕西咸阳市东),建立程国,称程伯。其子孙以国为氏,称程氏。即陕西或河南程氏。程,是一个诸侯小国,国虽小,但很富侵略性,到处攻城略地,闹得四邻不安。朝廷决定指派西周惩罚它。

季历首次出战,商帝文丁极其重视,亲自到西岐布置任务,主持出师仪式。

出征祭天

古时,大凡国家遇有危难,国君会选拔贤德之人做将帅以解救国难。季历出征前,商帝和季历等斋戒三日。祭祀日中午时分,进至临时搭建的祭坛,举行盛大而隆重的祭祀仪式,告祭上帝祖先,"丰,亨。王假之,勿忧,宜日中"。一行人进入祭坛中央,敬献牺牲,祈祷禀祝。然后商帝面南而立,季历面北而站。太师双手奉上大斧(权力的象征),商帝接过大斧,手持斧柄授给季历。商帝说:"从现在开始,部队由您指挥。作战时,见敌人势弱则进击,见敌人实力强固则以退为主。不能因为自己身居高位而看轻别人，也不要因为自己意见独特而听不进部下的意见。不可以凭借自己功绩显赫就失去做人忠信本分的品质。部下还没有坐下来休息时，身为将帅不能自己先坐下来休息；部下还没有吃饭时，身为将帅也不要首先进餐。应该与部下同寒暑，等劳逸，齐甘苦，均危患。做到了这一切，手下的将士必会竭尽全力，奋勇打败敌人。"将帅听完商帝的训命后，宣誓效忠。全场擂动鼓乐、摇曳旌旗，大军出发。商帝送其上路，同时又说："将在外，不受君命。从今天起，军队中的一切行动都由您来决策。"这样，季历就具有了绝对的权威，他的智囊都愿意献策，他的勇士们都愿为之效命沙场。

这种出师仪式成为经典，一直流传后世。

《周易》中多处提"王假有庙"，而此处写"王假之"，缺一庙字。因为西周由外地迁徙至岐山，历史短暂，经济实力薄弱，所建小庙，难容大型祭祀活动，只得以小庙为依托，搭建临时祭坛，故不称庙。

季历伐程成功，旗开得胜，首战告捷。

《彖》曰："丰，大也。明以动，故丰。王假之，尚大也。勿忧宜日中，宜照天下也。日中则昃，月盈则食。天地盈虚，与时消息。而况于人乎，况于鬼神乎。"

意思：丰，丰盈盛大。卦画由离震两卦重叠，离是闪电，震是雷震。既有光明，又有震慑。王借助这种光明威严的象形，发扬光大自己的品德。不用担心，王的美德，正值日中，正光耀四方。太阳过正午以后慢慢西斜，月亮盈满渐渐消食。天地变化，随时间消亡生息，更不用说人和鬼神了。

儒家注经的高妙就在于不顾前提，不管别人在说什么，自己总有一大套理论，旁若无人，口若悬河。这里"天地盈虚"哪来的呢？从"明以动"来的。"明以动"啥意思？卦画也，离下震上。离是电、是火、是明；震是雷、是动。故"明以动"。给卦画以灵魂，于是就天地盈虚了。卦画与天地盈虚间有什么内在联系？他信其有，我信其无。谁对谁错，可能要争论一千年。

初九　遇其配主，虽旬无咎，往有尚【商周蜜月，甜中藏涩】

（配：匹配，配偶；古妃、配通。《释文》："妃本作配。"配主：女主也。旬：十日，形容短暂。尚，借为赏。往而得赏。）

伐程的结果如前述"战于毕，克之"。毕，毕地，程国的封地。

当季历出征首战之日，正是季历挚任氏婚后不久之时，"遇其配主"。这时他们的儿子姬昌才一岁，周岁生日刚过旬日。"虽旬无咎。"看着美貌而年轻的妻子，看着俩人爱情结晶的胖小子，季历难舍难分。男子的阳刚显现在战场，温柔显现在家里。他亲了亲儿子，又亲了亲爱妻。退出家门，又倒回来再次亲了他们。这才赶去参加出师仪式。

季历首战告捷。西周人出城十里欢迎凯旋之师。西周君（季历正妻）偕全体女属也在欢迎队伍之列。季历飘飘欲仙，真实感到战争的荣耀。

公元前1130年，周师伐义渠乃获君以归。

义渠部落在商代前是西方羌戎民族的一个分支，原居宁夏固原草原和六盘山、陇山两侧。商代，他们同居住在陇东的狄族后裔鬼方相互为邻又相互攻击。后来又同住在豳地，由先周姬姓部落建立的豳国经常发生冲突，不断蚕食其领土。大约在公元前12世纪的商康丁年间，由于北方狄人南侵，周祖亶父率众离开豳地南迁岐山。戎狄两族乘机占领陇东大部分地区。鬼方（猃狁）同商周对立。每次战争后，鬼方失败逃走，远奔河套，而义渠趁机内迁。这样，义渠就逐渐占据了陇东大部地区（庆城、宁县、镇原等地）。他们时常制造边乱，朝廷为之头疼。武乙三十年（公元前1130年），钦命季历伐义渠。

季历打的是朝廷商军旗号，背后有朝廷支持，再加自身勇敢，两军相接，义渠不是对手，很快溃乱，义渠首领被俘。

公元前1126年，周公季历进朝，商帝赐地30里，玉10珏，马10匹。西周人满载而归。两次战争，季历声威远震，既有名又得实惠，"往有尚"。

《象》曰："虽旬无咎，过旬灾也。"

说得通俗好懂，用不着译解。"过旬灾也。"过了旬日灾患来临。因为卦画初爻为阳，四爻也为阳，一四同性，互相敌应。

六二　丰其蔀，日中见斗，往得疑疾，有孚发若，吉【征伐鬼方，疲于奔命】

（丰：大也。蔀 bu：草席，覆盖遮阳之物。竖立木架，上覆盖以席，遮蔽烈日（凉棚）。疑疾：多疑之病。斗：星斗。孚：俘虏。发：拨也，拨开，揭发，供述。）

公元前 1125 年,季历伐西落鬼戎。

西落鬼戎又称鬼方。鬼方是商周时居于我国西北方的少数民族。那时,漠南地区多次发生讨伐鬼方的大规模战争。甲骨卜辞载"鬼方易",即鬼方向远方逃走或迁走。史载,居匈奴北和康居北。20 世纪以来,经我国、苏联、蒙古的考古发掘及研究工作,证明鬼方迁到了南西伯利亚东起贝加尔湖西至巴尔喀什湖一带。两汉时候,他们南迁蒙古高原,史称狄历、敕勒或铁勒。鬼方因为生活于黄河以北大漠地区,以游牧为主,物质资源贫乏,常骚扰商境。《周易·既济》:"高宗伐鬼方,三年克之。"《周易·未济》:"震用伐鬼方三年,有赏于大国。"鬼方就这么鬼,一打就跑,跑了再来,再来再打。跑跑打打,热闹非凡。这回临到季历去打。季历碰到了魔鬼。他的部队进入沙漠,那地方阴晴无常,特别是刮起风来,飞沙走石,遮天蔽日,就像用席盖起封闭的大棚屋,棚里漆黑,天幕上北斗闪烁。"丰其蔀,日中见斗。"部队进退失据,疑惑重重,"往得疑疾"。所幸抓得几个俘虏,供说鬼方大部已朝北方远遁,"有孚发若"。没有接仗,双方平安,"吉"。

季历伐鬼方是一场疲于奔命的战争。把敌人赶跑,仅此而已,劳民伤财,无功可报。部队刚撤回,又来警报,说是鬼方再犯,抢了财物,掳了女人。季历再去追赶,人家已经跑得无影无踪。这一年来回六七次,没有大仗打,但是一天也不能歇气。"高宗伐鬼方,三年克之。"季历准备打三年,他也确确实实打了三年。《周易·未济》:"震用伐鬼方三年,有赏于大国。"最后一年,季历之师,穷追猛打,"俘其二十翟王",把鬼方残余赶到了西伯利亚贝加尔湖一带,中原地区才多平静了几年。

《象》曰:"有孚发若,信以发志也。"

意思:二五敌应,预示不吉。老二以诚信感人,相信老五会受感动。

九三　丰其沛,日中见沫,折其右肱,无咎【伐燕告败,血染汾水】

(沛:水势湍急貌。沫 mei:通昧,昏暗,引申为似遮蔽亮光之大幕。肱 gong:臂,胳膊。)

沛,有的易书解释为草屋,说沛与茇 ba 通用,茇是草屋,引申为遮蔽亮光之大幕。根据本文背景，用"沛"的本义"水势湍急貌"为宜。"沫：沫 mei 与沫 mo 两字字形小异，沫，通昧，微暗；沫，水泡，泡沫，水上漂浮物。沫 mei 与沫 mo 两字其义都适合于本文。

王国维《今本竹书纪年疏证》载，"文丁二年（公元前 1123 年），周公季历伐燕京之戎，败绩"。《后汉书·西羌传》注引《纪年》："太丁三年，周人伐燕京之戎，周师大败。"

此燕京非北京古名那个燕京。据《淮南子》等书介绍，燕京是山名，在太原汾阳。《水经》曰："汾水出太原汾县北管涔 cen 山。郦道元注云：燕京山亦管涔之异名也。"现今仍旧用古名"管涔山"，该山南距静乐百公里，北距宁武三十公里。

燕京之戎，简称为燕戎或燕，是活跃于商朝末期和周朝的游牧民族。他们"从今山西静乐周围，南下沿汾水两岸，直到祁县以西邬县以北，两百多里都是燕京戎所在地区"（杨宽《西周史》）。

燕戎也是个不安分的主，好打家劫舍。商帝恼怒，欲敲敲他的脑袋，派西周为王师伐燕，并派崇国殿后以援。

季历连续三年伐鬼方，已是疲劳之师，当有一年之修整期方好。但是商帝一道圣旨下，周人没有喘息机会，兵源辎重都有欠缺，仓促上阵。燕戎也很鬼，他们从崇国商人处得到情报，早作了御敌准备。燕人地处吕梁山脉群山中，地形复杂，难攻易守。燕人首领又精于军事，他充分利用自身有利条件，把队伍全部撤至汾河以东，布阵以待，老百姓转移到静乐天柱山周围。季历王师进入燕境，不见抵御，以为遇见第二个西落鬼戎，接下来应当是驱赶了，把他们赶进大漠。大队来到汾河西岸，见水势湍急，"丰其沛"，停止进军，以三天时间准备了渡河舟船排筏，第四天大队兵马过河。正当周人蹚过中流，临近东岸时，只听岸上鼓声大作，旌旗摇曳，人叫马嘶，接着箭矢、石块齐发，犹如乌云蔽天。周人猝不及防，人仰马翻，舟沉筏散，鬼哭狼嚎，汾河水顿时成了开水锅煮饺子，"丰其沛，日中见沫"，杂物漂浮百里。季历见势头不对，忙鸣金收兵。但是人马已经损失过半。他自己也被流矢伤了右臂，"折其右肱"。崇国之师见前军败下阵来，也调转马头直奔老家。

俗话说，赚了钱往前想，折了本往后想。周军半数人马回归，主帅也留得性命。朝廷并未追究责任，勉强称得上是"无咎"。

《象》曰："丰其沛，不可大事也。折其右肱，终不可用也。"

意思：九三、上六阴阳相应。但是中隔九五阴，如丰大的幔幕掩蔽了太阳，亮光暗淡，不可以做大事。折断自己的右臂，成了残疾，终究无法施展才智。

九四　丰其蔀，日中见斗。遇其夷主，吉【捷报频传，劳苦功高】

（蔀 bu：遮蔽，遮光之物，日食之象。斗：星斗，北斗七星。夷主：夷族的首脑。）

王国维《今本竹书纪年疏证》载："文丁四年（公元前 1121 年），周公季历伐余无，克之，命为牧师。""文丁七年（公元前 1118 年），周公季历伐始呼之戎，克之。""文丁十一年（公元前 1114 年），周公季历伐翳徒之戎，获其三大夫，来献捷。"

古代华夏族人对四方少数民族多称呼为"夷"、"蛮"、"狄"、"羌"，有鄙视的意思，认为他们不开化，文化落后。其实是坐井观天，自高自大。据最新的出版物《中国世界部落文化》披露，东夷文化高于华夏文化。东夷民族分布我国近东海地区，包括渤海沿岸，山东、江苏、安徽、浙江等地区。他们所创造的文化就是东夷文化或称海岱文化。该文化以大汶口文化为代表。东夷族早于华夏族进入父系社会。东夷部落文化目前已确定下来的考古学谱系是北辛文化、大汶口文化、龙山文化等。该出版物是我国有史以来第一次称："中原华夏文明就是文化相对落后的西部华夏族吸收先进的东夷部落文化后进入文明社会的。"

华夏民族这种鄙视外族的恶习，一直流传于近代。当先进的西方带着新式技术来叩中国大门时，中国那批妄自尊大的天王老子，称人家是"红毛蛮夷"，外使见满清皇帝要跪拜。后来人家靠着船坚炮利打进北京城，才知天外有天。这时他们又转身一变，对"红毛蛮夷"奴颜婢膝。

谁先进、谁落后、谁有资格称别人为夷蛮狄羌？华夏族的后裔现代人才有正确评判。

我们去掉鄙视成分，仍然沿用古代名称。

季历率王师，哪里骚乱就往哪里进发，就像黑云压城，天幕罩野，"丰其蔀，日中见斗"，战无不胜，攻无不克。余无之戎，始呼之戎，翳徒之戎闻风丧胆，或投降，或逃跑，或被灭。有的敌酋，如翳徒三大夫被俘虏，"遇其夷主"。"捷"报频传，"吉"报频传。

《象》曰："丰其蔀，位不当也。日中见斗，幽不明也。遇其夷主，吉行也。"

意思：宽大的幕幔掩蔽了太阳的光辉，是因为九四阳占阴位，"位不当也"。大白天见着北斗星，是因为六五阴：女将军妇好，一手遮天，让居于幽暗处的九四见不到光明。如果遇到明智的皇上，则可获得吉祥。

六五 来章，有庆誉，吉【奖赏有加，福起祸伏】

（章：《周易古经今注》作者高亨考证，"章"实则是"商"，殷商之商，古时章、商通用。庆：赏也，谓来朝见于商，有赏有赐，是吉也。）

公元前1121年，周公季历伐余无，克之，命为牧师。
公元前1118年，周公季历伐始呼之戎，克之。
公元前1114年，周公季历伐翳徒之戎，获其三大夫，来献捷。

季历在后十年，又三次征伐，打掉余无、始呼、翳徒。从此以后，余无等部族，有的被彻底消灭，有的被打散，归并到别的部落。伐翳徒"获其三大夫"，"遇其夷主"。抓了人家头头，献给朝廷报功，对西周来说，"吉"事一桩。

季历的南征北战下功夫，是一种策略要求。西周有自己的盘算，公亶父在日，曾经有十六字秘诀："辅国建侯，开荒拓土，三单潜龙，谷熟当收。"其语言平淡，隐含灭商兴周全过程的行动准则。为达目的，必须退两步进一步。"辅国建侯"，辅助商朝廷，当好臣仆，取得信任；利用有利时机，建设好自己的侯国。这是季历下功夫征战的真实目的。这个目的被风风火火的征战掩盖着。目的像太阳，季历像月亮，商王像地球，三点一线，民间叫天狗吃日，科学解释称日食。商王所见是北斗七星，没有见着太阳。"丰其蔀，日中见斗"以为西周人真是忠心耿耿，哪里知道他们心怀鬼胎！既然季历表现上佳，就给大奖。武乙三十四年，王赐季历地三十里，玉十珏 jue，马十匹。文丁四年帝命季历为牧师。文丁十一年，帝嘉季历之功，赐之圭瓒，秬鬯 juchang，九命为伯。"来章，有庆誉，吉。"殷商朝廷，皇恩浩荡，认定季历是股肱之臣，频频赏赐珍品，连连任命重位。

《象》曰:"六五之吉,有庆也。"

卦画中的第五爻,被巫师们捧上了天。他们规定这是天子位,君王位,上帝位,主人位,老板位。卜得此位,就当上帝、当天子、当……,当不了,也象征你的运气特好,不想当官别人送个官你当,不想发财,路上金圆券一大堆让你拣。所以《象》说"六五之吉,有庆也"。是否真的有庆,就如游戏石头剪子布。有庆,算命算对了,你会说巫师灵验;无庆,巫师会说,卦上就这么指明的,你可能存在某种凶煞。巫师不管你出石头、出剪子、出布,他只收赞誉,不背骂名。

上六　丰其屋,蔀其家,窥其户,阒其无人,三岁不觌,凶【命丧沉沙,西周首义】

(蔀,遮蔽也。阒(qu去):寂静,空虚。觌di:见。)

《周易古经今注》作者高亨说:"既大其屋,又蔀其家,其为巨室,可知矣。阒(qu去):寂静,空虚,形容没有声音,静也,空也。而窥其户,则空静无人,且三年之久不见有人,其或为囚,或流,或死,可知矣。此巨家被祸之象。"高亨说到点子上,但不说破。因为他的研究工作还没有进到这一步。这一步我来做。

前面提到,季历伐燕,商帝命崇国殿于周师之后。这崇国是商帝嫡系,名曰配合周师打仗,实则对周师进行监督。后来的几次伐戎,崇国都是随行。崇国此举,胜则有功,败则与己无关。可恶处是崇国无事生非。崇国君崇壁(崇侯虎的父亲)在商帝面前告状,说伐燕本来稳操胜券,只是季历指挥不当,兵员不足吃空饷,队伍骄傲轻敌,稍一接触就溃败下来。损失惨重。商帝听在耳里,记在心中,不动声色。因为商帝还要西周这只走狗守门。商帝也暗忖，吃空饷一说，不成立。朝廷并未给西周军饷。后来崇壁又汇报，称季历私藏战利品，布币宝器都入西周仓库，中饱私囊，俘虏交给朝廷。商帝且听之。再后来，崇壁散布谣言，怂恿朝臣打压西周，说西周借机私扩武装，图谋不轨。

古人有言，众口铄金，三人成虎。商帝文丁听得多了，也觉季历真是虎，对朝廷安全构成威胁，但又觉证据不足，不便下刀，为稳妥计，先囚入边疆甘肃塞库。季历是条硬汉，哪里受得了这种冤枉气，他左想不通，右想不明，在到达塞库的第二天自缢了。历史上记之曰："文丁杀季历。"

西周季历的家，宽屋大舍，显得特别空旷，"丰其屋"，家人好久不得季历音信，也不见季历回家，"蔀其家"，"三岁不觌"，以为忙于军旅，不宜多打听。家人担心、忧虑，不苟言笑，室内寂静无声，"窥其户，阒其无人"。但是盼望太久而无转机，盼望变成失望。后来最终得到"凶"信，"季历阵亡"，担心变成伤心，希望变成绝望。

季历死，结束了西周的开拓阶段；崇壁谤，拉开了两家仇雠的序幕；商帝刑，标志了商周决斗不可逆转。

《象》曰："丰其屋，天际翔也。窥其户，阒其无人，自藏也。"

季历自蔽深藏了。《象》没有这么说。但是《象》也从来没有提及史上有季历这位英雄。季历被别人深藏了。

第九章

未济【事业未竟,路途犹如伐鬼方】

坎下离上,未济。亨。小狐汔济,濡其尾,无攸利

（坎下离上：卦画结构,下坎卦,上离卦。济：过河,渡河；成功,成就。未济：卦名,文章篇名；"事情没有做完"。汔 qì：水干涸。濡：沾湿。）

将内转盘的"河（坎）"旋转至外盘"电（离）"的位置就是"未济"卦,见归妹卦转盘图和左小图。

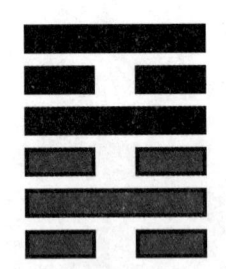

未济,六十四卦的最后一卦。它为什么被排到最后？

易经的卦有三种排序。一是原始排序；二是姬昌排序；三是儒家排序。原始排序按原始八卦"乾兑离震巽坎艮坤"的先后,分八个系统排序,帛书《周易》就是这样排的,最后一卦是坤坤相重的坤卦,其出土文物可作实证。姬昌排序基本按照事件发生的时间先后,符合客观实际。儒家排序是按照卦画和卦名,通行的《周易》就是这种排。儒家把《周易》纳入哲学,为了用易经阐述自己的观点,以"未济"说明一事结束,另一事开始,生生不断,所以将"未济"排于最后。可是如果我们认真读一下内容,它跟"最后"不搭边。

"小狐汔济",小狐比作早期的周部落、草创中的周诸侯国。一条河横在前进路上,水浅见底；无桥无船,想过去只有自己蹚泥水。这对小狐来说,显然是很有风险的,除了两腿污泥,尾巴也沾满泥水。"濡其尾。"当初周人就如小狐所遇到的水大而不大、干而不全干的河。殷商就是这样的小河。

殷商趁周人立足未稳，先给下马威，大举征伐，周人屈服称臣。接着拉拢利用，以周制夷，令周人出去打仗，打赢了，是你运气好，打输了，活该。朝廷本不想你壮大，不死不活最好。出土的甲骨中有多片记载商帝令周出兵的卜辞。

"勿令周往于□"（《殷墟书契续编》）——勿某令周出征某某。

"辛卯卜贞，令周从行止，八月"（《龟甲兽骨文字》）——八月辛卯日，卜问，令周配合某某出征。

这是发生于季历前的事。到季历时，朝廷更是频频调动周人出兵。本文中的伐鬼方是一例，商帝就是要周人在兵难中消化，不致尾大不掉。尾巴大了摇摆不动，难以控制行止。

"亨，小狐汔济，濡其尾，无攸利。"周人处于"小狐汔济"的境地，强渡，亨通，但是，"濡其尾"有风险，几乎陷于淤泥而不能脱身，"无攸利"。

儒家列"未济"于末，卦辞和爻辞都没有涉及"末"的内容，足见儒家排序主观臆造。

我们看易学家对卦辞的评注：

《象》曰："未济，亨。柔得中也。小狐汔济，未出中也。濡其尾，无攸利。不续终也。虽不当位，刚柔应也。"

没有接触过易经的人，很难弄懂《象》说的是什么。此时定要一个翻译，我们请 N。

阿 N："象辞说：'未济，亨，柔得中也。'是柔爻得中，指六五。'小狐汔济，未出中也。'中，是指离卦的中爻六五。未出中，因为，它是以柔居刚位，九二与六五虽然是相应，但九二是处于坎险之中与六五相应的，有种未济而将济，应出险但还未出险之象。所以这个是阳刚之爻，位不当，发挥不了作用……"

可能读者还没有弄懂。因为《象》讲的不是纯义理，是卜筮知识的发挥。N 按原意翻译。翻来倒去，还是瞎子算命。算了吧，有兴趣抓任何两本"周易"读一下，没有兴趣就不要深入，免得耗费生命！

初六　濡其尾，吝【前进遇渡，水深莫测难避险】

"濡其尾，吝。"小狐汔济，尾巴沾满泥污，有些小的祸殃。周人征伐，胜了死人，败了更死人。俗语，杀敌一万，自损三千。玩征战就是玩人命。西周人无可奈何，你不出去打，人家朝廷马上派兵打你；出去打呢，会有许多弟兄回不来。

君令难违，季历只有整顿人马上路。开初，频频得手，伐程，胜，伐义渠，胜，伐鬼方，胜，接着碰钉子，伐燕，败，大败。

《象》曰："濡其尾，亦不知极也。"

意思：尾巴沾满泥浆，不知尽头在哪。

未济卦卦画，坎下离上。按照卜筮说法"坎"为险，凶卦。求卦人开始就遇坎险，更糟的是第一步卜得阴爻，当头一棒。就像小狐过泥浆河，尾巴拖着泥浆，举步艰难，不知尽头在哪。所以《象》说："濡其尾，亦不知极也。"

九二　曳其轮，贞吉【牡马驾辕，扬鞭在后赶着走】

（曳 ye：牵引，拉，拖。轮：车轮，指代车。）

经过交火以后，商周变成主从关系。商是大车，周是马匹，拉车的马。周被人家套上了车，不拉挨鞭子，拉吧。拉下去还可以得点好饲料。"曳其轮，贞吉。"

《象》曰："九二贞吉，中以行正也。"

意思：九二在坎卦中间，居中，德行正直。

告诫求卦人，处于坎险之中不能贸然前行，老二居中，位好，吉兆，但是要将车轮带刹，谨慎守正。

六三　未济，征凶，利涉大川【未济征凶，征凶方可得既济】

（未济：事业未竟。）

济，渡也。未济，渡水而未能过也。既"征凶"，就"不利涉大川"。

高亨注，落一"不"字应补入。其实不补也通。"征凶"是指奉商令而征伐邻近部落，"涉大川"是灭商大业。两码事。短线出征虽有凶险，但是对灭商大业有利。故"未济，征凶，利涉大川"。

《象》曰："未济征凶，位不当也。"

M：未济征凶，为什么？位不当也。那个该死的六三！六是偶数，三是奇数，巫术规定，奇偶相遇叫不当位。如果是九三，九、三都是奇数，当位，好极。不当位，所以征凶。如果我要去赶火车，又是一个信卜筮的人，卜着这一爻，"征凶"，岂不要老是待在家里，望着商机错过！不过测字先生也可以让你大胆启程。他说，没关系，坐火车不行可以改坐船嘛。卦辞说了，"利涉大川"。

九四　贞吉，悔亡。震用伐鬼方，三年有赏于大国【震伐鬼方，战功彪炳登简册】

（震：军队的威力。鬼方：殷商时西北边境的游牧部落。大国：殷商。）

周人的得意之笔就是帮助大殷"伐鬼方"。伐鬼方取得了许多宝贵的征战经验，比如"小人勿用"，（既济卦中已详述）。比如对武装骚扰抢劫，必须强力打击。比如中央王朝和地方诸侯结合打击弱小，地方诸侯熟悉敌情，后勤供应线短，取胜有把握。

鬼方很鬼，"既济"卦："高宗伐鬼方，三年克之。"季历伐鬼方，又是三年。这是一个类似韭菜的民族，割了又长，长了又割，还割还长。直到春秋时都有鬼方侵扰和中原反侵扰的事不断发生。

《西周史》说："当殷周之际西北方面有个经常侵扰中原的方国叫鬼方，大概就是赤邑的一支。商王武丁时，对鬼方征讨了三年才制服。《易·既济》九三：'高宗伐鬼方，三年克之。'足见其力量很强大。《古本竹书纪年》载：'武丁三十五年周王季伐西落鬼戎，俘二十翟王'（《后汉书·西羌传》注引）。所俘的翟王多到二十个，说明其部落之多。季历这次征伐鬼方得胜的事，《易·爻辞》也述及。《易·未济》九四：'震用伐鬼方，三年有赏于大国。'这条记载，过去许多人误以为就是'高宗伐鬼方'的事，其实不然。"

季历和殷商高宗伐鬼方，两事相距一百多年。季历伐鬼方是西周作为商朝廷属国，听令于商帝文丁所发生的事。文丁是高宗的玄孙，相差五代人。

"贞吉，悔亡。"出征前占卜，预示吉利，不存在后悔之事。得此吉兆，季历们勇气倍增，队伍浩浩荡荡向北方开拔。

"震用伐鬼方，三年有赏于大国。"震，王师出征，有震惊，震恐敌方的意思。但是，伐鬼方这仗并不好打。鬼方是游牧民族，居无定所。战争是打打跑跑，跑跑打打，杀杀停停，停停杀杀，以致三年方见成效。"大国"，西周人称殷商朝廷为大国，称自己为"小邦"，符合当时情况。"赏"，季历伐鬼方有功，得朝廷赏赐。朝廷"锡之圭瓒、秬鬯，九命为伯"。

《象》曰："贞吉悔亡，志行也。"

按易经解是这样：因为志行，所以贞吉悔亡。志在何处？九四也，九四本不当，但它为离卦之始，离者火也，光明也。九四又接近九五，九五人王也，所以九四前景光明，大志可行。

六五　贞吉，无悔。君子之光，有孚，吉【贞吉无悔，建功立业好季历】

（光：光辉。孚：诚信，踏实。）

季历的征战，对于西周人自己如何呢？符合亶父的十六字指针吗？十六字指针是"辅国建侯，开荒拓土，三单潜龙，谷熟当收"。他们占卜，得兆吉利，不存在后悔之事。自己干的事还不相信自己，一定得卜卦，心里才踏实。事实明摆着，连串征战，帮了朝廷，得到朝廷认可，发了奖，命了官，符合"辅国建侯"旨意；打降了一批方国，他们或被周人占领或表示臣服，周的实际控制领地扩大了，由陕西部分地区扩及山西部分地区，符合"开荒拓土"原则；征战中，军力壮大，表现在兵源增多，战阵有方，指挥有序，符合"三单潜龙"精神，至于"谷熟当收"，那是以后的事。

这是季历二十余年征战的总结，是西周的财富。西周积累了一批物质财富，也积累了宝贵的精神财富。季历感到无比踏实，无上光荣。"君子之光，有孚，吉。"

《象》曰："君子之光，其晖吉也。"
意思：君子的荣光，辉映着吉祥。

上九　有孚于饮酒，无咎。濡其首，有孚失是【以酒浇头，冷热有度乃君子】

（孚：通浮，罚也；通俘，俘获，收获。濡其首：充当领导。）

殷商时代，盛行饮酒。祭祀必酒，人神共饮，婚丧嫁娶必酒，有钱人日食必酒，男酗酒，女嗜酒。那酒如近代的鸦片烟，可以导致丧权失国。酒色财气，象征腐化堕落。商亡，酒是原因之一。

不过酒也不是万恶之源。人类发明酒也算一大进步。酒可调节人的情绪，满足人体某种需要，拓宽粮食新用途。特别是喜庆，酒不可或缺。有喜必酒，有酒必喜。

"有孚于饮酒，无咎。"高亨《古经周易今注》云："孚，读为浮，罚也。有罚于饮酒，无咎。"饮酒的人，大醉乱动将酒淋在被罚者头上，失了常态。"濡其首，有孚失是。"对于饮酒的人来说，失常态，正是兴高采烈的表现，其乐无穷，其乐融融。无人说是道非，饮者也不在乎旁人说是道非。

"有孚于饮酒，无咎。"孚，通俘，俘获，收获。句中的第一"有孚"也可以解释为获取征战的胜利。季历取得那么多的胜利，不值得庆贺吗？值。喝酒无咎。大家喝得乱醉如泥，以酒浇头，失了常态，无咎。一伙胜利的勇士，陶醉于狂欢中。"濡其首，有孚失是。"

周朝立国后，周人曾经大张旗鼓地禁酒，发布《酒诰》历数酒的罪状：浪费粮食，误人子弟，腐化官僚，败坏社会风气。因此规定不经特许不得喝酒。

《象》曰："饮酒濡首，亦不知节也。"……

看过全文及其儒家评注，没有发现未济被排于第六十四卦的依据。除了卦名"未济"二字。儒家排卦序很有意思，完全以卦画作依据。我打个浅显的比方。请将阿拉伯数码0—9排序。儒家一看，有了，共四类：（一）圈类，0、6、8、9，此象圆滑；（二）对立类，5、2，此象更圆滑，翻来倒去都相同；（三）阴险类，3，象0有决口，象 8 差一半，心怀鬼胎；（四）君子类，1，4，有棱有角，直折有度。

儒家对卦排列，是完全无序的。庙里抽签，签条放在签盒里，摇动，洗牌，随意抽取，强调的是随意。

第十章

既济【季历有功，功在殷商，利在西周】

离下坎上　既济。亨，小利贞。初吉终乱

（离下坎上：卦画结构，下离卦，上坎卦。既：已经。济：渡河，引申为成功。既济：事物运动过程完成。）

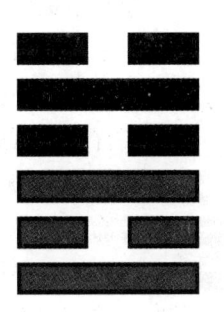

将内转盘的"电（离）"旋转至外盘"河（坎）"的位置就是"既济"卦，见归妹卦转盘图和右小图。

"既济"，既，已经。济，渡河。已经渡过了河。比如已经做完了某件事情，或表示某事物的发展过程已经终结。此卦辞说"亨，小利贞。初吉终乱"。这个过程，只有些小的收益，并且表现在开始还可以，到结尾却乱套了。初九的时候，"无咎"，七变八变，变到上六，"濡其首，厉"，坏了。这明里暗里说的都是季历的经历。季历从政二十多年，说是从政，实际是从军，打了二十多年的仗，取得了一些胜利，最后把命搭进去了。

初九　曳其轮，濡其尾，无咎【喋血汾水，千秋功业，功亏一篑】

（曳 ye：拉，牵引。濡：沾湿。尾：车尾。濡其尾：见未济"小狐汔济，濡其尾"，尾巴沾泥水，造成微小困难，无碍大局。）

周人伐燕败，大败。对周人来说，这是一段不堪回首的经历。伐燕前有打胜仗的经验，没有打败仗的经验，周人麻痹轻敌，缺乏对敌情的了解和敌我态势的分析，进军带有一定的盲目性。燕京之戎据于山西吕梁山区、汾河上游，山水成为他们的天然屏障，他们就利用汾河打了一个漂亮仗，让季历损兵折将。季历的车马在汾河横渡，燕人伏兵趁机拦截，陷周兵于湍流之中。"曳其轮，濡其尾。"周军狼狈后撤，收兵回营，避免了全军覆没，不幸中之万幸。"无咎"，没有大的祸殃。

六二　妇丧其茀，勿逐，七日得【前仆后继，去者已矣，来者可追】

（茀：妇人的首饰。逐：追，寻找。）

丰卦中提到，季历伐燕，商帝命崇国殿后配合，说是配合，也有监军的意思。季历前方吃了败仗后撤，崇军成了后撤先锋。崇国君崇壁这回拿到整治周人的把柄，以伐燕失败怂恿商帝文丁杀了季历。季历之死，使西周失了首脑，西周一时陷入混乱之中。犹如"妇丧其茀"。茀，古代妇人的首饰。《释文》："茀，首饰也。"茀通髴，头上的装饰物，如花朵珠玉类，装饰以增美。爱美的妇女失了首饰，几乎不敢见人。万一丢了首饰咋办呢？"勿逐，七日得"，不用寻找，过几天再买吧。七日是个概数。西周失了首脑，人家整你，认了吗？当然不认。姬昌继位。西周不能倒。越整越不能倒。西周旧主死了，"妇丧其茀"；七日后有了新主，"七日得"。

九三　高宗伐鬼方，三年克之，小人勿用【君子坦荡，明枪好躲，暗箭难防】

（鬼方：商朝西北方的小国。殷高宗武丁征伐它。）

"高宗伐鬼方，三年克之。"高宗，商帝武丁，名昭，商纣王前一百多年的祖上。鬼方是西北的游牧民族。高宗与鬼方干了三年。姬昌重提此事，在于说明他父亲季历也曾跟鬼方干了三年，有功于朝廷，朝廷应善待西周。高宗的历史教训是重用了小人，以致战事反复，费时三年，疲劳不堪。季历也曾疲劳不堪。杀功臣，朝廷应该感到内疚。这里提到君子、小人，暗喻季历之死与小人有关，质疑朝廷偏听小人之语，伤了忠良。"小人勿用"，你商帝用了小人。我们知道，西周并非忠良。姬昌这么一质疑，就是宣称我是忠良，是忠于朝廷的，你们不应对西周有怀疑。这是姬昌以退为进的方法。表面上我是忠心耿耿，骨子里，我想要你的脑袋，不仅因为你杀了我父亲，而且还因为我祖父早就定了杀商帝脑袋的大计。

六四　繻有衣袽，终日戒【革命两手，金玉其外，钢铁其中】

（繻 ru 也读 xu：华服，彩色丝织品。袽 ru：旧絮，破布，旧丝绵。）

"繻有衣袽。"繻 ru：彩色丝织品，华服。有人又解繻为濡。《周易》多处用濡，如果此处有濡的意思，何必多此一举用一个别字呢？显然，繻就是繻，华服的意思。穿华服，高官的象征。袽：旧丝绵。那时没有棉花，防寒的棉衣内面铺的是旧麻丝或旧丝绵。"繻有衣袽"，外穿华服，内衬破旧縃衣，有点"金玉其外，败絮其中"的意思。姬昌于父亲死后报仇失败，装作顺服朝廷，韬光养晦。商纣王误以为他是大忠臣而给予重任，命为三公。姬昌穿上了华服。华服的内里是什么呢？西周的"婆婆纺"，粗棉大布。这种服饰提醒他，当着朝廷的大官，别忘了自己是西周人的儿子，心有大仇，身有重任，必须"终日戒"。

九五　东邻杀牛，不如西邻禴祭，实受其福【人命关天，滥杀无辜，自取灭亡】

（禴 yue 祭：夏祭。商周时按季节的祭祀，春，祠祭；夏，禴祭；秋，尝祭；冬，烝祭。用牛祭祀者丰厚；禴祭是简薄祭祀。）

一个"祭"字，血泪淋淋。

东邻、西邻，东边大商，西面小周。东边杀牛，西边用谷子苞米。都祭祀鬼神，鬼神感到还是在西边"实受其福"。鬼神如此感受，得了神经病吧？没有。鬼神很慈善，杀牛见血，害了生命，欠了血债，内心不安；吃苞米心里踏实。鬼神们相约，都到西周吃苞米去。"东邻（殷商）杀牛"，岂止杀牛，还杀人，甚至大批地杀青壮妇幼。《周易》中有许多辞进了辞书，因为它是中国最早的书籍之一。此句"东邻杀牛，不如西邻禴祭"，也应当进辞书、进中国正史。"东邻杀牛，不如西邻禴祭"，是商代祭祀杀人的委婉记录。说是"委婉"，是因为姬昌在狱中，不能直书。这条记录十二万分宝贵，它凝结了千万奴隶的鲜血。很多史书特别是老一些的史书，关于商代人殉人祭都是空白，直到近代发掘殷墟，大批甲骨文浮世，人殉人祭才大白于天下。

据《殷商史》作者胡厚宣、胡振宇综述，"我们曾经就著录甲骨文字的90多种书刊，以及长年以来所收集的一些尚未著录过的甲骨资料，从中找出有关人祭的甲骨1350片，卜辞1992条"。按时段分：

武丁时，甲骨673片，卜辞1006条，祭用人9021个。另有531条未记人数。一次用人最多的是500个奴仆。如：

□□□，□贞五百仆用。

□□□□，勿用。

□□□卜，□，贞五百仆用（续补1904）。

贞勿用五百仆。

甲骨文片

贞用（续补10571）。

廪辛、康丁、武乙、文丁时，甲骨443片，卜辞688条，祭祀用3205人，一次用人最多200人：

二百人王□□（摭补62。缺失二字当是"又受"，杀的意思，杀200人祭祖，求取保佑）。

祖庚、祖甲时，甲骨100片，卜辞111条，祭祀用622人，一次用人最多的50个羌奴：

丙□□，出，贞□王□，五牛，羌五十，卯五十（掇360）。

帝乙、帝辛时，甲骨93片，卜辞117条，祭用104人，一次用人最多30人：

乙卯卜，贞王宾□卅人□尤（京5181。缺二字，一为伐，一为亡，

第十章 既济【季历有功,功在殷商,利在西周】

意为砍头 30 是否有祸殃)。

《殷商史》作者说,总算起来,从盘庚迁殷到帝辛亡国二百七十三年,共用人祭一万三千零五十二人,另一千一百四十五条卜辞未记人数,以每条一人计,至少共用人一万四千一百九十七人!

这里所说,仅是人祭方面的情况和最低统计数字,人殉,即活人殉葬的严重情况此处没有涉及。

祭祀本是人们对上帝祖先表示诚心,杀人如此之多,诚心何在?无辜被杀,底层民众有安全感吗?殷商为什么亡国?滥杀无辜引起天怒人怨是重要原因之一。

"东邻杀牛,不如西邻禴祭,实受其福。"历史实况记录,反映我国历史上曾经发生用活人祭祀和活人殉葬的血淋淋的事实。姬昌生活在那个时代,耳闻目睹,一幕幕悲剧在他身边上演。他想全记入历史,但他是囚犯,没有言论自由,只能绕道而行,轻描淡写,象征性地提一提。

《象》曰:"东邻杀牛,不如西邻之时也;实受其福,吉大来也。"

M:应当创导怎样的祭祀呢?西周创导的是真诚和简约。殷商王朝创导的是虚伪奢侈和凶残。西邻只供奉谷米,简朴。东邻用大牲活人,有气势,有排场,隆盛。姬昌说的主题是"丰与简";揭示现实社会的症结。《象》说的是"时也";时间,昨天和今天,昨天阴雨,今天放晴;无关社会的痛痒。这样写的结果,使人的思路专注于细微。甚至啥也不关注,趋于麻木。

上六 濡其首,厉【暂时挫折,前人洒血,后人捐躯】

(濡:沾湿。)

"东邻杀牛,不如西邻禴祭,实受其福。"后人不以为意,不知它的分量,仅从字面倒腾,做文字游戏。但是商王心中有数。俗语说,不是癞子不护头。商王心中有鬼,自己头上不光彩,又不愿意人家指出,更怕人家借机闹事。西周搞禴祭是对着商朝廷来的。西周人放出一个信号,他们不同于现王朝。他们有一套新主张,不搞人殉人祭,保障奴隶生存权利,调整贵族阶级和奴隶阶级之间的关系。他们把老百姓拉到自己一边。商王朝先是隐约感到,后是强烈感到西周是潜在的敌人,商坐在火药桶上,而周是点火的人。于是他先杀了季历,三十年后,囚禁了姬昌,还杀了姬昌的儿子伯夷考。"濡其首,厉。"冷水泼头,给点厉害看看,让西周有危机感。敲敲脑袋,多管闲事,小心掉脑袋。人们看到商帝有个缺点,不知野草个性。那诗人白居易就知,他说"离离原上草,一岁一枯荣,野火烧不尽,春风吹又生"。商帝杀了季历,来了姬昌,抓了姬昌,来了姬发……

旅者,前面横着一条河,目的地在河的彼岸,横下心,总有办法过去,既济。

第十一章

旅【人生之旅，姬昌初尝苦辣】

艮下离上，旅。小亨。旅，贞吉

（艮下离上：卦画结构，下艮卦，上离卦。旅：羁旅；寄居，旅行。小亨：小有利。）

将内转盘的"山（艮）"旋转至外盘"电（离）"的位置就是"旅卦"，见转盘图和右小图。

旅卦讲的是寄居、旅行，与卦画没有关系。姬昌曾经有一次不愉快的旅行，刻骨铭心，挥之不去。姬昌在羑里监狱改造八卦时以"旅卦"之名记入《周易》。

在"丰卦"篇中，已经记明，姬昌的父亲季历南征北战，劳苦功高，遭人陷害和殷商朝廷猜疑，囚禁致死。

《竹书纪年》注："执王季于塞库，羁文王于玉门，郁尼之情，辞以作歌，其传久矣。"

庾信《齐王宪碑》："囚箕子于塞库，羁文王于玉门。"

这些记载都说明，姬昌有一次不愉快的玉门之旅。

使姬昌刻骨铭心者是年轻时的远游，第一次无端被羁押玉门。亏得西周花钱贿赂，保住小命。姬昌在塞库料理完了父亲的丧事，平安返里，总算求得"小有亨通"。走这么

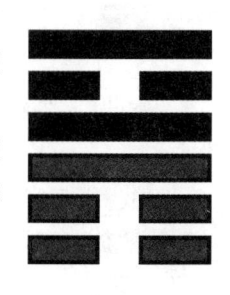

一趟，作为儿子的他，心里也有一种安慰，也算"贞吉"吧。"旅，小亨。旅，贞吉。"

《彖》曰："旅，小亨，柔得中乎外，而顺乎刚，止而丽乎明，是以小亨，旅贞吉也。旅之时义大矣哉！"

意思：恭喜，旅卦象征有点小的运气。您看卦画，内卦是艮，属温柔，而且六二柔爻在中位；外卦是离，离是闪电，属火，属刚暴，所以是柔得中乎外，顺乎刚。艮有停止的意思，离有光明的意思，结合一起，就是沐浴在阳光下，当有小的运气。旅象征吉祥。旅的现实意义大得不得了。您得吉卦，小费您看着办吧。

《象》曰："山上有火，旅；君子以明用刑，而不留狱。"

意思：艮为山，离为闪电，属火，山上有火，组成旅卦。如果您是执法者，必须明镜高悬，谨慎执法，不要延误断狱。

如果我不是执法者呢？

不是？那就算我白说。

初六　旅琐琐，斯其所，取灾【季历之死，西周痛失主心骨】

（旅：旅行者。琐琐：忧心忡忡，忧虑不安的样子。斯：离也，外出。《尔雅·释言》："斯：离也。"所：居所。取：处理，遭遇。）

琐：琐与惢古通用，惢 suo：心疑貌。琐琐：忧心忡忡，忧虑不安的样子。"旅琐琐"：旅者忧心忡忡，焦虑不安。"斯其所"：出其家门。"取灾"：遭遇不幸。全句：旅者忧心忡忡，焦虑不安，出其家门，遭遇不幸。

商帝文丁十一年（公元前 1114 年），圣旨到西周，诏诰：西伯季历阵亡，赐抚恤金百朋，钦命西周派人去西北办理季历后事。噩耗传来，姬家顿时乌云密布，哭声震宇。读者读过《丰卦》篇，已知季历死于迫害。但是朝廷怕激起变故，隐瞒了真情，宣称死于战阵，并赐抚恤金掩人耳目。此时姬家上下失了主意。唯独姬昌妈挚任氏见过大场面，又是正妃，从后宫进入前台指挥。挚任氏因为生有姬昌而晋升正妃，季历原配则因资历浅薄而降格。挚任氏安排，家中政务由她主持，姬昌带随从二人西行，季历死信对外不宣，以稳定时局。季历之死疑点重重。最近没有打仗，何来阵亡？不是阵亡，朝廷又为何给抚恤金？遥远西部无战事，季历怎么死于西羌之地？季历今年56岁，身体健康，不致病死，是否遭了暗算？为什么朝廷不派人将遗体送回西周，而要西周人自己去处理？这一连串疑问没有人能够回答。姬昌百思不得其解，头脑里一团乱麻，"旅琐琐"，离开家门，"斯其所"，匆匆上路，奔赴父丧，处理突降的灾难，"取灾"。

《象》曰："旅琐琐，志穷灾也。"

意思：初六是本卦的第一个阴爻，阴居阳位，不适当。"琐琐"，猥琐卑贱。旅行者志穷猥琐，自找倒霉，怨谁呢？

姬昌听着，看你那猥琐卑贱的样子，糊里糊涂上路，你自找倒霉，怨谁呢？

六二　旅即次，怀其资，得童仆贞【旅途遥远，童仆知路做向导】

（次：临时住宿，旅店。资：路费。童：奴。）

《广雅·释诂》："次，舍也。"次为茨的借字。茨是茅屋。《说文》："茨，以茅苇盖屋也，从草头，次声。"

季历死于塞库。塞库，古地名，无从查考。史书记姬昌羁押玉门，玉门属甘肃，塞库当在玉门附近。

从岐山到塞库，两千多里路，至少一个月行程。姬昌怀揣路费，"怀其资"、带着家丁，驾着马车，一路晓行夜宿，急急忙忙。一天傍晚，他们来到容大夫庄住宿，"旅即次"。白天路途风沙扑面，草草吃罢晚饭擦洗完毕就入睡，享受劳顿后的安逸。第二天花钱买了一个麻利的小童作向导，"得童仆"。小童是年轻的奴隶，很便宜，一匹马可以换五个小童。姬昌跟小童不断闲聊乡村故事，时间倒也好过，平平安安，"贞"。

《象》曰："得童仆贞，终无尤也。"

意思：得到童仆，没有怨尤。

九三　旅焚其次，丧其童仆，贞厉【天降奇灾，姬昌遭穷途末路】

（焚：失火。次：住所，旅店。童仆：奴隶，向导。）

事出偶然。在甘肃武威，当时的武威没有几户人家。他们住旅社时，据说是店家没有管好火烛，冲天大火猛起。姬昌们还没有回过神，房顶塌下，门被大火封死，家丁拉着姬昌从窗户跳出，逃脱厄运。寻找童仆，见他已经被烧死，"旅焚其次，丧其童仆"。换洗衣物川资都化为灰烬。幸亏车马在院，未受其殃。可怜一条小命丢在路上，其父母知道，一定会伤心得死去活来！姬昌们埋葬了童仆，乞讨前行。

《象》曰："旅焚其次，亦以伤矣。以旅与下，其义丧也。"

意思：旅者羁留旅店，遭了火灾，而且受了伤。原因是"以旅与下，其义丧也"。他与下人相处不好，伤了和气。

可笑，旅店烧了，城门失火，殃及池鱼。姬昌跟着倒霉，盘缠衣物都烧了，还烧死向导。找店主讨说法，店主说这是天灾，店主穷，赔不起。店主答应自卖，做向导送一程。儒家硬说火灾是姬昌没有搞好与下人的关系所致。如此办案，岂不造成冤案！

九四　旅于处，得其资斧，我心不快【事有转机，哪知前路凶吉】

（处：止，居。此指旅行受阻。资斧：旅行携带的钱财。《说文》："资，货也。"斧，商周时以铜作币，其形如斧。称钱为斧。资斧，专指路费。快：称心。）

旅行者一行迤逦来到张掖，这是西羌小镇，往北接近广漠，往南是祁连山区。东西方商人行经于此。姬昌没有钱住旅社，只得找一个避风处四人加车马，以马车为屋，度过分秒。向导要求回转，姬昌再不好强留，只能放行。他们滞留张掖多日，还是家丁中机灵者找到西羌酋长申诉苦衷，酋长答应帮助。姬昌上门致谢。酋长给予足够的盘费，还派一名青年做向导，送他们上路。"旅于处，得其资斧。"他们继续西行之旅。一路上，姬昌心中更加烦乱，父亲的事不知高低，路上烧死了童仆，毁了钱财，现在得到好心人资助，但是不知前途还有什么凶险。他特别郁闷，情绪低落。"我心不快。"

《象》曰："旅于处，未得位也。得其资斧，心未快也。"

前句，以卦画解说，九四，阳居阴位，位不当。后句重复爻辞，无新意。

第十一章　旅【人生之旅，姬昌初尝苦辣】

六五　射雉，一矢亡，终以誉命【无神射猎，姬昌精神疲惫】

（雉 zhì：野鸡。矢：箭。誉：赞誉，安慰。）

家丁见姬昌一路阴沉，为了激起他的兴趣，让他弯弓射猎。走了好一段路没发现大一些的野兽，在一个小山包附近，发现一群野鸡。姬昌一箭射去，不知飘落何处，"射雉，一矢亡"。姬昌箭术说不上百步穿杨，也属高手，但是今天心不在焉，箭头摇摇晃晃飘了出去。他生气地把弓扔在车上，叹了口气："你们射吧。"家丁拿起弓搭上箭，只听刷的一声，野鸡应声拍翅倒地。拣回野鸡，准备下个落脚处烹食。姬昌夸奖家丁箭法好，家丁齐说是少主的洪福。姬昌听了稍有快意，"终以誉命"。

上九　鸟焚其巢，旅人先笑后号咷，丧牛于易，凶【大难当头，姬昌化痛为恨】

（号咷 táo：号啕大哭。）

行行复行行，离塞库不远了，估计不需一天可到。旅人姬昌到达玉门，住进驿站，轻松许多。两千多里路程，费时三个多月，跋山涉水，含辛茹苦，风餐露宿，吃尽人间苦痛，总算到达目的地。玉门小镇，多是西羌人，间杂少数华夏人，常有马队、骆驼队穿行。小镇西头是兵营，驻扎几十兵员，看来只能守门，对付不了大仗。姬昌奇怪，西周不是最西的地方吗？事实不是，此地的西羌才是最西，西羌承认商的宗主地位，但并不按时朝贡。姬昌没有更大的兴趣去打探这些事，也没有心思去观赏边塞风景。他只是想父亲怎么来到这么个遥远而贫穷的地方。父亲就死在这里。朝廷告诉他父亲是阵亡的，是功臣烈士，家属脸上都有无限荣光。自己来到这里，亲眼见这情境，对父亲更加崇敬。父亲生的伟大死的伟大，国士无双。父亲可以含笑九泉，儿子能有这样英雄的父亲而骄傲，笑傲江湖。"旅人先笑。"

当天，有位像兵营首长的人向姬昌宣读朝廷文牒：西伯季历征伐不力，徇私枉法，图谋不轨，削职下狱，已死狱中。

这是当头棒喝。刚才是九天云外，现在是无底深渊。姬昌的第一反应是没有反应，他昏死过去了。姬昌的第一反应是大有反应，他从九天云外，坠落到无底深渊，摔死了。

姬昌醒来的时候，号啕大哭，他难以接受这样的现实。他认定父亲是英雄不是叛逆，父亲是大英雄，打过许多胜仗，得过许多奖励。他怀疑是不是办事人员在哪个关节搞错了。他只是哭，一直哭。"旅人先笑后号咷。"

那位首长吆喝：别哭啦，我还没有宣读完毕，听着：姬昌乃季历嫡子，属逆贼家属，应与父同罪，羁押玉门狱中思过，以待觉醒。

又是一重棒！姬昌精神彻底崩溃。他笑了，好像神经已经错乱；他哭了，没有眼泪也没有哭声。当兵的给他套上枷锁，关进玉门牢房。

前面引文：

《竹书纪年》注："执王季于塞库，羁文王于玉门，郁尼之情，辞以作歌，其传久矣。"

庾信《齐王宪碑》："囚箕子于塞库，羁文王于玉门。"

姬昌的玉门之行就是引文的实证。

商帝文丁明白，季历非叛逆，至少他眼下的季历非叛逆。但是，已作叛逆治罪，覆水难收。儿子姬昌会因父亲受冤而反。因此一不做二不休，将姬昌囚禁起来，以绝后患。商帝这一着棋，臭！第一，不该让他去玉门探知真相；第二，既去玉门就该杀之，斩草除根。不杀就是真正的后患。家仇国恨，从此深深刻在姬昌心中。文丁为殷商王朝造就了真正的对手。

商帝置西周于死地，杀其父、囚其子，惨若"鸟焚其巢"，让"旅人先笑后号咷"，演绎"丧牛于易"故事，给自己后人埋下"凶"险祸根。

西周花钱买出了姬昌，这是文丁没有想到的。他的下属见钱眼开，瞒着他放出了姬昌。文丁想追查，上帝先要了他的命。姬昌的命运实在是好。

"丧牛于易"或"丧羊于易"，一码事，说的是商汤先祖故事（郭沫若主编《中国史稿》，胡厚宣、胡振宇著《殷商史》）。

商帝先祖有位叫王亥的，他是一位得到后人特别崇敬的人。他发明"牧牛"，包括"牧羊"。所谓发明，就是首创。古时，牛羊都属野兽。王亥首创变野兽为家畜。这一项发明有伟大的历史意义，相当于我们现代的袁隆平改良稻种。商人尊他为神，遇事隆祭。《殷商史》中载有商人祭祀王亥的甲骨文记录，多达93条。国学大师王国维称王亥为"制作之圣人"。

王亥放牧牛羊，逾越了部落疆界，进入有易国，被有易国杀了，没收其牛羊。两国结仇。可叹，一个大发明家被误杀了。王亥的儿子上甲微立志报仇，他借助河伯族的武力打败有易国，杀了有易国的国君绵臣。故事还有其他版本，但是中心一个：子报父仇。人们引用这故事其意不在发明，在子报父仇。

姬昌在《周易》中两次提到这个故事，其用意就是提醒自己不忘父仇，不忘己耻，仿上甲微为父复仇。

《象》曰："以旅在上，其义焚也。丧牛于易，终莫之闻也。"

意思：卦画上为离；离是火；火，焚也。爻辞说丧牛于易，是讲牛丢到易地了，是吗？还没有听说过。因为寄旅在外，信息不灵通。

易家对"丧牛于易"故事，是老虎吃刺猬，无处下口，弄不清《周易》中为什么反复引用这个故事。他们要么蒙着眼睛，捂着耳朵，"终莫之闻也"；要么从道德层面谴责王亥，编点桃色新闻，说王亥淫乱，杀之徼后；或者当作古故事，讲之听之乐之。

公元前1114年季历死，姬昌办妥丧事回到西岐继西伯位。第二年，即公元前1113年为文王元年。确切说是西周姬昌元年，因为文王是他儿子得国以后追封的谥号，文王纪年不排入中国历史帝王年号。

第十二章

巽【风沙蔽日,旅途斗法不平静】

巽下巽上,巽。小亨,利有攸往。利见大人

（巽下巽上：卦画结构,下巽卦,上巽卦。巽 xun：史巫用来标注上古祖先对"风"的发音。湖南人记以"算 bi"。就原卦义讲,巽,风也,风声,信息,消息。见：通现,涌现,出现。大人：在社会上有名望的人物。）

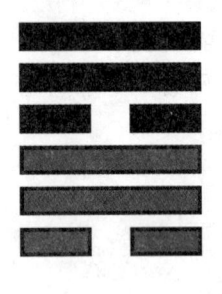

将内转盘的"风（巽）"旋转至外盘"风（巽）"的位置就是"巽（算）卦",见乾卦转盘图和左小图。

巽表示风。巽是风的发音符号,也不是后人解释的,"巽"通逊,是谦虚的意思,实际则跟谦虚无关。

《周易》中,巽卦是旅卦的续篇、姊妹篇。写的是姬昌之旅途奇遇。姬昌一行于兰州旅社遭火灾,失了盘缠,失了向导,沦为乞丐。后来盘缠旧失新得,获得新向导,重新上路。

"小亨,利有攸往。利见大人。"小小的运气,有利前行。有利于锻炼人的意志,有助于他成为社会的大人物。

《象》曰："重巽以申命,刚巽乎中正而志行。柔皆巽乎刚,是以小亨。利有攸往。利见大人。"

难懂,请辅导老师阿 N 讲解。他说：重巽以申命,是以巽卦的卦象为说的。巽卦是下巽上巽,所以说是重巽。巽表风,又表顺,风吹大地,天下顺从,比喻君王重复发布命令而使万民顺从。申是重复的意思。上下顺逊是为了三令五申其命令。画中的两根柔爻初一和六四,其上都是刚爻，刚乘柔，顺理。阳刚尊者有中正的美德被人拥戴，而得以遂行其志向，所以小有亨通顺利，利于进发成为伟大人物。

我们共同讨论，第一个问题，"重巽以申命"，"君王重复发布命令而使万民顺从"，巽卦说的是这个意思吗？后面的爻辞与此说法联系得上吗？第二个问题，"巽，小亨"，我们从何处看出是小亨而不是大亨、中亨、不亨？第三个问题，我们从何处知道"利有攸往。利见大人"？讨论这几个问题可以看出点门道：解卦者以卦画为因，卦辞为果。卦画生出累累硕果："重巽以申命"，"小亨"，"利有攸往。利见大人"。这里涉及一个人类认识的来源问题。米饭可以吃吗？可以。空气可以吃吗？不可以。空气可以呼吸吗？可以。一氧化碳可以呼吸吗？不可以。"可以不可以"是从反反复复的经验中得来的，有时要付出生命。卦画与卦辞之间，没有联系，不存在因果关系。比如，我以 1 代表短棒，0 代表长棒，则巽卦卦画成现代二进制数码 100100，这数码与卦辞能有什么关系呢？进一步地，将 100100 转换成十进制 36，更发生不了易学家所想象的奥妙。把 36 冠在辞前，我们将可以看出，它只是一个序号，表示此篇文章属"第 36"，限定它在 64 篇文章中处于第 36 的位置。一杯白开水，一点杂物也没有。杯弓蛇影，不怪杯，不怪弓，怪自己看走了神。

初六　进退利武人之贞【疑虑成串，旅者壮胆去远征】

（进退：行动。武人：从武的军事首领。）

姬昌赴塞库奔父丧。行前，卜得一卦，初六爻辞是"进退，利武人之贞"。为什么要卜卦？一是常例，古人出行要卜卦，询问利否。二是姬昌家遇到麻烦，疑团成堆，想从卦中找点说法。季历死，朝廷宣称，"死于战阵"。但是姬家知，最近无战事，何来"死于战阵"？疑一也；朝廷赐抚恤金，不是殉职，何来抚恤金？疑二也；既是功臣而死，朝廷为何不安置送回老家？疑三也；塞库，西羌不毛之地，季历到那干什么？疑四也。

卦辞说"进退，利武人之贞"。姬昌家揣度，季历乃一武人，卦辞可能说季历平安，"利武人之贞"；也可能说姬昌，姬昌文不能测字，武不能挑水，像那没有文韬的武人，目下做不了大事。姬昌出去闯闯，见见世面，有利。"进退，利武人之贞。"

《旅·初六》"旅琐琐"，姬昌心烦意乱，疑虑重重，踏上西行之路。卜得本卦，显露中吉之象，心理上有些安慰，平静许多。

九二　巽在床下，用史巫纷若，吉，无咎【恶风吹来，崇壁情急施巧计】

（床，《说文》：安身之坐也。可以是卧具，也可以是坐具。古指坐榻，如胡床。史巫：职掌记史占卜祭祀的官员。纷若：纷杂的样子。）

姬昌西行的消息牵动了另一个人，崇国君崇壁。季历之死，他有直接关系。万一案件翻盘，他将没有好日子过。他无时无刻无不关心西周的动态。当传来姬昌西行奔丧的风声，崇壁坐不住了，把史巫、幕僚纷纷召到坐榻前商议对策，"巽在床下，用史巫纷若"。他命史巫即起一卦。巧的是他也卜得巽卦。史巫说："恭喜君爷，太平无事，'吉，无咎'。卦辞说，'小亨，利有攸往。利见大人'。您看，对于出行的人姬昌来说，小有亨通，而对于在家的您来说是利见大人。还有初六，'进退，利武人之贞。'武人者，一介武夫。季历、姬昌都是一介武夫，有利于他也没有大的作为。"崇壁觉史巫讲的有些道理，喜形于色。但是仔细一想，内心还是有点发怵，卦爻辞中说到的只有大利、小利之分，西周十有三，我十有七。这三分利也不能让他得到。他得三分利就是我的祸根。他向史巫和几个贴心幕僚招招手："过来过来，我们须如此这般，这般如此……"

《象》曰："纷若之吉，得中也。"

关键词：中。二爻，在一三之间，居中。小学生算术题 $(1+3) \div 2 = 2$，平均数，中数。哲人喜欢这个数，不偏不倚，中庸也。

九三　频巽，吝【出师不利，商队遭风又遇匪】

（频：频繁，多次。巽：风也。吝：借为遴，遴，难，艰难。）

原来，崇璧想出了一个妙招。

崇国两支小型马队甲与乙，每队三人，行商模样，先后出崇邑西行上路了。

开始，风和日丽，一日可以赶一百多里路。西北那地，说风就风。连连刮风，小风不以为意，大风就使人讨嫌。大风三天不停，飞沙走石，行人就陷入困境，"频巽，吝"。人们相信天垂象，天把它的喜怒哀乐通过天象，如风雨雷电星陨地崩向民间表露。连连刮大风就是上帝对人的某种行为不满，比如有人搞阴谋，上帝就派风伯兴三天风。这事，你不相信，我也不相信，反正古人相信。马队甲前行了，可能没有遇着风。马队乙倒霉了，他们无法前行，停止下来，找个骡马店歇息。更倒霉的是，正歇息那日遇着土匪，被洗劫一空。他们无可奈何，回国了。崇璧大怒，要给予治罪，换人再去。

马队丙上路了。这回无风赶路，有风歇息，遇匪逃跑。

六四　悔亡，田获三品【得意忘形，马队田猎又遇匪】

（悔：后悔，困厄，忧虑。悔亡：昔有悔今其悔去也。田：田猎。三品：三种，泛指品种多。）

崇国马队丙来到叫古浪的地方，此地处山区，西百里有冷龙岭。山区多禽兽，小伙子们见着心动手痒，挡不住禽兽的诱惑，索性驻马行猎。过去他们也曾跟随君主行猎，都是跑跑拣拣的差事。这回国王自由自在大显身手过把瘾。他们见猪杀猪，见羊射羊，天上大鸟，地上小兔，有中箭的，有不中箭，收获不少，统统收入囊中，可吃可卖，其乐无穷。"悔亡，田获三品。"岂知乐极生悲甜中生苦，正当他们清点战利品时，来了一伙土匪，他们拼命搏斗，都被打伤倒地。土匪抢走全部马匹、盘缠以及刚才的猎物。马队丙被撂在山野里，动弹不得，无可奈何等待野狼来收拾他们。

《象》曰："田获三品，有功也。"

崇国马队应当谢谢儒家的赞誉，可以含笑于狼腹。他们没有买到去九泉的车票，在狼肚子里取乐去了。

九五　贞吉，悔亡，无不利。无初有终，先庚三日，后庚三日，吉【毒计得逞，旅者夜店遭火焚】

（庚：古人以花甲记日，甲子、乙丑……。此处庚日是虚指某日。三日也是虚指，短时的意思。）

崇国马队甲，运气实在是好。他们先行数天，错过了风灾，躲过了劫匪，"贞吉，悔亡，无不利"。他们在当初的一月行程里，一直没有发现目标，后来从一村户打探到，有一马车经过此处，"无初有终"。村户告诉他们，前几日，大概有七八天了吧，"先庚三日，后庚三日"，有位公子模样的人，带有三个家丁，坐马车朝西北方去了。甲马队听了窃喜。目标乘车，自己骑马，速度比他们快，估计还有四天就可赶上。

马队甲紧赶慢赶，在"后庚三日"，到了武威，终于赶上姬昌。他们既高兴又紧张。马队甲在姬昌下榻的旅店附近住下，探得确实无疑。三人上集市打探山货皮革行情，在一处还因为语言不通吵了起来，也买了些油脂草料。入夜，都收拾好行李，交付了住宿费，说是要提早赶路。待夜深人静，马队出发，出得镇头，找棵树桩系了马，三人倒回姬昌住处，堆上草料，撒进油脂，点起火苗，就直奔镇头系马处。远处回头见火光冲天，他们拍马东归。

崇壁叮嘱再三：只能火焚，不可刀杀。火焚隐蔽，归于天灾，官府不问。杀人，命案，官府追究，追究起来，难保自己不被刨根。马队甲遵旨，严格照办，圆满完成任务，回府向崇侯报捷领赏。"吉"事一桩。

螳螂捕蝉，岂知黄雀在后。甲马队几位功臣回程一天还是遇着了土匪，土匪收了马匹衣物，留下几条活命让他们去喝西北风。

崇壁怎么就这么倒霉，他的马队一个个都被土匪收拾了？原来强中还有强中手。崇壁要暗害姬昌。姬昌妈挚任氏觉得西路荒野，恐儿子路上发生意外，特别派了两个机灵鬼，作影子跟随。这两位一路注意来往人马，觉西行商队中有特别关注姬昌的，于是买通地方村落伪装土匪洗劫，累累得手。不过这两位机灵鬼最后遇着真土匪，自己流落外乡，不知姬昌后事如何。

崇壁没有算准自己马队的命运，甲乙丙三去一回。挚任氏没有算准影子侍卫的命运，姬昌沦为乞丐。火灾的结果就是旅卦记的，"九三　旅，焚其次，丧其童仆，贞厉"。姬昌的向导被烧死了，还如本卦以下记的"丧其资斧"。

《象》曰："九五之吉，位正中也。"

跟上述九二是一个道理，五在四爻六爻之间，又是中也，(4+6)÷2=5，中也。

如果把这种理论和方法叫作义理，义理就会蜕变成无理。

上九　巽，在床下，丧其资斧，贞凶【穷途末路，姬昌贵体当乞丐】

（床：卧具。资斧：旅费，盘缠。）

崇壁的马队甲烧了姬昌的旅店，火风扑向床前，"巽，在床下"，烟雾刺眼扑鼻。一会屋顶塌下，睡衣已经着火。亏得家丁手脚麻利，搀扶他从窗户窜逃，得以保命。烧死童仆，烧了斧资，"丧其资斧"。旅者姬昌前路艰难，"贞凶"。如何艰难？请阅读旅卦分解。

《象》曰："巽在床下，上穷也，丧其资斧，正乎凶也。"

阿 F 解读："上穷，这是以上九的爻位为说的。上九居于六爻的最高位置，也是最后的位置，是全卦的尽头，所以说是上穷。即地位虽在上边却已无路可走。《象传》说，顺逊至极地伏在床底，说明已达极端穷困的地步。丢失了尖利的斧子，说明应守持刚正以防凶险。"

明白不过了。对图画分析完了，"上穷也"。"巽"是什么意思？"巽"怎么在床下？斧子跟"巽"有何关系？天知道。

第四部分

姬昌发展时期

——君子终日乾乾

姬昌主政，全面发展西周。此时期大致有四个段落共二十五章描述：第十三章至第十八章，姬昌早期革命片段；第十九章至第二十四章，姬昌制定的有关革命政策和策略；第二十五章至第三十章，姬昌对敌我双方形势的分析；第三十一章至第三十七章，姬昌在狱中的生活写实。

第十三章

履【伏虎,敌我态势分析】

兑下乾上,(履)。履虎尾,不咥人。亨

(履:鞋,踩,践踏。咥 xi:大笑;又读 die:咬。)

将内盘"雨(兑)"旋转至外盘"天(乾)"的位置,就是"履卦",见转盘图和右小图。

"履虎尾,不咥 die 人。亨。"踩踏老虎的尾巴,它不咬人,实在是一件很稀奇的事。

《吕氏春秋·长攻》:"凡是治乱、存亡、安危、强弱,一定要有其机遇,然后才能成功,如果只有一方面就不能成立。夏桀、商纣虽然不贤,如果不遇上商汤、周武,不致灭亡。反之商汤、周武不遇夏桀、商纣,也许难有成功。成功与失败取决于机遇。"

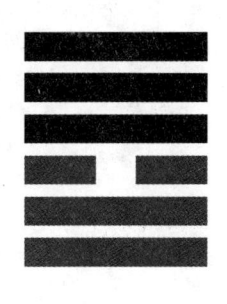

这是"机遇论"的精辟论述。但是过分强调机遇,忽略事物发展的必然性,则片面。男人女人总是要结婚的(必然性),谁跟谁结婚则随机而遇(偶然性)。夏商由强盛而衰退至灭亡,不遇商汤、周武,也会让别的人捡便宜。商汤、周武不遇夏桀、商纣,他们空有一身本事,也是英雄无用武之地。

巧的是他们各自有了自己的归属。上帝把他们安排在同一个舞台上表演。

这就是机遇。机不可失,时不再来。

周人遇到了商纣，商纣遇到了周人。商朝衰落，纣王加速衰落，王朝由真老虎变成病老虎，行将死亡的老虎。

经过亶父、季历至姬昌，商周变迁30多年，形势的发展越来越明朗。

周人花几代人的心血对殷商王朝进行考察、剖析，得出结论，商已经是一只丧失吃人能力的垂危老虎，对它下手正是时候。形象地说，"履虎尾，不咥人。亨。"你踩它尾巴也不咬人。在目前条件下，"履虎尾"是行得通的，"亨。"不用说踩它的尾巴就是踩它的头，它也无可奈何。殷商王朝已经是病入膏肓，无可救药，是一只即将死去的老虎。踩吧，大家来踩它的尾巴吧！

《周易·序卦传》说："物畜然后有礼，故受之以履。"即履就是礼的意思。

孔子很重视履卦。他在《系辞传·下》里陈述："易之兴也，其于中古乎。作易者，其有忧患乎。是故，履，德之基也。谦，德之柄也。复，德之本也……"他一连说了九个与德有关的卦。孔子是一位讲究礼治的人。他觉得"履"等于"礼"，周人追求的是"礼治"。其实，这是孔子的一相情愿，欲把自己的世界观强加给《周易》作者。孔子的礼治主张君君臣臣父父子子，子对父孝，弟对兄恭，下对上顺，臣对君忠。这一套对已经取得统治地位的人来说，确实很管用。但是对于被统治者来说，无异于紧箍咒。臣不能对君不忠，不可以有二心，不可谋反。不必问君王善恶，臣只能当顺民。如此一来，周人就没戏了，你周人就乖乖地待在岐山吧。

孔子的礼治可以为后来的统治者提供理论武器，却左右不了在他前五百多年的老祖宗。周人主张的是德治。德治包含有礼治的许多内容，这是德治与礼治的相同处，但是两者有最根本的不同处，那就是德治主张武力夺取政权，以及成为统治者以后用武力镇压反抗者。

提倡礼治，你就不能踩人家虎尾，虎不咬人你得帮助它提起精神咬人，包括咬死自己。

周人没有那么傻。

初九　素履，往无咎【长期探索，殷商行将死球矣】

（素：本色，平素，向来。素履：长期跟踪。）

西周几代人一直盯着商的动静，跟着它的脚迹走过来，"素履"。

有一则故事，"黔驴技穷"，能很形象地说明"素履"。

黔驴技穷，黔，今贵州一带。穷：尽，完。唐代柳宗元《柳先生集》记述，黔地没有驴，好事的人用船运来一头，因为没有什么用处，就把它放在山脚下。老虎看见这么一个大家伙，以为是什么怪物，便躲在树林里偷看动静。后来慢慢地从树林里出来稍微走近一点，但还是小心翼翼地不敢碰它。有一天，驴叫了一声，老虎吓了一跳，逃得远远的，以为它要来吃自己，非常害怕。可是，在驴周围来回地观察，觉得它没有特别的能耐，慢慢对它的叫声也习惯了，就又走近一点，在它身边前后打转，但还是不敢去惹它。后来越走越近，觉得它实在没有什么了不起，就故意碰撞逗惹它。驴气得不得了，踢了老虎一脚。老虎很高兴，心里盘算着："就这么点本事罢了！"于是大吼一声，跳将起来，向驴扑去，咬断了它的喉咙，吃尽它的肉才走。

《周易》中把周商比作龙虎斗。周人是龙，"飞龙在天"，殷商是虎，走完生命历程的虎，"虎尾"。西周龙像故事中的角色甲，跳远躲一躲，跳近看一看，反反复复。殷商病虎，像故事中的乙，本事已经穷尽了。

根据西周人几十年的交往，看出殷商辉煌期已经成为历史，现在是江河日下，给西周"蒭商"大好时机。"素履，往无咎。"

九二　履道坦坦，幽人贞吉【履道坦坦，西周前程堪乐观】

（幽：深远，隐蔽，囚禁。幽人：遭囚禁的人，这里指姬昌。）

姬昌因父亲获罪被牵连，囚禁玉门。姬昌第一回当囚徒。西周人用金钱买出姬昌。姬昌不久获释，"幽人贞吉"。《今本竹书纪年疏证》："文丁十二年（原注：周文王元年）有凤集于岐山。"姬昌继位为西伯侯。经过一场季历遭杀，西周事业遭挫的灾难，国内在姬昌、挚任氏领导下缓缓恢复往日的生气。农勤于耕，工尚于作，妇贤于家，官忙于政，周原一片欣欣向荣。西周又迈入康庄大道，"履道坦坦"。

《尚书·无逸》记载周公说："文王卑服，即康功田功；徽柔懿恭，怀保小民。惠鲜鳏寡。自朝至于日中昃，不遑暇食，用咸和万民。文王不敢盘于游田，以庶邦惟政之恭。"

这是说文王安排好安居之事和田作之务，又能够关怀小民，照顾鳏寡老人；从早上忙到日中、日偏斜，没有空暇吃饭，为的是做好协和万民的工作。他又不敢乐于游逸田猎，为了做好许多友邦的联合工作而恭敬于政务。

姬昌是一位克勤克俭亲民平和的人，这样的领袖人物，是西周之福。文中"怀保小民"，历来被人忽略，读时轻易带过。我们在此停住，问一个问题，小民所指的是哪些人？史书已经定位夏商周是奴隶社会。毫无疑问，小民就是奴隶。说文王怀保奴隶，定会使许多古今学者转不过弯。姬昌不是奴隶主吗？他能怀保奴隶吗？关键就在这里。他能，是后人不理解，是后人看事物的立场发生了偏移。奴隶占西周人口的百分之七十以上。如果姬昌所怀保的不是这些人，那么文中"怀保小民"就是空话。事实是西周废止当朝流行的人殉人祭，保护奴隶生命，改善奴隶生活，出法律《有亡荒阅》使社会秩序恢复正常。西周的革命动力来自政策的正确和行动的踏实。

为什么说"履道坦坦，幽人贞吉"？有了奴隶的安居乐业，不逃亡，社会稳定，生产发展，又何愁履道不坦坦？幽人不贞吉？

六三　眇能视，跛能履，履虎尾，咥人，凶。武人为于大君【你踩虎尾，也有咬伤腿脚时】

（眇 miao：目盲。跛：足有疾。武人：勇士。为：干。大君：君王。）

季历死于国难。周人已经被朝廷弄成残疾，眼瞎了，腿跛了。可是周人是一只不死鸟。眼瞎了，眼瞎路熟，知道世道。腿跛了，腿跛志坚，要遍踏黄河南北。周人遇虎垂死挣扎，遭咬，遭凶险，"履虎尾，咥人，凶"，仍然不改"履虎尾"大计。西周人没有政治经验，武人干着大君的事，无其能而为之，夭折。吃一堑者，长一智。总结经验，还可继续前行。

九四　履虎尾，愬愬，终吉【踩它一下，愬愬惊惧乃虚惊】

（愬 su：惊恐。愬愬：十分恐惧状。）

有的史书说姬昌继位并首创称王（这个王是山大王，跟后来的武王称王天远地隔），是西周自己决定的，并没有经过朝廷册封，在程序上不合法。《今本竹书纪年疏证》含糊地记："文丁十二年（原注：周文王元年）有凤集于岐山。"把周文王元年注于括号中，不直书姬昌继位称文王，而写"有凤集于岐山"。西周人此举有被认为是闹独立的意思。目下的西周羽翼未丰，要独立就有被消灭的危险。亶父的十六字指针开头四字是"辅国建侯"，明确告诫后代不可盲动，必须处理好商周主从关系。想到这一层，姬昌有些害怕，"履虎尾，愬愬"，稍不留神，惹火烧身，自讨苦吃。他们立即采取补救措施，修书上报朝廷请册封。商帝果然册封姬昌为西伯。周原出土甲骨中有两片讲到册命周方伯的事：

"贞：王其□佑太甲，册周方伯，□惟足丕佐于受有佑。"

"……□文武……王其昭禘……天……典册周方伯，惟足无左……王受有佑。"

上一片卜辞是姬昌求佑于商王祖先太甲，希望接受商王新的册命"周方伯"以后，能够更加充分得到保佑；下一片卜辞是姬昌举行合祭的禘礼，祭祀商的文武帝，希望接受商王新的册命"周方伯"以后，没有祸害，得到保佑。

有了殷商朝廷的册封，西周人心里的一块石头落地。"履虎尾，愬愬，终吉。"

九五　夬履，贞厉【跃跃欲试，王冠可爱也招风】

（夬 guɑi：决，决断，果决。履：行动。厉：凶险。）

"夬履，贞厉。"夬：决，决断，果决。履：行动。厉：凶险。周商决战，周商摊牌，如果进到这一步，将是一场恶战，"贞厉"。这是一种预设。西周人设想总有那么一天，周商不并立，由上帝选择，适者生存。目前条件不成熟，西周有大量的事情要做。现在是商周和平期。

《西周史》作者杨宽说，从上面卜辞可以看出，"当时的殷周关系，比较特殊，一方面周王已自称为王，另一方面还接受商王册命的'方伯'称号"。

西周人称王是一个大胆的试探，看看朝廷如何反应。朝廷默认了，给了周人一种鼓励。当然这是周人的自我感觉。商帝则是另一种想法，据有全国者称帝，据有地方者称王，全国是一级单位，地方是二级单位。你那个王在我这个帝的管制之下。名号而已，不存在犯上。因此对姬昌称王不介意、不挞伐。姬昌愬愬（恐惧）的就是商帝的挞伐。后来武王灭商兴周称王，是表明他的事业是姬昌事业的继续。武王特地重申一遍，废帝为王，武王是开国之君，追封姬昌为文王。把姬昌的王位提升一步，从地方提升到全国。姬昌开了先例，后来周王朝下的楚国，它的国君也称王。周夷王时，楚国"熊渠曰，我蛮夷也，不与中国之号谥。乃立其长子康为亶王，中子红为鄂王，少子执疵为越章王……及周厉王之时，暴虐，熊渠畏其伐楚，亦去其王"。周幽王时，楚国乘周乱称王，熊通称楚武王，又捡起王的帽子。由此可见王帽可爱又可怕，自称王还是有一定风险的，自封者心里老是有些不踏实。

上九　视履考样，其旋元吉【审时度势，智者事业有成】

（视：回顾。考：考察。样：祥，详。旋：返，回旋。元：大。）

"视履考样，其旋元吉。"视履，回顾走过的路程。考样，详细查考。旋：反复，波折。全句：回顾周商角逐的历程，回旋曲折，总的说，双方保持有度，各有所获。对西周来说，图了生存，得了发展，有了光明前景，"元吉"。

西周是在夹缝中图生存、求发展。

《西周史》说，殷王纣册命文王为方伯，和文丁的册命季历为牧师，情况已不同。文丁册命季历为牧师，是要利用周来抵御和征服对殷反叛的戎狄部族。纣册命文王为方伯，是要进一步利用周来征服那些反叛殷王朝的方国，使得那些叛国追随周而重新服从。而周文王就是利用这个时机，不断扩充自己的力量，开拓土地。

这个时机是由商末形势造成的。殷商朝廷已经无法驾驭所有方国，诸侯东叛西离，西周则表现对殷商的忠诚，挟天子以令诸侯，打扫殷商门庭，把那些破烂拿回家，整旧如新；把殷商的叛徒变成自己的盟友。

★　★　★

《彖》曰："履，柔履刚也，说而应乎乾，是以履虎尾，不咥人，亨。刚中正，履帝位而不疚，光明也。"

《象》曰："上天下泽，履；君子以辨上下，安民志。"

M：《彖》曰《象》曰，我简称之为"象象言论"，它基本代表"十翼"的思想。"十翼"思想，又基本是易经理论；易经的精髓是八卦，八卦的形体是卦画。因此之故，"象象言论"离不开卦画。离了卦画就没有立足点，打不开思路，无从发挥自己对世界的看法。我们从他们的思路中可以容易地理解他们解卦的方法和包含的用意。试解《彖》曰。请把履卦卦画看清，下兑乾上。"柔履刚也"：《说卦传》第十章规定兑为少女，阴柔，乾为父，阳刚；易经规则规定解卦次序是由下往上，由内往外。兑先于乾，来势大于乾，有踩踏乾、柔履刚之意。"说而应乎乾"："说"是兑的通用字，即兑卦，乾是履的上卦，乾兑相叠，叫应乎。"说而应乎乾"由此而来。"是以履虎尾"：乾兑相随，一阳一阴像履虎尾的样子。于是推论"不咥人，亨"。更进一步推论："刚中正,履帝位而不疚,光明也。"试解《象》曰:"上天下泽,履"。《说卦传》第十一章"乾为天","兑为泽",故"上天下泽,履"。推论:"君子以辨上下,安民志。"这个推论牵强,君子可以用履卦辨上下,安民志吗?也可能有深层意思,履者,礼也。实行礼治可以"辨上下,安民志"。但是这又与《彖》曰"履帝位而不疚"相矛盾。《象》主张平静,《彖》主张造反。

第十四章

小过【过去生活片段】

艮下震上，小过。亨。利贞。可小事，不可大事。飞鸟遗之音，不宜上，宜下。大吉。

（艮下震上：卦画结构，下艮卦，上震卦。小过：卦名。亨：通达。贞：纯洁。遗：馈赠，给予。）

将内转盘的"山（艮）"旋转至外盘"雷（震）"的位置就是"小过"卦，见旅卦转盘图和左小图。

"小过"，两层意思：一、少小之经过，青少年时期的经历。与"大过"成姊妹篇，大过写姬昌年纪老大时的回忆片段，"小过"则写姬昌年少时的回忆片段。二、过去经历的片段。

姬昌出身贵族，生活优裕，身处乱世，心存忧患。

姬昌出生的第一天，爷爷公亶父就给孙子打上了政治烙印，交给他难以想象的重任。公亶父身为政治家，给部族规定了十六字指针，"辅国建侯，开荒拓土，三单潜龙，谷熟当收"。（见兑卦详解）这是一条政治之路，姬昌必须沿着这条路走。

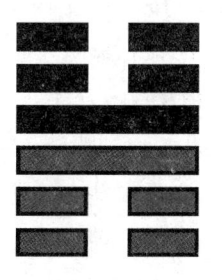

姬昌二十六岁继西伯位。他的爷爷和父亲已经完成王业奠基和开拓的任务，他要在此基础上继续进行下去。"亨，利，贞。"亨通，有利而实在。但是他年轻，有胆识而无谋略，有干劲而没有经验，因此，"可小事，不可大事"。

"飞鸟"，飞去的鸟，暗指已经逝去的老爷爷亶父。"遗"，遗留，也通馈，赠送的意思。"遗之音"：遗言，遗愿。"飞鸟遗之音"：亶父遗愿。

亶父遗愿是什么呢？翦商。行动准则是十六字指针。任务光荣伟大而长远。因此必须循序渐进，条件不成熟时，只能是"不宜上，宜下"，把基础夯实，把准备工作做足。得其宜则"大吉"，反之，大凶。

"过：非过失，罪过，而是过去的事。""过"者，经过、经历也。《周易》中的"大过"、"小过"，直言经历。文中也频用"遇"字，过、遇近义，过表过去时，遇表进行时。

《彖》曰："小过，小者过而亨也。过以利贞，与时行也。柔得中，是以小事吉也。刚失位而不中，是以不可大事也。有飞鸟之像焉。飞鸟遗之音，不宜上宜下。大吉；上逆而下顺也。"

《象》曰："山上有雷，小过。君子以行过乎恭，丧过乎哀，用过乎俭。"

姬昌写小过，写自己青少年时的生活，少小之经过。彖象写小过，写卦画，小的过失。

《彖》说的"小过，小者过而亨也"是解释小过卦名意义。"过以利贞，与时行也"：引用卦辞"小过亨利贞"。推论："与时行也"。意思是能适应形势。小事吉大事不吉，原因：六二六五都阴柔得位居中，小有利；"柔得中，是以小事吉也"。九三九四，阳刚，但占位不当又不居中，坏事了；"刚失位而不中，是以不可大事也。"《彖》作者翻过来倒过去，发现卦画像鸟，"有飞鸟之象焉"。"飞鸟遗之音，不宜上宜下。大吉。"为什么？"上逆而下顺也。"这个回答非常巧妙而有难度。他说的是，上卦震，两阴压一阳，女尊男卑（逆理），"上逆"；下卦艮，一阳压两阴，男尊女卑（顺理），"下顺"。反映《彖》作者生活时代的父权中心、大男子主义。

《象》说的"山上有雷，小过"，指的是卦画由山（艮）雷（震）组成。解释"小过"为过分。"君子以行过乎恭，丧过乎哀，用过乎俭。"隐约批评过分了不适当。

初六　飞鸟以（矢），凶【父亲之死，西周飞鸟折翅】

　　（以：与，带来。矢：箭头，此字可能脱落，加括号表示存疑。凶：凶兆。）

"飞鸟以凶。"《周易古经今注》作者高亨说:"此句义不可通,疑'以'下当有'矢'字,转写脱落。飞鸟以矢者,鸟带矢而飞也。"《国语·鲁语》:"仲尼在陈,有隼(sun,猛禽,猎鹰)集于陈侯之庭而死,楛矢贯之,石砮,其长尺有咫,陈惠公使人以隼如仲尼之馆问之。仲尼曰:'隼之来也远矣,此肃慎氏之矢也。'"意:仲尼(孔子)认出,是边远的肃慎部落射伤的隼,隼带矢飞千里而落于陈庭。

"飞鸟以矢,凶。"当指季历之死也。季历之死使西周成为一只受伤的隼。西周折首,周人惊魂未定。季历之死,历历在目,姬昌难以忘记。由季历之死而连带的姬昌第一次遭囚,也让姬昌惊魂未定。姬昌以悲剧人物亮相历史舞台。

六二 过其祖,遇其妣;不及其君,遇其臣,无咎【少不更事,听之遇之增益】

(过:过越。祖:祖父。遇:相遇,接触。妣:祖母。)

少年的回忆。

姬昌之祖父公亶父于公元前1139年去世,姬昌于这一年出生。稍一懂事,祖父已死,祖母健在。接班的事,祖母告诉了他。这情境姬昌记忆分明。故说"过其祖,遇其妣"。史上未记姬昌出生时间,这里露出一些蛛丝马迹:姬昌在祖父去世前不久出生。

亶父夫妇有三个儿子,长子太伯,次子仲雍,幼子季历。亶父为了开拓疆土,蚕食殷商,指派太伯、仲雍到虞邑(今山西平陆一带)开发,建立虞部落。虞后来建国,太伯、仲雍成虞国始祖。到亶父仙去,季历顺理接父位。兄弟仨分主二地。这样,在商末就存在同一血源的两个姬姓方国。这是《西周史》的说法,不同于《史记》。《史记》对兄弟仨接班的事是另一个样子记载:亶父见季历之子姬昌"有圣瑞",要传位给季历及姬昌,太伯、仲雍因而出奔荆蛮,断发文身,自号句吴。武王克商后,找到太伯、仲雍的后人,封周章于吴,封虞仲于虞。

杨宽《西周史》说:"这个传说尽管春秋时代已经存在,但是,不符合事实。"杨宽的根据是两点,《左传》和《诗经》。《左传·僖公五年》中,虞国大夫宫之奇说太伯、仲雍是虞国的开国之君。"大伯、虞仲,大王之昭也（他们都是亶父的儿子），大伯不从，是以不嗣（大伯不听从亶父的安排，因此不接父位）。"《诗经·大雅·皇矣》："帝作邦作对，自大伯、王季。惟此王季，因心则友，则友其兄，则笃其庆。"杨宽认为诗中的"对"是量词，是成双成对、两个的意思。兄弟仨建立两个诸侯国。

但是也有疑问，从众多史书中，看不出虞国对于灭商兴周的重要作用，武王的八国联军中也没有虞国，大周立国后也未见虞侯有显赫地位。史上还有虞芮争讼找西周评判，虞国视周如同陌路，一点都不像周虞是兄弟帮的样子。

这是史学问题，对于《周易》解卦来说，不妨碍爻辞的立足。

"不及其君，遇其臣。"这是一段不愉快而感触深刻的回忆。季历被杀，朝廷通知周家到甘肃处理后事。姬昌经过长途跋涉到达玉门。迎接他的是当头一棒，羁押起来。有的书上以歌颂的口气写："文王见詈（读 li，责骂）于玉门，颜色不变。"这是后人的虚夸之笔。试想，这时的姬昌二十五岁，小青年，初出远门，又得父亲新死消息，又是第一次见恐怖场面，伤心又恐惧，能不变颜色吗？"不及其君，遇其臣"，没有见着君王，先见着这位小臣盛气凌人。这臣子虽然官小，他背后却是商帝文丁。事情很快过去了，周人用钱买平安，风波平息，"无咎"。第二年姬昌继父位。隔十二年，姬昌做了商王朝的高官，经常在纣王身边转悠。几十年以后姬昌在羑里监狱写八卦的时候，玉门惊魂画面历历在目。

九三 弗过防之，从或戕之，凶【纵杀两手，从政不可不防】

（弗：不，没有。从：纵，放纵。戕 qiang：残杀，杀害。《左传·宣公十八年》："凡自内虐其君曰弑，自外曰戕。"）

"弗过防之"，此句近于白话：没有经历过的事情，必须小心谨慎，有所提防。"从或戕之，"谁纵谁戕？隐主语。有人说是自己。"自己放纵自己从而有被人杀害的危险。"情理不通。周人立志革命，革命的对手是殷商王朝。"从或戕之"的主使者是商帝。姬昌在监狱制作八卦时不可明说，或者按照古汉语习惯也可以不说。姬昌未经历过，而他父亲季历却用生命经历了商王"从或戕"的两手，先放手让你大干，然后收拾你，把你杀掉。文丁为什么杀季历？历史上未记，姬昌认为是中了商帝"纵戕"

两手的圈套。"纵戕"两手，后来人们叫恩威并施，说是一种领导技巧。对于下级来说，这两手都凶狠，难于应对。姬昌年青时善于学习，把"弗过防之，从或戕之，凶"作为自己的座右铭，时刻提醒自己也告诫别人，并把"弗过防之"四字亲手刻在竹简上，挂在中厅显眼的地方。

九四　无咎，弗过遇之，往厉必戒。勿用永贞【智者睿智，避免重复错误】

人生一辈子会经历许多事，吃饭睡觉是每天的事，结婚生子是成年以后的事，搞政治是在经过政治启蒙，头脑初具思维以后立志干的事。任何事都有第一次。"弗过遇之"，从来没有经历过而初次遇到。姬昌所要说的当然不会是生活琐事，他要说的是政治遭遇，是他年轻时永远忘不了的遭遇，如父冤死，自己在玉门被羁押，首次带兵伐商失败等。这些初遇、经验教训可以写五车。姬昌将其浓缩成一句话："无咎，弗过遇之，往厉，必戒。勿用。永贞。"不值得后悔，第一次碰到，没有经验处理，"无咎，弗过遇之"；当时难受，引以为戒就是，"往厉，必戒"；以后不要重蹈覆辙，"勿用"；对将来的事业永远有好处，"永贞"。

姬昌把"弗过遇之"四字也亲手刻在竹简上，挂于中厅，作为第二条座右铭。座右铭一词是姬昌家的天才儿子姬旦发明的。姬旦从小天资过人，五岁能认三百字，八岁能雕竹简，十岁能写诗颂。成年后帮二哥姬发夺得江山，姬发死后，又帮侄儿成王掌权。他见厅堂中两块竹简生疑，要父亲讲故事。姬昌就把那八个字的前因后果生动地讲给他听，并且说我每天坐下来就要读一遍，想一想。姬旦听后随口而出："啊，知道了，这就是你的座右铭。"从此座右铭一词流行开了，士人们都崇尚写座右铭，作修身养性的警语。

六五　密云不雨，自我西郊。公弋取彼在穴【西周不雨，有雨伴随暴风】

（公：公亶父。弋：带绳之箭，泛指武器。彼：你。穴：敌营。）

西部，是姬昌的地域情结，他在《周易》中多处提到。例如，小畜卦中用的是同样语句："密云不雨，自我西郊。"坤卦中，"西南得朋，东北丧朋。"蹇卦中,"利西南,不利东北",等等。他生在西部,长在西部,爱在西部,事业的发迹也在西部。西部者,商朝版图的西部。商的中心区在现今的河南,首都在河南安阳殷墟。周人曾经浪迹于西部边远的游牧地区,接下来迁到今陕西西部的豳州,再又略微南迁至岐山周原。再后迁到西安近郊的丰邑。迁去迁来,总在商的西陲。"密云不雨,自我西郊"是政治隐语。我西部正在酝酿一场大革命,山雨欲来风满楼,我将直捣殷商巢穴取纣王首级。这话能公开讲吗?不可以的。他让纣王们和易学家在字面打圈圈。"密云不雨,已上也。"(孔子)"密云不能成雨,自西郊故也。"(宋·陈传)"雨从东边来,风从西往东吹,这云雨层全被风给吹散了,所以下不了雨。"(□□出版社《周易》)《周易》里的西,西部,就如现代中国的延安,已经政治化,是革命根据地,革命圣地的代名词。《周易》中,姬昌总把溢美之词用于西,或与西有关的西南而不用于其他方向。

"公弋取彼在穴。"公,亶父。弋,带绳的箭,带领西周子弟。取,征伐,捣毁。彼,你那里。穴,鸟巢,兽穴,殷商朝廷老窝。全句:亶父带领西周子弟直捣你那殷商朝廷老窝。

且看易家解,宋·朱熹:"鸟在穴而不飞,故公弋取以为助。"

《象》曰:"密云不雨,已上也。"

意思:什么叫密云呢?云从画生,六五称君位,但阴柔力弱,犹如阴云密布,却不能下雨。前进位上六,还是阴。阴阳相合,有雨,阴阴相拥,不雨。故说"密云不雨,已上也"。

M:《象》作者忽略了一件事:震居上位的卦,除了小过以外,还有大壮、解、震、恒、丰、豫、归妹,它们的上卦有相同的图像,都是六五称君位,但阴柔力弱。如果按《象》的解释,则八个卦应有相同的表述,即"密云不雨,已上也"。但是各有表述不同,可见象象言论不严谨,有一定的随意性。由此也说明,不是卦画像什么,必定产生某种结果、必定是相同说法。从卦画抽出理论是违背人的思维逻辑的。

上六 弗遇过之,飞鸟离之,凶,是为灾眚【西周初挫,亶仲身首异处】

(离:分开,分离,离别。眚 sheng:灾异,灾害。)

第十四章 小过【过去生活片段】

本章中，过与遇用在几个句子中，"过其祖，遇其妣"、"弗过防之"、"弗过遇之"、"弗遇过之"。这两词都是动词、近义，其差异在时间上，过表示已经过去，遇表示正在进行。

六二"过其祖，遇其妣"：祖父去世，已经过去，未遇；祖母健在，正好相遇，相处。

九三"弗过防之"：已经过去的事，自己没有遇到，别人的经验教训可以借鉴。前车之覆后车之鉴。

九四"弗过遇之"：自己没有经历过，现在遇上了、碰上了。首次、初次、第一次。

上六"弗遇过之"：自己没有遇到，也已经过去了。

祖母把她知道的故事继续讲下去。

你知道吗，你爷爷有四弟兄，爷爷老大，当家。叔爷爷老二，名亶仲，管军事，还有两个爷爷管种地。我们初搬来岐山的时节，大家像疯子一样高兴。你看这岐山多好，要山有山，要水有水。我们住地是一片平地。说来也奇，许多野蒿野草都可以吃。今年下种，明年丰收，大家伙吃穿不愁。喂养的家畜都比别地方肥壮，有肉吃，有奶喝，有皮毛作衣服。在邠地那会儿，经常有毛子来抢劫。我们劝你爷爷带领大家抵抗。你瞧那老东西怎么说？他说人家可怜才找上门。他不抵抗不说，还动员大家把衣物送给别人。现在安逸了。旁有岐山，前后有河，东边是朝廷，还有老二的军队，不怕贼寇来抢。大伙都说你爷爷有眼力，聪明，能干，会当家。

宝贝，这好日子我们只过了三四年就不太平了。朝廷打来了。你二爷率兵抵抗，他们有种，把商兵打跑了。三个月以后商兵又来了。这回商兵还是没有得到便宜，丢下几十个死鬼和伤兵，跑了，比野山羊还快。岐山是好惹的吗？我们都要保卫美好家园，大伙杀敌死拼。我们估摸着朝廷再也不敢来了。第二年春节，大伙正高兴，又闹兵荒了。这回商兵人多，四处包围，杀声喊声锣鼓声，吓死我们了。你二叔是英雄，每日出战，总能够抓得几个俘虏回。这一天他又出战，再也没有回来。据回来的人说，他被商兵的乱箭射死了，大伙拥上去想抢回尸首，也一个个被砍死。商兵割下二叔的首级收兵了。随行的护兵全被割了头。你二奶奶和她子媳一个个哭得像泪人，我们也哭，爷爷那老爷们也哭。光哭不行哪，还得找出路，有人主张回邠邑，有人主张拼到底，拼光。老爷子决定，当然也有我的主意。归顺。回老地回不去了，那地方已经归了别人。人拼光也不行，老祖宗绝了香火。归顺，朝廷放出风，只要归顺就不打，不归顺还要打，就这么一条路。

记住，你二爷爷就那时候死的，死得太惨。他的坟头在村西。坟里没有头，用了一段木头代替，不知魂魄回来没有，孤苦伶仃。好几年以后，他们老兄弟都一块儿了。

几十年以后，姬昌写八卦，写到这一章节，就把奶奶讲的故事浓缩成十三个字："弗遇过之，飞鸟离之，凶，是为灾眚。"自己听来的故事，二爷爷像飞鸟一样飞去了。这是我们西周最凶险时期，是西周永远难忘的灾难。

《象》："弗遇过之，已亢也。"

意思："弗遇过之"，啥意思？看卦画，最后一爻，到了极限，"已亢也"。

第十五章

大壮【西周崛起，周人高处不胜寒】

乾下震上，大壮。利贞

（乾下震上：卦画构成，下卦是乾，上卦是震。壮：壮实，强壮，古义壮、戕通用，有刺杀之义。大壮：崛起。）

将内转盘的"天（乾）"旋转至外盘"雷（震）"的位置就是大壮卦，见旅卦转盘图和右小图。

大壮说的是西周人的壮大崛起。季历主政二十五年，是文治武功、以武为主的开拓阶段。在此期间，季历大小仗打了七次，在商末战争史上，在号称八百诸侯中，西周季历的军功，是独一无二的。朝廷命季历为"牧师"、"九命为伯"。季历带领西周由小的部落跃进到统率西方数百诸侯的大诸侯国。西周疆域扩大，人口增多，武力增强，经济趋富，声威远播全国。"大壮，利贞。"

"十翼"的评述。

《序卦传》："物不可以终遁，故受之以大壮"（简述大壮紧跟遁卦之后）。

《杂卦传》："大壮，则止"（称大壮为"止"的意思。无详细阐述）。

《彖》曰："大壮，大者壮也。刚以动，故壮。大壮利贞，大者正也，正大，而天地之情可见矣。"

这是解卦主词。从分析卦画入手，按照易经规则阐述，加入自己的感叹和推理。

此卦《彖》的意思是：卦画下乾上震，乾属阳刚，震为雷震，震动，

"刚以动，故壮"。"大壮利贞"引用和解释卦辞。由于大而显出正。解释"贞"为正。由"大壮利贞"推知，"天地之情可见矣"。这有些无限夸大，含义不清，给人以不真实的感觉。

《象》曰："雷在天上，大壮。君子以非礼勿履。"

"雷在天上，大壮"，说的是卦画构成，下乾上震。"君子以非礼勿履"，解释"履"为践行、行动。意思是，不符合礼法的事不要去做。明显带有儒家说教。此话作为个人修身养性是金玉良言。若作为维护封建统治的礼治说教则是糟粕。

初九　壮于趾，征凶，有孚【利益较量，明争紧急暗斗忙】

（趾：脚。踪迹。通址：地基。征：征伐。孚：诚信，信任，威信。）

趾，脚趾，脚。引申为事情的初始，走路第一步，建房打墙基。《周易》中许多卦首爻的脚趾都是这个意思。"壮于趾"，事业的发端。周人的事业就是王业。王业最具本质性的行为是征战，一切围着征战转。周人的王业从征战开始。

西周的发展危及另一些人的利益，特别使朝廷感到威胁。季历也因此而夭折。"壮于趾，征凶"（季历之死在"丰卦"篇中详述）。但是人虽死，西周并没有坍塌，其实力、威信尚在，"有孚"。

《象》曰："壮于趾，其孚穷也。"

这是根据爻辞说的：大壮于起步，缺乏诚信，没有良好开端。这解读反映两作者对同一事的态度不同，《周易》作者认为"征凶，有孚"，虽然征战凶险，却杀出威望，威风。《象》作者认为搞征战，穷兵黩武，没有真诚和正义。

九二　贞吉【蓄势待发，惊蛰过后是春分】

前两代人，公亶父、季历父子已经为他们的后人打下雄厚的王业基础。

西周人由于历史的原因，养成了许多优良品德。祖上（后稷及连续多代）当过夏朝廷高官，给后人留下从政经验和从政欲望，后人视野开阔。夏朝被商汤推翻，西周祖上多代流亡西北大漠，生活于蛮荒和社会的最底层，头上没有昔日的荣光，自然地养成勤劳、勇敢、平等、互助的精神。不勤劳没有饭吃，不勇敢不能战胜艰难，不平等内斗难绝，不互助自取灭亡。这些优良品德是西周人的精神财富，而商朝的统治阶级正缺少这些。

精神财富加公亶父、季历两代人创造的物质财富，外在的力量和潜在的力量都是惊人的。西周的发展势头无法估量，象征着前景光明，"贞吉"。

《象》曰："九二 贞吉，以中也。"

为什么"贞吉"呢？《象》能立即找出原因，因为该作者有个卦画法宝和易经理论。卦画的九二，阳刚又处中位，按易经规则，象征吉利。

九三 小人用壮，君子用罔，贞厉，羝羊触藩，羸其角【螳螂捕蝉，黄雀在后有谁知】

（用：施行，炫耀。罔 wang：不，非。厉：厉害，危险。羝 di：强壮的公羊。藩 fan：篱笆；栅栏。羸 lei：缠绕。）

此处一"壮"字，被姬昌活用了。"壮"本义壮大、强壮；但古义中，还有"杀"的意思。据《周易古经今注》作者考证，确实有"杀"的意思。他引证《释文》，"壮，伤也"。壮训为伤，实借为戕 qiang。戕：残杀，杀害。

"小人用壮"，在"丰卦"篇中点明，崇国国君崇壁就是小人。他一而再，再而三地中伤诽谤季历，"小人用壮"，逼季历走上不归路。季历心中坦荡，以为自己光明正大，别人也一样光明正大。"君子用罔"，罔，非也，"君子不用"，君子不用小人计谋，不暗算别人。其结果是君子遭小人暗算。

君子小人者，是姬昌爱恨感情的流露，人家崇壁也不一定是小人。政治斗争，都是为了自己的利益。

崇国是一个很古老的国家，原来在今河南嵩山一带，虞舜时有崇氏在这里建立方国，它的祖先是鲧（夏禹的父亲）。夏禹建夏朝时，他的一个分支封在原地。商朝时，有崇国西迁，来到今陕西西安、户县一带。据

《正义》载，"崇国是受夏鲧所封，虞舜、夏商周都有崇国，地在丰镐之间，它一直充当阻止姬氏东进的角色"。几十年前，来了新客户：姬氏家族。他们两家成了邻居，有崇居东，姬家居西，姬家居岐山周原，改称周人。他们是邻居，又是冤家，真乃不是冤家不聚头。周人来势汹汹，使人胆战心惊。说他们文明，他们是蛮荒之地来的，有几分野性，舞刀弄枪；说他们野蛮，他们又斯文，内部管理有序，互尊互爱，也不轻易外出征伐。崇国听说朝廷征剿几次，不知哪位神仙保佑，这西周人越剿越发。崇国观察很长时间，也跟着西周人出外打了几仗，结论：西周不是安分的哥。现在安分，将来也不会安分。他们的发展太使人恐惧了，他们的矛头稍一东指，崇国就完了。崇国下决心抢在周人之前扳倒他们。终于初见成效，"杀了个龟儿子季历"。西周这只强壮的公羊想把篱笆触垮，结果被篱笆的攀藤缠绕住了角，"贞厉，羝羊触藩，羸其角"。

九四　贞吉，悔亡。藩决不羸，壮于大舆之輹【宝刀初试，钢火是否难见真】

（悔亡：后悔消亡，没有后悔。藩 fan：篱笆，栏栅。决：断绝，垮塌，缺口。羸 lei：缠绕。舆：车，车厢。輹 fu：车厢与车轴连接的木头。比喻关键部件。）

"贞吉，悔亡"，一切征兆平安，后悔已不复存在。

"藩决不羸"，藩，篱笆，栏栅，羊圈。决，垮塌，缺口。羸，缠绕，阻挡。羊圈垮塌，失了圈羊的功能，羊可以自由跑出去了。

羊，这只羊是小羊，姬昌。姬昌出玉门监狱，突然长大了许多。公元前1113年，接了父亲季历的西伯位。那个杀季历的文丁也在这一年死了。姬昌想报仇，要洗玉门之辱，可是现在失了仇家。慢慢地，他的情绪冷落下来，处太平而忘国耻。"贞吉，悔亡。"

母亲挚任氏从娘家商朝廷打听到季历之死与崇国有关。她把这消息一五一十告诉姬昌。娘儿俩怒火三丈，下决心先宰了崇壁。姬昌立即整顿人马，出国门就到了崇国。崇国听到西周来叫阵，知道大祸临头，紧闭城门不出。姬昌破口大骂，羞辱一阵，打道回府。如此再三，那崇壁忍无可忍，披挂迎战，三五个回合就败下阵来。趁他兵乱，姬昌给他一箭，崇壁应声落马，兵卒将其抢了回去，死活不知。后来打探到，崇壁未死，只伤了右腿。姬昌小战告捷。

"藩决不赢"，围困公羊的羊圈，篱笆被羊撞垮了，没有攀藤之类的绳索可以缠绕它的角。"壮于大舆之輹"：壮，杀伤。輹，大车之要件，比喻崇国是商朝廷这大车的要件。全句：羊出圈了，用角抵断大车之輹，狠狠给了商帝看门狗一棒。《丰卦》篇中说过，"崇壁谤，拉开了两家仇雠的序幕"。姬昌伤崇壁，两家仇雠进入第二幕。这又为拉开第三幕埋下伏笔，崇壁的儿子崇侯虎陷姬昌于羑里监狱。

《象》曰："藩决不赢，尚往也。"

意思：九四阳刚，阳占阴位。下卦为乾，三条阳刚硬汉。全力支持九四，虽位不当，还可前进。

《象》是就卦画而言的，不关联实际。如果联系西周目前的事，周崇都有说法。西周人说，商这羊圈已被打开缺口，我们可以继续前行。崇国说，西周这羊圈已被我们打开缺口，老羊死了，小羊算啥，我们可以继续前行。

六五　丧羊于易，无悔【丧羊于易，父仇子报乃常例】

（丧：丢失，跑掉。易：有易国。）

"旅卦"篇中提到"丧牛于易"，此处提"丧羊于易"，一码事，说的是商汤先祖故事，详见《旅卦》篇。

商祖王亥，是一位首创变野牛野羊为家畜的"发明家"，放牧牛羊时误闯有易国，被有易国杀了，没收其牛羊。王亥的儿子上甲微立志报仇，他借助河伯族的武力打败有易国，杀了有易国的国君绵臣。儿子报了父仇。

姬昌在《周易》中两次提到这个故事，其用意就是提醒自己不忘父仇，不忘己耻，仿上甲微为父复仇。报仇之志已定，没有后悔，"无悔"。姬昌伐崇是其复仇尝试，想练一下刀兵，学点打仗布阵的本事。

《象》曰"丧羊于易，位不当也"。

意思：那卦画像羊，丧：丢失。易：场地，牧场。羊从牧场丢失。为什么发生这倒霉的事呢？"位不当也"，请看那五爻，阴占阳位，不合易理。

显然，儒家没有弄清"丧羊于易"的典故情节，更不知它的含义，解卦有困难，只有看画说事。他们这一错，影响两千年。《象》后的人都以《象》辞作标准答案。

我们还记得，《象》对小过卦六五的注解是"密云不雨，已上也"。此处是"丧羊于易，位不当也"。同样的卦画为什么会有不同的说法？

上六　羝羊触藩，不能退，不能遂，无攸利，艰则吉【羝羊触藩，天时不宜莫强求】

（羝 di：公羊。藩 fan：篱笆；栅栏。遂：顺心，进取。艰：困难，艰苦。）

（清）朱石曾《古本竹书纪年辑校》："帝乙二年（公元前1110年），周人伐商。"

挚任氏、姬昌娘儿俩报仇心切，经过短时策划，正式整军伐商。他们集结了五千队伍，准备了一月粮草，祭罢神灵祖先，绕开崇国向东进军。他们来得突然，商军没有准备，姬昌挥军一直冲到潼关。潼关守军一面闭关死守，一面飞报朝廷。朝廷派一万兵力开赴前线迎敌，并通令崇国等布阵敌后拦截。周军陷入前后夹击之中，且军事力量相差悬殊。姬昌感觉不妙，变进攻为退守。稍加接战，变退守为溃败。商军乘胜猛击，周军退至崇国边境，崇军已经张好口袋，等待对方窜入。这时崇国老首领崇壁已经过世，他儿子崇侯虎领军。仇人见面，分外眼红。崇侯年轻气盛，又会耍十八般兵器，冲入周军中，欲直取姬昌人头。姬昌眼见难以支撑，拨马向南逃窜，进入庸国国境，只剩下几十个亲兵相随。他们摆脱追兵，在庸国帮助下，回到岐山。他的败兵也陆续逃回。清点人马，十损其一，五百余人死于战场。

商帝帝乙看在挚任氏面上，适时收兵，并没有挥师西进，踏平岐山。

两代商帝处理西周都优柔寡断，关键时候就心慈手软。

西周这只羊这回是牢牢套入了羊圈。想把篱笆撞垮吗，"羝羊触藩"吗？这篱笆扎实着呐，让你的角折断，撞得头破血流。退吧，乖点，老实待在羊圈吧？难，没有退路，"不能退"。为什么？凤愿未遂，父仇未报。

进吧,使劲触藩吧,报仇吧,不行,角还嫩,体形小,冲了一下,差点连命也没了,"不能遂"。真叫进退维谷。目前,不可干大事,要努力度过艰难,才算平安。"无攸利,艰则吉。"

姬昌处于不能动弹的境地,"羝羊触藩,不能退,不能遂",进退两难,无所作为,"无攸利"。不过这给了他一个时机,让他能够冷静下来,把前前后后的一团乱麻梳理整顺,分清对错。是的,西周要崛起,除了良好的基本条件,还要有好的军事智囊,好的统帅,好的行政首脑。这些,目前都没有。

《象》曰:"不能退,不能遂,不详也。艰则吉,咎不长也。"

为什么"不能退,不能遂"?儒家说,"不详也",不了解情况。或者,另作别解。比如解"详"为吉祥,句子成:进退两难,不顺心,那么,就振作精神吧,迎难而进,则定有吉祥,处逆境的日子不会长久。

这样解释,句子通了,意思顺了,只是有点让人诟病,这些话来自卦画,处境上六,阴柔,末爻,曲终人散。

第十六章

夬【决策失误，祸患无穷】

乾下兑上，夬。扬于王庭，孚号，有厉告自邑，不利即戎，利有攸往。

（乾下兑上：卦画结构，下卦为乾，上卦为兑。夬 guai：决也，决策，决定。扬：张扬，宣扬。孚：俘虏。孚号：俘虏哭号，惊叫。厉：危急也。戎：战事。）

将内转盘的"天（乾）"旋转至外盘"雨（兑）"的位置就是"夬卦"，见转盘图和左小图。

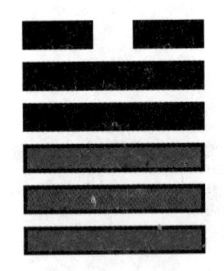

西晋武帝太康二年，即公元281年，有个名叫"不準"的盗墓贼开挖了战国时期的墓葬，除了得到珠宝以外，还发现大批刻字竹简。竹简内容是魏国史官记录撰写的编年史。人们称之为《竹书纪年》，它是比《史记》更老的史书。后来几经周折，得而复失，失而复得，有些已非原貌。但是它对研究战国以前的历史有很大参考价值。流传至今的版本很多，比较具有权威的是，近代国学大师王国维校补的《古本竹书纪年辑校》（清人朱右曾辑）和《今本竹书纪年疏证》。在本书中，我一般简称《竹书纪年》，指的就是这两本书。

据《竹书纪年》载，姬昌的父亲季历，受商帝文丁指令镇守西部边疆，与外族征战中，所向披靡，劳苦功高，声威大震。在事业的顶峰被害而死。姬昌奔父丧，踏上西行之旅，又遭飞来横祸，被官府囚禁玉门。

第十六章 夬【决策失误,祸患无穷】

丰卦、大壮、未济等卦已经介绍,那姬昌一肚子憋屈,父亲英年早逝,又死得不明不白,自己还无端饱尝铁窗苦痛。他越想越气,越气越想,好多天不安寝食。他妈挚任氏探知到一些底细,母子俩贸然发动了对商战争,结果狼狼大败。

夬卦写他收拾残局。夬,有决定、溃决的意思。

当初,姬昌把自己的伐商决定向幕僚们宣布,"夬,扬于王庭",大家也不便反对。初生牛犊不畏虎。西周那么点诸侯国,那么点武装力量,竟敢跟庞大的殷商王朝较量。打的结果是,丢盔弃甲,死伤数百人,姬昌也差点丢了命。

残兵败将前线归来,内中不乏被俘脱逃而回者,他们哭号抱怨,指责姬昌冒失决策,打了一场不该打的仗,送了几百号兄弟的命,大伤元气。"孚号,有厉,来告自邑。"大家慢慢平静下来,掩埋好同伴遗体,安抚死难者家属,深沉地检讨血的教训。全国上下,众口一词:眼下不宜打仗,特别不应当跟朝廷打仗,要从长计议,做好充分准备,"不利即戎,利有攸往"。

《彖》曰:"夬,决也,刚决柔也,健而悦,决而和。扬于王庭,柔乘五刚也。孚号有厉,其危乃光也。告自邑不利即戎,所尚乃穷也。利有攸往,刚长乃终也。"

《象》曰:"泽上于天,夬。君子以施禄及下,居德则忌。"

以上两段引文都是后儒打着孔子名号写的。字里行间都露出汉朝人口气。

所谓"刚决柔也,健而悦,决而和":卦画下乾上兑,乾阳刚,兑阴柔,"刚决柔也";乾性健,兑性悦,"健而悦";有刚决也有温和,"决而和";《说卦传》规定,"兑为口舌""乾为天、为圜",有人在皇上办事处呼叫,"扬于王庭";那乾卦有三阳,兑卦两阳一阴,合起来一阴五阳,怎么得了,"柔乘五刚也";呼号到了王庭,其危机已晾晒于光天化日之下,"孚号有厉,其危乃光也";因为一阴处末,穷途末路,"告自邑不利即戎,所尚乃穷也";按照汉朝人孟喜的辟卦排列夬卦五阳一阴,前进一步即为乾卦,两个三阳共六阳,发展向好,"利有攸往,刚长乃终也"。

字字对应卦画，说明《象》作者对卦画造诣颇深，堪称卦画专家。

《象》曰："泽上于天，夬。君子以施禄及下，居德则忌。"

"泽上于天，夬"：解释卦画，上兑下乾，名夬。《说卦传》"乾为天"、"兑为泽"。引出哲理："君子以施禄及下，居德则忌。"因为兑为泽，施泽于下，故有"施禄及下"，自居有德则不好。

一卦辞有彖象两评，由此也露出端倪，彖象作者非一人，证明欧阳修的判断"皆非圣人之作，而众说淆乱，亦非一人之言也"正确。

初九　壮于前趾，往不胜，为咎【损兵折将，天塌地陷】

（壮：戕 qiang 也，伤也。趾：脚趾。壮于前趾：伤了前趾，不利于行之状，引申为受了挫折。为：据高亨考证，"为"是"有"的意思。"为咎"即"有咎"。咎：艰难。）

伐商失败，西周笼罩浓浓雾霾，后宫女眷整日哭哭啼啼，死难家属三波两拨找姬昌诉苦，姬昌头脑一片混乱。姬昌母亲太任表现出特别冷静，她出身皇宫见过大世面。她劝慰姬昌说，事情已经过去，受了这么点小挫折，"壮于前趾"，就像天塌似的，有什么了不起。无非是没有取得胜利，多点困难，"往不胜，为咎"，有什么了不起！看你父亲多有志气，打仗就打胜仗，要死就死。西周死了吗？没有死。这回不行下回来，有什么了不起！

任妈妈一席话像凉水浇了姬昌发热的头。姬昌镇静了。幕僚们也镇静了。老百姓也镇静了。"有什么了不起"像一阵风，吹遍西周上下，成为大家的口头禅。

九二　惕号，莫夜有戎，无恤【惊弓之鸟，风声鹤唳】

（惕：惧也。惕号：因惊恐而大叫。莫：暮，夜里。恤：忧虑。戎：敌寇。）

吃了败仗，西周处于一片惊恐之中。城里人往乡下逃，乡里人往城里跑。谁对谁都不摸底，谁知下一步会怎样进行下去。谣言四起，有说商王大军马上就到，有说商王只抓姬昌，有说要灭族灭国。人们心理都崩溃了，惊弓之鸟，风声鹤唳，天天哭叫，夜夜闹敌情，"惕号，莫夜有戎"。要不是任妈妈一句话，"有什么了不起"，还不知闹到何时为止，何时才没有忧虑，"无恤"。

九三 壮于頄。有凶。君子夬夬独行，遇雨若濡，有愠。无咎【太任智勇，力挽巨澜】

（壮：同戕 qiang，杀害，伤残。頄 qiu，又读 kui：面颧，头部。夬夬：行走快疾貌。濡：沾湿。愠：怒。）

"壮于頄，有凶。"壮：同戕，打杀。頄，面颧，头部，司令部。"壮于頄，有凶"：西周首战的目标殷商朝廷，大国司令部。结果败北。

"君子夬夬独行，遇雨若濡，有愠。"君子：西伯姬昌自称。夬夬：马疾行的样子。若濡：衣服被淋湿之状。有愠：生气。全句：姬昌疾行，遇雨，衣服全被淋湿，无名火起，独自生气。

好在事情到此为止，商帝不想斩草除根，西周"无咎"。还有一层原因，当时天下传扬"帝乙归妹"的故事。帝乙做主，太任嫁季历。论关系，姬昌是外甥，帝乙是母舅。看在甥舅关系的分上，帝乙也不能做得太绝情。任妈妈看准了这一点，所以反复告诫儿子没有什么了不起。

九四 臀无肤，其行次且，牵羊悔亡，闻言不信【曲线救国，逢凶化吉】

（臀：臀部，俗称屁股。肤：肌肉。行：走动。次且：步行摇晃、艰难。牵羊悔亡：表示臣服的典故。）

姬昌明目张胆伐商，被打得落花流水，死伤几百人。西周成了一只受伤的狼，臀部被铜簇挂飞大块皮毛，鲜红的肌肉裸露在外，腿骨也折断了，走路一瘸一拐，"臀无肤，其行次且"。如果它继续跟朝廷较劲，必遭灭顶之灾。当初，老祖宗怎样干的？从蛮荒迁到内地，从豳邑又迁到岐山周原。为什么？就是向政治中心靠拢，想图个大出息。后来公亶父更进一步，取得朝廷承认，建立诸侯方国，挂了政治号。老祖宗开创的路要继续走下去。怎么走？完啦，到此为止啦。姬昌欲言无词，其行次且，饮食无味，睡不安神。

太任塑像

任妈妈出来了，"儿子呀，有啥大不了？去，向你舅舅赔个不是！"任妈妈是一位智慧仓库，她灵丹一粒，点石成金。姬昌顿时领悟了妈妈的意思。对，向舅舅赔不是。这是一个上佳的办法。如果按从属关系说，朝廷是大国，西周是小邦，谈国与邦的关系，岂不很严肃，如何开口？又是刚打过仗，自己是人家手下败将，关系僵硬，你去乞降，人家还不一定理睬。若论甥舅，距离拉近多了，一家人。一家人不说两家话。再加一位任妈妈，表示同去，她是回娘家，更好说话。他们坐着金车、牵着羊上路了。

牵羊啥意思？《左传·宣公十二年》："楚子围郑，克之，入自皇门，至于逵路，郑伯肉袒牵羊以逆。"意思是楚国打败郑国，郑国国君脱光上衣，牵着山羊跪迎楚军。脱光上衣表示愿意接受责罚，牵羊表示诚意、臣服。古人认为羊是吉祥物，羊驯顺，和善。这可能是夏商时代的先民遗风。这回任妈妈特地叮嘱下人挑选一只毛色纯白健壮的低龄母羊送给娘家，其寓意不言而喻。

"牵羊悔亡",败者依循古老典故,肉袒牵羊表示臣服,胜者立马消除满腹怨恨,变愠怒为慈笑。"闻言不信"这是句中的倒装语。光有外交辞令不足为信,有了肉袒牵羊,表示臣服,一切仇怨消解。

姬昌母子回了一趟娘家,商周和好如初。

九五　苋陆夬夬,中行无咎【柳暗花明,春暖日丽】

（苋陆:一说是攀藤植物,一说是变异羊。夬夬:行走快疾貌。）

苋陆,《本草纲目》中有一种药,叫苋,即我们夏天吃的苋菜。还有一味药,名马齿苋。于是有人说苋陆就是马齿苋。夏天,马齿苋在棉花地里疯长,与庄稼争肥,农民除草,把它锄掉,大太阳晒它几天,可是一阵雨来,它又活了。有一个同类叫太阳花,人们把它盆栽观赏,俗名"死不了"。苋陆就这么神奇。把姬昌比作苋陆很恰当。姬昌就是"死不了",见雨就疯长。但是《周易古经今注》有另一种说法,作者高亨考证,苋字的草头原来是双人,像羊角,苋陆为羊,名羱 yuan 羊,即北山羊。夬夬是动词状语,主谓搭配很合适。姬昌随母见了老舅,一场政治危机轻巧地化解了。母子俩在转回头的路上,一身轻松,像北山之羊,愉悦而迅捷,"苋陆夬夬"。这样解释不也很切合当时心境吗？

"中行",有说是中庸之道,有说某人名叫中行。我觉得不如直说为好,就是"不虚此行"。中原方言"中",意为"行","可以","走这一趟划得来"。消除了对立,消除了猜忌,没有后患之忧,"无咎"。

"苋陆夬夬,中行无咎。"由于姬昌的冒失,酿成主从两国间的对立,西周处于危险境地。姬昌母子主动登门输诚,巧妙地化解矛盾,填平了殷商王朝和西周间的鸿沟,西周转危为安。他们的出访收到了意想不到的结果,自此,西周犹如山羊健步疾行于平坦的大道上,无灾无患。

上六　无号,终有凶【暗流涌动,福祸相倚】

（号:嚎叫,战争警报。）

公元前1103年,帝乙死了,对于姬昌来说是舅舅死了,老对手死了。

公元前1103年帝辛继位，帝辛就是纣王。

由于主从修好，西线平安，帝辛认为姬昌功莫大焉，于是命姬昌为三公。公，既是爵位也是职位，即皇帝身边的大臣。姬昌成了钦命高官，西周得以和平发展，近三十年无战事，没有战争警报，"无号"。但是平静是暂时的，随时有可能被打破。这是因为西周有"翦商"远大图谋，要取而代之，这种有关核心利益的对立，势必使两者不能平静，在平静的海平面下一座火山正待喷发。一日，火山终于喷发了。喷发的原因是"西伯阴行善，不利于纣王"。公元前1080年，纣王囚西伯于羑里并杀姬昌大儿子伯夷考。凶相终于显露出来，"终凶"。这是西周人第四次遭受沉重打击。前三次是商剿杀周杀亶仲、季历遭杀和姬昌伐商失败。姬昌伐商过早地暴露了自己，宣告了西周与朝廷势不两立，给西周埋下了祸根。西周翦商，殷商反翦。力量的比拼，产生不同的结果。目下，西周羽翼未丰，只能听其纣王玩弄于股掌之上。

第十七章

震【商王之死，震撼全国】

震下震上　震，亨。震来虩虩，笑言哑哑。震惊百里，不丧匕鬯

（震下震上：卦画结构，上下都是震卦。亨：通畅，亨通。虩虩 xi：恐惧貌。匕 bi：舀酒的勺。鬯 chang：黑粟；用黑粟酿造并加郁金香草浸泡的美酒，多用以祭祀。）

将内转盘"雷（震）"的旋转至外盘"雷（震）"的位置就是"震卦"，见乾卦转盘图和右小图。

震表示雷。八卦中只有这个震字与雷有点贴近，因为暴雷震动大地。现代人解释，雷是云层放电发出的电光和响声。古人则认为是专管打雷的神仙——雷公施加人类以恩泽或惩罚时发出的吼声。商帝武乙被雷击身亡，古人信因果报应，认为武乙震死是无道的结果。如今，民间也有口语："干坏事必遭天打雷劈。"中国古代神话里的雷神不止一个，最有名的一个，出自《山海经·海内东经》："雷泽中有雷神，龙身人头，鼓其腹则雷。"

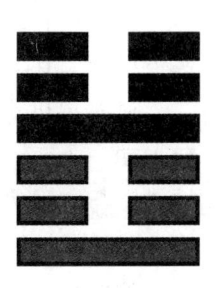

公元前 1103 年，姬昌 36 岁。某日，姬昌正在井田上与农人聊春耕的事，忽然廷官来报，赶快回家接圣旨。姬昌不敢怠慢，回到自己居室，换上礼服到正厅跪接圣旨。只听得朝官宣读：帝辛诏曰，帝乙陟（zhi，帝死曰陟，侯死曰薨）速上朝慰灵，钦此。原来是帝乙死了，新皇帝帝辛通知上朝廷吊丧。

皇帝死了，天下第一桩大事，如霹雳落地，震惊百里。

帝乙谁呀？殷商王朝倒数第二个皇帝，姬昌的舅舅，在《周易》中反复提到的"帝乙归妹"故事的主角。季历与挚任氏夫妇生了姬昌，所以姬昌与帝乙是甥舅关系。帝乙又是七年前与姬昌干仗的对手。这样一位恩仇叠加的人死了，对姬昌来说怎么不惊，怎么不喜？皇帝死了，天下人惊惧，姬昌能不惊惧吗！姬昌私下里又不惊惧，仇人死了，大快人心，他能不哑哑窃笑吗？皇帝升天，雷声隆隆，"震来虩虩"，"震惊百里"，让人吓一跳；仇人死了，让人高兴，"笑言哑哑"。拿酒来喝，"不丧匕鬯"，表达好心情，发泄长年的积怨。

姬昌生平第一次吊君王之丧。妈妈告诉他，不可空手上门，必须带二百人全套车马，另备纯色黄牛两匹，肥羊五十只，白玉酒器十件，秬鬯（特制美酒）二十坛，镶金马车一辆，以作丧礼。

姬昌日夜兼程，一千五百里路，二十天赶到朝歌。此时帝乙已经过世一月有余，尸身早已僵硬。他朝见新皇帝帝辛，行君臣大礼，呈上礼单。继后在别室行亲属礼，表兄弟俩互致问候，互诉哀痛，互嘱节哀。

帝辛告诉他，已命大臣散宜生接待其起居（散宜生后来叛商归周，成西周得力大臣）。

《彖》曰："震，亨。震来虩虩，恐致福也。笑言哑哑，后有则也。震惊百里，惊远而惧迩也。出可以守宗庙社稷，以为祭主也。"

阿 N 提供背景材料，便于我们深刻理解儒家的评注："震卦，是坤卦下端一阴变一阳，使大地震动，阴阳交合，发生雷电，又有纯阴母亲坤卦，与纯阳父亲乾卦，首次交媾得子的形象。所以象征地震、雷震、震动或长子。……《彖》说，震动，就能亨通。震动来临，战战兢兢，因恐惧而知戒备，后来就会幸福。笑谈嘻嘻，因为能记起教训，以后有了法则可循。震惊百里以内，是说远方受到震惊，而使近处恐惧，提高警觉。凡是能够戒惧的人，就可以出头主持祭祀，担当保卫国家的重任了。"

初九　震来虩虩，后笑言哑哑，吉【一帝过世，万民恐惧】

（虩虩 xi：恐惧貌。哑哑，笑言貌。）

武官大墓東西兩側陪葬位次图

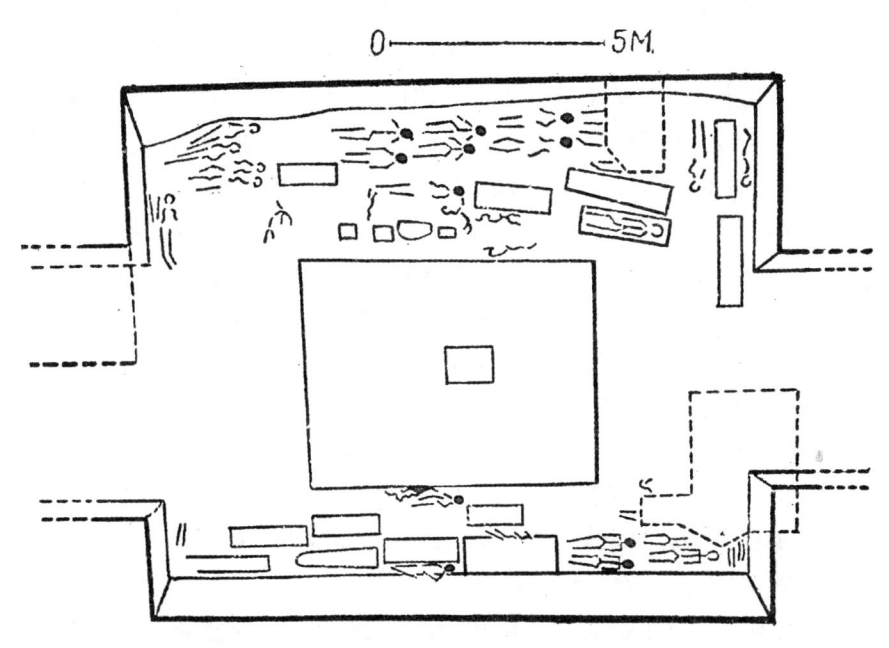

　　散宜生通知姬昌，皇上有旨，从各宾客的下人中，抽出十名壮士加入殡葬仪仗队。这个仪仗队，连同本部人员共计三百人。后天为帝乙去世的七七四十九天，举行盛大清墓仪式。姬昌领旨，把它作为一项光荣的政治任务完成。他亲自挑选自认为合格的岐山汉子，其中包括名叫姬瑞的贴身扈从，指定他为领队，希望西周人在首都不出乱子，为自己增光。所谓清墓，相当于高官出行清道，下葬前的消瘴驱邪以及实施各项先期要务。帝乙墓早在几年前就调集万名民工兴建，进展缓慢，直到帝乙死方临竣工，现在正派上用场。帝乙下葬前必须清墓，最后确定墓坑符合设想要求，仪仗队入驻，侍卫、男女用人到位，墓主生前爱好物品，如刀枪斧钺，竹简龟板，陶罐玉器，金银铜铁，牛皮丝麻，珍贝玉玺，等等，都安放妥当。再由新皇帝检视一番，皇帝验收，仪式完成。

　　事后，散宜生告诉姬昌，仪仗队已经先期到达紫虚，一切准备就绪，只等巫史卜卦择吉下葬。姬昌听了不明白，问"紫虚"啥意思。紫虚，即子虚乌有的意思。散宜生不这样解，他说，"紫虚"是天帝办公处。仪仗队和侍卫、男女用人共五百人都随先帝升天了。姬昌听完，头脑一黑，倒地了。周围的人急忙抢救，抬到卧室平躺，掐人中，泼凉水。姬昌慢慢苏醒,睁开眼又哭又笑,"震来虩虩,后笑言哑哑",大骂散宜生杀人。散宜生尴尬不堪,解释这是圣上意思,当朝风俗。下人随天子仙去,也是福分,"吉"。姬昌火了,一针顶一线地吼:"你怎么不去?他子受(纣王姓名)怎么不去?"散宜生提醒他,说话注意分寸,这是首都,帝王身边。还告诉他:先帝临终前,特别提到你姬昌,说你是个人才,先帝要带你同去,只是让你晚走一步。姬昌听了,再次昏厥。他的部下无辜死了十人,他无法向父老乡亲交代,已经心绞痛。此刻又听说要自己陪葬,死就死吧,但是一霎时闪出古公亶父、季历影子,提示他身负重任,不可轻死。处此两难,无法解脱,昏死了。醒来时,姬昌目光直视,口出狂言,全身发烫,拒绝水米,抗议朝廷滥杀无辜,要求上朝面奏。散宜生考虑,事关重大,目前心情激愤,头脑发胀,上朝更凶多吉少。他反复劝慰姬昌,从长计议。大家也帮姬昌排解。姬昌才稍稍平静。

《象》曰:"震来虩虩,恐致福也。笑言哑哑,后有则也。"

阿 A 解:"震来虩虩,恐惧就会修身,修身就会招来福。笑言哑哑,是说在恐惧之后也不会违反礼仪法则。"

真是有点不管风吹浪打胜似闲庭信步的意味。姬子遭劫,不关儒家屁事。外面的世界异彩纷呈,但是儒家只有一架黑白照相机,照去照来,世界总是黑白两色。人家死人翻船自己作壁上观,还可以清唱"致福"、"有则"之类的小曲。

六二 震来厉,亿丧贝。跻于九陵勿逐,七日得【帝死犹生,民生犹死】

(厉:猛烈,迅疾。亿:古时十万为亿;多的意思。贝:贝壳,古时钱币。跻:登高。陵:大土山。跻于九陵:登上九重高陵。)

帝乙下葬。

八七五十六(天),巫史择定的吉日,帝乙安葬日,距离清墓七天。是否真吉,巫史说了算,绝对权威,皇帝也不敢非议。

姬昌打起精神参加国葬。

国葬要葬的是帝乙。帝乙,第一。帝乙有一百个第一,第一伟大的人物,第一发号施令有无限威权的帝君,第一占有全国财富的富豪,第一庞大家族族长，第一妻子最多的丈夫，第一子女最多的父亲，第一奴隶最多的主人，第一不懂农桑五谷的智者，第一吃尽天下珍馐的美食家，第一不识加减乘除的糊涂虫……这是生前。死后也据有：第一享受葬制庞大与豪华的排场；第一次有了自己的一方土地，活着"天下莫非王土"是虚，这回属实；第一深而广的墓坑，地下宫殿；第一高大的坟丘，可与西土金字塔比美；第一富有的陪葬，类似生前；第一人殉数量，显示主人的高贵；第一拥有当代文化，后代人可以从中窥见古代文明；第一掌握时新战争武器，遗憾是没有原子弹，若有，也定收入墓中；第一农耕生产工具，死后也不忘农业生产；第一爱妻宠臣追随，生者陪死者……

帝乙死了，不同一般，雷霆万钧，震惊百里千里，"震来厉"；埋入坟墓，堪称财富堆积，社会财富变成地下财富，"亿丧贝"；死者登于金字塔，活着高高在上，死了还是高高在上，"跻于九陵"；姬昌暗暗诅咒帝辛，后来人不用追求，不久也有类似享受，"勿逐，七日得"。姬昌想着想着，脑子感慨一番：恶性循环，如此下去，百姓如何承受得了！该死的殷商王朝！

《象》曰："震来厉，乘刚也。"

"乘刚"，明显是一句卜筮语言。按照巫卜的规定，相邻两爻有承乘关系，下对上，叫承，上对下，叫乘。人马关系，人骑马，乘；马载人，承，马承受人骑。此处一爻是阳爻，二爻是阴爻，二在一上，二骑一也，所以"乘刚也"。干巫卜的任何一个人都这样解卦，儒家也这么说。

六三　震苏苏，震行无眚【帝一人死，民千人从】

（苏苏：象声词，表示雷震和缓，连绵不断。眚 sheng：目病，灾异，过错。）

民间有"干打雷，不下雨"的说法。"震苏苏"就属这一种。天气阴黑，只见远处闪光，过一会儿才送来哼哼雷声。"震行无眚"，虽有雷震，不会造成灾异。比如人们对加害于人的某事，习以为常，麻木不仁。

哼哼雷声来自墓葬现场。

姬昌亲眼见到一幕幕惊恐惨象，看见数十人惨遭屠杀。

当日辰时，帝乙棺椁进墓坑。取辰时，辰者震也，古时辰震通用，辰时，早晨八九点钟，日上三竿。震表示东方，日出之向。时空双吉。

双吉时刻，死者亲属、朝廷官员、诸侯首脑跟死者最后告别。墓室开始封土，墓场一片号哭之声，哀乐大作，金鼓雷鸣，东南西北八堆篝火焚烧。此时一队红衣武士牵赶二牛、三十羊、八猪、四鹿进入墓坑。红衣武士退出，数百民工立即封土，只见动物们作无谓挣扎，慢慢蒙盖于土中。这是帝乙在冥间的肉食。

接着红衣武士带领二十名采女、四名老者进入墓坑。武士们出手，将他们一一勒死，毫无抗意，一个个身躯倒地，马上被装入事先备好的薄板棺木，用泥土蒙灭，武士退出。这是一批愿意从死的人，是帝乙生前的爱妃和宠臣。帝乙在冥间也需要女人和助手。

商王墓坑

第三批是一群服侍人员：奴隶。红衣武士带领四十名青衣众庶进入墓坑。青衣们经过收拾打扮，衣履整洁，正直青壮，有男有女，还有几名男女幼童，奴隶仔，最小者六岁。他们手捧酒器，青铜坛罐，龟甲海贝，进入墓坑，站立新土之上。巫师指挥他们排成 6×6 方阵，另外四人执青龙、白虎、朱雀、玄武（龟蛇）旗分

有简单棺木的人殉

东西南北站立。武士三十二人在方阵外排成圆圈。然后方阵面北三跪拜，随巫师高呼"天子安行"，敬酒，将酒一半泼洒于地，一半自饮。巫师再发口令，方阵跳起安乐舞。墓坑外篝火烈焰冲天，鼓声震得肚皮起伏。方

阵陶醉于欢乐，队形纷乱。他们想入非非，满以为祭祀完毕就可以向家人炫耀自己的光荣。巫师退出，武士趁乱大动干戈，棒击、斧劈、刀砍、矛刺，只见鲜血喷射，头颅滚地，黄土变红土。开始，有的想逃跑，有的用铜器硬拼，有的跪下求饶，小童拥进爸妈怀抱，但是都不济事。哭号惨叫之声与鼓乐之声浑然一片，响彻原野，"震来虩虩"，"震惊百里"。一场杀戮和挣扎缓缓趋于平静，一车车沙土盖住这些不愿从死的人。

武士退出。姬昌昏死过去，被抬入金车。

姬昌打过仗，见过死人、流血。但那是打仗，这是杀戮，一场对毫无思想准备、手无寸铁的无辜者的杀戮。他随之想到他的十名岐山壮汉，想到他的姬瑞，想到姬瑞他们三百武士死于类似刚才这样的屠杀。奇怪的是，朝廷上下，见怪不怪，习以为常。"震苏苏，震来无眚。"这使姬昌既愤怒又无奈。残酷的杀戮挑动了姬昌神经，他来首都第三次昏厥。

《象》曰："震苏苏，位不当也。"

姬子昏过去了，儒子很平静，为什么？"位不当也"！姬子对弱者有同情心，动感情，儒子不在现场，想激动也激动不了。"孔子喜易，韦编三绝。"孔子喜欢读《周易》，《周易》写在竹简上，他翻来覆去，把穿竹简的绳子读断三次。虽然读断绳子，没有见到姬昌参加帝乙葬礼，也未见过商王墓葬中有那么多奴隶白骨。孔子未见过，后儒更不知，所以《象》告诉人们，震苏苏来自卦画的"位不当也"；六三，六为阴，三为阳，阴占阳位，女人挤走丈夫，不当。

九四　震遂泥【帝贵万金，民贱沙泥】

（遂：通坠，坠落。）

"震遂泥"，暴雷坠落于地。

一堆土，一个山丘。一堆土下埋葬着最伟大的人物：帝乙，也埋葬着世界上最藐小的人物：平民。地宫中住着一个富拥天下的富豪，也住着数百一无所有的穷光蛋。土丘下压着一个该死的人，也压着数

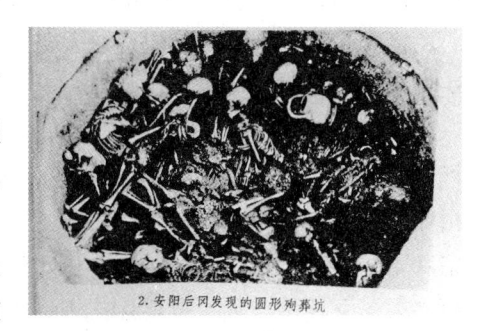

2. 安阳后冈发现的圆形殉葬坑

百不该死的人。

三天以后，复山，祭祀新亡人。孝子帝辛领衔带领一班家属到帝乙坟丘祭祀，又杀奴隶二十人，此所谓人祭。奴隶尸首被抛入祭祀坑，简单撮土掩盖。至此共用人牲五百八十四人。

"震遂泥"，暴雷落于地。吼叫、惊叫、号哭、呻吟、舞乐、篝火、怒火，一起埋入地下。许多年以后该死的和不该死的一起变成白骨，都解脱了，平等了，地球上来地球上去。但是活着的人老记得那件事，总觉得不道，逆天。特别是姬昌。

《象》曰："震遂泥，未光也。"

"未光"二字有文章，请阿 D 来分解。阿 D："九四虽然阳刚，但不中不正，上下又被两个阴爻夹持，因而力量衰弱，不够强大，就像被雷震坠落在泥淖中，不能动转。"

不当就没有光明，故"未光也"。这是透过"九四"看出来的，九四"不中不正，上下又被两个阴爻夹持"。

六五　震往来厉，亿无丧，有事【天若有眼，地无不平】

（厉：猛烈，迅疾。亿：古时十万为亿；多的意思。有事：专用简略语，古时祭祀祖先神灵叫有事。）

夏天，雷神烦躁不安，三天两头光顾民间。它不在乎人们的感受，高兴也好，讨厌也吧，它自顾玩它的游戏，有时还把风伯电母邀约一起，搞联合军演。那时人类是弱者，在大自然面前只有臣服。"震往来厉，亿无丧，有事。"雷雨频频，还没有成灾，人们心急意诚，忙备佳肴美酒祭祀，请求消灾赐福。人们以己之心度神灵之腹，以为神灵也自私，也贪心，也喜欢听奉承的话，也喜欢君临一切。人们把处理民间人事关系的办法用来应付神灵。神灵是否吃这一套，人不知道鬼知道。

帝乙死了，遗体进了坟墓，古人相信有灵魂，灵魂进了庙堂。一块木板写上死者的名字，叫灵牌（木主），放在庙堂神龛上，叫神位。朝它作揖叩头，死者就得到尊敬和享受。古时的庙建得并不宏伟，只供奉几个祖宗牌子，可是很神圣，很神秘。破土建庙，必须人祭，全过程十人。破土用二人，立柱用二人，上梁用二人，落成四人。帝乙新死，筑有新坟，坟旁建新庙，一室一厅，叫寝殿便殿，供死者灵魂起居游乐。百日庙祭，祭祀简单，并不奢华，但有人祭。又是一场杀戮，十名奴隶丢了性命。震惊百里的事再次重演，"震往来厉"，但是花钱不多，"亿无丧"，祭祀即"有事"，比落葬简化多了。

《象》曰："震往来厉，危行也。其事在中，大无丧也。"

阿 E 译解：六五进退两难，都有危险。六五处中位，说明当震惊发生时，坚持中庸原则，不偏不激，可使损失减少到最低程度。

上六　震索索，视矍矍，征凶。震不于其躬，于其邻，无咎。婚媾有言【余震渐消，潜震将来】

（索索：恐惧貌，颤抖貌。矍矍 jue：惊惧四顾的样子。躬：亲身，自己。婚媾：嫁娶。）

"震索索，视矍矍"，雷电交加，令人惊恐，特别是那当头的炸雷，撕心裂肺，恍如人类末日到来，"征凶"。后来发现，一阵西北风呼呼而来，暴风雨向东南方向移去，雷暴远走了。

公元前 1102 年　帝辛元年。上一年，帝乙死，姬昌应诏赴京送葬，三度昏厥，办完丧事回西岐，因为心中疙瘩未解一直忐忑不安，人看着瘦了十斤。忽一日，京中圣旨到，跪接后知诏告赴京参与新帝登基大典。

姬昌精神崩溃了。先帝有言，认定姬昌是个难得的人才，要带他同去紫虚。如今正是帝乙周年，有大祭仪式，莫不是满足先帝遗愿。如此则死路一条，有去无回。姬昌说出自己的想法，西岐立即陷入恐惧之中。抱怨来了，来自母亲和妻子：你不该莽撞跟他打仗，得罪了朝廷，哪来好下场！咒骂来了：这帝乙阴险毒辣，活着奈何不了你，死了也不饶人。安慰也有：也许时过境迁，都一年了，新帝开恩也说不定。主张也有：不去，暂时到荆蛮躲一躲，找找太伯伯父……

一道圣旨，如晴天霹雳，"震索索，"在西岐炸开了锅，西岐失了主张，"视矍矍"。去，死路一条，"征凶"，不去，抗旨，还是死路一条。

出路何在？

还是妈妈太任想出好主意：妈妈同去，多送点礼物。不看僧面看佛面，求新帝看在老姑妈的面子上，饶姬昌一命。

这女人一出马，公事就变成了家事。到朝歌，太任不同儿子住公馆，住进后宫，姨娘、大妈、熟人一堆。太任是前辈，谁也不敢马虎。她瞅准一个帝辛退朝时机，带姬昌一同拜见新帝。在后宫相见气氛大不同，一层姑侄关系，一层老表关系，说话很融洽很投机。几句话进入正题，帝辛乐得送个人情，说我正组阁，需要用人，姬昌老兄就留我这儿啦，先帝的话，实际是向我推荐人才，我怎么舍得让他跟先帝走呢。母子俩一听，心里一块石头嘎登落地，忙千恩万谢，表示忠于朝廷，全心为朝廷效劳。

不日，朝廷宣布，西伯姬昌为"尹"，人称"姬尹"。

"尹"是什么官？宰相。商史上有名相"伊尹"。

按商制，王廷中设有百官（总称为多尹）辅佐商王统治。从卜辞和器物铭文看，百官大体分三类。一是政务官，有"尹"、"卿士"，是商王的辅佐，地位最高，权力最大。二是宗教官，称"多卜"，管占卜、史册。三是事务官，称"小臣"，管理奴隶农事。

史书上未见"姬尹"而是称姬昌为"三公"。三公为周的官制，最高级官。"尹"是前朝伪职，周人忌讳，觉有辱开国元勋身份，改称三公。后来的史书都以三公称之。

姬昌母子到京，消灾得福，"震不于其躬"。原来是四位臣子走了，取代了姬昌殉葬，震"于其邻"，没有伤及姬昌，"无咎"。新帝还给予重任，全在"帝乙归妹"的面子上，姑妈出面几句话，开个后门，事就妥帖了，"婚媾有言"。

《象》曰："震索索，未得中也。虽凶无咎，畏邻戒也。"

阿F解释："上六阴柔，不中不正，又在震惊的极点，以致在地震中，惊恐沮丧，目光闪烁，心神不定；在这种状态下，任何行动，必然危险。不过，当地震发生在邻近，还没有到达自己身上以前，知道戒慎恐惧，就能够避免。然而上六在最上位，身为领袖，邻居遇受灾难，而自己得以避祸，难免就要听到亲戚们的怨言了。"

其解释基本忠于原词。

第 十 八 章

渐【鸿雁于飞，千古伉俪】

艮下巽上　渐。女归吉，利贞

（艮下巽上：卦画结构，下卦为艮，上卦为巽。渐：逐步，渐进。女归：女子嫁人，多指男方娶妇。）

将内转盘的"山（艮）"旋转至外盘"风（巽）"的位置就是"渐卦"，见节卦转盘图和右小图。

此卦中心谈婚嫁，写姬昌娶妇。渐，渐渐，逐步，渐进，一步步地前进，描述娶妇过程。

文中反复提到鸿，鸿的本义是大的意思。有一种飞禽叫雁，体型很大，人们称它为鸿雁，或简称鸿。鸿也就成了雁的另一专用名称。鸿雁，鸟纲，鸭科，像鹅，为家鹅的原祖。雄雁体长达82厘米，雌雁较小。善于游泳和飞行，栖息河川或沼泽地带，偶见于树林中。主食植物，也吃鱼和虫。雁是候鸟，每年随气候变化迁徙。飞行时一般排成"一"字或"人"字。可供食用，可供驯养。

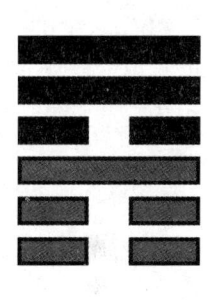

雁温驯美丽，集群有序，人们很喜欢它。又因为雁雌雄成双捉对，终生厮守专一，人们把它作为婚庆的吉祥物，象征夫妻坚贞和谐。言情小说中也把它作美的标杆，类比少女之美，常有"闭月羞花之容，沉鱼落雁之貌"的词句。

史书上称，姬昌在邰阳（今陕西武功）

鸿雁家族——天鹅

地区渭水之滨遇到太姒，惊为天人。后知道太姒仁爱而明理，生活俭朴，姬昌决定迎娶太姒。因渭水无桥，姬昌决定于渭水造舟为梁，舟舟相连，成为浮桥，亲迎太姒，场面盛大。

《诗经·大明》"……文王初载，天作之合。在洽之阳，在渭之涘（si 水边）。文王嘉止，大邦有子。大邦有子，伣（qian 好比）天之妹。文定厥祥，亲迎于渭。造舟为梁，丕显其光"。其意与上段文字同。

中国古代婚姻礼俗非常烦琐，到商末周初已经程式化，叫"六礼"：纳彩、问名、纳吉、纳征、请期、迎亲。姬昌娶太姒也免不了走这个过程。

《彖》曰："渐之进也，女归吉也。进得位，往有功也，进以正，可以正邦也，其位，刚得中也，止而巽，动而穷也。"

阿 N 译解："渐为渐进。嫁女吉祥。渐进得中位而亨通，有所往而得功，渐进以正，可以正固邦国，其尊位为阳刚所据。卦的性质为止为入，入于动则不止。"

《彖》这一套说辞全是巫史官用语，着眼点在卦画。所谓"进得位"就是从一爻进到二爻，二爻是阴位，卜得一个阴爻，阴爻居阴位，"得位"。巫师可以由此大做文章，一切皆顺，出门求官得官，经商求财得财，讨饭遇慈善家，扯皮遇和事老，偷盗遇开门揖盗者。所谓"刚得中，止而巽，动而穷"，都是巫师对卦的硬性规定，不具备实际指导意义。

初六　鸿渐于干，小子厉，有言，无咎【所谓伊人，在水一方】

（鸿：大雁，雁。干：岸，水边。小子：年轻人。）

公元前 1101 年，姬昌时任殷商朝廷宰辅。商王念其辛劳，特许他回家休假三月。

这正是仲春时节，丰邑郊野，一片山清水秀，风和日丽；田间麦苗青葱，果树扬花。姬昌带领一帮家丁外出打猎。路上不时有三五行人，踏青访友。只见农夫田头操耒，钓翁水畔执杆。他们来到渭河岸，渭河水缓缓东流，有波无浪，渔舟点点，商船阵阵，间或有富家游船漫行水中央。不经意间，一只游船上几位姑娘的身影映入姬昌眼帘。其中一位犹如天仙，真有"闭月羞花之容,沉鱼落雁之貌"。姬昌为之倾倒,不住往肚内吞涎。老实说,姬昌已经有两次婚姻,见过美丽女人,可是没有见过像今天所见的美丽女人。姬昌动情了。他听说过一见钟情的故事,故事而已,自己没有那种经历,也不相信世上真有一见钟情的事。今天,今天……他没有心思打猎了,掉转马头打道回府。

姬昌病了,茶饭不思。什么病?在两房妻子面前不便启齿。妈妈挚任氏打听到了病因。妈妈生性大大咧咧,一句话挑破,孩子们,婚嫁为什么?传宗接代。你们两个媳妇,结婚多年,没有生育。你们说该咋办?"咋办?再娶一个呗。"大家口里没说,心里都这样想。

挚任氏呼风唤雨,不几天就打听到那位天仙名叫太姒,有莘氏国的公主。所谓有莘氏国,其实是个部落,顶多算个小诸侯国。不过这诸侯国来头很大,它的祖先是夏禹。夏朝在中国文明历史上统治了四百多年,又经过商五百多年。夏禹虽然已经过去千年,这位公主却在深宫大院出落得天仙一般。

挚任氏决心为儿子娶回这位天仙,给对方放了点口音。姬昌不药而愈。

挚任氏再派媒人携带雌雄鸿雁一对到有莘氏国求婚。

太姒

"鸿渐于干,小子厉,有言,无咎。"——鸿雁歇息于河岸,小子心泉掀波澜,老妈一席话,都欢!唉矣,都欢!

我想,那《诗经》第一首"关雎",可能就是写姬昌太姒他俩的故事。

后来周人制周礼,归纳婚庆六条,这是第一条"纳彩"。《仪礼·士昏礼》:"昏礼下达,纳彩用雁。"纳彩是男方请媒人至女家提亲,如女方同意议婚,男家再以活雁为礼物,至女家求婚。

六二　鸿渐于磐,饮食衎衎,吉【窈窕淑女,君子好逑】

（磐:大石头。衎衎 kan:快乐,刚直,和乐的样子。）

婚庆六条,第二条,问名:男方请媒人到女家问清姑娘的姓名、出生年月日,家世地位。后来俗称"发八字"。媒人又送去两只鸿雁。待讨得女方庚帖后,用来占卜男女双方生辰八字阴阳,以定婚姻吉凶。若八字合,即可成婚。《仪礼·士昏礼》:"宾执雁,请问名。"

姬昌已经按捺不住,找来纸笔,所谓纸,实则羊皮一张,在上面抄写流行歌曲一首:"关关雎鸠,在河之洲。窈窕淑女,君子好逑。参差荇菜,左右流之。窈窕淑女,寤寐求之。求之不得,寤寐思服。优哉游哉,辗转反侧。参差荇菜,左右采之。窈窕淑女,琴瑟友之。参差荇菜,左右芼之。窈窕淑女,钟鼓乐之。"此歌当时有曲谱,青年男女都会唱。不知何时,中国人把它丢了,只剩下干巴巴几句词,孔子把它收进诗经里,流传至今。姬昌写好后,用一方黄布包好委托媒人带去,亲自交与姑娘,以表心曲。

姑娘此前听说媒人登门提亲,已经忐忑不安。俗话说,哪个少女不怀春,哪个少年不钟情。男婚女嫁,理所当然。多方打探,知是西伯侯、当朝宰辅有意。回想起那日清明游河,见岸上一队行猎人马,指指画画,内中有位英俊君子,先是春风得意,后是沉默无语,接着怏怏离去。想必是他了。今日接到诗信,那心怦怦然直跳。西伯侯,当今名士,品德高尚,若嫁得这位如意郎君,平生再也没有遗憾。她激动了,千言万语要说,怎么说呢?对谁说呢?写,也写一首流行歌。

"氓之蚩蚩,抱布贸丝。匪来贸丝,来即我谋。送子涉淇,至于顿丘。匪我愆期,子无良媒。将子无怒,秋以为期。"以下不抄了,"秋以为期",可以吊他胃口,我告诉他,我芳心已动,但是,你别着急,到秋天再说吧。

另外指出,姬昌抄诗中一处错误,"优哉游哉",应当是"悠哉悠哉"。姑娘把来信反复看了几遍,觉得这爷们有点粗心。又想,可能是他故意这样写,要查看我是不是认真看他的信。

这桩婚事两条线路。一条在地上，一条在地下，地上的媒妁之言，地下的，暗通心曲。地上的注重形式，地下的注重内容。媒人不管你一条线两条线，她注重的是实惠，不论甲方乙方，都是好酒好肉招待。家长落个了了心愿，小两口的事飞速推进。

"鸿渐于磐，饮食衎衎，吉。"——鸿雁盘旋在崖畔，追追逐逐歌舞欢，饮食嘚衎衎，是啊，情缘！哎嗨噫，情缘！

九三　鸿渐于陆，夫征不复，妇孕不育，凶，利御寇【尔卜尔筮，体无咎言】

（陆：平旷之地。）

第三步，"纳吉"：男方到宗庙里占卜，看双方结合是凶兆还是吉兆。如果卜得吉兆，再请媒人带着雁通知女方，表示正式订婚。《仪礼·士昏礼》："纳吉用雁，如纳彩礼。"

占卜，这是一道玄虚关。就是小孩游戏，石头剪刀布，可能石头打剪刀，也可能剪刀剪布，还可能布包石头。变化莫测，吉凶难料。姬昌和太姒他俩生辰八字一比对，卜问之，坏了，卜辞说"鸿渐于陆，夫征不复，妇孕不育，凶，利御寇。"

巫史解释，鸿雁，水鸟也，飞到陆地来了，这不是找死吗？水属阴，陆属土、属火，水火相克。"夫征不复"，丈夫出去打仗战死了，回不来了。"妇孕不育"，妻子怀了孕，生不出来，胎死腹中。无吉可言，无吉可言！"利御寇"，双方只能关门大吉，防火防盗就算万幸。

姬昌家一听，心里凉了半截，特别是他娘。她是笃信神灵的。孩子没缘，不能强求。

姬昌不信这一套。这是中原文化，祖上流浪那时节可没有这破规矩。外域不兴卜卦，男女相爱就结婚。他铁了心：相克也好，难产也罢，娶太姒娶定了。妈妈拗不过儿子，平静下来细想，或许，卦辞另有别解。她终于理出一些头绪。"鸿渐于陆"，那鸿雁本是吉祥之物，是水鸟也是飞禽，上可飞于天，下可着于陆，水陆空都适应，有什么不好！"夫征不复"，一定是战死吗？他不可以是被留下当官了吗？"妇孕不育"，这巫史可恶，把孕育解成有孕而难产，难道不可以解成，"妻子具有生育能力，只是丈夫出门在外，无法孕育孩子"吗？没有孩子的家庭确实有些不美满，"凶"，这正是我儿子要再娶的理由。"利御寇"，什么话？难道只让我们死守岐山吗？我儿子再不娶就后继无人了，别说"有攸往"，就是岐山也保不住了。

挚任氏确信神灵明示，前两房媳妇无生育，有绝后之虞，小江山难保，必须再娶。这是占得吉卦。怎么能说是"凶"呢？

她站到了儿子一边。命令，速送鸿雁去女家，他们的婚姻就这么定了，八字丝丝相扣，天作之合。媒人领旨，三渡渭水。姬昌又托月老带情诗一首单送太姒。啥情诗？头几句写的是："蒹葭苍苍，白露为霜。所谓伊人，在水一方。溯洄从之，道阻且长，溯游从之，宛在水中央。……"这首诗被太姒的多事丫环传出，秦地青年很喜欢，配上曲唱开了，流传于民间。后来也被收入《诗经》，篇名"蒹葭"。

"鸿渐于陆，夫征不复，妇孕不育，凶，利御寇。"——鸿雁徘徊落陆地，一卦两解属稀奇，婚恋全在人心意，贺喜！嗨嗨哟，贺囍！

六四　鸿渐于木，或得其桷，无咎【鸿雁兆吉，天作之合】

（或：有的。木：树木。桷 jue：平直的树枝。）

婚仪第四步："纳征"也称"纳币"。《仪礼·士昏礼》："纳征：玄纁 xun，束帛，俪 li 皮，如纳吉礼。"男家请媒人向女家赠送三样聘礼：深红和浅红两色相配的衣物（玄纁），五匹长帛（束帛），一对鹿皮（俪皮）。这是正式订婚，要送重礼。

这几件东西对姬昌家来说，小事一桩，如果对方开口还加一点，姬昌家也不会含糊。

挚任氏把礼品备齐，派媒人再跑一趟。

姬昌从自己头上拔下玉簪，委托媒人代劳交给太姒。太姒曾经暗示"秋以为期"，这使姬昌一直悬挂于心，一是假期有限，二是怕夜长梦多，到手的喜鹊飞了。玉簪用来固定发髻，表示姬昌的急切心情。

婚仪烦琐，忙坏了媒人，折腾了鸿雁。走到这一步，事情才有了些头绪。鸿雁飞到了树林，停息在平稳的树枝上，远离猎手，可以捋捋毛，拍拍翅膀，好好安睡一宿。

"鸿渐于木，或得其桷，无咎。"——鸿雁传书又报喜，暂借林木且栖息，玉簪撩拨芳心动，期急！啊呀呀，急期也，吉期！

九五　鸿渐于陵，妇三岁不孕，终莫之胜，吉【将子无怒，秋以为期】

（陵：山陵，高的土山。三岁：三年，泛指多年。胜：克制，制服，忍耐。）

鸿渐于陵：鸿雁飞于高陵。妇三岁不孕：（姬昌先前的老婆）结婚多年而不怀孕生子。终莫之胜：（姬昌妈）终于不能忍耐下去，要儿子再娶，以续香火，求"吉"。

婚仪第五步："请期"，男家向女家"请定婚期"的礼仪。男家卜得结婚的吉日，派媒人通告女家并持雁为礼物，征得同意。《仪礼·士昏礼》："请期用雁，主人辞，宾许，告期，如纳征礼。"

任氏一手操办，虽然很累，但是高兴。结婚大事，事关姬家后继有人，香火延传。更重要的是，事关公亶父宏伟遗愿的实现。苦点累点，值，责无旁贷，也应该。她把卜卦择吉一套程序走完，立马派媒人又以双雁为礼物五过渭河，通告女家所定的黄道吉日，迎新人上门。

在这节骨眼，事情又有变故。鸿雁不是已经飞入树林安歇去了吗？婚仪之事已近成熟，怎么又有变故呢？原来，姑娘谈情说爱，天真浪漫，沉溺美梦，一旦真要成家，就要面对现实，有许多事情要考虑。其中一个主要疑团是，姬昌已婚，有两房女人在家，自己嫁过去是老三，其地位低下。这使她举棋不定，决心难下。鸿雁飞于高陵，"鸿渐于陵"，俯视人间苍海变幻，有柔情也有伤痛。太姒异议："姬昌已经结婚，我不愿当他小老婆，我还在犹豫。"

信息由媒人火速传回。姬昌妈慌了神。埋怨媒人没有把缘由说清。媒人辩解说，早已告诉他家，只怪他家没向姑娘说实话。姑娘现在发难能怪我吗？媒人推得一干二净。

姬昌妈当机立断，对媒人说，告诉她家，她到我们家来，只要生儿子就是正妃。不生儿子就委屈她了。她还可能当老四。空口无凭，任氏用羊皮写下四字："母以子贵。"媒人带上口信和字据六渡渭河。

媒人呈上字据，对家长说："他们家为什么娶你家太姒？就是要这孩子去接香火。他两房媳妇，都是不生蛋的鸡，结婚十多年，点滴动静也没有。你说那老婆子不慌吗？——"妇三岁不孕，终莫之胜。"过去也张罗过，只是那儿子倔强不肯再娶。这回是她儿子看上你们家姑娘动了心，自己提出来。你们看，这不是天赐良缘！"

太姒她爸妈"啊"了一声，觉得这姻缘不可错过，就为女儿当了家，答应了吉日。

"鸿渐于陵，妇三岁不孕，终莫之胜，吉。"——鸿雁飞翔于高陵，两房媳妇无身孕，姬昌他妈荒了神，张罗再婚！哈哈哈，再婚！又娶，再婚，喜不自胜。

上九　鸿渐于逵，其羽可用为仪，吉【以尔车来，以我贿迁】

（逵：四通八达的道路。仪：仪表，仪容，引申为楷模。）

逵：四通八达的道路，对鸿雁来说，水陆空任其施展能耐，想飞就飞，想游就游，想停就停。"鸿渐于逵"：喻婚事圆满。"其羽可用为仪"：鸿雁的羽毛，可以作为美丽头饰，进一层喻婚姻之美满，金童玉女，为人之楷模。吉：吉祥如意。

婚仪第六步："迎亲"，新郎迎娶新娘的仪式，这种仪式起源甚早。《仪礼·士昏礼》："主人爵弁，纁裳缁袘，从者毕玄端，乘墨车，从车二乘执烛前马。"与后来迎亲尚红不同，姬昌时代尚黑。新郎及从者穿黑色衣服，乘黑漆车子，前面有人执烛引导，后面有从车，旌旗招展，喜乐喧天，浩浩荡荡开到女家。

姬昌娶太姒颇有一番铺张。

《诗经·大明》中提到的姬昌"亲迎于渭"，"造舟为梁"。渭水无桥，但是渭水有船。姬昌家考虑，船难容大队人马来往；再，新人过河，万一河伯他们作祟，开个玩笑，兴点风浪，岂不坏了大事。为了平安计，决定于渭水造舟为梁，舟舟相连，成为浮桥。这是军事举措，用来迎亲可能是前无古人，也后无来者。只有姬昌家有这实力，也反映出姬昌爱恋太姒之深。

他们的婚仪是中国婚仪的预演和彩排。此后不久周公制礼，写了上述六条，后来又补进"拜堂"、喝"交杯酒"、"结发"（新人互剪头发一绺绞在一起)、交换信物等仪式,几乎成了国家标准,全国照章行事。

太姒嫁过来,连生十个儿子,果然如愿以偿,正妃铁定。"母以子贵",生一个儿子就可以立为正妃,何况有十个儿子!她的实力够"十力",其他妃子望而却步。他们的十公子是:长子姬考,人称伯夷考,死于国难;次子姬发,大周开国第一王,史称武王;三子姬鲜,大周开国元勋,首批诸侯之一,封于管邑,人称管叔鲜,后因政治失误叛周被杀;四子姬旦,人称周公,大周开国元勋,首批诸侯之一,封于鲁,未赴封,一直在朝摄政和辅政,他是周礼的奠基人,《周易》第二作者;五子蔡度,大周开国元勋,首批诸侯之一,封于蔡邑,人称蔡叔度,后因政治失误叛周被流放;六子姬振铎,大周开国元勋,首批诸侯之一,封于曹邑,人称曹叔振铎;七子姬武,大周开国功臣,首批诸侯之一,封于成邑,人称成叔武;八子姬处,大周开国功臣,首批诸侯之一,封于霍地,人称霍叔处;九子姬封,年幼未封,后封为大司寇,采食于康地,人称康叔封;十子姬载,年幼未封,后封于腾,人称季载。

"鸿渐于逵,其羽可用为仪,吉。"——鸿雁爱恋连连唱,世世代代传吉祥,永远的爱永远唱,久长!啊哈哪,久长!

第十九章

颐【民生,民生,自力更生】

震下艮上 颐,贞吉。观颐,自求口实

（颐 yi：腮帮子,脸颊,下巴。观：观察,考察。口实：食物。）

将内转盘的"雷（震）"旋转至外盘"山（艮）"的位置就是颐卦,所谓"震下艮上",见夬卦转盘图和左小图。

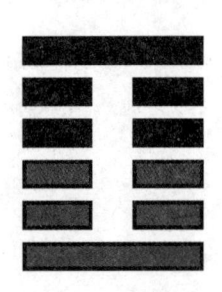

颐：书面语,即古文书上常用的文言词语,指两颊的下半部,俗称腮 sai 帮子、下巴。颐,在成语"颐指气使"中,指面颊,脸面。"颐指气使"形容人的傲慢神态,不说话只用面部表情来示意。

面颊,脸面的两侧。腮帮子活动,除了说话、唱歌、打哈欠,就是吃喝。吃喝是人的生理需要,是人类生存的基本欲望之一。由吃喝即饮食,引申出营养,颐养,养身,养德。对个体来说,有饮食,可健康生长；常年不愁饮食,则可颐养天年。对集团来说,小自家庭大至部落国家,能保障大家有吃喝就家庭幸福,国泰民安,反之就会出乱子。于是,由下巴再升一步：吃饭穿衣；再推广一下,衣食住行。用政治家的口气说,叫"国计民生",民生问题。孙中山的民生主义针对老百姓的贫苦而提出,主张耕者有其田,解决吃饭穿衣问题。姬昌作为西周首脑,他面临的就是解决邦国十多万人的衣食住行问题。三千多年前的西周,经济单一,全民务农,林牧渔工仅仅是微弱的副业。

西周是商朝的一部分。"率土之滨,莫非王土",土地属朝廷,实行

井田制。西周人的智慧和责任就是经营好井田，在有限的井田上最大限度地生产出更多的粮食，满足社会的基本需要。

他们的措施是：

一、保障人的生存权。现代人喜欢谈人权。人权也者，首先是生存权。那时的人权就是奴隶的生命权和生存权。商朝风行活人殉葬、活人祭祖，这些活人就是贵族的奴隶。河南安阳殷墟仅一个商王墓就出土三百多活人殉葬的遗骨，男女老少都有。贵族们上行下效，都拼着把活人往自己坟墓里塞，以显示富有。奴隶连起码的生命权都没有，人权在哪里？活着的奴隶不得温饱，冻饿而死，他们连起码的生活物资都没有，人权在哪里？姬昌的西周规定不准搞活人殉葬、活人祭祖，这一条就大得人心，拯救千万人的生命，具有划时代意义。考古工作者在周的发祥地、今陕西岐山周原开挖了近百座大小坟墓，没有发现一个人殉。西周人以狗代人，墓坑里有狗骨和陪葬器物。由此显露出人性的阳光（见文物出版社《古代文明》第二卷）。后来以假人（俑）代活人，秦始皇兵马俑就是实证。但是历史上用活人殉葬，几千年未绝迹直到明清，与商代不同的是殉葬者再不是奴隶，而是死者的亲属，如宠妃小妾类或宠臣。秦始皇墓中，可能有众多死者。史载，秦二世下令为防止泄密、盗墓，坑死筑墓者，这与商朝崇拜鬼神而用人殉性质也不同。

二、休养生息不打仗。《逸周书·度训解第一》谈法制，其中提道，"凡民不忍好恶，不能分次。不次则夺，夺则战，战则何以养老幼，何以救痛疾死丧，何以胥役也？"意思是说，人们分了等级次第，引起争夺和战争。但是一旦有战乱，就老幼无人养，死丧无人救，农作无人干（役）。因此周人不随意发动战争，保持几十年相对平静的生产、生活环境。

三、不误农时，不瞎指挥。规定，山林非时不升斤斧（不随意砍伐），川泽非时不入网罟（gu，不随意捕捞），不麛（mi，幼鹿）不卵（不随意抓捕幼小禽兽），无堕四时（勤于春播夏锄秋收冬藏）。

四、祭祀依照收成定等级，丰年厚祭。"成年年谷足，宾祭（杀牲）祭以盛。"欠年次祭。"年俭谷不足，宾祭以中盛。"荒年薄祭。"年饥则勤而不宾（不杀牲），举祭以薄。"

五、约制贵族奢侈生活。要求他们厚德广惠，忠信志爱，车不雕饰，人不狂食，特别是灾年，人不食肉，畜不食谷。

六、禁酒。酿酒浪费粮食，酗酒败坏人风。

七、提倡搞小副业。《诗经》中有许多描写挖野菜抓禽兽的诗篇，反映当时人们乐观而艰苦的生活。

★ ★ ★

以上这些内容就是本卦卦辞的展开。"颐"，颐养，人们的生活，衣食住行是个很重要的问题，解决得好就"贞吉"，反之就凶。观察探讨解决这一问题，靠自力更生，靠政策得当，靠措施得力，"观颐，自求口实"。

《彖》曰："颐贞吉，养正则吉也。观颐，观其所养也。自求口食，观其自养也。天地养万物，圣人养贤以及万民。颐之时大矣哉。"

《彖》辞前数句解释卦辞，从中提炼出一个重大原则，"天地养万物，圣人养贤以及万民"。原始社会不会出现这种提法，大家找食大家吃，大自然养活万民。奴隶社会，我在《遁卦》中简单比喻十个农民养活一个治水人大禹。大禹强调自己治水有功应当管饱，还不敢说他养活了十个农民。大禹的后代无功受禄，也要农民养活他。这明显不合理，会出乱子。于是有人想出一种新理论，人间由上天安排，上天即上帝。人间大头目是上帝之子，上帝之子协助上帝养活万民。再后来也不提协助了，就是天子养活万民。《彖》说"天地养万物，圣人养贤以及万民"是这种理论的重申和发挥。有了"圣人养贤以及万民"的理论，圣人们锦衣玉食再也不担心人家非议。按此原则制定法律，还可制裁那些敢于挑战王权而闹事的人。

这种理论在现代社会已经蒙哄不了人。

初九　舍尔灵龟，观我朵颐，凶【艰苦岁月，贫则思迁】

（灵龟：乌龟。古人用龟甲占卜，龟又长寿，被人视之如神灵。尔：你。朵颐：咀嚼 jujue，下巴上下活动。）

《周礼·鳖人》记载，"春献鳖蜃，秋献龟鱼。"说明龟肉可以敬献神灵，敬献后，人们分食，祭品变成食品。

《尔雅·释鱼》说，龟之类曰"二曰灵龟"。高亨解曰："灵龟其甲宜卜，其肉可食也。"

"舍尔灵龟,观我朵颐":用不着灵龟占卜,看看我吃些什么就知道周人日子过得苦哦,"凶"险哦。

古人看重的是龟甲。肉呢?吃了,山珍海味,鲜美得很。听说过吃乌龟过日子的吗?没有。听说过吃山珍海味过日子的吗?听说过。听说过不吃粮食过日子的吗?没有。可见吃山珍海味,还是少不得吃粮食。粮食是主食,山珍海味,副食。

为什么古人看重的是龟甲?传说龟长寿,有灵气,通神,称灵龟。古人在龟甲上钻孔,然后用火烤,龟甲上出现一些不规则裂纹。他们根据裂纹样式,评说某事吉凶。这就是占卜的来由。他们又将占卜的结果用当时的文字以锐器刻在龟甲上,表示人们对神灵的诚心、慎重。这些带有文字的龟甲,还有刻在牛骨上的文字,遗留下来就是我们现代人定名的"甲骨文"。在河南安阳殷墟,考古人员发掘出十六万多片有字的龟甲、牛骨,文字记录的都是占卜活动。

用龟甲占卜吉凶,是古人最神圣、最广泛的日常活动。酷似我们写文章查词典,到酒店就餐先看菜单,年轻女孩出门先照镜子。

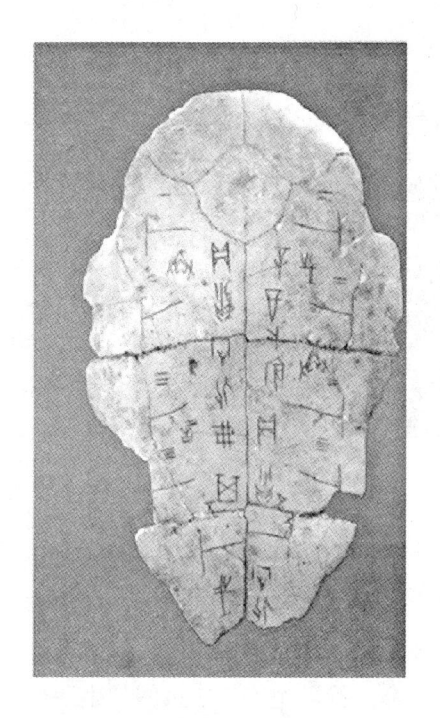

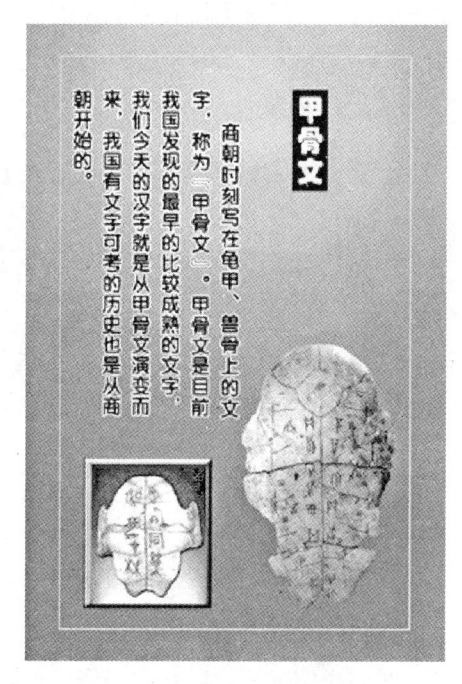

甲骨文

商朝时刻写在龟甲、兽骨上的文字,称为"甲骨文"。甲骨文是目前我国发现的最早的比较成熟的文字,我们今天的汉字就是从甲骨文演变而来,我国有文字可考的历史也是从商朝开始的。

姬昌这人是境外来的,边疆地区也不开化,对灵龟占卜这一套不十分相信。所以他说,"舍尔灵龟,观我朵颐",要问我们大众生活的好坏,用不着灵龟占卜,你只要看一看我们吃的怎么样就知道啦。

西周人生活条件很差,土地有限,收成靠天。一般是瓜菜半年粮,有时不得不挖野菜充饥。凶险哦,紧张哦。你们看我吃什么?"观我朵颐",我们就吃这些。很艰难的,"凶";也吃乌龟肉,那是少之又少。

六二　颠颐,拂经于丘颐。征凶【保护生命,生存第一】

（颠:《说文解字》:头顶。颠颐:生活条件较好。拂:逆。经:常理。拂经:颠倒事理。丘:小土包,小山。）

"颠颐。拂经于丘颐。征凶。"颠与丘是两个级别,借来比作两种物质生活的差异。颠:头顶,甲等,A级,最高级别。颠颐,贵族生活。丘:小土丘,次于顶级,B级,乙等,差点,二等级。丘颐,一般老百姓的生活。这是就当时西周彼此不同阶级物资条件的比较,就西周平均生活水平而论,他们好不过我们现在的偏僻农村。

问题出在"拂经于丘颐"。拂:逆,违背。经:常理。拂经:颠倒事理。"拂经于丘颐",天灾人祸搅乱了一般老百姓的日常生活秩序。老百姓的生活条件本来很差,加之天灾人祸,岂不雪上加霜?天灾:洪涝干旱,地震,泥石流。人祸:战争,匪盗,人殉人祭。人殉人祭这一条最是惨痛,活鲜的人,包括活泼可爱的孩子,贵族们居然忍心拉去杀了或活埋活祭。杀一人,全家伤心,杀两人全村恐怖。大家还有心思干活吗?人们的生活秩序不是乱套了吗?深入进去看,生活秩序乱了,生产秩序不也乱了吗?这样一来,吃穿用的不也减少了吗?最后是搬起石头砸自己的脚。西周决定废止这种残酷习俗,挽救生命,挽救生产。在人们的生活秩序还没有进入正常之前,不宜对外征伐,征伐必凶。"征凶。"

六三 拂颐，贞凶。十年勿用。无攸利【饥年荒月，息战安民】

（拂颐：颠倒，违逆常理。）

"拂颐"，整个的社会秩序、生活秩序搅乱了。天灾降临，凡颠颐的贵族、凡丘颐的下层，都不能幸免。人与自然，大自然生人养人，生育万物，崇高伟大；大自然又无情无义，杀人灭族毁庄稼毁城邑，淫威无比，残酷之极。人类在大自然面前显得很渺小。水灾，一片汪洋，良田家园人畜，随水平夷。旱灾，土地龟裂，庄稼枯死，口鼻生烟，饿殍遍地。地震海啸（庆幸西周不在日本列岛），人畜村庄一瞬从地球上抹掉。天灾面前，谁是贵族，谁是下层？天没有眼，一律看待。

史载，公元前1068年，帝辛"三十五年，周大饥"。又《逸周书·大匡解第十一》："维周王宅程三年遭天之大荒。"程地，岐山附近的一个地区。姬昌居程地第三年，因遭饥馑无法维持老百姓生计被迫举国迁徙于丰邑。农业经济的脆弱不时显现出来，怕战乱，更怕灾年荒月。灾乱来临，民不安定，国无宁日。"拂颐，贞凶。"这次大饥荒，三年五年难得恢复元气。"十年勿用"，十年之内没有充裕的粮食和衣物可用。在这种艰难条件下，更不可以图谋大事，"无攸利"。

六四 颠颐，吉。虎视眈眈，其欲逐逐，无咎【建设家园，保卫家园】

（颠：头，顶，甲，A，最高级别。颠颐：富裕的生活。虎视眈眈：像老虎扑食那样注视着猎物。逐逐：迫切的追求。）

文章开头提到"颐，贞吉。观颐，自求口实"。拟订出周人的主张，周人必须重视民生问题。老百姓有了温饱，象征国富民强、国泰民安，"贞吉"。同时强调要"自求口实"即自力更生，自己动手，丰衣足食。

围绕老百姓的温饱，西周人拟订七条：一、保障人的生存权。二、休养生息不打仗。三、不误农时，不瞎指挥。四、祭祀依照收成定等级，丰年厚祭，欠年次祭，荒年薄祭。五、约制贵族奢侈生活。六、禁酒。七、提倡搞小副业。

这几条政策适合当时当地的实际，很快调动全民生产积极性，物资财富源源不断涌入社会，民众生活大大提高，"颠颐"。生活的改善又激起更高生产热情，再加风调雨顺，农业连年丰收，日子越过越红火，"吉"。由此形成良性循环，国库积累增多，社会声誉上升。

西周的飞速发展又带来新的问题。有那不安分守己者，"虎视眈眈，其欲逐逐"，想从西周捞一把。《帝王世纪》："文王受命四年春正月丙子，昆夷侵周，一日三至周之东门。"多行不义必自毙，昆夷找倒霉，事隔两年，周人伐昆夷，报了一箭之仇。周人既然能够创造财富，就有决心、有能力保卫自己的财富。"无咎"。西周人没有非分之想，全靠自求口实，靠勤劳。上下一条心，双手建家园。各国都应当在"自求口实"上下工夫，靠战争靠掠夺非长久之计，也非富裕之道。

六五　拂经，居贞吉。不可涉大川【自身难保，何以征他】

（拂：逆。经：常理。拂经：颠倒事理。涉大川：游曳江河，暗指推翻商王朝。）

"拂经"，违背常理，出现非常情况。若天时"拂经"，失了常道，灾荒袭击，水灾，旱灾，雷暴，地震，泥石流，沙尘，虫灾，瘟疫，日子就乱套了。此时生活艰苦，只可抗灾救灾，平静安居，更不能图谋大事，"居贞吉。不可涉大川"。若人道"拂经"，对农业生产不按天时地利瞎指挥，胡乱征伐，屠城杀人抢劫；贵族炫富，大肆举行人殉人葬……此情此景，日子也乱套了，人心惶惶，社会秩序紊乱，不用别人打，周人自己就会向死亡的深渊走去。

"居贞吉"，居，安居，居安。居，平静。强调"居"，不是无作为，不是一切停止。平静下来做周人该做的事情，如建立好军事系统，军队出之能战，战之能胜；后勤有保障，经济能支撑，一切符合备战要求，循序渐进。如果人为"拂经"，失了常理，军队无建制，缺武器，少训练，无后勤，群众也没有动员起来，此种态势也只能关门静养，不可对外征伐，"居贞吉。不可涉大川"。人家商帝朝廷若有备有防，周人也不可轻言征伐。伐之，我"拂经"，失了常道，必败。此种态势，"居贞吉。不可涉大川"。外静内动，积极备战，静观时变。

上九　由颐，厉吉，利涉大川【兵精粮足，可图大事】

（由：经过，原由，自，从。利涉大川：利于跋山涉水，暗指利于图谋大事。）

由颐，经由自求口食，得力的民生政策，物质基础已经相对雄厚，人民基本安居乐业。兵民结合，军事力量足以自保，不担心"舍尔灵龟，观我朵颐"的嫉妒者，也不怕"虎视眈眈，其欲逐逐"的挑衅者。西周鹤立鸡群，雄踞西舆，"厉吉"。这是可以东征的内部条件，"利涉大川"。但是，还要看外部条件，如果外部条件成熟，周人将抓紧时机猛扑过去，饮马卫河，直捣朝歌。

第二十章

大有【丰收六要】

乾下离上，大有。元亨

（乾下离上：卦画结构，下卦乾，上卦离。大有：丰年曰有，大丰年曰大有，专指农业大丰收。元：大。亨：顺。）

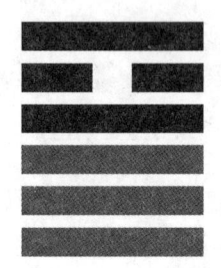

将内转盘的"天（乾）"旋转至外盘"电（离）"的位置就是大有卦，见转盘图和左小图。

我们的先民从森林里出来要填饱肚子，首先是向土地要吃的。土地慷慨无私，长出植物，养育动物，给人类提供食品。原始土地养育原始人类。但是人类不是消极地等待大地的赐予。人类有思维，有劳动能力，能够主宰大地，让它提供更多的食物满足自己的需要，从而使人的质量和数量有了超前的提高，于是产生了原始农业。几万年以后，直至今天，农业仍然是"国民经济的基础"。当今世界，出现工业发达国家，国民经济以工业为基础了，这是局部现象，就全球而论，农业是全球经济的基础。工业化只是数字统计，什么GDP（Gross Domestic Product，国内生产总值）、GNP（Gross National Product，国民生产总值）也不过是数字游戏而已。没有农业，或者没有别国的农业，工业发达国家的国民只有饿肚子、喝西北风。我国每年年初出台一份一号文件，阐述当年的农业政策，说明政府对农

业的重视。农业，很大程度上靠天吃饭。而天不是年年，也不是处处风调雨顺。因此，对人们的农业收成来说，有丰年、平年、灾年的区别。这跟人们生活好坏、生死存亡息息相关。人们期盼岁岁丰年，次之平年，最恐惧是灾年。

《诗经》里说"自今以始，岁其有"。岁其有，是指丰年的意思。《春秋》里有"冬，大有年"。大有年就是大丰收。《谷梁传》里说，五谷熟为有年也，五谷大熟为大有也。可见，古人特别关注是否丰收。"大有，元亨。"丰收了，一切事情都好办。

相比今天来说，商周还处于原始农业阶段，亩产一二百斤毛粮。亩产一二百斤什么概念？有一句农谚，"大口小口，一年三担六斗"。平均每人每天要吃一斤毛粮，一年吃三百六十斤。亩产一二百斤，一亩地养活不了一个人。于是人们加大劳动量，饲养家畜，采果，捕鱼，打猎，挖野菜，这才勉强过日子。西周人谈大有，内心肯定是兴奋的。他们如何争取大有，有一套农业政策，《逸周书》有记载。姬昌谈大有，主要是说，在大有之后怎么办，如何利用大有处理各类人事关系，提出一要节省，二要颗粒归仓，三要纳贡，四要踏实，五要善交，六要祭祀上帝。

初九　无交害，匪咎；艰，则无咎【富日子当穷日子过】

（交：交往。交害：相互为害。匪：同非，不是。艰：艰苦。咎：灾祸。）

第一（初九），"无交害"。西周丰收，令人眼红。有的部落，如薰育、戎、狄，游牧飘荡，赶着牛羊穷过年月，他那地方不适合农耕，平时不稼不穑，不懂青苗，却知谷黄。你的庄稼黄熟了，他们来了，割了就走。这是一种交害，交往之害。要开镰收割了，突来一场冰雹，雷暴雨，洪水，地震，泥石流，庄稼泡汤了。到手的丰收，飘了。这又是一种交害，不仅庄稼完了，还有人畜瘟疫、饥饿、死亡。天灾人祸交加。此外，战争，也是交害。打起仗来，男人当兵，女人逃荒，土地荒芜，饿殍遍野。人们希望平平安安，谷子熟了不要被抢，秋收快到了，天气晴好，种庄稼不要被战争搅乱。

"无交害，匪咎"，没有不幸的事发生，就不会有灾祸；这是一种假设，一种可能，不会每遇丰收每遇倒霉。因此作者特别强调后半句，

"艰，则无咎"。平时注意勤俭节约，丰收防欠收，丰年防灾年，富日子当穷日子过，如此，才可求取长久平安，"艰，则无咎"。

九二　大车以载，有攸往，无咎【颗粒归仓，不可抛撒】

（大车：牛车。攸：所。）

第二（九二），丰收了，要积谷防饥。

大车在古书上有特定的含义，专指载重之牛车。兵车、乘车有一辕，四马，曰辀 zhou，不叫大车。大车两辕，牛拉，载重。

三千年前，农业开始用牛，用大车，说明西周的农业已经有一定规模，生产工具也较原始农业先进。当然那还是生产生活的低水平阶段。

既然年成好，人们还是马虎不得，必须抓紧时间，颗粒归仓。用大车搬运——有大车的用大车，没有大车的，肩挑人扛。男女老幼，来往忙于村头田间，割的割，捆的捆，搬的搬，运的运。村里谷场又一番景象，堆垛，脱粒，扬尘，去壳，碾磨，筛糠，收藏……

"大车以载，有攸往。"有学者说，"有攸往"，到哪里去？"进贡去，交公粮去。""大车以载"交公粮去，送粮到朝廷。

进贡一项下面将讲。此处，"大车以载，有攸往"。不是从此地到彼地的意思，而是从此时到彼时的意思。丰收了，要积谷防饥。未来的日子长着呢，柴多米多没有日子多。手中有粮，心里不慌。有了余粮，人们的未来日子才有太平的保障，"有攸往，无咎"。

姬昌更从政治上阐述"积谷"的重要。他引《夏箴》一段话说，"小人无兼年之食，遇天饥，妻子非其有也【老婆跑了】；大夫无兼年之食，遇天饥，臣妾与马非其有也【臣妾马跑了】"。"有十年之积者王【当王】，有五年之积者霸【称霸】，无一年之积者亡【亡国】。"（《逸周书·文传解第二十五》）他把物资积蓄与储备提到个人、国家生死存亡的高度说明其极端重要。

九三　公用亨于天子，小人弗克【按章纳贡，】

（公：侯国首脑。亨：同享，古文无享字，亨、享、烹三字通用。小人：没有见识的人，没有地位的人。克：能够。）

第三（九三），丰收了，西周人别忘了纳贡。

公，泛指侯国首脑。姬昌是侯国首脑之一，又是朝廷三公之一。所以此公就是专指姬昌了。亨：亨、享、烹三字通用，烹，烹调，多指祭品，这里转为贡品。天子即纣王。大有之年，丰收了，姬昌按当朝法典，以西周物产和钱币向朝廷进献贡品，"公用亨于天子"。缺乏远见的少数西周人做不到，他们内心不服，嘀咕"既然与朝廷势不两立，何必还纳贡？""小人弗克。"

在否卦里已经提及，西周与朝廷的主从关系、君臣关系早已否定，名存实亡。西周从公亶父起，已经立志扳倒商帝国，他的一切行动都服从于这个大目标。当诸侯是为了取得王朝，当臣子是为了当帝王。保持名存，保持表面的主从关系和君臣关系是因为西周目前条件不成熟，需要它做幌子赢得时间。

纳贡是尽诸侯的义务，丰收不纳贡太出格，违法违命，会引起非议，甚至刑罚。西周人纳贡，并不是出自内心支持朝廷财政。他们在作一种表面工作，作给纣王和大众看，在于掩人耳目。有学者说，大车以载，一队大车，浩浩荡荡，哪去？进贡去。其情景"就像淮海战役的时候，那么多江淮老百姓，推着自己的小车为部队送粮食、送弹药"。这种说法有两点不妥：一、大车以载是收粮回家，从田间到村里。进贡，从西周到朝歌一千多里，牛拉大车何以远行？二、江淮小车送粮者真心实意，西周纳贡者为假情假意。两者南辕北辙。

九四 匪其彭，无咎【不炫富】

（匪：同非。彭：《说文解字》"彭：鼓声也。"通膨，膨胀。咎：过失，灾害。）

第四（九四），要踏实，丰收了不可以炫富，"匪其彭"。彭，通膨，膨胀，转义妄自尊大，头脑发胀，夸富，炫耀。炫富有灾，不炫富平安，"无咎"。值得炫吗？商朝八百诸侯，西周，偏处一隅的诸侯国，八百分之一。人口、地域、财政、军队不敢与朝廷相比。仅有农业丰收可以炫耀吗？不可以。农业经济很脆弱，靠天吃饭。亩产那么点，丰收了也还是一二百斤，更甭提千斤万斤。日常生活还是瓜菜半年粮。三千年以后等农业专家袁隆平出世了，到那个时代，粮食问题才算解决。值得炫耀吗？不行。西周人的命运还掌握在商纣王手里，他要杀你头，要你坐牢，是举手之劳。

历史的经验值得注意，"匪其彭，无咎"。

六五　厥孚交如，威如，吉【善交友好】

（厥：代词，通作其，那，这。孚：诚信。交：交际，有的又指交为皎。威如：威武而严肃的样子。）

第五（六五），要善于交往，丰收了，要打发结交一些人。

"厥孚交如，威如，吉。"直译：那种诚恳相交的样子，树立威信的样子，吉祥。

这跟"大有"有什么关系？关系大呢，丰收了，西周人按典纳贡，除了粮食牲畜，还挑拣当地最时新土产，如岐山红辣椒、猕猴桃、紫皮大蒜等，恭恭敬敬送到朝廷。粮食入库，土特产则达官贵人各有一份。如此诚恳相交往，谁人不喜欢？西周人的诚信和威望在实物交往中扩大起来，朋友遍及朝野。

显然这是一种政治手段，西周人早三千年就懂得政治经济学，不搞纯粹经济，经济要戴政治帽子。此处，姬昌写得有点露馅，连用两个"如"字，如样子，状态。他隐隐约约告诉读者，他的进贡只是做做样子的，只是为了显示西周人很有诚意很有威望的模样。在样子上下一番功夫，似现代人所说的样板工程。

上九　自天佑之，吉，无不利【感谢上帝恩赐】

（天：上天，古人心目中的上帝。佑：上帝神灵护佑，保佑，佑助。）

第六（上九），丰收了，要感谢上帝。

"自天佑之"，天，虚拟的天，即上帝。实际的天，大自然。

农业收成的好坏主要取决于气候。地球运行于宇宙间，天上的星星数不清，据目前所知，只有地球上有人类。地球的气候环境为人类提供了基本生存条件。农业则是人类利用地域条件和自身的智慧、体力，开辟出的新生存方式和门类，体现人的主观能动作用，说明人这种动物不完全听命于地球的安排。他们的活动，对地球的存在，有的是良性的，有的是破坏性的。但是，总体上还是大自然约制人类，约制农业。丰收欠收，大有大饥，都是气候条件好坏的结果。古人不知道这些，以为在一个很渺茫的地方，聚居一伙比人聪明且能耐比人强万倍的超人。人们将此定名为上帝神仙。他们控制我们的生存，控制农业生产。农业受灾是上帝对人施行惩罚，农业丰收是上帝赐给人的恩惠。因此不论好坏，人们必须敬畏上帝。

★　★　★

我们如果把大有卦的卦辞和爻辞用现代公文形式写出，则是下面的样子。

西伯关于农业丰收的指示

（帝辛二十九年·丰邑）

岐周得天之佑，今年喜获丰收。估计粮食可供一年食用有余，猪羊马牛存栏数以千计，小农产品辣椒、紫皮大蒜，苹果、柿子等也有一定收获。但是我们以农立国，气象变化无定，难保有连年的丰收。因此，我们不可掉以轻心，忘了饥年惨痛，特提出以下几点要求：

一、富日子当穷日子过，省吃俭用，备战乱、防灾荒。"无交害，匪咎；艰则无咎。"

二、颗粒归仓，不可抛撒。"大车以载，有攸往，无咎。"

三、按要求进贡。明年春三月由本人率诸侯入朝进贡。"用亨于天子"，不可小心眼误大事，"小人弗克"。

四、不炫富。要站得高看得远，仅仅一年的丰收，不值得头脑发胀。"匪其彭，无咎。"

五、善交友好。我们要送一些土特产给那些朝廷命官、皇亲国戚尝新，结交他们会有好处。"厥孚交如，威如，吉。"

六、感谢上帝恩赐，举行厚祭。"自天佑之，吉，无不利。"

第二十一章

小畜【小有储蓄，密云不雨藏有雨】

乾下巽上，小畜，亨。密云不雨，自我西郊

（乾下巽上：卦画结构，乾卦下，巽卦上。畜 xu：《说文解字》田畜也。种地而得的蓄积。后用为牲畜字，饲养。）

将内盘"天（乾）"旋转至外盘"风（巽）"的位置，就是"小畜卦"，见归妹卦转盘图和左小图。

长沙马王堆出土帛书《周易》称小畜为"少毒"，可见名称在历史上还有歧见。

先提两个问题：一、姬昌是巫祝吗？二、姬昌为什么改造八卦？回答是：姬昌不是巫祝，是政治家。姬昌改造八卦的目的是为灭商兴周作舆论准备。因此，"小畜"和"大畜"讲的都是政治问题。灭商兴周是最高政治纲领，是周人的中心任务，一切服从于、服务于这个中心。小畜就是和平时期小有准备，小有储蓄。到达临战则必须"大畜"，大有准备，大有储蓄。有了小畜，才可以顺畅发展，"亨"。

"密云不雨，自我西郊。"在"小过"卦中也有相同的句子："六五密云不雨，自我西郊。"不少易学家以自然现象解释此句，其实姬昌说的是政治风暴。这场风暴正在酝酿中，"密云不雨"，它来自我岐山。暗示与周人有关，周的城邑在岐山，岐山正是商王朝版图的西部。"自我西郊"，《周易》作者用语隐晦，但是字里行间又常常露出蛛丝马迹，多用"西"字行文，把西字表露于外。

初九　复自道，何其咎？吉【革命有道，察时度势方英雄】

（复：回归，重复。道：①道路。②方法，途径。③宇宙万物的本源。④规律，道理。⑤政治主张或思想学说。⑥道德，道义。）

"复自道"。复：回归，重复。道：道路，政治主张。继续推行和实践老祖宗拟定的政治主张，沿着他们选择的道路走下去。这是一条康庄大道。"何其咎？吉。"有过错吗？没有。吉星高照，周人应当勇往直前。

灭商兴周是姬昌祖父公亶父的政治主张。为实现这个远大的目标，他采取一系列的措施，制定一套对敌斗争的理论、方针、政策和策略，名之曰"亶父主义"。公亶父的孙子姬昌，对公亶父主义进一步发展和完善，主要表现在对古老八卦的改造，强调天命转移，搬掉了商人的精神依托，给予周人以强有力的意识支柱。他把大政方针细化，使之更加适合当前的斗争形势。姬昌死后又有他的第四个儿子姬旦周公和军师姜尚把公亶父主义推向高峰，形成一套完整的革命理论，概括为姬昌主义，重申亶父－姬昌之道，"复自道"，反复实践西周革命之大道。

九二　牵复，吉【歧路何去？周人甘当带头羊】

（牵：引导。复：反复践行。）

西周人实际上建立了一个模范区，它的主要方针政策都不同于商王朝。比如，对上帝的态度，商冷淡漠视。纣王认为自己已经在上帝那里注册，是合法天子，地位不可动摇，不必频频对上帝礼拜祭祀。"郊社不修，宗庙不享"（《尚书·泰誓下》）。祭堂年久失修，祭品常被偷吃。周人勤于祭祀，一片赤诚，物虽简，心纯真。对老百姓的态度，商，富国穷民，苛捐重税，百姓无法生存，奴隶逃亡，生产破坏。周，少取多扶，安定民生。商，重罚酷刑，周，重教柔罚给出路。商，人殉普遍，视底层人命如草芥，周，祭祀革新，废止人殉人祭，以牲畜代人（虽然后来有所回升，但人殉人祭现象大大减少）。商对人才打击迫害，周则唯才是用。这两者比照，黑白分明。岔路口，一条死路，一条活路。走往哪里，人们本能地自选活路，不用周人逼迫，弃商归周。周人深知榜样的力量，用榜样导引人们的走向，"牵复"，收到无法估量的效果。"吉"。

九三　舆说辐，夫妻反目【磕磕碰碰，摩擦有度各窥时】

（舆：大车。说：脱。辐：辐条，连接车辋和车毂的直条木，似现代脚踏车钢丝。）

"舆说辐，夫妻反目。"辐条断折或脱落，大车出了毛病。借用来阐述商周关系。商周有过蜜月期。古公亶父朝商，商赐以岐邑。季历频频征伐累立奇功，对朝廷一片忠心，商两次给予大奖。一次，赐地三十里，玉十珏 jue（合在一起的两块玉），马十匹。另一次，赐之圭瓒，秬鬯（juchang 美酒）。商命季历为朝廷牧师（管农业的官员），"九命为伯"（伯，不是爵位，是行政官位，一方诸侯之首）。商给季历赐婚，将贵族姑娘以皇室的名义嫁给季历，盛传"帝乙归妹"故事。商周亲热程度不亚于新婚小夫妻。君君臣臣，水乳交融。

但是事物的发展往往不是直线前进。车用旧了，老化了，辐条脱落了，"舆说辐"。小夫妻度过蜜月，由罗曼蒂克进入现实生活，磕磕碰碰，"夫妻反目"。商周是两个政治集团，虽然大小悬殊，老嫩不一，但是他们是政治搭档兼对手，有友好的合作，有反目的残酷杀戮。周人频遭杀戮：亶仲遭杀，身首异处；季历遭杀，魂归九泉；姬昌反击失败，士兵尸横郊野。分分合合，各怀鬼胎，但是不到最后摊牌都不拉脸。

六四　有孚，血去，惕出，无咎【血光之灾，或许饱含秬鬯福】

（孚：诚信。孚又通"付"，付与，付出。血：血液，同恤，忧虑。惕：警惧，谨慎。）

"有孚，血去，惕出。"有付出，"有孚"。有流血牺牲，记在心里。悲惨的事已经过去，"血去"。给后人以深刻的教训，今后处理商周关系要慎之又慎，"惕出"。周人有了正反两方面的经验，采取稳妥、隐蔽的方针，积极积蓄力量，先"小畜"，继之"大畜"，创造条件决战。"无咎"。

九五 有孚挛如,富以其邻【与邻为友,友我我友共富裕】

(孚:诚信。挛 luan:牵系,连缀。富以其邻:与邻人同富。)

姬昌以前的周人们,品德高尚令人敬佩。他们努力致富而不独富,诚心诚意牵挂邻邦,希望共同富裕。历史上有许多生动的记载。亶父时代,邻族三番两次抢劫,亶父以物资相送,实在难免争斗就主动搬迁退让。他这一举动,受到小的损失,却获得国人的理解和支持,获得社会的广泛好评。国人的积极性起来,创造更多的财富。邻人都向其学习,各自为本国的富裕奋斗。周人的品德,小有积蓄,人气越来越旺。

《帝王世纪·第五周》记载:姬氏部落从豳(彬)邑迁岐山,把岐山建设得有模有样,让外族羡慕不已,纷纷归附。"豳人(后来迁进豳邑的人)闻之,曰:'仁人也,不可失也。'东循而奔,从之者如归市焉。一年而成三千户之邑,二年而成都,三年五倍其初。"

"三年五倍其初"就是一万五千户。一户至少三口人,共四万五千人以上。这样的发展势头老百姓高兴,朝廷不高兴。这就是当初商王频频剿杀西周的原因。

上九 既雨既处,尚德载,妇贞厉,月几望,君子征凶【尚德求实,西郊不雨还有风】

(处:停息。尚:尊崇,崇尚。载:装载,载荷,记载。月几望:短时。)

"既雨既处":来自西郊的雨下一阵,停一阵,下下停停。商周在不断摩擦中熬过时日。

"尚德载"。德:品德,德行。尚德,人们崇尚的德行。两方的品德,德行,人们看在眼里,记在心中,更有那史官记载在金甲上、竹简上。谁是谁非,人们自有评判。

"妇贞厉"。泼妇,河东狮吼。妇,和句末的君子,正好是一对。与前面的"夫妻反目"呼应。夫妻,比如而已,实指商周两冤家。妇,商也；君子，周也。贞：正。厉：厉害，凶狠。商正处于凶狠之中，杀人不眨眼，顺纣王者活，逆纣王者死。

"月几望，君子征凶。"短期之内，君子不可妄行征伐。说明白一点，短期之内，周人不可把矛头指向商朝廷。姬昌在监狱里用亲属的血和自己的泪写的这一句话极具分量，是周人一定时期的行动方针。"月几望。"有人解释，几望为既望，古书上几既通用，指阴历十五日月团圆，这时是满月，又称望月。此爻辞中，前面写"既雨既处"连用两个"既"字，而在"月几望"中，用几不用既，可见两者有区别。月几望，经过几次望月，转义短期，切合题意。

商周和平共处，也发生一些不愉快的事情，双方处于相持状态，谁也吃不掉谁。有鉴如此，周人"小畜"为妙。

★　★　★

小畜，小有积蓄。和平时期的备战举措：

建立一套革命理论，动有准则，行有方向。

理论联系实际，踏实开垦，苦建家园。

与朝廷保持亲疏有度的关系，灵活善处，该进则进，该退则退。

仇恨埋在心中，君子报仇，十年不晚。

不贪小利，睦邻外交。兄弟邦国兄弟也，平时是朋友，战时是盟军。

贫弱时期，积财积德。

这就是小畜的要义。

第二十二章

同人【建立最广泛的联合阵线】

离下乾上，同人于野。亨。利涉大川。利君子吉。

（离下乾上：卦画结构，离卦下，乾卦上。同：相聚，聚合。同人：聚众，聚集志同道合的人。野：国都之远郊、外域，又转义为广泛，开阔。）

将内转盘的"电（离）"旋转至外盘"天（乾）"的位置就是同人卦，见旅卦转盘图和左小图。

同人，是一个政治概念。无怪乎汉朝学者京房要将《周易》改革成《汉易·纳甲》；《周易》着重政治，不适宜算命卜卦。同人，用现代政治术语讲，就是"统一战线"，"联合阵线"，政治军事同盟，合作组织。不搞政治要统一战线、军事同盟干什么？从时间进程说，只能是后人学前人，现代人学《周易》的同人策略而搞统一战线、军事同盟。也可能是人类本性相通吧，因为外国人没有学《周易》也懂得搞同盟国、协约国、北大西洋公约组织、华沙条约组织、欧盟，等等。可见政治活动家必着眼于同人。"同人于野"，野，《说文解字》说是郊外，即城邑四周是郊，比郊远为野，距离王城二百里以外至三百里曰野。古人视野就这么大，不像我们，动不动就放眼世界，美洲打到非洲，欧洲打到亚洲。没有望远镜的时代能够同人于野，说明周人眼光还是很远大的。有此广阔视野，干什么？调动一切反商的积极因素，组织庞大的同盟军，向殷商帝国冲击，摧毁旧的王朝。有了最广泛的统一战线，才有实力过问江山，实现君子改造社会的理想，"同人于野，亨。利涉大川，利君子贞"。

《彖》曰："同人，柔得位得中而应乎乾，曰同人。同人曰：同人于野，亨，利涉大川。乾行也。文明以健，中正而应，君子正也。唯君子为能通天下。"

M：《彖》此段话的意思是，下卦的二爻（阴）与上卦的五爻（阳）当位又呼应，且上卦为"乾"，有大吉之象，同人卦名由此而来。天的德行是健，故"乾行也。文明以健，中正而应，君子正也"。

"十翼"的年代要读懂《周易》有很大的局限性，第一，时空的局限性。二进制已经成为远古历史，现实社会中，八卦是唯一留存的痕迹却是神物，跟结绳记事联系不上。谁会想到它是二进制符号的组合呢？第二，没有足够的历史资料，不能对商末周初的历史作出准确的判断。过去史家把中国历史粗略分成"原始"和"文明"两个阶段，"文明"史初期的夏商周史料贫乏。社会发展的动因多归根于上天。中国历史的科学分期是近代史学家的发明。夏商周被界定为奴隶社会，主张社会发展变化的动因在社会内部而不在上天。第三，"十翼"作者们没有如现代人所占有的丰富考古材料，无法见证历史、还原历史。比如商朝大量坑杀奴隶，他们既未经历也未见出土文物。第四，受历史局限，没有现代科技知识作支撑，只能是天命论，反映他们所处时代的宇宙观。因此，"十翼"解读《周易》，不可避免有根本性的偏差。

"十翼"逐条跟踪《周易》卦爻辞，"提炼"哲学。我引用它，就是想讨论前人变《周易》为哲学是否有道理。仔细研读发现，《周易》和"十翼"是两码事，非同一族类，不可"同人于宗"。

初九　同人于门，无咎【家族是团结的核心】

（门：王门，宫门，院门，门户，家人。）

姬昌的祖父公亶父给西周人定的政治纲领是"翦商"，十六字指针："辅国建侯，开荒拓土，三单潜龙，谷熟当收。"韬光养晦，埋头于建设，条件成熟时，一举推翻殷商王朝，建立大周。

推翻商朝，建立大周。要实现这纲领，凭着周人那么点力量不是蛇吞象？况且这是大逆不道的事，有杀头灭族的风险。你姬昌家有豹子胆，人家可要掂量一下利害关系。姬昌就是姬昌，他不急于呼风唤雨，他必须扎扎实实、一步步作细致思想灌输。首先是一家人要统一思想。姬家人必须率先弄懂上帝理论。"上帝爱民，惩恶扬善。""上帝无事不通，无事不晓，办事公道。他老人家已经把治理九州的使命从纣王那里收回交给西周。""姬昌家祖祖辈辈都'积德行善'，上帝肯定喜欢。""万事万物不是都具有灵魂吗？闹一场灵魂革命，打破对商朝廷的崇拜，西周人就解放了。""那江山是他纣王一家的吗？"姬家人必须弄清革命对象是殷商。"殷商已经活了五百多岁，老态龙钟，老年失忆，分不清东南西北。天下财产大家有份，我们也该分一点。"姬家人必须认识革命有利可图。"如果革命成功，封侯晋爵，将有享不尽的荣华，得不尽的富贵。"姬家人必须准备冒风险、讲策略。"小心谨慎，不可泄密，否则，灭族，大家一起人头落地。"这一番灌输，姬家老少心里发热，"只要当家的敢干，我们跟着干。舍得一身剐，敢把纣王拉下马。"

《逸周书·商誓解》载明：今日的纣王，丢弃了祖宗成汤的法典，昏庸无道，不尊上天，凌虐百姓，所以上帝命我西周革商国的命。

姬昌家言论在史书里都有记载。

"同人于门。"门：王门，宫门，院门，家门。一家人同心同德。

姬昌家统一了思想，大家都进入角色。有上帝撑腰，有几代家长带头，谁还会退缩。上，向既定目标冲。

六二　同人于宗，吝【同宗是天然盟友】

（宗：宗族之人，血缘较远的同姓人群。）

同宗的人也可以争取为同盟军。同宗比较复杂，有男女老少，老的保守，小的不醒事。最大顾虑是怕灭族，一旦出事，一家人没啦。不像家人，血统较近，愿意生死与共。同宗的缺点是可以共富贵不愿共患难。所以同宗中只有部分坚定分子可以为同盟军。把全体都拉进来反而不好，那会造成意外事故，后悔都来不及。"同人于宗，吝。"

《象》曰："同人于宗，吝道也。"

一般的解释是，宗，宗庙。只在宗庙内部去聚合志同道合的人，这样有些褊狭，会导致遗憾。

M：因为不联系具体事，好坏由人说，不伤皮肉。姬昌说的是，把同宗拉在一起干，有必要，但要注意同宗里有的人不是那么坚定，不可勉强。《象》说的是同人于宗属欠妥的道理。

九三　伏戎于莽，升其高陵，三岁不兴【民众是武力之源，同盟的基础】

（伏：潜伏，隐藏。戎：军队，军事。莽：草丛，引申为底层，民众。升：登上。陵：土山。岁：年。）

戎，军队，用大家熟知的一句话说，叫作"枪杆子里面出政权"。同人的基础是军队，有军队才有话语权。诸侯们很势利，一看财力二看武力，财力武力可观，人家才跟你交朋友，建立同人关系。周人尚武，军农结合。平时农耕，战时打仗。这是"伏戎于莽"的最直观注脚。

同人卦论述战略问题不是战术问题，"伏戎于莽"只是比喻。粗看起来周人都是农民。一旦有事，周人都是兵。好处是一不显眼，二养军成本低。商周时代的农民是奴隶，奴隶占总人口的百分之七十以上，他们生活的好坏直接关系国家经济发展和政治的兴亡。许多人不懂这个道理，以为多杀几个奴隶、把奴隶当猪狗牛羊，就可以让奴隶服服帖帖。殷商帝国晚年，出现全国奴隶大逃亡，为什么？朝廷从来不反思，奴隶的日子不好过，生命受到威胁，奴隶人口大减员。贵族们动不动把他们拉去杀了祭祖，活埋陪葬。皇室带头，上行下效。贵族以人殉人祭炫富扬威，不给奴隶活路。西周首先意识到社会面临的危险，下决心改弦易辙，革除旧俗，禁止人殉人祭，给以温饱，让奴隶有生的希望。这样，平时务农有积极性，战事打仗有拼死杀敌精神。做好他们的工作，"伏戎于莽"是联合阵线的关键之关键。

临近商周交锋时代，西周已有一定数量的、训练有素的强悍武装力量，"升其高陵"。武王伐纣时所率兵力约五万人。此前，按大诸侯的配置约7500人。这么点兵力对付邻近诸侯来说绰绰有余，而对中央王朝来说不足以构成威胁。商纣王不把它放在眼里，周人自己平时也不轻易耀武扬威，"三岁不兴"，不动声色，让敌人处于麻痹状态。

《象》曰："伏戎于莽，敌刚也。三岁不兴，安行也。"

M：《象》说，敌人过分强大，在草莽中埋伏兵戎，三年也不出兵作战,是安稳的方针。姬昌就是这个意思。遗憾的是《象》并没有实指姬昌。"十翼"是道德文章,是告诫后来的学问家"敌刚也","安行也"。

九四 乘其墉,弗克攻,吉【西南军事同盟】

(墉:城墙。克:克制,取胜。)

商末形势图
黄色地区
为西南同盟

"伏戎于莽"的策略趋于成熟和扩大,周的"同人"政策扩及邻近诸侯国。他们对西南几个邻邦如庸、蜀、羌、髳、微、卢、彭、濮拉入自己的联合阵线。为达到目的,周人进行军事友好访问,象征性地征伐,"乘其墉,弗克攻",爬到人家城墙上去了,但并不进城杀人掠地,宰几只羊喝碗血酒走人。周人并不觊觎人家的财富,他要的是盟友,要的是关键时候帮他一把。当然这只是一种比喻,既是友好访问,人家就会大开城门,箪食壶浆,欢迎于郊。周人也很有礼貌地回敬,给他们送去岐山的土特产红辣椒,紫皮蒜,先进的青铜农具之类。这一手是妙招:拆东墙,补西墙；挖了中央王朝的墙脚，夯实了西周立国的墙基。又是在纣王眼皮底下干的，具有合法性。武王东征时，这些盟友都成了武王的铁哥们。不然，武王哪来五万兵？

庸国，在今湖北房县竹山境内，诸侯中较大的国家。蜀国在今四川西部地区。羌人在今甘肃东南四川北部地区。髳国在今甘肃四川交界地区。微国在今陕西眉县一带。卢国在今湖北南漳县境。彭国在今甘肃镇原县东。濮国在今湖北西北部。这些诸侯国都在西周周围，有的远些有的挨近，分布于九州的雍州、荆州、蜀州、梁州，形成一大片西南革命黄色地区，对商朝廷构成强大威胁。

九五　同人，先号咷，而后笑。大师克相遇【间接同盟军】

（号咷：号啕大哭。大师：强大的军队。克：取胜。）

这是一支特殊的同盟军，商朝廷的叛臣。周人把"同人"——联合阵线策略用到敌营里。先期有，孤竹国的伯夷、叔齐，朝廷里的太颠、闳夭、散宜生、鬻子、辛甲等叛商归周。《竹书纪年》在竹板上大刻几条："帝辛二十一年，伯夷叔齐自孤竹归周。""帝辛三十九年，大夫辛甲出奔周。""帝辛四十七年，内史向挚奔周。"后期如太师、少师奔周。还有四方诸侯中的动摇分子，弃商归周。这些人到西周，有的给予西周道义上支持，有的提供情报，有的成为周的要员，如散宜生，一直跟随武王东征，是军中的高级参谋。同人为什么哭为什么笑？揭开这背景就好理解。这部分人在纣王殿前，逆来顺受，哭天不灵，哭地无门，心一横到了周地，一片光明，破涕为笑。哭笑之间两重天地。还有一部分滞后的同盟者，直到商亡以后，才与周人汇合在一起，如箕子、微子，"大师克相遇"。他们留恋旧王朝，又恨纣王铁不成钢，议政遭遇生存危机。一旦武王伐商成功，他们很快归顺新政权。这类显要也经历了破涕为笑的过程。

同人，为什么先哭后笑？

《象》曰："同人之先，以中直也。大师相遇，言相克也。"意思是，卦画五爻与二爻相对应，先柔后刚，似同人先号叫哭泣，又破涕为笑，由柔弱而变刚强。大师，战事指挥员。同人们先以为指挥员已经阵亡，哭；后来指挥员回了，说是大败敌人。大家听了，高兴，笑了。

这是描述某一特定场合的战斗，跟姬昌论联盟的理论和政策相去甚远。两者相比《象》说显得苍白乏力。

上九　同人于郊，无悔【联合近邻】

（郊：邑外之境，邑郊，城区周围的地域，这里指邻邦。）

城邑四周是郊，古人大致约定，距离王城二百里以内曰郊，二百里以外至三百里曰野。这里的郊指邻邦。《史记》上有载，西周的邻邦，虞国和芮国为土地而争讼，不找朝廷而找西周。西周人互谦互让的精神使他们深受感动。他们自动息争，并愿意做西周的朋友。他们还把西周人的高尚品德到处宣扬。在武王"西伯戡黎"的时候，虞芮两国主动友好借道。西周人以榜样的力量感人，收到了联合近邻的效果。"同人于郊，无悔。"

《象》曰："同人于郊，志未得也。"

意思：在郊野与人相聚，没有达到聚众的目的。

爻辞中不是明明说"同人于郊，无悔"吗？怎么又"志未得也"呢？实际上周人的志大得。"同人于郊"，仅仅是它建立联合阵线工作的一部分，且有收效。

★　★　★

同人，聚合志同道合的人们，联盟，联合阵线，西周阵营，都是同一个意思。西周人为了实现远大的政治目标，扎实而细致地从各方面着手工作，从家庭、宗族、民众、友邻直到敌人营垒，终于组建了一支庞大的队伍。历史记载，武王东征，"牧野之战"，仅仅用了一天时间。"台上一分钟，台下十年功。"西周人没有平时的功夫，能有那样的奇效吗！

现代人从政立政党，西周的同人主张就是初级政党理论。定一个政治纲领，团结一批志同道合的人作为核心，建立一支武装力量，联合有共同利益的邦国，聚合所有同情者和支持者。同人卦，提纲挈领，面面俱到。

此卦是卜筮还是哲学？是卜筮如何定吉凶？是哲学如何抽象出哲理？仅凭卦画、字面说三道四，不联系历史实际，不是空空导弹吗？

第二十三章

解【姬昌主义之外交政策】

坎下震上　解，利西南。无所往，其来复吉。有攸往，夙吉

（解：《说文解字》"解：判也。以刀判牛角"；判是分割，分解的意思；扩大"解"的含义则有：缓解，和解，解脱，解放，舒解等。夙：早，平素。）

将内转盘的"河（坎）"旋转至外盘"雷（震）"的位置就是"解卦"，见节卦转盘图和左小图。

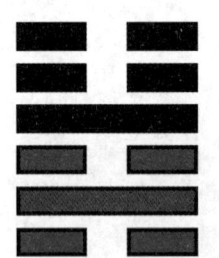

解，判也，用刀分解牛角、牛骨。观其人，听其声，言者姬昌。此人是政治的代名词，政治的化身。从他口里出来的话就是政治，写的文字就是政治。并且他的话血腥味特浓。庖丁拿刀解牛，姬昌拿刀解人。一个"解"字是他整个革命生涯的浓缩，革命的交际实践的浓缩。本节是姬昌关于西周外交政策的全面阐述。

商王朝的国家机器是健全而强大的。殷商版图大致上是，北部到达阴山山脉、辽河流域，南达长江，东到渤海、东海，西到昆仑山脉。商王朝把它的统治地区分成畿内和畿外两部分。畿内是商王室直接统治的部分，畿外是众多方国分布的地区。在方国之间比较偏僻的山林之地和方国以外比较边远的地区，分散着一些发展不平衡的少数民族部落。这就是商王朝统治地区的基本轮廓。

西周隶属于商朝廷，属畿外方国，地处商疆西部。在西周东部是崇国、芮国、虞国，北部是鬼方，西部是犬戎、羌戎，南部是庸国、蜀国等。西周是不安于现状的方国，长期预谋"翦商"，就是要颠覆商王朝，取而代之。要实现翦商的目的，它必须制定一系列的政策，亶父的十六字指针是总路线总方针。姬昌的外交政策是其一部分，是总方针的细化。所谓外交，实际只是诸侯国、部落间的交往。它的外交政策归纳为：分解大国，解判奴国，谅解仇国，理解友国。到武王伐商的时候，已能会聚数百诸侯，天下三分有二。商帝还蒙在鼓里，厉害吧。西周有计划有步骤有策略地工作，取得显著成效而隐蔽。

"解，利西南。"西南是方位词，姬昌笔下，变味了，西南是圣地，西是西周，西南是盟国。六十四卦中，多处提及利西或利西南，而没有一处说利东，利东南，利东北。这不是偶然的。《史记》中记载，武王东征，众多诸侯响应，基干队伍，除西周以外，还有八大金刚：庸、蜀、羌、髳、微、纑、彭、濮。他们都处在商疆的西部或南部。"解，利西南。"盟国之间互相谅解，没有根本利害冲突，核心利益一致，大方向一致。"无所往，其来复吉"：你我之间不以战争相加，你来我往，坦诚相见，荣辱与共，互赢互利。"有攸往，夙吉"：其实，有的盟国与西周，早就互有来往，友谊吉祥的基石早已奠定。

《彖》曰："解，险以动，动而免乎险，解。'解，利西南'，往得众也。'其来复吉'，乃得中也。'有攸往，夙吉'，往有功也。天地解而雷雨作，雷雨作而百果草木皆甲坼che。解之时大矣哉。"

《彖》说的什么呢？说的解卦卦画。

解卦由卦画下坎上震组成。《说卦传》说"震，动也"，"坎，陷也"。有这规则，故"险以动，动而免乎险"。实则是解释卦画结构。

"利西南，往得众也"：易经叫卦辞；《周易》叫陈述，陈述西周于西南得众。《彖》不循姬昌道，按易经理论解。但是有难处。于是他们想出一个变招，变升为解，说是解由升变来。升卦下巽上坤，把升卦的三与四交换位置就诞生解卦（见下图）。这样就拓宽了讲解的内容，找到"利西南，往得众也"的依据。

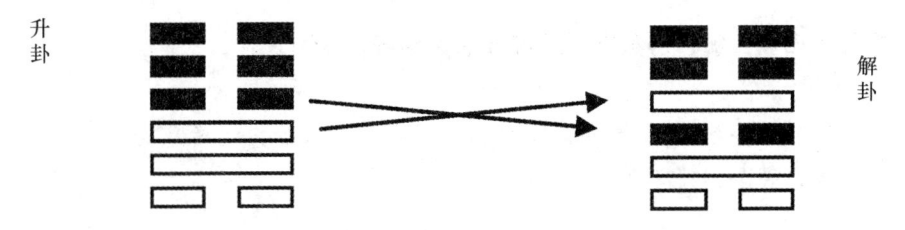

《说卦传》第五章，"震东方也"，"巽东南也"，"离南方之卦也"，"坤也者，地也，万物皆致养焉"，"兑正秋也"，"乾西北之卦也"，"坎正北之卦也"，"艮东北之卦也"。这说的是文王八卦图。句中未指坤位，说了六方半（兑正秋算半个），西南位非坤莫属。坤处西南，坤又"万物皆致养焉"。把解卦的上卦震还原为升卦的坤，不就"利西南，往得众也"吗？"解卦"的上震无法解开"利西南"，拐了一道弯，解开了。正确吗？崇拜者信之，不崇拜者瞟之。

《象》辞中的其他叙述和推论"往有功也"，"雷雨作而百果草木皆甲坼 che"，都是无源之水无本之木。

"解之时大矣哉。"这就是《象》作者自作多情的抒情了。

初六　无咎【分化瓦解，区别对待】

"无咎"，没有灾患。采用外交策略：分解大国，解判奴国，谅解仇国，理解友国。对待朝廷和诸侯邻国分化瓦解，区别对待，调动有利因素，为翦商而奋斗。"分解大国"：大国，腐败的商朝廷，孤立它，时机成熟解剖它。这是一切行动的目的。"解判奴国"：奴国，商朝廷的走卒，忠实奴才，坚决给予打击，消灭。这是分解大国的手段之一。"谅解仇国"：曾经为争夺小利而结下仇恨的诸侯国，不计前嫌，冤家宜解不宜结，互相谅解，以大局为重。"理解友国"：友国：盟国是友国，而友国不一定是盟国。盟友们大方向是一致的。盟国和友国各有自己的利益以及对事物的独特看法，不必强求一致。要互相理解沟通容忍。理解万岁，小不忍则乱大谋。

《象》曰："刚柔之际，义无咎也。"

意：卦画坎柔震刚，刚柔相会，没有祸殃。

这是签语，有没有祸殃不由刚柔相会决定。跟抽签一样，信者信其有，不信者当作游戏。

九二　田获三狐，得黄矢，贞吉【息兵结好，西南之吉】

（田：田猎，打猎。三狐：三，概数。三狐，泛指几支狐狸。黄矢，黄色铜箭头。）

这是结盟的故事。西周也曾向邻国用兵,但是那是和平进军,不抢不劫不杀人不占地,示武亲善。古时作兴歃血为盟。商周时以互赠铜箭头为盟,互不使用武力,有铜箭头作证。西周东征有八大金刚,过去没有交往何来结盟,箭头作质是一种形式。派使者来往交换文书如龟策竹简之类是另一种形式。"田获三狐,得黄矢,贞吉。"出访几个兄弟邦国,获得多枚黄色铜箭头,攻守同盟者众,收获不小,象征吉祥。

《象》曰:"九二贞吉,得中道也。"

意:卦画二爻,用野蒿秆数得一个奇数记"九二",是个吉兆。二在单卦的中间,好得很,"得中道",中庸不偏之道。

先说九二好,继则说九二产生中道。中庸之道与卦画九二缝合。

六三　负且乘,致寇至,贞吝【化仇为友,协力同心】

（负:负物。乘:乘车。寇:盗贼,匪徒。贞:象征,预示。吝:过错。）

《中国古代史》(福建人民出版社出版)有一段记述,考古工作者在周原发现大量西周文物,其中有许多金甲卜辞,有的卜辞记载周人曾经伐蜀,征巢等。

文中的蜀国,不是西周的盟国吗？是的。

唐代诗人李白《蜀道难》诗中,有"蚕虫和鱼凫,开国何茫然"的诗句。蚕虫就是蜀国。

相传,上古时,居住在青藏高原的古羌族人向东南迁徙,进入岷山地区和成都平原。这些人被称作蜀山氏。后来蜀山氏的女子嫁给黄帝为妃,生下儿子蚕虫,蚕虫在四川平原建立了古蜀国。蜀国在西周西南,两国相邻；蜀国有时也不安分,三天两头跑到西周抢点现成食物。一回两回也就罢了,三回四回,周人就不客气了。发兵开进蜀国,将其揍了一顿。周人后来弄明白,蜀地虽然富庶,号称天府之国,但是他们不善农耕,有时还来点干旱水涝的,食物难保人口之需,不得已,到西周吃大户(周人富有,周人是百谷之神后稷的子孙)。周人知其因,原谅了他们,并相互派人学习交流农耕技术,无偿提供先进农具,种子。西周谅解仇国,两方化干戈为玉帛,成为好友。武王东征时,蜀国是可靠盟国。

至于征其他国，不仅征巢，还有伐程，伐义渠，伐鬼方等都是在商王朝安排下进行的，执行朝廷以侯治侯、以侯治夷的政策。在整个西岐时期，西周人从来不主动攻击别人，他们打仗多是自卫反击。相比之下，他们比别人富有。西岐自力更生，自谋口实，靠双手致富，不富以其邻。农田丰收，一片忙碌，人扛车载，"负且乘"，西岐丰衣足食，财物甚多，这让人眼红，引来祸殃，"致寇至，贞吝"；或者，有的游牧民族，受气候地理条件限制，终年劳动而不富，眼睛向外，抢点衣食以充温饱，危害西岐。西岐倒霉。"致寇至，贞吝。"

"负且乘"：人扛车载，财物甚多。"致寇至，贞吝"：引来贼寇，不太吉利。

《象》曰："负且乘，亦可丑也，自我致戎，又谁咎也。"

意思：背负物件，且又坐乘大车，实在是羞丑；把敌人引来，又是谁的过错呢？

M：一叙一问，耐人寻味。因为抽象，只能设想。设想一，一位笨人，背着大包，坐在车上，不知把大包从肩上卸下让自己舒服点。可笑吧，"亦可丑也"。你舍不得大包离身，让人猜想那大包里一定是贵重物件。这拙笨之举招来贼寇抢走大包。旁人说，自找，怪谁呢？"自我致戎，又谁咎也？"设想二，一位富者穿着阔气，背着大包乘车，有现存下人而不用，可笑吧，"亦可丑也"。那贼人不抢你抢谁？"自我致戎，又谁咎也？"设想三，西岐丰收，人扛车载，有露富行为，可笑吧，"亦可丑也"。你西岐富有，我衣食不保，我不抢你抢谁？"自我致戎，又谁咎也？"设想四……

这种种设想，都有为盗贼开脱之嫌。八国联军、日本鬼子都有理了，"谁让你中国富有呢？我不抢你抢谁？"

九四　解而拇，朋至斯孚【宜盟宜友，尊其选择】

（而：高亨《周易古经今注》，"而"为"汝"的意思，汝，第二人称。拇：脚趾头，转义基层。斯：乃。孚：诚信。）

别说太阳落山夜沉沉，西周国里有公正。不上公堂磨嘴皮，田间地头断分明。虞国和芮国都是诸侯国，离西周稍远一点，都处在西安东部黄河两岸。他们为土地争讼。讼,打官司也。朝廷有现成法官不找,找西伯姬昌。西伯在家不找,找田头村尾。他们转了转,看了看,听了听,虞、芮两位侯爷自作主张,此案了结。他们说,"我们一个争字,人家一个让字,一百八的差别,回去吧。不要自找羞辱。"

这是记载史册流传千古的虞芮争讼佳话。两位斗鸡般而来,心平气和而去。

原来西周人的道德风尚不同于一般。人们朝朝夕夕想把自己修炼成大人君子,但不知何为大人君子。到西周一看,小人是大人,黎庶是君子,大人满街走,君子遍地行。

虞、芮两侯代表虞、芮两诸侯国成为西周的朋友。他们内心佩服西周,认西伯为首领,愿为西周效劳。

"解而拇",拇,脚大趾。转义基脚,基础,基层,底层。虞、芮两侯跑到西周底层看了看周人的民风,深受感动,互相谅解,撤诉,争讼自动平息。"朋至斯孚",愿诚心诚意地同西周友好。

虞、芮只是友国不是盟国。理解万岁,人家不与你结盟,不可强求。"理解友国"就是针对这种实际情况提出的。

六五　君子维有解,吉,有孚于小人【刚柔相济,交友以诚】

（维:维系,绑缚。孚:诚信。）

西周人伐蜀的故事,体现西周联合政策的灵活性。

蜀国来犯一而再,再而三。西周先是容忍,继之反击,再继之,交友,结盟。"君子维有解",维,维系,管束,教训一下。解,谅解,缓解,和解,宽松。这叫刚柔相济,软硬并施,效果显著。输诚于弱小,有利化解仇恨,"吉,有孚于小人",从而获得弱者的信任和支持。

上六　公用射隼于高墉之上,获之,无不利【高墉射隼,出手凶狠】

（公:姬昌自称。隼 sun:一种猛禽,俗称鹞子。墉:城墙。）

射隼,射击猛禽,比如而已。西周打击死心塌地充当商帝奴才的诸侯国，如崇国。这个崇国也该死，它正处西周东部，与西周相邻。真是不是冤家不聚头，崇国据西安，周人的丰镐在西安西南三十里，两国成了邻邦，只是不友好。先代崇国首领崇壁害死季历，姬昌曾经报了一箭之仇。崇壁的儿子崇侯虎继位以后，遇姬昌首次伐商，他配合朝廷夹击姬昌，姬昌惨败。崇侯非常舒心解气。但是冤冤相报何时了。几年以后，姬昌又活跃了，竟然与崇侯虎同为纣王臣仆。这回他决心让姬昌彻底输光。他终于瞅着姬昌乱发议论的机会，向商帝报告："西伯积善累德，诸侯皆向之，将不利于帝。"于是商帝囚西伯于羑里七年。其实，崇侯虎是一个有政治头脑的人，对西周的评估也符合实际，只是他偏于复仇，没有看清殷商已是强弩之末，腐朽不堪，前方停车站就是终点。再是他守旧，愚忠，不懂"冤不可结，结了无休歇"的道理，从而埋下丧命灭国的祸根。

七年后姬昌出狱。巧的是纣王给姬昌征伐大权。姬昌公私两便，衔君令，打着商军的旗号统军征伐崇国。姬昌名正言顺地消灭了崇国，了了两家恩怨。

"公用射隼于高墉之上，获之，无不利。"姬昌率周军征伐崇国，登上城头，如射杀猛禽那样射杀了崇侯虎，缴获其财物，奏凯而归，无不称之为大吉大利。

西周外交十六字方针："分解大国，解判奴国，谅解仇国，理解友国。"关键在区别对待。"解判奴国"就是处理如崇国一类的商帝走卒。解是分解、解剖，判也是分解、解剖，叠用还是分解、解剖，杀死，消灭的意思。对于走卒不投降就消灭它。

同心干的是铁哥们，不愿干的可以中立，反对而顽固的打击，最后让商帝成孤家寡人，周人再下手。厉害，周人厉害！

《象》曰："公用射隼，以解悖也。"

卜家规定，震为诸侯，为公。解卦上六为全卦终爻，度过了下卦坎险，"解悖也"。悖：叛逆。

意：侯国君主，弯弓搭箭射杀恶徒，解除叛乱之凶险。

因为是泛泛而论，不知公谁隼谁，"悖"发生于何时何地。是否指姬昌射杀崇侯虎不得而知。只好挂起。

★ ★ ★

历代流行的《周易》是经过添加"十翼"，作了本质改造以后的《周易》，实际是《孔易》，非原貌《周易》。五四运动来个新文化，打倒孔家店，吓倒一批人，《周易》、孔子的书都退出官方转入民间。后来，人们撇开孔子，单攻《周易》，尝试从历史学、社会学角度解释《周易》。再后来大开放，易学家一涌而出，一反倒孔新潮，精华糟粕一起和盘端出。我们看看现在充斥于书市的有关《周易》的书籍，有几本书不是满汉全席？

目前易学大致分两个流派：哲学理论派，卜筮实作派。哲学理论派又有两个分支：经典派（照搬经典），折中派（新观点陈述经典、回到经典）；卜筮实作派也有两个分支：新玄学派（冠用现代科技解说经典，吹嘘一切新发现都在《周易》的预测之中），市场经营派（相命、卜卦、风水、起名、打麻将、经商、股票……），把《周易》作为摇钱树。

我的意思是撇开"十翼"读《周易》，不囿于孔子的孔"传"，又不误入卜筮陷阱，回到《周易》原点。《周易》既不是易经，也不是包含"十翼"在内的二合一"周易"。阐述《周易》真谛，去掉卜筮伪装，纠正"十翼"误导。我觉得现代人有条件这样做，也应当这样做。

第二十四章

家人【姬昌主义之论家庭】

离下巽上，家人。利女贞

（离下巽上：卦画结构，下离卦，上巽卦。家人：家庭。）

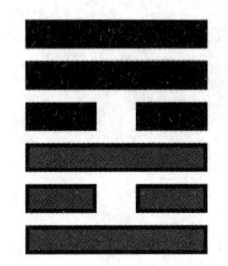

将内转盘的"电（离）"旋转至外盘"风（巽）"的位置就是家人卦，见夬卦转盘图和左小图。

家人，即家或家庭。

《现代汉语词典》解："家庭以婚姻和血统关系为基础的社会单位，包括父母、子女和其他共同生活的亲属在内。"

家，《文字源流浅说》解："屋中有豕之状以表示家。"家字上宝盖为屋，下豕为猪。本是猪圈的象形，后演变为屋里居人的家庭。

家庭是一个随历史变化的概念。按照恩格斯《家庭、私有制和国家的起源》的论述，此前的历史经历了无家庭和有家庭两个阶段。史前各文化阶段又分1. 蒙昧时代，2. 野蛮时代。这都是无家庭时代。人类原始社会群居，同于兽类，男女群婚，不分上下老少，近亲乱交；这种乱交带来的恶果，是群体退化，以致灭绝。群体就是史书上的"部落"一词。婚姻向前推进一步，不准老少配，通行平辈婚。所谓婚姻，专指男女性交。平辈婚就是兄弟姊妹，叔伯兄弟姊妹，表兄弟姊妹之间互有性交关系。这仍然属近亲乱交，有害于群体生存。再下一步，人类选择外婚制，禁止内婚，甲部落与乙（或丙或丁）部落异性相交，不讲辈分，不计老少。外婚比内婚优越，体格健壮，病痛减少，寿命延长。这以前的人

"只知其母，不知其父"。这就是母系社会，称氏族，以母亲为主，母权代代相传，本族成年男子到外族当公共女婿，外族成年男子上本族当公共女婿，死后各自回原籍埋葬（中国古迹埋葬可证）。女性则是擂主，死守擂台。随着社会进步，男性逐步进入社会中心，取代女性地位，从而进入父系社会，男女结合还是群婚制，男子留下，女子外嫁，没有家庭。这大约发生于中国历史的炎黄时代。随着社会的进步，生产的发展，财产私有出现，群婚中男女的自由选择，捉对爱恋，社会慢慢过渡到一夫一妻制。当然这只是名义上的，对女性来说是一夫一妻制，对男性来说还是一夫多妻制。私有财产决定了家庭的产生。父亲的财产要儿子继承，儿子的财产要孙子继承。氏族分化成小家庭。小家庭从炎黄时代起直至现在。

姬昌可能从神话传说中知道一点中国历史，他不可能说个清楚明白。

我稍多花点文字叙述，目的在于给姬昌时代定位，避免现代人用现代家庭观念去理解三千多年前姬昌对家庭的描述。

商周是中国奴隶社会的全盛期。商周社会存在三种家庭模式：一是贵族奴隶主家庭；二是平民家庭；三是奴隶家庭。

贵族奴隶主家庭：土地国有，由国家君王封赐，缴纳贡税。奴隶主及其血统亲属不劳动，家事和农业生产由奴隶担负。有成群的马牛羊猪鸡等家畜，有粮仓囤积粮食，有酿酒制革裁缝等手工作坊。家中有正妻、小妾，以及众多的女奴隶供奴隶主过一夫多妻生活。正妻、小妾必须恪守贞操，新婚必须处女膜完好，婚后不得有外遇，这样才能确保父子血统纯正，财产不外流，家庭巩固。除了物质财富，奴隶也是财富的一部分。

贵族有姓，商周书文中的百姓一词，主要指他们。奴隶没有姓。

贵族奴隶主家庭约占社会总户数的百分之五。

平民家庭：凭自己劳力所得生活，一夫一妻，上有老下有小，男主外，女主内。这个群体中有商人，手工业者（酿酒、制陶、琢玉、炼铜、锻铁、造车、造船、制革、缝衣等），庙祝，民间巫医，自主开荒的农民，等等。他们居有定所，食有保证。其中少数家庭占有奴隶，男性外养私娼。这是一个不稳定的群体，两极分化，干得好的，可能上升为贵族，倒霉的，可能下降为奴隶。

平民家庭以实物或钱币作贡税上缴朝廷。

平民家庭约占社会总户数的百分之二十。

奴隶家庭：没有财产，自己是别人的财产；有家室小孩，有不稳定的一夫一妻，妻子可能是奴隶主的外室，有的迫于饥寒，妻子沦为私娼；没有自己的住房（或仅有简陋的窝棚、窑洞），居于奴隶主的院落或村庄；食品由奴隶主提供一部分，不足部分自筹（挖野菜、捕鱼虾、垦小块荒地）；没有人身自由，随时可能被买卖，还可能个人或全家作为祭品拉出去杀死祭神、陪葬。

奴隶家庭，约占社会总户数的百分之七十，另有百分之五的奴隶没有家庭，或叫空壳家庭，光棍一条，孑然一身。

"家人，利女贞。"男子汉有妻室才成其为家，家庭有主妇理家，家庭，才名存实至。因此，女主是家庭的本质象征，也是家庭的另一种表述。

奴隶社会，奴隶是农业生产大军，又是战争的凶狠武器，少了他们社会就停止运行，战争就无法进行。因而他们是社会的基石，当政者政策不当就会引起社会大动荡。处理得当，社会平安，家庭平安，即有利于家庭巩固和夫妻和谐，"利女贞"。

《象》说："家人，女正位乎内，男正位乎外。男女正，天地之大义也。家人有严君焉，父母之谓也。父父，子子，兄兄，弟弟，夫夫，妇妇，而家道正。正家而天下定矣。"

《象传》怎么会引出这么一段话呢？原来"十翼"之一的《说卦》规定，"乾，天也，故称乎父，坤地也，故称乎母；震一索而得男，故谓之长男；巽一索而得女，故谓之长女；坎再索而得男，故谓之中男；离再索而得女，故谓之中女；艮三索而得男，故谓之少男；兑三索而得女，故谓之少女。见下图所示，清楚明白。

☰ 乾父， ☳ 震长男， ☵ 坎中男， ☶ 艮少男，

☷ 坤母， ☴ 巽长女， ☲ 离中女， ☱ 兑少女。

这是"十翼"作者为八卦立法，解卦必遵。从图中看出，按爻性、量、位定名，全阳为父，底一阳为长男，中一阳为中男，顶一阳为少男；

全阴为母，底一阴为长女，中一阴为中女，顶一阴为少女。

弄清上法就不难理解《象》的意思了：

《象》说，家人卦卦画二爻，为中女，"女正位乎内"；五爻为中男，"男正位乎外"。他们都在规定的位置，故"男女正"，这是"天地之大义也"。于是"家人有严君焉，父母之谓也。父父，子子，兄兄，弟弟，夫夫，妇妇，而家道正"。"正家而天下定矣。"

有几点质疑：一、从画中可以引出家庭关系吗？答案应当是否定的。二、按照父父子子……理家庭秩序就家道正吗？商末时代，那么多奴隶无正常家庭可言。父难尽父责，子难尽子孝，夫难养妇，妇难事夫……动辄父或子，夫或妇被贵族拉出做了祭品。三、正家就天下正了吗？否。总结几千年历史，是国正家安，国泰民安，而不是相反。春秋战国是国不正家难正，家正了也左右不了国家正否。

初九　闲有家，悔亡【更其政，营造协和家庭】

（闲：栅栏，防范。有：于。）

闲，望文生义，关起门，用木头顶着，以防盗贼、野兽。古人造字原意如此。又作"栅栏"解，用以圈住马牛羊猪，以免外跑丢失。"闲有家"，则用其引申义："范围"、"限定"，即我们讨论的问题"限定"于家庭。"我们面前有许多事情要办，有许多问题要弄清，但是本文只能讨论家庭问题。"弄清家庭的意义，对革命者制定政策来说非常重要，糊里糊涂制定政策，盲目行动，将会发生偏差。对家庭有了正确定位和深刻的理解，可以避免发生偏差而悔恨，"悔亡"。

家是国的最小细胞，商周社会不例外。家是人们的温馨巢穴，安全的屏障，类似于马的马圈、猪的栅栏。姬昌时代——用姬昌的话说，我们的时代，家庭有三种形式，贵族家庭，平民家庭，臣妾家庭。——就是前面说的贵族奴隶主家庭、平民家庭、奴隶家庭。这三种家庭的状况已如前述。社会现实是我们制定政策的依据。目前社会之乱，表现在臣妾家庭，而根源却在殷商朝廷政策。这是解决家庭问题的关键所在。我们的方针是十八个字：更其政，济其贫，保其命，富以仁，亲其民，输其诚。下面分述之。

解决家庭的纲就是"更其政"，十八字方针首条。所谓"更其政"，就是消灭殷商王朝，从根子上铲除造成家庭灾难的人殉人祭、苛政恶俗，营造新型的稳定的协和家庭。

六二　无攸遂，在中馈，贞吉【保其命，社会固本强根】

（攸：所。遂 sui：顺心，满足，顺心如意。馈 kui：馈赠食物，饮食。）

"无攸遂"：无所顺心，无所如意。高亨《周易古经今注》证"遂"为"落"的意思，古书都如此解释，不错。只是在本句中按"顺心如意"解更贴切。"中馈"：《说文》"馈，饷也。"高亨说，"具饮食以奉人为馈。中馈对野馈言，中馈即内馈，家中之馈也。"中馈的扩大义，一家人的衣食温饱。

对于贵族奴隶主之家，衣食不愁，差点的平民之家，一般可过。对于大多数奴隶之家，开门七件事，柴米油盐酱醋茶，哪样不愁？这是现代人七件事，古人是奢望，古人只有两件事：吃和穿。对于温和饱，哪个奴隶之家不愁肠寸断？有时愁也无用，冻死，饿死。朝廷不管，天命也。

姬昌能不管吗？他管。他是先哲，先哲者，先知先觉，他洞察社会，在别人之先看出社会弊端。他要干大事，必调动社会穷光蛋的积极性，我为他服务，他为我服务。针对社会症结，十八字中的"保其命，济其民"，就是管的办法之一。"保其命"，先让奴隶活命是要策，留得青山在，不怕没柴烧。再给予安抚，要求奴隶主给奴隶以宽容，帮助其生产自救，允许奴隶开荒归己，田头路边、房前屋后种植菜蔬归己，喂养少量鸡鸭归己，使奴隶有生存的出路。这些都是吉祥的象征，是远景，也是现实，"贞吉"。信不信，请到西周看一看。现代人可以看一看《史记》虞芮诉讼故事和周原考古队的考古报告。

九三　家人嗃嗃，悔厉吉，妇子嘻嘻，终吝【济其贫，度过饥寒艰难】

（嗃 he：高亨《周易古经今注》说"嗃"通"嗸"，哀鸣之声也。嘻嘻：欢笑声。）

有的专家解此卦以男严肃女嘻哈治家说事。严肃者，吉，嘻哈者，灾。抛开时空，这种取向适合某个家庭。但是联系社会实际呢，特别联系奴隶社会的实际呢？问题来了，三种家庭三种状况，严肃与否不是治家必取之道。一种家庭"朱门酒肉臭"，吃不完，用不尽，"妇子嘻嘻"。一种家庭"路有冻死骨"，吃穿无着，嗷嗷待哺，一家人哀号着苦度时日，"家人嗃嗃"。社会的变革将改变这种状况。嗷嗷待哺者不再愁衣食，"悔厉吉"；嘻嘻者将吃点苦头，"终吝"。

殷商社会，奴隶大逃亡，给家庭带来一片大混乱，奴隶之家亡了，贵族之家瘫痪了，平民之家受冲击了。你严肃也好，嘻哈也吧，都无济于事，都不能解决面前的问题。唯独禁止人殉人祭才可以从根本上改变乱局。

有资料显示，西周以后也有人殉人祭，直到清朝。这有两点说明：第一，周禁不彻底，恶俗难改，但数量大减；第二，后来多以葬主的爱姬宠臣随葬，跟坑杀奴隶有本质不同。

六四　富家大吉【富以仁，奴主各悦其政】

富分三等：极富，中富，下富。极富如王侯之家，中富如大夫、一般官宦之家。小富如下层贵族之家。马克思研究，说一个人创造的社会财富，足可以养活两个三个以上的人，除了拿出一部分养活自己和家小以外还有剩余，土地占有者、企业占有者就得到这份剩余。"不稼不穑胡取禾三百廛兮？"怎样取得的？就是占有人家的剩余价值取得的。马克思虽然把话说穿了，相对商周，那是三千年以后的事。当时天命安排，合法占有。穷人不能反抗，反抗富人就是反抗上天。你不信上天，还有国家管你，把你捉去杀头，坐牢割鼻砍脚。你怕吗？就老老实实在井田上干活去吧。姬昌虽然伟大，但是他还不具备马克思的觉悟，要求他不剥削剩余价值，脱离现实。所以姬昌们口号很响亮："富家大吉。"不富争富，下富争中富，中富争极富。但是富有一条原则："富以仁"。不能为富不仁。《孟子·藤文公上》："为富，不仁矣，为仁，不富矣。"孟子说的有点绝对。所谓"仁"，就是仁德、仁慈。用在商周社会就是适当调和贫富之间关系，你吃肉，让人有骨头啃，不能让别人饿肚子；你穿皮裘，让人有麻布穿，不能让人赤条条；你住殿堂，给你的奴隶一个窝棚栖身，别让人家风吹雨淋；你家死人讲排场，你别把人家拉去陪葬。人家是人，是生命，过分了，上帝也不会饶过你的。

西周目前提倡富家大吉就这么几条要求，特别是人殉人祭不可搞。

《象》曰："富家大吉，顺在位也。"

前半句重复别人的，可以。后半句出了纰漏，回到算命先生一张嘴。"富家大吉"，为什么？"顺在位也。"富家大吉的原因是"顺在位也"。先生说，你看看卦画吧，恭喜，你卜得上卦，爻位爻象都好。六四居于九五之下，在皇帝身边，以阴爻承顺阳爻，六四又是阴爻处阴位，顺在位也。

九五　王假有家，勿恤，吉【亲其民，同心同德同行】

（假：①借，②假如，③伪，④休假；古义，至，到。有：于。恤 xu：《说文》："恤，忧也。"）

《周易》中"王假有家"与"王假有庙"同一句型，意思为"王到于家"，"王到于庙"。庙不是王常去的地方，去，必是大祭；而家，则是常去的地方，不去，必是有要事在朝廷加班。因此，"王假有家"，王归家是常态，不值得书写。之所以写，乃发生非常态。王不是到自己家，而是到一般百姓家，到贵族之家、到平民之家、到奴隶之家，到民间视察。一般，王不会下去，他自认为是天子，半神半人，权重位高，在朝能知天下事，开口能有天下听；在家有娇妻艳妾，出行有金车宝马，饮食有山珍海味。他觉得不必要下到民间去污染眼睛，寻求不快。但是姬昌不同，姬昌身在草莽，与民众有血缘关系，身上还有泥土气味；再是他离王位还有一步之遥，目下是预备期，他要坐上龙椅还必须付出代价，所以他下去家访是很自然而又有必要的。他沉入社会底层，以高出一般人的视角，去解剖家庭，分析社会的细胞状况，找出变革的途径。三类家庭不和谐的关键在哪？在人殉人祭。这是他家访的调研成果和结论。解决这个问题可以牵一发动全身。你贵族凭什么把人家拉来祭天祭祖？奴隶连身家性命都不保，"我还给你好好干活吗？说不定，逼急了，我宰了你，反正一死"。还有，"你狠，我惹不起，躲得起吧，逃，上山，到荒野，到边疆，你自己刨地掏粪去吧"。

他们一闹，平民家庭也难得安静，破产的破产，避难的避难；做生意的路上不平安，打劫杀人，丢财丢命；开作坊的产品销不出，无钱开工资，关门大吉；算命卜卦生意好，但是赚了钱买不着口粮。

姬昌认定，时机来了，天下已经大乱了，殷商无法收拾乱局，子受（纣王姓子名受），纨绔公子一个，毫无本事保住江山。你方唱罢我方来。看我们西周的吧。

"王假有家，勿恤，吉。"姬昌家访，找到社会症结，别发愁，已经拟订出解决方案，前程大吉。

《象》曰："王假有家，交相爱也。"

有这么点意思，为什么不提姬昌呢？姬昌给贫民以爱，贫民为什么不还他以爱呢？诗经中有许多诗篇是歌颂文王的，人民记住了他的好，历史记住了他的功。

上九　有孚，威如，终吉【输其诚，不威而威，不神而神】

（孚：诚信。威：威信，威望。）

在周朝开国的四代先驱中，如果按功绩给他们排座次，顺序是姬昌、公亶父、姬旦、姬发、季历。亶父的功绩是奠基，指明方向；季历的功绩是征伐，杀出西周人的军威；姬旦的功绩，是文韬武略，巩固新政权。姬发的功绩是开国定鼎。姬昌的功绩则是承前启后，集姬家几代精英的智慧于一身，在他身上有几代人的影子。姬昌家最令人敬佩的品格之一，就是诚信，言必信，行必果。亶父老爷子看准了的事，说干就干，谁也阻挡不了，他要灭商，他要姬昌办这件事，尽管他明白自己看不到结果，可是他深信结果就是自己预料的。季历秉承父志，赴汤蹈火在所不辞。姬昌，命运多舛，九死一生，家仇国恨，激励他拼搏奋进，坎坷的经历成就他，让他成为社会的中流砥柱。他是一位理想主义者，更是一位忠诚的实干家。理论有建树，实干有业绩。他看准革命的潜力，深藏于奴隶之中，搬动他们就能扳动世界。后几位，姬发、姬旦都是实干家，硬是把世界翻个个，杀了商王头，建了大周国。

"有孚，威如，终吉。"姬家人的诚信，就是指挥千军万马的权威，一群群奴隶愿意效死尽忠；姬家人的诚信，就是号召千家万户投入征战的无声动员令，一家家以对备战作贡献为荣；西周人的诚信就是指引方向的旗帜，一个个邦国或成友邦，或成盟国，结成抗商的联合阵线，争先恐后奔赴战场。

西周人、全国人都在姬昌家带领下得到了福祉。人民记住了他们的名字和功绩，写诗建庙纪念，至今周的故地有文王庙、武王庙、周公庙。

★ ★ ★

说一个远点的轻松话题。

恩格斯说家庭是随历史变化的，他说人类历史上本来没有家庭，随着财富私有制产生而有了家庭。于是我想，随着财富私有制消灭，家庭也将消亡，或者说家庭进入一个新的阶段，是另一种含义。这将吓住许多人。且别怕，我这是学术假设，具有探索性，不具现实性。一切有财富的人大可不必惊恐。

家庭是个社会概念，它与男女婚姻紧密相连。男女婚姻具有双重属性，自然属性和社会属性。自然属性表现在人类通过男女婚姻求得自身的繁衍生存。婚姻方式，如群婚、对偶婚、一夫一妻婚，受自然规律制约，自然选择，优胜劣汰。一夫一妻制是自然选择的结果。但是一夫一妻制从来只是名义上的，实际上的男女生理差别形成女性的一夫一妻，男性的一夫多妻。社会属性表现在财产占有和法律、道德、风俗的制约。父系社会并不与私有制同时产生，先有父系氏族公社，后有父系私有制家庭。家庭人口，劳力，权势的差别及社会财富的有限，十个苹果十人吃，一人一个，蛮好，有的人硬要多吃一个，必有一人流口水，造成家庭的贫富不均。随之是婚姻上的不平等，富家男性占有多个女性，一夫多妻，贫家一夫一妻，甚至一个也养不起。对于女性来说不论在富家或在贫家，都只能是一夫一妻。私有制又产生财富的继承问题，财富必须代代在家庭中相传，随之产生：一、必须有儿子。不是每一个女性都能生儿子，多个妻子才能确保有儿子，一夫多妻有了堂而皇之的理由。二、财富传子不传女。女子外嫁，财富不得外流。女子在娘家婆家都没有财权，地位低下。三、注重女性贞操，婚前是处女，婚后无外遇，确保夫家血统纯正。这对男女又是不平等约束。

现代社会，各国发展不同，但是多停留在私有制的一夫一妻阶段或以前。男女并没有获得真正的平等。社会的发展可能是私有制的消灭，随之家庭的消亡，女性的彻底解放。这是自然规律和社会规律双重作用的结果。社会发展已经冒出一些新的苗头，财产公有，家庭不存在财产继承，生男生女都一样。男性也没有经济条件在家养活多个妻子，女性能自食其力，也没有必要委身于人，"二奶"消灭，"借腹生子"消灭，拐卖儿童消灭。社会公共财富增多，养老抚幼成社会职能，老人进老年公寓，子女进抚育学校，从婴儿至大学，然后进社会工作，乞丐消灭，娼妓消灭，偷抢消灭，走私贩毒消灭，军备消灭，战争消灭。家庭仅是爱巢，男欢女爱之所。婚姻仅仅以感情作基础，没有感情、感情厌倦，男女依法各奔东西，另觅新欢。"白头偕老"将不是新婚贺词，当然双方愿意白头偕老也无人反对。三世同堂，四世同堂已成历史，二世同堂只存在于儿童哺乳期。

这时社会进入高度文明、回归自然的状态。人类不再为财富而斗争，社会斗争仅仅局限于争配偶的纠葛，带有追求体质，年龄，形貌等自然色彩，优胜劣汰。人类主要任务是开发自然，控制自然，控制自身，防止人口大爆炸，防止把自然资源利用枯竭，防止自然灾害袭击。人类和谐相处，地球村名实相副。有的地方不适宜人类居住，比如北冰洋，东亚地震频发区，那里人可以自由迁徙，由地球村村长发迁徙证，原地开发成旅游区。

宗教发生质变，变成学术流派，因为在认知客观世界的问题上，永远存在差异，人类不能弄清自然界的一切问题，包括宇宙和人类自身。科技发达，而科技永远落后于幻想（潜意识或超前意识），总是跟在宗教后面作解释工作，做清道夫。不要以为我们很文明，很聪明，几千年以后，人家研究发现，我们处于人类初级阶段，属蒙昧的野蛮时代，取笑我们愚蠢地发动世界大战，制造原子弹互相吓唬，战争不断，乐于人类自杀。人家也会讥笑我们的婚姻家庭具有狭隘的功利主义。

第二十五章

否【长期战略,否定殷商帝国】

坤下乾上,否。否之匪人,不利君子,贞,大往小来

（坤下乾上：卦画结构,坤卦下,乾卦上。否 fou：不的意思,否定,否决,闭塞,不通畅。匪人：恶人。）

将转盘"地（坤）"旋转至外盘"天（乾）"的位置,就是否卦（见节卦转盘图和左小图）。

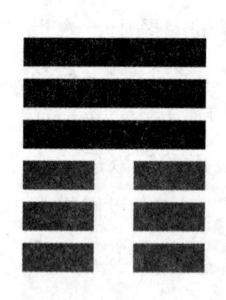

否,否定,肯定的反面。《周易》中,述说的是否定殷商王朝。

西周否定殷商,使不明事理的殷商帝王闭而不通,那是应该否定的。殷纣王使贤明正直的人如箕子、微子等闭而不通,是否定了那不该否定的。如此,则贤者斥,国政乱,君位危矣。

否卦所议论的是殷商。

"否之匪人",匪：匪盗。谁？所指有三种可能：一是盗匪；二是神仙上帝；三是某事物。盗匪,一小撮人,社会混乱的产物,社会秩序平稳了,这类人,销声匿迹,改邪归正,自然否定了。神仙上帝,在古时人们普遍信仰神仙上帝的情况下,谁有这种胆量,逆潮流而动,敢否定神仙上帝？你说他迷信,他说,这是两三千年以后的语言,再胡说,就把你扔到火里烧死（16世纪意大利哲学家布鲁诺坚持哥白尼的"日心说",触犯宗教教义被教会当局烧死）。既非盗匪,又非神仙上帝,那么唯一该否定的事物就是殷商帝国了。匪人、君子都是指商纣王,一是暗指,一是明指。贞：朕兆。否定殷商帝国,商纣王前程堪忧,"不利君子贞"。殷商

帝国大厦将倾，"大往小来"，变成废墟，变成后人考古的殷墟。

周人认定自己是该肯定的事物，商帝国是该否定的事物。西周"小往大来"，否极泰来。殷商"大往小来"，泰极否来。西周受天命，得百姓，将拥有中原；殷商违天命，失百姓，将惨移九鼎。九鼎代表中央王朝，象征掌控中华大地。

西周人的百年战略目标，鸿鹄大志，否定旧世界，创立新世界。

初六　拔茅茹，以其汇，贞吉，亨【挖除根基，否定其同类】

（茅：草本植物，茅草；有一种水茅，俗名水花，可食。茹：菜蔬总称。汇：汇集；分类。）

"拔茅茹，以其汇。"拔扯茅草，旁及其类。商朝廷号称有千百诸侯，官僚机构齐全，统治经验丰富，军事力量强大，就如繁盛的茅草，盘根错节。天寒地冻，它的生命在土里；春暖花开，它的生命在地面上。周人的策略，"拔茅茹，以其汇"，分门别类，连根拔起，动了命脉，怎不枯死？拔掉一些商的诸侯，策反商的高级官员，争取百姓拥护，搬了殷商的根基，何愁大厦不垮塌？季历时代，季历曾经以拥商的名义先后西伐鬼方，东征余无、始呼、翳徒、燕京等戎夷部落。这些都是朝廷的外患。周人的征战有助于巩固商政权，取得商帝信任，同时在实战中，锻炼和壮大自己。西周发展了。姬昌时代，由于西周施行亲民政策，有一批诸侯和朝廷高官叛商奔周，闹得朝廷人心惶惶。姬昌晚年，借助商帝命令，灭崇国，伐密须，败耆国，取邘邑。周人咄咄逼人，威势有增无减。殷商实际统治范围越来越小，国力愈来愈弱，大厦在风雨飘摇中。这种两极分化，象征着周人的吉利，通达。"贞吉，亨。"

六二　包承，小人吉，大人否，亨【名存实亡，否定西周诸侯地位】

（包：包容；包、庖通用：烹调。承：奉承，供奉，尊奉。）

周人在敌强我弱、敌大我小的形势下，使用韬晦策略。厨房里烹调出美食尊奉给权贵，会得到权贵的好感和嘉许，但是这是小人之举，小人会得到实惠,"小人吉"。季历从登位的第一天起,就知道自己的历史使命是"剪商"。"剪商"即灭商。老谋略家古公亶父选季历作接班人就是寄季历以重托。古公亶父当初挣得诸侯地位而正是为了丢掉诸侯地位,晋升到王位。季历东征西伐,把赫赫战功当做厨房里烹调的美食,"包承",毕恭毕敬地尊奉给商帝,得到商帝嘉奖,"小人吉",小恩小惠,小人之吉。周人有着远大的目标,不在乎那点小恩小惠,"大人否"。尽管如此,积小为大,积少成多,面对现实,先做小人后做君子。先当诸侯,后当大国之君。

姬昌主政,气候对西周极其不利,他继续推行上代政策,积聚实力,拥护朝廷,恭维商纣,逆来顺受。他的韬晦策略异常成功:麻痹了对手,积蓄了力量,赢得了时间,争得了诸侯和民众同情与支持。真是君子风度,能屈能伸,倒霉时,认了,人家喜欢奉承,多烧香,勤磕头,多说让人高兴的话,不计较权势者对错,"包承",求得"小人吉"。虽然言不由衷,做了一些违心的事,"大人否"。但是,生活的逻辑是祸福无常,不会有永远的倒霉,倒霉时,深藏自己内在的气节,保持心田的淳朴干净,过了难关,还有通达的时候,"亨"。

西周名义上是商王朝的属国,实际上是与商王朝对着干的敌手。

六三 包羞【破除从属,否定君臣关系】

(包:包容;包、庖通用:烹调。羞:羞耻;羞、馐通用:美食,珍馐。)

这是周人韬晦策略的又一个层面。周人把厨房里烹饪的珍馐奉献给权贵。珍馐是用作祭祀上帝神灵的,现在把最高贵的祭祀品献给了纣王。姬昌当了商朝廷的大臣,姬昌的儿子伯夷考做了朝廷的人质。西周的"珍馐",纣王得到了,他喜不自胜,视姬昌为贴心大臣。姬昌当政的前大半辈子基本上是做商纣的忠实臣仆,一切听命于商,周商步调一致，得到商纣王的赏识，钦命为公，进入朝廷领导核心，权倾朝野。但是这并不是姬昌的政治目标。他与商纣只是表面的君臣关系，真正的君臣关系，从他懂事的时候起就知道，早已不存在。他只是面对现实，处处小心谨慎，不露踪迹。就是如此，也还是让人抓了小辫，被投入羑里大牢。经过七年牢狱之灾以后，姬昌奋起反商。此时的姬昌还是不捅破窗户纸，表面上仍然维持着君臣关系。直到武王东征，才彻底撕下君臣面纱。

九四 有命无咎，畴离祉【信仰转移，否定其有天命】

（命：天命，使命。畴 chou：田亩，引申为同类、同伴、同胞。离：分离，依附。祉：福祉。）

某朝廷将亡，古书喜欢说"天数将尽"。所谓天数就是上天给予的寿命。商朝从成汤到纣王六百年（有说五百年），日渐衰败，"天数将尽"。将尽不等于已尽，故说"有命无咎"，这时候的上帝仍然保护着商，他们依然君临天下，尽享人间富贵。但是凭着周人敏感嗅觉，发现鸡蛋壳已有破损之象：朝内大臣去职避祸，首辅商容即是例证，其他高官也择善而从。商纣王空有一身武力，品德太坏，贪财贪色贪享受，对人残忍。他干了几件骇人听闻的事，史书都有记载。他把俘虏来的外族鬼方首领杀了，晒成肉干，用来宴请诸侯。他在淇水边见一老头畏寒不敢涉水，砍老人腿以验证人老是否骨髓虚空。他杀孕妇求证肚中婴儿性别。他的叔父比干规劝他行善，他将比干掏心。纣王无道，首先丧失人道。除商帝无德行，整个商朝也无德治，大批残杀奴隶，人殉、人祭普遍，庶众惶惶不可终日。这种朝廷，这种帝王，已经激起天怒人怨。人民不拥护，上天不保佑。人们很自然地想到，上帝震怒，放出恶魔帮其搅乱朝纲，早日结束暗无天日的统治。上帝要另选仁德之君保护人民。西伯是当时最合适的人选。西周人瞅准了天赐良机，接受天命，替天行道，"有命无咎"，拯救苦难中的人民，让同胞们获得福祉，"畴离祉"。畴，本指种植物的归类，引申为同类、同伴、同胞。离，分离，古时取义"依附"，伴随，转义为获得。祉，福祉。能够让同胞得到福祉，这样的人、这样的朝廷，一定会得到人民的拥戴。

九五 休否，大人吉。其亡，其亡，系于苞桑【有行有止，否定盲目激进】

（休：休息，止息，中止。否：闭塞。其亡：行将灭亡。系于苞桑：《尔雅》称，"物丛生曰苞。凡物系于桑之苞，本则牢固也"。）

休否，不是问句："你休息了吗？"它的意思是中止颠覆那该否定的事物，即暂行停止对商朝朝廷的对抗。为什么？"其亡，其亡，系于苞桑。"亡是必然的，可是大船拆了还有三担钉，它像系缚在桑树主干上的牛，那桑树盘根错节，牛想绷脱，难啊！这就是周人的务实精神。周人有两个休止时期：姬昌坐牢前的三十年，姬昌死后的十年。休止期间，不闹摩擦，相安无事。人下蹲是为了跳得更高更远。周人那颗野心谁能遏止它？

上九 倾否，先否后喜【前赴后继，扳倒该否定之殷商】

（倾：倾覆。倾否：倾覆那该否定的事物。）

显然，爻辞不会说周人倾覆，也不会说某个人的倾覆。它说的是商王朝的倾覆，就是倾覆走向反面的商王朝。商上无天佑，下无人和，他们由遥远的兴盛走来，已经穷途末路，正向灭亡的坟墓走去。"大往小来"，活虎成死虎。商的衰落成为本卦的诠释。对周人来说，否定了商朝，才能够有周朝。否定给周人送来喜信。"先否后喜"，周人普天同庆，赞美春暖花开的新纪元。

第二十六章

观【知此知彼,百战不殆】

坤下巽上,观。盥而不荐,有孚颙若

(观:观察,观看,调查研究。盥 guan,盥与灌通:古时举行祭祀的一种方式,将酒浇灌于地,敬献给神灵享用。荐 jian:敬献祭品牛羊牲畜或奴隶、战俘。孚:诚信。颙 yong:肃敬,仰慕。若:词尾,表示"……的样子"。)

将转盘"地(坤)"旋转至定盘"风(巽)"的位置得观卦。见屯卦转盘图和右小图。

儒家《序卦》曰:"物大然后可以观,故受之以观。"

我们若问,物小然后不可以观吗?人睁开眼,大看天地,小看虱子跳蚤蚂蚁,现代人通过显微镜还可以看到细菌或更小的东西。故受之以观与物的大小无关。

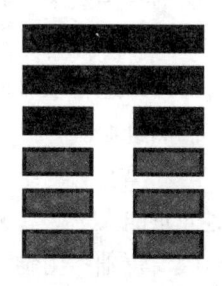

周人要革命,要革命就要了解敌我友。怎样了解呢?要观察。观的意思就是观察,观看,考察,调查研究;军事上叫侦察,密探。

了解情况是办好事情的第一步,否则是盲人骑瞎马。

周人对社会的第一次考察报告,其题目和内容为"既济,九五,东邻杀牛,不如西邻之禴祭,实受其福"。此次的考察报告名命名"盥而不荐,有孚颙若"。两者紧密关联。

"盥而不荐,有孚颙若。"盥,以美酒浇灌于大地祭祀神灵。荐,向神灵敬献祭品。孚,诚信、诚意。颙,肃敬,仰慕的姿态。全句:西周祭祀神灵,虽然只用酒,不用别的,但是,仍然体现出西周人对神灵的肃敬和至诚。

与西周人相反的是，除西周以外的殷商统治地区，普遍是"盥而荐，有孚颙若。"

"盥而不荐，有孚颙若。""盥而荐，有孚颙若。"一字之差，两重天地。

殷商祭祀，重在"荐"即敬献祭品牛羊牲畜或奴隶、战俘。重在"血祭"。血祭又着重人祭。

高亨《周易古经今注》："颙若，犹颙然，大貌，谓其人之大也。祭不荐牲，乃因有孚，可杀之以当牲也。"句中，"孚"就是俘虏、奴隶，"颙"是大的意思，也就是以人祭为大、为尊。

西周不搞人殉人祭。姬昌专门观察过、调查过人殉人祭。他由此制定他的政策和策略。他知道问题严重，但是不知道严重到什么程度。只有现代的考古发掘工作，才在人们面前展开了一幅殷商人殉人祭的骇人听闻的图景。

仅就甲骨文记载，殷商后期，杀人祭祀至少一万四千一百九十七人，全为各类奴隶，其中百分之二十是妇女和儿童。

我们看一个典型祭例。河南安阳殷墟小屯村王家宫殿遗址。

营造宫殿有四道祭祀仪式，奠基、置础、安门、落成。每一道仪式都洒满鲜血。

奠基。乙组基址（考古标记）七个，举行奠基仪式，用狗十五，用儿童四人。

置础。用狗九十八，牛四十，羊一百零七，人二。

安门。用狗四，人五十。

落成。用马十五，羊十二，狗十，人五百八十五。

看看，建筑宫殿，仅非完整统计就有八百八十九人送命。其他庙宇、王居起建时都是少不了用奴隶作"荐"的。

祭祀本来是一种圣洁的祈福仪式，到殷商帝王手里却变成了杀人游戏，变成奴隶的凶灾。相比之下，西周的"盥而不荐，有孚颙若"是多么具有革命性！祭祀祈福，为自己祈福，也为别人、为奴隶祈福。不无故杀他们就是最现实的祈福。

既济卦中，"东邻杀牛，不如西邻之禴祭，实受其福。"此处"盥而不荐，有孚颙若"。西周人细心观察，发现了社会的症结所在。他们在这里找到了革命的潜力。历史学家分析商亡的原因时，往往忽略这种潜力：奴隶为生存而斗争，奴隶的拼死反抗。

初六　童观，小人无咎，君子吝【肤浅的观察】

（童：幼童。童观：幼稚的看法。）

以儿童的视角看世界，看见啥说啥，看见一点说一点，一切呈现天然。朝廷的帝王是天子，即上帝的儿子，君权神授，他具有至高无上的权威，对老百姓有生杀予夺的权力。《诗经·小雅·北山》："普天之下，莫非王土。率土之滨，莫非王臣。"臣仆都是天子的奴才。天子指派大大小小的官员治理全国，统治老百姓。最下层的，奴隶，社会上都说是天安排的，生来命苦，除了一双手能干活，什么都没有，不懂文化，没有土地，没有余财剩米，打起仗来，还得当兵，到战场送死。大人物死了，还要奴隶陪葬，"都是爹娘生的，人家命贵，自己命贱"。地位高一点的，自由民，可以自食其力。当兵可当小官，立功可以升大官，也属送死一类，犯了事，降为奴隶。地位再高一些的，小贵族，诸侯，对奴隶是颐指气使，掌握奴隶的生死存亡；对君王是奴颜婢膝，俯首听命。"土地是君王的，自己是二地主"，稍有不慎，君要臣死，臣不得不死。社会次序就这样梯阶运行。这就是"童观"，一种直接体验的、常规的、肤浅的看法。一般人就这样看世界，安于现状，日子一瞬几百年、几千年，没有大的灾祸，"小人无咎"。然而，安于现状的看法，对于有头脑的君子来说，是有害的，"君子吝"。怎讲？一是不前进吧，受良心责备。他透过现象看到本质，自己看透世界，而又不想改变世界，陷入思想的痛苦之中。再一是前进吧，对社会开刀割毒瘤，那可是有风险的，杀头，灭族，后果难以设想。

西周人对于社会观察不停留在儿童看世界的蒙昧阶段，而取"君子吝"的后一种态度。明知山有虎，偏向虎山行。

六二　闚观，利女贞。【片面的观察】

（闚 kui：窥的繁体字，从小孔或缝隙里看。）

有一句成语：管中窥豹，正是此爻的最确切解释。你看了，也调查研究了但是只看到一点，看到局部。管中窥豹，拿个竹筒，从筒孔看豹子，看到豹子的一点黑斑纹，并未见到全豹，就说豹子是黑的。问题就出在以点代面。还有瞎子摸象的故事，摸了，调查了，各人感觉不同，结论不同。姬昌有过这样的经历，当初看到朝廷打仗靠别人，庙里的祭品老是被人偷吃了，以为商朝行将就木，只要自己有胆，一呼百应，凭自己一点武力就可捣死商王朝，贸然发兵征商，招致大败，差点作了商人的俘虏。教训："阚观"，管中窥豹。只知一点而结论，只见局部而决策。结果：头破血流。

男女结合为家，偏重某方，例如偏重女方，虽然有利女方，"利女贞"，但是片面，不利于家庭的和谐。举例而已，并非批评女方的强势。

把商朝廷看得过于软弱无用，或反之，把它看得过于强大不可摇撼，都不切实际，都不会产生正确的决策与行动。

《象传》曰："窥观，利女贞，亦可丑也。"——跟性别无关的事，丑在何处？

六三　观我生，进退【解剖自邑】

（生：现代学者高亨注释，"生"读为"姓"。姓者，官也。百官，百姓。推而广之，邦国上下。）

先看看自己吧，对自己的方国要有正确的评估。周只是商的属国，朝廷任命为西伯，可以统率西部诸侯，相当于朝廷的派出所，对诸侯有管辖的责任，有带领打仗的义务，有安定西部边疆的职守。西伯的地位既显赫又是虚名，不可以随心所欲。周人具有一定数量的武装力量，按朝廷编制，不足万人，是朝廷的四分之一，如果算上朝廷可调动的诸侯兵力，西周兵力仅是朝廷兵力的二十分之一。能够打仗，打不了大仗。财力，有一定储备，供本国停产三个月可以生存，再长，支持不了。人心：上下团结，尊老爱幼。

"观我生，进退"，对自己的国家进行深入细致的调查研究，冷静的分析，有了符合于实际的看法，才可以决定自己国家的行止。进而攻，退而守。进？还是退？首先得掂一掂自己的分量。

六四 观国之光，利用宾于王【观察敌国】

（光：时光，光景，引申义，帝王的颜面。观国之光：朝见大国帝王。宾：宾客，宾服。）

商王朝是周人的假想敌。

周人历经夏商八百年荣耀和屈辱，总想在世界上做点什么。当周有一定发展时，公亶父宾服商，作商的属国。不入虎穴，焉得虎子？

史书频频用"宾"。如《竹书纪年》多处出现：某年某月，某人来宾。意思是某方国派使者或诸侯本人进朝表示臣服。西周人"宾服"的假象，真的蒙哄了商纣王。纣王上台伊始，就令西伯姬昌为三公，进入商朝廷核心。他们宾服于王，是为了全面地、深入地、细致地作调查研究，掌握商王朝的变化动态。"观国之光，利用宾于王。"它的闪亮点在"利用"二字上。宾服是假，刺探是真。说实在的，我们应当佩服周人的求实精神和深谋远虑。他们花几代人的功夫，都是为着吃透对方。

九五 观我生，君子无咎【自我解剖】

（生：生命，生活，一生。）

对自己的正确剖析和评价。

姬昌，姬昌血管里流动着上两代的血液，脑子里充满上两代的遐思迩想。他担子太重，深感力不从心。但是上两代人把他推到政治中心，他无法回避。他唯一的选择是朝着一个大国君王的模型塑造自己。天子必须信奉上帝，他虔诚地举行各类祭祀，表现出自己是上帝可以信赖的孩子。天子必须爱护老百姓，姬昌在其国内实行德政，提倡尊上爱下，尊老爱幼，克勤克俭，自食其力。天子以威镇国，姬昌理解，威是威信不是淫威。不可乱用威，不随意虐杀百姓，不随意侵伐邻国。天子生活特殊，姬昌不学，自己的起居从简，不搞奢侈豪华。天子居高临下，一言九鼎，姬昌不学，办事出于公心，处世修养公信。

姬昌严于律己，也以此教育儿子和他的僚属。

"观我生，君子无咎。"正确剖析和评价自己，君子就能立于不败之地。姬昌结论。

上九 观其生，君子无咎【解剖敌酋】

（其：其他，别的。生：生活，作为。）

其，谁呀？商纣王，不好明指，以"其"代之。姬昌调查研究了本国（六三 观我生，进退），本人（九五 观我生，君子无咎），敌国（六四 观国之光，利用宾于王）。总结出教训，认识事物不可肤浅（初六 童观，小人无咎，君子吝），认识事物不可片面（六二 阚观，利女贞）。

现在要解剖敌酋。

商纣王，正规说法应该是商帝辛，名受。古时"受""纣"通用，纣又含有贬义，后人常用纣，"助纣为虐"，丢弃了"受"。他是商王朝第三十一帝，称帝辛，在位五十二年。受是他父亲的小儿子，他幸运地是子以母贵，他妈生他时从贱妃升为正宫，得了继承权；他哥微子启倒霉就倒在他妈生他时还是贱妃。同母所生，来得早不如来得巧。受的个人天赋很优秀，体格健壮，有勇有智，能言善辩。只是登基以后，优点蜕变成缺点，优秀蜕变成罪恶。商朝到他父亲帝乙时已呈亡国之象了，纣王接下了这个破烂摊子。他处于迷局中不可能看清自己是商朝的句号。他的作为是想延续江山，实际是帮助敌对势力为掩埋商王朝挖坟墓。他错在：一是轻慢上帝。在全民都信上帝的社会，作为天子轻慢上帝就是罪恶。他的名言："不有天命乎？是何能为！"意：我不是负有天命吗？人家又能把我怎么样！这句话广泛受到抨击。二是我行我素，孤家寡人，听不得批评，打击甚至处死提正确意见的人。由此造成领导集团分崩离析。比干死，微子亡，箕子囚，成商纣孤家寡人的恶行而万古难消的标志。三是不顾百姓死活，普遍活人殉葬，杀活人祭神。奴隶不得温饱，全国奴隶大逃亡。四是富一家穷万家，苛捐重赋，连小贵族也叫苦。五是连年用兵，闹得全国兵荒马乱，盗匪横行，社会难得安定。六、个人生活腐化。收罗天下奇珍异宝，嗜酒贪色，尽享人间欢乐。

"观其生"，此君独享君威而不行君道，不干君事，已经堕落成犯有重罪的平民，不配尊称君子。"君子无咎"，显然不是指纣王，而是另一个人，主持道义的姬昌。纣王的陨落将造就一颗新星姬昌的升起。

第二十七章

晋【武功安邦建国】

坤下离上，晋。康侯，用锡马蕃庶，昼日三接

（坤下离上：卦画结构，坤卦下，离卦上。晋：《说文解字》说，"日出万物进。"具有进行，生长，变化，发展等义。晋是武器存放的象形字，象征征战、讨伐。锡马蕃庶：锡：赐。马：马和车。蕃庶：众多。接：接见，接受。接为捷的借用字，捷，战胜。）

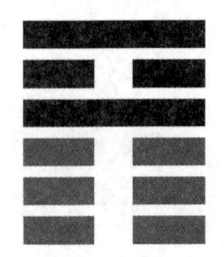

将转盘"地"旋转至外盘"电"的位置，就是晋卦（见夬卦转盘图和左小图）。卦画的二进制意义：111010，十进制：58。

此篇属姬昌主义之西周宏论"武功安邦建国"。

姬昌主义，是在奴隶制社会条件下，贵族阶级进行社会革命的完整的理论体系。它是以姬昌为代表的，包含古公亶父、季历、文王姬昌、周公姬旦四代人百年革命实践经验的总结，是贵族阶级为调整阶级对抗，促进生产力发展，建立有序的阶级统治所创建的理论、方针、政策和策略。它的主要内容包括，天命论的世界观，推翻不适应生产力发展的旧的国家机器商王朝，保障奴隶人权，改善民生，分封诸侯，推行礼治。除了历史背景和阶级矛盾不同，名义上类似于现代的孙中山三民主义，马克思主义。

晋，进也，征战也。晋是一个象形字。晋的甲骨文、金文，下部为插箭的器具，上部插着两支箭，象征征伐，箭向前飞。

"晋，康侯，用锡马蕃庶，昼日三接。"康侯，安邦定国之侯，实指季历。《逸周书·諡法解》："丰年好乐曰康，安乐抚民曰康，令民安乐曰康。"季历当受此殊荣。有人说是武王的九弟康叔。此康叔，名封，小字辈，啃老族。大周开国以后大封诸侯，九弟姬封不够年龄，未得封赏。周公平定管蔡之乱，杀武庚、管叔，以姬封作替补，封于武庚的原封地卫邑。姬封后来因治理卫邑有功绩，后人尊称卫康叔，康叔非实名，是一种颂扬的意思，有如季历被称之为康侯。姬封后来是朝廷司寇，但史上未见其战功，且他与那个轰轰烈烈的时代已经相去甚远。

"康侯用锡马蕃庶，昼日三接"，季历奉王命，攻伐狄夷，一日三胜，俘获众多，建功立业，上有功于国家，下造福于侯国人民。朝廷上下对季历刮目相看，商帝对其信任有加，赏赐众多。（此句文字和标点可能有传抄错误，以致众多《周易》版本书写不同。）

初六　晋如，摧如，贞吉。罔孚，裕，无咎【前进中的挫折】

（晋如：前进，晋升的样子。摧如：遇挫折而退却的样子，摧枯拉朽态势。罔：不。孚：信。裕：宽裕，宽容。）

"晋如，摧如，贞吉"：周人的进军，摧枯拉朽，敌人闻风丧胆，望风披靡，是一个很吉利的兆头。西周的武功，造就了朝廷疆域西部几十年的平静。但是周人太单纯太天真，正当周人一帆风顺时，周人失了大将，朝廷杀了季历。朝廷言而无信，"罔孚"，使用了欲擒故纵的计谋，先给予重用、升官、大奖，然后突袭、加罪、处死。兔死狗烹，周人当猎狗当到了头。这一击使周人回不过神，大丧元气。但是，一个有生气的部落，就像一棵幼嫩的树苗，见着阳光雨露就茁壮成长。给予充裕时日，看看吧，周人还是周人，顶天立地的汉子，不会倒下去，还是弄潮儿。"裕，无咎。"

《象》调侃说："晋如摧如，独行正也。裕无咎，未受命也。"

我理解他说的意思是："周人太不像话，目无朝廷，未接到命令就蛮干，简直是无政府主义。"春秋时代，诸侯纷争，征战频发，礼崩乐坏，儒家反对征战，这种思想在解《周易》时无不流露。

六二　晋如，愁如，贞吉，受兹介福，于其王母【王母力挽巨澜】

（兹：这个或那个。介福：大福，宏大的福祉，福泽。王母：姬发祖母太任。）

战争是流血的政治，投入战争的人在第一线，血肉相拼，生死相搏，活鲜出去，死尸回来。所以有些文艺作品避开描写战争的残酷场面，避免给读者带来伤感，让人泄气沮丧。商帝是干政治的，他握着一杆秤，时刻在衡量战争胜负对自己有什么好处，指挥战争的人对自己会不会造成威胁。他心中定了一个度，谁过了度，立即剪除。季历在战场掌控着敌人的命运，而商帝则掌控着季历的命运。季历的价值既然使用净尽，留着对商是威胁，只有杀之，商帝们才可以安然入睡。季历死，对周人来说是悲痛的，特别是季历的遗孀太任。她是贤妻良母之典型。诗经有大明一篇，部分章节歌颂她的贤德。《诗经·大明》："明明在下，赫赫在上，天难忱斯，不易维王。天位殷适，使不挟四方。挚仲氏任，自彼殷商，来嫁于周，曰嫔于京。乃及王季，维德之行。太任有身，生此文王。"没有季历的西周，由太任当家，姬昌继父位，太任辅佐。国家保持稳定和发展，渡过难关。

"晋如，愁如"，周人军事的节节胜利，对朝廷作了贡献，对西岐的军事建设经济建设政治建设都起了难以估量的积极作用。"晋如"。季历之死，造成一定困难，使国人发愁。"愁如"。悲痛和仇恨变作力量，"贞吉"。西周继续健康发展，人民安居乐业，国母太任功不可没。"受兹介福，于其王母。"武王立周，废帝为王。当代国君姬发为"武王"。追封已经死去的姬昌为"文王"，季历为"王季"。对于姬发姬旦辈来说，季历之妻太任，理所当然为"王母"。当姬发主政以后，也没有忘记她的历史功绩。

六三　众允悔亡【群众中蕴藏有无限力量】

（众：民众，大众。允：信任。悔亡：昔有悔今其悔去也。）

姬氏部落由于远古政治上的挫折，长期以来在黄土高原西部频繁迁徙，垦荒辟地，种植放牧，获取基本生活物资，养活部族人口。部族内部大家同舟共济，没有明显的贫富之分，贵贱之别。部族首脑只是家长，领头人，生产生活的组织者。他们不脱离生产，带头垦荒，带头耕种。他们以普通农人的身份出现而肩上又负有关照全部族的重任。因此他们与群众水乳交融，形成原始的朴素的群众观点。他们耳濡目染、身体力行，理出了对群众的更高认识。归纳之：一、群众是财富的源泉。大家干活，大家享受，不干活就锅盘朝地碗朝天，喝西北风。勤快点，粮食满囤，猪羊满圈。二、群众是力量的源泉。垦荒耕种靠大家，荒山变良田，河滩变绿洲，豺狼来了大家打，强盗来了一起追。平时务农，战时当兵。拿棒拿刀拿石头，修车修路修城墙。三、群众是优良品德的源泉。勤劳刻苦，尊上爱幼，谦虚，团结，友善。环境造就了周人淳朴，和睦，忠厚。四、群众是智慧的源泉。周人种植的技巧，农耕工具的创新，生活用具的改善，无不体现周人的才智。姬家代代领头人集周人的优点于一身，反映周人的精神面貌，又主导反馈教育他的民众，在自己圈子内形成良性循环。

西周群众成分随时间前进而不断改变，原周人是基本群众。后来邻近部族仰慕周人的富有，纷纷携家带口加入周的家园。还有，商朝晚期政治腐朽，造成奴隶大逃亡，生产遭破坏。有些奴隶逃到西周求生。西周出政策调整阶级关系，满足形势需要，不搞活人殉葬，保证劳而得食。这批求生者都成了周的生产积极分子。还有，打仗的俘虏，除顽固骨干以外一般不杀，少数回老家，多数留下当奴隶，也成了周的劳动力。

以上四种人融为一体构成西周崛起的基石。他们对生活充满乐观，对明天抱有希望，对领导给予充分信任。"众允。"季历被杀，造成周人的思想混乱，经过姬昌太任收拾残局，重新梳理，振作鼓舞，原有的一些悲观情绪一扫而光，"悔亡"。西周继续迈入康庄大道。

周人众志成城，岐山不倒。

九四 晋如鼫鼠，贞厉【阻挡不住的洪流】

〔鼫 shi 鼠：鼠的一种，又称硕鼠。贞厉：象征谋事危险。〕

硕鼠，一种大型鼠。《说文解字》称五技鼠，飞、爬、游、掘、跑，但技术不高。"能飞不能过屋，能缘（爬）不能穷木（上不了树梢），能游不能渡谷（过不了河谷），能穴不能掩身（打洞遮掩不了自己身躯），能走不能先人（落后于人）。"

老将军死了，军事上后继无人。西周人眼下能做的是，确立政治接班人，整顿队伍，安抚民心，总结征战经验。国不可一日无君。公元前1114年，季历被杀，儿子姬昌去甘肃办理后事，回西岐继位。这时的姬昌二十五岁。国虽有君，也有武装总司令。可是这位年轻人，没有战争经历，不会打仗。西岐内部也因突然失去老统帅一片沮丧，对征战没有信心。这时的西周犹如鼫鼠，具有许多本事，却干不了大事，处于一个很脆弱的阶段。如果商王乘人之危狠捏一把，或者某邻国诸侯想发点横财乘机捞一把，西周都是无能抗拒的。"晋如鼫鼠，贞厉。"历史没有按照假设行进，西周有一位好王母，她由家庭主妇变为政治主妇，由后台走向前台，与儿子一道，带领西周人励精图治，稳步发展。

《象》曰："鼫鼠贞厉，位不当也。"

大意是，鼫鼠那点伎俩，象征危险，别想干什么大事，因为"位不当也"。所谓"位不当也"乃是卜得一个阳数，占了第四爻这个阴位，阴占阳位，不当。

六五 悔亡，失得勿恤，往吉。无不利。【理论建设】

（悔亡：昔有悔今其悔去也。恤：忧。）

姬昌继位后不几年也经历了一次失败的战争，此后真的偃武从文，安心总结经验，著书立说。据《逸周书》载，"纣作淫乱，民散无性习常，文王惠和化服之，作《常训》。上失其道，民散无纪，西伯修仁、明耻、示教，作《文酌》。上失其道，民失其业，时逢凶年作《糴匡》。文王立，西拒昆夷，北备猃狁 xianyun，谋武以昭威怀，作《武称》。武以禁暴，文以绥德，大圣允兼，作《允文》。武有七德，文王作《大武》，《大明武》，《小明武》……"此外还有十余篇，都是关于政治经济军事的，如《九开》、《刘开》、《文开》、《保开》、《八繁》、《丰保》、《大开》、《小开》、《文儆》、《文传》、《丰谋》，等等。姬昌在他的革命生涯中形成了他独立的思想体系，他的儿子姬旦，更加丰富和发展姬昌思想（孔子后来创儒教，尊周公姬旦为儒家先驱，许多理论都从周公处搬来，他们忽略周公是军事统帅）。

《逸周书》载文 71 篇，记录文武周公事，有的出自姬氏父子手笔，有的是史官所记，有的是后人追述，基本反映了那个动荡年代姬昌父子的活动和思想。此书当时以竹简形式官传。孔子仅仅选择极少篇幅进入经传。现代学者袁宏点校说："《逸周书》流传久远，多有颠倒脱讹之处，且文辞古奥晦涩，如《器服》等篇，颇难句读。"由于种种历史原因，《逸周书》基本保持"天书"原貌。

姬昌父子的理论，我们用现时流行语言称之为"姬昌主义"是有客观根据的。孔子虽然念念不忘周公，但是儒教与姬昌主义有根本不同。最大区别是姬昌主义主张革故鼎新，文武并用，以武为主；儒教主张守成，修身养性，以文为主，很少情况下，辅之以武。

"晋如鼫鼠"，西周是鼫鼠，面对现实，不抱幻想，能力有限就在家待着吧。不计较一时的得失，目光向前，视野放宽，慢慢地，鼫鼠可能就培养成能上天入地的蛟龙了。"悔亡，失得勿恤，往吉。无不利。"

上九　晋其角，维用伐邑，厉吉，无咎，贞吝【雄起】

（角：动物的角，角是动物的攻防武器，转义为争斗，比试。维：虚词。贞吝：艰难的征兆。）

几十年以后，鼫鼠脱胎换骨，变成一头大黄牛，骨骼粗壮，肌肉结实，身板灵活，角尖向前弯曲，凶，猛，好斗，就是我们在电视里看到的西班牙斗牛士骑的那种。这头牛就是西周。商帝先以为它桀骜不驯，放进笼子关了七年。七年考察发现，它是忠于他的。（错觉！）商帝自信他可以驾驭它，于是放它登场，英雄有用武之地。姬昌出狱，六十五岁，勇猛不减季历，计谋超过成汤。在他周围还聚集了一帮天才智囊，母亲太任，妻子太姒，儿子姬旦、姬发，军师姜尚，谋臣散宜生，贴心族侄姬高、姬奭。这些人在一起，形成铁拳头，击到哪里，哪里开花。同时，姬昌所率的是一支效忠又效死的西周兵，他们为头头打仗，也为自己打仗，死都不怕还怕啥？按照姬昌的策略，稳住中心，遍扫周边。他们打着商帝的旗号，（纣王出自内心授予的）金戈铁马，杀奔战场，先后收拾掉犬戎、密须、耆国、邘邑、崇国等。更让后人发笑的是，西周大动刀兵，准备对商王朝大卸八块，商帝还以为西周在为自己卖力。西周人得了便宜唱雅调："晋其角，维用伐邑，厉吉，无咎，贞吝。"杀鸡用牛刀，打这么些小方国，本就划不来，还怪费事的。

商纣的丧钟，不远的日子就将当当作响。

第二十八章

剥【西周人的蚕食策略】

坤下艮上，剥。不利。有攸往

（坤下艮上：卦画结构，坤卦下，艮卦上。剥：剥除外壳，剥离，剥开，剥落，剥蚀；刺探。）

将转盘上的"地（坤）"旋转至外盘"山（艮）"的位置就是"剥卦"。见归妹卦转盘图和右小图。

姬昌的岐周，商纣王的商朝，是两个力量相差悬殊的政治集团。表面上是从属关系，周从属于商；实际上，由于发展的不平衡，商在衰退，周在崛起，周对商具有挑战性。双方都在明里暗里进行殊死的博弈。周欲灭商而代之，商必杀周于羽翼未丰。姬昌是局中人，他自己遭棒杀，但是他又在积蓄力量准备下一击致对方于死地。

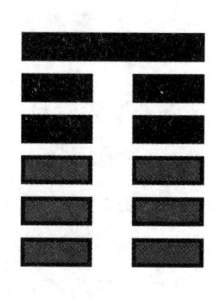

"剥卦"是周人准备下一击致对方于死地的战略战术之一。"卦"字在这里毫无意义，剥的意思是周人要用剥蚀、分解的办法，把商吃掉，消化掉。

卦辞"剥不利有攸往"，原词是没有标点的，后人根据自己的理解断句。本句的断句历来是：剥，不利于有所行动。但是我们如果在"不利"后再断句则成"剥。不利。有攸往"。意思变为："剥"，虽然不利，但是可以有所作为。后一种断句更切原意。还原姬昌的心里话：必须对商进行解剖、分解（剥），可能会遇到困难和挫折，"不利"，然而符合长远利益，"有攸往"。

《彖》曰:"剥,剥也,柔变刚也。不利有攸往,小人长也。顺而止之,观象也。君子尚消息盈虚,天行也。"

意:剥,就是剥落衰败,阴柔增进,侵蚀改变阳刚的性质。不利于有所前往,说明小人的势力增长。君子这时应当顺应时势,停止行动,观察卦象可知此理。君子崇尚事物消亡生息,盈盛亏虚的变化,这是宇宙运行的自然法则。

所谓"柔变刚也"、"君子尚消息盈虚,天行也",都是"十二辟卦"的说法。"十二辟卦"又叫"消息卦",是汉朝人孟喜的卦气说。"消息卦"规定,"剥"表示阴历九月。从阴历五月起,卦画的阳爻减少,阴爻增多,至九月阴增到五,阳降到一。剥卦画五阴一阳。所谓"阴长阳消"。此前五六百年的孔子根本不知道这些新发明,明显是汉朝人假借名牌卖水货。北宋欧阳修提出"十翼"不是孔子所作,这也是证据之一。

初六　剥床以足,蔑贞,凶【初试牛刀,刀缺】

(床:人的卧具,古人把坐具也称床。蔑:轻视,蔑视。贞:正,正统。)

"剥床以足",床:木质卧具或坐具。《通俗文》:"床,三尺五曰榻板,独坐曰枰,八尺曰床。"这里说的是"龙椅",指代帝王的座位,商王朝的江山。周人发誓要对现存江山进行剖析分解。这件大事从基底开始。"剥床以足。"要知道糖葫芦的味,你得先尝一尝。古公亶父,季历是先尝糖葫芦味的人。他们蔑视正统,"蔑贞",以掘墓人自居。先当属国,为朝廷立功,在征战中扩大自己,力争双赢,观察朝廷对自己的态度。这一步有得有失,得者,练了兵,拉了武装,失者,丢了大将,季历遭杀。"凶",周人第一次受到挫折,得了一个凶兆。

六二　剥床以辨,蔑贞,凶【再试牛刀,口卷】

(辨:通辫,床垫,用麻或草编织成辫状,再穿以纬筋成床垫、坐垫。)

周人没有退缩，前赴后继。这回是姬昌出台，向前推进一步，他领兵直接跟朝廷打仗，进行火力侦察。"剥床以辨"，侦察兵从座位的脚下探到了坐垫，或说先探到床足，进一步探到床沿。这也是一位蔑视正统，"蔑贞"，不畏强权的人。商朝廷也没有客气，抓住他的手，把他摔在地上，差一点摔死。姬昌丢盔弃甲，死了不少人。"凶"。周人第二次受到重大挫折，又得了一个凶兆。

《象》曰："剥床以辨，未有与也。"

意：座床剥蚀已达床头，没有得到呼应，即没有得到帮助。

卜筮规定二五两爻爻象相异为应，相同为非应。剥卦中的二五两爻同为阴，故非应。即"未有与"。

六三　剥之，无咎【修磨以待，顺畅】

周人冷静下来务虚，开展大讨论、大总结。

教训：缺乏对敌人的深入调查了解，对敌我军力缺乏正确估计，主导思想先盲目（季历）后轻视（姬昌）。

经验：摸清了双方的家底，摸清了双方的心理状态，我怕他七分，他怕我三分。综合其他零碎现象观察，商这个庞然大物，金玉其外，败絮其中。

结论："剥之，无咎。"不用后悔，继续再剥。

行动：继续开荒垦地，扩大耕地面积，改良土壤，逐步做到积蓄五年粮食，井田制度不变；减少课税，保证劳动者温饱，家有余粮，各级粮仓有存；提倡生活简朴，贵族饮食穿戴不可太奢靡，体力强壮的要下地干活；简葬，改变用活人殉葬恶习，以狗代人（20世纪初，考古工作者在岐山周原发掘周墓九十多座，未见人殉遗迹，只见棺木底部腰坑有狗骨）；对有过错者轻罚，给予改造机会，给予出路；练兵，兵不脱产，亦农亦兵，十年训练一万兵，力争二十年有三万兵，养马，造车，做到大战时能出车三百乘，储备与此相适应的粮草；对外实行睦邻友好政策，不轻易武力加人，平等相待。看看，岐山一片忙碌，领导得力，政策得当，措施得体，富国强兵，独具风骚。

周人想，没有金刚钻，不揽瓷器活儿。自己没有个五大三粗，何以去治别人？

纣王遇到聪明又踏实的周人也是活该倒霉。

《象》曰:"剥之无咎,失上下也。"

意思:剥蚀不会有过失,因为三爻的上下爻都是阴,自己从同类中脱颖而出选择新路,跟上九搭上应与关系,变逆境为顺境。

我们在对"象象言论"的分析过程中看出,卜筮和义理两派都依卦画立言,相信卦画法力无边。但是我们知,卦画只是二进制数码的组合,不存在那说不清的神秘,预示不了人事祸福,也倾诉不了义理衷肠。以长短棒棒推理,哲学先生变成了算命先生,算命先生变成了哲学先生。两家都进入死胡同。古今史上,有时愚者迷信,有时智者更迷信。

六四 剥床以肤,凶【三试牛刀,脱手】

(肤:皮肤,床被。高亨《周易古经今注》,肤为肩胛骨。)

"剥床以肤":烛光暗淡,宫廷里那位坐在龙椅上的人似在打盹,侦察兵进到宫廷已经摸到了他的床被,摸到皮肤,肩胛,双方触电。纣王惊醒大叫:"有刺客!"武士蜂拥而来,侦察兵逃遁。纣王平静自语:"可能是梦幻吧。"

姬昌一点也不梦幻。公元前1102年,帝辛元年,他被朝廷任命为公,三位大公之一,进入领导核心,给纣王当参谋。西周人梦寐以求的就是近距离接触纣王,认识纣王,掌握纣王。这一下纣王近在咫尺。纣王何许人也?身强力壮而贪色,能言善辩而不务政,头脑聪慧而不慈善,图享乐而不顾民生。姬昌暗暗叫好,这么一位糊涂人哪里是我们岐周人的对手。我儿子任何一个都比他强。正当姬昌得意时,那糊涂人做了一件不糊涂的事:囚姬昌于羑里,无期徒刑,还借故杀了姬昌的大儿子伯夷考。周人第三次受到了重大挫折,凶险之极。西周有夭折之虞。"剥床以肤,凶。"

《象》曰:"剥床以肤,切近灾也。"

意思:寝床剥蚀已达床面,剥者迫近灾难。

卜家的说法,六四居艮体,艮为表面,为肤,故曰剥床以肤。人卧于床,身与床接近密切,剥及床面就是近于灾祸,故凶。此爻与五爻天子比邻,有犯上之虞,所以,"切近灾也"。

谁规定五爻为天子?只有到汉朝以后的易经中去找。《周易》中没有,如果排除后人的掺和,孔子言论中也没有。只有后儒定"五爻为天子"，后来的人也推崇这一说法。

六五　贯鱼，以宫人宠，无不利【刀尖见骨，得手】

（贯鱼：像游鱼一样一个接一个前行。宫人：宫中妃嫔。）

那糊涂人终究还是糊涂人。纣王得了好处，放姬昌出狱，他认为姬昌关押七年，洗心革面，改造成功，且人才难得，立即恢复官职，授予军事大权。姬昌跟随一班大臣出入朝廷，"贯鱼"，受到纣王的如他宠信妃嫔般的宠信，"以宫人宠"。昨天是阶下囚，今天是座上客。这对周人来说，无疑是振奋人心的好消息，"无不利"。

《象》曰："以宫人宠，终无尤也。"

意思：在君王前，受到嫔妃般的宠爱，终究没有后顾之忧。

《系辞下》第九章说，三与五，同功而异位，三多凶，五多功，贵贱之等也。其柔危，其刚胜邪。

卜家约定五爻为至尊，堪比天子、诸侯。"五多功，贵贱之等也。"姬昌写"以宫人宠"，指自己处诸侯位，受宠于天子，有利自己开展工作。《象》说的"以宫人宠"，没有具体朝代、具体人。泛说而已。但是肯定"终无尤也"，排除"伴君如伴虎"，祸福同在的说法。

上九　硕果不食，君子得舆，小人剥庐【盘中盛宴，爽口】

（硕：大。舆：大车；舆图（多指疆域图）。剥：破败。庐：房舍。）

"硕果不食"，不吃甜美而硕大的水果，不为硕果所诱惑。为什么？"君子得舆，小人剥庐。"具有远大胸怀的君子，目标不在眼前的小利，不像得到一间破房子就心满意足的小人，君子所追求的目标是天下。舆，一般解释为车、轿。孔子在《周易·象传》中说："君子得舆，民所载也。小人剥庐。终不可用也。"意思是，君子得了大车，老百姓可以载他，小人得间破屋子最终不可用。"舆"有另外的含义：大地，中华九州大地。《正韵》：堪舆，天地之总名。《前汉·艺文志》堪舆金匮十四卷

【注】 堪天道舆地道。《史记·三王世家》：御史奏舆地图。舆图即地图、疆土。

姬昌在剥卦里宣告了周人的最终目的："得舆"。现实环境又不容许他鲜明地打出自己的旗帜。所以用这模棱两可的语句让人们去发挥，使你抓不住他的小辫。事实证明他的成功，连孔子这样的大学问家都踩了他的陷阱，纣王他们那初小文化就更不用说了。

周人对商舆即商的疆土大肆剥离。首先，周人对朝廷怀二心，从属是假，利用是真。拥护是假，拆台是真。属国之名，叛国之实。周人第一个从商舆上剥离了。其次，周四周的邻国被周软化、感化，弃商归周，有近十个方国从商舆剥离了。再次，姬昌出狱以后，纣王授予他军权，姬昌以合法名义，趁机大捞了一把，征服犬戎、密须等七八个诸侯国，使商的土地变为周的土地。周一步步蚕食，商的疆域三分之二落入周人手里。再进一步，商人必死无葬身之地了。纣王糊涂就糊涂到顶了，丢了三分之二的土地，还把西周人当铁杆保皇派，高枕无忧。直到周人打到他的前院，他才醒悟过来，但是已经晚了。一场牧野决战，一天时间，江山易帜，朝廷改号。一天时间，真是一天时间，没有加毫厘夸张。那一天是甲子日，好记。

姬昌是天字第一号潜伏特务。潜伏之深，深到对方心脏，令对方到死的前几个时辰才发觉上当。

潜伏的成功不是只偷了一张舆地图，而是那张舆地图所表示的大好河山。

为了彰显姬昌的功绩，后人在岐山立了一块石碑，碑的正面，镌刻"忠心报国"，背面，镌刻"赐我河山"。"忠心报国"是手段，"赐我河山"是目的。公元前780年，周幽王二年，大地震，岐山崩，那块石碑被埋入土中，从此不见。但是他的精神却得到发扬光大。

第二十九章

比【比较优劣,求实的认知方法】

坤下坎上,比。吉。原筮:"元永贞无咎。不宁方来,后夫凶。"

(坤下坎上:卦画结构,坤卦下,坎卦上。比:比较。原筮:引用原易经之卜辞。元永贞:宏大而长远的美景。宁:安宁。方:方国。夫:方国国君。)

取出转盘,将内盘的"地(坤)"对准外盘的"河(坎)"就是"比卦",见旅卦转盘图和右小图。

人类是群体,结群而居。首先是男女结合,没有男女结合,则没有繁衍,人类就不存在。男女二人结合,产生子女,人数增加,至少三人以上。子女初生,不能像鱼儿那样自己谋生,而必须由成年人抚育训练直到能独立取食。人又是会衰老的,失去谋生能力的老人,不会像牲畜那样立即死去。动物世界普遍存在抚幼不养老,唯独人类特殊,抚幼又养老。人类的生存要求决定了生存方式是群体的、社会的。群体有小群体、大群体。社会上按奴隶主划分为大大小小的群体。有了群体就有差别、有矛盾、有争斗。比卦,比较、评比的意思。要比较必须有参照物,像数学里的坐标系,规定一个原点,然后按距离原点的远近确定两点间数值的大小。人类要比较的内容繁多。姬昌要比较的是各个奴隶主群体的优劣,即中央王朝与地方诸侯,诸侯与诸侯,诸侯内部家族与家族,主子与奴仆等,属政治经济范畴。比较群体优劣的原点是物质条件的差异,特别是相同物质条件下的道德观念。

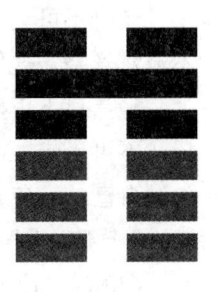

在相同物质条件下,我这里上下和谐,你那里猛争恶斗;我这里朝气

蓬勃，你那里死气沉沉；我这里路不拾遗、夜不闭户，你那里偷抢成风、国无宁日，等等。这都反映人们精神面貌的不同。

事实说明，群体是在相互比较中竞争，优胜劣汰。

"比，吉。原筮，元永贞，无咎"：从比较中，避开凶险，求取吉利；原先的卜筮已经告诫，"比较之，谨言慎行，必长治久安，没有祸殃"。诸侯君主在对待大国君王的关系上，要特别注意"不宁方来，后夫凶"的教训。

"原筮：'元永贞无咎。不宁方来，后夫凶。'"姬昌特别注明这里引用了原筮卜辞，说明《周易》不仅采用了易经体裁，有的地方还引用了老易经的卜辞和典故。"不宁方来，后夫凶"就是古老故事。

不安宁的方国国君来朝见大国天子，后到者将会自找倒霉。这是古人定的一条铁律。天子用时间先后之比较看诸侯对自己的忠诚程度，史上不乏实例。《竹书纪年》载：夏"禹八年春，会诸侯于会籍，杀防风氏"。《鲁语》："昔禹致群仙于会籍之山，防风氏后至，禹杀而戮（lu）之"（杀死并陈尸示众）。天子召集诸侯来见，圣旨下，你吊儿郎当，慢慢吞吞，就是心中无天子，对天子不忠；不杀一儆百，天子之威何以立？姬昌是诸侯之一，禹杀侯的事铭记在心。他以"后夫凶"提醒自己，对待纣王，丝毫不可马虎，稍有闪失，脑袋搬家。虽然内心讨厌纣王，而表面从不流露丝毫。这使纣王特别放心。

姬昌目下正坐牢，命悬一线，想到这一层，倒吸一口凉气。此命千万斤，不可不惜。前车之覆后车之鉴。"比，吉"。对照古人的经验教训，告诫自己，可免杀戮之灾，获得吉祥平安。

"十翼"《杂卦》说："比，乐"（比是乐的意思）。

《象》："地上有水，比。先王以建万国，亲诸侯。"

意思："地上有水，比"，说的是比卦卦画坤下坎上，坤为地，坎为水。易经理论，比是亲和的意思，引申出"先王以建万国，亲诸侯"，语句成立，只是对社会没有实用价值，先王谁？后王谁？到了民国初，军阀割据，谁亲谁？

《彖》："比，吉也。比，辅也，下顺从也。原筮元永贞，无咎，以刚中也。不宁方来，上下应也。后夫凶，其道穷也。"

M：《彖》是对卦辞的主评。"比，吉也"：引卦辞原句。

"比，辅也，下顺从也"：评议坤；坤为地、为母、为母牛、为阴柔、为温驯、为顺从，由这些看是优点又是缺点的属性，坤只能发挥辅助作用。

"原筮元永贞，无咎"的原因是"以刚中也"。评述上卦坎，坎为中男，处中位，九五是皇上位，阳处阳位，有这几点狠处可以保住"元永贞，无咎"。

"不宁方来，上下应也"：不宁方是下六二，来找上九五相亲，果然情投意合，阴阳相应。

"后夫凶，其道穷也"：指上六，比卦阴盛阳衰，五阴一阳，上六处末位，唯一男性被人瓜分了，她来晚了，连接个吻都是奢望。

从解卦过程，我们看出姬昌和儒家解卦的分歧点：《周易》的"卦辞爻辞"，统属姬昌言论，属原创著作，与易经理论没有关联，不涉及卦画如何变化。儒家则把卦画和姬昌言论两者合一，用卦画变化解说姬昌言论，并加进自己的感叹，极力把姬昌言论变成易经理论。

初六 有孚比之，无咎。有孚盈缶，终来由它，吉【不比不知道，一比，方知诚信最重要】

（孚：信用。缶 fou：①肚大口小的瓦器，用以盛酒浆，或打井水。②瓦制的打击乐器。③量词，十六斗为一缶。它：别的，意外的。）

孚，信用，诚信。对事物进行比较，评比，必须以诚信为本。诚信就是实实在在，透明，可信。根据西周人对社会的观察，人们的思想意识应该着重于四个方面的比较：一、敬畏上帝，正确处理人神关系。上帝主宰一切，行善者上帝保佑，行恶者上帝严惩。二、对上忠诚，正确处理君臣关系。君王是天子，上帝的血脉，臣僚是奴仆，忠心不二。——不过纣王逆天行道，已经降为庶人、"独夫"、"一夫"，另当别论。三、对平级友善，正确处理诸侯间的关系。四、对下级慈爱，正确处理自己与群众的关系。这几条也适用于所有人，每个人都有上下左右。只有建立在诚信基础上的比较，才会有真实的结果，"有孚比之，无咎"。信用程度越高，"有孚盈缶"，就像盛装酒水的容器缶，给人以谦恭、包容、沉稳、朴实无华的感觉。比之可靠，可得意外之吉，"终来由它，吉"。

六二　比之自内，贞吉【不比不知道，一比，西周可骄傲】

　　这时的姬昌是诸侯，国是方国。他的国家是和谐的，用四条衡量，给人以乐观的印象。大家都信仰上帝，都相信上帝把改朝换代的历史使命交给周人（受天命），不执行天命反而是罪人。大家都喜欢姬昌，姬昌自幼有祥瑞，为人聪明，能文能武，温和好义，有领袖风范。他的话可以立即变为国人的行动。人们对他的忠心是真诚的。国人之间互相友好，农民不争田地疆界，"农夫互让其畔"（史记语）。领导对下级慈爱，信任，用有所长。主子对奴隶，尊重人格，不虐杀，给以温饱，没有奴隶逃亡。当时奴隶因不堪虐杀和饥饿难忍而大批逃亡是商国的普遍现象。西周则独树一帜，社会秩序良好。因此，"比之自内，贞吉"。

六三　比之匪人【不比不知道，一比，看穿恶人吓一跳】

　　匪人，什么人？盗匪抢劫犯？抑或是纣王？都是。对老百姓来说，他们是一路人。《周易》中，一般把纣王比作匪人。帝王可以归于匪类吗？杀人越货，盗匪直接干，纣王间接干，手法不同，实质一样。拿四条比照他们，条条不合格。他们是异类。跟他们不能来诚信。因为他们丧失常道，缺了人性。姬昌问：跟纣王来诚信吗？你就做驯服的羔羊吧。光驯服还不行，他高兴起来觉得羔羊肉鲜嫩要尝尝鲜就把你杀了。

对纣王耍两面派有极大的风险，到处是纣王的耳目，还有一些人想找垫脚石，例，崇侯虎。另一些人属习惯势力，臣子必须忠君，犯上作乱，灭族。他们不赞成武王伐纣而离开周，认为西周是逆臣贼子。例，伯夷、叔齐。名叫鱼辛的，可能懂点星相学，在武王伐纣时，谏曰："岁在北方不北征"，不好直说武王违背臣道，拐弯抹角说星兆不吉。武王未予理睬。这都是后来的事。姬昌时代，姬昌在朝廷做官，继之被囚禁，他明知四条之一的忠君，西周人做起来很难，思想上的坎过不了，并且也有灭族的风险，几百号人的性命不是小事。这一点一直影响他下决心，以至几十年举棋不定。

六四　外比之，贞吉【不比不知道，一比，仇家就和好】

　　基于诚信的四比，把周人拧成一股绳，强盛自己的邦国。示范内比，影响外比，友好及于邻邦。对外是和平共处，可以示范，不可以推行、强加。就像虞芮两侯斗得像公鸡，找西伯评判。到西周国内一看，人家底层平民都有君子风度，自感惭愧，自行息讼。诸侯们知道了，都说，西伯真是受了天命，将来可以成为君王。示范作用带来种豆得瓜的结果。

九五　显比。王用三驱，失前禽，邑人不诫，吉【不比不知道，一比，做人须知境界高】

　　（显：①明显，显著。②显露。③显扬，传扬。王用三驱：网开一面，给予一定出路。诫：告诫，警戒，戒备。）

　　比，比较，评比，只是一种治国、修身的方法，着眼于思想意识、道德准则的锤炼。鉴于此，必须在特定的范围给予比较的条件，这条件就是前述四条。在诚信的前提下，按四条进行比较，使人们学有榜样，行有准则。四条是当时的道德规范。虽然没有文字写在什么地方，但是，根据西周前后许多历史事实，概括四条是有根据而又实用的。将其发扬光大。"显比"，将有诚信有内容的比对，显扬开去、传扬下去，大大有助于建立和谐稳定的社会。

　　"王用三驱，失前禽，邑人不诫，吉。"引用一段历史故事说明道德规范不是法律，法律适用于有限的范围，道德规范则传扬久远，没有时间和空间限制。

《史记·殷本纪第三》：成汤外出，见有人四面张网，并祷告说，天上飞的地上跑的都到我网里来。成汤说，唉，那不一网打尽了吗？于是那人去掉网的三面，又祷告说，想从左边跑的，跑吧，想从右边跑的，跑吧。不想要命的，就到我网里来。诸侯听到这件事，都说，汤的德行至高无上，连禽兽都得到恩惠。

汤的德行，就是四条中的第四条，对下级慈爱。慈爱扩及禽兽。

原故事中是网开三面，后来演变成网开一面，意思不变。

"邑人不诫"，不论是本邑还是外邑人，都以诚信相交往，互相友好，不存在戒备之心，不对对方设防，关系融洽。吉。

周人用这故事激励自己，爱人，及于禽兽，但是，不爱敌人。

上六　比之无首，凶【不比不知道，一比，纣王消融了】

（首：①头。②首先，第一。③首要，重点，关键。）

以我为之中心，人际关系方面有上下左右，这是矛盾的普遍性。四条标准处理四种关系，但是还有矛盾的特殊性。在比较中，不可不抓住主要矛盾。如果泛泛而比，没有重点，不突出关键，"比之无首"，那是消极的比，"凶"，逆来顺受，那只能是做一个好臣民，而不能在历史的转折时期有所建树。当下的主要事情是西周方国和殷商王朝的比拼。商是宗主。西周是商的属国，领属关系，适用于四条中的第二条：对上忠君。忠，人们历来不赞成愚忠。所谓愚忠，就是盲目地，不加分辨地服从和执行君王的旨意。臣不忠君，君王认为臣已失去作臣的资格，可以杀戮。反之，君不敬畏上帝，也不爱护臣下，视臣民如草芥，则臣民对此君也可弃之杀之。姬昌面对的纣王就属于该弃该杀的君。姬昌从精神枷锁中解脱出来，我行我素，不在乎人家怎么议论，勇猛地向目标冲杀。抨击他不忠

也好，诬蔑他作乱也罢，他选准的事情该怎么做就怎么做。不仅自己，还要带领大家一同做，使商纣从南单之台滚落下来。

谁对谁错，历史自有评说。

西周人不等历史评说，当时他们认定，纣王无道，刚愎自用，滥杀无辜，生活腐化，上失天，下失民……把国家弄得鸡犬不宁。推翻他，消灭他，取而代之，反映全国人民的愿望。西周人不理亏，行为光明正大。

第三十章

遯【奴隶大逃亡，社会大动荡】

艮下乾上，亨。小利贞

（艮下乾上：卦画结构，艮卦下，乾卦上。遯 dun：逃遁，逃亡的奴隶。遯、遁通用）

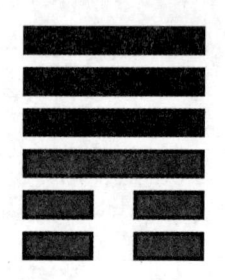

将内转盘的"山（艮）"旋转至外盘"天（乾）"的位置就是遯卦，见屯卦转盘图和左小图。

遁，有多种含义，在本篇中是"逃遁"、"逃亡"的意思，专指奴隶的逃亡和反抗。

商朝晚期出现奴隶全国大逃遁，社会动荡，经济崩溃，史称"奴隶大逃亡"。

商的统治是神权、政权、宗族权三合一。神权：利用人们的宗教信仰，相信贫富、命运都是上天安排的，朝廷是神的代表，最高统治者叫天子。政权：管理社会正常秩序，领导生产；设军队外征内保；设刑罚监狱，惩治违法分子，主要惩治那些吃不饱肚子而偷抢的人。宗族权：皇亲国戚分封到全国各地，全国一家人，商帝是最高家长，形成统治网络。

"三合一"保证商延续了五百多年，最后亡在对奴隶阶级的失策。

商代的奴隶名目繁多，在田野上辛苦干活或狩猎的是农耕奴隶，被贵族称作"畜民"，呼之为众、众庶或庶人；在畜牧中负责放牧，圈养牲畜的为"皂隶"；在贵族家中干重体力活的称家奴，臣、妾、童、仆、宰、奚都属家奴的名号；在手工业作坊干活的奴隶称"百工"。总之，凡干重体力活的都是奴隶，主宰奴隶的是贵族奴隶主及他们的爪牙。

奴隶可以有家室，以保证奴隶生产自身，代代为奴，让贵族代代有奴使唤。奴隶没有财富，他们本身像猪牛羊一样是奴隶主的财富，可以赏赐、买卖、赠送。奴隶的家室安在贵族家大院里或村子里，集体在井田上劳动，由贵族给口粮，难得温饱。为了活下去奴隶只有少吃，吃稀不吃干，吃野菜，吃米糠，吃兽皮。有征战，奴隶必须当兵打仗。奴隶必须服苦役，修水利、筑马路、盖房屋、建城邑……

为了体现神权，从朝廷到地方，祭祀活动繁多，祭天祭地祭鬼祭祖，祭风雨雷电山河。所谓祭祀，核心是一个享字，贵族能享受的，神鬼都应该同等享受。你吃粮，它吃粮，你吃肉，它吃肉，你喝酒它喝酒，你有几个女人，它也要几个女人，你有一群奴仆，它也要一群奴仆。你是活人，为你服务的都是活人；它们是死人、死物，为它们服务的，应该是死人死物。贵族们就把活奴隶杀死，让他们去一个不存在的世界当服务员。这就是商朝社会的惨无人道的人祭，人殉。据出土的部分甲骨文资料记载，有关商代殷墟时期人祭的卜辞达一千九百九十二条，共用作贡品的奴隶有一万四千一百九十七人！还有五百三十一条没有记人数。一次用人最多是五百人。考古人员在河南安阳武官村商帝陵区，清理出一百九十一个祭祀坑，发现有一千一百七十八具用作贡品的奴隶遗骸。其中一部分是男性青壮年，都被砍头；未被砍头的是成年女性和儿童，年龄最小的只有六岁。他们是捆绑活埋的。商贵族建筑宗庙宫室也用奴隶进行人祭。考古人员在河南小屯殷墟宫殿区清理了十六个基址，发掘出用于祭奠的奴隶遗骸，共有八百多人。

上行下效，人殉人祭遍及全国，历时长久。殷墟以外，在郑州、洛阳、辉县和藁城、平谷等地发现的商代墓葬，都有殉葬的奴隶。在山东益都苏埠屯发现商代大墓，殉葬的奴隶达四十八人。奴隶们生命权、生活权被剥夺。为了求生，奴隶们聚众闹事，捣毁青苗，烧毁粮仓，或者逃亡远遁。生产趋于停顿，社会发生政治危机。殷商朝廷为之恐慌，商帝亲自指挥在全国大抓逃奴。许多甲骨上有抓逃奴的记录。

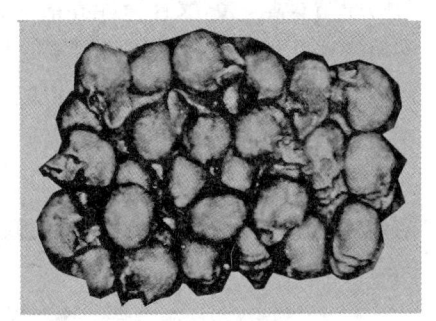

考古发掘的殷商祭祀坑

姬昌生活在那个时代，亲眼见过或亲身经历过商王及贵族们的葬礼祭祀礼（详见震卦），大量血腥的事实在脑子里萦绕。姬昌发现，人殉人祭太残酷，太不合理，有必要呼吁社会改弦更张。

"遯，亨，小利贞。"遯，逃亡，奴隶们被逼逃亡，远走他乡，那是一条生路，"亨"。可是奴隶们的逃亡和朝廷的大肆抓捕，对奴隶、对朝廷来说，仅仅是一种短暂的微小的利益，"小利贞"。如果朝廷不从根本扭转，逃与抓只会愈演愈烈。

《彖》曰："'遯亨'，遯而亨也。刚当位而应，与时行也。'小利贞'，浸而长也。遯之时义大矣哉。"

《象》曰："天下有山，遯。君子以远小人，不恶而严。"

《象》作者从卦画入手，说的是巫师卜辞，然后引出一般性原则，不联系任何朝代而想适用于任何朝代，不限定地方，而想适用于任何地方。时间以千古为单位，空间以天下为单位。

人殉人祭，社会动乱，逃亡，追逃，《周易》作者姬昌不会漠视这一社会现实。《象》的作者不生活在那个时代，写起文章来当然轻松多了。比如《彖》曰"遯之时义大矣哉"，这不是让人哭笑不得吗？对遯是褒呢，还是贬呢？一般说，遯有几种情况，"遯。君子以远小人"算一种。所谓小人诡计多端，君子惹不起躲得起。君子小人是无确定含义的概念。这是那种顾影自怜、政治上失意的社会精英的取向。第二种，君子怀才不遇，愤而避世，遯。姬昌时代缺少的是人才，哪里还有多余人才隐遯。商朝时候还没有出现类似不为五斗米折腰事权贵的陶渊明式的隐士。三千年前的原始农业，也没有条件养活避世的隐士。第三种，就是奴隶求活命，逃遯。这几种情况都谈不上"遯之时义大矣哉"。让人头痛的就是奴隶逃亡。如果换一个角度说奴隶逃亡以对抗贵族"遯之时义大矣哉"，则很有意义，但是具有贵族世界观的人们做不到。

初六　遯尾，厉，勿用有攸往【抓逃愈烈，逃者愈烈】

（初六：卜筮术语，卦的第一爻，初表示一，六表示卜者卜得一个偶数，用短棒记。遯：逃亡，动词转名词：逃亡者。尾：尾随，追捕。）

第三十章 遯【奴隶大逃亡,社会大动荡】

"遯尾,厉,勿用有攸往。"这是一条追逃实录。

据考古人员披露,用人殉葬和作为祭品的制度起源较早,在我国古代社会中也延续了很长时间。在商代,则把人殉人祭推向高峰。河南郑州、安阳,湖北黄陂,河北藁城等地的商代遗址中都发现有以人殉葬的墓葬。晚商时期的贵族和商王的大型墓葬的殉人可达数百人之多。殷墟墓葬区的1001号大墓的殉人,多数都是青少年,其中有几个甚至是幼童。这座大墓共殉葬164人。殷墟王陵东部的武官村大墓呈"中"字形,其规模虽然小于1001号墓,但仍发现殉葬79人。殷墟王陵区的公共祭祀场所早先曾发现1228座祭祀坑,有近两千多个人牲。70年代在王陵区又发现250座商代祭祀坑,其中的191座埋葬有被杀害者的骨架1178具。比较早期的坑18组,用人牲达千人之多,一次祭祀杀人最多的为339人,一般的10—100人不等。较晚的祭祀坑每组用人为10—20人。

商代前期人殉现象已经相当普遍;到了后期,大中型墓葬几乎都有殉人。当时人殉成了一种制度:"天子杀殉,众者数百,寡者数十;将军大夫杀殉,众者数十,寡者数人。"近年考古发掘的情况,证实了这样的记载。如安阳殷墟商王陵墓区有一座"亚"字形大墓。椁(guo,套在棺材外面的大棺材)的顶部和四周有成批的男女侍从奴隶殉葬(据考察,杀殉的办法是将奴隶们十人或二十人一排,反绑着牵入墓道,东西成行,面向墓室跪着,砍下头后将尸体埋入,再填上土夯平。每夯一二层,上便杀殉一批奴隶)。这一座大墓殉葬的奴隶共有三百六十多个,其中大多是不满二十岁的青少年,有的甚至是天灵盖还没有长满的幼童。像这样殉葬几百人的大墓,在商王陵墓区不止一个。除了商王朝统治的中心地区外,各地奴隶主用人殉葬的情况也很惊人。如在山东益都苏埠屯发掘的一座奴隶主大墓里,有四十八名奴隶殉葬,而且多数是十二三岁的少年。商王和大奴隶主贵族的陵墓，成了活埋奴隶的地狱！

在商王朝统治下的各种社会矛盾中，阶级矛盾上升为商末社会的主要矛盾。奴隶逃亡是奴隶阶级反抗奴隶主阶级的主要方式。除了逃亡，奴隶们还破坏青苗烧毁粮仓杀人抢劫。奴隶逃亡了，土地无人耕种，牲口没人喂养，家事没人料理，打仗没有兵源，人殉人祭没有对象。严重了，商帝认为严重了，下令全国抓捕。许多甲骨文上都有抓逃奴的卜辞，反映那个年代已经乱了套。甲骨文记载：有一次，一群奴隶结伙逃走，商帝武丁下令追捕，占卜预言三天可以抓到。奴隶们拼命逃跑，西渡黄河，追捕者无法赶上。王室派兵，商帝武丁亲自指挥，花十五天时间，才抓回一部分。

看，一号头头亲自动手，可见其严重性。

"遁尾，厉。"遁，逃亡；尾，尾随，跟随，追捕；厉，雷厉风行，严肃认真。

西周人不采用这个办法，西周不虐待奴隶，起码不搞人殉人祭，不存在奴隶逃亡，当然也就没有追捕的事。"勿用有攸往。"据考古工作者载文，他们在西周早期活动区域陕西岐山等地发掘一百多座西周古墓，没有发现人殉，大多以一只狗代人埋于棺底。（《古代文明》第二卷）这是历史性的进步，值得史家大书特书。

《中国史稿》有一幅插图，说在北京房山发现西周燕国奴隶殉葬墓。这可以解释为在西周边远地区和西周中后期还有人殉残迹。西周以后，殉葬对象由奴隶改为死者的妻妾。更有以俑（用木或陶制作的假人）代人的，秦朝秦始皇兵马俑就是以俑代人的有力证明。以假人代活人，大规模用活人殉葬不复存在。小规模的活人殉葬直到清朝康熙时才彻底废止。但陪葬者多是宠臣爱妾。

《象》曰："遁尾之厉，不往何灾也。"

意思：何必紧跟着不放松呢？不理他们又有什么灾祸呢？

M：此句所指不明。说了等于白说。

宋朝朱熹《周易折中》解释其义说："遁而在后，尾之象，危之道也。占者不可以有所往。但晦处静矣，可免灾耳。"（M按：这说的纯粹是算命卜卦的事，未必合《象》意。）

有一句成语叫"始作俑者"，载于《孟子·梁惠王上》。仲尼曰："始作俑者，其无后乎！"仲尼就是孔子。成语意思，开始用俑（陶偶、木偶）殉葬的人，他们家该没有子孙吧？句义是孔子认为，还是活人殉葬好，不赞成以俑代人。有人说孔子不是这意思，是反问别人"真是这样吗"。我们不讨论孔子是何意，我们只是认定，孟子这段引文说明，在孔孟时代，社会上还有部分人不赞成以俑代人，对活人殉葬留念不舍。由此可见殷商陋习流毒之深，西周革除旧俗之意义多么伟大，进程又是多么艰难。

六二 执之用黄牛之革，莫之胜说【病因未察明，猛药不对症】

（六二：本卦第二爻。执：抓捕，捆缚。革：皮。皮革切割成细带当绳用。黄牛之革：比水牛之革好，细软，坚韧。莫：不让。胜：能。说：脱。）

"执之用黄牛之革，莫之胜说。"这是又一条社会实录。

姬昌所见："执之用黄牛之革，莫之胜说。"奴隶主抓着逃亡奴隶，用黄牛皮带捆绑他们，他们再也无法逃脱。

奴隶等同于贵族的猪牛羊，是他们的财富。设想一下，如果他们家猪牛羊跑掉了，他会是什么心情？假定你的钱包丢了，里面有你一月的生活费，你又是什么心情？况且奴隶大大优于猪牛羊，能劳动，能再生财富。所以贵族们对逃奴必须找回、抓回，用黄牛皮绳绑缚，使他们无法挣脱。

岂止抓住后用黄牛皮绳捆绑不让逃脱，更惨烈的是锯腿、割鼻、割耳、饿死、杀死。这在甲骨文中有大量记载。详见胡厚宣、胡振宇著《殷商史》"追杀逮捕逃亡奴隶"等章节。

执之用黄牛之革，莫之胜说

《象》曰："执用黄牛"，固志也。

使人感觉孔子所说的不是姬昌所处社会的事。后人总结说，孔子谈的是哲学。他把周易从卜筮中剥离出来，进入哲学的崇高境界。孔子的功劳使《周易》与盲目迷信划清了界限，肯定《周易》不是卜筮书。但是孔子也使《周易》脱离现实飞升到另一个神仙境界，即哲学的崇高境界，少数人空议理论的书斋厅堂。姬昌要解决面临的社会问题，《周易》是解决社会问题的总结，是几代西周人革命的智慧结晶。仅仅把《周易》概括为哲学著作，就是把《周易》上升为对任何一个现实社会无关痛痒的说教。是的，任何一种事物，包括《周易》，都具有某种哲学思想，然而人们不能由此就说《周易》是哲学书。用哲学反对卜筮是片面而无力的，卜筮在中国历史上几千年，至今还活跃于世界，我们可以预料，它还将持续下去，只不过是形式不断改变罢了。这说明用古代哲学反对卜筮效果有限。须知，卜筮也是人生哲学。笔者这样说不是强调《周易》是卜筮书。《周易》成稿于监狱，一个囚犯要革命，要推翻现行王朝，他没有言论自由。他只能用商王朝流行且合法的卜筮形式，演义八卦，暗地里改造八卦，用模棱两可的语言和似是而非的故事表述他内心的企望。因此卜筮只是一种外表形式，而内涵则是灭商兴周的方针政策的方方面面。

九三　系遁，有疾厉。畜臣妾，吉【因病施药，泄补适宜】

（九三：本卦第三爻，九表示卜得一个奇数。系：捆绑，拴缚。疾利：眼前的利益。畜：蓄养。臣：臣仆，男仆。妾：侍妾，女仆。）

"系遁，有疾厉。畜臣妾，吉。"西周政策之一，"捆绑奴隶于事无补，给臣妾以活路吉"。

人们喂养家畜有一套管制办法：猪穿耳，牛穿鼻，马上笼头狗靠义。什么意思？给猪耳打孔，穿上五尺长的绳，行动不自由，猪跑不了啦。牛不打耳孔，用丈余长的绳穿鼻，牛就伏贴了。马不穿耳也不穿鼻，用绳编个网状笼头，框住马头，马就听人驾驭了。狗是什么也不用，人到哪儿它到哪儿。人说它忠主，有义气。

奴隶社会的奴隶被视为家畜。为了防止奴隶逃亡，奴隶主们有时还要给奴隶戴上刑具。这跟制伏家畜是异曲同工。在殷墟出土的三个奴隶陶俑，手上都戴有木梏（gu），女的梏在胸前，男的梏在背后。这可能是当时奴隶平时生活的复制。奴隶们有苦无处诉，工匠们制作出来让后人知道他们的悲惨。

"系遁"，也是"执之用黄牛之革，莫之胜说"的另一说法。

西周人走在时代的前面，他们认为把奴隶拴缚起来是非人性的做法，"系遁，有疾厉"。奴隶们本来没有人身自由，如果连喘气的自由，活动身板的自由都给剥夺了，未必是好事。这是下策，西周人不取。西周人不拴缚奴隶，尽量让他们有饭吃，不饿肚子。你让他逃，他还不愿意呢。"畜臣妾，吉。"臣妾，家奴，也可泛指一般奴隶。畜，给予起码生存条件。能做到这点，奴隶们情绪会稳定下来，还有什么不吉利的？

《象》曰："'系遁'之'厉'，'有疾'惫也。'畜臣妾吉'，不可大事也。"

意思：牵系隐遁之人那么下神，此举有毛病，让人疲惫。蓄养臣仆婢妾虽然好，但是这于大事无补。

同一事，视角不同，结论不同。姬子说"畜臣妾（给奴隶以饮食），吉"。儒家说，"吉啥呀，不可大事也"。

九四　好遁，君子吉，小人否【良医救人是自救，庸医坑人则自坑】

（九四：本卦第四爻。君子：目光远大，有见识的人。小人：目光浅短，认识肤浅的人。）

"好遁，君子吉，小人否。"西周政策之二，"好生对待逃奴"。

对待奴隶逃亡一事，要从社会深处找原因。

史书记载，夏朝是奴隶社会的初级阶段，原始公有制彻底解体，社会全面私有化，出现对立阶级，一部分人富有，一部分人贫穷，富者成社会主宰，富有者越来越富，贫穷者越来越贫。阶级本来是经济概念，可是富者把社会统治权捞到手，阶级就成政治经济概念。处于商朝晚期的姬昌还不会有这种觉悟。

大禹治水有功，真是功在千秋万代。大禹也干了一件改变历史的大事，他以前，国家头头是公选，到他这里改了，不选了，由儿子接班。儿子死了，由儿子的儿子接班。这有个好处，财富和权力永远在大禹家，大禹家是天下第一富豪。我们现代人气愤不平，他凭什么呀！凭生产的东西不够吃。就凭这。私有制（这不是大禹首创），各顾各。就凭这。十亩地，十人吃，刚好吃饱，那治水的回来说，我没种地，你让我饿肚子吗？那十人说，你治水重要，我们匀着点吃吧。十人的口粮十一人吃，大家都没有吃饱。那治水的又开口了，我没吃饱怎么治水？那十人只好各人少吃一点，保证治水人吃饱。那治水人又提出要求，我还有老婆孩子呢。大家说，我们也很可怜。治水人说，那我不管，你们不给老婆孩子一点粮食，我就不治水，让你们庄稼和人都淹死（居功受禄，有某种权在手）。十人发生分歧了，九人赞成给粮，一人反对，反对无效。到大禹的儿子就没那么客气了（权力演变了，无功要受禄），挑着箩筐各家收粮，不交的抓起来，拿双倍粮食换人。谁有双倍粮食？算了吧。我就在你家服劳役。于是中国产生了第一个奴隶，大禹的儿子成了第一个奴隶主。后来奴隶主和奴隶越来越多。奴隶们为了混饱肚子，拼命开荒，抓鱼打猎，起早摸黑，踏凶履险，能吃的都往家弄，半年瓜菜半年粮……社会进步了，生产提高了，财富多起来了。

看中国第一个奴隶知道，奴隶是有生命特征，具有体力和智力而没有任何财产的人。他们是粮食和一切财富的真正创造者。如果只榨取他们的体力和智力，社会还可以进步。如果连他们的生命也随意剥夺了，粮食和财富断了源流，社会就停止了，统治者也将寿终正寝。

姬昌认为，西周发展的历史也证实，财富是大家干出来的。一个部落光有群众没有头不行，光有头没有群众也不行。君子笃仁，敬老，慈少是对全部落而言的。头靠大家养活，头又是大家长，头不带领大家混饱肚子，还随意把他们弄死，就是部落自杀。群众外逃是头愚蠢，领导方法出了纰漏。国家是部落的扩大。群众外逃，靠抓捕是下策，要从国家找原因，从各级贵族主找原因。

"好遁"，要好生对待逃奴，要求不高，一让吃饱，二不活埋活祭。有见识的君子能做到，"君子吉"。目光如鼠的小人做不到，不吉利，"小人否"。小人们注意，如此下去，某一天，你们也会变成逃奴。

《象》曰："君子""好遁"，"小人否"也。

"君子喜好逃跑的奴隶，小人不喜欢。"这不符合儒家的意思。

"君子喜好隐退，急流勇退，小人喜欢钻营，唯利是图。"这可能接近儒意，但是涉嫌泛议。可做座右铭，不可做插秧雨。

九五　嘉遯，贞吉【与人为善，诚；投桃报李，吉】

（九五：本卦第五爻。嘉：①嘉美，②吉庆，③赞美，④喜爱。遯，逃遁，动词变动名词，逃亡奴隶。）

"嘉遯，贞吉。"西周政策之三，"优待逃奴。"

"嘉遯"赞美逃奴，鼓励逃奴吗？不是。社会要善待逃奴。首先要给他们松绑，打开枷锁，不用黄牛皮带捆缚他们，让他们干活儿有饭吃，更不要拿去活埋祭祖。人图什么呢？活命。你不让人家活，人家一跑你也活不了。善待人家也是善待自己。道理简单，做到不容易。然而不做不行。不做，凶；做得好，吉利，"贞吉"。

"优待逃奴"的政策吸引一批奴隶拥集西周，西周得了飞来的财富，政策带来了实效。

《象》曰："嘉遯，贞吉"，以正志也。

意：尊重隐遁的人，体现对其关怀，可以端正他们的处世志向。

M：一位讲的是逃奴，一位讲的是隐士。两人各说各的。

《象》说有鼓励隐退之嫌，可能以伯夷叔齐为范。如果大家都向伯夷叔齐看齐，就会成为洁身自好的所谓君子，商纣王也就可能活三千岁。

上九　肥遯，无不利【望闻问切准，药到病除速】

（上九：本卦第六爻。肥：宽松，宽解。）

上面几条以说教为主，有些人可能还是不听。姬昌的意思是要制定政策，订立法律，保护奴隶（不是解放奴隶）。政策和法律要规定废弃人殉人祭，让人吃饱，不受寒冻。奴隶有生命保障和基本生活条件，自然会稳定下来积极生产，不思逃亡。如此对双方有利，互赢。"肥遯，无不利。"

西周制定了一部法律叫《有亡荒阅》，在历史上很有名，最早见于

《左传·昭公七年》。

楚国国君，新建章华之台，收容了一些逃犯，名叫无宇的官员进章华之台抓捕自己的逃犯。管理章华之台的守卫不让，把无宇送到楚王那里。无宇辩解说："周文王之法曰《有亡荒阅》，所以得天下也。"又引楚文王法规说："吾先君文王作《僕区之法》，曰'盗所隐器，与盗同罪'。"无宇的意思是，据法抓捕，没有错误。楚国国君理屈，只好让无宇把逃犯领走。

从这个故事里证实《有亡荒阅》的重要性。《有亡荒阅》与"得天下"成因果关系，"周文王之法曰《有亡荒阅》，所以得天下也。"但是故事中把《有亡荒阅》和《僕区之法》等同看待。《僕区之法》强调"盗所隐器，与盗同罪"（窝藏盗贼，按盗贼治罪）。于是后人都按照《僕区之法》解读《有亡荒阅》。实明《僕区之法》与《有亡荒阅》大相径庭。

奴隶逃亡

《有亡荒阅》现今见于《中国史稿》和《中国古代史》。此法典只留下名称而没有内容。历来专家们只解释其名。"有亡，谓奴隶之逃亡者。荒，大也。阅，今言搜索"。大意：对逃亡的奴隶，进行大搜捕，都抓起来，各归其主。

这与商周对峙的现实相矛盾。西周是逃亡奴隶的保护神，奴隶视西周为救星。西周会出这样的法律束缚自己的手脚吗？它还指望奴隶替它打天下呢。

又，这与商朝廷的做法相吻合。商帝亲自指挥全国各地抓逃奴，西周人出法律说抓得好，抓得合法，这不是助纣为虐吗？周文王何以得天下？只有与殷商王朝对着干的法律条文在全国才有影响力，才有众多的底层支持。

这《有亡荒阅》，其内容应该包含有上述"系遁，有疾厉。畜臣妾，吉"、"好遁，君子吉，小人否"、"嘉遁，贞吉"以及本条"肥遁，无不利"。强调宽待奴隶，特别是严令废止人殉人祭。如果不是，周人就没有得天下的理由。有人解释说《有亡荒阅》得到贵族的拥护，所以得天下。此说略欠全面。《有亡荒阅》的实施是双赢，会得到贵族的拥护，同时，也是最重要的，会得到广大奴隶们的拥护。

人们解释《有亡荒阅》有问题。问题出在"荒阅"二字和没有内容参阅。荒,可借用为大,而本义是"荒芜"。阅本义是计数,看阅。可否意译为"有奴隶逃亡而荒田者阅"。当然名称是名称,内容是内容。没有见着内容而以名称代内容有点勉强。等待考古出现实据。不过姬昌卦辞和爻辞已经说明西周对待奴隶的态度不同于商朝廷,而他的法律自然就应反映当时的社会实际。

人们看看速战速决的武王东征吧,周军开到商都朝歌近郊牧野,商帝驱使十几万(有说几十万)奴隶上前线。双方接战(双方兵都是奴隶),商军立即倒戈引周军进城,商帝死,商朝亡。恨谁爱谁,奴隶心中有数。如果西周与商朝廷政策无区别,奴隶们还有必要重新选择主子吗!

《象》意:远远离现实没有什么不好,用不着疑虑。

《象》说的还是君子善于隐遁,去志已决。"社会问题我无法解决。拜拜,你们折腾去吧。等你们折腾好了我再回来。"

★ ★ ★

如果联系社会实际,说到社会下层的人——奴隶,又把遁卦与奴隶逃亡联系起来,定会有许多内容。如果不联系社会实际,泛泛而谈遁者遁也,隐者隐也,则姬昌没有多少话好说,因为他的时代还没有隐士。虽然出现伯夷叔齐,但是他们始终没有隐遁而跳出政治圈,为政治出亡,为政治而死,一直没有放弃政治。

殷商社会的倒行逆施,引起奴隶大反抗。奴隶们为了求生存,只有逃亡一法,无其他活路可走。奴隶的逃亡又造成社会动乱,生产的停滞和破坏,直接威胁到朝廷的对外用兵和朝廷的财政收支。甲骨文中记载,贵族们都花很大精力,到全国各地抓捕逃亡奴隶。奴隶被抓回又严刑惩处,杀头,锯足,割鼻,割耳,饿死。奴隶处于绝境,奋起反抗,掀起暴动,持械打杀奴隶主,抢劫他们的财产,烧住屋,烧粮仓,势如暴风骤雨,猛烈异常。甲骨文中有记。如(参见胡厚宣、胡振宇《殷商史》):

(1)[癸巳卜],争,[贞]旬[亡]祸。二(宁2.88+30正)

(2)王占曰,有祟,□光其有来艰,迄至六日戊戌,允有[来艰],有仆在□,宰在□,其□□,一焚廪三。十一月。(宁2.29+31反)

"□"符号表示字迹不请、文字脱落或今人不识的古体。

(3)[癸巳卜,□,贞旬亡祸]。一(续4.33.1+簠地31+续3.40.2正)

(4)［王］占曰，有祟，其有来艰。迄至六［日戊戌，允有来艰，有］仆在□，宰在［□，其□□］一焚廩三。（龟1.21.1＋续5.3.1＋簠60反）

甲骨文字是中国最早的文字。一般人难懂。专家说，这四条卜辞刻于牛胛骨上，涂有朱色。其所记事件是，第一条和第三条，癸巳日占卜，名叫"争"的卜卦人问卦，问在这十天之内，不会有什么灾祸吧？第二条和第四条，殷王武丁观察了卜兆，说，不好，恐怕有灾祸，在□、在光两个地方会有灾祸。癸巳日后第六天戊戌，从外地传来消息，夜里，仆奴在□、宰奴在光两地烧了三个粮仓。

这卜辞显然是在焚火事件后刻于牛胛骨上的，说武丁看了卜辞预知某地有灾，这是卜卦人"争"故弄玄虚，把占卜吹成神话。既预知有灾怎么不制止？他们根本不知，当然也没有制止。

三个粮仓被烧，这可能是许许多多灾祸中的一例。粮食被烧，在原始农业，米珠薪桂的商末时代，是极其严重的事件。由此可知，奴隶仇恨之深，反抗之激烈。

逃亡和抓逃，破坏和反破坏，反抗和镇压，这就是当时阶级斗争的表现形式。

奴隶主和奴隶间的阶级矛盾尖锐化，也激发统治阶级内部的分化。周人出台政策《有亡荒阅》，废止活人殉葬祭祀，不乱杀无辜，保障奴隶起码生活条件。西周人把这场阶级斗争导向正轨。这样一来，奴隶有了活命条件，奴隶主也不再为抓捕逃奴而疲于奔命，农业生产相对稳定。阶级矛盾有所缓和。西周人在商国西部建立了一个模范区，成为人们向往的福地。奴隶们和开明的贵族们都聚集在西周的旗帜下。

第 三十一 章

讼【西伯吃官司,"元首之吉"】

坎下乾上,讼。有孚,窒惕,中吉,终凶。利见大人。不利涉大川

（坎下乾上：坎卦下,乾卦上。讼：争论,争讼；打官司也。有孚：诚信。窒：阻塞,窒息,窒碍。惕：警惕,小心。见：现,出现,涌现。涉大川：隐语,夺取政权的意思。）

将转盘"河（坎）"旋转至外盘"天（乾）"的位置,就是讼卦,见夬卦转盘图和右小图。卦画的二进制意义：101000,十进制：40,按中国传统排序为第四十一卦。《周易》中排第六。

讼,《周易》作者写的是自己吃官司杂感。

人类群居结成社会,推动生产发展、财富增多,但是部落首长首先把财富攫为己有,逐步扩及全社会为私有制。夏朝、商朝、周朝都是奴隶制社会,社会财富包括奴隶,都为少数统治者所占有。围绕财富,人与人,集团与集团而发生争论,小则诉讼于某权威,如司法机关断决,大则付诸战争。那时没有专职司法机关,国家即君主和地方诸侯说了算。《周易》的"讼"写姬昌吃官司。周人的崛起已经引起殷商朝廷内外的注意。这时的西伯,统率商疆西部大片诸侯国,并且还在不断扩张。老对手、老邻居崇国首脑崇侯虎向商纣王检举说："西伯积善累德,诸侯皆向之,将不利于帝。"崇侯虎是一位举足轻重的人物。史上只记载三句话,实际可能长篇大论,竹简一大捆。商王也有所觉察,立即立案审查。这是惊天大案,属于十恶不赦中的首条：谋反。如果罪名成立,姬昌必死无疑。但是姬昌大难不死,一是姬昌机智,善装诚

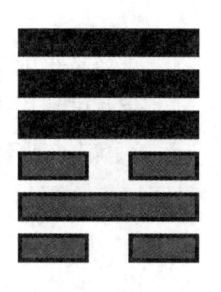

恳，不显露锋芒；二是纣王内外失控，还需要西部稳定，所以免了死罪，逮捕下狱。这场官司，"讼"，因为姬昌反复申述自己对朝廷一贯忠诚，"有孚"，对王事兢兢业业，绝无反朝廷之意。把内心的真实企图埋得深深的，申明自己所干之事，前有请示、后有报告，是阳谋不是阴谋。"窒惕"，百倍小心谨慎，对答有理有据，让纣王无从加罪。再加上诸大臣求情，纣王只得赦了他死罪，"中吉"，但是囚禁不能免，"终凶"。有人就有世界。姬昌活下来，周人就有戏，乱世就会出现英雄，"利见大人"。姬昌一下狱，周人遭遇政治危机，"不利涉大川"，周国处于窒息，一切在原地踏步。

汉语古文没有标点，孔孟时代以"之乎者也"代标点，到近代才有规范标点。目下各种版本的《周易》，对本爻辞断句各显神通，如"有孚窒，惕中吉，终凶。""有孚。窒，惕，中吉，终凶。""有孚。窒惕，中吉，终凶。"本人觉最后一种合乎原意。最后一种的句读出于高亨《周易古经今注》，此书初版时间为1934年，编印比较严谨。

初六　不永所事。小有言，终吉【突遇祸殃兮，姬昌败诉】

（永：久长，持续。所事：自己心中的王业。）

回到坐牢前的二十二年，《竹书纪年》记，公元前1102年，"帝辛元年，命九侯、周侯、邗侯"。纣王登基，重新任命姬昌等三人为"伯"。

《史记·殷本纪》载："以西伯、九侯、鄂侯为三公。"两处所记应当是同一事。鄂侯是邗侯。姬昌官运亨通，被商纣钦命为朝廷高官，三公之一。

祸兮福之所倚，福兮祸之所伏。姬昌做了二十多年太平官，突遇崇侯虎把他扳倒，几乎丢命。

"不永所事"，不能持续干自己既定的事。

姬昌既已坐牢，吉凶同在。吉者，留有生命；凶者，失去自由，啥也不能干，不能干祖父亶父所规定的长远大事，"不永所事"。而且头上悬着一把刀，随时有可能拖出去宰了。姬昌这人不同于一般，就在于他沉得住气，性格温存内向。天天检讨自己，日日感恩纣王，在现实面前抱小面，装弱智。无论正史、野史都说他会算八卦，能预知未来。野史传说，姬昌长子伯邑考，备齐许多珍宝往京都朝歌面见纣王，为父赎罪。纣王的宠妃妲己看上他年少英俊，生非分之想。伯邑考处此情此景怎能遂妲己之愿，从而招来杀身之祸，被杀死碎尸做成肉饼。纣王令将肉饼赐姬昌吃。姬昌闻肉味预感不妙，自己长子奶香味就这样，凭父亲的敏感，知儿子遇难。眼泪往肚子里流。是吃是不吃？吃，自己的亲儿子，吃得进吗，伤心，揪心。不吃呢，纣王马上就知道姬昌了不得，真有神算的本事。"此人不杀，必为后患。"杀，姬昌完了，命活不到明天。姬昌不露声色，和着泪水将肉饼吃了，还加一句"谢主隆恩"。他肚子有火山要喷发，座上客成阶下囚，悲惨，现在赐吃儿肉，凄惨！天理何在？但是他身陷图圄，不用说火山，就是"小有言"也不能吭声。这都是为了最终的吉利，"终吉"。

传说归传说。实则是诸侯国以子作人质，伯夷考以西周太子身份被质于朝廷。《帝王世纪第五》："文王之长子伯夷考，质于殷，为纣御（驾马车兼贴身保镖），纣烹以为羹，赐文王。曰，圣人当不食子羹。文王得而食之。纣曰，谁谓西伯圣者？食其子羹尚不知也。"伯夷考因为父亲犯案而被株连遭杀。姬昌也没有什么神算、预知的本事。他一辈子祸福无数，真能神算、预知，岂会坐牢并让儿子丢了性命？

九二　不克讼，归而逋，其邑人三百户，无眚【丧魂逃亡兮，随从归家】

（不克讼：争讼失败。逋 bu：逃亡，逃避。眚 sheng：眼病，过失，灾祸。）

西伯姬昌奉纣王之诏，带一群人马到朝歌接受王事，这些人是"西伯大公办公室"的工作人员，平时负责姬昌的饮食起居，跑堂听叫。二十多年来一贯如此。没有料想主子姬昌吃了官司，争讼失败，"不克讼"，生死未卜，他们都急成热锅上的蚂蚁。这班人在首都待不下去了，一个个如丧家之犬向老家西岐逃亡求生，"归而逋"，还要把噩耗快速告诉西伯的幕僚和家人设法营救。在商朝晚期，由于朝廷昏乱，滥杀无辜，奴隶主与奴隶间的矛盾激化，全国奴隶大逃亡。甲骨文上都有记载。在朝廷看来奴隶逃亡是很伤神而又很平常的事。《周易》作者以"其邑人三百户"

（三百户是个虚数）奴隶逃亡，比拟其随从人员向西岐的逃亡，遮掩朝廷耳目。逃亡者丧魂落魄，不知前程吉凶。但是姬昌心里有数，随从们没有过失，"无眚"，凶险不会落到他们头上。

六三　食旧德，贞厉，终吉。或从王事，无成【人在屋檐下兮，难曲难伸】

（食旧德：吃昔日俸禄。贞厉：正确但危险。）

姬昌身处危难，凭着他的人缘和智慧，他的德行和已经取得成功，"食旧德"，他认为形势严峻，"贞厉"，但是其结果最终还是吉祥的"终吉"。只是"或从王事，无成"，即他本人和所有周人要取代商人的事业，目前是不可以干的。

九四　不克讼，复即命，渝。安贞吉【深藏若虚兮，志在未来】

（复即命：回归正理。渝：变，改变习性，改变初衷。）

此讼案在那个年代具有一般性，原告崇侯虎，被告西伯姬昌，法官纣王。案情，姬昌谋反，犯谋逆罪。受害人纣王。纣王一身三兼，既是受害人，又是法官，还是具有天命的最高帝王。这场官司无公平可言，姬昌是输定了。他只有一种选择：求生。胜讼不可能，"不克讼"；不求生是死定了。要求生就必须回归到上天安排的君臣应有的位置，"复即命"，必须摆出大量的事实和言论，证明自己忠君，遵守臣道，没有做出任何一件逾越为臣的事情。当然他内心深处的想法必须严实地埋藏起来。姬昌的申辩是成功的，保住了生命。所以"安贞，吉"。

九五　讼，元吉【鹬蚌相争兮，元首之吉】

此爻辞难倒多少解卦人，上自孔子下至现代人。

孔子说，"讼，元吉，以中正也"（《周易·象传》），说了等于不说。

"争讼，大吉大利"（《周易》，中国戏剧出版社）。律师语言，打官司有生意，有钱赚。

第三十一章　讼【西伯吃官司,"元首之吉"】　301

"处理讼事裁决争讼,开始就大吉大利"(《周易全书》,远方出版社)。糊涂法官语言,结论在过程之前。

"争讼,大吉大利"(《四书五经》,青海人民出版社)。与上同,不知谁抄谁。

"断讼,恢复君子之德,得吉祥"(《周易探源》,中国华侨出版社)。不知所云。

"听讼能公正裁决,平息乖争,而达到元吉"(《周易讲座》,吉林大学出版社),有点现代法官意识。

因为这句爻辞有一个逻辑问题,讼与吉之间不存在必然联系。既然争讼,既然打官司,涉案者两方、三方或更多,其中有胜者有败者不会都"元吉"。如果见讼就元吉,那大家都去打官司吧,天天打官司天天吉。

我们回到《周易》,回到姬昌吃官司。如果泛泛而论,三个人都是得利者:崇侯虎,原告,检举别人而立功,更加贴近纣王。姬昌被告,犯死罪,终于死里逃生。纣王,法官兼受害人,得安全和其他许多物资好处。如果精准些说呢,最大的获利者是纣王。因为崇侯虎最终也搭进了性命:当姬昌出狱的时候,纣王告诉他:"譖(zen,诬陷)西伯者,崇侯虎也。"姬昌立即领兵征伐,灭其国杀其头。崇侯虎是失败者,百分之百。因为争讼失败,姬昌羁押班房,也就是在这时候、在这地方演八卦写这一条爻辞。他能舒心畅意地写这场官司对他很公平吗?他能由衷得出"讼,元吉"的结论吗?他内心满腔愤怒,仅写三个字"讼,元吉",元首之吉也,帝之吉也,纣王之吉也。三个字中有血有泪,有爱有恨。如果此三字用刀刻,则入木三分;如果用笔写,则蘸尽卫河水,难写一身冤。

上九　或锡之鞶带,终朝三褫之【昨日骄子兮,今朝囚徒】

(锡:赐。鞶带:大带。官阶腰带,泛指官服。褫(chi):剥夺,夺衣。终朝:一日,终日,整天。)

这是败讼的结果,姬昌是国家要犯,皇恩浩荡,免死下狱。昨天是统率西方一片诸侯的西伯,朝廷大公,今天是囚犯。过去的一切荣耀,包括服饰，一瞬间都化为乌有，"锡之鞶带，终朝三褫之"。官职剥夺了，所赐官阶腰带、官服收缴了，行动限制了，言论封口了。他是另一个层面的人，比植物人强不了多少，比圈养的家畜又多了几分精神折磨；家畜没有思维，活得悠闲自在。

第三十二章

困【牢狱之灾，凤凰折翅】

兑上坎下 困。亨，贞，大人吉，无咎。有言不信

（兑上坎下：卦画组成，下卦为坎，上卦为兑。困：困难，穷困，困厄，窘迫。亨：通达。贞：象征。有言不信：言行被限止，有说辞而难取信任。）

将内转盘的"河（坎）"旋转至外盘"雨（兑）"的位置就是"困卦"，见屯卦转盘图和右小图。

西周人的崛起，引起四方诸侯的强烈反响，有称誉的，有嫉妒的，还有诋毁陷害的。

崇国是西周的老对手。姬昌的父亲季历死于老崇侯崇壁之手。他以季历有谋反之心诬告于商帝致季历下狱困而死。姬昌继位后第一件事是报父仇，打杀崇国，射伤崇壁。当姬昌以弱势兵力第一次伐商，崇壁的儿子崇侯虎配合殷商朝廷，把西周人打得狼狼大败，姬昌几乎丢命。由于在兵败后，姬昌采取韬光养晦策略，老商帝帝乙死，新商帝纣王立，纣王命姬昌为尹（类似于周的三公，史书一直称三公）。可恼的是，此时的崇侯虎还死死盯着姬昌不放。

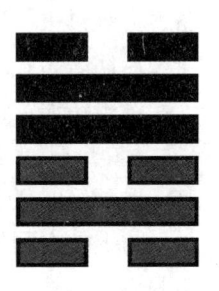

一个意外的事件让崇侯虎抓住报复姬昌的机会。史书是这样记的：

《史记·殷》："以西伯昌、九侯、鄂侯为三公。九侯有好女，入之纣。九侯女不喜淫，纣怒，杀之，而醢九侯。鄂侯争之强，辨之疾，并脯鄂侯。西伯昌闻之，窃叹。崇侯虎知之，以告纣，纣囚西伯羑里。"

九侯的女儿不喜欢纣王的淫荡，父女俩被杀，鄂侯也搭进去了。姬昌

"窃叹"。坏了，隔墙有耳。你窃叹，人家窃听。原来崇侯虎生了一条毒计：如此这般，不怕他姬昌有三头六臂，要让他到海底吃海鲜。他买通内务府人员专门打探姬昌言行，终于有了收获。他连忙私下找到纣王汇报说："西伯积善累德，诸侯皆向之，将不利于帝。"还添油加醋说了一大堆。商王一听，大怒，马上派甲士抓捕西伯囚于天牢。随之还秘密杀害了姬昌的大儿子伯夷考。古时诸侯国以互相质押人质为信。此时伯夷考正质押于朝廷。

姬昌被当头重击，深深陷入困厄之中。他后悔，后悔也已经不能消弭灾难；他哭号，哭号只能释放内心的痛苦，改变不了高墙土院的现实。他没有言论自由，"有言不信"，纣王不听他的辩解、申诉，他现在唯一能做的是忍住悲痛，平静下来，慢慢适应当罪犯的滋味。

陷入囹圄而受"困"的人还谈得上"亨"通吗？谈不上！但是，人的求生本能或信仰追求，有时迫使人改变思维，降阶以求，吃不着细粮吃粗粮，吃不着粗粮吃野菜，野菜没有，有点水喝也行。生命存在就有世界，退一步海阔天空。姬昌坐牢，换一个角度想，比杀头强吧，比灭族强吧！所谓"亨"、"贞"，都是相对的。当官为"亨"，大难不死也是"亨"。像姬昌这种雄心勃勃的政治家，早就有了承受一切劫难的心理准备，灾难过去，平安到来，"贞，大人吉，无咎"。

后儒署名孔子的《序卦传》说："升而不已，必困，故受之以困。"

逻辑错误，以偏赅全。升与困不存在必然联系。

《象》曰："困，刚揜（读 yan 掩）也。险以说，困而不失其所亨；其为君子乎？贞大人吉，以刚中也。有言不信，尚口乃穷也。"

与上句有同样的毛病，卦画与人的际遇之间也不存在内在联系。只有巫师们才会故弄玄虚，阳爻在阴爻中就说刚掩也，有个坎卦就说凶险，有个兑卦就说愉悦、高兴。"险以说。"其他，都是信手拈来，信口雌黄，即兴发挥。

困卦着重于衣食住行方面，描述监狱生活。

初六　臀困于株木。入于幽谷。三岁不觌【息，简陋床凳】

（臀 tun：臀部，俗称屁股。困：困厄，窘迫。株木：树木，木架床凳。幽谷：幽深黑暗的山谷，黑暗的窑洞。觌 di：见。）

有一句成语叫"困兽犹斗",最能说明牢狱的作用。那坐牢的人就是被围困的野兽。虽然"犹斗",然而斗也没用,最终是被猎人猎获了,做了盘中餐。

姬昌被关进了牢房,苦尝失去自由的滋味,不能随意说话,不能与家人团聚,不能与老婆亲热,不能走亲串友。姬昌什么人?人家是一人之下、万人之上的人物。目下什么人物?由半空突然摔落到地的囚犯。这种反差太大。他的第一感受是,人变成了牲畜,是圈养的牲畜,听人摆布,给啥吃啥,让在圈内,不得爬出圈外。东走两步是墙壁,西走两步还是墙壁。大门关着,小窗掩着,狱卒盯着。

他愤怒,忧郁,咆哮,歇斯底里。头脑里老是旋转着三个字:这世道,这世道……他三天不吃饭,不喝水,砸桌捶床;怒骂狱官猪狗不如,骂崇侯卑鄙小人,骂纣王混球,天帝的逆子,天罚必降。虽然牢房条件不算差,但是他感觉,坐的是一块破木板,住的是黑暗幽深的窑洞,吃的是草料,"臀困于株木,入于幽谷"。

人世间,王侯也好,平民也好,人在屋檐下不得不低头。"困兽犹斗",开头野性十足,挣扎一阵子,末后,筋疲力尽了,一切听天安排。姬昌在深谷般的牢房里苦熬日子,已经有三年不见监狱外面的春夏秋冬,"三岁不觌"。好在有一个粉丝姬高陪伴,少了许多寂寞。

高亨《周易古经今注》从另一角度解释刑狱。"臀困于株木"者,盖谓臀部受刑杖也。杖以木株为之,刑杖是木料制作的。"入于幽谷"者,盖谓入于圜土也,圜土即狱城也(即囹圄,监狱)。"三岁不觌"者,谓三年不见其人,即囚于圜土三年之久也。《周礼·司圜》:"掌收教罢民,凡害人者弗从寇饰而加明刑焉任之以事,而收教之,能改者上罪三年而舍,中罪二年而舍,下罪一年而舍,不能改而出圜土者杀。"

这是描述监狱为改造罪犯的处所。姬昌目下就关在这鬼地方。姬昌是重量级罪犯,不同于一般,不至于被打屁股。再是商典,按律上罪三年能改者,舍;不改者,杀,而姬昌既未舍也未杀,又加延长三年有余。如果不是西周人花钱营救,还不知蹲狱到几时。

"困于株木",困守于简陋的木床、木凳,是说明休息之所条件恶劣。

九二　困于酒食，朱绂方来，利用享祀，征凶，无咎【食，粗茶淡饭】

（困于酒食：缺乏酒食。朱：红色。绂 fu：绶带，围裙。朱绂：红色服饰。）

《周易古经今注》解："困于酒食者，饮过量，食过饱，为酒食所困也。""朱绂方来"，朱绂，只遮蔽前身的红色服饰（按：类似于炊事员的围裙）由原始人的遮羞布演变而来，上升为官员等级的标识，"自天子达于公卿，皆朱绂，自诸侯达于大夫，皆赤绂"。朱绂、赤绂，皆是礼服也。

因为句中有"利用享祭"短语，所以有人说，朱绂者，古代作祭祀服的"蔽膝"，即祭祀者系挂于前身的红色围裙。

《周易古经今注》解，离题甚远。因为"饮过量，食过饱，为酒食所困"者不犯法，不会蹲监狱；蹲监狱者伙食如猪狗食且限量，不存在"饮过量，食过饱"可能。这里不是酒店餐厅，也不是王侯家日日山珍，天天酒肉，哪能"饮过量，食过饱，为酒食所困"呢？

在坎卦中提到，由于监狱中生活条件太差，姬昌及其伙伴姬高，曾经提出改善生活的几点要求。所谓"困于酒食"，是匮乏酒食。狱中长时尝不着肉味，闻不着酒香。祭祀被禁，神灵远隔。数月无热水洗澡，身上虱子跳蚤成群。姬昌何时受过这种罪呢？偷着怒骂，明着抗议。狱方因为姬昌身份特殊不敢马虎，反映到朝廷，朝廷答应逐条满足。改善伙食，允许祭祀，给热水洗澡。还有别的要求都可商量。酒食，逢庚日供应，即十天一次；祭祀，按民间习惯进行，不准出羑里院门；洗澡，供热水，一月一次，每月开头第一天。

"朱绂方来"，朱绂，天子的红色服饰，指代天子。"朱绂方"，朝廷方面，当局，犹如现代语"官方"、"警方"。在羑里，典狱长也是"朱绂方"即"官方"。"朱绂方来"，典狱长代表"官方"来传达朝廷意思：酒食，十天一次；祭祀，按民间习惯进行；供热水洗澡，一月一次。

三条中，祭祀是核心。天命论时代，只有提祭祀才有共同语言、有亲和力、有平等感。大家都是上帝的子民，不管贫富，地位高低，常人罪犯。姬昌深谙此中奥妙，所以他认为，必"利用享祀"才可快速地合法地解决匮乏酒食的难题及其他。

西周，在姬昌囚于监狱，连正常的饮食起居、交际祭祀都难得保证的情况下，可想而知，是没有能力征伐的，不可为而为之，必败，"征凶"，保持平静，安宁，"无咎"。

"困于酒食"，无酒无肉，是说明监狱饮食之差。

六三 困于石，据于蒺藜，入于其宫，不见其妻，凶【居，三尺洞天】

（石：山石砌建的住房。据：凭依，占据，插植。蒺藜：一种带刺的草本植物。宫：居室，此处双关语，指牢房。）

牢狱生活的又一面。

山石砌建的小房，这是犯人的居室。厚厚结实的木门，一个小窗，用来透气采光，也用来传递食品或物件，装有木栅栏，人不可翻窗出外。监狱里有很多这样的小屋。监狱古称圜土，形象说明监狱大院是土筑围墙，为了防止囚徒越狱，土围墙上插满有刺的蒺藜，就像现代院墙上插满玻璃碎片。院墙旮旯有哨楼，日夜有持矛狱卒看守。

姬昌困居于圜土。疯狂了一阵，天长日久，也就平静下来。石屋、蒺藜、宫室、狱卒、神女……现实的石屋，虚无的宫室；现实的狱卒，缥缈的神女；现实的土墙蒺藜，魔幻的骏马银鞍。他脑子交替地闪现这些影子。"困于石，据于蒺藜。"男人的雄激素又使他定格在神女。他的神女，他的太姒，好长时间没有亲近。"入于其宫，不见其妻。"

姬昌百感交集，迷糊中，以水代酒，醉昏昏，胡乱吟唱起来：

昨，进宫门，见六娘云髻青青，

粉脸，桃腮，两眸燎人。

银尊，酒尽，星移，月已西沉，

露阶，庭树，雀无声。

绫帐轻轻，锦被识风情。

雾，笼汤阴，瞧羑里圜土深深，

石屋，蒺藜，气息窒人。

天空，地塞，酒竭，肉皆封存。

西乡，东庭，好难分，

觉来新醒，相戏乃梦魂。

姬昌，出石屋是高墙大院，进石屋是冰冷空床。森严壁垒，危机四伏，好乏味，好伤心啊。"凶"

"困于石"，困守于狭小石屋，说明居住之可怜。

九四　来徐徐，困于金车，吝，有终【行，蒙羞受辱】

　　（徐徐：缓慢。金车：镶嵌有金属（青铜）的车，这里当是金属笼式囚车。）

《今本竹书纪年注疏》载：公元前1080年，"帝辛二十三年，囚西伯于羑里"。

在羑里监狱，姬昌回忆，在一个阴霾笼罩的早晨，他被几个武士押入双马大车，从朝歌上路南行。这是一辆豪华大车，车架车棚镶嵌青铜，日光下，亮铿铿。车棚用梨木制造，粗壮结实，门被反锁，外罩彩缎轿帘。后随五辆大车，一行浩浩荡荡朝汤阴而来。六十里路，磨磨蹭蹭走了一老天，申牌时分到达羑里。附近居民以为大公视察，都烧香稽首迎接。姬昌内心痛苦，掀开采帘从窗口向人们招手致谢。车队进入院内，明示高官犯案，人们惊讶地离去。姬昌从金车下来被引入石屋。"来徐徐，困于金车。吝。"从此开始了另一种新的生活；一种苦难、艰辛的生活。但愿这日子有头也"有终"。

咳，还回忆呢，不堪回首啊。

"困于金车"，坐囚车而来，满脸蒙羞，说明行之可叹。

九五　劓刖，困于赤绂，乃徐有说，利用祭祀【穿，今非昔比】

（劓 yi：割鼻，古代酷刑。刖 yue：断足，古代酷刑。赤绂 fu：赤色围裙，天子以下高官服饰，"自诸侯达于大夫之命服也"。徐：缓慢。说：说通脱，解脱。）

监狱是人间吗？在是与不是之间。

姬昌所见第一幕。人非完人，有的没鼻，有的缺耳，有的头上刺青，有的足前无趾。

据说他们在外是恶棍，什么坏事你不敢干他敢干，杀人，偷盗，抢劫，强奸。进到羑里，他们是死尸，病鬼，残废者。他们是囚犯。

本没有杀威棒，姬昌吃了杀威棒，没有打着屁股却重重地打在心头。他看看这些人，不寒而栗，自己明天或许跟他们一样。他已经暗下决心，如果有某一处受到伤害，他将随父亲安魂于九泉。

初来乍到的他忐忑不安，恐怖的阴云挥之不去，度日如年。姬昌自问自答，杀了人吗？没有。偷抢了吗？没有。强奸了吗？没有。杀头、劓鼻、刖足，刺青，各种肉刑都没有遇上。他丈二和尚。一天狱卒透露："您是皇上请来的客人。您跟他们不一样。"

有什么不一样？赤绂，赤色围裙。赤绂乃高官服饰，"自诸侯达于大夫之命服也"。赤绂虽然已收走，名号尚在。赤绂是保命符，在监狱，赤绂是特殊犯人，不会轻易施用肉刑。赤绂也是没有判刑的犯人，可能在监狱关押终身。姬昌前思后想，或许因为赤绂，能够多活几天。想到这一层，少许减轻了一点心理压力，紧张的情绪慢慢有所缓解，"困于赤绂，乃徐有说"。但是，想到九侯、鄂侯未到羑里而死，还是有些后怕。生与死，纣王一句话。自己没有选择，只有求上帝保佑，格外开恩，"利用祭祀"。这里的"祭祀"是虚拟祭祀，许愿祈祷的意思，类似贷款先买房，事成之后还贷。上帝有政策，许愿还愿，将来补赏还是允许的。

"困于赤绂"，昨日风光，今日布麻，说明衣着今非昔比。

上六　困于葛藟，于臲卼，曰动悔，有悔，征吉【言，口舌遭禁】

（葛藟 gelei：生长于水边的多年生草本爬藤植物。臲 nie 卼 wu：大门护木，又有解释为"动摇不安貌"。曰：述说，言语。动：行动，动作。）

"困于葛藟"，困，困扰，困处。葛藟 gelei：生长于水边的多年生爬藤草本植物。《诗·王风·葛藟》："绵绵葛藟，在河之浒。""困于葛藟"：人困处葛藟之中，被缠绕难行。

"于臲卼"，据专家考证，按上面句例，脱落一"据"字，应为"据于臲卼"。去掉右边"危"旁，成"枿兀 niewu"，读音和含义相同。枿兀是古时院门护柱，车马进出大院，有时撞坏门框，设立护柱用以保护门框。后来枿兀演变成礼治的等级限坎，并移用于厅室大门，在大门口竖立长短木桩，长者为"枨"（cheng 成），短者为捏或"枿兀"，规定人们按等级进出大门，就如故宫的大门、便门。

"曰动悔"，曰动：言行。悔：后悔，困厄，忧虑。言行不当则节外生枝，带来后悔。

"有悔，征吉"，有了反悔则象征吉祥。

姬昌囿于圜土数年矣。他何曾不想获得自由。但是他困陷于如葛藟缠绕的狱卒监视之中，不可随意行动，不可随意发牢骚，不可随意叫骂，不可……围墙是死的，狱卒是活的。他们会听壁脚（隔墙窃听），会呵斥你守狱规，甚至可以动手打人。他们像葛藟一样，缠绕得使人不能动弹，"困于葛藟"。

姬昌囿于圜土数年矣。他何曾不想获得自由。但是他困处于枿兀之内，"据于臲卼"。枿兀引申为院门。院门外大自由，院门内小自由。狱卒附加强制，有时小自由也没有。

姬昌在羑里监狱蹲了七年。他外修外功，内修内功。所谓外功，就是保持良好心态，保持身体健康。所谓内功，就是做自己该做的事情。内功有两项内容：一是对朝廷表示忠诚。这对他来说很难，环境迫使他做违心的事、说违心的话，比如，要正在坐牢的姬昌恭维纣王"皇恩浩荡"，姬昌能脱口而出吗？但是，不这样又不行，因为言行有违官方意愿，就将加重罪行，悔之不及，"曰动悔"，自己怎想就怎干，不行，会有后悔恶果；只有表示悔悟，违心高呼"万岁"才可获得平安，"有悔，征吉"。如果纣王真的万岁，还有西周的戏吗？内功之二是编修八卦。八卦源远流长，流行面广，是古宗教迷信最重要的表现形式，是人们崇信天命论的最普遍的活动方式。利用编修八卦制造革命舆论是姬昌的独创。传说夏朝有《连山》，商朝有《归藏》，都是有关卜筮的书，然而，书者，徒具虚名。姬昌取其形式，用来避开官方耳目，汇集六十四卦成大册，记述商周迭代大事，后人命名为《周易》。这是存在杀头风险的。历史证明他以偷梁换柱的方式获得极大成功。后人硬说《周易》是卜筮书或者反过来硬说《周易》是哲理书，都违背姬昌苦心，违背《周易》宗旨。后人拿《周易》算命卜卦，许多地方解不通，于是出现五花八门的卜筮书，冠名《周易》。孔子以后，拿《周易》讲哲学，讲着讲着讲不通，有的就回到卜筮，有的蜕变成私货，还是冠名《周易》。于是假《周易》满天飞，真《周易》不见了。

姬昌是假易经，真《周易》；汉朝人京房等搞的是假《周易》真易经；孔子他们搞的是真哲学，假《周易》。

"曰动悔，有悔，征吉。"曰，说话，言论。姬昌若按易经写《周易》虽平安，但浪费生命，不值。若按事件写事件，直叙周欲代商而立，大书造反，岂不自己引火烧身？直叙之动，造成悔恨，"动悔"。他只有取曲线立国才可畅通，伪装有悔之动，才可安宁，"有悔，征吉"。

"困于葛藟"，言论受限，说明无言论自由。

★ ★ ★

说一个故事娱乐一下。

清代名人纪晓岚，要去参加举人考试，老师为他占卜，得"困"卦。困的第三爻是"困于石，据于蒺藜，入于其宫，不见其妻，凶。"老师很惊惧，说："晓岚呀，不妙，三不好，行路绊着石头，安坐被蒺藜刺了屁股，回到家中，妻子跟别人跑了。不吉，不吉呀！"纪晓岚一听，先是一惊后是一笑。"先生，您那解法不切实际。我去赴考，车船代步，哪有石头绊着。蒺藜乃荒草野蒿，我进出书斋学堂，它何能刺我？还有，最重要，我还没有娶妻，当然回家不见其妻。您再想，未娶妻就是无偶，无双，单身汉，一马当先，就是预兆我要考得第一。"故事到此结束。说明解卦有很大的随意性，卦是死的，却可以活解。也说明卦爻没有预测功能，吉凶由人圆说。故事到此又没有结束。纪晓岚后来果然考第一名，而且巧的是，第二名姓石，第三名姓米。米字丫丫叉叉像蒺藜。故事真假难辨。卜筮家拿来证《周易》可预测，反对者拿来证吉凶由人说。其实是人的智慧在比拼。

第三十三章

坎【过涉灭顶,惊涛骇浪】

坎上坎下，习坎。有孚维心。亨。行有尚

（习：学习，反复练习，习惯。习坎：重叠的坎卦。孚：诚。尚：崇尚，高尚。）

将内转盘的"河（坎）"旋转至外盘"河（坎）"的位置就是"坎卦"，实际上叫河卦最恰当，见乾卦转盘图和右小图。

坎卦是原创八卦卦象之一，坎表示川，即表示河流，有河必有水，坎转义为水。

八卦的原创时代没有文字，古人称呼河流为 kan。夏商周有了文字就用"坎"来记它，换一个"砍"字也不改变实质，取其读音而已。长沙马王堆出土的文物帛书《周易》记"河"为"赣"，这是南方人的口音。人们不能用"坎、赣"的含义解释河卦。本文中之所以仍然用坎卦名是沿袭历史习惯。

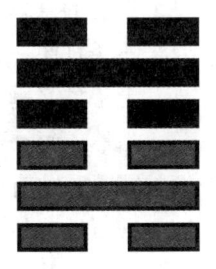

人往高处走，水往低处流。水是流动体，地球引力和气候的冷热变化，使水处在不停的流动中。天上是雨水，地上是河水湖水海水。水占地球表面的三分之二。水和它的流动是自然现象，有它自身的变化规律，不管人们喜欢不喜欢，它都按恒定的规律运动。它的流动，包括水汽蒸腾上天成云，又从天上降下为雨，造成了河泽湖海，森林植被（不动的生命），更造就一种奇迹：一种活动的生命——动物——人类。从这个意义讲，没有水就没有人类。但是从横断面讲，处于某一时期的人们，对水的感情是爱憎兼有：供人吃用，浇灌庄稼，养育牲畜，水赐人以福，使人爱；来个山洪河溃海啸，水给人以灾，使人恨，使人恐惧。人们在与水的交往中，发现河泽湖海的伟大功绩，它们是盛水的容器，可以控制水的运动，调节大地的气候，适应人对水的需求，容纳水下生命的繁殖。有河无水，干旱之灾，有水无河，洪涝之灾。可见河与水，有时是一码事，有时是两码事。

大禹的父亲治水，以堵塞为主，治水失败。大禹治水以疏导为主，治水成功。水不能全留在陆地，该走的让它流走，该留的，筑个坝，挖个水库留一点。人不能超自然，只能适应自然。适应就要有合适的办法，把盛水容器管好。

我们的祖先崇拜河流，尊河流为神，常常诚心祈祷祭祀，以为把河神侍候好了就可消灾得福。河神名河伯。传说中的河伯是天帝派来管理河川的。我们综观神仙，他们都没有七情六欲，唯独这位河伯不同，是个色鬼，贪图女色，要人们每年送一个姑娘给他。民称"河伯娶妇"。后来有位小官西门豹不信这一套，破除陈规，制止践踏人命，河伯也奈何不了他，并未见河伯真的显了圣降了灾。

"习坎。有孚维心。亨。行有尚。"《集解》引陆绩曰："习，重也。"又，习、袭通用，袭也是重的意思。商周处于汉字的初创期，文字太少，一字多用。句中"习"字，含义学习、练习、习惯，这些行为又具有反复、重复的意思，由重复又转义为重叠。所谓"习坎"就是坎卦的重叠，原来三条杠叫一卦，现在六条杠叫一卦。姬昌把八卦一一重叠成六十四卦，干了件名垂青史的大事。姬昌认为把八卦重叠起来，赋予崭新的含意。当然，每一卦的含义，姬昌明白，而纣王们是不理解的。必须瞒过他们的眼睛，才有姬昌的人身安全。"习坎。有孚维心。亨。"《周易》作者诚心诚意地对每一卦进行重叠演绎，坎卦也不例外，重叠后坎是双坎，卦名仍然称"坎"，不另起新名。作者在演绎八卦的过程中，似乎看到了上天对民间的人事另有安排，寄希望于西周。他的心怀变得开阔了，视野由羑里移到羑里以外的所有中国大地。"行有尚"：作者觉得自己所做的事，有利于修养品德，使自己进入了新的思想境界，即达到更高的层次，让自己成为德行高尚的人。

这件事情是在羑里监狱完成的，他灾难临头、身处逆境却不忘自己的事业。

此卦是"困"卦的续篇，写的是牢狱生活。

初六　习坎，入于坎窞，凶【恶水重重，深坑连连】

（习坎：重叠的坎卦。窞 dan：深坑，通陷。）

"习坎"，重叠坎卦，可以解释为身陷囹圄，在黑暗中寻求光明，演绎八卦，渡过凶险难关，如姬昌。也可以解释为反复治理河川，不厌其烦，劳而无功，以生命殉职，如大禹的父亲鲧。立了军令状，不治好河川要杀头，"三过家门而不入"，不是不想回家，而是怕回家耽误治水，落得一个杀头的下场，如大禹。"入于坎窞，凶。""坎窞"：深坑，是旱坑还是水坑无关紧要，关键是落入深坑就不是人过的日子。"凶"。

九二　坎有险，求小得【大灾难避，小得可求】

姬昌陷入牢笼之中，能够干什么事呢？心里极想追求"大得"，但是不能。他的大得是江山。这意图敏感之极。我们设想在睡梦中是这样的。姬昌来到王庭，恭恭敬敬地把奏折呈给纣王，结结巴巴地说，启奏万岁，陛下的王朝已经五百多年，现在已经破烂不堪，上帝十分震怒，他说你们该退居二线，让西周人出来主持大计。而我们西周诚惶诚恐，哪里敢……不等姬昌说完，纣王脸色铁青，火冒三丈，跳起来大叫，武士，把这狂徒拿下，用炮烙之刑。姬昌连呼饶命。武士七手八脚把姬昌拖到行刑间就往炮烙铜柱上绑，衣服立即燃烧，手臂肌肉烧得吱吱作响，然后全身冒烟。姬昌痛苦挣扎，从铜柱上滚落下来。隔壁房的姬高听到响声，忙过来看个究竟。见伯翁躺在地上，知道他做了噩梦，扶起他回到床上。他情绪平定下来以后，问姬高：你听到我说了什么吗？姬高摇头。姬昌叹了口气，说道，唉，小高，人在屋檐下，不得不低头。现在我们能做什么呢？

隔壁房间哪来一位姬高？

《竹书纪年》记述，纣王三十三年，"囚西伯于羑里，诸侯毕从其囚"。这位毕侯，就是周开国后的毕公。毕侯名姬高，即上述文字中提到的姬高。毕侯无罪，怎么进了羑里？原来，他敬仰姬昌，又是同族，关系亲密，年龄比姬昌小二十多岁，愿意到监狱照顾姬昌。因为他是自由人，可以带家属，或定期回老家探亲。他们还有一段旧情。《竹书纪年》载："帝辛六年，西伯初禴于毕。"毕邑有姬氏宗庙，为毕邑姬氏所建。初次禴祭时姬昌主祭，毕侯陪祭。他们一见如故。按谱系，毕邑的姬族也是姬昌的老祖宗公刘之后，因此血缘把他们拉得很近。按辈分姬昌为长，毕侯为侄。在此后的交往中，岐周和毕邑互有帮助。毕国成为周人最好的邻邦和最可靠的后方。几十年以后，文王武王周公死后都葬于毕邑。有这么几层关系，姬高进牢房照顾姬昌应在情理之中。

《左传·襄公三十一年》中说，"纣囚文王七年，诸侯皆从之囚，纣于是乎惧而归之。"这里面逻辑混乱。羑里监狱容得了那么多诸侯头头蹲在里面吗？并且一蹲七年，他们方国里都七年不过日子了？纣王惧，放姬昌，他让那么多诸侯窝在羑里，前几年他为什么不惧？他老子天下第一，惧过谁？其实这里是一字之差，把"毕"传抄成"皆"，失之毫厘，谬以千里。

爷儿俩折腾了一宿，除了唉声叹气还是唉声叹气。现在能做什么呢？"求小得"而已，请求狱方把伙食搞好点，请求允许祭祀祈祷先祖保佑，请求给热水一月洗一回澡……

六三　来之坎坎，险且枕。入于坎窞，勿用【手脚绑搏，不图奢望】

（坎坎：众多河流。枕：通沉。险且枕：凶险而深广。）

"险且枕"，凶险而深沉的巨大灾难，"来之坎坎"，来自众多河流的崩溃。人们难以生存。姬昌提示，"入于坎窞，勿用"，陷入深灾大难，不可作为。

什么是深灾大难？

河川失控，洪水横溢。水患一瞬可以从地球上抹掉成千上万的村庄和城镇，夺走成千上万人的生命。远古的水灾如何破坏人类生存，我们无法知道。但是我们现代中国人却经历了1931年的全国大洪水。

这一年的6月到8月，以江淮地区为中心，发生了史上罕见的全国性大水灾。大地陆沉。大约有40万人葬身浊流。由于7月份长江流域降雨量超过常年同期一倍以上，致使江湖河水盈满。8月，金沙江、岷江、嘉陵江均发生大洪水。当川江洪水东下时，又与中下游洪水相遇，造成整个长江流域的洪灾。沿江堤防多处溃决。洪灾遍及四川、湖北、湖南、江西、安徽、江苏、河南等省，中下游淹没农田5000多万亩，淹死14.5万人。其中两湖灾情最重，湖北70个县中就有50个县受灾。南京、武汉两大城市均被水淹。武汉市区大部分水深数尺至丈余，许多街道均可行船，死于洪水、饥饿和瘟疫的有3.26万人。整个江汉平原一片汪洋，洪水浸泡达三个月之久。这场江淮洪水，历时长、范围大、后果极其严重。长江及其主要支流，如金沙江、沱江、岷江、涪江、乌江、汉水、洞庭湖水系、鄱阳湖水系以及淮河、运河、钱塘江、闽江、珠江，都发生了大洪灾。黄河下游泛滥，伊河、洛河洪水为近百年所未见。东北的辽河、鸭绿江、松花江、嫩江等河流，也纷纷泛滥成灾。根据当时官方资料统计：全国受灾县386个，受灾人口5311万，死亡422499人，经济损失22.8亿多元，淹没良田2.55亿亩。

姬昌就陷入政治的大灾难中，类似如洪水的大灾大难。他在监狱里，他无力改变现状，稍有动弹，自己完了，西周灭了，唯一的选择是保住生命，保持冷静。留得青山在，不愁没柴烧。

六四　樽酒，簋贰，用缶，纳约自牖，终无咎【酒肉神仙，得过且过】

（樽zun：古代盛酒器。簋gui：古代盛食物的竹器、陶器、铜器。贰：二。缶fou：盛酒水瓦器。牖you：窗户。）

上面提到姬昌做了一场"求大得"的噩梦，理智地回到现实，目前"求大得"不可得，"求小得"或许能得，于是对狱方提了几点要求。狱方知道后，典狱长考虑，姬昌虽然是犯人，他可是不同一般，他是要人，是皇上请来的客人，不能掉以轻心。他们的要求一一满足：改善伙食，允许祭祀，给热水洗澡。还有别的要求都可商量。酒食，逢庚日供应，即十天一次；祭祀，按民间习惯进行，不准出羑里院门；洗澡，供热水，一月一次，每月开头第一天。

这一天是庚子日，狱方果然送来酒食。"樽酒，簋贰，用缶，纳约自牖"，一壶酒，两钵粟米饭，一罐红烧羊肉，还有青菜、辣椒、红枣。这一餐，姬昌、姬高俩吃得很滋润，不过有一点使人倒胃口，这些东西是从窗户递进来的；提醒你，不是在大厅请客，你是犯人，乖点。

吃饱喝足以后，他们又盘算下一个庚日，推算下一个庚日是庚戌，还得等十天，等吧，有吃的就可以。"终无咎"，到底是没有遗憾。

九五　坎不盈，祇既平，无咎【心理安慰，感觉良好】

（盈：充满。祇 zhi：①恭敬。②诚敬祭祀神灵。）

"坎不盈"。"不盈"：不满，不溢出，不威胁堤坝，不造成决溃，水流保持在安全线以下，平安。"祇既平，无咎"：诚敬祭祀神灵，祈祷他们保持"坎不盈"的现状吧，人民只想过太平日子，不想逃荒。

祭祀，姬昌"求小得"，对狱方提出的要求之一，狱方给予满足。监狱条件，仪式简单，狱方提供一只鸡，三小碗饭，一碗酒。姬昌将其摆在院里的石台上，然后跪下，稽首匍匐于地，口中念念有词，无非是请求上帝提携，保佑身体健康无恙，保佑家乡父老亲属平安。仪式从午时到未时，足足进行了一个多时辰。后来那只鸡被那无赖狱卒拿走，酒饭留下姬氏父子享用。姬昌如鲁迅笔下的祥林嫂捐了门槛，心理上得到了极大的安慰和满足，确信未来的日子顺畅，"无咎"。

上六　系用徽纆，置于丛棘，三岁不得，凶【流年似水，岁月如刀】

（系：捆绑。徽 hui 纆 mo：绳索，三股为徽 hui，两股为纆 mo。丛棘：监狱。）

"系用徽纆，置于丛棘，三岁不得，凶。"这是描述当时社会一般重刑犯的处刑状态。"系用徽纆"：重刑罪犯被五花大绑；"置于丛棘"：关进监狱。"丛棘"：监狱的围墙上绑扎一些带刺的荆条等灌木枝杈，用来防止犯人逃跑,如现代在围墙上插上玻璃碎片。"丛棘"指代监狱,等同于现代的"高墙"、指代监狱。"三岁不得":《周礼·司圜》:"收教罢民,能改者,上罪三年而舍,其不能改而出圜土者,杀。"罢民,有罪的人,被关进监狱,能改的三年释放;不改还想逃跑的,杀掉。这是周的律令,姬昌坐牢时,此律令未出台,但是周继商典,商朝当如此。姬昌前后坐了七年牢,他时时感到有一把利剑悬在头上。自己并没有想逃跑,可是有一天他把你杀了,传个话出去,称姬昌越狱,顽抗到底,某日已正法。你跳进黄河吧,也洗不清——已经正法了,还跳什么黄河?姬昌的担心不多余。前途未卜,凶险的威胁如影随形。他在羑里,离家乡一千多里,天各一方,消息闭塞,他不知道家里人在设法营救他。是否能营救成功,家里人也心中无数。姬昌有时陷入恐怖之中:这世界哪来这许多灾难?上帝知道吗?

第三十四章

中孚【狱火炼人,幽宫深院穷兴师】

兑下巽上,中孚。豚鱼吉。利涉大川。贞吉

（兑下巽上：卦画结构,下兑卦,上巽卦。孚：信用,诚信。豚鱼：豚和鱼。豚：小猪。利涉大川：有利干大事）

将内转盘的"雨（兑）"旋转至外盘"风（巽）"的位置就是"中孚"卦,见大有卦转盘图和左小图。

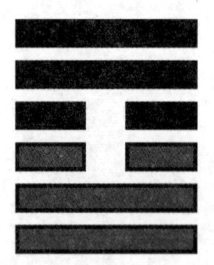

羑里生活片段。

如今,河南羑里成为世人皆知的名胜,是因为这里曾经是古老的商朝国家监狱,更重要的原因是周朝的革命先驱、开国元勋姬昌在这里坐过牢,并写出了《周易》。鲜为人知的是这里还有一个人陪着姬昌坐了七年牢。这个人叫姬高。

姬高何许人也？

《史记·本纪第四周》："武王即位,太公望为师,周公旦为辅,召公、毕公之徒左右王,师修文王绪业。"牧野决战商亡后第二天,《史记》同篇描述："其明日,除道,修社及商纣宫。及期,百夫荷罕旗以先驱。武王弟叔振铎奉陈常车,周公旦把大钺,毕公把小钺,以夹武王……""封商纣子禄父殷之余民。武王为殷初定未集,乃使其弟管叔鲜、蔡叔度相禄父治殷。已而命召公释箕子之囚,命毕公释百姓之囚,表商容之闾。"这段文字中,召公毕公无姓名。

在《史记·世家》中,道出召公姓姬名奭,毕公姓姬名高。革命成功后,姬奭封侯于燕,史称燕召公；姬高封侯于毕,史称毕公。姬高的后

第三十四章 中孚【狱火炼人，幽宫深院穷兴师】

人封于魏，姬高是魏国的始祖。

坎卦中提到，《今本竹书纪年疏证》记述，纣王三十三年，"囚西伯于羑里，诸侯毕从其囚"。这位毕侯，就是周开国后的毕公，即上述文字中提到的毕公。毕侯无罪，他敬仰姬昌，又是同族，关系亲密，年龄比姬昌小二十多岁，愿意到监狱照顾姬昌。

《左传·襄公三十一年》中说，"纣囚文王七年，诸侯皆从之囚，纣于是乎惧而归之"。

这段文字翻译成白话就是，商纣王囚禁文王姬昌七年，诸侯都跟随文王坐牢，纣王害怕而放文王。

"纣囚文王七年"，这是陈述事实，没有疑问。

"诸侯皆从之囚"，诸侯都跟随文王坐牢。问题大了，全国诸侯千多，"皆"表示多则千人，少则三五百，不会是几个。羑里监狱容得了那么多诸侯蹲在里面吗？一群诸侯窝在羑里，纣王不怕他们闹事吗？既然诸侯头都去坐牢，地方政权基本停止运作，这简直是一场政治灾难。这种事不可能，事实上也没有发生。

"纣于是乎惧而归之"，纣王惧，放姬昌，说明此事发生于姬昌已经坐牢七年之时，否定了"诸侯皆从之囚"。

汉贾谊《新书》云：文王桎梏于羑里，七年而后得免。然《尚书大传》等书所言皆不足七年，亦无诸侯从之之事。

贾谊否定"诸侯从之"之事，但是没有指出错在何处。

错在何处呢？传抄错误，把"毕"传抄成"皆"。诸侯毕从之囚，有其事。诸侯皆从之囚，无其事。《左传》误传。《左传》也提供了一点信息，不是诸侯都从之囚，而是诸侯之一的毕侯从其囚。

毕侯姬高从囚

这些叙述说明，姬昌在羑里并不孤独，他还有最亲密的同人和战友姬高。他俩的友谊是真诚而高尚的，就像祭祀，虽然仅用价值低廉的祭品小猪和鱼，然而心地虔诚，会得到上帝的保佑帮助。"中孚"，"中"，中原方言，"行"，"好"，"合适"，"恰到好处"。"中孚"：真心实意地交往，肝胆相照，不追求表面虚荣。和谐，"吉"，有利干大事，"利涉大川。贞吉"。

《彖》曰："中孚，柔在内而刚得中。说而巽。孚，乃化邦也。豚鱼吉，信及豚鱼也。利涉大川，乘木舟虚也。中孚以利贞，乃应乎天也。"

《象》曰："泽上有风，中孚；君子以议狱缓死。"

我们要读懂这两段文字，还必须具备一点巫卜知识。所谓"柔在内而刚得中"，是指卦画六根棒棒有两根表示阴爻棒棒在中间，阴为柔，在内，"柔在内"；而二、五爻是阳爻，阳为刚，且分别处在内外卦的中间，"刚得中"。所谓"说而巽"是指下卦为"兑"（说），上卦为巽。由这卦画画法引申出一套理论："化邦也"（教化邦国），"信及豚鱼也"（诚信感动于家畜鱼类），"乘木舟虚也"（卦画像木船空仓待你坐），"乃应乎天也"（中孚之吉反映天道）。这些奇特的理论都产生于那六根棒棒平常排列。《象》的另一段说，"君子以议狱缓死"。这说法连卦画也扔了；作者根据什么发此议论？

初九　虞吉，有它不燕【身不由己，龙游浅底遭虾戏】

（虞：安，通娱，快乐。它：别的。燕：安好，通宴，用酒饭招待客人。）

"虞吉，有它不燕。"安逸、快乐则吉，有以外之患则不安。

姬昌时时内心烦躁。凤鸣岐山，天降大任于周。

"祖父说我身上有祥瑞，我将成就大事，可是我成了落入陷阱的野兽，有力无处使。"

忧患充满于斗室，继之他随口吟出：

大地广千里，

我独有三尺，

何日斩蒺藜，

飞龙在天时。

一旁的姬高心领神会，忙劝说："伯老何必焦虑，上帝安排您在这里多休息些时日，养精蓄锐，自有他的用心。"

姬昌说："你小子伶牙俐齿，你说的也许对。只是我心里发慌，我已经是花甲之年，想到这一层，我吃饭毫无胃口，'有它不燕'。"

姬高说："太阳每天从东方升起，乌云遮得了吗？我认定，将来的局面定等您出去收拾。您忧国事，证明您心中没有忘记上帝和人民。吉人天相。您别着急，不久上帝就要召唤您去完成他的使命。"

这一对狱友，互相成为精神支柱，日子过得很有意义，"虞吉"。

《象》曰："初九虞吉，志未变也。"

意思：之所以乐观，就是有远大抱负，其志向没有改变。

M：我写了前面那么一段文字铺垫，《象》辞及其解，可以上下连贯，似乎有些道理。只是人家是按卦画评注的，他们从卦画中看出"意志未变"的迹象。我觉得句意可以，就地取材。

九二　鸣鹤在阴，其子和之，我有好爵，吾与尔靡之【雨中作乐，海燕也有高兴时】

（阴：荫。和：应和。好爵：美酒。爵：酒器，借为酒。尔：你。靡mi：共享，分享也。）

姬高岁数比伯夷考大，伯夷考是姬昌的大儿子。姬昌是西伯，也是同族的长者，在狱中，姬高称姬昌"伯老"，亲如父子。姬昌也把他看作另一个长子，感情上甚至超过了伯夷考。狱中的生活，使他们水乳交融，心心相映。他们天文地理，国事家事，病痛饮食，无所不谈。"鸣鹤在阴，其子和之，我有好爵，吾与尔靡之。""鸣鹤在阴"，鸣鹤，姬昌自称；阴，阴暗潮湿的地方，指羑里监狱。"其子和之"，指姬高；父子亲情，互相唱和。"我有好爵，吾与尔靡之。"我们不管谁有好酒，都拿出来共享。这句爻辞是他们过去关系的写照，也是将来生活的预期。

《象》曰："其子和之，中心愿也。"

意思：小鹤声声应和母鹤，传递内心的真挚情感。

我特别感动，《象》作者终于知道了姬昌与姬高在狱中患难与共，父子情深。

六三　得敌，或鼓，或罢，或泣，或歌【战鼓频催，征人处处是战场】

（敌：①仇敌，②抵抗，③相当，匹敌。鼓：击鼓，打仗时的进攻信号。）

父子俩为了打发长时的无聊，制作了一种征战的弈棋游戏，相当于后来的象棋或军棋。他们棋艺差不多，棋逢敌手，"得敌"。玩起来十分投入，你攻我守，我进你退，犹如真枪实刀对干，击鼓进攻，鸣金（锣）收兵，"或鼓，或罢"。有时边弈棋边喝酒（以水代酒），高兴了歌舞一番，伤心处哭泣一场，"或泣，或歌"。

《象》曰："或鼓，或罢，位不当也。"

意思：或者击鼓攻击，或者罢兵回营。"你们空激战一场，注意到没有？位不当也"。

M：怎么位不当呢？原来是卜家规定，一个卦从下到上顺序排列六爻，第一、三、五爻的位置是"阳位"，第二、四、六爻的位置是"阴位"。阳爻在阳位或阴爻在阴位就是当位，反之就是不当位。六三，六为阴，三为阳，阴爻占阳位，不当。我们明白了这个规定，就知道作者为什么大呼小叫。

六四　月几望，马匹亡，无咎【烈火真金，真金光耀黑暗处】

（望：特指月圆。马匹：马或马群。亡：丧失，没有。）

"月几望"，望月，即圆月。民谚：初二初三蛾眉曰，十五十六月团圆。月几望是月既望，月已经圆了。但是这里把"几"作不定数词用，即多少个岁月，多少个月缺月圆。"马匹亡"，不是马匹跑了，而是人离开马鞍已经多年了，那种驰骋疆场的娴熟技巧已经荒疏了。监狱里，父子俩追恋着战争的疯狂，描述着杀戮的刺激，研究战马的优劣，探讨未来战争的规模。谈起战争，他们全身的兴奋点都调动起来了，似乎战鼓频催，震耳欲聋，一片冲杀之声；看到有敌人倒下，也有自己人倒下，有敌我的血流在一起，也有各把对方的头颅割下挂在腰间回去报功。他们也批评这种做法太笨，腰挂头颅不便继续打仗，可以割一只左耳就行（割左耳报功，在武王战争时代真的用上了，还专用"馘"字表示割敌方战死者的左耳）。在监狱里，他们设想自己是未来战场的勇士，可以训练更多更好的马，培养大批如狼似虎的骑士，"马匹亡，无咎"。

《象》曰："马匹亡，绝类上也。"

意思：马匹丢失，与上非一类也。

四爻与初爻一阴一阳，互应，天作之合，一对良马，但是四爻前行遇阳五，甩了初一"马匹亡"遇阳五，阳五是天子，"非一类也"。

M：在街上如果遇着算命先生，您跟他搭讪，他就会用这一大套理论蒙哄您，他的理论哪里来？书中来。书谁写的？"十翼"的写书匠吧。

九五 有孚挛如，无咎【立威倡德，大国畏惧小国仰】

（孚：诚信。挛 luan：连在一起。如："……的样子"。咎：灾祸，罪过，过失，责怪。）

太多的共性把姬昌姬高俩连在一起，他们都姓姬，都是头，都想改变现状；都信奉上帝，都恨商纣暴政，都有志于给子孙后代造就福祉；还有一点，都准备为事业献身。两人知根知底，一个有自由，一个无自由，信念把他们捆绑在一起，"有孚挛如，无咎"。周人的诚信天下有名，都把西周作为可信赖的友好之邦，纷纷归附。一根筷子容易折，一把筷子扎成团，能承千斤重。"大国畏其力，小国怀其德。"大国者，商朝廷也；小国者，诸侯方国也。纣王以为把姬昌囚禁起来就可以抑制周人的发展，其结果适得其反。纣王得到的是私下的谴谪和公开的叛离。姬昌得到的是同情和支持。

象曰：有孚挛如，位正当也。

意：九五刚健中正，居尊位而为卦主，能以诚信广系天下，而天下亦以诚信相应，故无咎害。

M：巫师规定，第五爻是至尊位、天子位，是"卦主"，更巧的是卜者得一个阳数（奇数）九。那就是大吉了，"位正当也"。巫师们以卦画定吉凶，儒家以卦画定哲学。卦画真是神通广大！

上九　翰音登于天，贞凶【夜闻鸡鸣，旅人早起迎晨曦】

（翰音：鸡）

《礼记·曲礼下》："凡祭宗庙之礼……羊曰柔毛，鸡曰翰音。"后因以翰音为鸡的代称。

古代祭祀宗庙，依礼，祭品中必有鸡。鸡又称翰。翰：天鸡，特指有文采的山鸡或锦鸡，后来泛指野生鸡和家养鸡。爻辞中的鸡是家养鸡。山鸡或锦鸡仅有羽毛之美，而无鸣声之妙；家鸡则兼具羽毛之美和鸣声之妙。更绝的是它一日早中晚三鸣，夜有鸡叫三遍天亮，鸡成为报时的生物钟。人们依此作息。

早年遇东洋兵乱，在乡间生活，有一种特殊的感觉。夜深人静，有时听得远处急促犬吠。犬吠报警，使人恐惧不安；有时听得时起时伏鸡鸣，让人感到静谧安稳。鸡鸣报时，有事则起床，无事继续入睡。犬吠鸡鸣是无（电）灯火、无时钟的乡村风景线。古时称鸡为翰音。"翰音登于天"，鸡鸣的声音达于天空。夜深人静听鸡鸣，那声音就是天上来的。常人听鸡鸣，觉得安宁。姬昌不是常人，他是囚徒，听到鸡鸣就恐惧。他不是判了十年八年，有个盼头。纣王随时凭自己的情绪决定姬昌的生死。今天活着，明天是生是死，姬昌心中无数。一旦听到鸡叫，知天快明了，就加速了心跳。"翰音登于天，贞凶。"可怜的姬昌总把鸡叫与凶险联系在一起。姬昌有时也逆向思维："夜间鸡鸣不也预示新的一日的到来吗？牢狱生活总有个头，就是我死于黑暗中，我儿子也会生活于光明处。如果我不死，老天公平，也有我阳光一份。"

《象》曰："翰音登于天，何可长也。"

意思：上九，最后爻，顶位，那鸡鸣之声虽可达于天空，但是长久不了。

M：老师在黑板写了个 X，然后问学生，X 等于几？学生答，不知道，您没有规定题目条件。老师：我不是已经说了吗，"翰音登于天"嘛。学生：啊，知道了，X 等于地。

第三十五章

无妄【姬昌蹲狱，岐周息政进休眠】

震下乾上，无妄。元亨。利贞。其匪正有眚。不利有攸往

（震下乾上：卦画结构，震卦下，乾卦上。妄：胡乱，狂妄，荒诞，荒谬。无妄：循规蹈矩，遵纪守法。匪：匪盗。眚 sheng：①眼病。②过失。③灾祸。④疾苦。）

把转盘"雷（震）"旋转至外盘"天（乾）"的位置就是"无妄"卦。见大有卦转盘图和左小图。

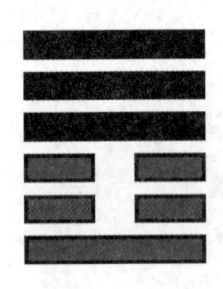

妄：狂妄，荒诞，荒谬，胡搞，轻举妄动。无妄，与妄相反，坚守正道，循规蹈矩。人们能够做到无妄，则"元亨利贞"。元，伟大，高尚。亨，通达，顺利。利，福祉，收益。贞，纯洁，坚贞。"元亨利贞"，美好至极。这是成为君子的德行修养重要方面。"其匪正有眚"，匪，名词：盗匪。盗匪一词是借用，实指纣王。姬昌在狱中敢明目张胆地骂纣王吗？不要脑袋了？说者别有用心，读者对号入座，还真以为说盗匪哩，还真以为匪当"不是"讲哩。纣王目前处于更年期，"其匪正有眚"，神经错乱，什么伤天害理的事都干得出来，不可图大事，"不利有攸往"。否则把我姬昌剁成肉酱，晒成肉干，灭了九族，血本亏光，还谈什么吉瑞！因此，目前状态下，周人策略改变，转入地下，养精蓄锐，休眠待时。

初九　无妄，往吉【矢志不移，车行千里往有吉】

姬昌蹲在河南汤阴羑里监狱里，回忆起一桩桩惨不忍睹的事就心有余

第三十五章　无妄【姬昌蹲狱，岐周息政进休眠】

悸。这是商王朝最黑暗的时期，也许是歇斯底里最后挣扎。在这样一个杀人杀红了眼的疯子面前，周人如果针尖对麦芒，也来个歇斯底里，那就是自取灭亡。周人要保持冷静，避开刀锋，保护自己，保存有生力量，不作无谓牺牲。周人不轻举妄动，坚守正道，前程还是光明的。"无妄，往吉。"

六二　不耕获，不菑畬，则利有攸往【"休农兴政"，智者切记适天时】

（菑 zi：①开荒。②初耕一年的土地。畬 yu：已开垦二三年的熟田。）

"不耕获，不菑畬，则利有攸往。"这是姬昌为革命拟定的一条行动准则，进一步强调休眠的必要。"不耕获"：不耕不获，不耕种也不收获，停止农业生产。有人解释为不种而获，不费力耕种而轻松获得丰收。妄想。"不菑畬"，菑，新开荒地，畬，已经可以耕获的熟地。"不菑畬"：停止开荒耕种。重复说停止农业生产。有人解释为，不想下功夫开荒而得到熟地。也是妄想。这都是农事。如果真这样，大家吃什么？穿什么？周人还想活在世界上吗？因此说，非指农事，隐语，借以说政事：所有有关夺权的事，一律停止，正在做的，如练兵、造车、造武器等都停止下来。言论上，则更要守口如瓶。这一句爻辞，有正反两层意思，正意：政治休眠，"则利有攸往"；反意：农事休眠，则不利有攸往。耕获菑畬，是立国之本，千万不能废掉。对于农事来说，应该是"有耕获，有畬畲，则利有攸往"，改"不"为"有"。全句反其意而用，即兴农息政，农业不可放松，有关翦商的政事要停止下来。

六三　无妄之灾，或系之牛，行人之得，邑人之灾【邑人之灾，浮云吹过见月明】

（系：捆绑，拴缚。邑，村镇。）

"无妄之灾，或系之牛，行人之得，邑人之灾"：有人将牛系在村头，路人顺手牵羊，啊？他顺手牵牛，害得全村人受牵连，你怀疑我，我怀疑你，闹得鸡犬不宁。真是邑人之灾，无妄之灾！姬昌的遭遇与邑人之灾相比，有过之无不及。姬昌被囚是历史大冤案，实属"无妄之灾"。人在家中坐，祸从天上来。九侯、鄂侯、西伯姬昌属朝廷命官，位列三公，如系在树桩的老牛，服服帖帖为主子辛劳，无怨无悔。岂知九侯、鄂侯遭了毒手，一个个都死了。姬昌则因崇侯虎得到一个复仇机会"行人之得"，捏造罪名上告，激怒纣王而将其下狱，"无妄之灾"！暂时未死，前途生死未卜，刀柄在人家手里，命若悬丝。

"邑人之灾"的故事实在平淡。姬昌的"无妄之灾"的故事实在惊心动魄。他是邦国首脑，朝廷大公；他无罪被囚；他父亲被杀不能重提；儿子被杀不能吭声。他目下的处境，四壁高墙，狱卒持械用鹰一般的双眼盯着他的一举一动。他要上诉，向上帝哭诉。上帝很忙，无暇顾及。写八卦吧，写自己？不能！借个题写写吧，写邑人失牛的故事。这故事是水上浮萍，浮萍的下面，有另一个活生生的世界，那里鱼虾蚌蟹，弱肉强食，强者在笑，弱者在哭。他姬昌目前是弱者，笑着哭，哭着笑，让人不知是哭是笑。

九四　可贞，无咎【无愧我心，语言修饰为生存】

适可而止的言行，不会带来坏处。一个人关在监狱就像一只装进玻璃罩里的苍蝇，可以看见外面而出不去，外面的人可以把你看得一清二楚。苍蝇可以唱动听的歌，玻璃罩马上给它反射回来，没有人听到它是革命还是反动。监狱里的人则不同，说话的声音可以传得很远，可以立即传到天子的耳朵里。因此姬昌出于求生的本能，必须掌握监狱语言，一种能在玻璃罩乱射的语言，隐晦得只有自己明白的语言。言为心声。心被蒙皮掩盖了，言也模糊了。你纣王如何奈何我？我有话，不说，少说，适可而止，不会加重刑罚就行。"可贞，无咎。"

九五　无妄之疾，勿药有喜【精神压抑，心病还需心药治】

（勿药：不治疗。有喜：古人称病愈为有喜。）

姬昌遭囚禁七年，是飞来的横祸，无妄之灾。心里的委屈跟谁说？天大的冤情向谁诉？囚禁是对身体的摧残，对心理的打击。坚持正道可以挺住，稍有动摇，精神崩溃，可以置人于死地。这是心病，不同于一般意义的人体器官疾病，"无妄之疾"。这种病无药可治，也无须用药治疗，"勿药有喜"。精神负担解除了，病也就好了。姬昌初进监狱，失了方向，觉得前途一片漆黑，自己可能遭到杀戮，家族也会株连，周人将从此消失，"无妄之疾"。后来他慢慢清醒过来，看到事情的发展不像自己想的那么严重。他纣王虽然残酷，但是受到种种条件约制，坚持正义的朝臣不少，纷纷谏阻其恶行；再说了，我姬昌无罪，处之过分，会激起众诸侯反叛，纣王也只能适可而止。姬昌放下思想负担，"勿药有喜"，慢慢想找点事情做。有一天，族侄姬高（此人传奇故事见困卦、中孚卦）从家乡弄来一张牛皮八卦图，从此他就潜心研究八卦。这是一张最原始的八卦图，只有两项元素：卦符（后人也叫卦画）和卦名。姬昌过去见过巫史卜筮，知道一些规矩。比如，卦符代表天、地、山、川、风、雨、雷、电；它们都是神，掌管人间吉凶。卦位是上南下北，左东右西；天处南，地处北，火处东，水处西，诸神各就各位，区别尊卑。人们又命名天为乾，地为坤，兑为雨，坎为河（水），巽为风，震为雷，离为电（火），艮为山。

上九　无妄，行有眚，无攸利【蛰伏以待，三冬即逝有暖春】

（妄：胡乱，荒诞，荒谬。无妄：循规蹈矩，遵纪守法。眚 sheng：①眼病。②过失。③灾祸。④疾苦。）

"无妄，行有眚，无攸利。"不可妄动，动则会遭灾祸，不会获得好的结果。姬昌明显地感到，现在是周人历史上第二个最黑暗时期，第一个最黑暗时期是父亲季历被杀，造成周人几十年停步不前，近十多年才慢慢苏醒，朝廷对周人还是老两手，打拉结合，先给姬昌高官，接着又将其投入监狱，时间长达七年，使周人丧失主心骨，丧失了奋进的七年。前后的经验教训，都告诉周人，不可以冒冒失失，"行有眚，无攸利"。当前形势下，周人的首领在监狱里关着，周人处于无组织状态，军力、财力远不如对方，根据地很狭小，而商人则很强大，纣王又是一位嗜杀成性的暴君，因此，周人必须冷静，沉着，等待，讲求策略。瓜未熟，蒂未落，水未到，渠未成，不是时候，强求必败。

把"十翼"的点评夹于文中，影响文章的连贯与流畅，特附于文尾，供研读比较。

《彖》曰："无妄，刚自外来，而为主于内。动而健，刚中而应，大亨以正，天之命也。其匪正有眚，不利有攸往。无妄之往，何之矣？天命不佑，行矣哉？"

《象》曰："天下雷行，物与无妄。先王以茂对时，育万物。"

初九，《象》曰："无妄之往，得志也。"

六二，《象》曰："不耕获，未富也。"

六三，《象》曰："行人得牛，邑人灾也。"

九四，《象》曰："可贞无咎，固有之也。"

九五，《象》曰："无妄之药，不可试也。"

上九，《象》曰："无妄之行，穷之灾也。"

不可详细考究，一考究就发现，卦画像一位多产贵妇，贵妇太姒生了十个儿子，卦画生出一堆理论。此处，乾生出"刚自外来，而为主于内"，生出"天命不佑"，初九生出"得志也"，六二生出"未富也"，六三生出"邑人灾也"，九四生出"固有之也"，九五生出"不可试也"，上九生出"穷之灾也"。

第三十六章

睽【别离之苦,鸿渐于飞情丝乱】

兑下离上,睽。小事吉

（睽 kui：《说文》："目不相视也。"乖离在外,远不相见之义。）

将内转盘的"雨（兑）"旋转至外盘"电（离）"的位置就是睽卦,见屯卦转盘图和左小图。

学者黄显功在《武王伐纣》一文中说："由于周方国在西部行征伐之权,国势迅速强大,自周侯季历至西伯姬昌仅仅两代,周方国开辟的领土已'三分天下有其二',只不过文王曾与纣王在山西黎城恶战一场,被打得大败,如果不是来自东夷的军师姜子牙在商王国东部策反东夷作乱,恐怕文王的统一大业将就此完结。而文王被俘、囚于羑里很可能就发生在这场战争中,最终姬昌很可能被纣王处死,而不是像史书上所说的那样被释放回家。"这段话不符合历史,姬昌与商朝干仗发生于帝乙二年,纣王还未登位。纣王时代,姬昌一辈子没有跟纣王打过仗,更不存在战败当俘虏坐牢的事。

《史记》所述可信度高。

睽,背离,两不相见。姬昌坐牢,离苦,离恨,离愁,集成一家书,向妻子太姒倾诉,报个小小平安。"睽,小事吉。"伟人也是人,也有人情味,姬昌在狱中可能有着丰富而复杂的思家之情,何以诉?诉之于《周易》。我用现代语译解。无非缓解一下读古文的枯燥乏味,不改变原意。

第三十六章 睽【别离之苦,鸿渐于飞情丝乱】

【姬昌狱中家书】

姒妹,爱妻:

　　离家逾年,十分想念你们。

　　我于辛酉年,即帝辛二十三年,说错话,皇上命我从三公位下来,送我至羑里风景区休息,修身养性,学会驯顺。我这人确实有些孤傲,有时管不住自己的嘴巴,乱发议论。我这坏个性未好好改,无意中伤了皇上尊严,影响君威,确实不好。皇上及时给我以改正机会,实属宽宏大量。让我们全家以至诚之心感谢皇上的关心,敬祝皇上万寿无疆。

　　孩子们一个个都长大,要保持姬家好传统,修文习武,虔诚侍奉上帝,上忠君下爱民,尊老爱幼,不可顽劣,坚守正道。年轻人的前程无量,将来的事靠你们。

初九　悔亡。丧马勿逐,自复。见恶人,无咎【鸿渐于陆,候鸟归林自有时】

　　　　(丧:丢失。逐:追,寻找。复:回来。见:出现。恶人:盗贼。)

　　我知道,我离家年余,没有及时给你们写信,让你们担心,别以为这是噩耗,"悔亡"。我们农家话,马丢失了会自己回来,不用费力去寻找。就是遇着贪便宜的人想把它牵去,老马识途,到时它会把那贪便宜的家伙一起带回来。"丧马勿逐,自复。见恶人,无咎。"你们不必过于担心。我是朝廷的人,平时也很少在家。这回无非时间隔得长一点。等皇上气消了,我的坏个性改了,等于修炼成功,他就宽恕我了,我就可以和你们见面了。

九二　遇主于巷,无咎【偶丧羽翼,康复之日称大鹏】

　　　　(主:皇上。巷:小路,窄路。)

我的错在哪里呢？比如皇上从巷子那头来，我从这头往那头去，"遇主于巷"，正碰上了。常理，臣下赶快回避。巷子太窄，我一时来不及回避。失礼了！失礼了！不过皇上宽宏大度，没有重处我，原谅我初犯，让我离职休养。如此而已。"无咎。"

六三　见舆曳，其牛掣，其人天且劓，无初有终【上帝失察，人间黑白皆颠倒】

（舆 yu：车，轿。曳 ye：牵引。掣 zhi：牵制。天：古刑额头上刺字称天。劓 yi：割鼻。）

羑里有羑里的风景线。常见有牛拉大车进进出出，赶车的人头上刺了字或者割了鼻。他们可能是以前的囚徒，犯有小罪，刑罚以后，留在羑里工作，"见舆曳，其牛掣，其人天且劓"。当初可能是无业游民，生活没有着落，在社会上偷摸混日子。现在总算走上正道。"无初有终。"

九四　睽孤，遇元夫，交孚，厉，无咎【喜遇元夫，羑里另有真情在】

（睽孤：分离之孤独。有说是父子不相见的遗腹子。元夫：有地位之善者。孚：诚信。厉：深厚。）

在这里确实有些孤独，不能亲近你们，看不到你们的音容笑貌，我时时感到郁闷，"睽孤"。但是我告诉你们一件欣慰的事。姬高一直在羑里与我为伴。你们知道姬高吗？他是我们的同宗，晚我一辈，毕国的诸侯，"遇元夫"。他对我特别尊敬又崇拜，主动到羑里来跟我一起生活，说是我年纪大他年轻，可以照顾我。朝廷对他的到来没有制止的意思，反觉得可以减少羑里工作人员的杂务表示欢迎。我们交情笃深。我非常感动。你看他放弃了工作，顶着各种责难，居然把自己宥于小圈子里。他的精神可佩可嘉，我好像从他身上获得了某种力量，觉得人应当为他人活着更有意义。"交孚，厉，无咎。"

第三十六章 睽【别离之苦,鸿渐于飞情丝乱】

六五 悔亡。厥宗噬肤,往何咎? 【梦里幻里,渭水兼葭常茂密】

（厥:①代词。他的,那个。②副词。乃,就。③昏厥,昏倒。④挖掘。宗:①宗庙,祖宗。②宗族。同祖称宗。③尊奉。④本,主旨,宗旨。噬:咬,吃。肤:肉,带皮之肉。指作唇齿相依。）

姒妹,爱妻,你们一定经常记挂着我。我也一样,有时也做梦,好像你依偎在我怀里,眼里噙着眼泪,埋怨我不给一个音信,让大家失了主张。原谅我,朝廷有许多朝规,我不能违规加重自己的错误,那会辜负皇上对我的希望。现在皇上特许,让我给家报个平安。所以我在此特感谢他皇恩浩荡,使我们夫妻有见字如面的机会。

我还告诉你,姬高这小子真可爱。他跟我们大儿子年纪差不多。他长久跟我厮守在一起。说实话,我跟我们的儿子相处的时间还没有他多。我们经常一起谈天说地,下棋,喝酒,养虫,观看蚂蚁打仗。我常听他讲自己家乡的故事。他说他会驯马、善骑马,可以仰贴马肚子跑五十里。我是老骑手,知道他把话说过了头。他还嘴硬:"您老啦,以后我表演给您看。"他常上市场给我买来好吃的。有时有鱼,有时有肉,上月弄来一只小羊羔,我们美美地吃了两天。"悔亡。厥宗噬肤,往何咎?"

说这些是让你们放心,知道我不孤单,生活情趣很浓,身体也很健康。

上九 睽孤。见豕负涂,载鬼一车。先张之弧,后说之弧,匪寇,婚媾。往遇雨。则吉【阵雨袭来,是人是鬼皆洗清】

（豕:猪。涂:①泥土。②道路。③涂饰,涂抹。弧:弓。说:脱,放下。）

昨天姬高小子又给我讲了一个故事,他说是他们乡间的真实事。有一队人马,敲锣打鼓,彩旗飘扬,远道而来。仔细一看,吓人啦,一辆牛车上拉着一只大活猪,全身涂抹泥巴,只有两只眼睛哑巴哑巴动。

另一辆车装一车鬼。"伯翁（姬高平时叫我伯翁，我觉得很亲切），您见过鬼吗？"我答未见过。他绘声绘影地说："那鬼，一个个青面獠牙，好像也没穿衣服，全身都是毛，一寸多长的毛，不会说话，只听得咿咿呀呀。还看见一个鬼正吃着一个小孩，血淋淋的，另一个鬼抢了一条腿，啃那带血的红肉。""村里先看见的人吓坏了，飞快地跑去报告村长。您知道那村长是谁？是我表哥。他叫姜盛，外号姜大胆。他忙鸣锣集合青壮，带上弯弓长矛埋伏村头，准备应对万一。姜大胆先发一箭，洞穿最前面的红旗。鬼队停了下来，有一个鬼开口大声讲人话：别射啦，别射啦，我们不是贼寇，不是坏人。我们是到你们邻村迎亲的队伍。图个吉利，大家装扮了一下，清理路障，好把新娘子顺利迎回去。不过这回装扮有点出格，引起你们的误会，对不起，对不起。他这一解释，又赔不是，大家先是紧张、继则愤怒、接着大笑，都放下弓箭。还有个顽皮的上前找那鬼要小孩肉吃。伯翁，您吃过人肉吗？"我说，没吃过。他接着说："哪里是人肉，一只火烤兔子！无非多加了油脂，显得血淋淋。正气氛缓解时，突然一阵大雨泼来，把那猪冲洗干净了，鬼们的毛也淋光了，原来他们用浆糊粘的。表哥说，好吧，你们上路吧，别耽误你们的喜事。""睽孤。见豕负涂，载鬼一车。先张之弧，后说之弧，匪寇，婚媾。往遇雨。则吉。"

讲完，姬高问我："伯翁，您觉得有意思吗？"我随口答："有意思，有意思。人怕鬼，鬼也怕人。终究是鬼怕人。这世界是人的世界，大家都回到人的模样，事情就好办了。"

姒妹，我还告诉你，我正在做一件很有意义的事情。我把八卦加以重叠，演变成六十四卦，配上卦辞和爻辞，赋予八卦以崭新的意义。我将来回家给你们讲解，我深信你们会赞同，有些内容还需要你们母子修订补充。我现在很忙，觉得离上帝很近。我要感谢皇上赐予我良机，既休息又学习，思想进一步净化，将来的西伯可能是一个更加成熟的西伯。

余言后叙，望保重身体。

你的昌。帝辛二十五年，春正月丙子。

★ ★ ★

注1：古时没有邮递员，也没有纸笔，这封信依据卦意虚拟，语言真情假意相杂，在于应对狱方检查。

注2：信中提到一人物，姬高。史上确有姬高其人，为毕国诸侯。（详见坎卦和中孚卦）有人昵称姬高为文王第十五子。姬昌出狱后，姬高

一直跟随征战。姬昌死后跟随武王伐商。周开国后封为毕公,封邑还是毕地（今西安西南）。姬高之封为公爵,与姬昌同患难有密切关系。他的封国后来被秦国灭亡。

注3:"十翼"对此卦的批注,全是卜筮之词,离姬昌意旨太远,故不夹叙于文中。如,《彖》曰:"睽,火动而上,泽动而下,二女同居,其志不同行。说而丽乎明,柔进而上行,得中而应乎刚,是以,小事吉。天地睽,而其事同也。男女睽,而其志通也。万物睽,而其事类也。睽之时用大矣哉"（文太长,且其中有如电脑病毒乱码似的东西,如"泽动而下","说而丽乎明"都是对八卦"兑"的错解。本处不赘述）。

第三十七章

姤【岐山凤雏，羽翼未丰】

巽下乾上　姤。女壮，勿用取女

（姤：古文作遘，姤、遘通用，婚媾，交好。原卦名为"遘"。）

将内转盘的"风（巽）"旋转至外盘"天（乾）"的位置就是"姤卦"，见归妹卦转盘图和左小图。

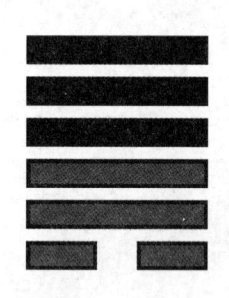

《周易》作者所处的时代和环境不容许他实话实说，他只得把真实的意图隐去，"顾左右而言他"。以"男婚女嫁"之名，说政治风波之事。所谓"一女与五男交配也"，"女作风不正也"，这是后代人望画生义。看卦画，一阴五阳，那头脑敏感者立即想到那一阴是个妓女。三千年前是否有妓女无据可考。人家《周易》作者哪有闲心谈这些破事。他比拟自己是男，商纣是女。"女壮"，殷商一统天下，自己偏处西陲，敌强我弱，武力打，打不过；嘴巴说，说漏嘴要坐牢。商纣不是姑娘是徐娘，徐娘半老，久经世事，"女壮"。条件不成熟，"勿用取女"。姤卦不是谈男女嫁娶，我们从中难以找到任何一点婚俗的踪迹。原来的卦名为"遘"，相遇的意思。引申到"王事"，就是商周同处的关系。不是冤家不聚头，遘也，聚也，阴错阳差，他们成了历史舞台上的冤家，正上演着华夏民族史诗般的悲喜剧。

《彖》曰："姤，遇也，柔遇刚也。勿用取女，不可与长也。天地相遇，品物咸章也。刚遇中正，天下大行也。姤之时义大矣哉。"

译成白话，大意是：姤，是相遇的意思。卦画巽下乾上，乾为父，巽为长女，"柔遇刚也"。不可以娶妻，难以长相厮守。因为从以卦形看，一阴五阳，刚过分强势。好在一四互应，初一阴，九四阳，阴阳相通，恰似天地相遇，万物繁盛，相得益彰。九五阳光，阳处阳位，得位，且是领袖，其盛德大行于天下。若把姤看作时机、机遇，则它的现实意义太伟大了！

初六　系于金柅，吉贞。有攸往，见凶，羸豕孚蹢躅【羁绊之牲，方圆有限】

（柅 ni：一种像梨树的果树。金柅：金属车闸。见：显现。羸 lei：瘦。羸豕：瘦猪。孚：诚恳，老实。蹢躅 zhizhu：同踯躅，徘徊。）

"金柅"解释为金属车闸似乎与主题无关，"金柅"就是黄橙色的柅树。柅树下系着一只瘦猪，不让它到处乱窜，让人放心。这是一个吉祥的征兆，"系于金柅，吉贞"。如果让它优哉游哉，自由自在，丢失了岂不麻烦？"有攸往，见凶。"让它在柅树下老实地待着，"羸豕孚蹢躅"，省了多少烦心事。

姬昌就是那只瘦猪。先是三公，名震朝野；后是囚奴，命悬一线。三公也好，囚奴也罢，好坏是在殷商柅树底下系着，没有出去闯祸，"系于金柅，吉贞"。如果以当下这点有限力量，西周再次伐商，势必倒大霉，出大乱子，"有攸往，见凶"。养精蓄锐吧，原地踏步吧，就在那方圆几尺地里徘徊吧，"羸豕孚蹢躅"。

九二　包有鱼，无咎，不利宾【衣食艰难，难以他顾】

（包：通庖：厨房。鱼：泛指食物。宾：宾客。）

包：通庖：厨房。厨房里有鱼可烹，令人口馋。可是只能供自己吃饱，没有富余的食物宴请宾客。"包有鱼，无咎，不利宾。"

西周当前困难之一，粮食仅仅够自己糊口，没有多余的支援旁人。言外之意：不可以打仗，没有粮食储备，一旦开战，没有后勤保障，战之必败。

九三　臀无肤，其行次且，厉，无大咎【群龙无首，静观为上】

（臀 tun：臀部，俗称屁股。肤 fu：皮肤。次且：摇晃难行。）

一只臀部受伤的瘦猪，行动不便。"臀无肤，其行次且"，痛苦不堪，"厉"，但是没有大的祸患，"无大咎"。

西周当前困难之二，姬昌下狱。西周没了首脑。蛇无头不行，鸟无翅不飞。西周遇事无人决策，所有政事，近乎冬眠。犹如一只臀部受伤的瘦猪，行动不便，没有死去，也没有活来。养伤吧，待伤愈再说。

九四　包无鱼，起凶【五谷不登，天不佑我】

（包：通庖：厨房。鱼：泛指食物。起：《周易古经今注》作者考证，"起"乃"祀"也，祭祀也。）

上面说到有鱼的情况。如果无鱼呢？这会更糟。祭祀神灵，拿不出像样的祭品。神灵虽然不开口，但是祭祀者自己心里有愧又心虚。

西周当前困难之三：农业靠天吃饭，难保不出现凶年。目下年景不好，粮食紧缺，不仅人们饿肚子，连上帝祖先也饿肚子。"包无鱼，起凶。"

九五　以杞包瓜，含章，有陨自天【经济不扬，战事难开】

（包：通庖：厨房，烹调。杞：枸杞，落叶小灌木。含章：含蕴美质。陨：陨落，降落。）

有专家说，"以杞包瓜"乃以杞叶包瓜。非也，枸杞，落叶小灌木。叶小瓜大，何以包瓜？包，庖也，引申烹调也。与上面的"包"同义。枸杞，有的地方称甜菜，宁夏盛产，枸杞子入药，有健身却病功能。"以杞包瓜"是枸杞嫩尖与瓜同炒，一道美味佳肴，色香味俱全，有含章之美，蕴含神韵如天赐宝物。"含章，有陨自天。"就像当今流行语：来自大自然的无公害食物。

上节说"包无鱼，起凶"，人们饿肚子，上帝祖先也饿肚子。此处说"以杞包瓜，含章，有陨自天"，在粮食紧缺情况下，以野菜瓜果充饥不失是一招度过天荒的好办法。

西周当前困难之四：西周仅仅具有含章之美的优良品质；这是一种精神力量，长远起作用，但是还缺乏一定的物质力量相匹配。杞叶炒瓜，"以杞包瓜"虽然清香味美，但是一盘菜取代不了一桌菜的实力。目下要务是狠抓经济，农不误时，工不误器，市不误贸。

上九　姤其角，吝，无咎【角落星火，火小焰微】

（姤：通遘，遇也，邂逅相遇，转义处于，存在。角：动物的角，角落。）

西周当前困难之五：西周处于殷商版图西南一隅，"姤其角"，这是劣势也是优势。劣势嘛，地方小，人口少，贫瘠，只有点农业和畜牧业，保自己温饱可以。做更多的事，难。"姤其角，吝。"优势呢？穷则思变，因为穷促使西周人革命。"无咎。"从人品来说西周修行修德，在诸侯中人气最旺。商不是很富有吗，养了一批纨绔子弟，不求上进。如果将来真正跟他们干起仗来，西周的优势就显现出来。古云"同力度德，同德度义"。意思是：两方相争，实力相等时就衡量德行，有德的必胜。德行相当时就衡量道义，合乎道义者必胜。这句话后来被武王引入阵前讲话《泰誓》中。

第五部分
姬昌扩张时期
——或跃在渊

　　姬昌韬光养晦,伪装成功。商纣王误认为姬昌可靠,将其从狱中放出并授予征伐大权。姬昌新生,立即着手与商决战,先灭亡几个小国,以扫清东征道路。但由于年事已高,死于征途。

第三十八章

贲【藏形匿影】

离下艮上，贲。亨。小利有攸往

（离下艮上：卦画结构，离卦下，艮卦上。贲 bi 也读 ben：装饰，打扮。）

将转盘"电（离）"旋转至外盘"山（艮）"的位置，就是贲卦。见大有卦转盘图和右小图。

贲（bi，音避，又读 ben，音奔），现代汉语中是一个生僻字，极少用。《周易》中取读音避 bi，装饰得很美的意思。高亨《周易古经今注》说，贲字从贝，卉声。古人把彩色贝壳项链挂在颈项上，以此为美。

贲的意思是装饰打扮，它对人们生活有什么实际指导意义吗？什么是装饰打扮？生活中太普遍了。房屋装修，毛坯房变得富丽堂皇，适合人们起居。人有缺陷，经过整容，正常了，免了别人的嘲笑。妇女喜欢涂脂抹粉，给人以另一种美感。这些行为的目的是什么呢？粉饰其表，掩盖其真。引入政治斗争领域，美言之，叫韬光养晦，丑言之，叫阴谋诡计，说一套做一套，耍两面派，言论掩盖行为，或行为掩盖言论，达到自己所要实现的目的。"贲卦"真能预测吉凶吗？不能。以卜卦预测是玄学，无根无据。但是姬昌取其义实施之，则可用来逢凶化吉。两军相斗，在你处于明显劣势的时候，硬扛不行，得想点办法，策略一下。你要推翻商纣王，不能像示威群众那样跑到街上大喊几句口号，"打倒纣王！"那样的话，你还没挨着纣王的边，人家已经把你送上炮烙烧死。所以，除了把经济、军事、内政、

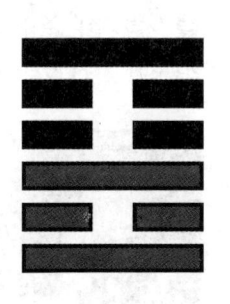

外交搞好以外，对于对手，你还得讲点策略，把目的藏着，装饰一下，包装一下，使点阴谋诡计。"贲。亨。小利有攸往。"

周人革命，站在朝廷角度讲，是叛逆，是造反，该杀头。周人想做好这笔买卖，必须先把自己装扮成老实的买卖人，像现代的李四，西装革履，文质彬彬，还有秘书侍从尾随，引你到华丽的小区看看房子，看看周围靠山环湖的优美环境，然后说价格可以优惠，看在熟人友情份上，另赠车库和花园。买主不动心吗？立马签合同，交预付款。好了，成交。再过三月，卖主人间蒸发。再查开发商，是张三不是李四。周人是李四，他必须装成张三，让商王交预付款。当李四腰缠万贯时，再把商纣和他的江山一起买了。

有人会批评我，例子不妥，李四是骗子，周人是君子，风马牛不相及。

好，我换一个例子。

我国内战时期，有一位名叫熊向晖的特工，受周恩来派遣，到敌方司令部潜伏12年，从事秘密情报工作。

1947年，蒋介石、胡宗南想一举吃掉延安，犁庭扫闾，发动秘密偷袭。岂料毛泽东主动放弃延安、待在陕北不走，与30万敌军捉迷藏。敌军东扑西打疲于奔命，始终找不到目标。

毛泽东为什么有如此胆量？原来对方的一举一动，毛泽东了如指掌。早在十年前，周恩来就在人称"西北王"的胡宗南身边安了一颗"闲棋冷子"。这"闲棋冷子"就是熊向晖。熊向晖有超人的机智、果敢、坚韧。胡宗南对他特别赏识，当初亲自挑选，又送中央军校培养，成为文武全才。胡宗南视他为亲信，安排其为侍从副官、机要秘书，参与司令部的所有机密大事，后来又送熊去美国留学。这位熊向晖1936年就是共产党员，是中共情报工作史上最具传奇色彩的人物。他随时随地把敌军天字第一号机密巧妙地报告给周恩来、毛泽东。毛泽东称赞他"一人可以顶几个师"。

胡宗南在共产党眼皮底下，他的阴谋诡计能得逞吗？打起仗来能不败吗？

新中国成立后，熊向晖担任过外交部新闻司副司长，周恩来总理助手、中国驻英使馆代办、中国驻墨西哥首任大使，国家安全部副部长、中央统战部副部长等职，是国内外知名人士。

熊向晖是君子，姬昌是君子，旗鼓相当了吧！

君子也有伪装的时候，伪装可以成就大事。前例李四是小人伪装成君子，伪君子。后例是君子伪装成"小人"，伪小人。社会异彩纷呈，到处考验人们的智商。

以上两例离姬昌三千年，以近事说远事，好理解，古今道理相通。

"贲"，藏形匿影，有时很有必要，可以把事情办得通畅，"亨"。但是这仅仅是一种技巧，为一定的重大目的服务，它只是有助于大事的成功，"小利有攸往"。

《彖》曰："贲，亨。柔来而文刚，故亨。分刚上而文柔，故小利有攸往。天文也。文明以止，人文也。观乎天文，以察时变。观乎人文，以化成天下。"

卦辞是姬昌写的，七个字："贲，亨，小利有攸往"。《彖》辞解释这七个字。

贲有通达的意思；卦画下离上艮，艮阴柔，离阳刚。《说卦传》"离为火，为日，为电"，文，亮丽，离是文刚。离上行遇艮，即柔来而遇文刚。刚柔邂逅，互通心曲，"贲，亨。柔来而文刚，故亨。"

文，纹饰，不朴实。离上行遇艮，艮经过纹饰不朴实，刚前行遇文柔，美中不足，"分刚上而文柔，故小利有攸往"。

以下是兴叹。"天文也。文明以止，人文也。"此句有语病，"天文"缺主语或谓语。将天文调整为主语，重新标点、译解："日月星辰的运行，导引人类社会的文明进化。"

观看日月星辰的运行，可以察知时节的变化。观看人间的文明状态，可以施行教化以完善社稷。"观乎天文，以察时变。观乎人文，以化成天下。"

《彖》的这一番宏论（兴叹），既不出自卦画，也不出自卦辞，是作者即兴发挥。

初九 贲其趾，舍车而徒【藏器待时】

（趾：脚趾。舍：舍弃。徒：徒步。）

趾：脚趾，借以说明事业之基，行动之始。

周人藏形匿影，从公亶父开始。亶父娶太姜。太姜是一位贤惠的妻子，更是一位伟大的母亲。

《国语》的注释上说："齐、许、申、吕四国，皆姜姓也，四岳（古时高官名）之后，太姜之家。太姜，太王之妃，王季之母。"

《烈女传》上记载："大姜者，王季之母，有台（邰）氏之女。"还说"大王谋事迁徙，必与。"亶父谋事必与太姜商量，有时甚至由太姜拿主意下决心，可见太姜处于姬氏部落政治核心，在周国的发展史上，曾经起过至关重要的作用。后人把亶父妻太姜、季历妻太任、姬昌妻太姒合称大周三女杰。

亶父时代，夫妻俩于公元前1159年将部落由豳地迁岐山，接着跨进关键一步，臣服殷商朝廷。《竹书纪年》：公元前1157年"武乙三年，命古公亶父，赐以岐邑"。朝廷承认它是方国。这就与政治联姻了，上了政治梯阶的第一步。接着选定接班人，夫妇俩看中孙子姬昌，看中他妈挚任氏的皇室血统，把"翦商"的大任寄托给姬昌。

事业的初创阶段，像植物的嫩芽，经不住霜打冰摧，必须细心谨慎呵护，用麦秸蒙盖地表，防风保温，"贲其趾"；也像行山路只可求稳，不可求速。车虽快但不稳，欲速不达，徒步虽慢但是平稳，"舍车而徒"实际是上策。

周人的取舍有两层意思：第一，在接班人问题上，舍大取小，让两个

太姜

大儿子作了牺牲，父母虽然心中难受，但是为了周人长远的利益，也只有忍痛割爱。第二，事业开端，前程未卜，多说有害，少说为佳。目前姬昌是童婴，有点"圣瑞"，把"圣瑞"变成现实还有很长的路要走。

亶父当日制定十六字指针就是立足于"忍稳狠准"。看十六字指针："辅国建侯，开荒拓土，三单潜龙，谷熟当收。"首先是"忍"，尊殷商为老大，自己是臣仆，然后在大旗下干自己想干的事情。

后来季历为商朝扫平边疆立了汗马功劳，受到朝廷重赏。由于功高震主，立马遭到棒杀。姬昌接季历位。姬昌当时25岁，年轻气盛，以为他父亲是常胜将军他也是，以为商朝是豆腐架，一推就垮，居然要报父仇，带兵跟朝廷干仗。岂知真是鸡蛋碰石头，败得一塌糊涂。从此偃旗息鼓。总结一条经验，欲速不达，缺了"忍"劲。乘车快吗？乘车比步行快，也有翻车的时候。步行慢，却稳妥。姬昌选择了"舍车而徒"。此后的几十年直到去世，他一直小心谨慎，明修栈道，暗度陈仓。

六二 贲其须【藏头露尾】

（须：胡须，须发。）

须，有人说是胡须，有人说是须发，都对，只是不准确。这两种东西都长在头部，要装饰的是头部，头部最惹祸的是嘴巴，所以必须装饰嘴巴。姬昌按照他自己定的韬光养晦策略，伪装尽忠，积极向纣王靠拢。纣王指东，他就打东，指西，他就打西。令纣王没有想到的是，打来打去的收获是二五分肥：朝廷得了安宁，周人得了实惠。周人扩大了地盘，增加了人口，充实了军队，带来了威名。朝廷更失策的地方还在于，对姬昌的信任、提拔、重用，令姬昌为西伯，朝廷三公。这时我们不得不佩服古公亶父的远见和姬昌的聪明才智。周人按照亶父的既定方针，在政治楼梯上，一步步扎实向上爬，爬到了离顶端不远的地方。姬昌也有管不住嘴的时候，被人家抓了小辫，付出了被囚禁七年的代价。这七年牢他也没有白坐：他从无抱怨，让纣王相信他对朝廷的忠心；一心研究卜筮，演义八卦，表现出对政治的冷漠，让纣王麻痹、放心；一再嘱咐家属在朝廷的领导下发展生产，积极备战。纣王考察他七年，认为是块真金，放出他并授予军权，放手让他打杀。我们旁观者看出，姬昌的韬晦之计是多么成功。"贲其须"，管住头，控制嘴巴，可以获得预想的结果。

九三　贲如濡如，永贞吉【绵里藏针】

（濡：①沾湿，②柔软，③停留）

"贲如濡如"，要装饰成什么样子呢？要装成柔软的样子，外表像棉花、丝绸，骨子却是金铜，而不外露。有句成语叫"绵里藏针"。姬昌很善于绵里藏针。当他为九侯鸣不平，崇侯虎在纣王耳边煽风点火，纣王恼羞成怒，立即下令用炮烙烧死姬昌。姬昌慌神了，但马上镇静下来，千求饶，万认错，并把自己洛西的一片肥地献给朝廷，得到纣王宽恕，改死为囚。在囚室也故伎重演，处处表现修商道、忠朝廷，以臣服为本。他出狱以后的第二年，率西部全体诸侯，浩浩荡荡到朝廷进贡，进一步表现出对商纣王的忠心。《今本竹书纪年疏证》载："帝辛三十年春三月，西伯率诸侯入贡。"《左传·襄公四年》："文王率商之叛国以事纣。"他不停地给商纣灌迷魂汤，使商纣视他为心腹，委以重任。可以这样说，商纣在迷迷糊糊中培养出了自己的强大对手。姬昌韬光养晦大获成功。"贲如濡如，永贞吉。"

六四　贲如皤如，白马翰如，匪寇，婚媾【东掩西遮】

（皤 po：白色。翰：①锦鸡，②高飞。）

"贲如皤如，白马翰如，匪寇，婚媾。"一支小型的队伍，白色装束，连人们的乘骑也是白色的，他们行进的速度如飞，不是盗寇，是娶亲的架势。真的吗？假的，伪装的。娶亲是假，盗寇是真。他们要抢劫谁呢？商纣。因为爻辞中冠以"贲如"，全句就得反其意去理解。"匪寇"，说不是寇，实际是寇；"婚媾"，说是婚媾，实际为非婚媾。这与屯卦中"匪寇，婚媾"不同。这是阐述韬光养晦的目标。周人受了那么多折磨，为什么都能忍受下来，就是为了一个远大的目标。

六五　贲如丘园，束帛戋戋，吝，终吉【投石问路】

（丘园：泛指某地方。丘：①土山，②坟墓，③废墟，④古代田里区划单位，九夫为井，四井为邑，四邑为丘。园：园林。束帛戋戋：束：五匹为一束。帛：绸缎丝绵。戋戋：众多的样子。）

姬昌出狱，纣王"乃赐之弓矢斧钺，使西伯得征伐"，姬昌有恃无恐，"明年，伐犬戎。明年，伐密须……明年，伐邘。明年，伐崇侯虎。明年，西伯崩"。（史记语）若不是上帝要命，不知他还会伐谁。值得注意的是"伐邘"。邘邑在今河南沁阳西北，是一个诸侯国，离商都朝歌三百多里地，是商纣王经常畋猎的地方。这里有山有水，树林茂密，野兽众多。朝廷专在此设导猎官员，建有临时接待屋舍，实为皇家林园，（丘园）。即皇家禁地，价值不菲，"束帛戋戋"。商王闲暇，带着从人、妃子到这里打猎寻乐。姬昌伐邘，用意在看商纣王的反应。如果纣怒，说明他很在乎此地，就承认是误会；如果纣缄默不言，说明他无力顾及此地，周可进一步东扩，甚至可以去掏商的老窝。看看，这姬昌的胆是越来越大。他的韬光养晦已经完成历史任务，羽翼已经丰满，明目张胆地向商宣战。伐邘，冒有小的风险，然而是大胆的试探，周人从这里看到了新一天的晨曦。"贲如丘园，束帛戋戋，吝，终吉。"

上九　白贲，无咎【去伪存真】

"白贲，无咎"。做奴才装龟孙，该做的做了，该装的装了。"白贲"，现在扔掉伪装，露出真面目。武王东征伐纣，大动干戈，大张旗鼓，大会诸侯，大骂商纣。周兵长驱一千五百里，兵临城下，纣王居然没有一点情报。他的情报部门，他的关关隘隘守军对西方来说是徒有虚名。纣王对周人毫无警觉，把国防军主力开到东部征伐，一旦后院起火，没了抵御力量，自己走入绝境。周人的韬光养晦如此成功，以致纣王还没有来得及总结经验教训就迷迷糊糊被杀了，王朝改了姓。"白贲，无咎。"王事开始"白贲"，赤膊上阵，必凶；结尾"白贲"，水到渠成，必"无咎"。历史是歌是叹，绵延几千年。

第三十九章

豫【丰京之谋】

坤下震上，豫。利建侯、行师

（坤下震上：卦画结构，下卦坤，上卦震。豫：豫通预：预备，预谋。建侯：授爵封侯。行师：举兵征伐。）

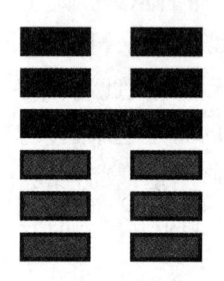

将转盘"地（坤）"旋转至外盘"雷（震）"的位置，就是豫卦（见大有卦转盘图和左小图）。

"豫，利建侯，行师。"豫，预想，预设，预备，预谋。行动之前的先期准备工作。凡事预则立，不预则废。有了良好的准备工作，才可顺利地建立诸侯邦国，顺利地举师征战。

《逸周书·周书序》载："昔在文王，商纣并立，困于虐政，将弘道以弼无道，作将兴师以承之，作《酆谋》。"

《酆谋》详细内容不可知，《逸周书·周书序》概括之：文王与商纣同时并立，文王反感于商纣的虐政，打算弘扬正道以矫正（弼）纣的无道，行将兴师灭商以取代之。

酆，即丰，就是历史上的丰京，西周侯国时代的都城，在现今西安附近。《酆谋》当是丰京的谋略。

姬昌出狱，商纣王误授其军权，可以自行征伐。姬昌如鱼得水，扫平了几个小方国以后就着手伐殷商本部。出狱的第七年，在丰邑谋划出兵，写成文稿叫《酆谋》。

《酆谋》内容与豫卦卦辞"豫，利建侯，行师"吻合。《逸周书·酆谋解》称："维王三祀，王在酆，谋言告闻。"说是姬昌把预谋的方案告诉姬旦。可是这篇文章中未见姬昌告诉了什么，只载有姬旦说了九点意见以作补充。姬旦说："是时候了，按古法行军布阵，直捣朝歌，这要作为紧急中心任务抓。我说九点意见供您参考。概括之为三同三让三虞。三同者，宗族幕僚，协同一致；重用贤人，言行一致；群策群力，上下一致。三让者，让利于市，减少税收；让利于民，粮价平抑；让利于困，贷款帮扶。三虞（乐以悦民）者，加强边防，保卫民安；禁止斗殴，以利民和；不准乱抓，以利民顺。"

姬昌说："呜呼，允从！"你说得很好，同意你的意见，我将对文件作一些修改。

《鄸谋》是内部文件，绝对机密，外人不知；豫卦是公开言论，字句模棱两可。笔墨遗存三千年。

这是一份建国宣言，周人的建国宣言。

西周，商的属国，你建什么国？建侯可以，建大国非法。你建大国，把商朝廷放在哪里？周人羽翼未丰时，绝对不敢明目张胆地宣称要建大国。所谓建大国，就是建全国的中央王朝。

豫，预备也，预谋也。把豫解释为快乐、愉悦不切题意。周人没有做梦，他们正预谋书写蛇吞大象的史诗。他们的预谋符合上帝的旨意，符合历史发展潮流。这种预谋是革命。革命一词不是现代人创造的，早在2500年前，孔子第一个用它。孔子在《周易·革·象》中说："天地革而四时成，汤武革命，顺乎天而应乎人。"说的就是周人的革命（包括前期的预谋）。古人崇信上帝，崇信天人合一。如果人们相信上帝已经放弃了殷商，而把主宰历史的使命交给周人，将引起社会的震动，形成一场精神革命，出现有利于周而不利于商的舆论倾向，从社会科学角度讲，商的许多政策和管理阻碍生产力发展，大批奴隶死于战争、死于人殉人祭，奴隶被迫以逃亡反抗，农田荒芜，粮食牲畜减产，社会动荡不安。这种状况势必引起社会革命。统治阶级必须调整生产关系使之适应生产力，社会才可稳定和前进。这项任务靠守旧的商统治者无法完成，只有接近底层民众的周人能够胜任。

革命谈何容易。革命处于非法的时候叫阴谋，处于合法的时候叫阳谋。周人目前革命非法。口号只能提"建侯，行师"。西周是侯国，加强侯国建设，朝廷允许，诸侯赞同。合法，不遭非议。口号的深层则隐藏着革命的预谋：建立周人新王朝，建立强大的武装力量。预谋的核心点是"行师"：现在立即举兵出师，摧毁那个貌似强大的腐朽王朝。在尚武的时代，武器说了算，没有强大的武装力量一切都是空谈。

《象》曰："豫，刚应而志行，顺以动，豫。豫，顺以动，故天地如之，而况建侯行师乎！天地以顺动，故日月不过，四时不忒（te 差错），圣人以顺动，则刑罚清而民服，豫之时义大矣哉。"

M：卦画坤下震上，坤阴，柔顺，震阳，震动，刚强。"豫，刚应而志行，顺以动，豫。"天地如豫卦的刚强和柔顺。天地如此，何况建侯兴师。天地循序而进，所以日月运行没有偏移，春夏秋冬轮替没有差错。圣人顺应潮流而施政，则刑罚清明，老百姓信服。豫卦包含的意义实在是伟大。

初六　鸣豫，凶【丰京之谋，秘而不宣论决战】

（鸣：鸣叫，鼓吹。）

周人革命的对象是商。商大周小，商强周弱，商主周仆，商是操刀手，周是被宰割的绵羊。条件极其不利，稍不小心要掉脑袋。革命预谋只能秘密进行，即搞点阴谋。既称阴谋就不可张扬于外，不能开新闻发布会。"鸣豫，凶。"张扬于外等于飞蛾投火，自取灭亡。周人有过历史教训。季历张扬，遭杀身之祸。姬昌本人，经验差欠，盲目伐商，遭血腥之灾。事物都有自身的发展规律。好猎手赤手空拳打不了猛虎，有了猎枪没有计谋也难打虎。你暴露在外，不是吓跑老虎就是被老虎咬伤、咬死。

六二　介于石，不终日。贞吉【濒临垂危，敌营火炽难终日】

（介：界线，阻隔，隔离，相助，微小，一个。不终日：不待终日，日子难熬。）

对于敌人，周人取现实态度，战略上藐视，战术上重视。所谓藐视，就是把殷商看作一介小石。商由一座大山，经过地震雷暴风雨而崩塌，变成小山丘，泥石流，大石块，小石块，再变下去就成泥土了。所谓重视，就是对它作客观的评估，它是一块顽石，一块结实的石头，它还可能砸断你的腿，砸碎你的头。长远说商如一介小石。经过百年风暴，它现在已经是小石头了。当权者惶惶不可终日，"介于石，不终日"。这对周人来说是一个吉兆，正是革命的好时机。"贞吉"。

六三　盱豫，悔，迟有悔【天赐良机，良机错过当有悔】

（盱 xu：张目直视。迟：迟疑缓慢。）

"盱豫，悔，迟有悔。""盱"，对某物直视。"豫"，只是某种想法、意念，无法直视。释盱豫为审视、思虑切题。周人反复审视自己预设的谋略，不切实际的，"悔"，修改纠正，并且改得越及时越好；"迟有悔"，迟了造成损失，后悔来不及。两个"悔"字意义略有不同，前者强调改正，后者强调后悔。姬昌为什么坐牢？就是稍有张扬，引起旁人的注意，特别是纣王。纣王早就想敲他一下，只是找不到借口。崇侯虎出于嫉妒，告了姬昌一状。他们君臣俩就把姬昌送进大狱，更惨的是姬昌搭进了一个儿子，让儿子魂断蓝桥。姬昌哭吧，打自己的耳光吧，后悔吧，一切都迟了，后悔已经来不及了。好在姬昌经过此次血的教训，言行更加谨慎，把自己的预谋掩盖得深之又深，以致让纣王产生严重的错觉，把姬昌当第一号忠臣，出狱时授予征伐军事大权。这是一次对预谋极为重要的修正，从而取得了出乎意料的效果。没有这次修正，历史可能是另一个样子。

九四　由豫，大有得，勿疑，朋盍簪【众志成城，且看天下谁能敌】

（由：从，借助，依赖。簪 zan：古代系绾 wan 头发的首饰。盍簪：合聚，汇集朋友的意思。）

"由豫，大有得，勿疑"，依照预先设定的计谋行事，定可获得大的成就，不用怀疑。

"朋盍簪"，两解：一是古人孔颖达的说法："群朋合聚而疾来也。"二是总括西周几代人为着实现自己的预设目标所做的工作，成效卓著。两者合一，群朋合聚而疾来也，是西周人所取得的多项成就之一。如果列群朋的名单，用竹简写可能得两个时辰：虞侯，芮侯，伯夷，叔齐，姜尚，散宜生，闳夭，太颠……群朋合聚而来，说明什么呢？人心所向。更重要的是这些人是社会精英，有的还是敌人营垒来的，形成敌营人才在减少，西周人才在增多。还有一件未可张扬的事正在做，那就是军事建设。西周在周公姬旦，军师姜尚等领导下，正悄悄军国化，以军事为中心，掀起武备经济建设。预谋中的事，有条不紊地进行着，都显现出"大有得"的成就。最得人心者，是西周不搞人殉人祭，拯救生命，奴隶们都愿意效忠西周。周军藏力量于奴隶中。

《象》曰："由豫大有得"，志大行也。

意思：愉悦的心情来自事业大获成功，平生夙愿正得以实现。

这一句点评用来描述姬昌他们恰如其分，只是人家并不想对姬昌歌功颂德。

六五　贞疾，恒不死【死里求生，迎难而进恒不死】

（疾 ji：疾病，快速。恒：长久。）

"贞疾，恒不死。"周人所要干的事业，不会一帆风顺，中间会遇到许多挫折，但是从长远来说前途是光明的。

公元前1159年，古公亶父将周部落"由邠 bin（豳）迁于岐周"。隔两年，商帝武乙将岐邑正式赏赐给周人。周人成为当地的合法居民。我们已知，殷商朝廷先下毒手将西周打投降，然后慰抚。周人吃尽苦头。亶父经过五年探索，觉得有机可乘，决定"翦商"，定出十六字指针："辅国建侯，开荒拓土，三单潜龙，谷熟当收。"语句很土，充满边塞乡土气息；其意吓人，令人毛骨悚然。如果把它叫什么谋的话，应当叫《岐谋》——岐山之远景谋略。该谋略勾勒出周人欲称霸中原的美好图景。

这当然是一级机密，只有他儿子季历知道。季历后来又口头告诉了姬昌。当他们把都邑从岐周迁到丰邑时，姬昌郑重其事，特地拟定一份绝密文件《鄷谋》。鄷即丰，后来都以丰代鄷，《鄷谋》即《丰谋》，把《鄷谋》作"谷熟当收"的注解和贯彻执行的措施。从《岐谋》到《丰谋》有80年光景。这中间磕磕磕碰，杀杀砍砍，商周双方都不得安宁，但是日子就这样过下来了，谁也没有扳倒谁。"贞疾，恒不死。"病病怏怏，然而都活着。《丰谋》则是加快灭商兴周步伐的内部动员令。周人进入临战状态，一切服从备战，与商摊牌，坚决东征。它的各项措施在"大畜"卦中详细载明。

句中一"疾"一"死"，疾，疾病，死，死亡，疾死是有关联的两个概念，描述人体健康状况。这里引作比喻，说明预谋的实践过程和结果，商周都处于不健康中，难见分晓。这回要见分晓。

《象》曰："六五，贞疾，"乘刚也。"恒不死"，中未亡也。

意思：六五这一占不好，有毛病，不太吉利，因为六为阴，五为阳，阴占阳位。好在是位置五好，处于中位，且它的近邻九四，阳爻，阴乘阳，阴柔驾凌于阳刚之上，"乘刚也"，所以不会陷入绝境，"中未亡也"。

M：我惊奇的是，主张义理的《象》作者，怎么就跟相命先生一般，大谈卜筮问卦。所谓"乘刚也"，"中未亡也"，都是巫史们的专利，尽管过去不追究盗版，但是各学派还是有门槛的吧。

上六　冥豫，成有渝，无咎【胜券在握，商亡周兴成有渝】

（冥：昏暗，夜晚，幽深。渝：改变。）

预谋不是预测。《周易》及其作者姬昌不搞唯心主义的预测。有人大吹特吹《周易》是预测学，如何如何知道未来，自己又如何如何知道前三百年和后三百年。一个历史事实无法解释，姬昌坐了七年牢，几乎丢命，他年轻的儿子死于敌手，西周几近夭折。如果《周易》可以预测，姬昌又知前世今生，何以落得如此悲惨劫难？姬昌不相信自己演绎的八卦有神灵依附，神通广大，不相信自己是超人，神人。姬昌，凡人一个，有七情六欲，要吃饭穿衣，结婚生子。超凡处，是搞政治的，是诸侯国领袖，已经进到可以统率一方诸侯的地步，还想把事情干大点，建个新王朝。

他盘算如何实现自己的目标，他必须提出许多问题而又由自己回答这些问题。例如《岐谋》，老祖父的设想，能实现吗？有什么依据？商朝真的已经垂危吗？上帝真的放弃了商吗？诸侯拥商和倒商各有多少？老百姓真的不喜欢商吗？周人凭什么与商人对峙？周人是不是想拿鸡蛋碰石头？会不会有人与周争抢中央这块肥肉？……人家是政治家，我不是政治家，姬昌会想得更多更多。他以他的人生观和敏锐洞察力看世界。他很踏实，观察，思考，身体力行，制定谋略，施行，修正；再观察，再思考，再身体力行，再制定谋略，再施行，再修正。他的思想认识逐渐地符合于客观实际。他考证《岐谋》是有客观根据的。他拟定的《丰谋》也是建立在正确认识客观实际基础上的。

《岐谋》和《丰谋》，前后历经近百年。这百年是一步一步走过来的。周人的谋略，受历史的制约，从来没有公开，一直处于地下，处于冥冥之中，"冥豫"，可是每前进一步都有阶段性的可见成果，有正反两方面的经验，经过认真修订改正，又重新实践。"成有渝，无咎"。这里又告诫后人，即使是灭商兴周取得彻底胜利，周人也不能睡大觉，不能停止不前，必须遵循事物发展的客观规律，立足于变，革故鼎新，以巩固来之不易的革命成果。

《象》曰："冥豫在上"，何可长也。

意思：沉溺于安乐占据了上位，这种快乐不可能长久了。

★　★　★

道不同不相与谋。两子（儒子和姬子）道不同，势必各吹各的号，各唱各的调。

以上各条归纳起来，可见《酆谋》之端倪：

中心要务：行师。是行师，不是兴师。兴师有建军的意思，不急迫。行师是军队上路，立即行动，开拔，出发，付诸军事行动。

此《酆谋》，绝对机密，万万严守。"鸣豫，凶。"

敌。敌人已濒临垂危，惶惶不可终日，天赐我良机。敌"介于石，不终日。贞吉"。

我。兵精粮足，训练有素，谋略在胸，拼志已决。目下改变主意还来得及，再晚，时过境迁，后悔莫及。"盱豫，悔，迟有悔。"

友。同仇敌忾，众志成城。"大有得，勿疑，朋盍簪。"
时。长期谋略，最后决战，以死求生。"贞疾，恒不死。"
果。胜券在握，商必亡，我必胜。"成有渝，无咎。"

第四十章

恒【德进简册,恒久;功入宏图,悠悠】

巽下震上,恒。亨。无咎,利贞,利有攸往

（巽下震上：恒卦卦画结构,下为巽,上为震。恒：①经常,②长远,③永久。有攸往：有所往,有所作为。）

将内转盘的"风（巽）"旋转至外盘"雷（震）"的位置就是恒卦,见夬卦转盘图和左小图。

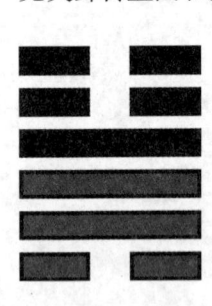

"恒,亨,无咎,利贞。利有攸往。"恒,持之以恒；亨,顺畅通达；无咎,没有过失；利贞,有利的朕兆；利有攸往,有利于实施宏图大业。全句中隐藏了"谁"和"什么",即谁对什么持之以恒。谁呢？周人。什么呢？周人的长期战略目标,打倒一个腐朽的王朝,建立一个新兴的王朝。全句：周人坚持革故鼎新的奋斗目标,持之以恒,避免差错,平稳进取,则可顺利实现宏图大业。

★ ★ ★

本卦卦辞与爻辞关系图：

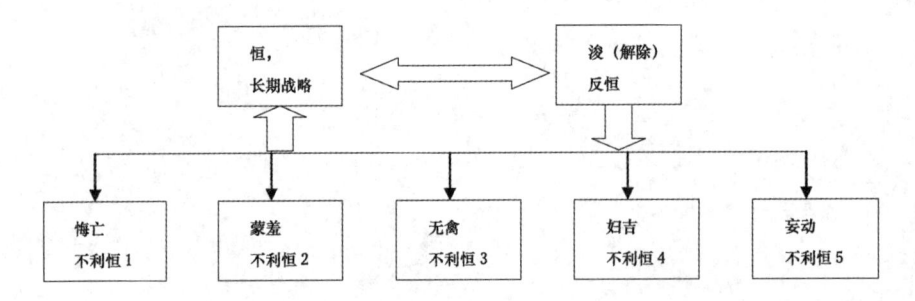

恒,长期战略	⇔	浚（解除）反恒

悔亡 不利恒1	蒙羞 不利恒2	无禽 不利恒3	妇吉 不利恒4	妄动 不利恒5

古公亶父为西周人规定十六个字："辅国建侯，开荒拓土，三单潜龙，谷熟当收。"这十六字方针是西周人灭商兴周的长期方略。"恒。亨。无咎，利贞"，实施之"利有攸往"，违背它，诸如"悔亡"、"蒙羞"、"无禽"、"妇吉"、"妄动"，都"无攸利"。

《序卦》："夫妇之道，不可以不久也，故受之以恒。"

意思：夫妇之道就是两人互相长久厮守，恒卦的名字由此而来。

《象》："雷风恒。君子以立不易方。"

意思：卦画下巽上震，震为雷，巽为风，构成恒卦。君子效法修身持衡的精神立足社会，不改变刚直方正的做人准则。

《彖》曰："恒，久也。刚上而柔下，雷风相与，巽而动，刚柔相应，恒。'恒亨无咎。利贞'，久于其道也。天地之道，恒久而不已也。'利有攸往'，终则有始也。日月得天而能久照，四时变化而能久成。圣人久于其道，而天下化成。观其所成，而于天地万物之情可见矣。"

意思：卦画，下巽上震，震为刚，巽为柔，"刚上而柔下"，雷风并行，"雷风相与，巽而动，刚柔相应"，叫作"恒"。恒久通达无阻，乃是有利朕兆。当事人坚持其道已经很长久了。天地的运行规律，永久处于不停息的变动之中。"利有攸往"，说的是，既有终结，必有开始。日月有浩渺的天空而永远光照四方，日月也造就了春夏秋冬四季的形成。当头的人懂得并贯彻这个道理，则天下清平。反过来，看人间清平世界，也知天地万物永恒有序。

M：这一番言论确实有道理，说它是哲学当之无愧。问题是这些道理从何而来。

哈雷彗星（中国人俗称扫帚星）是英国天文学家哈雷发现的。他根据什么？1682年他观测到一颗彗星。他根据前辈同行的记录，知此星1531年和1607年两次出现，灵感来了，推知1758将再次出现。1742年他逝世，未能检测自己的猜想。1758年人们也未见彗星到来，于是大家嘲笑哈雷。未待谴谪之声冷落，1859年初，彗星作客地球。这时人们想起哈雷的神算，以他的名字命名之以纪念他的功绩。哈雷是根据牛顿力学原理和彗星出现于地球可见的频率（76年一次）推算出来的。我们"十翼"作者的一箩筐理论哪来的？卦画中来的。哈雷的理论可以重复检验，"十翼"理论则不可以重复检验。比如此处，天道永恒，人间清平，天人合一。这就圆凿方枘。人间清平，特别是朝政兴衰跟天的运行没有内在联系。天还是那个天，商亡了，周兴了。周亡了，秦兴了。再后来甲乙丙丁不断替换。天是永恒的，而人间朝政并不永恒。

初六　浚恒，贞凶，无攸利【前路崎岖，须稳；征途幽幽，忌急】

（浚 jun：《说文》："浚，抒也。"抒，通纾，缓解，解除的意思。浚又有疏通、深挖的意思。）

"浚，恒，贞凶，无攸利。"浚，疏通。水道淤塞，泥沙沉积，疏通之。长久坚持，有凶险，不利干大事。

矛盾，与主题矛盾。既然排除障碍，避免水患，应该是大利，何来"贞凶，无攸利"？

说明在这里不可以取"浚"为"疏浚"的含义。

《说文》"浚，抒 shu 也"。抒，通纾 shu，延缓，解除，排除，放弃的意思。与疏通反义。河水淤塞，人们延缓或放弃清淤的长期努力，"浚恒"，潜伏着凶险，"贞凶"，后果难以设想，"无攸利"。取"浚"的另一义：解除，放弃。

四十年前，亶父提出的十六字指针，是长期"翦商"方略。姬昌根据这个方略，总结多年的实践经验，写出恒卦，指出方方面面的问题，以便周人修正错误，克服不良倾向，把运动纳入正轨。这些倾向包括"悔亡"、"蒙羞"、"无禽"、"妇吉""妄动"。

《象》曰："浚恒之凶，始求深也。"

解浚为深，疏通河道反而造成凶险，是因为开始挖深了。

卦画，下卦"巽"为入，深的意思，所以"浚恒之凶，始求深也"。

九二　悔亡【前车之覆，惨惨；后车之鉴，昭昭】

（悔：①懊悔，悔恨，②灾祸，不吉利。）

"悔亡"：昔有悔今其悔去也。

无前言后语，前言当是"恒"，后语当是"无攸利"。对照总的方略，"恒"，历史上曾经发生过某些使人后悔的事，现在都已经从记忆中抹去了，不存在了，"悔亡"，将"无攸利"。

西周人的历史是惨淡经营的历史。在豳邑，被外族抢劫骚扰。迁岐山，殷商朝廷剿杀，西周几近灭亡。投降称臣以后，又被朝廷当做看家狗、马前卒，打杀反抗殷商的部落。刚取得一些战果，朝廷又杀了西周首脑季历。这些历史悲剧，几十年以后的西周人渐渐淡忘了，"悔亡"。昔有悔今其悔去也。忘记历史，忘记亶父的嘱托，将不利有攸往，不利图大事。

九三　不恒其德，或承之羞，贞吝【恒持其德，荣光，盲目行事，遭辱】

（德：道德，品德，德治。或：可能，有时。承：承受，蒙受。羞：耻辱。）

德，道德，品德，属社会思想意识形态范畴，通过社会舆论、传统力量和思想信念对人们起约束作用。德政，西周人创导的，体现于治国政策方针中的道德行为。西周的道德主要表现在勤劳、谦让、勇敢、坚韧、求实五个方面，体现于治国政策方针中则是提倡：第一，勤劳，温饱自给，不偷盗，不抢劫，不眼红邻族的富有，靠两手建设家园。第二，谦让，"耕者皆让畔，民俗皆让长"。首脑以身作则，姬昌"尊后稷、公刘之业，则古公、公季之法，笃仁，敬老，慈少，礼下贤者"。西周邦国上下形成谦虚、恭让的风气。谦让中体现人的平等，体现对生命的尊重，提倡简葬，禁止人殉人祭。第三，勇敢，敢于进取，敢于干大事，兵民一体，领导人从文习武。第四，坚韧，面对困难、面对打击不动摇、不畏缩，团结一心，共渡难关。第五，求实，信奉天命，天命为虚，行动是实。一切不坐等。天命只是精神寄托，是一种驯化百姓，号召百姓，统一思想的宣传，真正起作用的还是干实事。

德政或可说德治，是与法治相匹配的。在法治观念淡薄，法律未建立，或者初建立而不健全的古代，德治就是主要的管理形式。

"不恒其德，或承之羞，贞吝。"对于道德、德政的坚持，如果不一贯、不恒久、不全面，西周人可能蒙受其羞辱，社会向前发展也很艰难。

奴隶全国大逃亡是殷商社会的死亡之症。周人不得轻视。西周人的德治要体现给奴隶出路。这是德治之纲要。处理不好，不坚持废止人殉人祭的主张，西周的王业将得不到基础群众的拥护，等于搬起石头砸自己的脚。"不恒其德，或承之羞，贞吝。"

《象》曰："不恒其德，无所容也。"

意思：没有恒心，以致不被人容纳。

姬子、儒子不同处是一个谈政权，一个谈个人修养。道不同，难同谋。孔子《论语·子路》："不恒其德，或承之羞。"当由此引用，也在于个人的修身养性。

商周对峙，周人分析，自己唯一优于对方的就是德治，其他都劣于对方，如疆域，商大周小。政权管理，商成熟，周生疏。武装力量，商100，周5，商20倍于周或更多。财富，商100，周5，商20倍于周或更多。这就决定了不可速胜，只能是持久战。周人的品德有无限的生命力，就像种子埋在地里生根发芽，然后长出主干、枝杈、绿叶，变成参天大树。发扬其德，持之以恒，西周可能不再是西周，而是中周，中国之周，周的中国。如果周人把自己的优良品德丢了，"不恒其德"，就是把自己的唯一优势丢了，这场戏还能唱下去吗？唱不下去，只能屈居人下，"或承之羞"，或从岐山消失，"贞吝"。自找，怪不得上帝，也怪不得旁人。

九四　田无禽【冷战不冷，潜伏，热战不热，保温】

（田：打猎，田猎。禽：通擒，擒获，收获。）

"田无禽。"两解：（一）田野里没有飞禽走兽；（二）打猎没有擒获。两者都通，后者更贴近实际。因为姬昌要出猎，到处是飞禽走兽，特别是还有他喜欢的老虎。只要他出猎是有田猎对象的。但是，事情并不完全由自己主观安排。前面已分析，商周力量相差悬殊，周人难动商朝廷一根毫毛。此情此景，周人只能进入休眠期。最残酷的现实是，姬昌目前正在汤阴羑里大牢中，离老家一千多里，猎人被老虎咬成了残废，在医院重病室。

商周冷战期。周人把商朝廷当敌人，实事求是地说，商朝廷并没有把周人当敌人，认定他们是朝廷的子民，只是言行有点超前。认定西周人对朝廷有贡献，一是贡献粮食农产品，二是镇守边疆。冷战期，周人并没有真的休眠，他们在做许多事，弄吃的穿的，还想积蓄点；要造猎枪，工欲善其事，必先利其器，准备好出猎的工具；要造舆论，某某无德，丧尽天良，天怒人怨，把人们对某某的仇恨心激活；要移风易俗，倡导不搞人殉人葬，活人不陪死人。冷战期，在狱中的姬昌也没有休眠，他忙于借八卦之名总结经验教训，制定建国方略，迎接上帝赐予的宝座。

"田无禽"，是西周人政策失误的结果。西周人过早地暴露了自己的雄心和力量。季历征伐那么多方国，虽然是帮助朝廷镇边，却向朝廷显示了肌肉，堪称无敌拳王，让商帝吓出一身冷汗。姬昌更把殷商朝廷作为征伐目标，明火执仗地冲进商的城邑，虽以失败告终，却给商一个信号：西周人有反骨。

西周人自己无可奈何地息战30年，不但没有进账，"田无禽"，而且赔了血本，古公亶父的长期方略随之推迟30余年。

六五 恒其德，贞，妇人吉，夫子凶【坚持美德，存异；一身二手，协同】

（德：道德，品德，德治。妇人：成年女性。夫子：成年男性。）

上第"九三"节，"不恒其德，或承之羞，贞吝"。此处，"恒其德，贞，妇人吉，夫子凶"。何以区别？

德，还是西周人固有的那个德行和德政，大家共同遵守的道德规范和邦国的政策策略。

不同点是，实践中的差异。前者侧重勇敢、求实。有勇无谋，不踏实而带来羞辱和损失。后者侧重勤劳、谦恭、坚韧，缺乏勇敢进取，安于维持现状。

可以看出西周的道德和德政具有刚柔双重属性。如果强调柔的一面，西周则是君子之国，模范小区，妇人之所求，"妇人吉，夫子凶"。如果强调刚的一面，则西周是兵营，武器库，战争策源地。男子汉之所求，"夫子吉，妇人凶"。两者结合，方符合古公亶父的立国方略。既建好本国，也准备向外扩张，吃在碗里，瞅在锅里。古公亶父的"辅国建侯，开荒拓土，三单潜龙，谷熟当收"。前三句是手段，后一句是目的，隐含建好自己本土，条件成熟时，大肆征伐，灭商自立。因此光有妇人吉是不行的，还必须有夫子吉，两者结合，全面体现周人的道德情操、理想追求。

《象》说："妇人贞吉，从一而终也。夫子制义，从妇凶也。"

意思：妇人坚守妇道可获吉祥；跟随一个丈夫而终其一生，"从一而终"；男人则必须权衡事理，因事制宜，听从妇人摆布，那很危险。

在父系社会，一切以男子为中心，实行一夫多妻制，妇人降到从属地位。一夫多妻制，社会默认许可，约定俗成，但是，并没有法律规定。同样，妇人"从一而终"也没有法律规定。在姬昌的年代，甚至连约定俗成也没有。"从一而终"如果真是儒家说的，并用文字固定下来，则给后来的大男子主义提供了文字依据。从此始，妇女戴上从一而终的枷锁，失去更多的自由，甚至要为此付出生命。

《周易》的"恒其德，贞，妇人吉，夫子凶"。并不贬低妇人，而是说实行政策的片面性，偏重安逸，类似妇人的慈善温柔。而"十翼"的"妇人贞吉，从一而终也。夫子制义，从妇凶也"，则有对妇女的轻视、藐视，甚至侮辱。后来，各地为了"表彰"妇女的"从一而终"，建立了许多贞节牌坊。文字变成了实物。从一而终者，不论婚前或婚后，只要有婚姻关系，丈夫（或未婚夫）早死，女方必须守寡一辈子，不可改嫁。

男尊女卑，从一而终，中国妇女受压制几千年。白纸黑字吸附于《周易》，真有辱《周易》尊严。我们把《周易》原经读遍，难找到有关所谓妇道的说教。姬昌时代，尽管是奴隶制社会，奴隶地位低下，但是还没有特别歧视妇女的法律或舆论。春秋以后的整个封建社会，妇女被边缘化。"十翼"有关妇女的言论，反映了封建社会对妇女的看法。

上六　振恒，凶【当凶则凶，尚凶；当狠则狠，崇狠】

（振：征伐，动荡不安，变化无常。）

"振恒，凶。"振通震，震撼，征伐。恒，长久。全句：当经过长久的准备，商周力量对比发生转化，周人将摊牌，由长期固守转入猛烈进攻。凶险，对双方都凶险，或你死或我亡，势不两立。

商周决战考验政治家的智慧，考验政治家对时机的掌握。西周领导人认为要取得决战胜利，必须具备四个条件：第一，有一支独立的能打硬仗的武装队伍，人数在五万人左右。第二，有西部诸侯国的赞同和参战。主力加同盟共计有六万人到十万人。一旦开战，粮草必须保证供应，至少要准备三个月的粮草。第三，具有一定数量的战马战车，配齐三百套至五百套。第四，商朝廷进一步堕落，四分五裂，自顾不暇。商的总兵力大于周联军，如果商在东南外地用兵，则商都兵少，联军处优势。这四条具备就可以下手。周人的战略是持久战，战术则是速决战。周人拖不起，时间对周人不利，必须直捣心脏，速战速决。接着乘敌蒙头转向之机消灭残余反抗势力。"振恒，凶。"对敌是灾难，对周人也是生死考验。

周人对未来的决战，勾勒出了一幅蓝图。

周人满怀信心积极备战，我们的哲学家却来泼了一盆冷水。

《象》说："振恒在上，大无功也。"

其实这句话好懂，"振摇晃动恒久之道，又高居上位，这样做一点功劳也不会有"。

姬昌你打道回府吧，前进必凶！

姬昌一句话："谢谢各位关照，我爷爷选的路，我知道怎么走。"

第四十一章

咸【感撼并举，撼铲双用】

艮下兑上，咸。亨，利贞。取女，吉

（艮下兑上：咸卦卦画结构，下为艮，上为兑。咸：都，皆，普遍。《周易》中取"咸"为"感"，古时两字通用。感：感应，感化。感又转义为撼，撼动，摇撼，推翻。取女：婚嫁。）

将内转盘的"山（艮）"旋转至外盘"雨（兑）"的位置就是咸卦，见大有卦转盘图和左小图。之所以重复叙述，是想破除人们对卦画的崇拜，强调卦画只是二进制数码排列，没有神秘可言。

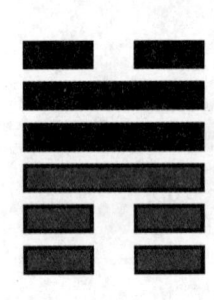

《周易》的咸卦，帛书为"钦"卦，"钦"字是咸的江南方言发音，也可能是刻写传抄错误。有人说《归藏》里为諴。《归藏》失传，是否为諴无据可考。古"諴"为"和洽"的意思。《大禹谟》"有至诚感人"句，《昭告》中有"其丕能諴于小民"句，都与感有关联，所以定"咸"为"感"恰当。感，感觉，感动，感应，感化，感召。

《彖》曰："咸，感也。柔上而刚下，二气感应以相与。止而说，男下女，是以亨利贞，取女吉也。天地感而万物化生，圣人感人心而天下和平，观其所感，而天地万物之情可见矣。"

意思：卦画，艮下兑上，艮少男，阳刚，兑少女，阴柔，"柔上而刚下"。二爻阴，五爻阳，相互应与。艮为止，兑为悦，男下女（上），故亨通吉利坚贞，娶女吉祥。天地感应变化万物滋生繁衍，圣人感化人心而天下和平。观察这类感化，而天地万物之情态都可知了。

此段没有边际的高调,《周易》作者不屑一顾。远水救不了近火。陕西有一位乞丐饥肠辘辘,只想得到一碗剩饭填肚子。一位君子对他说,到江南去吧,那里是粮仓,你要怎么吃就怎么吃。乞丐上路了,他还没有出陕西就饿死了。

姬昌没有闲心听圣人感人心而天下和平的说教。他急切要的是如何治理自己的诸侯国,把周原建成粮仓,让自己吃饱,让所有奴隶吃饱,也犒赏上门的乞丐。现实生活里,姑娘出嫁找富裕的婆家几乎是潮流。人往高处走,水往低处流。周人富甲西部,岐山的小伙子不愁找不到媳妇,人们的目光投向西周。令周人发愁的可能是自己的姑娘外嫁难,姑娘们远嫁就面临缺衣少食,日子不如在西周顺遂。姬昌从这一现象中,感觉到西周的治理是成功的,事业顺利通达,有信心扩及全国,"咸亨,利贞。取女,吉"。取女,隐含夺取全国政权。

初六:咸其拇【德之要旨,文治武昌】

(咸:通感,感动,感化。拇:脚大拇指。)

夺取全国政权要做许多许多的准备工作。准备工作的过程,被描述为像人体从脚到头的先后步骤。

"咸其拇。"拇:脚的大拇指。借以指基础、基层。基础工作从西周做起,做出点模样,才可以感动、激励自己人和别人。首先要使西周具有大国雏形,包括行政官员,军队,城堡,特别是军队建设,"三单潜龙"。西周人有一套军事理论,在《逸周书》中有《武称》,《大武》,《大明武》《世俘解》等多篇军事专著;在《周易》中,有"师卦"、"晋卦"、"需卦"等论及军事。其次也最重要的是治民以德。周人的德,有具体要求。据《逸周书·宝典解》称其德有九:一孝,子畏哉,乃不乱谋。二悌,悌乃知幼,序乃伦,伦不腾上,上乃不崩。三慈惠,知长幼,知长幼,乐养老。四忠恕。五中正。六恭逊。七宽宏。八温直。九兼武,这是闪亮点。再次,依法治国。《逸周书》开始几篇都专谈法制。第四,不误农时。第五,领导以身作则。姬昌临死,召集儿子训话,说自己一辈子坚持"厚德、广惠、忠信、志爱",要"传之子孙"。

西周怎么崛起的,这些就是内部原因。周人的理论、意识形态、方针、政策能指导现实社会实践，"咸其拇"，感动和激励人民庶众，人的精神面貌焕然一新，国家管理秩序井井有条，农林牧渔收成良好，市场工商活跃，成为诸侯中出类拔萃者。

《象》曰："咸其拇，志在外也。"

从字面看，儒家说得很对，周人内部辛苦，"志在外也"。但儒家的卦画是分内外的。卜筮规则规定，卦画中的各爻相互间有"比应关系"，相邻两爻叫"比"，如初爻与二爻，二爻与三爻……五爻与六爻，是"比"的关系。内外卦相同位置的两爻叫"应"，如初爻与四爻，二爻与五爻，三爻与六爻是"应"的关系。比应关系好坏看阴阳。阴阳相配，好，同阴或同阳，不好。本卦中，（内卦）初爻是阴，（外卦）四爻是阳，阴阳相应，好。所以《象》曰，"志在外也"。得志在外卦"九四"。

易经早于《周易》，到《周易》才有六十四卦的历史记录，才出现正规的六画卦。在此之前是三画卦，不存在比应关系，起码是不存在"应"的关系。姬昌对卜筮不感兴趣，不会拟定这种规则。由此说明所谓"比应"，实在是《周易》以后的人们所为，是卜筮术语。由此也征明"十翼"解卦都遵循卜筮法则。

六二 咸其腓，凶，居吉【居安欲安，犯我者戒】

（咸：感动，感知。腓 fei：小腿肚。居：居家不出。）

周人的成就惊动了邻里，"咸其腓"。腓，小腿肚，靠近足部，引申为邻里。邻里感知。古公亶父时代，有薰鬻 yu，戎狄骚扰，先是抢劫财物而去，后是掠地扩疆，强占不走。姬昌时代，在纣王已经授予姬昌征伐大权的威势下，竟然还有人向周挑战。《诗·采薇》正义引《帝王世纪》："文王受命四年春正月丙子，昆夷侵周，一日三至周之东门。"此事发生于公元前 1069 年，姬昌出狱后的第五年。可见周这块肥肉总是让人垂涎欲滴，不惜冒磕断牙齿的风险一试。昆夷来势汹汹，周人岿然不动，"凶，居吉"。周人只想安居下来求个吉祥，并不想大规模用兵。下一年，周人伐昆夷，打得昆夷一佛出世二佛升天。这也是不得已而为之，周人的兴趣不在打昆夷，而在……所以还是"居吉"。

第四十一章 咸【感撼并举，撼铲双用】

九三　咸其股，执其随，往吝【以德感人，化敌为友】

（咸：通感，感动，感化。股：大腿。执：抓，控制。随：追随他人。）

虞芮两侯打官司是最让人寻味的事。他们两个诸侯国是商朝的属国，按理他们应当找商纣王评理才对。可能纣王给他们的印象太坏，在那里无公道可言，说不定还惹一身麻烦。两侯权衡利弊，打破常规，寻求有公道的地方。他们跑到西周了。西周的事实感动了他们，两侯自动息讼。他俩还大肆宣扬一番，使西周美名远播天下。"咸其股，执其随"，商的随从变成了自己的义务宣传员。周人做了一笔无本取利的好买卖。不过姬昌告诫自己，仅此而已，想走得更远，会有祸殃，"往吝"，还是踏实干自己该干的事。

《象》曰："咸其股，亦不处也。志在随人，所执下世。"

意思：感应在大腿，也不安居其位；想的是后随（初六、六二）的人，一门心思用在他们身上。

九四　贞吉，悔亡，憧憧往来，朋从尔思【水火感应，摩擦生烟】

（悔亡：昔有悔今其悔去也。憧 chong：心意不定。憧憧：摇曳不定貌，往来不定貌。）

西周的发展气势咄咄逼人，商朝首脑不会没有感觉。会思考的商帝想，如果让其无限制发展下去，势必取代商而使之拥有中国。因此明智的做法就是利用它的积极性，限制它的有害于商的消极性。季历遭杀是商的既利用又限制的结果，姬昌坐牢也是既利用又限制的结果。商朝廷对周人的两次打击，至少推迟革命进程三十年。如果朝廷还坚决一些，打击力度再大一些，把周彻底消灭，把它杀死在摇篮里，则不会有后来的商灭周兴的结局。但是商人做不到，一是他们独自尊大，鼠目寸光；二是周人狡猾，或说周人谋略深奥，以致势不两立而两立，和平共处而不和平。拉锯战，明争暗斗，表面你好我好，有时君呀臣的亲热一阵，有时敌呀仇的杀一阵。"贞吉，悔亡，憧憧往来。"事物的发展过程就是如此，条件不成熟，矛盾双方共处一体，各自创造条件向对方转化。商人的优势是大权在手，可以随时出击。周人的优势是，躲在暗处，天天磨刀，等待时机，不下手便罢，下手便直取三寸。

周人的朋友遍天下。周人有三点可以拿人，一是西周建设得好，时人向往的模范区；二是对待奴隶的政策正确，这是非常关键的举措，把奴隶的积极性调动起来，一盘棋就盘活了；三是以姬昌为首的君臣领导集团有智慧、有谋略、有好的品德。此外是姬昌好人坐牢遭迫害，博得一片同情。因此，姬昌不必呼"打倒商纣王"的口号，大家都知道他要干什么，就是他不干，别人也会推举他领头干一件大事。"朋从尔思。"

九五　咸其脢，无悔【感撼交加，诸侯分化】

（脢 mei：背脊肉。无悔：无困厄。）

咸即感，感又通撼；震撼，撼动。脢，背脊肉。

"咸其脢"，撼动背脊肉。背脊肉借指商王朝的属国诸侯。刨掉商的背脊肉，让他露出骨头，有什么不好？"无悔"。

诸侯有三类，一类死心塌地忠于朝廷，如崇国；一类离心离德，得过且过，如多数；一类与朝廷决裂，如西周。三种策略：死心塌地者，杀（撼）；离心离德者，拉（感）；决裂者，盟（干）。崇侯虎，血海深仇，杀了。邘邑、犬戎、密须、耆国、黎国，灭了。有的是商的同姓诸侯，有的是贴心忠臣，朝廷的背脊肉，感不动，只有撼动，割其肉，放其血，动摇商的基石。诸侯中的多数，当前局面下，持守观望。周人立一个样子，给一个实物你看看，让大家自己比较、选择。榜样的力量，可以感动一些举棋不定的诸侯向西周靠拢。还有，就是反叛者，他们想与朝廷决裂，但是顾虑多，不敢出头。周人不怕死，拍胸脯，"想干的跟我来！"于是，有庸、蜀、羌、髳、微、纑、彭、濮等诸侯跟上了。只要有人领头，干砸了，有退路，干赢了，有一份。

周人有一条外交原则，据《逸周书·武称解》称作"大国不失其威，小国不失其卑，敌国不失其权"。作为大国不应该伤失在威力的拥有上，作为小国不应该伤失在自卑上，面对敌国则不应该伤失在实力对比的权衡上。

周人睿智，冷静，厉害。纣王养尊处优、饱食终日无所用心，哪里是周人的对手！

上六　咸其辅颊舌【铲平巅峰，烟消云散】

（辅：颚。颊：面颊。）

"咸其辅颊舌。"辅颊：面部。舌，口中器官。笼统称头部。借作首脑机关，司令部，即商朝廷。对于首脑机关，还是一个字："咸"，三重意思："感"，"撼"，"干"。有识之士，识大局，权利弊，用仁德"感动"他们，让他们选择光明前程，叛商归周。另一部分人，朝廷重臣，皇亲国戚，固守于习惯思维，固守于自己的地位和财富，用文武两手"震撼"他们，让他们惶惶不可终日，像狗一样去撕咬主子，使他们内斗频频，四分五裂。纣王，旧势力的代表者，既昏庸无能，沉醉声色犬马，又残酷无道，坚决彻底"干"掉他。

此项政策实行的结果，收效显著，最大限度地分化瓦解了敌人。

受感动而奔周的有辛甲、散宜生等七八名，他们原来都是朝廷高官。

受震撼而闹内讧的有商容、比干、箕子、微子等，他们一个个都没有好下场。

商纣王，孤家寡人一个，等待历史宣判。

《象》曰："咸其辅颊舌，滕 teng 口说也。"

意思：咸其辅颊舌，就是张口放言。

放言些啥？海阔天空，东南西北，中华五千年。

第四十二章

蹇【攻坚克难，有利西南】

艮下坎上，蹇。利西南，不利东北。利见大人。贞吉

（蹇 jian：①跛，行动迟缓；困苦。②不顺利，艰难。见：出现，涌现。大人：伟大人物。）

将转盘上的"山（艮）"旋转至外盘"河（坎）"的位置就是"蹇卦"。见夬卦转盘图和左小图。

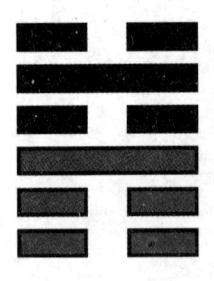

卦辞中的方位词"西南"、"东北"不知难倒古今多少巫祝和学者。求卦者成千上万，遍布全国各地，求官、求财、建房、求婚姻……五花八门，都受方位限制，何解卦呢？例如，我是郑州人，要到重庆办事，按照现行地图标准，重庆在西南方向，是否办事很顺利？反之，重庆人到郑州办事是否倒霉？郑州西南，近至南阳，远至印度一条线是吉还是凶？改向西北或向东南是凶还是吉？一连串问题让巫祝脑子发胀。方位词"西南"、"东北"也让哲学家不哲学了。

回到历史环境吧。

2012年年底，世界最长的京广铁路高速列车通车。京广线可做我们的南北坐标。

京广线上有个安阳站，这附近的殷墟是3000年前殷商王朝的首都。从安阳往南187公里是郑州，郑州往西400多公里是西安。那西周的老根据地丰镐、岐山就在西安附近。请问西安相对于安阳在什么方位？答案是唯一的，西南！就整个殷商版图来看，西周也是在西南边陲。季历、姬

昌、姬发因此而被封为西伯。相对西周来说殷商的政治中心殷墟在东北。这"西南、东北"就出典于此。《周易》作者对西、西南情有独钟。姬昌在《周易》中多处提及，如：

坤卦："西南得朋，东北丧朋。"

解卦："利西南。"

既济卦："东邻杀牛，不如西邻禴祭，实受其福。"

本处蹇卦："利西南，不利东北。"

作者总是把颂词给西、西南。"西"、"西南"就像耀眼的明珠，散落在《周易》中发光。

到宋朝，有人在民间发现一张八卦图，被称作"后天八卦"或"文王八卦"。它的排列与古老的八卦不同。人们（包括今人）翻过来，倒过去，不知其所以然。现在我们联系方位来解读，就会让你大发惊叹："啊，原来有如此深的奥秘！"什么奥秘？乾天由南方移位于西北，坤地由北方移位于西南。见前"转盘图"，外盘是文王八卦标准排列秩序。中国古人习惯，二维作图是上南下北，左东右西。请仔细看图：河（坎）的位置为北，电（离）处南，雷（震）处东，雨（兑）处西。你再看那天（乾），夹在"河"、"雨"之间，即处于西北，地（坤），夹在"雨"、"电"之间，即处于西南。原来这里强调的还是一个"西"字！天命西移，泽（雨）惠及西部，西岐（地）受天命，蒙恩泽。谁受天恩，谁得天下。这就是奥秘！处在商周迭代的时代背景，斗胆改造八卦，无疑具有惊天动地的重要作用和意义。

周人一心想着代商自立，这项任务异乎寻常地艰难，"蹇"。但是吉星高照，天命难违。周人立足西部，联络西南，"利西南"。东北是商的政治、经济中心以及依附于它的诸侯属国。在商周对峙，政局动荡的复杂环境里，显然不利于他们，"不利东北"。这种形势下，时势造英雄，有利于出现伟大人物，"利见大人"，"贞吉"。

宋人的文王八卦图并不是宋人的发明，首创者是姬昌，第一个发现的是以孔子名义写"十翼"的作者。十翼之一的《说卦》记载，"万物出乎震，震东方也。齐乎巽，巽东南也。齐也者，言万物之絜齐也。离也者，明也。万物皆相见，南方之卦也。圣人南面而听天下，向明而治，盖取诸此也。坤也者，地也，万物皆致养焉，故曰：致役乎坤。兑正秋也，万物之所说也，故曰，说言乎兑。战乎乾。乾西北之卦也，言阴阳相薄也。坎者，水也，正北方之卦也，劳卦也，万物之所归也，故曰，劳乎坎。艮东北之卦也，万物之所成终而所成始也，故曰，成言乎艮。"

这一段话描述的就是文王八卦各卦的方位，不过作者所强调的是方位与万物生发的意义，有意或无意中掩盖了文王八卦的政治意义。文中甚至忽略兑与坤的西、西南方位，冲淡了姬昌改变八卦方位的良苦用心。

在同一篇文章中，也有对原创八卦，即所谓伏羲八卦的描述："天地定位（乾坤定位于南北），山泽通气（艮兑关于八卦圆心对称），雷风相薄（震巽关于八卦圆心对称），水火不相射（坎离关于八卦圆心对称）。八卦相错。数往者顺，知来者逆，是故《易》逆数也。"

文王八卦中没有这些对称关系。这说明"十翼"作者注意到了两种八卦的不同，但是他们不知道为什么不同，也不想追究姬昌为什么改变八卦方位的初衷。

《彖》说："蹇，难也，险在前也，见险而能止，知矣哉。蹇，利西南，往得中也。不利东北，其道穷也。利见大人，往有功也。当位贞吉，以正邦也。蹇之时用大矣哉。"

《彖》的意思是，蹇卦卦画下艮上坎，巫卜官规定"坎"表示险，"艮"表示止。遇凶险而能停止下来，是非常明智的，"险在前也，见险而能止，知矣哉"。

《彖》说"蹇，利西南，往得中也"。我们仔细审视，卦画中没有象征西南方位的迹象。姬昌写文章，重在表意，除了刻意强调天命转移而使文章中的方位词与卦画方位一致以外，一般忽略它们间的对应，不考虑卦画的东南西北。换句话说，文中的方位词与卦画方位不一致。前述"解卦"是一例，此处"蹇卦"又是一例。这会使以卦画为法宝的解卦人陷入尴尬境地。我们知道，卜筮有悠久历史和海量信众，内中不乏动脑筋的聪明人。他们发明一套"变卦"（或"卦变"）理论，让人从尴尬境地中解脱出来。所谓变卦，就是此卦无解换彼卦，找个替身圆说。蹇卦替身谁呢？比卦。联想：表示西南的，伏羲八卦中是巽卦，文王八卦中是坤卦。选坤：六画卦下坤上坎是比卦，或者下艮上坤是谦卦，制造点理论都可以拿来解蹇卦。于是就说"蹇卦由比卦变来，比下为坤，坤，西南也；坤的二爻为阴，与蹇的五爻阴阳相应。所以利西南，往得中也"。拐了个大弯，其说自圆，说听双方满意。

姬昌写"不利东北"，《彖》立即可以解说。《说卦》规定"艮，东

第四十二章 蹇【攻坚克难,有利西南】

北之卦也","艮,止也",止于东北,不利东北,"其道穷也"。

"利见大人,往有功也。当位贞吉,以正邦也。"都以卦画为说,九五特好,有功、贞吉、正邦都应在九五上。"蹇之时用大矣哉",属无病呻吟,望空兴叹。

初六 往蹇来誉【攻坚有誉,投桃得李】

（蹇：艰难。誉：称赞,赞美,荣誉。）

人们干任何一件事情都会遇到困难,何况干政治、干"王事"。克服困难,事情干得有成绩,就会获得许多荣誉。就像古公亶父为周的王业奠基,后人用诗歌赞颂他。季历为商朝征伐立功,朝廷奖励他土地、马匹、珠宝,封朝廷官职"牧师","九命为伯",还把内宫少女挚任氏嫁给他。姬昌统率西部诸侯,稳定商西有功,商朝廷命其为三公,还授予军权,可以自决征讨。姬昌任职期间,九邦叛商。纣王求助于姬昌。据上博楚简《容成氏》载:"九邦叛之,丰、镐、舟、石邑、邘、鹿、耆、崇、密须氏。文王闻之曰,君虽无道,臣敢勿事乎？虽父无道,子敢勿事乎？孰天子而可反？纣闻之,乃出文王于夏台之下而问焉,曰:九邦者其可来乎？文王曰,可。文王于是乎素端囗（按:楚简脱落一字）裳以行九邦,七邦来服,丰、镐不服。文王乃起师以向丰、镐,三鼓而进之,三鼓而退之,曰,吾所知多薦（zhī）,一人为无道,百姓其何罪？丰、镐之民闻之,乃降文王。"看看,姬昌几句话不战而屈人之兵,取得了纣王加倍的信任,还把丰、镐揣进了西周的腰包（此后丰、镐就成中国历史名都）,困难和荣誉就如此紧密相连。克服了困难,"往蹇",立即得到了荣誉,"来誉",还有物质奖励。

《象》曰:"往蹇来誉,宜待也。"

意思:往前进发,将获荣誉但很艰难,还是应当等待时机。

为什么呢？作者言中之意是,请看卦画,初六,阴爻,柔弱不正,又与六四敌应。到六四是坎卦，往前必将陷入上卦坎险中，"往蹇"。所以劝诫求卦者，趁自己涉险未深，在原地呆着，"宜待也"。

《象》的"往蹇来誉，宜待也"。实在让人费解，前提是卦画，那二进制棒棒长短排列，属虚无，推论是"柔弱"、"敌应"、"困窘"、"宜待"，属无花果。如果用它来指导现实生活，皇帝要选妃，正卜着这一卦。卜官说，不行，"宜待也"。内史传出话来："不能等待，皇上说了，误时杀头。"你听谁的？卜官说，哲学家也是这个意思。内史说，哲学家不怕杀头吗？

六二　王臣蹇蹇，匪躬之故【臣仆难当，假臣难做】

（蹇 jian：①跛，行动迟缓；困苦。②不顺利，艰难。匪：非。躬：自身。）

奴隶社会，在上者为主，在下者为奴。甲骨文专门造了两个字："臣"与"妾"；臣是男奴隶，妾是女奴隶。可怜这两个字都凝结了奴隶的鲜血，臣是被刺瞎一只眼的男奴象形字，妾是被用刑并跪着的女奴象形字（《文字源流浅说》）。奴隶是社会最下层的劳动者。奴隶社会的最高统治者是君王。在君王与下层劳动者之间有许多中间人群，包括一些贵族，相对君王来说，都称奴隶；这是假奴隶，谦称、虚名。在君王身边服侍的人，地位有高低，一律称臣。高者如宰辅，低者如拎鞋、捧便桶的。这恶劣风气一直延续到满清。慈禧太后面前有个太监叫李莲英，明明是个大爷们，西太后叫一声小李子，李莲英忙答"奴婢在"，不仅表明自己是奴才，并且还女性化了。

姬昌为三公，纣王的宰辅，"王臣"，王之臣。

他这个臣不好当，"蹇蹇"，难之又难。为什么？"匪躬之故"。他说话行事都是违心的，不是出自内心的自觉自愿。他"人在曹营心在汉"，当的是殷商朝廷的官，想的是自己西周图发展的事。"王臣蹇蹇，匪躬之故。"

服服帖帖干了几十年，落了一个坐牢，姬昌心有不甘。

姬昌在羑里监狱改写八卦，写到蹇卦，感叹良多，泪水横溢。"这种尴尬的臣子难当啊，法、理、刀都在人家手里。"

九三　往蹇来反【困难不断，奋斗不止】

（蹇：艰难。反：返，复。）

事情总有反复，一个困难克服了，"往蹇"，又有了新的困难，"来反"。人的头脑要适应这种不断变化的形势。商人五百多年，起起伏伏，有旺的时候，有衰的时候；周人的发展也是高低起伏。姬昌出狱后，纣王给予兵权，让其东征西讨，他又累死了。西周沉浸在悲痛的国殇之中，一时失了主张。沉默九年后苏醒过来，姬发东征成功。大家正分胜利果实，姬发死了，姬发的三个弟弟叛变了，新政权摇摇欲坠。……再往后走，春秋战国，姬昌家子孙杀得热闹，被秦始皇一锅端了。

事物的变化进程有长有短，道理都一般。人面前总有困难，克服了一个又来了一个。人的能动性表现在，生命不息，战斗不止。这可以上升为人生哲理。

《象》曰："往蹇来反，内喜之也。"

意思：往前行走艰难，返回时则正好相反，内欢喜。

这一下又把话题岔开了。鬼知道"内喜"是什么意思！是不是关在家里偷偷地喜？九三在内卦的最上位，也是内卦唯一阳爻，所谓"少男"，成为下艮的佼佼者。然而九三与外卦的上六相应，上六柔弱无力，自身难保，乏力给九三以援助，因而九三只有待在"艮"氏家中，与初六、六二畅叙天伦之乐，"内喜之也"。

六四　往蹇，来连【克难得盟，西南连片】

（连：联络，联合。）

商朝晚期，几代商帝违天逆民丧众，使阶级矛盾激化，引起全国奴隶大逃亡，生产秩序遭破坏，社会大动荡，诸侯们无所适从。西周针对朝廷虐政，乘势出台医治社会创伤药方，提出《有亡荒阅》，禁止普遍而残酷的人殉人祭，保护奴隶生命，稳定生产力，调和阶级矛盾，让两个对立的阶级共同得到好处。西周的政策得到多数人的拥护和支持。但是这种道义、法理上的提倡是无力的，批判的武器代替不了武器的批判。按照崇侯虎的说法叫"西伯阴行善"（暗地里讨好老百姓）。姬昌在狱中深刻体会政权三要素：法、理、力，三样不可缺一。人家有，自己没有，所以坐牢。姬昌出狱后干两件大事，一征伐，扩军，纣王同意的。二结盟，纣王不知道的。他亲自出马或派亲信出使西南各诸侯国，歃血结盟。庸、蜀、羌、髳、微、卢、彭、濮都成了西周的可靠同盟军，力量强大了。卦辞中为什么说"利西南，不利东北"？在地图上，商国西南大片驻扎的是九国联军！

"往蹇来连。"连，联合。历史上有"合纵连横"策略，都是联合的意思。克服了重重困难，统一了认识，捏成了一个拳头，"冒着敌人的箭矢，前进！"

西周有法有理，现在有了力，具有了政权三要素，前景光明。

《象》曰："往蹇，来连，当位实也。"

意思：往前进发艰难，可联合许多同人，正当坚实之位。

乐观来至于六四。六四阴占阴位，当位。下面九三，阳，阴乘阳；上面九五，天子位，阳，阴承阳，故"当位实也"。

请问姬昌当位吗？实在是当位。不过这跟"六四，阴处阴位"没有关系。如果换一个人，比如商纣王，不也是"六四，阴处阴位"吗？他克服了什么困难、连合了谁？他的盟军在哪里？不管他"当位""不当位"，前程都不妙。

九五　大蹇，朋来【赴难皆友，朋集友聚】

（蹇：艰难。朋：朋友。）

西周博大而诚恳的胸怀，宽以待人的姿态，日益发展的经济和军事实力，对四方影响很大。"有朋自远方来"，"大蹇，朋来"。孤竹国的伯夷、叔齐，远在千里之外，慕名来到周方国。虞侯、芮侯因受周良好风气的感动而息争，成了周的忠实朋友。商朝廷大夫辛甲于文王死前三年逃奔周。帝辛47年内使向挚逃奔周。诸如此类还很多。周对商周两军阵营中的动摇分子有巨大的吸引力。

《韩诗外传》上有一段话："六月，周文王寝疾，五日而地动（地震）东西南北，不出周郊，百吏皆请曰：'臣闻地之动也，为人主也。今王寝

第四十二章 蹇【攻坚克难,有利西南】 381

疾五日而地动四面,不出周郊,群臣皆恐,请移之。'文王曰:'若何移?'对曰:'兴事动众,以增城。'王曰:'是重吾罪也,不可昌也。请改行重善以移之,其可以免之乎。'于是谨其礼秩皮革,以交诸侯;饰其辞令、币帛,以礼豪士;颁其爵列等级田畴,以赏群臣。无几何,疾乃止"(柯胜雨著《夏商周通鉴》,齐鲁书社出版)。

这段话好懂。姬昌病倒,又闹地震,迷信的臣子们恐惧了,建议发动群众修固城墙消灾。姬昌说,这是加重我的罪孽啊,改个积善的做法吧。于是大家想出了一套积善的办法并实行之:用合乎礼节的贵重物资皮革土特产结交诸侯;用诚恳态度接待社会贤达并给予钱币布帛以优抚;用爵位、土地赏赐官员。这样,病好震止。

这记述的是某一回。其实,西周长期恒久的做法就是这样的,历史上记载有许多类似的感人故事。

有一本书,叫《周书》,周史官所记,属正史,可惜失传了。

还有一本书,叫《逸周书》类似于《周书》的副本。孔子编《尚书》,取了《周书》部分篇目,舍弃了一些不合他口味的文章。后人将"孔子删削之余"而又散落各处的文章汇集成册,定名《逸周书》。此书文理古怪深奥,又非儒家正统,历来不受文人重视,无人诠释,至今保留原貌,人们很难读懂。如果用今文翻译出来将大有助于西周历史的复原。

《逸周书·丰保解第二十一》:"庚子朔,九州之侯咸格于周,王在丰,昧爽,立于少庭。王告于周公旦曰:'呜呼,诸侯咸格,来庆辛苦役商,吾何保守,何用行?'旦拜手稽首曰:'商为无道,弃德刑范,欺侮群臣,辛苦百姓,忍辱诸侯。莫大之纲,福其亡亡,人惟庸。王其祀德纯礼,明允无二,卑位柔色金声以合之。'王乃命三公九卿及百姓之人曰:'恭敬齐洁,咸格而祀于上帝。'商馈始于王,因飨诸侯。重礼庶吏。出送于郊,树昏于崇。内备五祥、六卫、七厉、十败、四葛,外用四蛊、五落、六容、七恶。"

此段文字,《周书序》称:文王在丰,命周公谋商难,作《丰保》。从其内容看似是周武王事。我且按《周书序》所云。文中"内备……外用……"那些数字,尽管接着叙述一大篇,但是仍然让人不得其解。中心内容是清楚的,诸侯们到西周会晤周文王,文王致辞欢迎,讲明共赴国难,灭商有据,"商为无道,弃德刑范,欺侮群臣,辛苦百姓,忍辱诸侯。莫大之纲,福其亡亡,人惟庸"。讲明周人崇德尊礼,"祀德纯礼,明允无二，卑位柔色金声以合"众诸侯。大家取得共识。期间，赠以厚礼，"因飨诸侯，重礼庶吏"。临别，"出送于郊，树昏于崇"。此外，还有"内备……外用……"的宝典作临别赠言。

这是一次伐商前的外交盛会。此前此后都有朝廷重要官员叛商归周。"大蹇，朋来"，国难当头，朋友们都会集而来。

商朝廷则相反，纣王刚愎自用，把自己的帮手一个个推到敌人一边，化积极为消极，给自己增添重重困难而无法克服，前景越来越暗淡直至人死、国破、家亡。

《象》曰："大蹇，朋来，以中节也。"

意思：九五由于具有中正的品德和节操，处于艰苦困境，朋友们都来助一臂之力。

卜筮规定，九五是天子位。如果你去求卦，卜得九五，九至尊，五中庸。好，吉，你"坚守了中正的品德和节操"。天子位，你也坐了一回。

上六　往蹇，来硕，吉。利见大人【迎难而进，硕果累累】

（硕：①高大，②博学，③深远。见：出现，涌现。）

历经艰难困苦的磨炼，人的意志会变得更加坚强，"往蹇，来硕，吉"。姬昌在这里是描写自己。他经过父亲季历被杀的伤痛，经过自己被拘留玉门的惊魂，经过商周首战失败的煎熬，经过儿子伯夷考被杀的凄悲，经过羑里七年牢狱的折磨……他是政治家，没有倒下去。一次次的艰难困苦磨炼，他增加知识，懂得做人不容易，做一个政治人物更不容易。雄心也好野心也罢，反正他姬家从边远角落走来，还要向中原走去。作为西周的带头人，他不能倒下去，把逆境当老师、当营养品，从而成熟壮大起来。"利见大人。"每一次的打击立即转化为周人的扩张，像广告一样，收获的是实际效果。周人总是处于蓄势待发状态，给一点火星，火药桶瞬即爆炸，炸伤别人的手脚，西周的地盘则向前扩展一寸。积微成著，量变引起质变，后果在预料之中。

《象》曰："往蹇来硕，志在内也。利见大人，以从贵也。"

意思：往前进发艰难，返回可获硕硕成就，志向在内；追随贵人，利于造就伟大人物。

第四十二章 蹇【攻坚克难,有利西南】

我叹惜"十翼"蜕变成卜筮理论。这有违义理派的初衷。当日义理派雄心勃勃信誓旦旦,要把《周易》从十八层地狱的卜筮中拯救出来,给他派上新的用场,让它传输治国之道、修养个人心性。但是历史发展不由他们安排。因为"十翼"与易经同属一个思想体系,都是崇敬上帝,以天命论作指导思想,认定上帝主宰一切,能够指明人们的行动方向。卜筮以图像完成人神通话,"十翼"以义理完成人神通话。

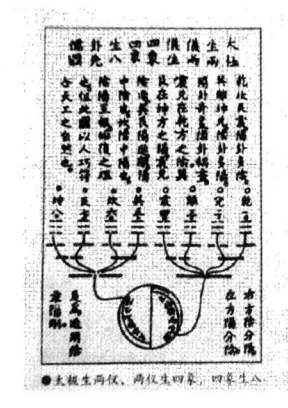

再是,义理派在立论之初,就有许多软肋。如用"生生说"定义八卦的产生。《系辞》说:"易有太极,是生两仪,两仪生四象,四象生八卦。"

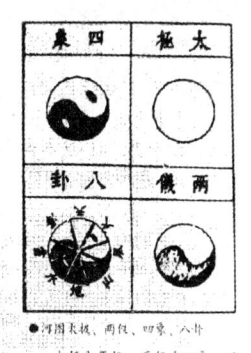

"太极",老子有说,孔子有论,他们小有差异、大有一致,说的是宇宙。"两仪",从古至今,看法一致:阴阳。阴阳被人们吹得特别神秘。我们要它回到原生态,就是白天和黑夜。与太阳有关;太阳出来,阳,太阳落山,阴。山的向阳面,阳,山的背阳面,阴,就这么简单,中国古人最初对阴阳的感觉就是这样的。甲骨文没有阴阳二字。"四象",有两种说法,"春夏秋冬"和"太阳太阴少阳少阴"。少阳少阴到底是什么,谁也说不清。"八卦",天地山川风雨雷电,有些人硬要写成"乾坤艮坎巽兑震离"。好了,我们按生生说排序,宇宙生出阴阳,阴阳生出春夏秋冬,春夏秋冬生出天地山川风雨雷电。是这个逻辑吗?我们倒过来问,天地山川风雨雷电是春夏秋冬生出的吗?春夏秋冬是阴阳生出的吗?阴阳是宇宙生出的吗(有点关联)?我们再分析,"天"是什么?天不就是宇宙的同义词吗?四季何以能生出天来?阴阳也生不出天。地是大地、地球,山川是地貌,不是四季所生,更与阴阳无关。风雨雷电是气象,与四季有点表面关联,但不是四季所生。生生说意味着,老子生儿子,儿子生老子,儿子生孙子,孙子生出爷爷。是不是逻辑混乱?

八卦中的"雨","十翼"定名为兑,又改雨为"泽",专指沼泽湖泽。八卦取象于自然界八大物象,沼泽不可以与雨比,雨水从古至今关乎人类生存。古人不会糊涂到重视沼泽而轻视雨水，先民敬雨神而不立泽神。"十翼"又解"兑"为悦，什么"见泽而喜"，毫无根据。湖泽决口也见泽而喜吗？黄河中上游古人对雨的发音近似 yue，有文字时代，人们以"兑"或"悦"记之，取音不取义，与喜悦无关。

"十翼"中的首篇，《系辞上下传》，通篇以天立论。天是那么浩瀚、神秘、遥远，人人天天感受，人人都知，人人又不知，人人又想知。这给义理者极大的想象空间和人气价值。怎么说都有人听，有人相信。我们知，作者们不是自然科学家，不研究天文地理，并且受历史限制，他们自身的知识高于同时代人，却超越不了历史。他们也不明白天是怎么回事。只能拿人事说天事。拿假想的天事吓唬老百姓，也吓唬自己。"十翼"把卦画指代天地人三才，君臣父子男女，大男中男少男，大女中女少女，说的都是人事不是天事。

回过来考虑，卜筮说的是天事吗？不是，还是人事。人遇着难题，无处投诉，请教心目中而不是客观存在的上帝。于是我们看到，他们两家，卜筮和义理本属一家，发展下来，合二而一，非常自然。

第四十三章

大畜【强化备战,秣马厉兵】

乾下艮上,大畜。利贞。不家食吉。利涉大川

（乾下艮上：卦画结构,乾卦下,艮卦上。畜 xu：《说文解字》田畜也。种地而得的蓄积。后用为牲畜字,饲养。不家食：不在家开伙。）

将内转盘的"天（乾）"旋转至外盘"山（艮）"的位置就是"大畜卦",见节卦转盘图和右小图。

大畜,战国楚竹简易经名之"大道",长沙帛书《周易》曰"泰蓄",可见《易经》古本不止一种。泰蓄与大畜,意义相同,发音相近,都是加大储备的意思。

易经书上有许多说法。

"大畜卦外卦为山,内卦为天,山在天上,天在山间,山静止不动,山间之天大小不变,天被山畜之象。"

"大畜卦象征大为蓄积,利于坚守正道,外出谋生,吉祥,利于涉越大江巨流。""大畜是山中有天,无所不容的卦象。"

《象》说,"大畜刚健笃实辉光,日新其德。刚上而尚贤,能止健,大正也,不家食吉,养贤也。利涉大川,应乎天也。"

类似的还很多,这些都是卦画,那六根棒棒如何排列,然后杜撰出它如何神秘,如何引导人避凶求吉。

我为什么写二进制?

我先写一个数,比如六。请读者一起讨论,怎样看出这个"六"象征什么？是凶还是吉？换一个洋码字"6"呢？有吉凶象征吗？如果将6写成二进制000110呢？我们从哪里能找出它的吉凶象征？大畜的六条棒棒组合，就是6的变态。它里面不存在看不见的神秘和奥妙。一定要说有啥，就像部分现代人对4的讨厌和对8的喜欢一样，4与死谐音，8与发谐音，完全是人们的主观意识在捣鬼。

★　★　★

大畜，对小畜而言，范围更大，时间更紧迫，所干的事更具现实意义。小畜持恒，大畜应急。

"大畜"是战备动员令。战略战术家们，必须通盘考虑，一旦战争打响，你的战前准备是否周到、细致、具体。稍有一个环节出漏，就会造成难以想象的后果。

检验大畜的标准是什么？一是"利贞"，二是"不家食"，三是"利涉大川"。所谓利贞，就是真正有利于举事，思想动员，物资准备都已经到位。所谓"不家食"，就是打起仗来，部队开出去有饭吃，包括行军锅，粮食，干粮，饮水，军马饲料等之准备。所谓"利涉大川"，就是车马道路舟船之准备。

本卦中，明确规划六方面工作：人，车，马，牛，猪，路。

初九　有厉，利己【飞龙腾腾，强师悍旅】

（厉：严格，严肃。厉兵秣马。通砺，磨砺。）

"利己"：是利己（ji，读几），还是利已（yi，读以）？高亨《周易古经今注》："筮遇此爻，将有危险，然亦无害，终于利己，故曰有厉，利己。"这是认己为自己的己。许多版本的《周易》认己为已经的已。为什么会如此？原来出典于卦画，卦画中有"艮卦"。巫史规定艮为"止"，即中止，停止，已经到此为止的意思。

姬昌不崇拜卦画，毫不含糊，利己就是有利于自己。

句中一个"厉"字实在用得好。要打仗了，战前必须整顿队伍，严肃态度，严格纪律。

目下西周有人口五十万。全民皆兵，不分男女老少，五十万兵。这是从普遍号召说的。大家都要在思想上武装起来，全国军事化。五十万人口里四抽一，组建能上前线打仗的正规军，十六到五十岁的男性都入军籍。先以四万精壮半脱产按师旅编制分散训练。对外称七千五百兵，避免朝廷注意。训练要符合实战，内容应包括：队列、阵型、冲刺、退却，前锋、后卫，登山、渡河，步军、车马兵联合作战等项，战前必须演练娴熟，不可临阵磨枪，一触即溃。要进行信仰灌输，必须让全体周人明白，周人为周人打仗，"利己"。替天行道，奉天命，讨伐逆贼，伸张正义。改善奴隶地位，保障其基本生活。一旦举事成功，灭商兴周，天下是周人的天下，贵族封官晋爵，福禄无尽。奴隶摆脱人殉人祭、有活路、有饭吃、转向美好。周军要纪律严明，一切听官长指挥，不抢劫财物，不滥杀俘虏，以割耳记功，临阵脱逃者处死。

九二 舆说輹【车轮滚滚，锐不可当】

（舆：大车。说：通脱，脱落，又通悦，悦服。輹 fu：固定车轴的横木。）

"舆说（脱）輹"，军车落了轮子，战场一忌。正打得鬼哭狼嚎，军车趴窝了，岂不是让敌人来割头吗？这是军车好坏问题。从丰邑到朝歌，一千五百里，军车要能经受长途的波折，到了目的地，至少应有百分之九十五的车能投入战斗。大车交付使用前严格试车，质量上好，"舆说（悦）輹"，车身与

轮子贴合、紧固，御者悦服。质量次等的不出场或充作田间使用。还应该具有一定的数量。根据即将到来的战场需要，至少要建造三百到三百五十辆大车。多些更好，只是没有能力多造。

九三　良马逐，利艰贞。日闲舆卫。利有攸往【战马嘶嘶，所向无敌】

（逐：奔驰。闲：①马圈，②空闲，③通娴：熟练，熟习。卫：保卫，守卫。）

马与车是配套的。马是车的动力，马车成套为战争工具。服务于战争的马都是经过挑选的良马，善奔跑，有耐力，机灵，乖巧。它们相互追逐嬉戏，磨炼本事，有利于适应战争的残酷环境，"良马逐，利艰贞"。

"日闲舆卫"。日，平日，平常。闲：熟练，熟悉。卫：保卫，守卫。平日必须训练马对大车的驾驭能力，要让马熟习大车的样式，气味，声响，轻重。车马磨合期，要让马主动守护自己的大车。接着要让马适应厮杀，让它们见刀枪斧钺，格斗，死人，鲜血，听号令，听哭叫。适当进行实战演练，让马与车、马与人融为一体。驯马的工作做到位，到战场马就是战士，"利有攸往"。

一车配双马、四马，三百多辆战车，加上指挥员通信员坐骑，平时得蓄养千匹马方可满足战时要求。

六四　童牛之牿，元吉【童牛哞哞，敬享上帝】

（童牛：无角小牛。牿 gu：①牛角上绑扎的横木。②牛圈。）

大畜与牛有什么关系？关系可大呐。商末周初，牛还没有用于农耕，主要用来祭祀神灵祖先。牛是大牲，用牛祭祀表示隆重。牛的毛色还有讲究，纯色好，杂色差。祭祀以后，牛肉分发全族食用，保佑人口平安。商纣淡漠祭祀，离经叛道，是周人灭商的理由之一。周人自己则必须做出榜样，重视祭祀，以大牲享于上帝，从而必须养好牛，特别是纯色的牛。

"童牛之牿"，童牛：小牛，牛犊。牿，牛圈。有人说"小牛燥猛好动，以牛牿防止伤人"。我们知道，牛是温驯的，小牛更温驯且无角，不可能也没有必要束以横木。牿就是牛圈的意思。牛一般是放养。小牛在外面吃饱喝足回到牛圈歇息，健壮成长，将来作大牲供奉上帝祖先，大吉大利，"元吉"。

六五　豮豕之牙，吉【豮豕啰啰，兵精粮足】

（豮 fen：阉割过的猪、大猪。）

将公猪变为无性猪，说明商末已经掌握阉割技术。不分公猪、母猪、无性猪，笼统说为好。喂猪是为了食用。那时的猪，据考古资料称，比现在的狗大不了多少，几十斤。多养猪可以增加食品，比起粮食来，猪肉更富营养，增强人的体质。

"豮豕之牙"，豮 fen：去势，即割除动物的卵巢或睾丸，使之不雌不雄成中性、利于健壮长膘。豕：猪。"豮豕之牙"，据《康熙字典》字目，猪牙长齐以后，性欲成熟，断食抽打都不能改变它们的发情取闹，只有去势以后，它们才平静下来，膘肥体壮。

中国人把阉割术用到了极致。除了猪，牛马羊鸡也都根据饲养人的需要，进行阉割。至今有的农村还保留这种古老变性方法。除了动物，中国人还把阉割术引入人群。封建王朝，美女塞满后宫，供皇帝一人驱使。可是宫廷有许多重活需要男性做。男性进宫，男女关系将不堪设想。于是割除男性的睾丸，成了阉人、"太监"，重活有人做，又免了雌雄两性的纠缠和争斗，皇帝老子独占群花。这种残酷的阉人制度直到辛亥革命才废止。

猃豕，肉猪，泛指猪。用猪说粮食储备以掩人耳目，搅乱视听，这是姬昌过去在监狱惯用之举。

猪是人的食品之一，多养猪和多种粮食一样，都是为战时储备物资。有了富足的物资，才可以支撑战争，直到取得最后胜利，"吉"。

上九　何天之衢，亨【征途坦坦，痛履虎尾】

（何：通荷，承载。天：转义为大。衢：四通八达的大路。）

"何天之衢"，衢：四通八达的大路。这道路能够承载大型车辆行驶、能让大队人马顺畅通过。它必须宽阔而结实。

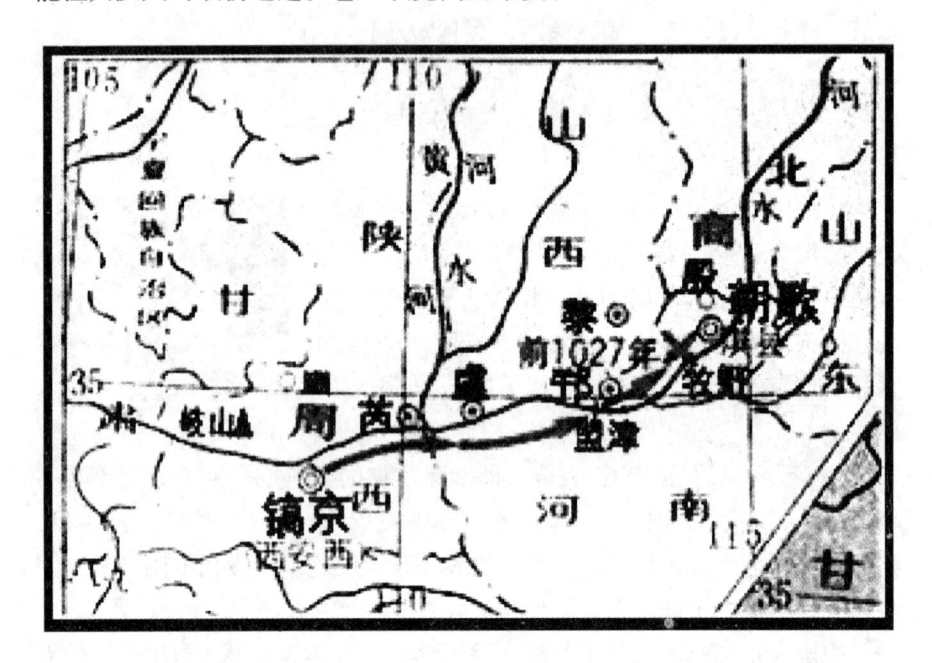

"何天之衢。"我们仔细玩味，《周易》作者神工鬼斧、妙笔生花。他这不是说的"天路"吗？通天之路，通往天子都城之路，通往商纣王经营的朝歌之路，也是周人朝思暮想自己成为主宰中华大地的天子之路。

军事家不能纸上谈兵。周人要东征，必须考虑东征的道路，包括无路要筑路，有路要探路。从丰邑到朝歌一千四五百里，几万兵马大车浩浩荡荡出发，无路可走，有路不知怎么走，不是空热闹一场？

未雨绸缪。岐周人花几十年时间修筑符合战争要求的马路。这些马路四通八达。特别是东边的与朝廷贡道相连。这正是周人大力修筑马路的真实目的。

据考古工作者于十几年前在陕西周原遗址探查发现，岐周古道，"路面现存部分宽十一米左右，大部分路段直接建造于生土之上，踩踏层较厚。部分路面铺有石子、料礓石和碎陶片，并有修补痕迹。其上有九道车辙痕，多平行分布"（文物出版社《古代文明》第二卷）。

商的贡道（进贡通道，也用于军事），周人必须熟悉路况，有不合格的可以找借口修补。周人以商贸名义去去来来，实则是军事密探，把通往商首都的道路摸得一清二楚。最伤神的是黄河天堑。他们不得不在平时建造船只和捆扎木排，在沣水进行军事演练。

周人磨刀霍霍，商人沉睡哼哼。

殷商哼，周人"亨"！

★　★　★

此篇卦辞、爻辞七大段落，没有一处说对己不利。开始，"利涉大川"，接着，"利己"、"悦!"、"利有攸往"、"元吉"、"吉"、"亨"。周人已经见到了东方的晨曦，乐观自信之情充盈于字里行间。

第四十四章

大过【春去也,且看子孙兜风光】

巽下兑上,大过。栋桡,利有攸往。亨

(巽下兑上:卦画的组成,下巽卦,上兑卦。大过:卦名,错过大好时机。栋:房屋之主梁。桡 nao:弯曲。)

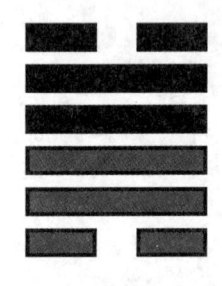

将内转盘的"风(巽)"旋转至外盘"雨(兑)"的位置就是"大过"卦,见旅卦转盘图和左小图。

此卦是姬昌写自己,有点悲壮自嘲而又自勉的意思。姬昌生于公元前1139年(商帝·武乙21年)。文丁十一年(公元前1114年),二十五岁,第一次坐牢。文丁十二年(公元前1113年),二十六岁,即西伯位。帝乙二年(公元前1110年)二十九岁,第一次率兵伐商。帝辛元年(公元前1102年),三十七岁,出任殷商朝廷大臣,位列三公。当他趋于成熟正干事业的时候,纣王把他关进了监狱。此事发生于公元前1080年,姬昌五十九岁。这是政治家们干事业的黄金时段,可是他却在牢狱里蹲着,一蹲就是七年。出狱时已是白发老翁。祖父曾经对他寄予极大希望,姬昌想到这一层不禁怅惘。

"大过"。过:非过失,罪过,而是一种超常的损失,机遇的错过。若把自己比作建房的栋梁材的话,这材料已经弯曲了,"栋桡"。但是姬昌并没有悲观到停篙罢桨的程度,栋梁材弯曲了还有其他用途;现在,孩子们成长起来了,个个都有出息,可以担当重任,建功立业,甚为欣慰。所以信心十足:"利有攸往,亨",后继有人,前途亨通。

姬昌于公元前1062年去世,享年77岁。再过11年,公元前1051

年，儿子姬发克商，实现了祖辈的夙愿。

《象》曰："大过，大者过也。栋桡，本末弱也。刚过而中，巽而说行，利有攸往，乃亨。大过之时义大矣哉！"

意思：大过卦，卦画由巽下兑上组成。四阳二阴，阳盛阴衰，刚过分强大，故叫大过。四阳处中，二阴处首尾，极似"栋桡，本末弱也"。刚虽过分但位置好，雄踞二和五，掌中，下兑为谦逊，上兑为愉悦，所以有"刚过而中，巽而说行，利有攸往，乃亨"的说法。

"大过之时义大矣哉！"这也是无病呻吟，望空兴叹，犹如专业哭丧婆干号，半天挤不出眼泪，毫无感情可言，可是哭声比谁都大。

姬昌说什么？他说，他要哭让他哭去吧，我忙，无暇顾及。

初九　藉用白茅，无咎【天佑助，周人王业自有时】

（藉：铺垫。白茅：白茅草。古时祭祀时，不用桌椅，直接在地上放祭品；地上铺垫一层白茅草，供品放在草垫上，则表示十分虔诚。）

进入晚年，姬昌觉得自己已经无能为力，除了把希望寄托于儿子们，还把希望寄托于上帝和祖先。他本来不信上帝，但是一般人认为王业由上帝主宰，因而转信天命。他曾经多次主持过大型的祭祀活动，向上帝输诚，借用白茅铺地祭祀更是他的一种日常简祭。"藉用白茅，无咎"。勤于求助上帝，仰赖上帝祖先保佑，反映出姬昌的精神状态近于消沉，对自己的能动性信心不足。后来的曹操曾经写"老骥（ji）伏枥（li），志在千里。烈士暮年，壮心不已"。曹操的心态不错。求实地说，也只是心态而已。真正要干实事，年龄不饶人，还是得退居二线，一线让后生来。姬昌"志在千里"，"壮心不已"，但是处于"烈士暮年"，担心老祖父的重托会成为泡影。他吃得进饭吗？睡得着觉吗？

九二　枯杨生稊，老夫得其女妻，无不利【群小子，江山迭代人才出】

（稊 ti：通荑 ti，初生的茅，草木初生的嫩芽。老夫：老年男子。女妻：年轻的妻子。）

"枯杨生稊"，枯死的老杨树发出了新芽，近义于枯木逢春。"老夫得其女妻，无不利。"老年的男子娶了年轻的妻子，没有什么不利。这是姬昌的私密，史书不写。然而姬昌不回避，他实事求是地说了这件事。

武王立国后，于公元前 1049 年，大封诸侯，姬昌的子孙们都鸡犬升天。这在《史记》中有详述。姬昌被追封为文王。文王有 10 个儿子：老大伯夷考，作人质押于朝廷，死于姬昌案的牵连。老二姬发，运气最好，当了国王。老三叔鲜，封于管邑，称管叔鲜，周建国三年后叛周被杀。老四姬旦，人称周文公、周公，文武全才，是姬家的顶梁柱、后来儒家崇拜的楷模。老五蔡叔度，与三哥一起叛周遭流放。老六振铎，封于山东定陶，人称曹叔振铎。老七成叔武，封于山东兖州。老八霍叔处，封于山西平阳。老九叔封、老十季载年纪小未封。史书还说 10 兄弟都是同一母亲太姒所生。我们难以排除一母生 10 子的可能性，但是从年龄推断有疑点。姬昌 77 岁死，距离儿子们封侯已有 13 年。假定 20 岁方可封侯，而他的两个小儿子还不够封侯年龄，说明老九老十应当是姬昌 70 岁以后所生。生活中不乏古稀男性添丁的实例。但是女性则不行。女性至四十五，至多五十就没有生育能力了。这位母亲要生出老十，她的年龄必在五十以下。有据可证的是，二儿子姬发死于公元前 1045 年，54 岁。倒推 54 年则是公元前 1099 年。假定老大伯夷考大姬发 1 岁，则老大生于公元前 1100 年。这是太姒的头胎，太姒至少应该有 14 岁。这一年，姬昌已经 39 岁。明显是老少配，"枯杨生稊，老夫得其女妻"。如果太姒不是 14 岁头胎，年龄增大，则姬昌过了 70 岁，太姒也接近 60 岁，她没有能力生出第九子、第十子，只能是姬昌娶小妾，老少配，也是"枯杨生稊，老夫得其女妻"。因此，不论太姒是早婚还是晚婚，都存在"枯杨生稊"的事实。

姬昌古稀得子，喜形于色，自比"枯杨生稊"，老树发了新芽，欣欣向荣。"老夫得其女妻"，添丁进口，多子多福，"无不利"。

九三　栋桡，凶【不悲切，岐山风云卷大地】

（栋：房屋的主梁。桡 nao：弯曲。）

谈起家事，姬昌兴致极高。看着一排儿子，一个个成长起来，学文习武，修德养身，他常对老伴说，我们姬家会有出息的。十个儿子一声吼，那岐山也要抖三抖,总会干出点名堂吧。说归说,心里老有一个疙瘩解不开:老祖父是寄希望于我,而我,除了儿子,还干了啥呢?将来见着老祖父如何交代呢?老了,老了,光阴完了。栋梁老化了,压弯曲了,房屋会不会垮塌,难得预料啊。"栋桡,凶。"江山一事,谈何容易!姬昌最怕的是带着终身遗憾去见先祖。

九四　栋隆,吉。有它,吝【栋隆盛,王业兴旺有群子】

（隆:①隆起。②盛,隆盛,③引申兴盛,兴隆。它:别的,其它的,意外的。吝:①吝啬,吝惜。②困难。）

隆起不能与栋搭配。常识:栋梁承受向下的压力,不可能向上隆起。用引申义兴盛、兴隆。姬昌处于矛盾之中,论定自己是不行了,但是希望还是有的。祖宗和他创造的基业,以及儿子们的继起,也许新一代能有所建树。新一代不同于独生子姬昌,他们大小十人,虽然老大已死,也还有九个,"栋隆",栋材兴隆,人才济济,黑了东方有西方,他们中总有出类拔萃者。他们定会挑重担,干大事。"栋隆,吉。"当然也不排除意外,出现别的曲折,酿出让人吝惜的变故,"有它,吝"。姬昌的头脑证明他是成熟的政治家,他没有看到儿子们的成功,但是他预料到会成功,还会出现别的意外。后来的姬发称王和管叔、蔡叔叛周遭杀头流放,即是注脚。

九五　枯杨生华,老妇得其士夫,无咎无誉【春秋代,年年春色处处新】

（华:花。士夫:青年男子。）

枯杨生华,古时,花、华同用。与枯杨生稊不同的是,稊是芽,在根,面临生发,前程远大;花在枝头,面临凋谢,前程有限。枯杨生华,给人带来短暂的美丽。这还是姬昌内心的写照。人年纪老了,头脑里想法特多,反反复复。想到辉煌处,高兴;想到倒霉处,沮丧。姬昌觉得自己一辈子德行佳好,态度随和,人缘融洽,具有领袖风范,可是再一想又觉得这是爹妈给的、天赐的，一辈子没有大作为。当西伯、当大公都是为纣王服务，低三下四，还差点把命丢了。"我怎么老实得近乎傻，当西伯、当大公的时候，怎么没有带领大家搞垮纣王？几句难听的言词就把我送进羑里，我还那么服服帖帖。现在呢？现在老了。权力和荣誉都有了，能显身手，可是没有光阴了。"夕阳无限好，只是近黄昏。就像"枯杨生华，老妇得其士夫"。枯杨生华，短暂的美丽。老妇得其士夫，老妇嫁给年轻的男子，一种没有生育的结合，形式而已。"啊，可能上帝觉得我瑕疵太多，成不了大器，不能治理天下，给我一些磨难，让下一代认识天下来之不易。他们将从我身上吸取教训，靠自己的本事打江山保江山。"想到这，姬昌笑了。自己平平淡淡，"无咎无誉"，让孩子们轰轰烈烈去吧，世界属于他们。

《象》曰："枯杨生华何可久也，老妇士夫，何可丑也。"

《象》的前半句说对了，后半句说偏了，人家姬昌已经说了"无咎无誉"。咎：灾患。无咎：无灾患。誉：荣誉，称誉。无誉：没有称誉。既没有遭到灾祸，又没有得到称誉，平常事一桩，又有什么羞丑可言呢？就是现实生活中有"老妇士夫"，也无所谓美丑。

上六 过涉灭顶，凶，无咎 【人去也，优良品德留千秋】

（涉：趟水而过，过河。灭顶：淹死。）

"过涉灭顶"，趟水过河淹死。

"凶，无咎"，凶与无咎连用，高亨说"矛盾，无咎当是衍文（多出的字）"。此番说明，可有可无。一般而论，矛盾；特殊情况下不矛盾。姬昌死，西周之大损失，大凶。但是姬昌老矣，老人仙去，民间叫"白喜事"。自然规律，乐观处之。况且姬昌事业后继有人，他的死去，不会影响"翦商"事业的进行。因此"凶"、"无咎"连用不矛盾。

姬昌在大河中趟水50年，最终灭顶，"过涉灭顶，凶"，是为国殇；姬发接位，东征灭商，"无咎"。

"大过"的中心思想就是写"栋桡"，写姬昌晚年，"九三，栋桡凶"；回忆此生的婚姻生活，"枯杨生稊"、"枯杨生华"；更写事业兴旺，"生稊"、"生华"，后继有人，"栋隆吉"。

第四十四章　大过【春去也,且看子孙兜风光】

姬昌已知来日无多,把后事作了交代。

《逸周书·文传解》载:"文王受命之九年,时维暮春,在镐,召太子发曰:'呜呼,我身老矣!吾语汝我所保与我所守,传之子孙。"

文王受命之九年,当是姬昌出狱,纣王授命其征伐后的第九年,即公元前1062年。此时姬昌正病中,自己感觉不行了,留遗嘱给姬发。他的遗嘱不谈财产如何分割,专谈如何治国。《文传解》记姬昌说:"吾厚德而广惠,忠信而志爱,人君之行。"首先告诉姬发,自己一辈子坚守的就是"德"、"惠"、"信"、"爱"四字。当人君的就应当这样。接着告诉姬发,生活要简朴。他说:"不为骄侈,不为泰靡,不淫于美。括柱茅茨,为民爱费。"这说的是贵族通病,"骄奢淫逸"。姬昌反对,不准搞这一套;要住茅草屋(括柱茅茨),爱护老百姓钱财。再接着,是告诉姬发各项政策要务,要抓好经济,"山以遂其材,工匠以为其器,百物以为其利,商贾以通其货"。抓好粮食生产和储备防四殃:水、旱、饥、荒。要抓好军队建设,"兵强胜人,人强胜天"……

姬昌谈的是自己过去身体力行的事,他希望他的接班人首要的应当把优良品德接下去。西周优于殷商的地方主要在仁德。论物质条件,难以与殷商比。有了仁德,可以创造物质条件,最后战胜敌人。

姬昌把国事、家事交代完后,安然逝去。按照他生前愿望,丧事从简,更不可用活人殉葬。他葬于毕邑,他的墓葬不如一般诸侯。考古人员至今没有找到他的坟墓。他的神位直到十年后大周立国方安放于周庙。

第六部分
姬发灭商立周决战时期
——飞龙在天

文王去世,二儿子姬发继位,接手东征。姬发领导和指挥了"牧野决战",推翻殷商帝国,建立大周王朝。公元前1051年2月10日,周历庚寅年二月二十五日,周朝开国。开国后百废待兴,武王姬发日理万机,劳累而死。

第四十五章

蛊【殷商衰败，非一日之寒】

巽下艮上，蛊。元亨。利涉大川，先甲三日，后甲三日

（蛊 gu：毒虫，邪术，诱惑，陈谷中所生的虫。引申为政治之弊乱。甲日：中国古时计时方法。十天内有一个甲日，浮动，不固定在某一天。）

将转盘"风"旋转至外盘"山"的位置，就是蛊卦（见右小图和屯卦转盘图）。

本篇文章由姬昌草拟，周公姬旦最后编写完成。

蛊，谷物存放年余生出的谷虫，以米为食，并排出粪便，使谷物变质，人不能食用。蛊是一种害虫，引申为政权的腐化衰败。姬昌时代，一个是商纣的中央政权，一个是姬昌的地方政权。姬昌不可能说自己的政权已经走向腐化衰败，显然是指商纣的中央政权。按他自己的认识，周人正蒸蒸日上，商人正江河日下。作为政治家，他必须对敌我态势作客观分析，依此定出自己的行动方针。《史记·殷本记 第三》载：殷商晚期，几代天子一个超过一个迂腐荒唐。纣王的曾祖父武乙无聊之极，竟然用土木做些泥巴人、木头人，说是天神，跟他下棋玩乐，还要别人跟他一样做。天神如果下输了就想法加以侮辱，用皮袋子装满血高高挂起，作箭靶子来射，说是射天。后来他到黄河渭水一带打猎，突遇暴雨，被雷击死。武乙死后，儿子太丁（有的史书称文丁）继位。国内不安，边疆不宁。他无法治理，只得借用诸侯力量维持。诸侯起来，他又害怕。太丁死后，传位给儿子帝乙。帝乙时代，殷商国势一天比一天衰弱。帝乙的接班人是商纣。"纣"是

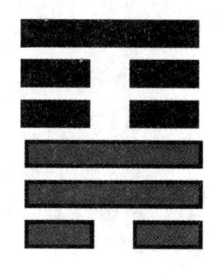

无道残酷的意思。他这人特别喜欢喝酒，过分贪图享乐，喜欢美色，喜欢珍奇，在各地搜求奇狗、怪马、珍宝、稀石。大修名叫沙丘的花园，玉宇楼郭犹如天界。他的园中，水池装满酒，号称酒池，树上挂满肉条，名叫肉林，让男男女女脱光衣服在其中追逐嬉戏，他带着后妃一旁饮酒观赏，沉湎于欢乐。他又巧立名目，设置酷刑，用"炮烙"火刑、毒虫蛇蝎撕咬的"虿chai"刑，挖心、剁肉酱、晒肉干的碎尸刑，对付持不同意见的下属和他认为有罪过的人。国政方面，苛捐重赋，民不聊生，奴隶逃亡，土地荒芜，生产停滞。滥杀无辜，人殉人祭，百姓惶惶不可终日……

这样的朝政还能维持下去吗？商朝这一仓大米长满了叫"蛊"的毒虫，大米严重变质，人不能食用。

"蛊，元亨，利涉大川，先甲三日，后甲三日。"

这句卦辞让人费解，既然毒虫蔓生，又何以"元亨，利涉大川？"这里面有鲜明的立场问题，站在殷商的立场，只会抱怨和叹息，担忧国家前途命运。站在姬昌西周的立场，则是喜形于色，求之不可得，天赐机缘。由商朝的蜕变，"蛊"，敌人烂下去了，周人几乎看到一束明光，照亮了前行的道路，"元亨，利涉大川"。时机很好，可以干一番大事业。

"先甲三日，后甲三日。"这是时间状语，为当时常用语，不具体限定时间，非具体指甲日前后三天。用于殷商，是说朝廷的衰败，冰冻三尺，非一日之寒。用于西周，是说周人实现灭商兴周夙愿，是迟早的事，不是在甲前某日，就是在甲后某日（历史巧合，商朝廷倒台那天正是在甲子日）。

我们且看哲人们如何解卦。

《象》说："蛊，刚上而柔下。巽而止，蛊。蛊，'元亨'而天下治也。'利涉大川'，往有事也。'先甲三日，后甲三日'，终则有始，天行也。"

意思：蛊卦的卦画是阳刚处上而阴柔居下，在下者卑屈静止，在上者停滞不前，象征着需要整治朝纲。经过整治，疏通理顺，达到天下大治。"利涉大川"，努力前往可以大有作为。"先甲三日，后甲三日"，推行整治举措，限定时日，有始有终。上天就是这样运行的。

殷商　帝辛（名受）
贬称纣王

《象》首先根据卦画分析，卦画上艮，艮被定义为阳卦，阳则刚，下卦巽，巽被定义为阴，阴则柔，故曰"刚上而柔下"。卜家又规定巽为入，艮为止，"巽而止"，是为蛊卦。接下来是描述，经过整治，由乱到治。最后推论这是天道运行的法则，"终则有始，天行也"。

　　《周易》有紧迫的时间感和强烈的针对性。"十翼"作者的议论把人引到静止的真空，视野无限开阔，黄河泰山不见了，海浪白云消失了！天下大治，哪个朝代的天下大治？商的天下大治，周的天下大治，抑或清的天下大治？利涉大川，谁利涉大川？纣王，文王，明太祖，张三，李四？省去人和时代环境，理论就成万为金油。万金油似药，处处有用，处处无用。

初六　干父之蛊，有子，考无咎，厉，终吉【衰败叠加，纣王难辞其咎】

　　（干：树干，主干，当权者。考：父亲，考察，稽考。）

　　干父（下面的干母），如何解释"干"？有人解释干为干系，就成有关父亲（母亲）的什么什么。有人注解为矫正，有人干脆不理睬这个"干"。古人无意中设下谜团，让后人锻炼智力，百思百解。

　　商周时代，儿子称父亲的兄弟统称父，称父亲兄弟的妻子以及他们的小老婆统称母，不像后来用伯叔婶姨有明显的区别。郭沫若主编《中国史稿》说："商代的宗法制度还没有形成完整的体制。当时的亲属称谓还比较简单，如对于生父的弟兄都称为父，对于父的配偶都称为母。这样，如武丁就把（父辈兄弟）阳甲、盘庚、小辛、小乙称做父甲、父庚、父辛、父乙；同时不仅称小乙的配偶为母，而且把阳甲、盘庚、小辛的配偶也都称为母。直系和旁系、正和庶的区别，在亲属称谓上还不能清楚地体现出来"（《中国史稿》，第 206 页）。

　　据河北保定出土的三件商戈，其中有一件所列父名有"大父曰癸，仲父曰癸，父曰癸，父曰辛，父曰已"。

　　以上引文说明，父，指父辈，包括亲父和叔伯父。

　　"干父"，干，树干，主干。干父，父辈中的当家的。引入政治领域，就是父辈中的当权者。

　　朝廷的好坏不能都归责于父亲的几位、几十位兄弟，必须把当政的那一位突出出来。"干"在这里取树干、主干的引申义：主角。"干父"指的就是主政的那一位父亲，当皇上的那一位父亲。爻辞中指的是近几代皇上。

商王朝积弊日久。他们一代不如一代，闹到不可收拾的地步。"考"可作已死父亲的尊称，这里用作考察，观察。"子"，当指纣王。纣王考察父辈的政绩，觉得可以，看不出有什么过失。"无咎"，由于惯性的思维方式，他没有发现也不可能发现上辈过错及他们造成的社会弊端，于是他比他的上辈走得更远，伤天害理的事都敢干，"厉"。最后两字"终吉"换了主语，主语是西周。商纣干的坏事越多，离正道越远，对西周越有利，"终吉"。

如果不这样理解，也有别的理解。我们看权威解释。

《象》说："'干父之蛊'，义承考也。"

意思：先皇腐朽，儿子继承了他们（父考）遗留的破难摊子。

M：说谁呢？可以肯定的是，绝对不是说商纣王、周文王、周武王。其他各朝各代都适用。

九二　干母之蛊，不可贞【妲己无罪，无须代人受过】

"干母之蛊，不可贞。"根据上述引证，"干母"，应当是后宫主妇：帝后或贵妃。贞，坚贞？与前半句不搭配。卜问？无意义。贞，借读音真，真实的意思。全句：说后宫王妃作怪，闹得朝廷不可收拾，这种说法不真实，难以置信。

在商朝的历史上，除了纣王的远祖父武丁的第 N 房的妻子"妇好"有名以外，第二名就是妲己。妇好以武功被记入历史，妲己以美和坏被记入历史。妲己乃千古之美人，千古之坏女人。按照历史论述，妲己是促进商王朝灭亡的罪魁之一。您信吗？

《竹书纪年》记明，公元前1094年，"帝辛九年，王师伐有苏，获妲己以归"。《晋语》："殷辛伐有苏，有苏氏以妲己女焉。"那时妲己待字闺中，十几岁的孩子。她后来的真实表现如何，无法考证。不过正史上写纣王妲己是一对罪恶鸳鸯。纣王与妲己俨如演双簧，妲己出题目，纣王写文章。妲己把纣王作吊线木偶，所有表演都出自妲己之手。野史，如《封神演义》则有所回避，不写妲己原型，而写狐狸精借妲己之身，干些出格的事情。在一般人心目中，狐狸狡猾，成了精的狐狸狡猾超过人百倍，变成了女人的狐狸可以囊括一切女人的美和人类的凶毒。如此，作者就可以放开手脚，大写特写妲己之极坏。商纣由主犯变成从犯，妲己由无辜变成不杀不足以平民愤的罪大恶极分子。似乎商之亡国，妲己难辞其咎。

这是事实吗？这公平吗？

商朝廷倒台有它的内部原因，前面已经阐述。妲己的出现与不出现都于事无补。她不可以挽救商朝的颓势，也不可以让它立即消亡。纣王则可以，全在他的取舍以决定王朝命运。

纣王断送了自己的江山。纣王有罪，咎由自取。罪及妲己，则后人强加之罪。

中国历史上，有一种传统思维模式，男人干坏事必有他的女人出主意，名之曰"红颜祸水"。写帝王坏，必写一个女人更坏，故事才可错综复杂热闹卖座。人们常将亡国之君的过失与女色联系起来，因此，夏之妹喜、商之妲己、周之褒姒就成了诅咒的对象。男人贪恋女色而干坏事是男人的罪过，女人是否有罪要具体分析。犹如人爱金钱贪赃枉法而不能斥责金钱有罪。夏朝的妹喜，时代遥远，好坏由你说去。妲己进入史册，美人变狐狸。褒姒"烽火戏诸侯"，送掉了周幽王的江山。

其实呢，纯属子虚乌有。2008年，清华大学获赠一批出土文物战国纪年体竹简，因由清华大学进行整理研究，人们称之为"清华简"。清华简还原历史真相，压根不存在"烽火戏诸侯"故事。可怜那美女褒姒蒙冤两千多年，现在才洗雪见青天。

妲己呢？姬昌当时就证她清白："干母之蛊，不可贞"。说后宫王妃作怪，闹得朝廷不可收拾，这种说法不真实，难以置信。这是一句公道话。有人把商末的衰败推到内宫头上，特别是推到妲己头上。姬昌坐牢前曾经是朝廷三公之一，有二十三年进出朝廷，作为当时的见证人，认为这不公平。姬昌的证词写在《周易》中，《周易》后来变成了圣经和卜筮指南，妲己之冤再也无人申辩。

九三　干父之蛊，小有悔，无大咎【肚疼贴膏药，于事无补】

（干父：朝廷当权者，天子。悔：悔过，悔悟。咎：灾患。）

天子：周朝以后人们对帝王称呼天子，显示帝王为上帝之子，有无比权威。后来成为习惯用语，淡化了它的内含。我用天子就是这一取向。

"干父之蛊"，前朝天子，已经把事办砸，留下一个破烂摊子，继位者两种选择、两种前途。一种励精图治，下功夫革故鼎新，力挽巨澜，中兴王业。一种顺水推舟，利用最后时间消费一把，把朝廷推向断头台。纣王所取的是破罐子破摔的做法。他任上没有政绩可言，有的是吃喝玩乐的花样翻新。他曾经有过小的悔改，"小有悔"，例如，在姬昌的贿赂和劝谏下，废除"炮烙"之酷刑，例如，曾派兵到边疆平乱。虽然没有带来大的灾乱，"无大咎"，但是这种种修修补补，不能挽救大梁已经腐朽的房屋。肚子疼贴膏药，无济于事。

六四　裕父之蛊，往见吝【药不对方，见病入膏肓，】

（裕：宽裕，富裕。吝：借为遴，遴，难也，艰难。）

"裕父之蛊，往见吝。"裕，富裕，转义为扩大、加深。裕父之蛊，把前朝天子的过失、前朝朝政的腐朽、弊端更加扩大、加深，无疑是雪上加霜，积羽沉舟，加快商帝国的灭亡。"往见吝"，待以时日，恶果自现。

前朝如何？朝政衰落，诸侯叛离，部分诸侯不朝拜、不进贡，有的更在边远地区挑起事端。财政拮据，国库出多进少。兵荒马乱，民不聊生，偷盗抢劫比比皆是。贵族生活奢侈，祭神殡葬都用活人，恐怖笼罩民间。市场冷落，农田荒芜。朝廷到纣王手里，他不面对积弊，纠偏克弊，而是乘着朝廷这辆破车顺着溜坡滑下去。他把仅有的钱大修亭台楼阁，"修南单之台"，"作琼室，立玉门"，玩"酒池""肉林"，买珍奇异宝。眷恋内宫，嗜酒酷乐，不理国事，常"作长夜之饮"。臣叛民变，老百姓咒骂他快点死亡。诸侯暗暗西向，"天下诸侯三分有二归周"，亲随忠臣，不亲不忠，纷纷逃离。农事萧索，农奴远遁，田亩闲置。全国经济濒临崩溃。此时的纣王还在梦呓里，说着梦话，"我有命在天，老百姓怎么咒骂，我也不会短寿"。贴心大臣都灰心泄气，摇着头说，"我们的头头是无可救药了！"他肚子疼连膏药也不贴了。

《象》说："'裕父之蛊'，往未得也。"

意思：对先帝的衰败以宽容，持续下去难有新局面。

M：商纣王挨批了吧？非也，人家批评秦二世，也可能是批评崇祯皇帝。

六五　干父之蛊，用誉【给父贴金，给己挖深坑】

（用：以，因。誉：称誉。）

"干父之蛊，用誉。"对于父辈的过失加以称誉，文过饰非。是凶是吉，句中无词，姬昌心中有数。

历史怎么就选择了商纣呢？商纣，跟他的哥哥微子是亲弟兄俩，同父也同母。他们的父亲帝乙本来选微子接位，谁知大臣反对。为什么呢？大臣们说商纣是皇后生的，而微子是贱妾生的，应当商纣继位。这又蹊跷了。不是一母所生吗？不信，上医院做亲子鉴定。是倒是，只是母亲地位前后发生变化，先是贱妾后是皇后。微子来得早不如商纣来得巧。这其实是大臣多事，拿法典吓人，并有意掩盖母以子贵的事实；微子他妈是贱妾时因为生了微子这个宝贝儿子有了转机，上升为皇后，理所当然，微子是太子。他妈不生微子而生女儿则仍然是贱妾，贱妾生商纣，按大臣的理由，商纣也不该成为太子。大臣们的提案看似有理，实则诡辩，让人不得不怀疑商纣人小鬼大，暗中收买了他们，窃得宝座。

纣王坐上龙椅几十年，享尽人间富贵。他翻手为云，覆手为雨，出则仪仗十里，进则臣妾满地，山珍海味陈庖厨，美女娇娃充后宫。日日欢乐，夜夜逍遥。君问天堂何处是，内侍努嘴商王城。他对他父亲感激涕零，心中默念"父王英明伟大"。"干父之蛊，用誉。"他眼中不是"干父之蛊"，是干父之神明。对神明要赞誉有加，"用誉"。

姬昌冷眼旁观，暗自高兴："我还要看着这位从天堂坠入十八层地狱哩。"

《象》说："'干父之蛊'，承以德也。"

意思：先帝腐朽败坏，后帝接了他们的破难摊子。

评语中性，既未抨击也未褒扬。但是也隐含担心，王业既已败坏，后继人不克弊振兴，其前途必堪忧。可惜纣王已死近千年，没有听到子孙的忠告。

上九　不事王侯，高尚其事【表里非一，暗中藏有玄机】

（事：从事，服务，事业。）

"不事王侯，高尚其事。"句中两个"事"，前事：服务，服侍。后事：事业。全句：不必服侍已经腐朽（蛊）的王侯，应当崇尚自己的事业。

古公亶父在世之日，曾经给儿子季历秘传十六字方针："辅国建侯，开荒拓土，三单潜龙，谷熟当收。"这在恒卦中有详解。此处只说"辅国建侯"。这两代人规定"辅国建侯"的含义是："忠于朝廷这面大旗不能丢。西周与商朝廷的角逐不是一天两天完事，要有合法名义长期斗争。"清楚明白地说，"忠于朝廷"是策略，是长期斗争的合法大旗。说得直接点，就是拉大旗作虎皮，忠于是假，背叛是真；服侍是假，侦探是真；辅你商国是假，建我周室是真。一言以蔽之，灭商兴周。

有了这层铺垫，我们就不难理解"不事王侯，高尚其事"的深邃内涵了。两种王事，朝廷的王事和西周人的王事；为朝廷服务是不得已而为之，为自己的王事则是作为一种崇高事业而心甘情愿地赴汤蹈火。服侍朝廷是手段，发展西周是目的。朝廷已经是蛊虫成灾一锅烂米，西周人要乘势砸破锅底重建新的炉灶。

《象》说："不事王侯，志可则也。"

意思：不为王侯效力，其志向值得别人效法。

不为王侯效力的志向值得效法，但是很难效法。首先是说话人难以做到。说话人是有文化的人，即社会精英，不事王侯就无事可做，失业，当隐士，心不甘。教书吗？你的学生还是跑去"事王侯"；你间接"事王侯"。其次，当农夫，农夫要交捐纳税，养活皇帝老子，也摆脱不了"事王侯"的上帝安排。再次，"不事王侯，志可则也。"事王侯也不一定志不可则。历史上，事王侯志又可则的人不是很多吗？

第四十六章

明夷【光明与黑暗,历史的十字路口】

离下坤上,明夷。利艰贞

(明:光明。夷:昏暗。明夷:明暗。)

将内转盘的"电(离)"旋转至外盘"地(坤)"的位置就是明夷卦,见履卦转盘图和右小图。

明,光明。夷,昏暗。明夷,光明与昏暗。这是一个对立词组,即明暗、黑白。古时用"夷"形容野蛮、不开化的民族为"夷"族,如东夷西夷,带有侮辱性。这里的夷与文明相对。明与夷联用,有时强调明,有时强调暗,有时折中。

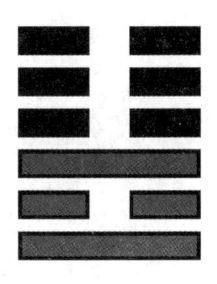

从文中提到箕子等人名看,此卦不是姬昌所写,姬昌已在十年前死去,应当是姬旦续写。

《周易》中唯一描述商末周初几位显赫人物秉性功过的就是此明夷卦。直书其名的有箕子,以事射名的有微子、比干、纣王、姬昌、姬发。

"明夷,利艰贞",分辨光明与黑暗,有利于度过艰难困苦的岁月。

儒家《象》曰:"明入地中,明夷。内文明而外柔顺,以蒙大难,文王以之。利艰贞,晦其明也。内难而能正其志,箕子以之。"意思是,卦画内卦为离,表示光明,外卦为坤,表示地、阴柔。明落入地中,所以称"明夷"卦。内心光明磊落,外在柔顺,文王就是这样的。他隐晦了光明正大的志向,熬过了艰难的岁月。环境恶劣,胸怀正义,箕子就是这样的。他艰难地活了下来。

儒家借事解卦,旨在引申出做人的哲理;《周易》作者则是以卦说事，旨在说明商必亡，周必兴。两者殊途异归。西周人只把卦和卦画当做文章的章节标号使用，与文章的内容有的有点关系，有的毫无关系。

明夷，商周交替历史条件下，人们确定的做人取向。商朝已经进入黑暗期，周侯国进入光明期。拥商就是选择黑暗，倒商就是选择光明。挺周就是选择光明，抛弃黑暗，倒周就是支持黑暗，背弃光明。在这特定的动荡环境里，会出现许多弃暗投明的人物。一旦明夷标准确定，人们进入自觉选择行动方向，即使道路曲折坎坷，也有勇气前进。"明夷，利艰贞。"

初九　明夷于飞，垂其翼；君子于行。三日不食。有攸往，主人有言
【承前启后，姬昌彪炳千秋】

（垂：下垂，垂挂，折损。翼：翅膀。君子：有抱负有作为的人。主人：暗指纣王。有言：警告，惩罚，杀戮。）

商朝晚期，西周邦国被推入社会的中心，而西周君主姬昌被推入中心的中心。姬昌执行父祖遗训，外尊朝廷，内兴德治，方国势力日益雄厚。商朝廷采用亲抚政策，令姬昌为朝廷三公。一颗政治明星冉冉升起，飞行于浩渺夜空，"明夷于飞"。二十多年后，朝廷发觉西周独大，威胁自身安全，将姬昌关进羑里监狱七年，杀了姬昌的大儿子伯邑考。你要飞吗？折损你的翅膀，"垂其翼"，看你还有何能耐！你妄想图谋不轨，"有攸往"，没门！"主人有言"，纣王说："许多人都心知肚明，你把西周带进邪路，不利朝廷。现在你到羑里待着去吧！不服？上炮烙！那是真正的地狱。"

"君子于行。三日不食。"这正是姬昌坐牢的原因之一。姬昌礼贤下士，平时，只要有名士来访，他总谦诚接待，常常误了吃饭。《史记》中记载，姬昌"笃仁，敬老，慈少，礼下贤者，日中不暇食以待士，士以此多归之。""士以此多归之"这句话很吓人，它标志人心归向。纣王很忌讳这点。

姬昌在周朝开国历史上有举足轻重的作用。归纳之，他干了四件大事：第一，他同他祖父一起创建了贵族革命理论。我们称它为姬昌主义。他把天命论作为革命的指导思想，总结西周百年革命经验，制定灭商兴周的方略和各项具体方针政策。其理论核心，是强调保障奴隶生活权和生命

权。这在当时极具针对性和号召力,有益于调和阶级矛盾,促进生产力发展。这个理论成为周人的行动指针,推进周人取得政权和巩固政权。第二,建立牢固的革命根据地。周人进入岐山周原以后,不断扩大地盘,把现今陕西的眉县、扶风、凤翔等地区都包容在内,又东扩至沣河下游,直抵现今西安附近,建立丰京、镐京。域内人口约五十万。更重要的是,他的方国实行温和德治,政通人和,奴隶地位有改善。这在当时,名震遐迩,有模范区之称,令人向往。第三,建立一支训练有素的军队。平时务农,战时为兵;农忙时下地,农闲时操练。最后决战时,已经能够拿出近五万兵。对一个方国来说,这是一个很大的数字。第四,建立一支可靠的同盟军。他把西周西南方向的八个邻邦都拉到自己一边,成为生死同盟。还有其他友邦支持者和同情者。当临近决战时,竟然可以号称天下三分有二,堂堂泱泱大国商王朝岂不仅剩天下三分有一吗?

姬昌之功,是不是功高盖世?前无古人,德昭千秋。

《象》说:"内文明而外柔顺(巫词),以蒙大难,文王以之。"

光说姬昌"内文明而外柔顺"是不够的,文王是文武全才,文治武功兼备,是大周的奠基者和缔造者。但是,这里指明此爻记述文王姬昌"蒙大难"而不折,则是孔子历史功绩。证明史上有姬昌其人,姬昌受过大难,《周易》写的是历史人物和历史事件。

《象》中还说:"君子于行,义不食也。"

意思:君子中断用餐,其意义在于尊重贤人。

六二　明夷,夷于左股,用拯马壮吉【骨肉相残,微子被逼出亡】

(夷:损折。拯:救,助。拯马:去势之马,比喻佞臣小人。)

辅佐帝王的大臣称股肱之臣,把帝王比作人体,臣子是胳膊腿(肱:胳膊。股:腿)。比干、箕子、微子等堪称殷商王朝最理想、最合格的股肱之臣。微子,《史记·世家第八宋微子》作如是介绍:"微子开者,殷帝乙首子而帝纣之庶兄也。纣既立,不明,淫乱于政,微子数谏,纣不听。"《帝王世纪第四》载:"帝乙有二妃,正妃生三子,长子微子启,中曰微仲行,小曰受。庶妃生箕子,年次启,皆贤。初,启母之生启及行也,尚为妾,及立为后,乃生辛。帝乙以启贤且长,欲以启为太子,太史据法争之，帝乙乃立辛为太子。"

两引文中，微子启，微子开为一人两名，一般简称微子。司马迁写《史记》，正处于西汉刘启当皇帝，由于回避与皇帝同名，司马迁就将微子启改名微子开。"受"与"辛"，也是一人两名，就是大名鼎鼎的纣王，他正名叫受，帝号称"帝辛"，后人憎恨他，贬称他为纣王。从后引文中看出，微子和帝辛是亲兄弟，一母所生，非庶兄，《史记》有误。王位本来是微子的，太史横生枝节，"受"成正果，微子旁落。两亲兄弟在家有大小，在朝分君臣，微子也只有自认倒霉。

微子牌楼

当纣王乱政，"微子数谏，纣不听"。"明夷"，光明和昏暗，纣分之不清，忠言逆耳，欲加罪于股肱之臣微子，"夷于左股"。佞臣小人胡乱吹嘘，粉饰太平，纣王听而信之，"用拯马壮吉"。微子只得逃避乡野保身，求得平安，"吉"。武王灭纣克商时，他没有抵抗，抬着棺材到武王军前投降。"周武王伐纣克殷，微子乃持其祭器造于军门，肉袒面缚，左牵羊右把茅，膝行而前以告。于是武王乃释微子，复其位如故。"大周开国后曾经用纣王的儿子武庚治理原殷商都城。武庚叛乱被杀，微子接管武庚封地，后再封于宋，成为大周的诸侯之君。

《象》曰："六二之吉，顺以则也。"

意思：六二的吉祥，是因为顺应局势，适时而行。

指谁呢？当然指微子。对于《象》的评注，其他处可以质疑，唯独此处不能。因为在本卦中作者已经明白无误提到商末几位显赫人物文王、箕子，列入微子已是顺理成章的事了。

九三　明夷，于南狩，得其大首，不可疾。贞【好运重重，姬发担纲开国】

（狩：冬猎为狩。首：头领。疾：快速。）

武王姬发，文王姬昌、太姒夫妇第二子，约生于公元前1099年（以下在数字前加BC表示公元前纪年）。此时其父姬昌年40，母太姒年16。

BC1068年，"西伯自程迁于丰"（本段引文均见《今本竹书纪年疏证》）。

BC1067年，姬发32岁，"西伯使世子发营镐"（西伯姬昌派太子姬发兴建镐邑，即后来的镐京）。

BC1062年，"帝辛43年春三月西伯昌薨"（西伯姬昌去世）。

BC1061年，姬发38岁，接父位为西伯。"武王元年，西伯发受丹书于吕尚。大戴礼记，武王践祚三日召师尚父而问焉，曰：昔黄帝、颛顼之道存乎？师尚父曰：在丹书"（姬发继位，这年为武王元年，登位第一件事，向老师姜子牙询问古贤者治国之道）。

BC1059年，40岁，"西伯发伐黎"（姬发第一次统率周军征伐，想积累打仗经验）。

BC1052年，47岁，"周师渡孟津而还"（伐纣前的千里长途军事演习）。

BC1051年，48岁，"庚寅，周始伐商"。灭商，大周立国，改国君封号，废帝（商的天子称"帝"）为王（周的天子称"王"），姬发为武王，追封姬昌为文王，祖父季历为王季，古公亶父为太王，姬旦为周公。周历庚寅年二月二十五日（BC1051年2月10日）为周朝国庆日。首都镐京。

"立受子禄父，是为武庚"（武王根据周公的提议，以商治商，封纣王的儿子武庚禄父于殷都朝歌及其附近地区）。

"夏四月，王归于丰，飨于太庙"（武王率群臣去太庙祭祀上帝祖先）。

"命监殷"（武王命其三个弟弟管叔鲜、蔡叔度、曹叔振铎协理监督武庚禄父治理封地）。

BC1049年，"遂大封诸侯"。"秋，大有年"（将姬家亲属和开国有功之臣、历代望族分封于全国各地；这年农业大丰收）。

BC1048年，"王有疾，周文公祷于坛墠 shan，作《金藤》"（武王病倒，周公祈祷上帝保佑武王康复，作祈祷诗《金藤》）。

BC1047年，"迁九鼎于洛"（把象征王权的九个大鼎迁于洛阳）。

BC1046年，"箕子来朝"。"秋，王师灭蒲姑"（前商王朝大臣箕子朝见武王，秋，周军灭亡蒲姑方国）。

BC1045年，"命王世子诵于东宫。""冬，十有二月，王陟 zhi，年九十四"（立儿子诵为太子，十二月，武王去世，享年五十四岁。九十四是传抄错误）。

姬发运气极佳，哥哥伯邑考被商帝杀害，对姬昌家是不幸，对姬发却是机遇，轻易获得太子位。西周奋斗百年，瓜熟蒂落，姬昌苦熬一辈子，没有尝到甜果，在黎明前死去，姬发却成开国之君，享尽人间称誉。强敌商纣当前，满以为会遭遇大劫大难、死人翻船，武王却遇一个脓包，小有接触，对方十多万人，溃不成军，纣王毫无顽强抵抗决心而自杀，周军取朝歌如入无人之境。武王记入史册；就武王的个人作为而言，乏善可陈。但是历史浓浓记上一笔，周朝的历史从武王开始。

"明夷，于南狩，得其大首"："明夷"，光明与黑暗。"南狩"，去南方打猎，借指东征伐纣。"得其大首"，获得大国元首、商国国君。全句：光明与黑暗，对决于朝歌，杀纣王，灭商国，结束商的黑暗统治，建立光辉灿烂的大周王朝。

《竹书纪年》载，帝辛五年，纣王"筑南单之台"。帝辛五十二年，即 BC1051年，"武王亲擒受于南单之台"。《史记》中记载，纣自焚于鹿台。综合两书，结论：南单之台即鹿台，两名一地。古受、纣通用，都是指帝辛。是亲擒还是自焚，两书有异，《竹书纪年》早于《史记》，前者为周人所作，后者为汉人所作。《竹书纪年》的可信度高。纣王如何死，只是一个细节，能肯定的是这一天，纣王结束了生命，商王朝结束了自己的统治。"明夷，于南狩，得其大首"：武王东征，在黑夜之后的黎明（甲子昧爽），决战于牧野，擒纣王于南单之台（鹿台）。字字有典故，反映历史的转折瞬间。"不可疾，贞。"这是告诫语。事情来得太快，太突然，大大出乎武王集团的预料之外。他们一没有想到商军不堪一击'二没有想到商军会反戈一击；三没有想到纣王在朝歌，还亲临前线；四没有想到纣王不逃跑，束手就擒。既然胜利来得如此之快，周人也不能昏头，"不可疾"，战争还没有结束。保持清醒，继续征伐。"贞"。

《象》曰："南狩之志，乃大得也。"

意思：武王于南单擒获纣王，实现周人百年奋斗目标。

"十翼"如果克服空谈，还是可以说到点子上。

六四　入于左腹，获明夷之心，于出门庭【忠国忠君，比干赤胆忠心】

（腹：腹部。获：获知。心：心脏。）

比干，子姓，沫邑人（今河南卫辉市北）。为商帝文丁次子，帝乙的弟弟，帝辛（纣王）的亲叔父。比干幼年聪慧，勤奋好学，20岁就以太师高位辅佐帝乙，又受托孤重任辅佐帝辛。官少师（丞相），从政40多年，主张减轻赋税徭股，鼓励发展农牧业生产，提倡冶炼铸造，富国强兵。一生忠君爱国，倡导"民本清议，士志于道"。在国内威望很高，被人尊称"王子"。

《史记》载，王子比干见箕子谏纣王不听，反而被囚为奴，就说，国君有了过失，做臣子的人应以死谏争。百姓又有何罪，要受国君的虐政呢？于是跑去向纣王直言极谏。纣王大怒，说"我听说圣人之心，有七个孔窍，真的有么？"于是就杀王子比干，挖出他的心来，看个究竟。

可怜一代忠臣，贵为王子，朝廷重臣，死于非命。

心脏在人体胸部左边，古人对胸部与腹部不是分得很明，或者是一种随意的口语，如说心在肚子里。古人又把心当作思维器官，以为一切想法都出于心，以致现在许多言辞，都以心代脑。如，有无"心窍"，指脑子是否灵活；"心事"，脑子里想着某事；"心心相应"、"心有灵犀一点通"，指相互有共同想法。纣王是翻着新花样杀人，而他的思维则是古式的，取心开脑都难看到人家怎么想的，他偏要干。我们现代人也摆脱不了古老的中国语言习惯，比如，我要说比干"一片忠心"不能说成"一片忠脑"；"赤子之心"不能说成"赤子之脑"。离了这条约定，我们几乎不能写文章。

"入于左腹，获明夷之心。"武士奉纣王命，剖开比干肚子，从左胸腔内取出心脏置盘中呈上。比干之心，殷红明亮，起伏搏动，人已死，心顽强地活着。纣王远远瞅了一眼，即命放归原处，通知家属安葬。比干早已抱定必死的决心，"于出门庭"，从容上路。在朝廷，当着纣王的面，正气凛然，历数纣王罪孽，骂得纣王火冒三丈。纣王杀了他看其心。他的心就是月影难以遮住的太阳。

《象》说："入于左腹，获心意也。"

意思：解剖比干左腹，取心观看，一颗明夷之心！

六五　箕子之明夷，利贞。【哭泣江山，箕子遭囚无悔】

这条更加明显，指名道姓：箕子。

箕子，子姓，名胥馀。按照《帝王世纪第四》记载：箕子是帝乙庶妃所生，为纣王同父异母兄弟，官太师，人称贤臣，封于箕（今山西太谷榆社一带）。

因进谏纣王险遭杀身，他假装疯癫，虎口余生。纣王把他关进了监狱，贬为奴隶。

《史记》中记载，纣王初登位，追求奢侈，吃饭用象牙筷，箕子便叹息道，他使用了象牙筷，就必追求玉杯；用了玉杯，则一定渴望远方珍奇物品；从此将讲究车马舒适，住室豪华，国家将面临灾难。事情的发展正如箕子所料。纣王日复一日腐化，恣意行乐，箕子数谏不听。有人劝箕子离开，箕子说："做臣子的，谏君不听就离去，这是彰显国君的过失、取悦于人的行径，我不忍心这么做。"后来又见微子离去，比干遭杀，他万般无奈，披头散发，假装为狂人。想以此感动纣王。岂知纣王已铁了心，反将他囚禁为奴。

武王伐纣成功以后，箕子被从牢中放出。武王想跟箕子探讨商朝亡国的教训，箕子不忍心谈自己国家的伤疤。武王随之转了话题，求计如何治国。他立即献出了《洪范九畴》。《洪范九畴》是一部治国方略全书。传说是"天书"，由上帝赐给夏禹，夏亡传到商，箕子珍藏多年。纣王年代"天书"也不管用，商亡更没有用，箕子将此献给武王，应当能派上用场。武王请他出山，他谢绝了。他深爱自己的国家，痛恨帝辛葬送了祖宗创下的王业，对周人的新王朝一时也难以接受。他携家远离故都到边疆辽宁隐居。后来武王查得箕子下落，封其为高丽侯。高丽者，即现今的朝鲜也。君子坦荡荡，箕子为人光明磊落。其心其志，日月可鉴。"箕子之明夷，利贞。"

《象》曰："箕子之贞，明不可息也。"

中肯。

上六　不明晦，初登于天，后入于地【明暗自分，纣王天来地往】

（晦：暗。）

这是纣王一辈子的缩影。

商朝没有严格的继承制度，一般实行兄死弟继，无弟则子继。不像周朝规定，父死嫡长子继，弟不可继。商朝帝乙生有几个儿子，长子微子启，小些的有箕子、微子仲行、受。帝乙和臣子经过简单的争论，就把受立为皇储。受在兄弟中最小，臣子们帮他谋得了帝位，号称帝辛。

帝辛天资聪慧，反应灵敏，口才过人。他臂力超群，能徒手跟猛兽搏斗。他的智慧足以独断专行，无须他人参议。他的口才，引经据典，妙若悬河，可以文过饰非。他喜欢在臣子面前炫耀能耐，吹嘘名声，认为自己处处高人一等。他喜欢饮酒淫乐，宠幸女人，特别喜欢年轻貌美的妃子妲己，专为她使师涓作新淫声，北里之舞，靡靡之乐。他加重赋税以充实鹿台国库，广积谷粟以堆满修建在钜桥的粮仓。他喜欢收集狗马奇物充斥宫室，还扩大沙丘皇家林苑，放养一些珍禽怪兽，嬉戏于沙丘。他别出心裁，挖池以酒代水，名之酒池；把肉割成条挂在树上，称为肉林，然后命令男女宫人们裸身相逐其间。他通宵达旦一边喝酒，一边观赏这些奇特的表演（《史记》大意）。

他的腐化堕落，强征暴敛，势必遭众人反对，群臣叛离，百姓怨愤，诸侯二心。但是他不自查过失，反而加罪于反对者，杀比干，囚箕子，斥微子。臣不安位，民不安生，国不安宁，商朝岌岌可危。帝辛一辈子生活在阴暗之中，"初登于天"，享尽人间富贵；周人革命，帝辛身首异处，未得善终，"后入于地"。

《象》曰："初登于天，照四国也。后入于地，失则也。"

意思：纣王起初像太阳升上天空，光明普照四方，但是由于他丧失当帝王的准则，最终坠落于地，结束了子氏殷商王朝。

★ ★ ★

明夷，是周商两军首脑对阵。商亡周兴的重要原因之一，在于两方首脑品格智慧大相径庭。社会原因在于对待基本群众——奴隶的政策，得奴隶者得人心得力量，兴；失奴隶者失人心失力量，亡。这在孔子年代无法作出这种结论，因为第一，他受他生活的年代世界观、人生观的限制；第二，孔子的年代没有那么多史料供他研究，更没有那么多出土文物让他佐证、分析、判断。不看殷墟地下的成千上万的奴隶尸骨，怎么知殷商必亡？

文中，我们对比干箕子微子是肯定的，好像他们代表光明，是君子、楷模。现在有的地方修庙宇纪念他们，赞颂他们为"千古谏臣"。如果我们追问他们比之姜尚、散宜生如何？比之，就可看出他们的不足，比干等追求的是维持商的王业，逆潮流而动，姜尚等追求的是推翻商的王业，建立新的王朝，顺潮流而动。所以君子与君子有不同，有顶级君子和次级君子，不可不加区别。

★ ★ ★

殷商灭亡乃纣王乱政。历史都这么写。《殷商史》作者之一的胡厚宣有新论。他在《古代研究的史料问题》中说，"'纣之不善，不如是之甚（不像某些史书描述的）'。两千五百年以前的子贡就这样说了。顾颉刚在1924年发表《纣恶七十事的发生次第》一文，证明纣的罪恶，在真的周人今文《尚书》中，不过极普通的六点，战国的书中增加了二十七事，西汉的书中增加了二十三事，东汉时增加了一事，东晋时又增加了十三事，于是商纣就变成一个亘古未有残忍暴君了……"

此段文字，在于说明，商亡不能全归罪于纣王。纣的罪是后人"层累造成"，"后来居上"的伪说。

商亡的另一原因，部分学者说是"东夷用兵"，消耗国力太巨，遂予西方周人以可乘之机（引《左传》"纣克东夷而损其身"）。

还有学者说，纣王是改革派，得罪了守旧派，招致守旧派攻击，朝廷分裂。这都是史学问题，各有高见。

过去的史家写史多侧重帝王将相，商亡，纣王难辞其咎。我认为，纣的个人作为，对殷商的存亡有一定影响，但是他不是造成商亡的主要原因。商亡周兴必须从社会发展的内部找原因，分析两个对立阶级——奴隶主阶级和奴隶阶级的相处与斗争。这方面历史为空白。胡厚宣先生的《殷商史》汇集了大量殷商阶级对立及其斗争的史料，作为读者，我感到不足的是没有分析奴隶的逃亡与反抗对商的灭亡是否有关系。我还特别注意到，《殷商史》作者在《篇后》文中提到王仲孚先生对商灭原因的分析，强调《尚书·微子》中"小民方兴，相为敌雠"致商王朝覆亡的提法。视角转向小民，这将开创商史研究新途径。

第四十七章

谦【君子之德，文武兼备】

艮下坤上，谦。亨。君子有终。

（谦：谦虚，谦恭，谦让，谦逊，谦卑。亨：亨通，顺利。终：终了，结束，结果。）

将转盘"山（艮）"旋转至外盘"地（坤）"的位置，就是谦卦。见归妹卦转盘图和左小图。

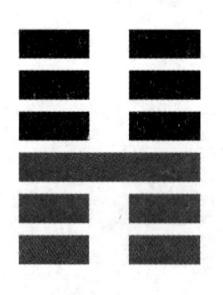

谦，谦虚，谦恭，谦让，是一种作人的品格修养。中国人把谦虚捧到无比高度，不加分析，不加选择，一概称之为美德。在有的《周易》解读中说："正是在易家的大力倡导下，谦德影响中国历史五千年，成为中华民族最为显著的民族性格之一，它与西方民族以好胜争强形成了鲜明的对比。""易家力倡谦德的深义和苦心就是要人们努力修养成为有而不居、满而不盈、实而不骄的谦谦君子，始终保持谦虚的本性，谦逊的态度，谦让的行为……中国人没有不知道谦虚的好处的，也没有不喜欢谦虚的有德之士的。"

谦虚是什么？是人的品格修养，人的言行趋于尊人卑己、永不自满的高度。

谦虚是什么？是人的品德内涵之一，属意识形态。意识形态具有强烈而鲜明的阶级性、民族性、地区性、团体性。对立的阶级间、敌对的集团间不可以讲谦虚。看看历史上所有战争，谁对谁谦让？看看西方民主竞选，谁对谁谦让？谦虚主要用于处理本阶级、本团体、家庭等人与人间的关系，就是说只适合于有共同利益的群体之内。打一个简单的比方，我们看足球，欧亚比赛，我们希望亚洲赢；亚洲比赛，我们希望中国赢；国内比赛，我们希望本省赢；校际比赛，希望本校赢。奥运会金牌数，中国人关心中国的，英国人关心英国的。谁谦虚了？中国是谦谦君子国，把金牌让给别人吧。英国是绅士国，想得金牌一点不绅士。

我们再说上述引文，称谦德五千年不严谨，《周易》三千年，此前八卦没有谦卦。传说中的尧舜禅让，传说而已，最古的权威史书《竹书纪年》给予否定（《古本竹书纪年》，齐鲁书社2011年版）："昔尧德衰，为舜所囚也，舜囚尧于平阳，取之帝位。""舜囚尧，复偃塞丹朱，使不与父相见也。"尧舜是中国史上的谦谦君子之祖，人之楷模。戳穿窗户纸一看，非君子也！在权力利益上都兵戎相见。所谓"尧舜禅让"原来是儒家包装出来的。"五千年谦德"是神话！再把中国谦德与西方好胜争强相比也是不恰当的，难说哪是优点哪是缺点。如果用经济发达作参照，好胜争强比谦德更好一些。

商周时代是奴隶社会，奴隶主和奴隶之间不存在"谦"。他们是主从关系，奴隶主掌握对奴隶的使用、买卖、生杀大权。所以"谦"只用来衡量奴隶主贵族内部做人的差异。个人品格的修养好是君子，反之是小人。君子必须具备四个条件：一是有一定财富；二是必须有一定文化；三是必须有一定社会地位；四是必须具有一定品德修养。只具备前三条不算君子，四个条件同时具备才称得上君子。奇怪的是人们历来不称皇帝为君子。在同一个群体里，君子是少数，凤毛麟角，品德坏的也是少数，多数平平。修炼成君子是个人品德修养的准则，能够做到谦，即谦虚，谦恭，谦让，人就到达一个新的境界。"谦亨，君子有终。"穷人中也有品德好的，他们不具备前三条，仅有的就是品德。他们是穷人君子，贵族不承认。

西周人将谦卦概括为：第一条，"初六　谦谦君子，用涉大川，吉"。"用涉大川"不是用于经商、耕种、放牧、串门、旅游，而是用于"王事"，建国大业。居心叵测，无谦虚可言。第二，"六二　鸣谦，贞吉。""六四　无不利，㧑谦。"好的德行不必藏着收着，要唱出去，这与谦虚似相反的。第三，"六五　不富以其邻，利用侵伐，无不利"。"上六　鸣谦，利用行师，征邑国"，明白无误地提出武力征伐。谦谦君子不是不用武力征伐。流别人的血杀别人的头，也是实行谦谦君子之道。"谦"的属性包含"侵伐"、"行师"、"征邑国"，这又与儒家君子论大相径庭。

初六　谦谦君子，用涉大川，吉【谦德高尚，武德随之】

（谦谦君子：指谦虚谨慎、能严格要求自己、品格高尚的人。）

宠辱不惊，逆不畏缩，顺不骄矜。它是品德修养的内容也是修养的目标。周人在当时的环境里可说是君子辈出。古公亶父、姬昌、姬旦都是典型人物。他们所建的西周方国是人们敬仰的君子之国。

周公姬旦是一位德行很高尚的人，他是武王的弟弟，先帮武王夺取江山，武王病，私设祭堂，祈求先祖保佑武王，并要求神允许他替代武王升天。

武王临终前欲托王事于姬旦，嘱他按兄终弟及的传统制继位。《逸周书·度邑解》载："王欲旦传于后（武王希望姬旦接位）。……王曰，'乃今我兄弟相后（谓兄终弟及），我筮龟其何所及（说已作决定，不必筮龟卜占），今用逮庶建（不传子而传弟）'。叔旦恐，泣涕拱手。"

武王知自己的儿子年幼不能管事，大周刚立，必须有一个有才能又有威望的人出来主政，考虑再三，感觉叔旦在群弟中是最合适的人选，所以直接向他交代。姬旦哭泣拒绝。王位是多好的东西，换另一个人，可能马上"谢主隆恩"了。但是姬旦不，这就是真君子！

　　武王死后，姬旦立即立武王幼子诵为成王，自己辅佐，成无冕之王。摄政七年，还政于成王。权位是个宝，历来刀光剑影相争，这位仁兄真是亘古难遇"谦谦君子"，心地纯洁得如一汪清水，后人无法挑剔他的缺点，除了对立的集团和对立的阶级。谦谦君子，才有资格指点江山，"用涉大川"，他们才能取得事业的成功，一路"吉"祥。

六二　鸣谦，贞吉【倡导谦虚，内外有别】

　　　　（鸣：鸣叫，引申为宣传，提倡。贞：象征。）

　　谦虚，作为一种做人的美德，历来提倡，主要用来调节共利益群体内部的矛盾。大家和睦共处，这种风气，是无文字的广告，既使内部团结，又能影响域外人们的看法，吸引他们到西周来。"鸣谦，贞吉。"

　　人们众口一词，姬昌是君子，都愿意与他共事。《国语·晋语四》载："文王……事王（季历）不怒，孝友二虢（庶弟虢仲、虢叔），而惠慈二蔡（三儿蔡叔、五儿管叔），刑于太姒（妻，太姒），比（亲）于诸弟（同宗之弟），……及其即位也，询于八虞（低级官僚），而咨于二虢，度于闳夭而谋于南宫（南宫适），诹（zou 咨询）于蔡（公）原（公）而访于辛、尹（辛甲、尹佚），重之以周、邵、毕、荣（姬旦、邵康公、毕公、荣公），亿宁百神，而柔和万民。"姬昌这人对上对下都和睦相处，在朝对朝臣谦虚恭敬，不耻下问，能够"亿（安）宁百神，而柔和万民"。

九三　劳谦，君子有终。吉【勤恳尽职，各为其家国】

　　　　（劳：劳作，引申为干事干得好，有功劳。）

　　谦谦君子都是脱产干部，不能一概斥之为寄生虫，只是社会分工不同。这一部分人是当时社会的精英，是各个部门的领导，管行政的，管祭祝的，管军事的，管农工商的，管刑罚的，等等。这些人，只能围绕一个中心旋转，周人，夺取政权；商人，巩固政权。每一个官员都是君王的奴仆，都应该在自己的岗位上，勤勤恳恳，任劳任怨。事情干得好有嘉奖有升迁，"劳谦，君子有终。吉"。干得不好，可能家破人亡。

六四　无不利，捣谦【发扬光大，爱己及友不及敌】

（捣 hui：谦逊，通挥，挥动，发挥。）

捣，谦逊的意思，加在谦前等于谦谦。此爻以通"挥"义使用为好，即把谦的良好品德发扬光大，推广开去。对神灵祖先崇敬谦恭，减少人殉人祭；对君臣父子，上下有序，尊敬臣服；对黎民百姓减轻贡赋，改善其生活；对盗贼，少数绳之以法，多数劝其归农；对俘虏不杀，回家的给方便，不回家的充军充奴。

六五　不富以其邻，利用侵伐，无不利【文武兼之，近交远攻】

（侵伐：向外攻伐。）

周人主张德治，所谓德治，与孔子的礼治根本不同处在于，德治是文治武功。礼治唯文，德治文武兼备。礼治，唯文，和平演变，变去变来都是殷商朝廷，周人不可能得到天下。姬昌以文为主，辅以武功；姬发以武为主，辅以文治。他们不发邻国的财，"不富以其邻"，但是得罪西周的邻国如崇国，绝不手软，坚决讨伐，要打得你鸡飞狗跳墙，直到灭亡。对商朝廷，国恨家仇，以及欲称霸中原野心的冲动难以遏制，就挥动干戈大用武力，东征伐纣，灭商兴周。人家商纣王已经自杀了，武王还要朝尸体射三箭，割下头颅示众。纣王的妃子何罪之有，她已自缢，武王也要射三箭，割头颅。"利用侵伐，无不利。"历史上为什么记下这个细节？因为这种杀戮最能显示武功的威力。现代人概括为"斩首行动"，也运用得有过之无不及。德治是两张脸，笑脸，眉弓朝上；恶脸，眉弓朝下。礼治也是两张脸，下对上笑脸，上对下，皮笑肉不笑。简单一例，历来皇帝，搜尽天下美女，老百姓敢吭声吗？都赔着笑脸相送。皇帝由衷笑了吗？不，他还觉得美女不美，多而不多。皇族男子一人占多女，非礼也。对此，主张礼治的儒家提出过异议吗？

上六　鸣谦，利用行师，征邑国【谦以待我友，狠以待敌仇】

（行师：出动军队。邑国：诸侯国，朝廷高官的采邑。）

这里提出一条辩证法原则，文武两手以哪一手为主？周人明确答复，"鸣谦，利用行师，征邑国"。你的优良品德、思想意识（文的）能让别人接受吗？有人会接受，多数人不理睬。你要推行文治（鸣谦），就得武功开路，"利用行师，征邑国"。武王伐纣成功，又花两年多时间征伐四周邑国。据《逸周书·世俘》记载：武王灭掉九十九国，斩获的首级有十七万七千七百七十九个，俘虏三十一万零二百三十人，共降服六百五十二个方国部落。"血流漂杵"（《尚书·武成》语），杵，木棒，古时士卒打仗的武器；血流成河，木棒可以在上面漂动。大功告成后，武王曾经表示，要"刀枪入库，马放南山"，从此不打仗了。他毕竟是一介武夫，对事物的发展变化规律的认识不如他父亲。他父亲姬昌的意思是，武功是文治的手段。停止武功，文治也不存在了。武王"刀枪入库，马放南山"息战的想法是不切实际的幻想。他刚死，他的弟弟管叔、蔡叔与纣王的儿子武庚就发动了反周的战争。幸好此时刀枪未入库，马未放南山，周公旦披挂上阵，又是一场"血流漂杵"才解决问题。周公举行第二次东征，又把东南部的一些方国打杀一顿，让许多人死于非命。周的后人们都实行文武两手的策略，从不偏废。周朝八百年，几时少文，何时缺武？

后来的儒家很赞赏谦谦君子；道家倡无为，洁身自好；佛家戒杀生，跳出世俗。中国成了君子之国、礼仪之邦。"君子动口不动手。"八国联军打到北京，火烧圆明园，丧权辱国条约一大堆，清政府还杀义和团向洋人谢罪！第一次世界大战，中国是战胜国还要割让土地。人家是战胜国得果实，中国是战胜国丢疆土！第二次世界大战中，日本军国主义吃掉大半个中国，中国政府退避到山沟里。你中国人当君子，人家日本人并不想当君子，杀你个南京三十万，杀你个中国君子三千五百万，奸你个妇女百千万（记住"慰安妇"、"花姑娘"有辱中国人的名词），抢你个金银财宝亿万万，……中国人要检讨几千年有关谦谦君子的说教，给谦谦君子一个科学的定义。后来的"谦"扭曲了周初的"谦"。《周易》的谦包括"利用侵伐"，"利用行师，征邑国"。这种概念是儒家所不能容忍的，就是今天的我们受老传统影响，也难以接受。"谦"属道德范畴，着重于处理人际关系。"征伐"属政治范畴，着重于处理国际关系。《周易》中两者合一。《周易》后的中国人偏重于个人品德修养，汉语文化修养，忽略数理化科学技术；开科取士选人才，主要考四书五经；修养的标准就是谦谦君子，温良恭俭让，不争强好胜。谦谦君子主政或辅政，其政策就反映出不争强好胜。中国几千年立足两个字："稳"和"安"。外族打来了，能抵则抵，不能抵则投降；抵御胜了，把敌人赶出家门就可，从来没有想到去"攻克柏林"，更没有想到去侵占东京。

第四十八章

师【兵法之祖，军事建设姬昌论】

坎下坤上，师。贞，丈人吉，无咎。

（师：古指军队，武装力量。丈人：受尊敬的老人；亦说原辞为"大人"。）

将转盘"河（坎）"旋转至外盘"地（坤）"的位置，就是师卦。见右小图和大有卦转盘图。卦画的二进制意义：101111，十进制：47。

师，现代汉语主要指老师，师傅，师尊。古代汉语主要含义指军队，军事，兵，武装力量。师出有名，班师回朝，兴师问罪，正义之师等词语现代人常用，都是取军的含义。

周人在部落时代是单纯的农民，他们靠开垦荒地、驯养家畜、耕耘庄稼维持生计，没有军事，不介入政治。现实生活告诫人们，当人类进入私有制社会以后，不搞军事，不介入政治是无法生存的。人们一方面向自然开战，找大地要衣食；一方面向兄弟开战，抢兄弟的衣食。各自为了自己的衣食展开流血战争。周人到姬昌的曾祖公刘时代进入国家体制。最初的国家是部族的扩大，部族是家的扩大，国家实则是家的扩大。公刘在豳州建城堡（土寨子，住宅的扩大），设官职（家长职能的扩大），组建军队（看家的扩大），定法律（家规的扩大）。这说法与现代关于国家是阶级压迫的工具相违。但是当初确实如此。公刘的旁边是殷商王朝，它已经有五百多年历史，是成熟的国家机器，名副其实的阶级压迫工具。商朝的草创期大概也与公刘的部落差不多。

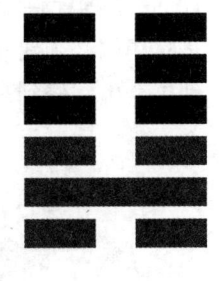

国家的支柱是军队，没有支柱的国家是难以存在的。军队是活动的院墙，是有生命的城堡。

当初周人把自己的都城叫"京师"。"京"像高地上造的半地穴式建筑。师的原意是土堆，土堆上驻屯有守卫城堡的人员，人们把这种积聚土堆（土堆古称埠shan）的守卫人员叫师。古时的师就是后来的军队。公刘在豳州三处土堆上驻军，军的活动场所叫埠，后又简化为单。《诗经·公刘》称"其军三单"，就是三处驻军的意思。再后来用"三单"指代军队。公亶父为周人制定的十六字指针："辅国建侯，开荒拓土，三单潜龙，谷熟当收。"其中的"三单潜龙"就是指建设军队。

公刘的三单守自己的寨子，守不住。"狄人惊扰，服侍以皮币、犬马、珠玉，都不得免。"一是人数少，力量弱；二是你只守不攻，老被动挨打，不像美国人把防线修到西太平洋，修到欧洲。到亶父时只得你打我跑，搬家到岐山。到岐山稍住脚，殷商朝廷打来了，打得投了降。从此周人坐下来冷静思考，反反复复总结历史经验，找到了真理：要请保安，建设强大的军队。他们花五年时间探索，有了成熟的见解，制定十六字指针："辅国建侯，开荒拓土，三单潜龙，谷熟当收。"十六字指针的要义是：建国必须建军。这支军队不仅仅保家卫国，还要开疆拓土，把防线修到昆仑山，修到东海边。

"师，贞，丈人吉，无咎。"师，军队。贞，训练有素。丈人，有远大抱负的人。全句：建设一支训练有素的军队，国家和人民才可免除祸殃。

如何建军？周人以师卦规定多条原则：一是军队必须有组织、有纪律，军人要懂得为谁打仗。二是必须有一个坚强而有谋略的统帅部，作战有章法。三是救死扶伤，安慰生者，激励士气。四是进军与修整结合，保持战斗力长久不衰。五是尊崇上帝祖先，请他们随军佑助。六是奖罚分明，有鼓励，有约束。这些原则成为历代军事家们研究和遵行的准则。在《孙子兵法》、《吴子》、《孙膑兵法》、《六韬》等兵书中都有引用和发挥。

师卦可称之为姬子兵法,兵书之祖。

"十翼"定义师为众。似乎离军事甚远。

《象》曰:"地中有水,师。君子以容民畜众。"

《彖》曰:"师,众也。贞,正也。能以众正,可以王矣。刚中而应,行险而顺。以此毒天下,而民从之,吉,又何咎矣。"

意思:上句,卦画下坎上坤,坤为地,坎为水,"地中有水",定名为师。师是众多的意思。君子有博大胸怀,容纳和教养民众。

下句:师,就是广大民众。贞,就是正直。能够正确对待群众,就可以当领袖了。为什么呢?请看卦画,二爻是阳,为刚,处中位;五爻是阴,二五相应;坎象征险,坤象征顺。以这个道理管理天下,老百姓顺从,好得很,有啥过失呢!

M:结论来自于卦画,不妥。"地中有水",是地下水也,不是"师"。"可以王矣",是危险提法,有鼓动造反之嫌。坚守正道的人比比皆是,而王,一国只有一个,岂不诸侯争霸?春秋之世,弑君三十六,亡国五十二,谁不想当王?而王者,也不一定是坚守正道的人。考察三千年来数百君王,有几个是坚守正道的?

初六　师出以律,否臧,凶【师出以律,正义之师无不胜】

(律:法则,规章。否:非。否臧 pizang:善恶、得失。)

"否臧":《左传·隐公十一年》:"凡诸侯有命告则书,师出臧否亦如之。"意思是诸侯有要事报告,史官就写进史册,出兵合乎道义否也如此,报告的写进史册,不报告的不写。原注:否音痞,臧否谓善恶得失。这一注倒麻烦,让咬文嚼字者走许多冤枉路。

本爻中的"否",读 fou 为宜,"非"的意思。

"师出以律,否臧,凶。"师出必须有纪律,如果没有纪律、没有严格要求,"否臧",则"凶"。因为句中已经说了"师出以律",把"否臧"解释成对立词组善恶、得失句意不通。

律:法则,规章,纪律,说的是一种制约,即低层面的制约。周人说的是高层面的制约,即思想意识的制约。师出以律,三层意思:一是懂得为谁打仗。周的军队要懂得为上帝打仗。古人的宗教跟道家、佛教以及西洋天主教不同，他们没有任何入教仪式，但是他们统统信奉上帝。后人概括为"天命观"，"天人合一"。过去商朝具有天命，他们统治了五百多年，商纣王违反天命，上帝已经抛弃了他。现在，上帝把统治权交给周人。周人不接受这一项使命将得罪上帝。所以周人打商人是应该的。执行上帝的指示，神圣而光荣。这一步做好了，周人心理上就胜了商人。二是为周人自己打仗。商把周人当奴隶驱使，对不顺心的人，说杀就杀，说关就关。周人打仗就是打翻身仗。周人要在战争中得到更多的利益，打胜仗有封赏，当兵的可能当官，当小官的可能当大官，当大官的可能封侯。三是自觉听从指挥。有了前面两条，这一条简单。打仗怕往后跑不行，立斩勿论。这些内容在武王《泰誓》、《牧誓》里都说得明白。如果不是"师出以律"，或者把打仗的目的和法纪掩盖起来，不反复说清楚，那将会对打仗不利。"否臧，凶。"

《中华国粹大辞典》军事篇"师出以律"条：

"这一思想出自《周易·师第七》：师出以律，失律凶也。意思是兴师出战必须以严明的纪律整饬部队，失去纪律的部队就会打败仗。这说明早在西周时期军事家就认识到了纪律的重要性。军纪是军队战斗力的一个重要因素。军纪严明动静有序，令行禁止，则无往而不胜，反之则无不失败。因此纪律是胜利的基本保证，是治军的首要问题……"

南宋抗金名将岳飞对他的部队的纪律规定是"冻死不拆屋，饿死不掳掠"。

现代的毛泽东对他的部队的纪律规定是"一切行动听指挥，不拿群众一针一线，一切缴获要归公"。此外还有八项注意。

师出以律，第一条军事原则。

《象》曰："师出以律，失律凶也。"

英雄所见略同。

九二　在师中，吉，无咎。王三锡命【战事错综，将帅定夺灵活用】

（锡：赐予，发布。）

古代战争无海陆空立体作战，只有陆军。商周陆军也只有步兵、骑兵、车兵。武器：刀矛斧剑弓箭。这种打仗犹如打群架，双方手上都操有家伙。一旦打起来就是生死考验，不死即伤。根据当时打仗的特点，军事首脑必须在军中，他是指挥者、组织者，有时是士卒。他必须掌握战场节拍，指挥得当，调度有方。

主帅在军中还体现，"与子同仇"上下共命运。季历、姬昌、姬发打仗除了"在军中"，还有一个特点：反复进行思想动员。后来的姬发有《泰誓》、《牧誓》在史上很有名。姬发、姜尚他们，打仗有章法。《牧誓》中提及的"七七战法"，即"不愆于六步、七步，乃止齐焉"。"不短于四伐、五伐、六伐、七伐，乃止齐焉。"这是姬发集团的独特战法。前未见于古人，后未见于来者。具体怎么打，乃军事秘密，我们不得而知。但是从"乃止齐焉"可隐隐约约看出特别强调"保持阵形"。

"王三锡命。"进军退守各项命令都由王发布，因为他们君权军权合一。

主帅临阵，第二条军事原则。

后来的军事家，把这一条演化成"出军行师，将在自专"，"将在外军令有所不受"。姬昌时代，打仗都是季历、姬昌、姬发亲临第一线。因为当时他们都不是大国君王，所以他们"在师中"，不存在"将在外军令有所不受"的问题。大国打仗则是另一个样子。君王坐朝，将帅率兵，打仗是将帅的事情。君王在后方，不了解前线实际，如果以君权压军权瞎指挥必遭失败。历史上有过不少惨痛教训，《孙子兵法·谋攻篇》要求君王放权，给将帅以按实际战况指挥军队的自由。这是对姬昌"在师中，吉，无咎。王三锡命"军事原则的修订，具有进步意义。

《象》曰："在师中吉，承天宠也。王三锡命，怀万邦也。"

又无的放矢。

六三　师或舆尸，凶【救死扶伤，战事遗体回故里】

（舆：车。尸：己方战死者的遗体。）

胜败乃兵家常事。周人祖孙四代打了十三仗也失败过两次。打了败仗肯定伤亡巨大，即使是打胜仗，也难免有伤亡。"师或舆尸，凶。"出于亲情和对灵魂的崇拜，生者必须把死者从战场抢回家入土安葬。为什么要抢呢？因为当时都是以得到对方首级多少记功，并且战场的成绩也以斩首多少为凭据。人们认为灵魂在头脑里，头颅被取走灵魂也被取走。舆尸回家避免被对方割头取走。对参战的生者和死者家属都是一种安慰，有利于动员持续战争。这件事情做得不好，对军事影响很坏，"凶"。

既然规定死者都必须车运回家，生而未死的伤者则更不能随意丢弃。带兵的人对伤兵理所当然要妥善处置。这种做法被概括为军师纲要，称作救死扶伤。

救死扶伤，第三条军事原则。

汉武帝时，李陵奉命征匈奴，经过顽强奋战，终因孤军深入，后援切断，兵败投降。汉武帝一怒之下杀了李陵全家。司马迁为李陵辩护，认为李陵投降匈奴是为了保存力量以便以后更好地报答汉朝。司马迁说："且李陵提部卒不满五千……与单于连战十有余日，所杀过当，虏救死扶伤不给。"意思是李陵军深入敌军，连战十多日，损失惨重，努力救死扶伤已是应接不暇。

《象》曰："师或舆尸，大无功也。"

一听此言就知，发言者是不谙军事的秀才。他以为打仗是下棋，树荫底下一壶茶，悠闲自在，"舆尸，大无功也"。

六四　师左次，无咎【以逸待劳，疲惫之师莫上阵】

（左：通佐，辅佐。次：停顿，休整。）

左，通佐，辅佐。次，停留、停顿。《左传·庄公三年》："凡师一宿为舍，再宿为信，过信为次。"师左次：行军打仗，要辅以短时的休整。"无咎。"

文武之道，一张一弛。一张弓，不拉开，是废弓，拉开了不放也是废弓。有拉有放，箭头出去了才有杀伤力。部队的休整安排在两个战役之间，或者战役中的一部分和另一部分轮换休息、休整。这条原则是根据季历伐燕失败而总结出来的。季历伐鬼方三年，军队疲惫不堪，还没得到休整，朝廷即命立即伐燕。疲劳之师对精锐之师，岂能不败。燕人懂军事，利用地利，迎击疲劳之师，胜券在握。

以逸待劳，第四条军事原则。

《孙子兵法·军争篇》："故善用兵者，避其锐气，击其惰归，此治气者也。以治待乱，以静待哗，此治心者也。以近待远，以佚待劳，以饱待饥，此治力者也。"善于作战的人，应该以佚（逸）待劳，以自己精锐之师对敌之疲劳虚弱，就可以取得战场上的优势和主动。

这是对姬子兵法的发扬。

《象》曰："左次无咎，未失常也。"

"常"是什么样？你没有定标准，怎么就知未失常也。文字游戏。

六五　田有禽，利执言，无咎。长子帅师，弟子舆尸，贞凶【崇敬战神，军魂依附出勇兵】

（田：田猎。禽：飞禽，引申为动物。执言：责难。尸：古代祭祀时，代表上帝祖先接受祭祀的人。）

"田有禽，利执言，无咎。"这是一个比喻，双关语。牧野之战前，周军邀约各地诸侯在孟津会盟。周军郑重其事地整军东征：先祭祀神祖，包括姬昌。然后把姬昌牌位供奉于中军车中，牌位旁安坐武王三弟，他是代表死者受祭的人，"弟子舆尸"，军师宣布军纪，武王带着队伍上路，"长子帅师"。周军和数百诸侯集结孟津，渡过黄河，大有伐商的势头。此时武王突然宣布，没有接到上帝最后命令，军事行动到此为止，各自回家。

这是一次军事演习，如打猎行动，"田有禽"。诸侯们不明白个中奥秘，暗地里抱怨周人轻浮，"利执言，无咎"。从演习里摸清了敌友我三方实情，为下一步的行动找到了依据。但是有一定风险，万一商朝廷抄后路袭击，或引发诸侯哗变，周人将进退维谷，"贞凶"。

祭祀战神是出师的硬性原则。出师前庙祭，以祈求神灵祖先保佑，旗开得胜。师毕，再行庙祭，汇报奏凯而归。西周特殊处是载文王牌位（木主）上前线，象征文王亲自引导和监督征战。后世的出征都没有这么悲壮，但是以人代神受祭祀的仪式还是流行几百年。

尊崇军魂，第五条军事原则。这条原则适合于古人。

《象》曰："长子帅师，以中行也。弟子舆尸，使不当也。"

长子和弟子都撞着卦画了，那不是撞着鬼了，哪里去评理？

上六　大君有命，开国承家，小人勿用【论功行赏，赏罚分明力横生】

（大君：君王。有命：下诏，论功封赏。开国：建立周王朝和分封诸侯国。承家：朝廷赏赐低等级官僚如卿、大夫土地和奴隶。）

公元前1051年周人建立大周王国。这是战争的结果。哲人说"战争是政治的继续"。同理政治是战争的继续。几十场战争结束，诞生了一个新王朝。孔子说周王朝是礼治。可能吗？不动刀枪，周人只能待在山沟里。战争催生了新王朝的诞生。

"大君有命，开国承家，小人勿用。"这是利益重新分配，用以巩固战争成果，巩固新政权。谁来掌握新政权呢？"小人勿用"，用大人，用君子。以什么标准区分小人君子呢？这问题争论了几千年。人家周人没说，却用行动下定义：拥护我者君子，反对我者小人。周朝包括它前后几千年的王朝都是政教军三合一体制。由此我们给它分解几条：第一，必须信奉上帝，比如说你的学历是博士职业是教授，唯一不足是不信上帝，完了，你不能封官。第二，你必须信奉帝王是天子。你说，"我不靠神仙和皇帝"。完了，你不能封官。第三，必须拥护周天子。你信上帝而你是基督徒，不行，你信纣王也不行。必须相信周王是真龙天子，你才有希望封为弼马温。第四，必须有点业务能力。第五，周家亲戚优先，第四条可以含糊。凡不符合五条的都是小人，一律不用。有反对者军法处置。

赏罚有度，第六条军事原则。

西周人的战争又存在特殊性，此战争下来是开国，赏罚都是大件，有功者侯爷王爷，逃兵早在战场处理掉了，小过失的免了，或者将功补过吧。

其他人的战争，如《孙子兵法》作者孙武、《吴子》作者吴起，他们统帅的战争不具备开国承家规格,赏罚虽是小件,但不马虎。《孙膑兵法》中有"赏不逾日,罚不还面"。主张赏罚及时。诸葛亮主张"赏不虚施,罚不妄加",赏罚准确。《六韬》中有"诛大赏小"主张,诛杀地位高的以立军威,奖赏地位低的以体现明察。这些都是对姬子兵法的运用与发挥。

第四十九章

临【临战动员令】

兑下坤上，临。元亨利贞。至于八月有凶。

（兑下坤上：卦画结构，兑卦下，坤卦上。临：①从高处往低处看；②临近；③面对。长沙马王堆帛书周易称"临卦"为"林"。）

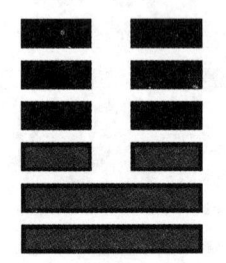

将转盘的"雨（兑）"旋转至定盘"地（坤）"的位置就是临卦，见夬卦转盘图和左小图。

临，面对，处在。面对什么呢，面对动荡发展的时代，面对机遇对自己的挑战。周人要干什么，《临战动员令》已经讲得清楚明白。

"至于八月有凶"，何解？历来易学家们解释，六十四卦中有十二"消息卦"，又叫"十二辟卦"，代表一年的十二个月，叫月建：正月泰，二月大壮，三月夬，四月乾，五月姤，六月遁，七月否，八月观，九月剥，十月坤，冬月复，腊月临。"十二辟卦"，是汉代孟（喜）氏易卦气学说的产物，在《周易》后一千年，与《周易》不相干！"十二辟卦"按照卦画长短棒的多少和位置排列解释，说是到八月阳消阴长，故"至于八月有凶"。这种解释没有道理，是一套巫师语言，卦象游戏，无事实支持，无科学依据。《周易》不是卜筮书，也不是预测学。它讲的是政治，讲商周如何交接，里面没有所谓"十二辟卦"。

我们看儒家的辅导书《十翼》之一的《彖》。《彖》说：临，刚浸而长，说而顺，刚中而应。大亨以正，天之道也。"至于八月有凶"，消不久也。

如何理解这一段话？让现代人阿A给你翻译："监临，指的是刚阳渐渐增长，态度和悦而处事顺利，刚健者居中而上下相互感应。博大纯正可获得极大的亨通顺利。这才合于天道顺施的法则。到了阴盛阳衰的八月会有凶险，那是因为阳刚之气接近消亡，好景不能长久。"

这一段话有几个问题：第一，"八月有凶"，上面已经指明是汉朝人孟喜的发明，孟喜生于西汉。他的理论打孔子名，就是给孔子脸上抹黑。第二，孔子是义理派宗师，反对象数派用《周易》卜卦，可是字里行间又是一套象数派的语言。什么"刚浸而长，说而顺，刚中而应"，什么"大亨以正，天之道也"等。这不应当是宗师原意，如果是，说明宗师当初就没有厘清头绪，留下后患，以致后儒纷纷投降象数派，大兴卜筮。第三，"说而顺"，啥意思？这里的"说"读"悦"，愉悦，高兴的意思，说的是临卦中的下"兑"（即"雨"），兑是雨的古代音符，与愉悦，高兴扯不上边。长沙马王堆帛书周易称"兑卦"为"夺卦"。如果望文生义，则该卦有抢夺、夺取的意思，与愉悦、高兴南辕北辙。

初九　咸临，贞吉

（咸：感应，感觉，感知。临：面对，处在）

咸，在古刻本中，有的印成"感"，学者考证，咸是无心之感。

西周百年变化，世人有目共睹。西周人身体力行，耳濡目染，感受良深。《临战动员令》的"一"节与此吻合。西周崛起已成不争的事实，面对动荡不安的社会，西周人抓住千载难逢的时机，可望实现兴邦建国的梦想。发展趋势，象征吉兆，"咸临，贞吉"。

《象》曰："咸临，贞吉，志行也。"

此批语中的，跟西周现实无关，因为儒家是阐述哲学，目的在于从水银里提炼仙丹。

九二　咸临，吉，无不利

此处"咸"是另一个含义，是食物作用于味觉的感受。咸，苦也，转义为艰苦、苦痛、艰难。

苦与三爻的甘相对，两种不同的味道。

表面看，商有泰山压顶之势。聪明勇敢的周人透过现象看本质，看出商已经是一只病老虎、纸老虎。虽然如此，要扳倒它却不是那么容易。商周力量对比，相差太悬殊，而且头上还顶着一顶"叛逆"的大帽子。因此周人必须有吃苦果的心理准备，可能要流血，可能要牺牲。臣伐君，大逆不道，干得好，平安，干得不好，身家性命全完，还株连九族，那时西周人头遍地，野狗豺狼不愁早餐。

《象》说："咸临吉。无不利。未顺命也。"

这回儒家一反常态，鼓动造反，说不顺从天命，没有什么不利。真的？

六三 甘临，无攸利。既忧之，无咎

（甘：①甜蜜，②美好，③情愿，甘心乐意。）

"甘"，甜美，甘之如饴，与苦相对，苦尽甘来。比喻生活安逸、幸福。"甘临"，身处幸福美满生活之中。"无攸利"，幸福美满的现状有时让人身在福中不知福，不求上进。穷思变，富思安。"既忧之"，想想，西周人穷多富少；整体说来也是穷的，偏据边陲，地处山沟，政治上受凌辱压迫，经济上受盘剥，生死操在别人手里。因此要身在福中而知福，没有福要去追求福。这样想这样做是不过分的，没有错误的，"无咎"。西周人革命，这可能是原动力。他们就是要改变现状，求得个体和整体翻身。

《象》说："甘临，位不当也。既忧之，咎不长也。"

"位不当也"。当位或不当位是卜筮专利，属故弄玄虚的玄学，没有实际指导意义。卜筮规定，奇数位一三五叫阳位，偶数位二四六叫阴位。如果用野蒿秆反复分堆计数，最后弄得一个奇数叫得阳，弄得一个偶数叫得阴。所得阴阳若与爻位的阴阳相同则称"当位"，好，不相同则称"不当"位，不好。此处"六三"，三是爻位，三属阳数，六是用野蒿秆数来的偶数，属阴。阴占阳位，"位不当也"，不好。这种规定是一种愚弄人的伎俩。但是科学不发达的年代，许多人愿意听之信之。例外，姬昌不信。

六四　至临，无咎

（至：极，最，至高无上。）

　　囚禁于羑里的七年，是姬昌经历两极的七年：人生的最低谷，人生的最高峰。低谷者，失了可贵的自由，失了与家人的天伦之乐，也中止了祖父的事业，是一段痛苦而不堪回首的日子。最高峰者，做了一件具有历史意义的事情，编修八卦。八卦在古代人们心目中，是人神对话的神器，掌握八卦的人，灵魂与神相通。人们以为八卦是上帝赐予的，到商朝时已经流传几千年，它是统治人们头脑的形体化的上帝，是看得见摸得着的上帝，有什么事请示上帝，就请示身边的上帝：八卦。人间权势登极的帝王，都拜倒在八卦面前，八卦的预兆可以决定他们的行止。华夏民族的原始宗教智慧集中表现在八卦上。周人原本是边远的后进民族，对八卦的认识比较肤浅，信仰折中，所谓信则有，不信则无。不然姬昌也没有那么大胆量，居然敢对八卦大动刀笔，将乾（天）移到西北位置，坤（地）移到西南位置。此外还把八卦叠加为六十四卦。这是为改天换地制造舆论。改造后的八卦，即六十四卦，后人称之为《周易》。人们对其趋之若鹜，奉《周易》为圣经，左考究，右解读，极言中华之瑰宝，群书之上乘，溢美之词无以复加，只是他们偏重形式，忽略内容。有谁说过姬昌的八卦是革命书？有谁说过姬昌在八卦中阐明的是革命方略？有谁说过《周易》记录了商亡周兴的伟大历史事件？孔子曾经提过疑问："《易》之兴也，其于中古乎？作《易》者，其有忧患乎？"他也只蜻蜓点水，虚点一下，跑了。后人要么跟孔子读《周易》谈哲学，要么跟京房读《周易》谈预测，更有现代人读《周易》谈个人修身养性、谈风水、谈炒股，谈算命卜卦。人们把《周易》弄得面目全非。

　　姬昌很平淡，面临人生最严重的挫折，始终坚心守志，一往直前，"至临，无咎"。

　　为什么姬昌把代表上帝的天（乾）从八卦的南方迁徙到西北，把代表帝王疆土的大地（坤）搬移到八卦的西南？这里面有高深莫测而又浅显的革命道理。说它高深，是说它可以糊弄当时最高统治者及其有文化的智囊，让他们把姬昌只看作神经病，是一个对现政权无害的卜筮迷。说姬昌把天地更位浅显，是因为现实社会为天命统治，全社会相信天命。天命西移，象征王位更替。象征殷商的江山没有上帝支撑。西周人地处殷商疆域西陲，将接过上帝授予的权杖，取而代之。在全社会都信奉上帝的环境里，姬昌这一招立即可以形成台风。

天命论，至高无上的道理，"至临，无咎"，老百姓最乐于接受。牵一发而动全身，姬昌真有神来之笔，无愧于古公亶父的眼力。

《象》批语："至临，无咎，位当也。"

与"位当"否无关，主要是姬昌有政治家的眼力，能够洞察国情民情，看穿肺腑，所取措施得体得力。

六五　知临，大君之宜，吉。

（知：知识；通智，智慧。宜：合适，适宜，应当，大概。）

八卦是华教（见益卦）智慧的结晶，文王八卦是原创古老八卦的变异，乃姬昌智慧的结晶。它产生于特殊的环境。姬昌在监狱七年的漫漫岁月里忍性煎熬，想学点什么。边境民族和中原民族的最大差异就是文化差异。周人往往自卑于文化的落后，努力向中原靠拢。如领地逐步内迁（近朱者赤）和内地人联姻（长期家教），归附朝廷（政治提升），延请内地国师教育子弟（专业培训），等等。姬昌在羑里监狱，开始只是出于羡慕，对中原文化的载体八卦进行演绎，反复推敲，后来几至走火入魔。上帝，灵魂，风雨雷电，天地山川都在八卦之中。他睁眼闭眼，这些灵物都在脑中萦绕。他担心自己会得神经病，因而有一年多放弃了演示。纣王的耳目由此汇报说，姬昌在狱里不问王事（不关心政治），纣王一听，笑了：狼关久了就像狗。纣王赏赐一只羊改善姬昌伙食作为鼓励。姬昌后来突然悟出一个道理，心理学上叫顿悟。"我为什么不能用八卦干点有意义的事呢？商国人从上到下都信仰卜筮，我姬昌难道不可以用八卦号召人民吗？"从此他为自己找到乐生的出路，为八卦开辟了另一用途，把卜筮书变成革命书。他将八卦增加到六十四卦以表达丰富的内容，规定周人奉上帝使命完成革命（原八卦乾坤变位）；革命对象是商王朝（履，履虎尾），革命动力是周人（乾，飞龙在天），两者为龙虎斗；革命的策略长期准备（贲，韬光养晦，都邑不断内迁。小畜，缓备战。大畜，急备战）；突击斩首（需，长途奔袭，牧野之战）；建立革命联合阵线（同人）；建军

（晋，军事准备，师，建军）；分析殷商必亡（蛊，商政腐朽，遁，奴隶大逃亡，社会绝症），革命成功后巩固政权（蒙，分别处理旧王朝人员。噬嗑，刑罚）等。一场革命所应该具备的方方面面，几乎都叙述殆尽，有过去的总结，有今后的指南。

把八卦变成革命书，你革谁的命？这是一个非常敏感的问题，属十恶不赦第一条。姬昌必须首先保住脑袋才可做其他事情。因此他的八卦必须十分隐晦，要像疯人说梦，像酒鬼说胡话，又要像正常人解卜筮。这样，就为后来的中国人留下难题，不知所云。不仅后人不懂，连当时人，商纣王和他的臣僚们都没有弄懂；如果他们弄懂了，还有姬昌吗？还有文王八卦即《周易》传给后人吗？

"知临"，处于逆境，运用智慧角斗，只有具有大智大勇的人，才能上这个特殊的战场，"大君之宜，吉。"

西周发展至姬发时代，更是全智全勇，它不仅有超越姬昌头脑的姬旦，有智勇双全的儿子姬发、姬旦，姬昌的妻子太姒，而且有天下奇才姜尚，散宜生等集体智囊。他们集西周人勤劳、勇敢、坚韧、求实、谦让等优良品德于一身，天下还有何事不能干！

《象》评注："大君之宜，行中之谓也。"

中，中庸之道，待人接物不偏不倚，调和折中，儒家主张。显然儒家曲解了姬昌。殷商王朝对西周做不到不偏不倚，调和折中，该杀即杀，该抓即抓。同样，姬家几代人对殷商王朝也做不到不偏不倚，调和折中。血海深仇，待时而报。

中庸，在姬家面前显得苍白！

上六　敦临，吉，无咎。

（敦：诚恳，敦厚，敦实。）

敦，敦厚，敦实。敦临：用实际行动完成面对的革命使命。周人先天敦厚，重于实际。有点"兄弟我，是军人，只会行动，不会说话"的意思。周人目标明确，"我世将有兴者"，所谓"兴"，就是由诸侯变为中央帝王。从古公亶父起，一代一代身传言教，不断为实现自己的远大目标努力。前几代人已经创建雄厚的基业，造就挑战朝廷的不可小视的政治势力。姬昌用《周易》对过去加以总结提高，上升到理论，使周人的行动跃进到新的阶段，更加自觉，更加有策略。

《荀子·儒孝》："知之而不行，虽敦必困"（知道正确的道理而不去实行，即使知识渊博，也一定会处于困境）。反用之则"知之而行，敦临必顺"，故"敦临，吉，无咎。"

《象》评注："敦临之吉，志在内也。"

片面。姬昌敦临之吉，志在内也，也在外也，主要志在外也。搞好内部，站稳脚跟，然后图取外部，先图雍州，再图九州。

★　★　★

临。元亨利贞。至于八月有凶。
一　咸临，贞吉。
二　咸临，吉，无不利。
三　甘临，无攸利。既忧之，无咎。
四　至临，无咎。
五　知临，大君之宜，吉。
六　敦临，吉，无咎。

以上是临卦的卦辞和爻辞。原件是姬昌的本意。姬昌出狱，受纣王令征伐，草拟"东征临战动员令"设想大纲。这时他打商军旗号，故用语隐晦简略，于是就成了上面的样子。像现代的电报。电报有明码密码。姬昌的码就叫"易码"吧。

姬昌去世，姬发姬旦当政，且形势大变，临近东征伐纣，一切遮掩都成多余，于是姬旦把老父亲的《临战动员令》翻出来，变"易码"为明码，用通俗语言重申"临卦"精神，成为姬发、姬旦版的《临战动员令》。

《临战动员令》

一切朝着有利于周人奋斗的方向发展，周人必须抓紧时机进入临战状态。不要选择在八月出征，八月正值秋收大忙季节，粮食必须归仓，关系西周人口生存；秋季也是纳贡季节，朝廷仓储满盈，国库富足，有实力抗衡兵乱。春夏是用兵的最好时机。为此，我西周必须紧急动员起来（临。元亨利贞。至于八月有凶）。

第四十九章 临【临战动员令】

一

　　自从公亶父英明制定十六字方针："辅国建侯，开荒拓土，三单潜龙，谷熟当收。"经过我周人近百年奋斗，已经大见成效。我们已经拥有岐山、扶风、眉县，以及沣河下游等大片土地，人口近五十万；农业已有比较成熟的耕作方式，粮猎渔畜有一定发展；手工业，制陶、炼铜、制革、木作、纺织等都有一定规模，能为战争提供一定数量的装备；我们已经具有一支训练有素的军队；我西周以外，我们已经得到多数侯国的同情和支持，更有庸、蜀等八国加盟于我西周（咸临，贞吉）。

二

　　西周面对的是强大的敌人。殷商朝廷占有东至渤海，西至昆仑，北至大漠、辽河，南至长江的广大地区，人口一千三百多万。它有正规国防军七万五千人，诸侯邦国武装二十万人，战车千乘，战马四千，良将百员。商帝是真命天子，是当然的最高统治者，最高祭师，最高族长。不管我们怎么看，起码贵族们目前是这样认为的，底层奴隶也觉得这是天经地义的事，没有能力、没有勇气改变现状。周人承担的历史使命是沉重的。大家要有吃大苦、耐大劳的思想准备，甚至要准备牺牲生命（咸临，吉，无不利）。

三

　　为了改变我们目前受压迫、受凌辱的苦难，我们必须奋起抗争，推翻商帝国的黑暗统治，建立一个光明的合理的新王朝。这是为我们自身利益奋斗，也是为我们子孙利益奋斗。新王朝将进行利益重新分配。原殷商王朝下的贵族中的少数人可能失去权柄、财产和奴隶，甚至可能下降为奴隶，多数人其经济地位不会改变。革命中的功臣们将能更好地保持自己的贵族地位，扩大领地和权力，造福后代。奴隶的地位将有所改善。部分有功者将进入官僚层，有一定的封地，过上小康生活。新王朝将坚决废止用活人殉葬，用活人祭祀祖先神灵，保障奴隶生的权力。奴隶的生活将有一定的保证（甘临，无攸利。既忧之，无咎）。

四

我们至高无上的理论是"天命论"。上帝处于我们人类之外，他无所不知，无所不晓，他主宰我们的一切。大地上的人类是上帝的子民，他施爱于所有的人。最高统治者是上帝之子，要对老百姓施行上帝之爱。商纣王无道，背离天命，引起上帝愤怒，已经褫夺其使命，转交我西周。我父考姬昌是受天命之君。上帝降旨我西周，改行德治，拯救百姓于水火，解放庶众于倒悬。我们不接受天命或者不认真执行天命，都将受到上帝的惩罚。我辈要秉承父考遗训，披肝沥血，齐心革命，完成灭商大业（至临，无咎）。

五

西周人具有勤劳、勇敢、坚韧、求实、谦让五大优良品德。西周君主集合全体军民智慧于一身，领导邦国崛起。西周由小到大，由弱到强，由无名小辈跻身于诸侯列强。我们有一整套符合于现今华夏族实际的革命理论，和受到各阶级、各阶层欢迎的方针政策。近十多年来，社会精英纷纷集合于西周旗下，散宜生、闳夭、姜尚是其中的代表。他们标志社会风向。他们已经成为西周领导集团的智囊。由于有了当代人的才智，西周人明足以察秋毫之末，对社会积弊洞若观火。西周的能量足以呼风唤雨、再造山河。以周代商，势在必然（知临，大君之宜，吉）。

六

分析和掌握历史的发展趋势，使我们能够看清前途、增强信心，激励全体西周人解放思想、破除迷信，敢于去干一番惊天动地的事业。纵观天下，谁有动摇殷商暴政的勇气？谁有西周人敢为天下先的

第四十九章 临【临战动员令】

责任心？谁有如我们西周人能够与暴政抗衡的智慧和实力？历史使命，历史湍流把我们推到社会的中间。西周人正处于阳光明媚的春天！

但是，切记，犹如农事不可误农时，战事则不可误战机。要抓紧好时机扎扎实实地干，充分做好战前的一切准备工作。首先是思想动员，让人人明白西周人为什么打仗，为谁打仗。再是整训队伍，配齐战车马匹，武器粮草。年内进行远程实战演习。再是抓好邦国内的治安生产生活工作，不因战事而惊慌，不因战事而误农，不因战事而疏于管理。

我们的求实精神将不负春光，公亶父的理想"翦商"，"辅国建侯，开荒拓土，三单潜龙，谷熟当收"，不久的将来一定会实现（敦临，吉，无咎）！

第五十章

复【反复调查，运筹帷幄】

震下坤上，复。亨。出入无疾。朋来无咎。反复其道，七日来复。利有攸往。

（复：复归，复返。疾：疾病，妨碍。朋：朋友。攸：所。）

将转盘上的"雷（震）"旋转至外盘"地（坤）"的位置就是"复卦"。见旅卦转盘图和左小图。

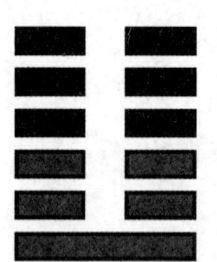

先出一道题，请各位回答："七日来复"什么意思？

一号孔子："反复其道，七日来复，天行也"（《周易·象》）。

二号朱熹："五月，天行至午也。十一月，天行至子，阳生也。天地运往，阴阳升复。凡历七月，故曰七日来复。此天之运行也"（《周易折中》）。

三号甲某《周易》："剥卦初位是甲日，至上位为己日，覆成复卦初九为庚日，共七日，庚日为刚日，因而说七日来复。"

四号乙某《周易》："完全同意老甲的说法。"

五号丙某《周易》："一个事物由衰到老，由死到新生，这个过程，按卦的说法，分七个阶段：乾、姤、遁、否、观、剥、坤，然后到复，正七个阶段。卦上把事物的过程变化，归纳为规律，说反复其道，七日来复。"

六号丁某《周易》："地震反反复复，其规律是经七天，地震停止。""发生地震为七天，天就是这样运行的。"

七号戊某《周易》："七日来复：以晷盘表测日影，按冬至到夏至，测出天行规律以七天为一期,每月四期。七日在此象征转化迅速。"

评委 InterNet:"一号答得太原则,二号是跟风,三四五七号都对,答案是汉朝人孟喜的。孟喜错了,不怪你们。孟喜从《周易》中取十二卦表示十二个月份,叫'十二辟卦',说的是汉朝人对气象的看法,与《周易》相差千年,与《周易》原意无关。六号答得有点离谱。"

姬昌家族什么人?政治家,军事家。他们有工夫研究气象吗?他们要研究打仗。

打仗是血流成河、人头落地的事,丝毫不可马虎。军事家的战略战术是建立在对客观形势的正确评估基础上的。要有正确的评估,就必须反反复复地调查研究,掌握敌友我各方的历史、现状,以及发展趋势,进行科学的分析,然后得出符合实际的结论。调查研究在军事上叫侦察。战争前,军事首脑机关要采取一切手段获得敌情,为此,军队里有侦察机构,如侦察科,侦察连,侦察排;军队里有侦察人员:侦察科长,侦察员,探马,细作,间谍,地下工作人员;军队里有侦察工具:密码本,收发报机,U—2无人驾驶飞机,侦察卫星。要获取战略情报,各国则设有情报部门,利用驻外机构以及用各种公开职业活动的谍报人员。侦察手段有:接近,深入,火力试探。现代侦察是由古代侦察脱胎而来的,侦察的必要性古今一样。看了现在人们的良苦用心,就可以理解《周易》为什么设复卦。

武王伐商一天解决问题。为了这一天的胜利,西周人花了将近一百年的时间。现代关于侦察的学问,他们早已实践过了。

"复,亨。出入无疾。朋来无咎。"复,反反复复,不厌其烦。干什么?调查研究,掌握敌情。做到出入敌营而无破绽,"出入无疾";朋友来了而无诧异,"朋来无咎"。没有到决战的时机,隐蔽得越深越好,表面是商朝的属国,朝廷的大臣,当打手,做奴才都要做得有模有样。持之以恒,就会收到意想不到的结果,"复,亨"。

"反复其道,七日来复。利有攸往。"道,按照哲人的看法,可以解释为天道、地道、规律之类。比如有人说"地震反反复复其规律是经七天,地震停

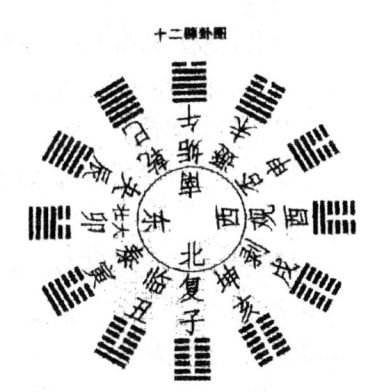

止"。"发生地震为七天，天就是这样运行的"（按：没有哪一位科学家说，地震的规律是七天停止）。有人又引"十二辟卦"解释复卦。古人把十二个月用特定的十二个卦画表示，这十二个卦画就称"辟卦"，复卦是其中之一。辟卦中存在来回变化七次符号变反现象，类似现在的一周七天，周而复始。见图，外圈是卦画，往内，子丑寅卯……十二地支是月份，再往内，是卦名。它们一一对应。夏历规定正月为寅月，汉人孟喜用泰卦表示。顺时针数，复卦是冬月。辟卦理论与《周易》无关。

其实"反复其道，七日来复。利有攸往"。没有那么高深复杂，它说的是平常事。周人要征伐，先作侦察。道，道路，西安，安阳之道。周都丰镐在西安附近，商都朝歌在安阳附近。"反复其道"，细作们在西安——安阳道上来来往往。"七日来复"，军事命令语。"限你七天回来汇报！"西安至安阳，全程1460里，步行或骑马都不可能七天一个来回。人们不能忽视的事实是，这一千多里，商朝廷设有多道关防，有潼关，渑池，洛阳，孟津。周人的军事行动只能分段进行，"七日来复"是符合当时客观实际的。每前进一步，都必须探明前方的敌情，以便心中有数。

复，包含的整体意思是反反复复地调查研究，这项工作做到家，有利于实现远大的目标，"利有攸往"。

初九　不远复，无祗悔。元吉【求近致远，前路光明】

（不远复：勿舍近求远。祗 zhi：大也。）

情报有战略情报和战术情报。为某一战役服务的情报是战术情报，它是短期的、临时的，过期作废，"不远复"，它只对当前的事态起参考作用。因此要求细致，真实，可靠，参考之，不会出现成事不足、败事有余的窘境，不会造成遗憾和大的后悔，"无祗悔"，从而促进战役的胜利，"元吉"。

周人东征，首选目标：黎国。黎国在今山西长治县西南，距离商朝首都朝歌二百多里。早在颛顼（zhuanxu）和帝喾（ku）执政时，有一位名叫黎的人，担任火正，子孙后裔遂开始有以黎为氏者。到商代，黎人建立黎国，朝廷封同姓贵族为黎国君主。黎国成殷商的附属国，是商西部可靠的屏障。史书记载，公元前1059年，"西伯发戡 kan 黎"。这时姬昌已死，姬发继承伯位，情急完成父业，加快东征步伐，于是选择黎国开第一刀。姬发的决心来自探马的辛劳。探马们跋山涉水打听到，黎国离朝歌最近，黎国有声响，朝廷马上有回应；朝歌与黎国之间隔着太行山，朝廷出兵救援，山路难行；再是西周与黎国之间是友邦芮国和虞国，借道伐黎，他们会鼎力支持。武王的队伍开到虞国扎营，指挥部设于今陕西夏县。这里到黎国只有一二百里，七天一个来回不成问题。姬发令："弄清黎国军事布防，七日来复！"细作三人领命出发，他们扮作做买卖的，弄了几筐陶器，肩挑骡驮，到黎国里里外外优哉游哉地把货卖完，回到家复命正好七天。细作报：民团式的队伍不足千人，吓唬老百姓可以，打仗不行。姬发开动大军飞驰黎国，周军以摧枯拉朽之势横扫黎邑，抓了首脑，凯旋而归。

2008年，清华大学收藏了一批战国时期的竹简，人们称为清华简。竹简上记有许多前所未见的"经、史"类书，其中有一篇与本文有关。武王伐黎成功回到周都，带领姜子牙等幕僚，在姬氏宗庙举行"饮至"典礼。他们高兴，互有诗歌唱和。武王作诗《乐乐旨酒》：乐乐旨酒，宴以二公……周公旦也即兴作一首《明明上帝》：明明上帝，临下之光，丕显来格，……作兹祝诵，万寿无疆。

西伯姬发伐黎是他主政第一回打仗，其用意在磨炼自己，试探朝廷，察看各方反应。一次演习式的实战。

不久听说了，"西伯戡 kan 黎"霹雳一声，朝廷上下一片惊恐。大臣祖伊苦谏商纣，要他自省，改弦易辙。而商纣王却盲目相信自己受天命而生，不怕别人造反。商王朝悬崖不勒马，真该死，大家也只好望水流舟。

《象》曰："不远之复，以修身也。"

阿A翻译解释："行之不远就要返回，这是修身迁善改过的方法。"阿A补充：不远复就是尽快地复得，初爻知过速改。即是失而迅速复得，才不至于悔（无祇悔）。元者善之长，初阳元气再升，故吉。阳微，故宜修身以待，不宜远行躁动。

姬昌本来忙于社会活动，姬发忙于练兵。儒子他们劝告说，别瞎忙活啦，快回来修身，你们处于初阳，"阳微，故宜修身以待，不宜远行躁动"。姬昌家父子当然不会听这种误事的说教。

请看前面的卦画，五短一长。人们考察两千多年，越看越神，越神越看。"神了，阴阳之气斗法，五阴压一阳。有两解：凶，邪压正；吉，正抗压杀邪。看你求凶还是求吉，我总有说辞让你圆梦。"其实，那画只是数字排列，二进制的31，无所谓吉凶。神秘者眼中，到处是神秘，他立即把31的3说成猴，1说成是单身汉。有什么办法呢，你乐意听就听吧。

六二　休复，吉【勤观多思，高屋建瓴】

（《古汉语字典》休：美善，吉祥。吉：吉祥。）

休，现代汉语多取义为休息、停止。古义则有美善、欢乐之意。成语"休戚相关"、"休戚与共"保留古义，即彼此祸福相联，你我欢乐与忧愁共享。此处的"休"取古义。休复：乐于重复做一些简单而又具有重大政治、军事意义的事。种地简单，与伐纣联系起来就不简单，必须多收粮食，多作储备。调查研究简单，一场战争厮杀，没有调查研究不可能进行，盲目打仗必败。姬昌有过历史教训，第一次伐商，丢盔弃甲，全军覆没。妄议朝政，自己下狱且牵连儿子伯邑考遭杀身之祸。后人说姬昌是圣人，总体说不错。但他是常人，他也有失手、失败、失节制的时候。他的成功就在于能不断总结经验教训，能够拿出适应形势的办法。其中一条重要的经验教训就是"勤观多思"：勤，不厌其烦，乐于反复；观，调查、侦察；多，不厌其繁，鄙于简慢；思，探索、研究。说他神，会算八卦，能预知未来，上知天文、下知地理、中知人间万事，那是玄学，懒汉哲学。姬昌就是姬昌，一位有头脑的诸侯方国君主，精通时政，小学文化，不知数理化为何物。一些人硬说《周易》开拓了现代科技先河，根据何来？

　　姬昌的"勤观多思"，"休复"，其实践结果，顺理成章，必"吉"。

　　《象》曰："休复之吉，以下仁也。"

　　意思：所谓美善之吉，来源于下爻的仁爱。下爻初九，阳爻，二阴在其上，阴乘阳；二爻处中，阴处阴位。

　　M：《象》告诉我们，美善的依据是什么呢？卦画二爻的优越性：它

第五十章　复【反复调查，运筹帷幄】

有一匹好马，初九，阳，公马，阴乘阳，一日千里；六二，阴处阴位，女人大脚，穿40码鞋，正合适；六二处中，中乃中庸之道，合于做人准则。

六三　频复，厉，无咎【不厌其烦，不厌其繁】

（频：频繁。）

看一段历史记载，觉得难可以跳过，直接看下面的译文。《吕氏春秋·慎大览第三·贵因》："武王使人候殷，反报岐周曰：殷其乱矣！"武王曰"其乱焉至？对曰：谗慝（te 邪恶）胜良。武王曰：尚未也。又复往，反报曰：其乱加矣！武王曰：焉至？对曰：贤者出走矣。武王曰：尚未也。又往，反报曰：其乱甚矣！焉至？对曰：百姓不敢诽怨矣。武王曰：嘻！遽告太公，太公对曰：谗慝胜良，命曰戮；贤者出走，命曰崩；百姓不敢诽怨，命曰刑胜。其乱至矣，不可以驾矣。"

译文：

周武王派人刺探殷商的动静，探子回到岐周禀报说："殷商大概要出乱子了。"武王问："乱到什么程度？"那人回答说："邪恶的人胜过了忠良的人。"武王说："还不是时候。"那人又去刺探，回来禀报说："它的混乱程度加重了。"武王问："达到什么程度？"那人回答说："贤德的人都出逃了。"武王说："还不是时候。"那人又去刺探，回来禀报说："它的混乱很厉害了！"武王问："达到什么程度？"那人回答说："老百姓都不敢讲怨恨不满的话。"武王说："啊！赶快把这种情况告诉姜太公！"姜太公分析说："邪恶的人胜过了忠良的人，叫作暴乱，贤德的人出逃，叫作崩溃，老百姓不敢讲怨恨不满的话，叫作刑法太苛刻。它的混乱达到极点了，已经无以复加了。"

这是姬发东征前，频频调查的真实写照。

"频复，厉，无咎。"频频地，反反复复地调查研究。厉，严格要求。其结果是掌握了实际的不断变化的情况，做出了正确的行动，"无咎"。

这是姬发实践姬昌"勤观多思"的写照。

有一家这样解释"频复"。"频复是频频躁动，又频频休息；频频犯错，又频频改过。六三以柔居刚位失位，上承下乘皆阴，又无应与，无朋无友，无依无靠，故频复而有厉。"

六四　中行独复【思维独尊，行动超群】

（中行独复：居中行正，独自返还。）

姬昌身居三公位，独善其身，居中行正，出污泥而不染，"中行独复"。

姬昌有自己的生活目的和生存方式。他胸怀九州，放眼黎庶，现存社会黑暗多于光明，饥贫多于富有。富人死如活，贫人活如死。天子贵，贵成刽子手，贫人贱，贱成殉葬品。姬昌不可能认识中国先民已经进入了奴隶社会，人们分成奴隶主和奴隶两个对立的阶级，但是他看到了两个人群之间的仇恨，吞噬和拼杀。这种仇恨，吞噬和拼杀，破坏了人们的生活物质，即农业生产，破坏了社会秩序的平稳。他能够做到的就是铲除富人的疯狂，调节两个人群之间的关系，给穷人以活路。不杀鸡取蛋。一个靠鸡生存的社会，把鸡都杀光了，社会也就完了。

奴隶社会是对原始公有制社会的否定，是一个新型的进步的社会。商周是奴隶社会的兴盛发展时期。这时提倡解放奴隶还为时过早。姬昌不负有解放奴隶的责任。解放奴隶是封建社会和现代资本主义社会的任务，如美国总统林肯就是黑奴的解放者。在奴隶社会的某个发展阶段，可能存在许多污浊，只有清洗掉身上的污浊社会才可前进。姬昌是先知，但不是神。先知不是生前知道，而是生后比一般人超前而有不同凡响的认知。他凭自己生于草根、立于草根的敏捷，善于发现时弊，善于思考问题，并且下决心割除社会毒瘤，让社会恢复健康。他的思想来源于自己的实践，一种反反复复调查研究社会的实践，一种简单实践，上升为简单认识，又再实践再认识，最终形成高级的深层的认识。用这种认识来指导实践，就是社会革命，贵族革命。贵族革命有两方面的意思：一是天命论。上帝不满商纣王的作为，便改变天命，任命周人取代，周人是真龙天子，新兴贵族取代腐朽贵族。二是商朝大批屠杀奴隶的政策（人殉、人祭）破坏了生产力的发展，周人调整生产关系，保护奴隶生存条件，从而促进社会发展。

商末，诸侯八百，只有姬昌具有贵族革命思想，其他，为虎作伥者，饱食终日者，碌碌无为者，望洋兴叹者。

《象》曰："中行独复，以从道也。"

意思：遵从正道，中途独自返回。

六四居众阴爻之中，独与初应，故曰中行独复。特立独行，孑然一身。唯独初一这位朋友应和，但是又被中间二阴阻隔，所以初爻支持也是微弱的。于是有人问，我可以成大事吗？答：不可以。外援不够，故不言吉凶悔吝。

六五　敦复，无悔【调查求实，总结求真】

（敦：①敦促，②督促，③勉励，劝勉，④崇尚。）

敦，取义"淳厚"，"结实"，踏踏实实。敦复，踏实地反复地调查研究。调查研究，只是人们感知客观世界的方式之一，推广言之就是人们的实践，人们的身体力行。探马，是指挥员眼耳鼻口的延伸，兵卒是指挥员手脚的延伸。特定条件下，某一个人集指挥员、探马、兵卒于一身，手脑并用。姬昌曾经这样干过。如果一般人都这样做更好。

调查，实践，态度必须踏实。虽然调查实践本身是务实，但是事物复杂，须有反复过程，才可认识它的真相，"敦复"。符合真相而制定的行动方针才会正确，少出差错，不致酿成重大损失和遗憾，"无悔"。

上六　迷复，凶，有灾眚；用行师，终有大败，以其国君，凶，至于十年，不克征【盲目行动，必遭惨败】

（迷：迷惑，迷误。灾眚 sheng：灾祸。行师：兴兵征伐。以：及。克：能。）

"迷复"，与上面的敦复频复相反，不调查研究就行动或者肤浅地感触了一下就行动，其结果"凶，有灾眚；用行师，终有大败"，"以其国君，凶，至于十年，不克征"。这一爻，语句多，提供的信息多，已经把事情说得清楚明白。

姬昌回忆初伐商的莽撞和痛苦。

他听来一个故事，说的是发明大王王亥。王亥部落靠打猎为生，他们所住的地方是山区，漫山遍野草木茂盛，野兽成群。王亥和他的伙伴们身强力壮每天出击，总有丰厚收获。那时牛羊都是野生。牛羊以青草为食，性情温驯，略施小计就可活捉。他们的捕猎，食用有余，王亥就把尚未宰杀的牛羊圈养起来，给它们草食水喝，不料那些牛羊定居下来，避开了狮虎，躲避了风寒，一个个膘肥体壮，更有闲心谈情说爱，生出一帮小仔。从此王亥不打猎，一心琢磨喂养牛羊。天长日久，王亥成了羊倌。牛羊全听他指挥。一日他领着羊群寻觅青草，无意越了国界，进入到有易国。那有易国见有人送"肉"来了立即生出歹心，七八个壮汉要把羊群劫走。王亥反抗，寡不敌众，结果被杀。王亥的儿子上甲微听到噩耗，邀约一班后生去报仇，又被人家打得落花流水。上甲微不死心，搬动他舅父的河伯族，血洗有易国，抓了酋长绵臣。

姬昌想着，想着，一拍桌子："上甲微有种！作儿应作上甲微！"原来他想到了自己的父亲。"我姬昌当以上甲微为榜样。"他决心伐商杀文丁报父仇。

公元前1110年伐商，大败。

他初出茅庐，政治上极不成熟，不懂军事，没有作战经验，不调查研究，不对敌我双方力量作客观评估，带着报父仇的情绪，贸然发动战争。可想而知，这一仗周兵必败，流了许多血，送了许多命。别说此后"至于十年，不克征"，就是二十年三十年也不克征。武王克商是公元前1051年，离姬昌那场儿戏式的征伐整整四十年！

迷复，关键在一"迷"字。迷迷糊糊去干事，迷迷糊糊去打仗，得到一个不迷糊的结果："凶"。

这是用反面经验证明反复调查、反复实践的重要性。

第五十一章

需【武王东征,牧野决战】

乾下坎上,需。有孚,光。亨。贞吉。利涉大川。

（需:驻扎,驻屯。孚:诚信。光亨:光大亨通。利涉大川:有利强渡黄河。）

将转盘"天（乾）"旋转至外盘"河（坎）"的位置,就是需卦（见履卦转盘图和右小图）。卦画的二进制意义:000101,十进制:5,通行的《周易》中排第五。

关键词:需。历来解释"需"为等待,饮食。

儒家《杂卦》:"需,不进也。"

儒家《序卦》:"蒙者蒙也,物之稚也。物稚不可不养也,故受之以需,需者饮食之道也。"

儒家《彖》:"需,须也,险在前也。刚健而不陷,其义不困穷矣。需有孚,光亨,贞吉。位乎天位,以正中也。利涉大川,往有功也。"

甲《周易》:"需是什么意思?需是等待的意思。"

乙《周易》:"需就是需养,主要探讨有关饮食方面的规律。需就是需要者的饮食之道,人类的养育之道。"

需是等待、饮食。也不知等什么、不知吃什么。按照这样解释,下面的小标题（爻辞）很有"规律"——"需于郊":待于郊,吃野蒿;"需于沙":待于沙,吃地瓜;"需于泥":待于泥,吃地皮;"需于血":待于血,吃虾蟹;"需于酒食":等待酒食,吃酒又吟诗,吃了还想吃;还有不速之客三人来,吃了没白吃。当然,易学家不会像我这样巷子里赶猪,

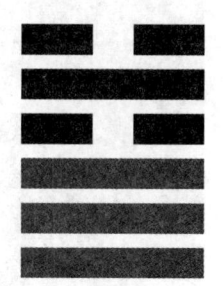

直来直去，他们妙笔生花，有办法把意思说的是那么回事。

我们若考察《周易》是干什么的，《周易》作者们是干什么的，就不难发现，需不可以作等待讲，说需为饮食可以沾点边，与饮食规律无关。作者写的是一场战争，牧野之战。这时姬昌已死，作者当是姬旦或姜尚。

既是描述战争，"需"就与军事有关，比如"兵马未动，粮草先行"、"埋锅造饭"、"后勤"、"辎重"、"军需"、"饮马黄河"。与战争有关的还有"开拔"、"驻扎"、"驻屯"，等等。

牧野之战就像现代的奥林匹克体育运动会，运动员经过四年一千余天的苦苦训练，迎来比赛时刻，长则几天，短则几分钟就决出雌雄。不论胜败，大家都付出汗水和泪水，都苦熬了1460天！

盟津会盟

西周人，从古公亶父到姬发，四代人，将近百年。百年间，商王朝从以前的强盛期进入衰落期，到末代商帝辛（受），把帝国推到了末日。百年间，西周从一个边远落后的部落发展成西部诸侯霸主。西周军事在实际征战中不断壮大，到姬发时已经具有近四万人的规模，这在诸侯中，首屈一指。姬昌使用韬晦之计，迷惑了纣王，从监狱出来，被授予军权。他利用这个难得的机会，征战了十年，剿灭西部几个诸侯国。姬发随父出征，积累军事经验。更可贵而又幸运的是得到军事专家姜尚。姜尚成为姬昌的军师，后又是姬发的军师。与军事有关的后勤保障也具有规模，一切为满足东征决战需要而准备就绪。百年间，西周物质财富稳步上升，基本保证全民温饱，由此而带来社会秩序安定。西周与商朝廷最大的分水岭是，商朝廷草菅人命，而西周则破除旧俗，不用人殉、人祭，这是最得人心的革命性措施，由此又直接影响两军战斗力的消长。百年间，西周人献出了自己的英雄儿子季历、姬昌、伯邑考以及千百英雄战士。此外商周的内外政策也有着强烈的反差，商失民心，周得民心。商朝廷要员纷纷叛商投周，众诸侯拥周或中立。

第五十一章 需【武王东征,牧野决战】

双方就是在这样的历史背景下进入牧野决战。

卦辞"有孚,光亨,贞吉。利涉大川"。有孚,诚心诚意,踏踏实实干了百年。"光亨贞吉",前程光明通达吉祥。"利涉大川",大川,可以实指黄河,也可以虚指兴国大业。全句:周人踏踏实实干了百年,西周如旭日东升,夺取江山,指日可待。

初九　需于郊,利用恒,无咎【祭祀神祖,周军东征】

（郊:城邑之外。恒:恒久,恒心。）

公元前1062年,姬昌于征战途中去世,姬发继西伯位。拜姜尚为军师,以周公姬旦为首辅,召公奭 shi、毕公姬高为佑助大臣。

"需于郊",周军驻屯于周原至丰邑一带。西周的老根据地是岐山周原,丰邑是周人目下的都城,因此大军驻扎于丰邑城郊理所当然。

公元前1052年,"商帝辛五十一年冬十一月戊子,周师渡孟津而还"（《竹书纪年》）。

这年,姬昌逝世十周年。姬发带领群臣到毕邑姬氏宗庙祭祀上帝祖先,然后率军东征。用木头做了姬昌的神位（灵牌）,用车载着,供奉于中军帐内。姬发自称太子,说是奉父亲姬昌的命令进行征伐,不敢自己专擅做主。军师姜尚发布军令:"集合你们所有的人和所有的船只,后到者斩首!"周师从丰都出发,浩浩荡荡开到河南孟津（黄河渡口,属今孟津县,古称盟津,纪念诸侯会盟）,渡过黄河。他们将实现百年来几代人恒久努力要达到的夙愿,"利用恒,无咎"。这时各地诸侯应约都到孟津会师。姬发向大家发表讨伐商帝宣言。人们欢呼雀跃。大家都进入临战状态。

过了一天,姬发宣布,停止进军!因为上帝还没有最后下令。于是各军班师而回。

《史记》就是这样记的,还加了神话故事,什么白鱼跳船,火鸟上屋之类。

其实这是一次军事演习,姜尚的杰作。其目的有三:一是检阅自己的军事能力,特别是大军抢渡黄河天堑的能力,取得实战经验,为以后进军铺平道路。二是试探朝廷对此军事行动的态度。不久,得密探报告,商帝说，毛头小子跟我玩这种把戏，差远啦，鸡蛋碰石头。三是摸清诸侯对伐商的态度。

九二　需于沙，小有言，终吉【诸侯孟津再会师】

（沙：沙滩，沙岸。小：少。言：言论，意见。）

《竹书纪年》："帝辛五十二年，庚寅，周始伐商。"据唐朝天文学家一行推算武王伐纣，为帝辛五十二年，这年是庚寅年。笔者推算庚寅年是公元前1051年。"夏商周断代工程"专家定为公元前1046年，尚存争议，笔者取的是《竹书纪年》年号。

"秋周师次于鲜原。"按：鲜原，岐山郊野，"次于鲜原"，周师集结于郊野。

"冬十有二月，周师有事于上帝，庸、蜀、羌、髳mao、微、卢、彭、濮从周师伐殷。"

出发前例行祭祀上帝，庸、蜀等八个同盟国一起兴兵。

《史记》载：周人听说纣王昏庸乱德，杀了大臣叔父比干，囚禁了同姓贵族大臣箕子，太师疵、少师强抱着乐器逃奔周国。这时，武王就遍告诸侯说：殷有重大的罪孽，大家不可以不合力讨伐。于是仍然尊奉文王，率领兵车三百乘，精壮卫队三千人，带甲武士四万五千人，向东进发。庸、蜀、羌、髳、微、卢、彭、濮，八国联军紧随其后。武王十一年二月，军队全部渡过孟津，驻屯于黄河沙岸，"需于沙"。八百诸侯再次会盟孟津。队伍刚上路时，曾经有孤竹国慕名到西周居住的名流伯夷、叔齐兄弟拦住武王劝谏，说是臣伐君，大逆不道。又说你父姬昌死了还没有安葬就兴兵，是一种不孝。你不忠不孝，征伐必败。"小有言"。道不同不与谋，姬发不予理睬。这兄弟俩书生气太重，一气之下奔首阳山，不食周粟而饿死。周人积聚百年的能量，像火山欲喷发，谁也阻止不了。大军开动，曙光在前，"终吉"。姬发在孟津发表演说《泰誓》（上）。用现在的话说，姬发堪称司令兼政委，处处不忘作政治思想工作。他历数纣王罪行，反复说明出师有道。敌我对比，伐商必胜。

九三　需于泥，致寇至【布阵牧野】

（泥：泥土。致：招致。寇：敌人。）

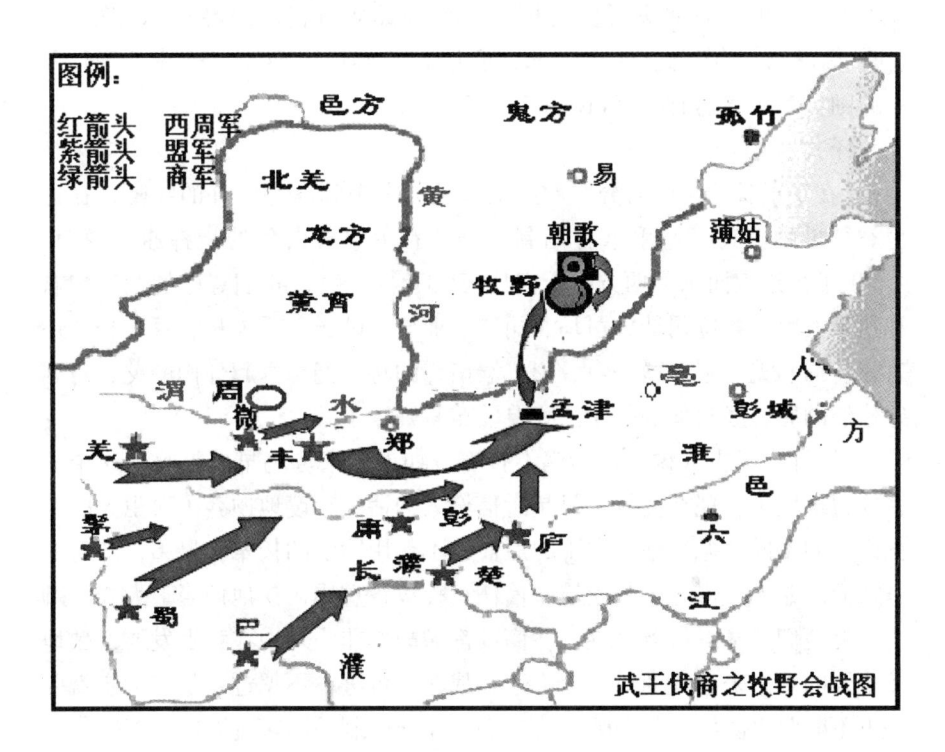

武王伐商之牧野会战图

联合国军一路摧枯拉朽开到牧野（今河南淇县南），驻屯于淇水（今卫河支流）泥岸，"需于泥"，距离殷都朝歌只有七十里。周军进入前线布阵。公元前1051年周历二月甲子日早晨，姬发在此发表战前演说，史称《牧誓》。史官记下这一具有历史意义的时刻。《牧誓》文不长，我全录如下，供读者欣赏。

"时甲子昧爽，王朝至于商郊牧野，乃誓。王左杖黄钺，右秉白旄以麾（hui），王曰：'逖（ti，远）矣，西土之人！'王曰：'嗟（cuo，口语），我友邦冢君御事，司徒、司马、司空、亚旅、师氏、千夫长、百夫长、及庸、蜀、羌、髳（mao）、微、卢、彭、濮人，称尔戈，比尔干，立尔矛，予其誓。'"

王曰："'古人传言曰，牝（pin，雌性）鸡无晨，恨家之索。今商王受惟妇言是用，昏弃颁肆祀弗答，昏弃厥遗王父母弟不迪，乃惟四方之多罪逋逃，是崇是长，是信是使，是以为大夫卿士。俾暴虐于百姓，以奸宄（gui，坏人）于商邑。今予发惟恭行天之罚。今日之事，不愆于六步、七步，乃止齐焉。夫子勖（xu，勉励）哉。不愆于四伐、五伐、六伐、七伐，乃止齐也，勖哉夫子！尚桓桓，如虎如貔（pi，猛兽），如熊如罴（pi，棕熊），于商郊。弗迓（ya，迎接）克奔以役西土，勖哉夫子！尔所弗勖，其于尔躬有戮（lu，杀戮）。'"

译文：

【在甲子日的黎明时分，周武王率领大军来到商都郊外的牧野，在这里举行誓师。武王左手拿着铜制大斧，右手拿着白色的指挥旗，说道："辛苦了，远道而来的西方将士们！"武王说："啊，我们尊敬的友邦国君和执事大臣，各位司徒、司马、司空、亚旅、师氏、千夫长、百夫长，还有庸、蜀、羌、髳、微、卢、彭、濮诸邦的将士们，举起你们的戈，排列好你们的盾，竖起你们的矛。我要发布誓师令了。"

武王说："古人说过，母鸡不打鸣，如果谁家母鸡早晨打鸣，这个家就要遭祸殃了。现在商纣王只是听信妇人的话，轻蔑地抛弃了对祖先的祭祝而不闻不问，抛弃他的先王的后裔，不任用同宗的长辈和兄弟，却对四方八面的罪人、逃犯十分崇敬、信任、提拔、重用，让他们当上大夫、卿士，使他们残暴虐待老百姓，在商国都城胡作非为。现在我姬发要恭敬地按上天的意志来讨伐商纣。今天这场战斗，行进中不超过六步、七步就要停下不断整肃队伍。努力吧，将士们！作战中刺杀不超过四次、五次、六次、七次，然后停下来整肃。努力吧，将士们！你们要威武雄壮，像虎、豹、熊、罴一样勇猛，在商都郊野大战一场。不要迎击向我们投降的人，以便让他们为我们服务。努力吧，将士们！如果你们不努力，你们自己就会遭到杀戮。"

这篇《牧誓》在历史上很有名，是史家写史的原始依据。其要点是：

事件发生在甲子那天。古人很粗心，不写哪一年，给后人增添许多麻烦，以致我们花千万钱财研究它还找不到可靠结果。

参战双方很明确。

武王伐商理由对错参半：用母鸡打鸣例，说明纣王只听妇人之言，错。这可能是后人，如某家掺入的"红颜祸水"论的影子。说纣王重用罪人、逃犯，立论勉强。周人不也在重用商的罪人、逃犯吗？其他是对的。

战法很有讲究，有务实精神。

提出一条很重要的政策：不杀投降者。

★　★　★

商王上次骂人家毛头小子拿鸡蛋碰石头，这回真的碰来了。他措手不及，史称他的主力远在东南方，临时武装奴隶和战俘加上家兵家将七十万人马（错，十七万就够多了），开赴牧野应战。联军"需于泥，致寇至"。

六四　需于血，出自穴【牧野决战】

（需：沾湿。穴：巢穴，引申为军事大本营。）

两军刀兵相接，浴血挣战，"需于血"。敌方是来自大本营的队伍，"出自穴"。

牧野之战

武王命军师尚父和百名勇士在阵前挑战，以大军冲杀商军。顿时乌云蔽日，杀声震天，鼓声频催肺腑，战旗招摇乱目。只见兵车翻倒，战马长嘶，血溅征衣，头颅滚地，鬼哭狼嚎，遍地殷红。周商士兵死伤一片，商兵忙着取首，周兵急于割耳，各为报功找实物。阵地上，你冲我突，你进我退，上有箭如飞蝗，下有刀似刺猬，生死之间一张纸，来去不由己安排。商军虽多但都没有斗志，很快河溃山崩。求生的，调转方向，引导周军杀向朝歌。敌军变成了我军，周军如潮涌，扑向商都。纣王见大势已去，奔鹿台焚火自杀。六百年殷商从此了结。

武王掌着大白旗，指挥大军和诸侯，诸侯都来参拜，互相致礼祝贺。武王进城，百姓都在城外迎候。武王高声对民众说："上天赐福给大家。"商人都跪拜致谢。进得城来，武王找到已死商纣，亲自朝商纣射了三箭，然后下车，用"轻吕"（剑名）砍杀，并用黄钺（铜斧）斩其头，悬挂于大白旗上。然后找到纣王的两个宠妾。她们已经自缢而死。武王朝她们射了三箭，用剑刺杀，再用玄钺（铁斧）斩下头来，悬挂在小白旗上。

商纣之死，《竹书纪年》另有说法："武王亲禽受于南单之台，遂分天之明。"《水经·淇水注》："南单之台，盖鹿台之异名也。"说是纣王被武王活捉杀死。

纣王究竟死于自杀还是他杀？他为什么不逃跑以求东山再起？这是历史之谜。

牧野之战结束，创造一连串世界纪录：以少胜多的战例纪录，速战速决的纪录，结束旧王朝六百年历史的纪录，开创大周八百年历史的纪录……

后人写历史也有一些锦上添花，如说八百诸侯会盟，如说商军七十万，都夸大其词。殷商全国约八百诸侯，既然八百全来了，又何来武王接着灭九十九国，迫降六百五十二国？史载商朝征战，每每出兵几千人，多则万余人，怎么一两天之内突然冒出七十万兵？牧野那小地方容得下近百万兵厮杀吗？

牧野之战，时在甲子。公历是哪年哪月哪日呢？是个历史难题，答案四十四个。

"夏商周断代工程"定公元前1046年。一行编《唐书·历志》说是戊寅年。我按一行说换算是公元前1051年。

月日：周历二月甲子日。

第五十一章 需【武王东征，牧野决战】

《逸周书·世俘解》对武王伐商日程有详细记载："惟一月丙午旁生魄，若翼日丁未，王乃步自于周，征伐商王纣。越若来二月既死魄，越五日甲子朝，至，接于商。则咸刘商王纣，执矢恶臣百人。"

这段文字有几点要说明：

一是"惟一月"：惟是虚词，也可以是"恰是"之意。一月的一是二之误。古人写一月一般写成"正月"。根据前后日程分析可以肯定是二月。二是"旁生魄"、"既死魄"：国学大师王国维对此有专题研究，说是按月亮圆缺记日，"旁生魄"是初二日，"既死魄"是月底二十二日以后的日子。按《逸周书》所记，"旁生魄"为初二日可肯定，"既死魄"是月底二十二日以后的日子则有疑问，二十二日以后五天没有甲子日。因此我理解"生魄"指上半月。有资料说，魄，阴也。但应当是"阳"，指月光。生魄，月光面逐渐增大，由新月经上弦月至满月（望月）。"死魄"指下半月，月光面逐渐缩小，由满月经下弦月至下蛾眉月至朔。三是"咸刘"：刘是杀的意思；咸刘：诛杀。四是"执矢恶臣"：俘虏负隅顽抗的商臣。

《逸周书·世俘解》这段文字是：周历二月初二日，那天是丙午日。第二天，丁未，武王从宗周丰京步行出发，挥师东进伐商纣王。二月下半月，月亮渐趋黑暗，十五日以后的甲子日，即二月二十日，历时18天，到达牧野，两军接战，商败，诛杀商王纣，俘虏负隅顽抗的商臣百人。

按照天文常数一年平均365.242198日计算，求得公元前1051年1月1日为周历庚寅年正月十五，己丑日，二月初二恰是丙午（旁生魄），二月十六日（既死魄），五天后二月二十日，甲子日，即名震历史的甲子日，牧野决战日。

根据史料和上述分析可以确定的牧野之战日期是：公元前1051年2月5日，周历戊寅年二月二十日！

九五 需于酒食。贞，吉【酒食祝凯】

（酒食：酒宴。）

事态向着周人预计的方向发展，得道多助，失道寡助。商兵不愿为纣王卖命，阵前纷纷倒戈。一方是余勇可贾，一方是士气低沉，决战很快结束，商王自焚而死。这是历史性的胜利。

灭商第二天，祭祖、劳军。武王下令整治道路，修复社祠，举行祭祀上帝祖先仪式。周人以一百人举着"罕旗"作先导，武王弟振铎恭奉车骑礼宾队列，周公旦持大钺，毕公高持小钺，散宜生、太颠、闳夭等执剑护卫。武王率群臣进大社就位。毛叔捧明水（月光照射过的清水），卫康叔铺蓆垫，召公奭持币助祭，师尚父牵牺牲宰杀供奉，尹佚读策书以祝告。然后武王和群臣再拜。礼成。

周军都是功臣。武王命取出商宫肥肉美酒犒赏三军。先祭酒在战场刚牺牲的烈士，他们将含笑九泉。

灭商后第五天，周举行开国大典。姬发立为武王，追封他父亲为文王，举国酒食欢庆。"需于酒食。贞，吉。"

上六　入于穴，有不速之客三人来，敬之终吉【优抚朋友】

（穴：巢穴，这里指商都。不速之客：未经邀请而来的客人。）

武王和幕僚们来到商都，"入于穴"，听说比干、箕子、微子故事。这三位都是纣王大臣、至亲。他们早已不满纣王作为，多次当面规劝，结果比干被杀，箕子被囚，微子逃亡。商亡后，武王命召公释放了箕子，箕子降周；微子也抬着棺材求降，臣服大周。武王命闳夭加高比干的墓，以表周人敬佩之情。旌表了老臣商容的故里。商容在日，曾在朝廷对文王姬昌有过帮助。这几位是周人不请自来的客人，"有不速之客三人来"，他们受到周人尊敬，优抚他们的亲属。这样做最终对稳定时局大有好处。"敬之终吉。"微子后来被封于宋，箕子被封于高丽。

第五十二章

革【江山易姓，革命成功】

离下兑上，革。己日乃孚，元亨利贞。悔亡。

（离下兑上：卦画组成，下为离，上为兑。革：经过加工去毛的兽皮；改变，革除，变革。己：此字近似写法有三个，①ji：自己的己，第三笔与第二笔紧接；②yi：已经的已，第三笔与口半接；③si：辛巳的巳，第三笔封口。古代，用天干配地支记年日，读 ji 己。孚：诚信，信任。元亨利贞：大吉大利。悔亡：不存在后悔。）

将内转盘的"电（离）"旋转至外盘"雨（兑）"的位置就是"革卦"，见节卦转盘图和右小图。

本卦中有两个字值得我们下功夫研究，一个"革"字，一个"己 ji"字。通观全篇，可以得知，革乃革命，己 ji 乃己巳 jisi 国庆日。

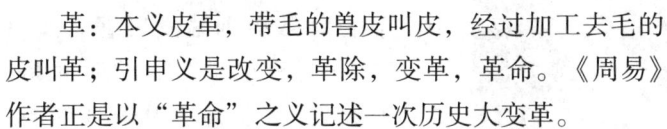

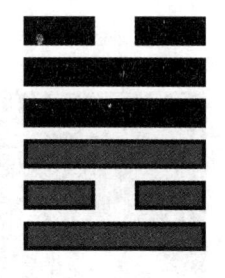

革：本义皮革，带毛的兽皮叫皮，经过加工去毛的皮叫革；引申义是改变，革除，变革，革命。《周易》作者正是以"革命"之义记述一次历史大变革。

应当说"革命"一词，最早出自《周易》。此处"革"字就是证明。与《周易》同时代的《逸周书·商誓解》中有句："予惟甲子，克致天之大罚。上帝之来，革纣之命，予亦无敢违大命。""今纣弃成汤之典，肆上帝命我小国曰：革商国。"这是灭商前后不几天，武王讲话的部分内容。"革命"一词中嵌入革命对象名。后来以孔子名义写的"十翼"，明确无误地使用革命一词。《象》中说："汤武革命，顺乎天而应乎人。"意为：商汤王、周武王进行革命，顺应上天使命，也顺应人民要求。

革命的原始意义就是"革除某君王的生命"或者"改变上帝给予某君王的使命"。周人就是在这两层意义上使用"革命"一词。杀一个普通人是革除某人的生命，但是这不叫革命，所杀必须是君王。而君王又不能是善者，必须是被上帝抛弃了的暴君。杀善者称叛逆，臣弑君，不可。杀被上帝抛弃了的暴君叫杀"一夫"、"独夫"，可杀，革命。

所谓"改变上帝给予某君王的使命"，具有浓厚的迷信色彩和政治色彩，反映古人的天命论。远古祖先信奉宗教，信奉天地神灵，部落首长，国家王侯都是上天、上帝的儿子，即"天子"。他们秉承上帝的使命来治理国家。从远古帝王直至满清的宣统，他们都被人们抬上了天。因为王者受命于天，人们不可轻易推翻他。天命论有利封建统治。

现代人对革命的定义：被压迫阶级用暴力夺取政权，摧毁旧的腐朽的社会制度，建立新的进步的社会制度。这是从严格的政治意义说的。但是有时说科技革命，文化革命，教育革命，则是按前后相比有某种进步意义说的。周人的革命显然不具有"被压迫阶级用暴力夺取政权"的性质，它是新兴的贵族用暴力推翻守旧的贵族，夺取政权，调整奴隶主阶级和奴隶阶级的关系，以适应生产发展需要，它是一种重大的政治变革，因此具有划时代意义。周人又把天命论作为指导原则和精神武器，从而用革命一词高度概括了他们的行动的进步意义。

利 簋

"己日乃孚"。中国文化太丰富，有关《周易》的书有三千多版本，不知是疏忽还是研究方向错误，一个"己"字争论了几千年无结论。史载武王伐商在牧野前线发表著名演说《泰誓》，史官记录当时的时间是："甲子昧爽"，也就是甲子日黎明。近年考古工作者在陕西出土一件西周初期青铜器，命名"利簋"。利是该青铜器主人的姓或名。簋，读 gui 鬼，古代盛装熟食的器具，也作祭祀或宴享的礼器。它最珍贵处在于簋底有铭文，记刻武王甲子日伐纣，与史书记载吻合，实物证明武王于甲子日伐纣不虚。

古人一般以帝王在位时间记年，以六十花甲记日。这给后人留下一堆问题。帝王经常换，有的还未登基或登基几天就死了，有的战乱生死不明，有的宫廷政变，两帝并立，史官无可适从乱记一通。延续至今，人们就不知古代的某大事发生于何年月、距今多少年。中国自称五千年文明，《史记》记明的只有两千八百年。外国人不承认你五千年文明，说中国只有三千年信史，其余两千年是神话故事。此说激怒了中国人。中国的"夏商周断代工程"决心纠正人家的偏见。其中的武王伐商日，"断代工程"按多位专家考证和碳14仪器检测，推定为公元前1050—前1020年间，并首选为公元前1046年。这里是"选定"不是"确定"，留有待考余地。在《今本竹书纪年疏证》一书中，国学大师王国维取唐朝人主张，武王伐商为庚寅年。我换算成西历，应该是公元前1051年，与"断代工程"相差五年。我从王国维，待有新证再修改。

　　武王伐商的月份也是一件难以确定的事，有关史书记为二月。夏商周三代历法，把一月安排在何时是不同的。我们现在使用的农历是夏历。若以夏历作参照，商历正月为夏历腊月，周历正月为夏历冬月。周历错前夏历两月，等于我们现在过春节，周人在两月前就过了；周历错前商历一月，即周人进入二月，商人进入正月。商人正过春节，周人发难。周人利用商人春季伐商，确实是神来之笔。开国后的周人记史一定是采用周历。由此推定，二月伐商应当是周历二月，相当于夏历腊月，接近西历二月。

　　按照史料推算，牧野决战的日期是：公元前1051年2月5日，周历戊寅年二月二十日（详见需卦）。

　　郭伯南、刘福元著《新编中国史话》（上海人民出版社）根据考古资料称："周武王在牧野之战后的第五天举行了开国大典，建立了周王朝。"五天以后，即历经乙丑、丙寅、丁卯、戊辰到已巳日，周朝大国成立，这一天周历戊寅年2月25日，即公元前1051年2月10日。

　　已巳日就是国庆日！大周开国的日子！

卦辞说"己日乃孚，元亨利贞。悔亡"。回顾历史，此卦辞极有分量。国庆日，开创了新纪元，举国欢腾，实现了革命的愿望，得到了老百姓的信任，"元亨利贞"。把能用的好词都用上也不为过。

《彖》曰："革，水火相息，二女同居，其志不相得，曰革。己日乃孚；革而信之。文明以说，大亨以正，革而当，其悔乃亡。天地革而四时成，汤武革命，顺乎天而应乎人，革之时大矣哉。"

《彖》中，第一次在史上使用"革命"一词功不可没；说明本卦是阐述商汤、武王革命的合理性，"顺乎天而应乎人"。但是，对革的解释有毛病，"水火相息"是指上卦"兑"为水，下卦"离"为火，水克火；"二女同居"指第二爻为阴，卜家指定为中女，第六爻也是阴，被指定为少女，两女同事一夫，故"二女同居，其志不相得"。这还是看画说事，由卦画的水火相克、二女同居而引起革命，是玄之又玄。当然这不是《周易》的思想。

初九　巩用黄牛之革【巩固新政，刚柔同举】

（巩：巩固，牢固，束缚。革：皮革。）

一场翻天覆地的革命成功，新政权有许许多多事情要做，千头万绪。革命者第一要务是巩固新政权。"黄牛之革"何意？黄牛皮。黄牛皮质地柔软坚韧，用来穿册简经久耐磨，捆扎物件坚牢，制成甲胄轻便舒适。巩固新政权就用黄牛皮原则：刚柔相济。武功：快刀斩乱麻，纣王是前车之鉴，有不服者，小心撞刀口。文治：政策法律保持连续，务农的务农，经商的经商，态度好的，该做官的还是做官，甚至该封侯的还封侯。具体化则有以下几件事：

宣布殷商王朝灭亡、大周王国成立。

祭祀天地神祖，本卦六二专述。

第三，进军四方，剿灭余敌。

第四，认真细致地做好各类人员的转化工作，按照蒙卦规定执行。

第五，抓好国民经济，恢复农业生产，经营好井田。按照井卦要求执行。

第六，分封。本朝开国功勋，历代名门望族封爵封疆，以安民心，以卫中央。

从此中国历史上出现了一个新王朝，周朝。帝王，姬姓。首都，镐京。疆土，东至东海、朝鲜，南至南海，西至昆仑，北至大漠。经济，农业为主，工商辅之，实行井田制。社会制度，奴隶制晚期。传位制，父死长子继，推广及于诸侯、家庭。婚姻，一夫多妻，视财产多寡而定，女到男家。文字，金文，刻于青铜器、竹简，写于兽皮。宗教，华教，信奉上帝、各类神鬼、灵魂，反对人殉人祭。政教关系，政教合一，君王是天子、最高祭师。

《象》曰："巩用黄牛，不可以有为也。"

《象》作者瞎子摸象，还没有弄清是象不是象，可能是一头黄牛，也没有弄清象的形体就议论，没有不闹笑话的。"巩用黄牛"，明显漏"之革"二字，因为爻中写的是"巩用黄牛之革"，主词是革不是牛，牛是革的定语，落二字则把牛变成主词，意义大变。"巩用黄牛，不可以有为也。""巩用黄牛之革"呢？是不是大有作为！

六二 己日乃革之，征吉，无咎【己日大庆，光照千秋】

（己：十天干第六位，与十二地支搭配，古人用来记年月日时。己日：甲日后第五日。革：皮革，改革，革命。征：征伐。咎：灾患）

武王伐商的牧野之战发生于甲子日。史书载，甲子日后第五日大周建国。甲子日后第五日是己巳（读 jisi）日。用现在的说法，建国日就是国庆日。前面几经考证确认，周朝诞生日是公元前 1051 年周历二月二十五日，即二月己巳日。

西周人奋斗了近一百年，革命之花结出革命之果。

"己日乃革之，征吉，无咎。"己日乃是革命之节日，是前后两个不同朝代交接的日子，是周人征战的记程碑。征伐喜降吉祥，奋斗摆脱灾患。

牧野会战结束，武王和他的幕僚就积极准备开国大典（实际非常简单）。

《逸周书·世俘解》中有一句记明："戊辰，王遂御。循追祀文王。

时日，王立政。"意思：己巳日前一天戊辰日，王召集御前会议，议决，追悼文王，大周开国。

按御前会议决议，己巳日稍微热闹了一下。

他们首先在殷商王宫大厅设置祭祀庙堂，供奉腾龙伴日的画像象征天帝，供奉古公亶父、季历、姬昌、伯夷考灵位以代表历代祖先；神祖面前摆放祭桌，桌上铺白茅草垫，用上等食器酒器装满肉类瓜果水酒；桌前又摆一只正旺火燃烧的大型食鼎，鼎中食物随火翻腾。再前，象征王权疆域的九鼎一字摆开。两旁插竖红黄蓝彩旗、戈矛斧钺兵器。己巳日卯时，姬发带领文武百官按等级分列神前，昭公奭（shi）唱祝词，姬发低声禀告，然后引领大家行跪拜大礼，乐声大作，礼成。因为是借庙烧香，只能薄祭不能厚祭，姬发敬请神祖谅解。

史官将临时庙祭详细记入史册，后来纪实文章被收入《逸周书》。司马迁编《史记》不惜浓墨重彩描述一番。《史记·周本纪第四》载：数位首领重申革命的伟大意义。"尹佚策祝曰：'殷之末孙季纣（殷商纣王），殄（tian）废先王明德（废弃先王道德），侮蔑神祇不祀（辱没神祖不祭），昏暴商邑百姓（暴虐百姓），其章显闻于天皇上帝（罪恶惊动上天）。'于是武王再拜稽首，曰：'膺更大命（承受改朝换代使命），革殷（革除殷商），受天明命'"（替天完成使命）。

午时，姬发向天下宣告七件大事：第一，周王朝大国成立，商的统治结束。第二，封姬发为武王，追封姬昌为文王，季历为王季，停止使用"帝"的称号，商朝首脑称帝，周朝首脑称王。第三，封姬旦、姜尚等七十一名功臣和前商部分贵族为侯国冢君，各有领地。第四，大赦前朝关押的罪犯，不论轻重一律释放。第五，土地归周国所有，实行井田制，由所在的百姓管理，按规定向国家供纳钱粮（当时贵族有姓，称百姓。奴隶家臣无姓，奴仆附属于百姓）。第六，废止人殉人祭，保护奴隶生命和生存。第七，周都迁洛邑，在河洛地区新建洛邑。

宣告完毕，又一片声乐擂鼓，群众欢呼雀跃。全国上下，喜庆三天。

儒家《象》曰："己日革之，行有嘉也。"

儒家发现周人革命有进步意义，赞美"行有嘉也"。我赞美儒家"言有嘉也"。《周易》中，"十翼"一直跟踪评注，许多地方说不到点子上，而这里却议论中肯，一字千斤，一笔流芳千古。儒家依此批驳《周易》是卜筮书的说法。"这不明明写的是革命吗？怎么能说是算命卜卦呢？"

不足处是评注者还没有弄清"己日"的含义,不用说古人没有弄清,就是现在部分号称易学专家的人也没有弄清。

九三　征凶,贞厉。革言三就,有孚【决战牧野,分天之明】

　　(征:征战,东征。贞:象征。厉:激烈。革言:革命宣言,誓师演说。就:就地,即兴。革言三就:当指武王伐纣战场的三次誓师演说,即《泰誓》上、中、下。孚:诚信。)

　　"征凶,贞厉。"征:征战,东征。西周统帅部决定东征灭商,这是关系双方生死存亡的最后拼搏。周商摩擦百年,总是周人满身鲜血,断胳膊掉腿。东征会是什么结果,难以逆料。胜利?捣毁朝歌,活捉纣王。僵持?前线胶着,旷日持久,西周远程用兵,陪不起。溃败?姬家兄弟和西周精英将被一网打尽,西方来,而不能西方去,全军覆没,战场变坟场。三种可能,失败的几率三分有二,只有三分之一的可能让西周人尝到甜果。"征凶"。好坏与否,都是一场死生血拼。"贞厉。"
　　立即有人指出这是单纯军事观点。

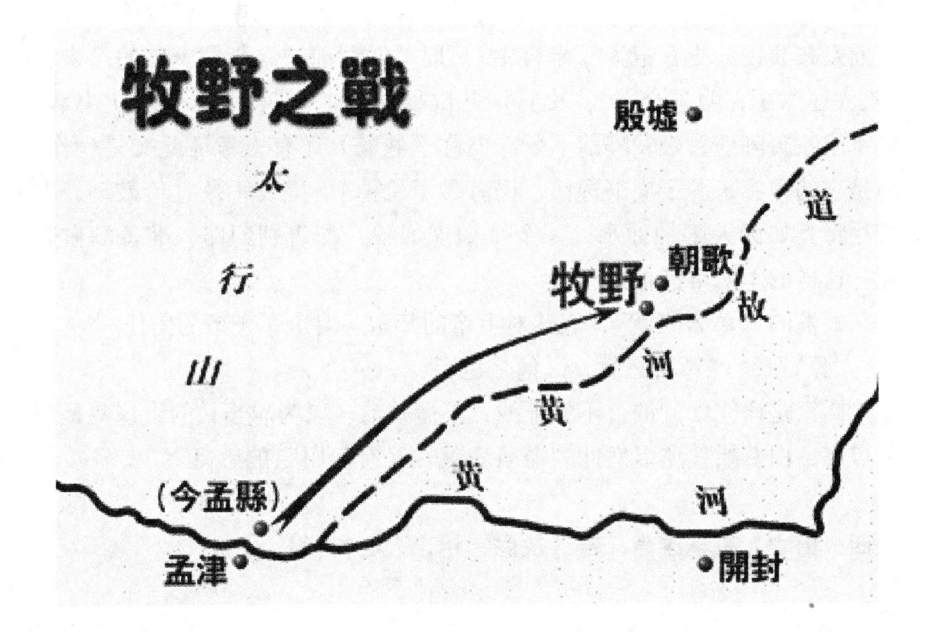

这场决战，不仅仅是军事的大决战，更是政治的大决战，道义的大决战，还有经济的大决战。西周的综合因素远远优于殷商。政治上，敌方失天命，己方受天命。道义上，敌方丧民心，己方得民心；经济上，敌方水竭草枯，己方谷丰粟足。

这些道理不仅官长们要弄通，还要让每一个参战的士卒知晓。统帅部决定，由姬旦起草讨伐檄文，也就是革命宣言，由姬发在前线阵中口语宣讲。

姬发按讨伐檄文精神，前后三次就地发表演说，"革言三就"，倾吐心曲，"有孚"，感人至深。史称《泰誓上》、《泰誓中》、《泰誓下》。

第一次，以西周为首的西南联军在孟津，他说："惟天地万物父母，惟人万物之灵。亶（dan 实在）聪明作元后（帝王），元后作人父母。"众人为帝王、为天地献身是上帝的呼唤。纣王什么东西？"不敬上天，降灾下民；杀人诛族，残害忠良，剖剔孕妇；沉湎酒色，滥修台榭，酒池肉林，豪服彩装……"此人该杀，"皇天震怒，命我文考，肃将天威"赶他下台。不幸老爸大业未成身先死，我小子姬发"受命文考，类（祭）于上帝，宜（祭）于土地，带领你们大家，对纣王施行天罚，永清四海"。史官记此讲话为《泰誓上》。第二天戊午日屯军黄河北岸，姬发第二次在军前发布演说，史官记为《泰誓中》。周军继续前进，紧接戊午的己未日"王大巡六军，明誓众士"。史官记此次誓词为《泰誓下》。另有史书载，周军至牧野阵地，姬发阵前下令，史称《牧誓》（有人考证此文是伪作，但是它的内容来源于周书逸作，仍有参考价值）。姬发不断宣传鼓动，那般兵将真如天天喝神仙水，一个个如虎似狼，都告别归路，准备洒血赴死。这样的军队谁能抵挡！

姬发的"革言三就"，表达对上帝的恭敬，对全军士卒的信任。

《象》曰："革言三就，又何之也。"

儒家是研究学问的，不懂征战，不懂政治，以为对当兵的讲这些是瞎子点灯，白费蜡，所以发此"革言三就，又有何用"的感慨。

九四　悔亡，有孚改命，吉【决胜锁钥，人心向背】

（悔亡：不存在后悔。孚：通俘，敌方。）

牧野会战出人意料地顺利。两兵相接，周军像洪水冲击田野村庄，势不可当。纣王临时拼凑的十五万兵，有的是奴隶、有的是俘虏，都不愿为纣王卖命，临阵倒戈，"有孚改命"，后军杀前军，前军杀后军。两军气势不可比，虽然血流成河，木棒也可漂浮，"血流漂杵"，可怜死伤的都是那些纣兵。会战一天结束，纣王自杀。

《象》曰："改命之吉，信志也。"

改命之吉，大势所趋哦。一方士兵如虎，一方士兵倒戈，开门的钥匙在这里：人心所向！

九五　大人虎变，未占有孚【虎椅生风，坐者易人】

己巳日，昨日不同于今日，一夜之间，昨日是商朝，今日是周朝，昨日叫姬发，今日称武王。事物就这样由渐变到突变，由量变到质变。己巳日是一个临界点，标志点。已经祭祀过天，祭祀过祖先，宣示过天下，姬发是上帝的儿子："天子"，是上帝安排的合法君王。"大人虎变"，这种变是君临一切的权变，天是姬家的天，地，是姬家的地，周王是天下人的父母。现代人称纳税人为父母。那个年代小小县官是老百姓的父母：父母官。天子是父母官的父母，是百姓可望而不可即的老祖宗。姬发虎变成人王，不用占卜啦，姬家对上天至诚，确确实实是姬家天大的吉事哦。"未占有孚。"

"虎变"，在履卦中，西周人把商朝廷比作老虎。西周人眼中，商朝廷是一只绝症晚期的病老虎，所以敢说"踩它的尾巴不会被咬"（履虎尾，不咥die人）。不过，文中又提到它也有咬人的时候。把君王比作虎，可能是古人的崇拜。也许是君王座椅上铺盖虎皮，显示威风，虎椅象征君权。《周易》第一卦乾，大谈龙，龙是上天，不是君王。后人把君王比作龙，所谓真龙天子，住处叫龙庭，座椅称龙椅。崇虎的年代，当然虎是最厉害的。"大人虎变"，就是姬发这位大人坐上了虎椅。

儒家《象》曰："大人虎变，其文炳也。"

儒家说，就像一篇文章，"大人虎变"，其文采光辉耀眼。隐含对武王的称颂。这是我的推测，因为我认定本段文字写武王，而儒家点评正好在文尾，就偷换来增光。

上六　君子豹变，小人革面，征凶，居贞吉【良莠有别，吉凶并存】

西周分封图

　　君子小人以德行区别，有德行者君子，无德行者小人。官职是另一个概念，官场中有君子也有小人，百姓圈里有君子也有小人。商朝变成周朝，一批有德行的人当了新朝廷的官；"君子豹变"。还有一部分无德行的小人改头换面也当了官；"小人革面"。隐患，这是隐患，发展下去，不是好事；"征凶"。居：坐以观察；适时清理，贞吉。

　　虎变，顶级；豹变，次级。虎变仅一人，豹变一群人。豹变有两种人，君子和小人。姬旦变为周公，君子之豹变；武庚变成朝歌君主，小人之豹变。武庚后来叛周，改变面貌，没有脱胎换骨。

　　儒家《象》曰："君子豹变，其文蔚也，小人革面，顺以从君也。"

　　儒家说，也像一篇文章，"君子豹变"，其文采华丽养眼。隐含对周公们的称颂。这也是我的推测，因为我认定本段文字写周公们，而儒家点评正好在文尾，也拉来增光。只是小人一说，不明所指。不便强加偷换借用。

第五十三章

损【开国伊始，节俭为先】

兑下艮上，损。有孚，元吉，无咎。可贞，利有攸往。曷之用？二簋可用亨。

（损：减少，节俭，与"省"近义。孚：诚信。曷 he：何也，为什么。簋 gui：盛食物器具，有篾制、陶制和铜制，一般用于祭祀。亨：通享，祭祀鬼神。）

将内转盘的"雨（兑）"旋转至外盘"山（艮）"的位置就是"损卦"，见旅卦转盘图和右小图。

损：减少，即节俭，是针对商末的铺张奢华而言的。反对奢华、提倡节俭有利于减轻百姓负担，争取他们对新王朝的支持和拥护。"损"，节俭，西周人认为，只要自己能够真诚实行，一切都会好起来，"有孚，元吉，无咎"。周王朝刚建立，这是一个很稳健的开步，要执行下去，"可贞，利有攸往"。祭祀祖先神灵用什么？两碗米饭就可以。"曷之用？二簋可用亨。"虽然节简，祖先神灵不会怪罪，因为他们知道周人物质条件差，可能还因为周人提倡这种美德而高兴。古人中有见识的人认为，祖先神灵是比自己更加原始的人，他们茹毛饮血，习以为常，后人供奉简单饭食更受欢迎，以水代酒也受青睐。基于这一看法，周人的祭祀多用简祭。如《周易》既济卦中有："东邻杀牛，不如西邻禴祭，实受其福。"西邻指西周自己，禴祭是供品俭省的祭祀，赞赏"禴祭，实受其福"，祭祀者和被祭祀者都实受其福。祭祀中还有一句隐含的关键词，西周不用奴隶"人祭"。两碗米饭

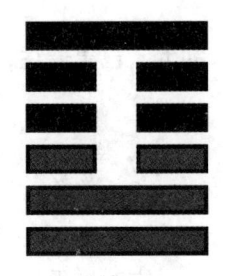

比"人祭"真诚、实惠。

西周人理论上有一套，实践中也有一套。提倡节俭，理论实际结合，得人心处，这也是原因之一。

《彖》曰；"损，损下益上，其道上行。损而有孚，元吉，无咎，可贞，利有攸往。曷之用？二簋可用享。二簋应有时，损益盈虚，与时偕行。"

意思：俭省下面，增强上面，其道理是由下往上推行。认真推行节省，大有好处，值得赞誉，有利事业发展。用什么敬飨上帝神灵呢？两钵米饭够了。用两钵米饭敬神要适应时机，视自己能力而加减。这叫作"与时偕行"。

M：这一段话说得非常好，符合卦义。其缺点是开头那句话，"损，损下益上，其道上行"。这说法来自卦画。原来，依据卜筮解释，损卦脱胎于泰卦。泰卦下乾上坤，把乾的一阳移于坤上，下乾上坤变成下兑上艮，"泰"变成"损"。《彖》的所谓"损下益上，其道上行"就是这个意思。编写损卦时，姬昌已死，姬旦主笔。姬旦的节俭举措针对的是周开国伊始，经济形势和政治形势严峻，要求官员们勒紧裤腰带渡难关。姬旦的思想来自社会实际。《彖》的思想来自卦画，分水岭在这里，结论碰撞在一起是耦合。

初九　已事遄往，无咎，酌损之【国庆已去，一切从简】

（已 ji：天干第六位。遄 chuan：迅速，快速。酌：献酒，斟酌。损：节俭。）

古时以天干地支组合记日，六十日一个轮回。此"己"字三读，已经的已 yi，自己的己 ji，戊辰己巳的巳 si。书写时有讲究，关键在那最后一笔的直横勾与缺口的连接，紧接为己 ji，半接为已 yi，封口为巳 si。我们平时写字不甚注意这点区别。已事：己巳日发生的事，即周朝开国大典。

我们看诸家如何解这个字：

《象》曰："已事遄往，上合志也。"

意思：已经做好的事迅速过去了，合乎在上的要求。

所谓"上合志也",说的是一爻四爻有应,有应,吉,无应凶。

有的书上说:"'已事'的讲法,程传与朱子本义不一样。本义说'辍 chuo 所为之事而速往以益之',认为这是讲初九与六四两爻相应的关系。所做的事情要停下来。程传不这样讲,程传说,'事既已则速去之,下居其功,乃无咎也'。事情已经做完,不是没做完而中途停止。孔颖达疏,'竟事速往,乃得无咎。'与程颐的讲法一样。"

古人都解释"己"为"自己"、"已经"、祭祀,没有人从天干地支记日考虑。

当时周初建,史官用的是商历。后人写书可能改商历为周历,故存在不确定因素。换算成公历月日更有难度。但是甲日之后五日是己日是铁定无疑的。它就是己巳日之己。开国大典简称"己事"。"己事",即周朝开国大典这件事。天翻地覆,事变发生得如此迅猛,以致周人毫无思想准备,更无物质准备,战争的特殊环境,只能一切从简。"己事遄往,无咎,酌损之"。从祭祀上天、祖先到国人的欢庆饮宴,统统从简。

关于己巳日国庆,在革卦中更有明显述说:"革,己日乃孚,元亨利贞,悔亡。""六二,己日乃革之,征吉,无咎。""己日",己与日搭配,挑明是己巳之日。

《周易》作者以自身的经历书写了这一伟大时刻,从另一个角度证实了史家们的正确推断。

九二　利贞。征凶,弗损,益之【强化军事,稳定大局】

（益:与损相反,增加。弗:否。）

损,节俭,是一种美德,"利贞"。但是这种美德是对人的品质、生活操持而言,不能乱用于军事技术。打仗是死人、流血的事情。军事上以少胜多是特例,一般情况下是以多胜少,以绝对优势压倒对方。军事家们打仗都是两倍于敌,三倍于敌或更多,所以,征战这件事,不但不能损减,还应强化。"征凶,弗损,益之"。牧野之战,在军队数量上是以少胜多,属特例。但是牧野之战速胜有深层原因:一是突袭、偷袭,对方毫无应敌准备。二是以正义伐邪恶,得人心。三是改善奴隶地位,兵的质量迥然不同,战力不对称,周兵如猛虎,商兵如惊兔。四是周师训练有素,战阵有序，商师主力外出，临时拼凑乌合之众以御敌，势在必败。

周朝立国后情况发生变化，周人处于四敌包围之中。繁重的军事任务压在统帅部的头上，整体说来是以少胜多，旧王朝倒了新王朝建立了，大势所趋，敌望风披靡。但是军事家却不盲目乐观，每一仗都必须认真去打，战术上要高度重视，兵员配置要二倍于敌、三倍于敌。"征凶，弗损，益之。"征战之凶残不能小视，师旅力量不但不能减少、削弱，相反应当增大、加强。

《象》曰："九二利贞，中以为志也。"

意思：九二是一个好的朕兆，处中间，以中庸为志向也。

M：看图说话，是一种最简单最直观的推理方法。说者、听者都以图为依据，立即产生共鸣。算命先生三句话，求解者三点头。我们几时在街上看见求解者在算命先生面前摇头的？我估计《象》作者不是算命先生，但是我们难以分清他们的区别。

六三　三人行则损一人，一人行则得其友【先贤让路，事业果成】

这是一则崇高美德的历史故事。寓意突出重点。

损，用于生活，意为简朴，用于处理人与人的关系则是损人利己或损己利人。

《史记·世家第一·吴太伯》："吴太伯，太伯弟仲雍，皆太王之子，而王季历之兄也。季历贤，而育有圣子昌，太王欲立季历以及昌，于是太伯、仲雍二人乃奔荆蛮，文身断发，示不可用，以避季历。季历果立，是为王季，而昌为文王。"

姬昌的祖父古公亶父生有三个儿子：老大叫太伯，老二叫仲雍，老三叫季历。按照当时的传统，亶父的接班人应该是老大太伯，老大不行也该是老二仲雍，怎么也轮不到老三。但是这位祖父另有远谋，他看好孙子姬昌，爱屋及乌，选定老三季历即姬昌的父亲做接班人。这是极其凶险的一招，极有可能引起内讧，兄弟之间互相仇杀。两位兄长深明大义，他们从大局出发，维护家族的整体利益，不与弟弟争权位，离开周国，"亡于荆蛮"，"文身断发"，隐居当老百姓。什么精神？损己利人！考察历史，上有先例，下有后续。周家具有这种高尚传统。老祖宗公刘，在豳邑创造宏大业绩。后来被外族抢夺，亶父拱手相让，放弃武力抗争，把老百姓带到岐山周原建立新的事业。后来的周公继承祖宗的优良品德，也做了一些常人难以做到的事情。

爻辞说，"三人行，则损一人"，如果三个人比拼，种子选手可能拼掉。"一人行"，种子选手一人上阵，无对手搅局，交接班平稳过渡，一团和气，"则得其友"。大家还是亲兄弟，父子兵。后来周人建国，武王没有忘记那两位伯祖，到处寻找他们的下落，终于有了圆满大结局。《史记》述说如下："太伯之奔荆楚，自号句吴。荆蛮义之，从而归之千余家，立为吴太伯。太伯卒，无子，弟仲雍立，是为吴仲雍。仲雍卒，子季简立，季简卒，子叔达立，叔达卒，子周章立。是时周武王克殷，求太伯、仲雍之朝后，得周章。周章已君吴，因而封之。乃封周章弟虞仲于周之北故夏虚，是为虞仲，列为诸侯。"当武王找到伯祖后人时，他们的曾孙周章已经是吴国（今江苏无锡东南）第四代君主，周王朝给予正式任命，并封其弟虞仲于夏虚，即今之山西平陆北。

周人得国，想起太伯、仲雍之伟大。设想，没有他们的谦让，以大局为重，能有今日之大周吗？这里用得着一句话：损益之时义大矣哉！所以姬旦大书特书，"三人行，则损一人；一人行，则得其友"。句中的"损"是破损、搅局的意思。

《象》曰："一人行，三则疑也。"

意思：三人上路，一人独行，三人互相猜疑。

此话怎讲？卜筮解卦法："损"由"泰"变来。乾三阳跑了一阳，"一人行"也，成二阳一阴，不同性，"三则疑也"。

又是算命先生说卦。

六四　损其疾，使遄有喜，无咎。【武王累倒，姬旦献忠】

（遄 chuan：快速，　有喜：病愈。）

这是周公的故事。这故事发生在周朝建国初期。

周公姬旦，文王姬昌第四子，武王之弟，聪慧有才。文王在日，常参与谋划政事，随军征战习武，按其父意旨续编"八卦"，即后人所称的《周易》。文王去世，姬旦一直辅佐武王，担当重大国政，参与伐商备战，戡黎远征，一、二次孟津会盟，牧野之战，陷朝歌，杀商纣。他是周统帅部核心成员之一，且是统帅部的灵魂，不是王而胜于王。

周开国伊始，武王劳累过度病倒。国事千头万绪，当家人不能理事，幕僚们都惊恐担忧。此时的姬旦更是焦急万分，惊慌失措。他采取一个超常行动："自损自残。"他沐浴斋戒，设坛祭祖，向老三王（太王、王季、文王）禀告：祈祷他们保佑姬发康复；自己愿做人质，代姬发而死，去服侍祖先鬼神，说自己有服侍的专长，而姬发没有；现在国家万事都等着姬发料理，自己可以抽身。他的话是誓言，史官记下。他叮嘱史官用镶金藤盒封存，不许外泄。《尚书》中有一篇文章《金縢》专说这件事。《史记·世家第三·鲁周公》也有详述。《史记·周本纪》《史记·鲁周公世家》简要提及：武王已克殷，后二年，武王病。天下未集（未统一），群公惧，穆卜，周公乃祓斋，自为质，欲代武王（以自身抵质，代替武王而死）。武王有瘳（chou 仇，病愈）。史书说，姬旦这一招心诚灵验，感动上苍，武王果然病愈，"武王有瘳"。但是，自然法则，心诚归心诚，疾病归疾病，疾病不用药，心诚于事无补。此后不久，武王溘然辞世。

这则故事就是爻辞"损其疾，使遄有喜，无咎"，最生动的内涵。周公愿意自损其命，以换来王兄转危为安，维护国家稳定。"损其疾"，减轻疾病，"使遄有喜，无咎"，使之迅速康复，没有灾患。

《象》曰："损其疾，亦可喜也。"

意思：折损于疾病，使人高兴（不甚合语义）。按卜筮解：损卦由泰卦变来，虽造成泰之缺损，但能立即成就损卦，也是可喜之事。

六五　或益之十朋之龟，弗克违，元吉【馈赠之珍，王业元吉】

（益：增益，超过。朋：货币单位，古时以贝作货币，五贝为朋。十朋之龟：价值昂贵之龟。弗：不也。克：能也。违：回绝。）

古人心目中，乌龟是神物，现代人心目中，乌龟是宠物，食物，中药。为什么神？为什么宠？介绍点现代资料以理解古人对龟的崇拜。

乌龟（Chinemys reevesil）别称金龟、草龟、泥龟和山龟等，在动物分类学上隶属于爬行纲、龟鳖目、龟科、龟亚科，是最常见的龟鳖目动物之一。我国各地几乎均有乌龟分布，但以长江中下游各省的产量较高；广西各地也都有出产，尤以桂东南、桂南等地数量较多；国外主要分布于日本和朝鲜。乌龟是一种变温动物，在气温50摄氏度以上时，活动正常且大量摄食，而气温在10摄氏度以下时则进入冬眠状态。

据传说，世界上寿命最长的动物，是一只名叫哈里特的大乌龟，活了175岁。

海龟则更是奇特的庞然大物。

太平洋一个小岛上生活一种象龟，最大的成年龟身高2到3米，长5到6米，寿命1000年左右。性情温和，和岛上的人很和睦，喜欢吃的食物是当地岛上的一种仙人树。有一只象龟被人发现，掉进满是石头的山崖，整整两年没吃食物还活着。

龟的神奇就在于长寿，温驯，耐饥，抗寒暑，所以龟被古人称作神龟，灵龟，得到它是吉祥的朕兆。殷商朝更灼龟壳以卜吉凶，在龟壳上刻字记录卜问结果。由此诞生甲骨文。

毕公姬高曾经在羑里监狱服侍过文王，伐纣时他一直在武王身边，开国后仍然被封在毕地，是为毕公。其后人犯罪，绝封，为庶人，分散边疆。再后，有一支族侍奉晋国有功，又得赏封，名为魏国。当初毕地在渭水、沣水交汇处。有渔人得一大龟，恭恭敬敬送给毕公。此时正是武王病中，毕公立即赠送朝廷，以表忠心，有预祝武王康复，国泰民安之意。

"或益之十朋之龟，弗克违，元吉。"有人送来价值超过十朋之龟，不好回绝。龟象征大吉大利。姬高这样想，武王这样想，姬旦这样写。

《象》曰："六五元吉，自上佑也。"

意思：六五为什么大吉大利？位置的风水好啊，得到上帝的保佑。

卜筮圣经：六五为天子位。天父不保佑自己的儿子保佑谁？《系辞·上》曰："三与五，同功而异位，三多凶，五多功，贵贱之等也。""自天佑之，吉无不利。""佑者助也。天之所助者，顺也。"

上九　弗损益之，无咎，贞吉。利有攸往。得臣无家【家国大事先国后家】

（损：减少，削弱。益：增益，加强。臣：男奴，妾：女奴。君王以下的官员都称臣。辅佐君王的高级官员为大臣。）

这里定一条原则,国大于家,家与国利益冲突,弃家益国;不能反过来弃国益家。史书上多处记载西周人实践这一原则的范例,他们在关键时候都先国后家。前面提到的太伯、仲雍不争位是一例。周公自质代死是第二例。周公还政于成王是第三例。《史记》书:武王崩,太子诵代立,是为成王。"成王少,周初定天下,周公恐诸侯叛周,公乃摄行政当国。管叔、蔡叔群弟疑周公,与武庚作乱,叛周。周公奉成王命,伐诛武庚、管叔,放蔡叔。以微子开代殷后,国于宋。颇收殷余民,以封武王少弟封为卫康叔。……周公行政七年,成王长,周公返政成王,北面就群臣之位。"周公摄政,兄弟们怀疑他篡位,联合商纣的儿子武庚反叛,周公奉命平息。七年后,成王成年能理国事,周公立即还政于成王,自己就臣子之位。国家事大,周公不怕污水浇头,光明磊落,是为第三例。管叔、蔡叔叛周,虽是武王、周公亲兄弟,但是危害国家利益,杀无赦为第四例。周公封地为山东曲阜,朝廷青黄不接,周公辅佐成王,承前启后,背家就朝,苦撑姬氏王朝是第五例。蔡叔之子胡,能与父亲划清界限,朝廷仍然重用他,复封胡于蔡邑乃第六例。"弗损益之",对国家(周王朝)不能损害、削弱,只能爱护、帮助、增强,如此才能"无咎,贞吉","利有攸往"。当臣子的,要以国家利益为重,家应融于国,"得臣无家"。处理得当,荣华富贵。反之,家破人亡。

第五十四章

益【强化新生大周王朝】

震下巽上，益。利有攸往。利涉大川。

（震上巽下：卦画结构，上卦为震，下卦为巽。益：增益，利益，强化。攸：所。涉：行，旅，跋山涉水）

将内转盘的"雷（震）"旋转至外盘"风（巽）"的位置就是"益卦"，见履卦转盘图和右小图。

"益，利有攸往，利涉大川。""益"，利益，增益，好处，更加。"利有攸往"，有利于阔步前进。"利涉大川"，有利于王事霸业。全句：利益昭彰，多多益善，有利于周人阔步前进，有利于周人图谋王事霸业。

海阔任鱼跃，天空任鸟飞。西周人"飞龙在天"，从西北角落进入中国政治舞台中心。

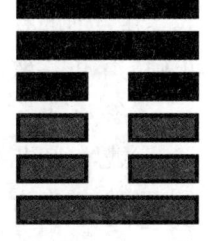

儒家"十翼"有一段赞颂之词非常好，以热情洋溢的情怀讴歌图谋王事霸业的人。《彖》曰："益，损上益下，民说无疆。自上下下，其道大光。'利有攸往'，中正有庆。'利涉大川'木道乃行。益动而巽，日进无疆。天施地生，其益无方。凡益之道，与时偕行。"

孔子对春秋争霸持谴责态度，绝对不会如《彖》这样歌颂霸者。他对灭商兴周持肯定态度，曾猜疑（不十分肯定）《周易》乃写商周之事。这一段话应当是他内心激情的流露。

把这一段赞颂之词献给文王、武王恰到好处。

稍有不足处：以卦画为准绳。卜家说益卦脱胎于否卦。否，下坤上乾。挪上乾的一阳于底，变成下巽上震，益，所谓"损上益下"、"自上下下"。九五又阳占阳位，当位，处中，有这么些狠处，故"中正有庆"。又有"巽为风、为木"，木浮于水得风，故可"利涉大川，木道乃行"。益卦由震巽构成，"益动而巽，日进无疆"。乾卦拿出一爻给坤卦，"天施地生"变成益卦，增益无限，"其益无方"。

初九 利用为大作，元吉，无咎【王图大业，百事待举】

（作：建筑。大作：宫室建筑，转义为大事，大有作为。）

大周初立，百事待举。武王夜不成寐，他命令幕府拿出行动大纲。姜尚、周公、召公、毕公、散宜生不敢怠慢，一起议论后拟出草案共九条：一、祭祀上天祖先。二、封赏功臣。三、安抚商旧臣。四、镇压反抗势力。五、征伐边远。六、开市营商。七、广泛思想教化。八、迁都。九、恢复生产。武王看后觉前五条应立办，后四条稍缓。目前主要任务是站稳脚跟。

"利，用为大作，元吉，无咎。""利"，有利形势。"用为大作"，抓几件大事。"元吉"，大好的开端。"无咎"，大方向正确，毫无疑义。全句：在目前的有利形势下，狠抓几件大事，力争一个大好的开端，大方向正确，不可犹豫、迟疑，坚决去干。

《象》曰："元吉无咎，下不厚事也。"

意思：初九，阳占阳位，大吉无祸殃，"元吉无咎"。接下来是阴爻，虽当位但无作为，做不了大事，"下不厚事也"。

六二 或益之十朋之龟，弗克违。永贞吉。王用享于帝，吉【珍贵之龟，敬献上帝】

（朋：古货币单位。克：能。贞：定。帝，上帝，上天。）

大纲第一项，祭祀上天祖先。西周人认为，他们是在上天祖宗的护佑下干出了惊天动地的事业。武王们对上天祖先的无私恩赐，内心充满感激之情。今人论述古人的世界观是"天命论"，"天人合一"。岂止古人，中国几千年来都是"天命论"，"天人合一"主宰人们的思想意识，只是有浓淡的差别。现代中国人，粗分一下，有唯物主义，有唯心主义。细分之，有彻底的唯物主义，有半瓢水的唯物主义。唯心主义则有各种宗教：道教、佛教、回教、天主教等。一般中国人崇敬上天祖宗鬼神灵魂，实际上是一种宗教。这种宗教无须入教手续，却有信教形式。各种祭祀，天坛地坛，祠堂宗庙，家神野鬼，土地公，灶王爷……年节都香火不断。它极具中国特色，我们可以给它定名为"华教（包括儒教）"。华教是国教，统治中国几千年。皇帝是教主，教义五个字：天地君亲师。近代中国破除华教迷信，华教的一些祭祀形式被淡化，称为"民俗"。不管你承认不承认，看一下海内外，客观存在着。它涉及广泛而持久。商周时代正是"华教"盛行期，所以开国后第一件大事就是祭祀上帝祖先。

在损卦中有"或益之十朋之龟，弗克违，元吉"句，此处句型相同，改"元吉"为"永贞吉"，祈求长治久安；且明确提出"王用享于帝，吉"。损卦里说过，渔人得一价值不菲的灵龟送与毕公姬高，毕公立即转送给朝廷。武王不轻举妄动。在本卦里，心灵推动他首先想到把灵龟敬奉给上天祖先最是恰当。"王用享于帝。"他命令朝廷大小官员及各方诸侯斋戒沐浴，于四月丁巳日在丰都周庙举行大祭。祭祀仪式进行了五天。中心活动是让上帝祖先开怀畅饮，品尝极品神龟，并倾听武王关于伐商成功的汇报。这一活动具有历史意义，史官记入书册，篇名《武成》，辑录于《尚书》。

六三　益之用凶事无咎。有孚，中行告公用圭【损益之用，宜兵宜礼】

（凶事：凶险困难之事。中行：中正之道行。圭：一种玉制礼器，古代大夫祭祀、朝聘时执之以示忠诚。）

大纲第三项，安抚商旧臣；第四项，镇压反抗势力。事关益于新政权的立足和巩固。一是派纣王之子武庚管理商都朝歌，以商治商；封武王弟管叔、蔡叔、霍叔于朝歌邻区并对武庚监督。二是封表现好的商旧臣箕子、微子于外邑，安定其心。三是慰抚被纣王杀害或迫害的殷商元老比干、商容家属，使之死有所安、生有所养。四是其他商旧臣，只要归顺朝廷，能用则用。五是过去的望族，神农氏、黄帝、尧、舜、禹的后人保持原封地不动，让华夏之祖，香火不断。六是凡持械反抗新王朝的格杀勿论。权柄即刀柄,不可乱杀,又不得不杀。要增强大周政权的威严,必要时就得采用非常手段。"益之用凶事,无咎"。这些事情做好,社会秩序就会好起来。要让世人看到,周人是言必信,行必果,言出法随,"有孚中行"。朝廷要求,新政权的办事程序要逐步正规化,礼仪得当。例如朝会、祭祀、出访等大型礼仪活动凡是公爵之位的都要学会手执玉圭,"告公用圭",以示庄重、诚意和身份。

六四　中行告公从,利用为依迁国【定鼎洛邑,龙蟠九州】

（依:依据,依托,根据地。迁国:迁移国都。）

纲要第八件大事,迁都。武王灭商事成,萌生迁都之意。原来丰京、镐京有些偏西,现在据有全国,还在老地方坐镇不方便指挥广大疆域,应把都城迁到雒邑（今洛阳,河南黄河洛河交汇区域）。他对周公说,夏朝曾经在那里建都,周也该在那里建都。他描绘出美好的设想:"我南望三涂,北望岳鄙,顾詹有河,粤詹雒、伊,勿远天室。营周居于雒邑而后去。纵马于华山之阳,放牛于桃林之虚;偃干戈,振兵释旅:示天下不复用也。"后人概括为"刀枪入库,马放南山",一片太平景象。看来武王也厌倦了战争。他这一番话很有诗意:啊,阿旦兄弟!我南望三涂之通道,北观太岳之城郭,放眼四顾,那黄河如玉带环绕,雒伊似琼室挺立。人杰地灵,接应天汉,谛听天音。我们,营雒邑而闲居,据雒伊而观天下,逍遥自在!天下将拥有太平,战争成就历史,历史嘲笑战争。看我们刀枪入库,马放南山,息干戈,弃兵释旅,解甲从文,拂袖西去,何其乐也。

姬旦随之写诗一首,递与姬发,类似于后来的"沁园春":
长夜无眠,辗转反侧,星移斗转。
看太行群拥,华岳兀立;昆仑冥冥,三涂蛮蛮。

泾渭分明,雒伊取中,黄河九曲十八弯。

上帝仁,有福泽施降,洛邑玉盘。

皇基伟业已安。

看九州园圃花烂漫。

适息战休兵,弃甲归田,刀枪入库,马放南山。

任我驰骋,东西南北,攸游山川兴未残。

痛矣哉,我若仙去,却难舍人寰。

兄弟俩会心一笑。议决,要面对现实。迁都(迁国),政治需要,益于巩固国基。九鼎是王权的象征,先从朝歌迁九鼎于洛邑。"中行",大家要提高认识坚决行动,"告公从"。新都雄居国中,以此为"依"托,周就是名副其实的泱泱大国。病痛给武王留下遗憾,不久,他去世了。迁都的美好理想留给儿子成王实现。

九五　有孚惠心,勿问,元吉。有孚惠我德【化解遗民,安国定邦】

(孚:俘。惠:敬爱,感念。)

俘,俘虏。在当时环境,有比俘虏更加广大的含义,即旧政权的遗

民，包括商军俘虏。他们人多势众。随着不断的征战胜利和疆域的扩大，周人面临众多的商遗民。如何处理好这个问题也是关乎新王朝巩固的大事。周人采取三方面的措施。组织措施：部分地区以商治商，如上述，纣王子武庚治朝歌，五帝望族各治原封地，微子、箕子作适当安排。教化措施：宣传天命转移。纣王无道，上不敬天下不爱民，上天讨厌他惩罚他。周人替天行道，代行惩罚恶人。周王是真正的天子。再是神职人员通过民间渠道演示文王制定的新八卦。新八卦里天垂象于西北，预示上帝委重任于周。这种教化收到奇效。强制措施：遗民中有些顽固者，当时称"顽民"，对其"改邑不改井"迁移地方，改变从属关系，不改变井田的分封和管理。主人换了新奴仆或原地奴仆来了新主人，使之互不适应，各有收敛。原商都的顽民则迁至洛邑，在军队的监管下干体力活，建设周的新都城。对遗民有硬有软，以软为主即以教育感化为主。施行平稳过渡，其结果，广大群众其心被感化，树立新的天命观，"有孚惠心，勿问元吉"，"有孚惠我德"。

上九　莫益之，或击之，立心勿恒，凶【射虎须彻，纵虎伤身】

（莫：不。益：增强。立心勿恒：心志动摇不定。）

纲要第五件大事，征伐边远。周人的革命不似现代的"农村包围城市"，它是长途奔袭，中间开花。首先进军商都，重拳一击，拿下要害。这一战略的态势是老虎头被打得七窍流血，而它的身子在挣扎，爪子还可抓人致死。周取得了商朝很小的中心地区，周围广大诸侯方国都是商的爪牙。不剪除它们，革命随时可能夭折，"凶"。他们观望动摇"立心勿恒"，因此不可放纵它们"莫益之"，而必须坚决打击之，"或击之"。周统帅部决定：趁热打铁，将革命进行到底。在取得牧野决战胜利，商王朝倾覆以后，周军稍事休整，便开始征伐四方。据《逸周书·世浮》记载：武王灭掉九十九国，斩获首级十七万七千七百七十九个，俘虏三十一万零二百三十人，共降服六百五十二个方国部落。战争结果，化凶为吉，化险为夷，局势趋稳，疆域扩大，全国初步统一。紧跟着由周的内亲外戚瓜分胜利果实，名曰分封功臣。新诸侯国镇抚四方，拱卫大周王朝。

第五十五章

离【黄祸黄火,八千里电闪惊日月】

离上离下,离。利贞。亨,畜牝牛,吉。

（离上离下,卦画组成,上下离卦相重。离:八卦中的"闪电"读音。畜:放牧,饲养。牝 pin:雌性的兽类。牝牛:母牛。）

将内转盘的"电（离）"旋转至外盘"电（离）"的位置就是"离卦",实际上叫电卦最恰当。见乾卦转盘图和右小图。

原创八卦,即最古老的八卦,表示自然界八种现象:"天、地、山、川、风、雨、雷、电。"古人用八个汉字"乾、坤、艮、坎、巽、兑、震、离"表示它们,这汉字仅仅是八种现象的古老发音代码。离是其中之一。

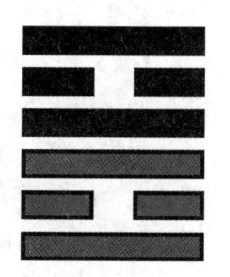

八卦中,离表示电,特指闪电,非现代意义的电。现代汉语辞书对"电"的解释是,物体有电荷存在和电荷变化的现象;"闪电"则是云与云之间或云与地之间所发生的放电现象。电是重要能源,在当今电气化时代,如果无电,人们几乎不能生活。古人不懂使用电,他们所感知的是空中闪电。闪电造成森林火灾,山野火灾,住房火灾,庄稼火灾,还可以电死人畜。闪电也给人类送来火种,成古人的火种之一,让人类由生食进化到熟食;送来火种的闪电,也给人类送来温暖和光明,延长了太阳的功能,缩短了黑夜和冬天。

古人对闪电有一种神秘感,无法理解闪电的威力从何而来。当风雨并作,雷电交加,造成家毁人亡时,人们更感觉在大自然面前的渺小。他们由不知到崇敬,相信闪电的威力来自上帝,相信人间善恶都在上帝们的掌控之中，闪电奉上帝命对人类赐福或降灾。闪电被人格化，神仙化，称闪电为"电母"。

电与火密不可分，电，转义为火，"离"也就表示火。许多人解释"离"为"附丽"、"依附"、"美丽"，这离题太远。君不见，出土文物帛书《周易》用"罗"代"离"表示闪电，如果望文生义，罗就是网罗，绫罗，罗列，又该怎样与闪电或火联系呢？

《周易》作者以离为题，做了一篇关于火的文章。

"离，利贞"：离，火，西周革命之火，由点点火星，遍烧全国，这是一种极具威力的朕兆。

"畜牝牛，吉"：畜，饲养；牝 pin 牛，即母牛。饲养母牛，吉祥。牛分公母，母牛叫牝牛，公牛叫牡 mu 牛。它们各有特性，依人们的需要而取舍。如公牛体壮好斗，人们培养其为斗牛或犁地、拉大车。母牛产仔产奶，人们培养其为种牛、奶牛。坤卦中有"利牝马之贞"，这里又有"畜牝牛吉"，可见西周人尚雌性特性。看看母牛的特性，再想想姬昌他们这帮人，就知道"畜牝牛，吉"的意思了。母牛产仔，仔又产仔，生生不息。寓意西周人自强不息、奋斗不止精神和西周革命之火连绵不断燃烧的发展趋势。

《彖》曰："离，丽也。日月丽乎天，百谷草木丽乎土，重明以丽乎正，乃化成天下。柔丽乎中正，故亨；是以畜牝牛吉也。"

意思：离，光耀。日月光耀于天，百谷草木亲和于土。上下重离似光明正大，感化于天下。二、五两阴，阴，柔的意思，都处中位，故以亨通，故如母牛驯良而温驯，平安吉祥。

这是分析卦画，证明西周平安吉祥，有祝福的意思吧。

初九　履错然，敬之，无咎【冰火迭代，五百年王朝轰然塌，西周登堂】

（履：①踩踏，践踏。②实行，经历。③鞋。错：交错，错乱。然：状态，样子。敬：①警戒。②严肃，慎重。③尊敬，尊重。④敬意。）

"履错然"：履，步履，步伐。错：交错。走路，两腿前后交替挪步。

然，状态，样子。"敬之无咎"，谨慎前行则不会有大的差错。全句，两腿交替挪步前行之状，谨慎小心则不会摔跤跌倒。

比拟而已。时代以大步伐前行。

左脚商，右脚周。左脚走了一步，再右脚走一步，商先走了一步，周继后走第二步。当然周的下一步不是商而是秦了。

现在正是周人开始挪步的时候。毕竟不是平常走路，是政治大变迁，时代大演变，是一个政权推翻另一个政权，生死搏斗，要流血，要死人。形势极端严峻残酷，丝毫不可掉以轻心。前进的道上充满荆棘泥泞，步履维艰，稍有错乱，就倒在荆棘中、陷在泥泞里。谨慎之则可避免失误，"敬之无咎"。西周人有自己的血的教训，季历死于征途，伯邑考死于征难，姬昌陷于牢狱，一大批西周人死于国难。鲜血告诫活着的西周人，在历史的转变时期，自己的策略、举止必须慎之又慎。

六二　黄离，元吉【岐山黄火，星点点，燎燃渭水岸，席卷华夏】

（黄：黄色。离：闪电，火光。）

为什么"黄离，元吉"？姬昌是黄土高原的人，偏爱说黄土高原的家乡话，乡情土情溢于言表。"黄离"，黄色的火光，黄土高原的革命火花。正义之火猛烈异常，"黄离，元吉"。

西周人爱黄，原来是乡土情结，他们是黄土地的子女。除此，还有一种隐含的政治情结：在这黄色的土地上，周人点燃了革命的火种，"黄离"。这黄色土地的火苗，火趁风威成冲天大火，蔓延全国，烧焦商王朝，让周人来收拾残局，开创新纪元，"元吉"。黄火炼黄金，周人要用黄火炼出黄金，打造新的江山。

前文说"畜牝牛吉"，牝牛是产仔的种牛，同理，西周的闪电是火种，都是种子。种子可以传递基因，代代相继，蔓延于广袤无垠的大地。

《象》曰："黄离元吉，得中道也。"

意思：六二，阴爻阴位，当位；金木水火土，黄是土色，土在五行中央，叫中色。得此中道，所以大吉。

九三　日昃之离，不鼓缶而歌，则大耋之嗟，凶【水干草枯，三晡 fu 火，殷商哀歌乱，风雨飘摇】

（日昃 ze：太阳偏西。缶 fou：①盛酒浆的瓦器。②汲水的瓦器。③瓦、铜质打击乐器。④量词，十六斗为一缶。耋 die：六十至八十的老人。嗟 jie：叹词。叹息，悲叹，赞叹。）

商朝廷自从成汤开基以来五百余年，度过了它的兴旺时期，一步步衰退下来，已经成为偏西的太阳，"日昃之离"，光辉越来越暗淡，直至落山。朝廷对国事的管理失了方向，乱了方寸。古时宫廷唱歌要敲击瓦质乐器"缶"，用它来导引唱歌的旋律，类似现代乐队指挥，挥舞指挥棒控制全队的抑扬顿挫，演奏出优美动听的音乐。朝廷官员一群，尸位素餐，有作为的或死、或囚、或叛、或逃。纣王沉湎酒色，听谗逐正，紊乱纪纲，颠倒五常，喜怒无常。这个乐队是乱套了，烂透了。有"缶"而无人击，有人击而无人歌，"缶"破而不响，歌而跑调，无缶无歌，今夜这里静悄悄。老臣商容，史称贤者，看到朝廷前途无望，"不鼓缶而歌"，找个理由告老还乡，发出老者之悲叹，"大耋之嗟"："凶险啊，殷商前途堪忧啊！"

九四　突如其来如，焚如，死如，弃如【焚如死如，四万五神兵降朝歌，火燔纣王】

（如：助词，词后缀，表示"……的样子"。）

公元前 1051 年，武王向商都朝歌进军，大军在孟津乘船渡过黄河。兵车则用船搬运过河，军师姜尚马上命人把船全部毁坏。说："这回出兵，是太子（姬发）去为他父亲报仇，大家只有去和敌人拼死奋战，不可存侥幸生还心理！"所过的渡口和桥梁，也都叫人全部烧掉，不留返回的希望。兵法：置之死地而后生。

周军到了邢丘（今河南温县）这个地方，忽然天下大雨，一连下了三天三夜，也不休止，并且还发现战士们用的盾无故折为三段的怪现象。武王心里有点害怕，便召军师姜尚来问道："看这光景好像是纣还不可以讨伐吧。"姜尚答道："不然。盾折为三段，是说我们的军队应当分为三路。大雨三天不止，那是在洗我们的甲兵，让我们清清爽爽，好上路啊！"武王听了，说："那又怎么办呢？"姜尚说："爱那个人，就连他屋顶上的老鸦也觉得可爱；要是憎恶那个人，就连他巷子里的壁头也觉得可恶。现在的办法就是去杀光敌人，不要剩下一个！"

周历二月二十日，大军在商都附近的牧野布阵，准备决战。有的史书上说："到这时，商王宫廷才得到消息，赶忙停止歌舞，撤去酒席，开始讨论应敌的对策"（《中国史稿》）。周军如洪水猛兽扑来，朝歌毫不设防，商王朝理所当然地彻底覆灭。"突如其来如"，突如其来的样子，闪电战，迅雷不及掩耳，神兵天降，商王猝不及防。商王见大势已去，放弃他的九鼎、他的妻妾、他的珍珠宝贝，登鹿台自焚而死，"焚如，死如，弃如"。"黄离"，黄土高原之火，终于把商王烧死。商王之死，历史上有两个版本，《史记》版，自焚，烧死。另一个是《竹书纪年》版，他杀，武王亲擒并杀死。两个版本是后人各有所挺，自杀论挺纣王生得英武、死得壮烈；他杀论挺武王替天用命，亲操屠刀。我们只接受结果：纣王死了，是黄火烧死的，是酝酿近百年的革命之火烧死的。《周易》作为最早的历史实录，证明纣王是烧死的。不管他英武壮烈与否，反正是了结了一个王朝，

武王伐商，姬昌已死，此卦当是姬旦所编写。

《象》曰："突如其来如，无所容也。"

意思：六四处上卦之始，六五为天子，老四不报告一声，也不敲门，悄悄闯近天子身边，使天子感到有突如其来的样子，难以容忍。

来者是侍卫还是刺客？卜家说奥妙都在卦画中。

六五　出涕沱若，戚嗟若，吉【文火慢煲，两重天，旧臣得优抚，出涕沱若】

（涕：眼泪，哭泣。沱 tuo 若：泪流如雨。戚：忧。嗟 jie：叹词。叹息，悲叹，赞叹。）

一朝天子一朝臣：前朝天子死了，树倒猢狲散，朝臣们失了靠山，遭水淹火烤，命悬一线。他们陷入混乱恐怖之中，许多人以泪洗面，"出涕

沱若"。许多人悲叹生不逢时，遭遇厄运，"戚嗟若"。周人主张德治，德治有别于儒家的礼治。德治包含对敌人使用武力，敌人不投降就消灭它；谁与新朝廷为敌，谁就死路一条。商臣们纷纷自谋出路：悲观的，跳进水里、火里，一死了之；顽固的，逃出首都，投奔侯国，寻求东山再起；胆小的，远走高飞，找个僻静处闲居，垦荒养家。明智的，如微子、箕子、禄父（纣王之子）一类人投降周人，不仅保住了性命，还保住了福禄，"吉"。禄父封侯治商都（后叛周遭杀），微子封于宋国，箕子封于高丽。比干家属、商容及其亲属受到抚恤和尊重。周人要的是天下，不是要杀掉所有的人。顺之者昌逆之者亡，识时务者为俊杰。

《象》曰："六五之吉，离王公也。"

意思：六五的吉祥是因为阳光照耀王公。

上九　王用出征，有嘉折首。获匪其丑，无咎【武王举火，一把火，火烧连九营，斩草除根】

（折：折服。首：首领。匪：敌人。丑：同类，随从。）

毛泽东当年在百万雄师过大江占领南京时写下名句："宜将剩勇追穷寇，不可沽名学霸王。"这情境就是古代周人牧野决战后的情境。理解占领南京，就好理解占领朝歌以后该做什么。

《逸周书·世俘解四十》载：

二月二十日甲子，周占领商都，纣王自焚死，俘虏殷臣百人。

二月二十三日丁卯，吕望（姜尚）奉命战胜殷臣方来，归来献俘。

二月二十八日壬申，吕他奉命战胜越、戏、方，归来献俘。

三月八日辛巳，侯来奉命战胜殷臣靡集于陈，归来献俘。

三月十一日甲申，百弇 yan 奉命率虎贲战胜卫，归来献俘。

三月二十七日庚子，武王命令陈本伐磨，百韦伐宣方，新荒伐蜀。

四月二日乙巳，陈本、新荒战胜磨、蜀（此蜀当是盟友蜀国国内的反动派）归来，向武王报告擒霍侯、艾侯、佚侯，俘佚侯小臣四十六人；百韦战胜宣方归来，报告擒宣方之君；百韦奉命伐厉，克之，归来献俘。

四月七日庚戌日，武王在周庙向祖先举行献殷馘俘礼。

以上是取朝歌以后的部分征战记录，说明周人正在运用剩勇猛追穷寇，没有给敌人喘息的机会。这些事实正好注释爻辞的含义，"王用出征，有嘉折首。获匪其丑，无咎"。武王继续运用征伐，嘉奖鼓励抓获敌酋和他们的部属，正义之举，无可厚非。

我们可以从史实中看出，周人的德治是用敌人的生命和鲜血写出来的。当然也包括他们自己的牺牲。

我们也从中看到战争的血腥。武王在四月份举行了隆重的献馘俘礼。"馘俘礼"什么意思？馘（读 guo 国）：古时战场，短兵相接，不看重抓活俘虏，而看重斩首。参战者以斩首多少论功，于是他们都想得到对方的首级。得到首级又成负担，战士提着敌人的首级不便继续作战，有时反被对方割了首级。周时改制，以耳代首。馘：就是割取敌人的左耳，以耳朵多少记功，耳朵放进口袋里作战很方便。这项发明可以报专利。最后成堆的耳朵集中到武王面前，武王十分欣喜，命搬运到周庙，供奉祖先神灵，让他们知道周人的胜利，然后火焚销毁。这就是"馘俘礼"。"馘俘礼"中也包括处决敌方首要分子。

《象》说："王用出征，以正邦也。"

意思：王对诸侯进行征伐，用以纠正邦国偏于邪道。

这一句话没有具体指谁，只能让人猜测。猜测一，商王讨伐从外地迁到岐山的周部落，纠正它对朝廷的漠视，"以正邦也"。猜测二，武王建国后伐残敌，以振国威，"以正邦也"。猜测三，大周立国后，周王征伐，镇压反叛诸侯，"以正邦也"。猜测四，秦始皇在各地大举用兵，要统一全国，"以正邦也"。

第五十六章

萃【群英荟萃,生死均安】

坤下兑上，萃。亨，王假有庙。利见大人。亨。利贞。用大牲吉。利有攸往。

（兑上坤下：卦画组成，上卦为兑，下卦为坤。萃：群，类，聚集。假ge：音格，至，到。有：于。见：出现，涌现。亨：通达，亨通享，祭享。大牲：用牛作为祭品。）

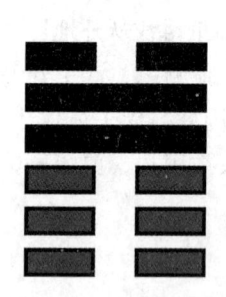

将内转盘的"地（坤）"旋转至外盘"雨（兑）"的位置就是"萃卦"，见履卦转盘图和左小图。

萃：一群，一类。物以类聚，人以群分。血缘同宗，是以血统分类；志同道合，是以信仰分类；阶级兄弟，是以财富多寡分类；四海之内皆兄弟，是以人有别于动物分类。

这是一篇大型祭祀活动的纪实文献。

革命就是革故鼎新，推动历史发展、前进。一场革命下来，必以千万人生命为代价，敌人的和自己的。敌人的，代表腐朽的、逝去的势力；自己的，代表进步的、新生的势力。

武王伐纣，以周代商，一个以周人为中心的新王朝诞生。对历史、对周人来说，实属惊天动地的伟大事业。在周人心中，周人创造的奇迹，首先应该归功于上帝。上帝洞察人间万事，适时把治理华夏的使命交给西周。周人心里也明白，他们的奇迹是几代人的心血和生命堆积的成果。他们属革命先驱，革命先烈一类的人物。这些人应当受到后人的尊敬，崇拜，祭祀。他们应当永远活在人民心中，世世代代受到享祭。"萃，亨。"

"王假有庙"，"王"：武王姬发，中国历史上在位的第一王。此前没有天子称王。史上，前三皇，后五帝，夏朝称后，商朝称帝，周朝标新立异，称王。"假"，这里读 ge 不读 jia，是"到"，"去"的意思。"有"：虚词，无意义。庙：专门用来供奉神灵祖先牌位的宏大建筑，也是古人举行各种祭祀庆典的公共场所。武王黄袍加身，他和他的臣属最急切的心愿就是到祖庙祭祀上帝和祖先，缅怀他们的功绩，感谢他们的无私奉献，祈求他们保佑既成事业繁荣昌盛。

"王假有庙。"武王庚寅年二月甲子日伐商成功，建立周朝。当年四月凯旋丰镐，择吉到周庙举行规模宏大的祭祀活动。据《逸周书·世俘解》载：

"维四月既旁生魄（周历四月初二），越六日庚戌，武王朝（早）至燎（燎祭）于周庙。武王降自车，乃俾史佚繇书天号（在庙，王命史佚读册书）。武王乃废（杀的意思）于纣恶臣共百人，伐（杀的意思）右厥甲小子则大师。伐厥四十夫冢君则师，司徒、司马，初（杀的意思）厥于校室。乃夹于南门，用俘皆驰佩衣，先馘入。武王在祀，太师负商王纣县首白旗，妻二首赤旗，乃以先馘入，燎于周庙。若翌日辛亥，祀于位，用龠于天位。越五日乙卯，武王乃以庶祀馘于国周庙。翼于冲子，断牛六，断羊二。庶国乃竟。告于周庙曰：'古朕闻文考修商人典，以斩纣身，告于天于稷。'用小牲羊犬豕于百神水土，于誓社。曰：'惟于冲子绥文考，至于冲子。'用牛于天于稷五百有四。用小牲羊豕于百神水土社，二千七百有一。"

《逸周书》里，记杀伐太多，儒家忌讳，历来注解者极少。该书保持原汁原味，古奥难读。但是此段文字把"王假有庙"、"用大牲"的事还是记叙得很清楚。

"王假有庙"这是周建国后一次盛大而隆重的庆典，历时五天。杀了一批殷商贵族俘虏，"废于纣恶臣共百人，伐右厥甲小子则大师，伐厥四十夫冢君则师"（废、伐、初都是杀的意思），烧了千万敌人的左耳，"馘入，燎于周庙"，"馘于国周庙"（馘，敌人左耳。燎，烧），用了大牲，"断牛六，断羊二"，"用牛于天于稷五百有四"（断：杀。用牛：杀牛以祭）。

"亨，王假有庙。利见大人。亨。利贞。用大牲吉。利有攸往。"——武王带领政要、族众到祖庙祭祀，体现王朝兴盛，事业亨通，利于弘扬正义。用牛羊等大牲祭享上帝祖先，助推王业高歌猛进。

《象》曰："萃，聚也；顺以说，刚中而应，故聚也。王假有庙，至孝享也。利见大人亨，聚以正也。用大牲吉，利有攸往，顺天命也。观其所聚，而天地万物之情可见矣。"

意思：萃，聚合的意思；萃卦结构，坤下兑上（顺以说），二五居中，阴阳相应，这就是聚合。王到宗庙祭祀，是尽孝道以享于祖先。有利于体现王者风范（利见大人），事业通达，体现正气。用大牲祭祀，吉利，顺从了天命，有利前行。看看那聚合，就等于了解天地万物的情态。

作者确实下了一番功夫才写出这段话。先分析卦画，爻象极好。再解卦辞，王祭祖尽孝，前程远大。最后结论，由此及彼，由类聚而知天地。

本人愚笨，把萃卦细读几遍，也未悟出"天地万物之情"何样。

初六　有孚不终，乃乱乃萃，若号，一握为笑，勿恤，往无咎【后人缅怀，先烈含笑九泉】

（孚：诚信，忠心。乃……乃：虽然……还是。萃：通"悴"，困顿。号：呼号，大哭。握：屋。一握：满堂。恤：忧虑。）

这是"王假有庙"的祷词之一。

庙，供奉祖先，一般称祖庙或宗庙。

《逸周书·世孚解》载，"辛亥日（五天庙祭中的第二天）……王不革服（穿传统服装，不穿皇服），格于庙（到庙），秉黄钺（持代表权力的铜斧），语治庶国（向祖先报告收治许多邦国的情况），禽人九终（乐官奏颂歌九节）。王烈祖自太王、太伯、王季、虞公、文王、夷考以列升（把神主按次序升登到一定的位子），维告殷罪"（向祖先报告殷的罪状）。

文中提到的烈祖共六位：

太王，古公亶父，大周王朝的开山鼻祖，一位有政治头脑的人。他首先制定翦商政纲："辅国建侯，开荒拓土，三单潜龙，谷熟当收。"建立诸侯国，臣服于商朝，往政治中心靠拢。用德治管理自己的方国和处理邻国关系，奠定周的政治基础。选定姬昌作接班人，从组织上保证周的顺畅发展。

太伯，亶父的大儿子，季历的大哥。这是一位识时务又不自私的人，他见父亲选定三弟季历，忙避开政治旋涡，携二弟仲雍"奔荆蛮，文身断发，改名句吴"，隐身国外。荆蛮推举他为酋长，称吴太柏。他没有后人。

季历镇边

王季，即季历，姬昌的父亲，他排行老三，亶父看中姬昌而立季历。季历为人忠实勇敢，听命朝廷东征西讨，镇守边疆，累建奇功。最终为商王文丁所杀。

虞公，名仲雍，亶父二儿子，虞公是后来的封号。经历和大哥一样，大哥死无子，继兄位，称吴仲雍。

文王，姬昌，在位五十年，头脑冷静，思维敏捷，编写《周易》，能文能武，对灭商建周，做了大量的思想准备和组织动员工作，是西周承前启后的关键人物。

邑考，称伯邑考，姬昌大儿子，姬发之兄，做人质寄居朝廷。姬昌阴议纣王是非获罪下狱，伯夷考遭株连被杀。

他们六位在周人历史上是烈士，因为都先于立牌位的姬发逝去，故称烈祖。

他们生长于乱世，争斗于狂飙，是后人敬仰的圣贤。时代昏乱却把他们炼成社会精英"乃乱乃萃"。季历、伯邑考更死于非命，"有孚不终"。

子孙们在庙祭的时候，缅怀他们悲壮一生，无不以泪洗面，号啕痛哭。好在他们的努力没有落空，鲜血没有白流，"谷熟当收"，谷子熟黄，颗粒归仓了，天下是姬家的天下了。周人前程一片光明，举国腾欢。英烈们可以含笑九泉。："一握为笑，勿恤，往无咎。"

《象》曰："乃乱乃萃，其志乱也。"

意思：在混乱中聚合，众人的意识一片混乱。

人们在参加庙会。一位旁观者所见：人头攒动，你推我拥，卖糖葫芦的，卖风筝的，烧香磕头的……"乃乱乃萃，其志乱也。"

六二　引吉，无咎，孚乃利用禴【诚以报天，天佑以成】

（引：导。禴 yue：古宗庙四时祭祀之一：春祠、夏禴、秋尝、冬烝。因为季节不同，收获不同以至祭品丰简不同。）

这也是"王假有庙"的祷词之一。

《今本竹书纪年疏证》记载，帝辛六年（公元前1097年），西伯初禴于毕（《唐书·历志》："至纣六祀，周文王初禴于毕"）。

古人很重视各种祭祀。历史书上记这么一笔，说明这祭祀不一般。头面人物主祭，带有政治色彩，有风向标的意味，诸侯们都很关注。姬昌这回是禴祭，既简朴、隆重而又诚挚。禴祭中姬昌显现出王者风范，不少诸侯随行，风传姬昌是未来的受命之君。禴祭地点选在毕邑。毕邑在现在的西安附近。毕邑首脑毕侯正好与姬昌同姓，名姬高。这姬高很义气，后来他陪伴姬昌在羑里度过了七年的牢狱生活。

"引吉，无咎，孚乃利用禴。"姬昌利用禴祭大作了一篇好文章，合法地宣传了西周人的品德，引导了商晚期新的政治走向。

这里面有重大的政治含义。殷商时期，用活人祭祀殉葬的风气特别严重，造成社会大乱。姬昌的禴祭针锋相对。禴祭是简祭，粗茶淡饭，不搞人祭，重在心诚。这种做法像惊蛰之春雷，宣告了寒冬过去，春天已经来临。

"既济"卦中有"东邻杀牛，不如西邻之禴祭，实受其福"，这里也杀了牛，且"用牛于天于稷五百有四"。有何不同？不同点是，前者杀牛还杀无辜奴隶，且单纯追求排场，没有诚心。后者杀牛也杀人，这回庙祭杀了很多人，杀的是贵族罪犯，跟殷商杀无辜奴隶本质不同，目的是震慑残敌，巩固新政权。文中"用牛五百有四"数字可能有误，现代屠宰场一次也杀不了五百零四头牛。

《象》曰："引吉无咎，中未变也。"

意思：卦画二五阴阳相应，互有引力，吉祥无灾，都处中位，中庸之德未变。

《周易》与"十翼"实行双轨制。《周易》写周历庚寅年四月七日至十一日在丰都周庙的大祭盛况。"十翼"写光照千古的八卦卦画二五相知相遇，处中不变的哲理。

六三　萃如，嗟如，无攸利，往无咎，小吝【死者冤也，生者叹也】

（萃：通悴，病也，憔悴，伤心。嗟 jie：叹也。如助词，"……的样子"。小吝：小毛病。）

这也是"王假有庙"的祷词之一。

伯邑考，姬昌太姒夫妻大儿子，质押于殷商朝廷，被杀。

《帝王世纪第五·周》："文王虽在诸侯之位，袭父为西伯。纣既囚文王，文王之长子曰伯邑考，质于殷，为纣御，纣烹以为羹，赐文王，曰：'圣人当不食其子羹。'文王得而食之，纣曰：'谁谓西伯圣者？食其子羹尚不知也。'"

这里面有很大的传说成分，但是有几点是肯定的，伯邑考是人质，纣王的车夫兼侍卫，姬昌坐牢时被杀。死于国难。他是储君，如果不死，应当是当今的周王。姬发和参与庙祭的亲属特别是他妈太姒想到这一层，无不伤感、惋惜，"萃如，嗟如"。斯人已去，后继有人。当伯邑考在九泉有知，也会说，小挫折，淘淘河水东去，满地都是周人，处处都是伯邑考。"无攸利，往无咎，小吝。"

《象》曰："往无咎，上巽也。"

意思：前行无灾，上进一步就是兑，兑者愉悦也。

九四　大吉，无咎【一国精华，丰镐荣耀】

"王假有庙"，这次庙祭，历时五天，时间之长，规模之大，到人之众，在周朝历史上，空前绝后。

以武王为首的九弟兄：姬发，姬鲜，姬旦，姬度，姬振铎，姬武，姬处，姬封，姬季载。（再过两年，姬发、姬鲜、姬度死，大团圆缺了三位。）

以太姒为首的内宫女眷。

以太子姬诵为首下一代兄弟们。

以姬氏族旁支虢仲为首的叔伯兄弟及亲属：姬虢仲，毕公姬高，召公姬奭 shi。

以姜尚为首的大臣：姜尚，散宜生，南宫适，蔡公，原公，邵康公，辛甲，尹佚，闳夭，太颠，夷羊，向挚，鬻子等。

以八国联军为首的盟国及友邦君主。

另外……

另外还有纣王和他的两个妻子，他们都在旗杆上，只参加这一回，下不为例。

这么多人汇集五天，每日酒肉，杀五百零四头牛似乎也不为多，因为他们还要把祭肉分发全国。

这是庙祭，实是国聚，全国精英聚集在丰镐这小城邑，显示团结、友好、兴旺、发达，"大吉，无咎"。

《象》说："大吉无咎，位不当也。"

错。位不当何来大吉无咎？

九五　萃有位，无咎，匪孚；元永贞，悔亡。【永登神位，世代受享】

（孚：通浮，漂泊。元：始初。永：长久。元永：始终。悔亡：没有后悔。）

《逸周书·世俘解》载明的"王烈祖自太王、太伯、王季、虞公、文王、邑考以列升"，还传出另一个重要信息："萃有位。"古人相信灵魂不灭，姬氏六位烈祖在庙祭之前没有安位，是随处飘荡的游魂，受冥府歧视，也得不到人间的祭祀，生活很苍凉。现在慎重其事地把他们请进宗庙，"以列升"，按辈分大小排列荣登神位，第一次享受大祭。所谓神位就是用木板写刻逝者姓名、辈分并放于神龛的户口牌、身份证，古时叫"神主"、"木主"，后来叫"灵牌"。灵牌进了庙，表明逝者修成正果。

亶父等六位，因为由武王请进庙，武王乃一国之君，所以他们也得到殊荣。

亶父，太王；季历，王季；姬昌，文王；太伯，早死，定伯位；仲雍，虞公；伯邑考，早死，定伯位。他们各归其位，"萃有位，无咎"，不再漂泊，"匪孚"；此后就世世代代受子孙祭祀，"元永贞"，没有遗恨，"悔亡"。

《象》曰："萃有位，志未光也。"

意思：九五吉位，阳处阳位，得中，不论在哪个人群都称人王，在家为家长，在国为国王。只是他的大志没有光耀出来。

上六　赍咨涕洟，无咎【死者安矣，生者欢矣】

（赍 ji：以物送人。咨 zi：询问、慰问。涕：眼泪。洟 yi：鼻涕，哭泣。）

"赍咨涕洟，无咎。"经典解释，赍咨：悲伤，哀怨。涕：眼泪。洟：鼻涕。直译：悲伤痛哭，没有过失。再压缩成"痛哭无罪"。

"痛哭无罪"怎样跟"王假有庙"相联系呢？翻《辞海》，《辞海》两解：①赍 ji：以物送人。《国策·西周策》："何不以地赍周？"咨 zi：商量，咨询。②赍咨：叹息。《易·萃》："赍咨涕洟。"你翻《辞海》吗？《辞海》回到《易·萃》。这是个有趣的花絮，我站在青海唐古拉山雪峰脚下沱沱河找长江之源，原来"源"在脚下而不知。当初有人把《易·萃》的"赍咨涕洟"解为"叹息"，成为后世之词源，于是人们就按叹息解"赍咨涕洟"。岂知这"赍咨涕洟"另有内涵。

语有语境，我以为在"王假有庙"的语境里，释赍为"以物送人"，释咨为"商量，咨询"合适。

"王假有庙"安抚了许多人,但都是有名有姓的头面人物,而那些无名无姓且在战场上牺牲的士兵的归属呢?还有他们的家属呢?解易者身处局外可以不管,武王身处局内却不可以不管,没有他们流血送命,他姬发只能待在岐山山沟。"王假有庙"一定有部分烈属代表,他们缅怀亲人,无不伤心哭号。武王感动于心,对所有烈士及其家属不能不有所抚恤。历史被史家写成帝王将相的历史,群众烈士历来被史家忽略。但是周初客观,对一般烈士特记一条,"赍咨涕洟,无咎"。赍:赠与;咨:询问,慰问。涕洟:哭泣,哀思。发给一定的物资如牛羊粮食给烈士家属,对死者寄以哀思,对生者表示慰问。这样做合情合理,"无咎"。

《象》曰:"赍咨涕洟,未安上也。"

意思:处上六,人家都团聚了,只有自己孤苦伶仃,想到伤心处,悲痛哭泣。

第五十七章

升【凤鸣岐山，飞龙在天】

巽下坤上，升。元亨。用见大人，勿恤，南征吉。

（巽下坤上：卦画组成，下卦为巽，上卦为坤。升：上升，登高，晋升，同"昇"。元亨：大吉大利，官运亨通。恤：忧虑。）

将内转盘的"风（巽）"旋转至外盘"地（坤）"的位置就是"升卦"，见节卦转盘图和右小图。

公元前1114年，季历死。第二年，即公元前1113年姬昌继位。古人迷信，相信某伟人出现定有物候、天象异常，以说明他存在的崇高和合法。姬昌也被人编了类似故事。《竹书纪年》记："文丁十二年（原注：周文王元年），有凤集于岐山。"《国语》："周之兴也，鸑鷟鸣于岐山。"鸑鷟（读yuezhuo月浊），凤的别名。凤凰是传说中的吉祥鸟，雌为凤，雄为凰，鸡头、蛇颈、燕颔、龟背、鱼尾、五彩色，高六尺许。岐山，今陕西岐山县，古周人的封邑。凤的出现象征姬昌的登位已有神的佑助。公元前1051年武王伐商成功，大周王朝成立，整整六十年，一个花甲子。算上亶父奠基，季历开拓，四代人，近一百年。

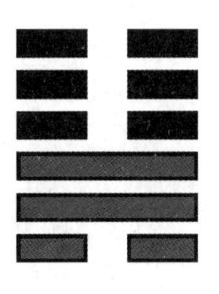

升，上升，登高。姬发灭纣登极，不言而喻，是上升到一个新的台阶，由诸侯而天子。由此引发规模宏大的地震：商帝和他的各级贵族官僚，被掩埋于尘土之下，周的新贵们平夷废墟，纷纷建起自己的高楼大厦。他们由穷乡僻壤进到繁华闹市，由奴才跃升为主子。大家欢欣鼓舞，官运亨通，"升，元亨"。"用见大人"，大人更大人，小人也大人。武王分封诸侯七十一国，姬姓占有五十三。其他皇亲国戚也都鸡犬升天。

"勿恤，南征吉"，不用发愁，南征吉利。现在的"南征"，两层意思，一是广义南征，一是狭义南征。广义南征是说，姬发居于皇位，坐北面南，发号施令，剿杀那些不投降的四方诸侯。这时飞龙在天，威震宇内，扫平中原，谁能阻挡！面南而征，巩固江山在此一举。

狭义南征是说，周人开国后也确实有过名副其实的南征。《礼记·乐记·大舞》："且夫《武》始而北出，再战而灭商，三成而南，四成而南国是疆，五成而分周公左、召公右，六成复缀，以崇天子。"《大武》歌颂武王一战牧野，二战灭商，三战而南，四战而把南部疆土收进自己口袋里……

据《逸周书·世俘解》载，武王攻克商都以后，即命吕望追击殷将方来，同时分兵四路南下。

第一路，由吕他统帅，伐越戏方（在今河南巩义东南），胜，二月二十五日回来报捷。

第二路，由侯来统帅，伐殷将靡集于陈（今河南淮阳），胜，三月初八回来报捷，献馘俘。

第三路，三月十一日，百弇奉命统帅虎贲伐卫（今河南滑县南），胜利后回来报告而献馘俘。

第四路，三月二十七日，陈本奉命伐磨（今河南禹州），百韦奉命伐宣方（今河南长葛东北），新荒奉命伐蜀（后来的浊泽，今河南新郑西南）。三将大胜，向武王报捷。

南征的胜利，黄河以南扫平，有力打击了殷商残余势力，"南征吉"。

《彖》曰："柔以时升，巽而顺，刚中而应，是以大亨。用见大人。勿恤有庆也。南征吉，志行也。"

意思：卦画下巽上坤，从下往上解卦，不停上升都柔顺，巽而顺，二五阴阳相应，且处中，如此而看非常亨通。易于涌现伟大人物。不用担忧，定有吉庆。向南征伐，可以实现志向。

初六　允升，大吉。【岐山永固，周原腾升】

（允：①诚信，②得当，③允许。《周易古经今注》解释"允"为"进"。允升：前行而登高。）

允与升搭配，不论如何解释，都合于当时实际。

"允升"，升迁，上升，升官潮中的升，只要是真诚而得当、且允许的，就"大吉"。当天子是上帝允许的，当朝官是君王允许的，当贵族是财富允许的。升迁，前行而登高，名正言顺，福禄寿喜。升官必须讲诚信。诚信者，就是对上帝忠诚，对天子忠诚，对周王朝忠诚。蔡叔武庚那样的人，虽然升了官，他们叛周，立即由吉变成了凶，被杀了头失了封地，家道败落，福禄寿喜变为灾祸贫苦。凶吉的条件在一个"允"字。

《象》曰："允升大吉，上合志也。"

含糊点，可以称之为切题。仔细瞧，坏了，露馅了。初六，阴爻柔顺，在最下位，是下卦巽的主爻。巽卦是顺，在上升时，柔顺的初六，追随上面两个阳爻，跟着上升，非常吉祥。《象》说的上，即指上方的这两个阳爻。说露馅，就是"允升大吉，上合志也"的说辞中，包着那极其神妙的卦画。

现代岐山

九二　孚，乃利用禴，无咎【谋事在人，成事在天】

（孚：诚信。禴 yue：古四祭之一，薄祭。）

天子要得到上帝的允许，必须表示出对上帝的诚意。姬发初上龙椅（一把简陋的木靠椅），是否已经完全获得上帝的允许，心中没有十足把握。舆论虽然造了一大堆，但是事情的发展异乎寻常地快，昨天还是人家臣仆，几天时间，天翻地覆，成了天子。思维的惯性使他不能刹车，坐在龙椅上还在想，这是龙椅吗？我是天子吗？天下是我的吗？要不是看到姬旦、姜尚他们那诚惶诚恐的样子，他真不敢相信自己已经罩上了上帝给的光环。祭祀是对上帝表示诚意的最直观形式。"孚，乃利用禴"。姬发瞅准一切机会祭祀上帝。周人的传统祭祀是禴祭。禴祭强调心诚，上帝要的就是这颗心。上帝通情达理，礼多人不怪，礼少情深爱。祭祀上帝，上帝得到虚无的好处，姬发则得到真正的实惠。一是心理得到安慰，就如祥林嫂捐了门槛，心到神知。二是全国上下都相信姬发是正宗天子，非假冒伪劣。姬发要习惯于坐那把龙椅。

《象》曰："九二之孚，有喜也。"

对。有喜也。喜何来？"九二之孚"也。

九三　升虚邑【凤鸣岐山，凤去周原】

（虚邑：空的城邑。）

有些周人有点失落，特别是岐山的周人。岐山是周人的老巢，周人得国，凡有一点脸面的人都离乡得道，鸡犬升天，留下的是一帮挖山坡的老弱妇孺。岐山几近虚邑，因为得国，疆域扩大，防盗门不要了，小区保安也撤了，城邑的城池也夷平了。这里失去了昔日的红火，一座虚邑，周人永远的革命纪念地。上岐山去看吧，"升虚邑"，除了旅游点，想找一个达人谈谈天，难。周人为了解除岐山的寂寞，在这里建了姬氏宗祠，周公庙，远祖坟冢。

《象》曰："升虚邑，无所疑也。"

意思：毫无疑问，是一座空虚的城邑。

六四　王用亨于岐山，吉，无咎【投之以桃，报之以李】

（用亨：献祭。岐山，今陕西岐山县东北，周的发祥地。）

商朝武乙时代，周人古公亶父归附朝廷，协助朝廷镇边。武乙三年商帝命亶父为官，赐以岐邑。从此周人潜心经营岐邑。岐山边有一片大平原称周原，适合农耕。亶父的部落因为周原而被广泛称为周人。周人进入中原，岐山成虚邑。说它虚，一是有能耐的人物都走了，再是这里上升为圣地，祖先的忠骨灵魂在这里，上帝落脚在这里。文王八卦就是这样表述的。文王八卦的天（乾），占据西北位，地（坤）占据西南位。天是西周人的天，地是西周人的地。大周朝廷建立后，百忙之中，武王姬发抽身回岐山祭祀祖先、拜谢上帝。岐山之树已经开花结果。武王们很自然地想到，没有上帝和先祖的护佑，他们不会有今天。"王用亨于岐山，吉，无咎。"不忘感恩是中国人的优良传统，何况得了王位的姬发。武王一行的到来使寂寞的岐山热闹了好一阵子。走了，又风平浪静。

有人研究说：本爻似写武王伐纣胜利，文王祭天于岐山。此说错误，武王姬发伐纣成功，文王已死十年。本爻就是写武王回岐山祭祖祭天。

《象》曰："王用亨于岐山，顺事也。"

意思：祭祀是应当的事，顺着应当做的事去做，必然吉祥，没有灾难。

六五 贞吉，升阶【赤子姬旦，高风亮节】

升阶，上升一级台阶。《象》曰："贞吉，升阶，大得志也。"

姬昌在大周开国前十年死去。此卦姬旦所写。此爻，姬旦写自己。他掂量了一下自己前半生，觉得在继承祖业，灭商兴周，巩固大周王权中，尽了全部精力，始终坚贞不渝，目前位极人臣，也该死而无憾了。因此重笔写下四字："贞吉，升阶。"纯真而吉祥，步步高升。

姬旦，姬昌和太姒夫妇第四子，大约生于公元前1096年，开国时45岁。

他是姬昌十个儿子中最有才华的人，年轻时跟随父亲征战，武王东征时参与出谋划策。

开国后，武王病重，姬旦暗设祭坛，发誓表白，愿以自身代兄赴死，换取武王病愈和益寿。但是武王英年早逝，武王的儿子诵继位，称成王。诵年幼无知，姬旦代理朝政。

在巩固新政权的斗争中，大政方略全由姬旦领头制定和施行，是大周虚有国王时期的实际国王。他领导和指挥了剿灭顽抗的四方诸侯，扩大了灭商的胜利成果，全国成一统天下。他扑灭了管蔡叛周内乱和旧商武庚的反叛，远伐边疆部族骚扰。他制定管理国家的一整套被后人尊称为周礼的制度法规，使社会秩序井井有条。当成王成年、可以亲理朝政时，姬旦还政于王，自己恭立臣位。

他的功绩，史家都不惜笔墨大书特书，尊他为儒教之原始，礼法之大成。

这么一个光辉灿烂的人物在人们心中存活了几千年。可是现代出现另一个周公姬旦的版本。这是一个小人周公。

《中国通史·彩图版》（海燕出版社2000年版）这样描述：

"约前1053年，周公失意而死。周成王八年，周成王开始临朝执政。周公旦意识到这是最后的机会，就又开始了夺权的行动。大概是这次又被人知觉，周公不得不逃亡到楚地。后来成王答应不加追究，周公才又回到朝中，但从此以后，他也就失去了专权的机会，三年之后，周成王十一年（约前1053年），周公在失意中病死。在病危之际，他曾要求死后葬在周地，以表示自己对周的忠诚。可是，在他死后，成王却把他葬在了周以外的毕地。成王这样做的理由是说不敢以周公为臣，可内心深处却是想把周公开除在周朝的忠臣之外。毫无疑问，在政治专制的时代，处在周公这样位置上的政治人物，注定要以悲剧结束自己的一生。"

如果叙述属实，则此爻"贞吉，升阶"，应改写为："匪贞，弗升阶。"并且各种史书中有关周公的文字得统统删除或改写，人们应当重新评价周公。

此段文字中有数处难以使人信服，如：第一，文中使用"大概"这类不确定的词语，带有主观估计和猜测的意思，动摇了读者的信从。第二，文中所用时间"约前1053年"，非现行的夏商周断代工程所定之法定纪年，也非《今本竹书纪年疏证》所确定之纪年。是新是误？疑团重重。第三，"死后葬周地"，"周地"也是个不确定的位置，可以是"岐山"、"丰邑"、镐京，也可以是洛邑、毕邑。第四，"在他死后，成王却把他葬在了周以外的毕地。"此说不确，毕地其实在老西周的管辖之内，并且是文王、武王安葬之地。《竹书纪年》载，帝辛"四十一年春三月，西伯昌薨"（原注：周文王葬毕，毕于丰西三十里）。又载，"成王元年，葬武王于毕"。《逸周书·作雒解》："元年夏六月，葬武王于毕。"既然周公也葬于毕地，与父兄一起，正是认祖归宗，怎能说是周公被开除呢？

是否有考古新发现？在没有准确新证之前，我们仍然以史书为准。

上六　冥升，利于不息之贞【光宗耀祖，万世其昌】

（冥：①昏暗，冥界，人们假想的死人世界，②海，③深远，④夜，⑤愚昧。）

冥，取第一义，昏暗。昏暗地上升，词不达意。或可这样理解，非活人世界的上升，即已经逝去的祖考的上升，冥界先祖的上升。死人怎样上升呢？这件事情由活人干：给他们多烧香磕头，多献水果鲜花，给他们追加名号。武王更有条件，给他们立家庙，追封爵位，追封古公亶父为太王，追封季历为王季，追封姬昌为文王，追封伯邑考为烈祖之一，他们的老婆被封为太祖妣太王后……华教（中国国教）认为，人死了灵魂不灭，他们在另一个世界（冥界）活着。他们同活人一样，也要吃喝玩乐。他们也自私，只保佑自己的后代不保佑别人的后代。他们也有虚荣心，好争荣华富贵。后人必须琢磨死人的心理状态诚心服侍。冥界都上升了就有利于自己前程的永远光明远大，"冥升，利于不息之贞"。至今社会也存在此种遗风，老爷子死了，孝子们除了烧纸钱，还烧汽车、电视、手机，烧二奶、小蜜，完全不顾他奶奶的感受。

《象》曰："冥升在上，消不富也。"

意思：盲目上升到极点，消耗过度，力量已经不足。上六阴爻，柔弱无力，又上升到了极点，已经头昏目眩，摇摇欲坠。

第五十八章

随【巾帼英雄太姒】

震下兑上，随，元亨利贞。无咎。

（震下兑上：卦画结构，下卦震，上卦兑。随：跟随，追随，随从，顺应，符合。元亨利贞：元，伟大，高尚；亨，通达，顺利；利，福祉，收益，有利；贞，纯洁，纯正，坚贞。元亨利贞：美好之极，无限美好。）

将转盘"雷（震）"旋转至外盘"雨（兑）"的位置，就是随卦，见归妹转盘图和右小图。

随，跟随，追随，搭档，伴侣，夫倡妇随。《关尹子·三极》："夫者倡，妇者随。"形容夫妇和睦。夫妇和睦则百事顺遂，无限美好，"元亨利贞。无咎"。

此卦由姬昌夫人太姒编辑完成。此卦末爻"上六王用亨于西山"，这个"王"应当是武王。

太姒是夏禹后裔，生于有莘国，姓姒。约公元前21世纪，夏启封支系于莘（今山西合阳），称"有莘国"，简称莘国，属雍州。古人尊重祖先，历朝历代不管怎样替换，都要给予历史上的名门望族之后裔以封地继承香火。太姒就出身在这样的贵族家庭。她受过良好的品德教育和文化教育。

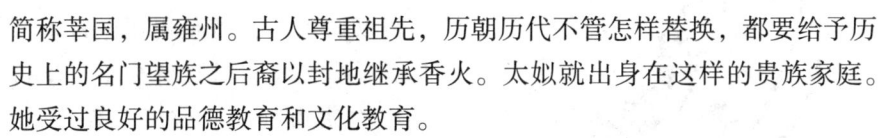

《列女传·母仪传·周室三母》："太姒者，武王之母，禹后有莘姒氏之女。仁而明道。文王嘉之，亲迎于渭，造舟为梁。及入，太姒思媚大姜、大任，旦夕勤劳，以尽妇道。太姒号曰文母，文王治外，文母治内。太姒生十男：长伯邑考、次武王发、次周公旦、次管叔鲜、次蔡叔度、次

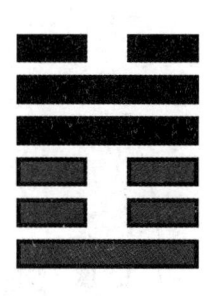

曹叔振铎、次霍叔武、次成叔处、次康叔封、次聃季载。太姒教诲十子，自少及长，未尝见邪僻之事。及其长，文王继而教之，卒成武王、周公之德。君子谓大姒仁明而有德。诗曰：'大邦有子，伣天之妹，文定厥祥，亲迎于渭，造舟为梁，丕显其光。'"

太姒十四岁嫁于西周姬昌。这时姬昌已经三十八岁，有过两次婚姻的历史，只是那两位女士一直没有生育（详情见渐卦）。她上门一连生了十个儿子，是一位高产王后。《史记》上虽然说，十个儿子是一母所生，但是又记有革命成功后封侯时有两个儿子年龄不达标，不足二十岁。封侯时姬昌已经死去十年。姬昌七十七岁死。这两个最小的儿子应当是姬昌六十七岁以后所生。此时姬昌太姒夫妻是否还能合作生育值得怀疑。

太姒到姬家随着姬昌在政治上的沉浮经历了大风大雨，精神上多次受到沉重打击，但是她坚忍不拔，荣辱不惊，相夫教子，实属巾帼英雄。大周兴国有她一份不可抹杀的功劳，但是历史不公，史书千卷，惜墨如金，都不愿多记她几字。

初九 官有渝，贞吉。出门交有功。【相夫教子楷模】

（官：泛指政府有职衔的办事人员如官吏。渝：改变。交：交往。）

太姒沉思

公元前1102年帝辛（纣王）继位，帝辛封西伯姬昌为三公之一。此前姬昌曾与帝辛的父亲帝乙打过一仗，败北，平静了十年。帝辛上台，看到姬昌还是个人物，重用他，让他参与内阁。第二年，他与太姒结婚。新婚燕尔，姬昌在朝廷做官很少在家。太姒深明大义，以国事为重，支持丈夫外出。她认为官职有改变，有晋升，对西周的发展有好处，"官有渝，贞吉"。丈夫有自己的事业，不能因为沉溺在儿女私情之中虚度时光，鼓励姬昌"出门交有功"。与太姒同时代的还有一位妇女，叫妲己。她就缺乏太姒的品格，一心把丈夫子受（纣王姓子名受）纠缠在后宫。俗话说，一个成功的男人背后必有一个好女人，太姒是例子。一个失败的男人背后必有一个多是非的女人，妲己是例子。两例子，前者为真，后者为假。因为没有妲己，纣王也会完蛋。九侯的女儿刚烈，不跟纣王沉瀣一气，纣王将其杀死，可见女人左右不了男人的失败。

六二　系小子，失丈夫【内外难顾】

（系：悬挂，记挂。小子：未成年男子。丈夫：已成年男子，或妻子对配偶的称谓。）

小子、丈夫都用本义。因为是太姒倾诉衷肠，说的就是她的丈夫和孩子们的事。

姬昌在三公位干得好好的，突然飞来横祸。纣王杀了九侯的女儿，连带杀了九侯和鄂侯。姬昌对此有看法，私下嘀咕几句，不料被崇侯虎钻了空子告御状，姬昌下狱。此事发生于公元前1080年。从此七年离别妻儿。太姒失去丈夫，痛不欲生。她三十五岁，结婚二十一年，已有七个孩子。为了孩子，她不能死，她必须把孩子抚育成人，将来姬昌的事业有人接班。"系小子，失丈夫。"她和姬昌的臣属，以及几个大孩子商量，设法营救姬昌出狱。他们倾其全国财力，到处收罗奇珍异宝敬献纣王，以求纣王开恩释放姬昌。

六三　系丈夫，失小子。随，有求得，利居贞【命运多舛】

（随：随之，接着。居：居住，闲处。）

西周营救姬昌成功，公元前1074年姬昌获释。作为女人，太姒比别人多几分思虑。丈夫回到了自己身边可是她又万分痛苦，她心爱的大儿子伯邑考被纣王杀了。"系丈夫，失小子。"姬昌犯案，伯夷考受牵连，纣王找个借口将其杀害。现在丈夫回来了，儿子却永远回不来。想到此伤心处，太姒号啕大哭。她捶打姬昌胸脯，埋怨其多嘴多舌。姬昌也无言以对，眼泪不住外淌，他无法向妻子解释。解释了妻子也不会听。

他们一家沉浸在欢乐和痛苦中。欢乐者,当家人回了,内内外外的事,有了主心骨;痛苦者,太子死了,生龙活虎的小伙子没了。

随之,大家慢慢苏醒过来,倾国倾家要办的事,不就是营救姬昌出狱吗?现在目的已达。"随,有求得。"生活重新开始,"利居贞"。西周在姬昌领导下,事业将在新的台阶上前进。

十年后,姬昌逝世,二儿子姬发继位。又十年,姬发东征成功。姬发的兄弟们都得到封侯。老母亲太姒已经白发苍苍,但是她心理得到极大安慰。姬昌一辈子追求的宏伟目标,姬昌没有看到而她看到了。

九四　随,有获,贞凶。有孚在道,以明,何咎【儿行千里母担忧】

（有获:战争胜利,抓获俘虏。有孚在道:有诚信之心而持守正道。以明:以光明正大立身。）

公元前1051年,庚寅,二月,甲子昧爽,周商决战,血流漂杵。姬昌的老伴太姒64岁,孩子们奔赴疆场,胜负难料,吉凶未卜,作为母亲,她又多一份牵挂,谁能保证打仗不死人。孩子都是她身上的肉,稍有三长两短,都会置她于死地。她寝食难安,日夜祈祷,请求上帝保佑孩子们太平无事。她卜卦,卦辞说,"有获,贞凶",有收获,但凶险。他感觉眼睛跳得厉害,茶不思,饭无欲,几乎倒床。侍婢们劝导也无济于事。好在不久后,前方送回好消息,商纣已死,商王朝干脆利落垮台,姬发姬旦兄弟们都平安。这一大好消息犹如一副对症方剂救活了太姒。她喜形于色,情不自禁地对周围人说:"我就想,我们姬昌家一片诚信,坚守正道,行动光明磊落,难道不应当得好报吗?""有孚在道,以明,何咎。"她喋喋不休:"古话说得好,吉人自有天相。上天有眼,得道多助,失道寡助,事情所以很顺利。"说完,她张罗侍婢摆祭案,用好酒肉祭享上帝和祖先,感谢他们在冥冥中助了一臂之力。

九五　孚于嘉,吉【可怜天下父母心】

（孚于嘉:施诚信给美善者。嘉:指嘉会祭祀时献上玉佩玉器以示恭敬、诚信。）

老太婆一夜未眠，天未亮就把宫廷所有女眷呼醒，让大家准备行动，说是到宗庙祭祀。寅时，一行数百妇女，在太姒正宫的带领下进入沣河边的太庙，供上祭品，女眷们特别敬献了自身心爱的玉佩玉簪。其中有一块玉版，奉为国宝，公元前1062年，纣王特派侍臣胶鬲索取，姬昌冒着得罪纣王的风险拒绝上交。这回太姒拿来敬献给了神灵。她诚信神灵用过的宝物，将更加有灵气，更能保护大周千秋万代王业。"孚于嘉，吉。"

上六　拘系之，乃从维之，王用亨于西山【笑看功德圆满】

（拘系：囚禁。从：通纵，放纵。维：维系。从维：释放。亨：祭享。亨：享。西山：西周根据地。）

西周人东征取得决定性胜利，太姒提醒孩子们按照古制首先应当举行大型祭祀以慰在天之灵。

在殷都前线，武王设临时祭坛，多次举行祭祀。"四月，武王燎于周庙。"武王一行回到镐京去周庙举行隆重献俘祭祖。按照周人区别对待敌俘的要求，对俘获的敌国首脑要人顽固者绑赴祖庙祭杀，改恶从善有功者祭祀后松绑退回原管束单位，"拘系之，乃从维之"。对于成堆的战俘左耳，祭祀后就地烧毁。

割战俘左耳记战功是周人的一项改革，专用词叫"聝"（guo），以割耳取代割头，便于打仗。战士打死敌人，都抢着去割下耳朵放在口袋里回去报功。耳朵集中到司令部，大筐大筐地装。周人想，祭祀中把成堆的耳朵放于神灵面前，神灵一定会夸奖周人伟大又文明。耳朵多表示成绩大，耳朵代头，少了几分恐怖。须知神灵中还有女性，她们心地慈善，见着人头就联想到别人的儿子和自己的儿子。太姒不喜欢战争，她希望人们不要打仗。她这个想法对儿子姬发有影响，革命成功后，武王姬发就想战争到此止步，刀枪入库，马放南山（这句成语就是姬发发明的）。但是社会实践又不能容忍他们的天真想法。

"王用亨于西山。""西山"二字是周人偏爱的字。他们在商版图的西部，称西周，头头称西伯。山是特指岐山，岐山是周人的发祥地，所以一旦提到岐山，西山，他们全身的细胞都会兴奋起来。他们把丰镐和西山作同义词，在丰都周庙祭祀也可以说成"王用亨于西山"。岐山祖庙是必祭的。每年至少一次。

公元前 1045 年冬十二月武王去世，享年 54 岁，太姒 70 岁。真没有想到儿子先她而去，她哭犹无泪。更让她伤心的是孙子登基年龄太小，三儿五儿反叛，老三遭杀，老五遭流放。她再也支撑不住了，不久溘然长逝，死时 72 岁。

第七部分
姬旦巩固政权时期
——亢龙有悔

父兄都走了，文王武王撂下的挑子周公姬旦接下了。武王的儿子继承王位，年幼，干不了事。姬旦摄政，成无冕之王。姬旦凭自己的智慧，快刀斩乱麻，妥善处理各项政务，平定管蔡内乱和商太子武庚叛乱，率军远伐四境，统一全国。

第五十九章

蒙【分化瓦解敌对势力】

坎下艮上，蒙。亨。匪我求童蒙。童蒙求我。初筮吉，再三渎，渎则不告。利贞。

（蒙：蒙眬，蒙昧，蒙蔽，启蒙。匪：不是。童蒙：无知小孩。渎：亵渎，轻慢，不尊敬。）

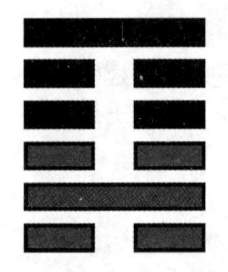

将转盘"河"旋转至外盘"山"的位置，就是蒙卦（见履卦转盘图和左小图）。卦画的二进制意义：101110，十进制：46。

有的易学家说，蒙是谈启蒙教育问题，多指文化教育。这解释离题甚远。商周时期不存在群众性的文化教育，充其量有家教式的贵族教育。周后期，五百年后，如孔子时代，才有了范围稍微扩大的文化教育。蒙卦的历史背景是：武王伐纣，商王新死，商朝灭亡，周朝初创，人们面对的是翻天覆地的情境。社会大动荡、大改组，利益重新分配。周商还处于生死搏斗的未了期。

周人是胜利者，胜利来得神速，没有思想准备，缺乏严格纪律和正确政策，还存在狭隘报复心理。

商帝国坍塌，帝国的支柱，大大小小的官僚、贵族，一瞬砸入废墟之中。他们是失败者，失去掌控一切的权力，失去珠玉财宝，失去干活的奴隶，自己还可能变成奴隶，还可能被杀头，杀了全家。来自周人的恐怖，来自商人失去天堂的绝望、惊恐和挣扎，社会动荡不安。下层百姓也思想混乱，有的观望，有的惊恐，有的抵触，有的归附抵抗势力。此情此景，新王朝如何面对？假定你是武王参谋，你能拿出什么好办法？军师姜太公主张把大大小小的官员以及所有俘虏全部杀掉，如现代的日本军国主义，来个南京大屠杀，杀三十万。你同意吗？周公姬旦主张尝封纣王太子武庚，"以商治商"，因为他和他周围的人没有反对新王朝。你同意吗？召公奭（shì）主张有罪的杀，无罪的放。你同意吗？难啊，老革命遇到新问题。武王综合众议，拍板："区别对待"。

蒙卦讲的就是"区别对待"政策。蒙，有启蒙、蒙蔽意。启蒙是说童稚学文化；蒙蔽呢？则不是学文化，是对迷惑的成年人解惑，帮助他们，迷途知返，改弦更张。蒙卦阐述的主要是这个意思。

如果是文化教育，不该存在谁求谁的问题吧。这里讲的是政治思想教育。教育的对象是商的贵族臣民们。

特定的历史背景，赋予"蒙"特定的含义。商朝已经亡了，朝代变了。周人刀把在手，操生杀大权，客观上形成一种威慑力量迫使人们改变立场，他们用不着祈求或请求谁改变立场，"匪我求童蒙"；倒是商人有强烈期盼，希望新政府有个明白无误的政策，并且希望看到执行政策的实例，"童蒙求我"。现在政策已经出台，臣服宽大，立功有奖，顽抗必杀，一般不问。摆在这帮人面前两条路：一条光明，一条死亡。早醒悟，早得优待，"初筮吉"；犹豫徘徊，执迷不悟，则命运吉凶难料，"再三渎。渎则不告"。

"利贞"，大量的人留恋旧商，把他们转化过来，既艰难，但是却对新政权的巩固有利。

《彖》曰："蒙，山下有水，险而止，蒙。蒙'亨'，以亨行，时中也。'匪我求童蒙，童蒙求我'，志应也。'初筮告'，以刚中也。'再三渎，渎则不告'，渎蒙也。蒙以养正，圣功也。"

啥意思？经典解释：看卦画，下坎上艮，艮为山，坎为水，"山下有水"；坎寓"险"，艮寓"止"，"险而止"，这叫"蒙昧"。蒙亨，蒙之所以亨通，在于二五爻阴阳相应，且都居中，"时中也"。"不是我求童蒙，是童蒙求我"，也是说的二五相应的意思；先生和学生想到一块去了，"志应也"。开初卜筮图像显示，第二爻为阳，处中间又刚强，"以刚中也"。"再三渎，渎则不告。"什么意思？学生接二连三地滥问，亵渎了师道尊严，先生觉学生不诚恳而拒绝回答。把儿童教育得有才智，"蒙以养正"，是一种神圣的功德，"圣功也"。

《象》的大意说的是启蒙教育。先卦画一番，继师道尊严一番，再圣功一番。

求学的人，有问题求教，只能问一遍两遍，问第三遍就"亵渎了师道尊严"。如果遇到一个小滑头，他先问两次，过一天再问两次，过两天再问两次，总不超过三次，会不会亵渎师道尊严呢？亵渎了师道尊严的说法是不符合卦义的。进一步说，蒙卦本来不是讨论童蒙教育。

初六　发蒙。利用刑人。用说桎梏。以往吝【释放刑事犯】

（发蒙：启蒙，着手分化遗民。刑人：受刑罚的人。说：脱。桎梏 zhigu：古代刑具，脚镣叫桎，手铐叫梏。往：放弃。）

这跟学文化没有关系。学文化也利用犯罪的人做榜样、做典型吗？有一位易学专家在"百家讲坛"上说，教育的根本要义，是让人上进，使之成为社会有用的人。最起码，是让人别犯罪，你可以是庸人，但是决不能成为罪犯。刚懂事的蒙童，就该知道什么是犯罪。笼统说，没错。但是这说的是现代教育，离西周三千年！商周的文化教育刚起步，文字都在甲骨上，更不存在对童蒙的法制教育。就是现代教育也不把法制教育放在幼儿园、小学。孩童阶段，在法律上无行为能力，不负法律责任。父母或别的人是其监护人，负有保护监督责任。监护人负责孩子健康成长，有的也教点唐诗、写字，数数什么的。他们不一定告诉孩子："你可以是庸人，但是决不能成为罪犯。"

还有的说，"发蒙，意即启蒙，教育是用来规范人的，刑通型，刑人意即定型、规范人，使儿童读书明理，以避免将来牢狱之灾"。

"定刑、规范人"是个模糊概念，什么样的人算定刑、规范人？姬昌算吗？他怎么坐了牢？张学良将军算吗？他怎么一辈子没有自由？法制教育是个崭新的现代概念。中国几千年重文化教育，所谓文化教育，又只偏重汉语言文字教育，科技，法制不入课堂。回到商周，在一个启蒙的时代，还没有来得及对儿童进行文化启蒙，当然也不存在利用"型人、规范人"。

——我们看看周人要干什么？

做敌对势力的分化瓦解工作，第一步要从被商王关进牢狱的那帮人做起，打开枷锁，恢复其自由。"发蒙。利用刑人。用说桎梏。以往吝。"受商的刑罚之人直接感到周人是他们的解放者，是真正的救命恩人，可以很快成为新王朝的朋友和支持者。箕子，纣王的同姓贵族、朝廷大臣，仅仅因为规劝纣王几句话而被关进监狱，是头号政治犯。其他如征战中俘虏来的所谓蛮夷部落的首脑，没有政治变迁，他们将坐穿牢底。此外，大量的奴隶，他们因为饥寒，偷了粮食，抢了衣物，杀了人，成了罪犯，关进监狱。周朝廷对旧朝罪犯的政策是一概不追究，大开牢门，打碎枷锁，恢复自由，过去的是非一笔勾销，一切从头来。《史记》大书：武王伐商成功第二天进城，"命召公奭释放了被囚禁的箕子，命毕公姬高释放了被囚禁的百姓。"牢狱还有新用途，老囚犯腾出位置，让商的一些对抗周人的高贵者尝尝高墙滋味。班房依旧，囚徒异人。世道变了，监狱的内容也随着变。昔日，姬昌坐牢就设想过，周人成功后要让纣王尝尝囚徒滋味，遗憾，他自杀了，那就请他的爪牙代劳吧。

《象》曰："利用刑人，以正法也。"

意思：利用典型教育人，是一个正确的方法。或者，利用罪犯受过刑罚这件事启迪人，以规范人的行为合于法典。

可以肯定地说，这指的不是童蒙的文化教育。

九二　包蒙吉，纳妇吉。子克家【做好家属工作】

（包：包容。克：克制，限制；转意：说服。纳妇：娶媳妇。）

要给受蒙蔽者一些宽容，是包容、宽待，不是包庇，"包蒙吉"。他们像初进门的新媳妇一样，不适应新家，有一个磨合期，"纳妇吉"。要动员他们的子女先站出来帮助父母，使他们尽快适应新社会。年轻人思想单纯，容易接受新事物，让他们去做长辈的转化工作，效果可能更好一些，"子克家"。纣王的儿子武庚，周人并没有杀他，还封他为商旧都的诸侯。这就是榜样，证明敌酋的下辈，只要表现臣服，还大有出路。用臣服者"以商至商"，在当时敌我实力对比相差悬殊的形势下，不失是一条良好的权宜之计，缓解了敌我矛盾的紧张状态。武庚被重用，稳住了大批商旧臣的情绪。周人有时间抽出手干其他紧急的事。武庚后来叛变。此一时，彼一时，前进中的周已经有力量镇压他。

《象》曰："子克家，刚柔接也"。

意思：用子女作父母的工作为什么行得通呢？从卦画就可以看出来，二爻为阳，处中位，天生有中庸思想，平和矛盾；二爻又与五爻阴阳呼应，"刚柔接也。"

显然，这里，不论是姬旦说，还是《象》作者说，都不涉及童蒙教育。

九三　勿用取女。见金夫，不有躬，无攸利。【谨防美色】

（取：娶。金夫：貌美郎君。躬：自身。攸：所。）

"勿用取女"，这是新朝廷规定的约束周人的纪律。周人从西土进入大都市，面前是一片花花世界。让周人最动心的是那些婀娜多姿的少女，贵族小姐。周领导层意识到从来的征战，一是抢财物，二是抢女人。但是作为受天命而领导全国的统治者，不能把战争的目的放在"两抢"。周人现在不须要抢了就走。你走哪里？天下者，周人的天下。周人有更远大的目标，更长远的利益。以后会有人把财物女人自动送上门来，美称"进贡"。但是，在政权的初创阶段，敌我两营垒的男女草草结合，可能成为巩固政权的消极因素。因此硬性规定"勿用取女"。当然这也是权宜之计，非常时期，非常处理。周人的地位变了，有权有势，成为年轻女子追逐的新宠。她们把周人当作如意郎君，"见金夫"，愿意以身相许，不时有女子委身于周人，"不有躬"。可是在敌我斗争的最尖锐时刻，难防敌人的美人计。因为敌人可以鱼目混珠，借男婚女嫁打入内部，达到颠覆新政权的目的。这对周人"无攸利"。这条禁令是暂时的。政权巩固了，禁令自然取消了，周人都会有美满的婚姻。后人李自成起义，兵败北京，原因很多，其中重要一条，就是将帅士兵们忙于在皇宫、皇城寻宝找美女。当大敌当前，他们都无心抵抗。溃败中肩挑背驮金银，携家带口，行动拖沓，被打得七零八落。由此我们体会，周人不准匆忙取女是有进取意义的。

《象》曰："勿用取女，行不顺也。"

意思：卦画提示，六三，阴爻处阳位，位不当也，其行动如何能够顺利？它与上九虽然呼应，但是远水不能救近火。因此之故，这桩婚事只能泡汤。

M：《周易》和"十翼"同仇敌忾，拒不谈童蒙文化教育。

六四　困蒙，吝【耐心等待有抵触情绪者】

（困：困惑。困蒙：受旧环境，旧思想观念束缚而无法摆脱且曾经有一定权势的人。吝：借为遴，遴，难也，艰难。）

商帝国坍塌，一大批官僚成了丧家之犬。是狗好办，他们是人，人有思想，难办。他们曾经是有一定权势而且有优厚的经济利益的人，他们又是受旧环境，旧思想观念束缚而无法摆脱的人，"困蒙"，更加不好办。周人高明，采用分化瓦解，录用了部分无重大罪行表现又好的，杀了其中最顽固的，关了一批待审查的，放了大批无重罪的。

放了的人不是没有罪，是罪行比较轻，对他们不可用刑罚，只能强制教育。不强制教育，他们又可能成为反抗力量，制造麻烦。武庚叛乱就是例子。武庚叛乱，周人杀了武庚。他的臣下统统被迁到河洛地区干体力活儿，在周军的监督下，建设周的新都洛阳。《尚书·多士》专记一次周公代成王对这些遗民的训话。

"你们这些殷商的旧臣！现在只有我们周王才能够很好地奉行上帝的使命。上帝命令说，灭取殷商，并如实汇报。我们讨伐殷商不是与你们为敌，是你们王室与我们为敌。我也没有料到你们这样不守法度。我们并没有惊扰你们，是你们在自己的封邑首先发难。我考虑到天意只在灭亡殷商，于是在平定殷商之后，不再治你们的罪。"

王说："告诉你们，我因此（随武庚叛乱）要把你们迁到西边定居，这并不是我秉性要使你们不安宁，这是上帝的命令。不要违抗，我不敢延迟执行天命，你们不要怨恨我。你们知道，殷商的祖先有记载历史的文献，上面记载着殷商变更了夏朝的天命。现在你们又说，商帝曾选拔夏朝的旧臣留在商朝廷担任各种职务。我周王只录用有德行的人，现在我把你们从殷商的大邑招来，是宽大和怜惜你们。这不是我的罪过，是上帝的命令。"

对待人数众多，而罪行不重的遗民，就这么两条，一讲天命，二讲监督劳动。让他们转化，确实不容易，"吝"，艰难啊。

《象》曰："困蒙之吝，独远实也。"

意思：六四阴爻，与初六阴不应，身边六五是女皇帝不可惹，进退维谷，处困境中；卜筮中常说阳实阴虚，下卦九二为阳，有实力，可是自己离它太远了，"独远实也"，难啦，不易找到出路。

M：姬旦说。识时务者为俊杰，十字路口由你选。《象》说，难哦，前后都是此路不通。姬旦和"十翼"作者，不同时代的人写不同的事，唯独一点想到了一起：不谈童蒙教育。

六五　童蒙，吉【宽待一般】

（童蒙：广大群众。）

童蒙，人之初也，比作群众。他们是奴隶和比奴隶地位高一点的自由民，如做手工的，做小本生意的。我们有时说群众为百姓。百姓在商周时有特定的意义，贵族有姓才叫百姓。奴隶自由民无姓，叫庶众，用我们熟知的现代语叫群众。一般说，群众对改朝换代没有强烈反应，劳动者，制度改变，变前变后总是劳动。这个群体的工作好做。周人最得心应手。两条：一条，讲天命，周人是正统天命使者，商朝是上帝的弃儿。再一条，实惠，保证奴隶们基本生活，废除把奴隶作牺牲，换句话说，就是不准用活人祭祀、用活人殉葬，保障奴隶的生命权。周人说的是真是假？不信，你可以到西周去访问。这一手像惊天霹雳，群众一会就惊醒过来了。"周人，真是上帝派来的救命恩人，我们不跟周人走，跟谁走？" "童蒙，吉。"

《象》曰："童蒙之吉，顺以巽也。"

意思：卦画六五，阴处阳位，位不当。好在五的地位高，故有"幼童之吉"；二爻与五爻阴阳呼应，人家为阳，占有强势，自己为阴，弱势，只能顺从点谦逊点，"顺以巽也"。

各说各话。虽然如此，还是合作不说童蒙文化教育。

上九　击蒙，不利为寇，利御寇【狠狠打击顽固不化者】

（击：打击。御：防御，抵御。寇：寇贼，敌人。）

启蒙的文化教育还有打击一手吗？是不是老私塾用竹板打手心？那又跟贼寇有什么瓜葛呢？可见此卦不是说的文化教育。

对敌对势力中的顽固分子，给予坚决打击。

商周决战，武王摧毁中央政权以后，"武王遂征四方，凡憝（dui 奸恶）国九十有九国，馘磿（馘 ge，割耳，割取敌人死尸的耳朵，一耳表示一人。磿 li，无意义）亿（古制，十万为亿）有十万七千七百七十九，俘人三亿万有二百三十。凡服国六百五十有二"（《逸周书·世俘解第四十》）。意：武王征伐边远方国，灭亡99国，消灭敌人107779人，俘虏300230人，投降者652国。周人的战车横冲直撞，谁顽抗就消灭他。投降了，欢迎。

武王死后，成王立，周公摄政。此时武庚叛乱，东边的徐夷、奄族、薄姑等部族响应武庚。周公率军将其统统平定，又杀、关、管一批。

军事开路，刺刀见红。不杀不见威风，不杀不震敌胆。看上面的数字，杀了99国，就有652国投降。这652国以前干什么去了？观望去了，等候时机去了，时机有利于己就反扑。看到周人来真格的，慌神了，连忙打白旗。狠狠打击那些顽固不化的，分化敌营，不让他们死守、徘徊，有利于新王朝防止敌对势力态势扩大，"击蒙，不利为寇，利御寇"。

《象》曰："利用御寇，上下顺也。"

意思：上九，九是好东西，阳，刚，硬。用强势来抵御敌寇，何愁不胜？还有，九二为阳，底层腰板硬，上下强强联手，"利用御寇，上下顺也"。是不是所向无敌？

商亡周立，新旧交接，社会大动荡大分化大改组，一团乱麻。新王朝如何面对如何处理，是比牧野之战更复杂的战争。西周统帅部面临新的考验。蒙卦的条条款款就是他们应对新形势的政策措施。事实证明，西周人有足够的智慧在历史的转折期，平稳地渡过了难关。如果不是政治家们，而是其他人去处理这件大事，势必把事办砸。

第六十章

鼎【革故鼎新，大周兀立】

巽下离上，鼎。元吉。亨。

（巽下离上：卦画结构，下为巽，上为离。鼎：古时炊具，烧饭的锅，又做礼器，两耳三足或四足，上古先民用陶制作，后来用青铜铸造。元吉：大吉。亨：通享，享受。）

将内转盘的"风（巽）"旋转至外盘"电（离）"的位置就是"鼎卦"，见履卦转盘图和左小图。

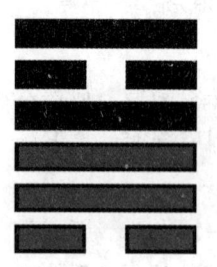

鼎是饭锅，历史悠久，至今还可以找到它的踪迹。它的功能是将生食蒸煮成熟食，食物发生物理变化和化学变化。文化人概括为"鼎新"，又与"革故"相连变成成语"革故鼎新"，包含许多哲理。历史上鼎由饭锅又演变成礼器，神器。史载，大禹治水成功，把全国各地贡献的金属（当时只有锡、铜。青铜是铜锡合金），在今陕西铸造九只大鼎，寓意中华九州都属于一个君王的管辖。所以九鼎象征君王的权威，即王权。九鼎成为传国之宝。夏朝灭亡后，成汤把九鼎移到商邑。商亡后周武王将九鼎迁移到洛邑。秦朝时一个掉入泗水，其他八个因水灾冲了龙王庙，下落不明。大鼎做礼器。祭祀时大鼎下火势熊熊，大鼎中盛满山珍野味，热腾腾、香喷喷，人们敬请神灵祖先享受，表示祭祀者的虔诚。祭祀过了，人们争相分享口福，实得其惠。

"鼎，元吉，亨。"鼎是炊具，生食变熟食，滋养身体，给人以健康和享受，"元吉，亨"。

《彖》曰："鼎，象也。以木巽火，亨饪也。圣人亨以享上帝，而大亨以养圣贤。巽而耳目聪明，柔进而上行，得中而应乎刚，是以元亨。"

句义是：鼎，卦画的形象像鼎。下"巽"是木，上"离"是火，烧木起火，行烹饪之事。圣人用鼎烹饪祭天。大量烹饪食物，以供养圣人、贤人。又，巽是顺，离是目，象征内心顺从，耳目聪明。六四柔爻升进到五，占有中位，又与二相应。卦形良好，所以大有亨通。

陶鼎

看见肉案卖猪肚，我说，猪肚，腹也，腹，福也，富也；看见樵夫挑薪进城，我说，薪，柴也，柴，财也。遇福遇财，大吉大利。街上行人会问，这位是测字先生还是相声大师？我说，都不是，我正在解《周易》。行人说，你这不是算命先生摆摊吗？神话加鬼话。

初六　鼎颠趾，利出否。得妾，以其子，无咎【周人获鼎，清除残渣】

（颠：头，顶。鼎颠趾：鼎足朝上。否：无用；残败之物。利出否：利于倾倒残败之物。妾：女仆，引申为帝王的男女臣仆。）

颠，头顶，鼎口；趾，脚趾，鼎腿；否，非，无用之物。"鼎颠趾，利出否"：把鼎翻倒过来，鼎口朝下，鼎腿朝上，便于倒出残羹剩汤，清洁鼎器，刷洗干净。

"妾"，女奴；"得妾，以其子"，得到女奴及其孩子。

鼎颠趾是比喻女奴之家破灭，女奴携子改嫁，新夫接受无可厚非，无灾患。

爻辞全句只是比拟而已。西周革命成功，殷商灭亡。事情如新夫得旧妇。

周人的战车开进朝歌，碾碎了殷商王朝，杀大王，宰小臣，顺之者昌，逆之者亡，所向披靡，定鼎朝歌。紧接着发兵征伐四方。

《逸周书·世俘解四十》载：武王命军师姜尚，部将吕他、侯来、百弇（yan）、陈本、新荒、百韦等四面出击，追剿殷商旧臣方来、靡吉和越、戏、卫　磨、宣、厉等为数众多的大小方国。

殷商王朝＝鼎；

殷商王朝倒台＝鼎颠趾；

妾及子＝殷商王朝旧臣遗老。

鼎中之鲜羹美食——纣王及其主要后妃已经被西周人吃掉了，鼎已翻倒，利于倒出残渣余孽——处理殷商王朝旧臣遗老。

殷商中央王朝倒了，剩下的残渣余孽，枯朽之物，不清有害，清则无害，"无咎"。

《象》曰："鼎颠趾，未悖也。利出否，以从贵也。"

意思：鼎卦卦画像鼎，下巽上离，腿脚在下，颠倒过来是什么？革卦，下离上兑，腿脚朝天。虽然如此，其理相通，鼎乃换新，革乃去旧，联词，革故鼎新，义"未悖也"。颠倒以后，有利倒出废物，"利出否"。还有一个好处，可以跟四拉关系，四是女贵人身边的宠臣，"以从贵也"。

M："十翼"是史上多代人智慧的结晶。他们对卦画的研究造诣很深，所以能阐发出卦画的各种奥妙。此处鼎颠倒变革就是一例。谁会想到把卦画颠倒也有同样的道理呢！

九二　鼎有实，我仇有疾，不我能即，吉【鼎中之食，食否自便】

（实：食物。仇：通俦，同伴，朋友。疾：疾病，憎恨，嫉妒。即：接近，靠近。）

"鼎有实，我仇有疾，不我能即，吉。"鼎中烹调美味，大家吃得正香，可是我的同伴呀，脑中有毛病，抱残守缺，不愿赏鲜。只是不愿意而已，他并没有想打翻鼎，所以不影响别人大口朵颐的兴致，还算吉事，"吉"。

西周人已经据有九鼎，王权在握。鼎主换了人。西周人把鼎倾倒，清刷残渣，发现残渣中有位名叫箕子的大臣，于是，武王"命令召公释放被囚禁的箕子"。

箕子何许人也　（明夷卦中详细介绍）？

箕子，子姓，名胥馀。按照《帝王世纪第四》记载：箕子是帝乙庶妃所生，为纣王同父异母兄弟，官太师，人称贤臣，封于箕。

因进谏纣王险遭杀身，他假装疯癫，虎口余生。纣王把他关进了监狱，贬为奴隶。

武王知箕子是一位好汉，特地找他探讨商朝亡国的教训。箕子不忍心谈自己国家的伤疤。武王尊重他的人格，随之转了话题，谈太阳月亮星星，求计如何治国。他立即献出了《洪范九畴》。《洪范九畴》是一部古传治国方略全书。武王请他出山，到新朝廷当官，他谢绝了。

"鼎有实，我仇有疾，不我能即。"箕子不想享受新鼎的美食。他痛恨帝辛葬送了祖宗的王业，对周人的新王朝也不乐意接受。箕子携家远离故都到边疆辽宁隐居。

类似箕子的人物为数不少，他们不想消化鼎中的食物，那鼎慢慢把他们消化了，吉事一桩，"吉"。

《象》曰："鼎有实，慎所之也，我仇有疾，终无尤也。"

意思：二爻，阳，处中，似鼎中食物。初爻为阴，他是朋友，缺少阳刚，不愿共鼎而食。慎重对待，别理会他，待以时日，终不会有怨尤。

九三　鼎耳革，其行塞。雉膏不食；方雨亏悔，终吉【不识抬举，自食其果】

（革：改变，破损。塞：堵塞，不顺畅。雉：野鸡。雉膏：野鸡汤。亏：毁也。）

"鼎耳革，其行塞。"鼎耳破损，不方便抬移。"雉膏不食，方雨亏悔"，一鼎野鸡汤，还没有来得及品赏，突遇一阵大雨，将其毁坏。好在大雨很快停息，人们重新架柴烧煮，鼎食仍然可享，故"终吉"。

西周人得鼎，在烹炖野鸡汤之前，曾经倒出原有残渣清洗。那残渣中有一根傲骨，名叫武庚禄父。他是商纣王的儿子，太子、储君，如果殷商不倒，下一位殷商帝王非他莫属。他也还算幸运，按照姜尚的意见早杀了，偏武王、周公引经据典，称应当留下他给他的祖宗烧香磕头。他不仅保了命，还当了京都朝歌市长；高官厚禄，吃穿不愁。《史记全译》："武王将殷商国都留存的百姓封给纣的儿子禄父。"换一个人，比如说一位酿酒师，让他当京都市长，他不欢喜得十天睡不着觉！武庚禄父不是酿酒师，他不喜。他有杀父之仇，有失位之恨，有丧国之痛。他暗骂西周人"一帮匪徒"、"一帮山里老土"、"一伙癞蛤蟆"。但是眼见九鼎被人抢跑了，只得忍气吞声。

一日，忽见黑云压城，下人传来好消息，姬家兄弟打内战，管叔、蔡叔兴兵打周公姬旦。还谣传小王姬诵已经被周公杀了。武庚感觉天赐良机，该是报仇雪恨复国的时候了。他立马派人四方联络，通知同党火速带兵驰援。西周统帅部已经回到镐京，所有叛军向镐京进发。所过处，鸡飞狗上屋，百姓惶恐逃避。昨日东征，今日西讨。世道怎么啦，鼎中野鸡汤还没有吃，突闹兵荒，几时方可太平，享点口福？

小王姬诵下令：姬旦披挂上阵，二次东征。本次东征不比上次顺利，上次一天取胜，本次是三年！上次是你有备而去，人家是无备而迎。这回你有备而去，人家有备而迎。那次有武王"革言三就"，这回缺了宣传鼓动。前线是拉锯战，士兵是疲劳战。好在姬旦姜子牙他们是征战老手，又有王命在身，底气十足；另一方被宣布为叛军，名不正言不顺，最终败局。可怜一代储君，被杀了头，纣王、武庚父子在九泉相会。叛军作鸟兽散。

"鼎耳革，其行塞。"鼎耳破损，不方便抬移。叛军制造国难，新朝廷风雨飘摇，政令不行。"雉膏不食，方雨亏悔。"一鼎野鸡汤未食，突遭大雨淋毁。新王朝高抬贵手，留命封官，你禄父恩将仇报，兴风播雨，自寻死路。

雨过天晴，清除了隐患，周国恢复平静，政通人和。"吉。"

九四　鼎折足，覆公餗，其形渥，凶【鼎足断折，国势濒危】

（覆：倾倒，倾覆。公：某人，西周当局。餗 su：米和肉一起烹煮的食物。渥 wo：沾湿，沾污。）

"鼎折足，覆公餗，其形渥，凶。"鼎，不论三条腿还是四条腿，断了一条腿必倾倒。某公正用鼎烹煮米肉混合的鲜美食物，鼎倒了，这下糟了，食物泼洒满地，汤羹渗到灰土里，灰土沾污在食物上，食不可食，丢了可惜，真是"凶"事一桩。

周封武庚于商都始终是一步难走的棋。开始，在杀与不杀的问题上争论一阵，继之，在放手不放手问题上又争论不休。最后决定，不杀，封其为商都市长；不放，命武王之三个弟弟对其监督，史称"三监"。武庚是洪水，三监是堤坝，让他在堤坝里乖乖地待着。西周人以为天下太平了。

武王的三个弟弟是：老三管叔，老五蔡叔，老八霍叔。这三位在周开国后都被封为一方诸侯，比君王仅仅低一级。他们处于商都外围，武庚想图不轨也难。

洪水是制伏了，灾难是堤坝溃决了。

武王积劳成疾，英年早逝。儿子姬诵继位。姬诵年幼，周公姬旦摄政。这一下引起轩然大波。管蔡霍三位，认定姬旦有杀姬诵而自立的企图。他们反复琢磨，多处打探，纷纭杂乱的谣传使他们愈来愈坚信自己的看法。"发兵，立即发兵！"三弟兄决心奔赴国难。大军向首都镐京进发。堤坝溃决了！

被堤坝堵住的洪水武庚汹涌而出，天下泛滥了。武庚早就憋得不耐烦，终于等来时机。他呼风唤雨的能量比三兄弟大十倍，立即把东方各诸侯国调动起来，与管蔡结成联盟，汇入西征大军。

前文已经叙述，他们以失败而告终。武庚、管叔，杀头；蔡叔流放，客死荒漠；霍叔年小，考察留用。

兄弟仨都是姬家天下的支柱，支柱动摇了，如"鼎折足"。西周当局熬了一鼎美食，本欲让大家饱饱吃一顿，不曾想，鼎腿断了，食物泼洒一地，闹得人们几乎饿肚子。一场叛乱与镇压叛乱，费时三年，死人流血，经历惨痛，凶相环生。

成语"折足覆餗"，出典于此。

罪魁，管叔。管叔心中有小九九，他想，大哥伯邑考死了，二哥姬发捡便宜，当了武王。当就当呗，又短了命。短命就短命呗，偏要把位交给不懂事的儿子，难道不能交给我老三？姬旦老四，比我老三小，他凭什么当摄政王？他眼中还有我老三吗？他越想越生气，越想越觉得自己在别人的掌控之中。他必须一搏。但是内心太污浊，难以启齿。于是变个花样，说姬旦要杀小王篡位。这说法煽动性很大，很快得到许多人响应，直到三千年以后还有人赞同，给周公姬旦泼污水。

管叔之论，难以服人。假定其反叛成功，管叔们进入都城，虏了姬旦，控制了小王，此时如何收拾残局？结果不外三条：一是杀姬旦、杀小王，管叔主政面南而坐。姬旦未杀小王，先由管叔杀了。名之曰进京勤王，实则进京杀王。二是杀姬旦，留小王，管叔摄政。几天之内，小王不能速成，还是小孩，不能主政，须有人帮扶。摄政王不可或缺，姬旦死了，管叔来，没有改变王朝现实。论能力、威信、品德，管叔不如姬旦，大周江山可少一管叔，却不可以少一姬旦。三是洪水武庚血洗镐京，杀小王、杀姬旦、杀管叔、杀姜尚，杀……杀尽西周那帮兔崽子。杀尽以后，纣王二世登基。这与管蔡初衷不符，却成为现实，谁也无法改变。这第三条的可能性大于前两条，周人几乎丢掉江山。

人们不得不叹息管叔政治造诣太浅，品德极端恶劣，机关算尽，丢了性命。

六五　鼎黄耳，金铉，利贞【转危为安，黄金璀璨】

（黄耳：铜鼎因常用，鼎耳锃亮，显黄；黄又为西周吉祥色。金铉 xuɑn：穿鼎耳抬移大鼎的金属杠。）

"鼎黄耳，金铉，利贞。"铜鼎常用，鼎耳锃亮，显黄。金铉，穿鼎耳抬移大鼎的金属杠。前面提到"鼎耳革，其行塞"，鼎耳损坏，不能抬移避雨，以致造成"雉膏不食"的损失。此处之鼎，鼎耳锃亮，呈黄，说明此鼎经久耐用，并且配有坚硬的金属鼎杠，挪移方便、可靠，可以应对暴雨一类的突发事件。

新生的大周已经历了一场生死存亡的考验，没有死，活着。但是风雨过后，还有一些后续事情要做。他们捋了捋，立即着手：第一件，武庚死了，如何处理其封地和殷商遗民。《史记·管蔡世家第五》："分殷余民为二：其一封微子启于宋，以续殷祀；其一封康叔为卫君，是为卫康叔。"所谓余民就是原殷商京畿的大小贵族、旧官僚。他们被分成两部分，一部分交给微子启管，微子启代武庚续子氏（殷商帝王姓子）家族香火，封地为宋，爵位为公。一部分交给卫康叔管。卫康叔是武王九弟，当初封侯因为年龄不足二十未封，这回武庚挪出位子，正好补上。朝歌地区属卫邑，卫邑在黄河故道和淇水交汇处。故康叔称卫康叔。后来这些余民被迁徙到洛邑干苦力，修建洛邑新都。他们背井离乡，也是井卦的"改邑不改井"的注脚，回答什么是"改邑不改井"。

第二件，管蔡一死一放，封地如何处置？管叔封地瓜分，蔡叔封地让其子姬胡继承。《史记·管蔡世家第五》："蔡叔度既迁而死，其子曰胡。胡乃改行，率德驯善。周公闻之，而举胡以为鲁卿士，鲁国治。于是周公言于成王，复封胡于蔡，以奉蔡叔之祀，是为蔡仲。"蔡叔度的儿子姬胡能与父亲划清界限，修德从善，周公推举胡为鲁国卿士，后又报请成王复封姬胡于蔡邑，继承蔡叔香火。

第三件，反叛既平，王室应依旧运行，各大臣坚守原位，发号施令，不惧诋毁。《史记·鲁周公世家第三》："武王既崩，成王少，在襁褓之中。周公恐天下闻武王崩而畔，周公乃践阼代成王摄行政当国。""成王长，能听政。于是周公乃还政于成王，成王临朝。周公之代成王治，南面倍依以朝诸侯。及七年后，还政成王北面就臣位，□□如畏然。"武王死，成王少，周公恐怕天下的人得知武王死而反叛，就登上王位代成王行使统治大权，主持国事。成王长大，能理国事，周公便把政权交给成王。周公代理国政时，背靠着屏风，面向南接见诸侯。还政成王后，回到臣子的位置，面向北，恭恭谨谨，毫不轻慢。周公种种表现，在于证明自己无私无畏，为了姬家天下，鞠躬尽瘁死而后已，旁人大可不必疑虑，更不可如管蔡生事添乱。

武庚管蔡叛乱荡平，又及时善后，此次刀兵，刨了敌根，割了内瘤，内外兼治，无异于二次革命。周人之鼎，愈用愈锃亮，"鼎黄耳"，又配"金铉"，鼎食不绝。周人兴国，既能兴，就能旺；既敢发起一次革命，就敢迎接二次革命。

上九　鼎玉铉，大吉，无不利【玉洁冰清，姬家天下】

（玉铉：镶嵌宝玉的抬鼎杠；洁白如玉的抬鼎杠。）

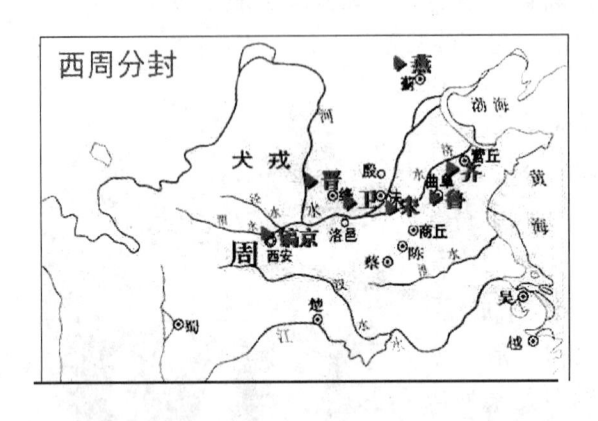

"鼎玉铉，大吉，无不利。"铉，承重的鼎杠，穿耳举鼎的器件。铉，肯定不能用玉制作，细长的玉不能承重。豪华一点，可以镶玉；讲究实用，扎实就行。铉，经常用，反复用，用久了，磨白了，木的，铜的，磨成纯色。玉铉，久用磨砺成纯色的铉。耳不革，足不折，先金铉，再玉铉，鼎食不绝。大吉，无不利。

周之兴国，以岐周为模板。它具有国家的一般属性，又具有岐周的特性。岐周主要特性是什么？"同人于门"，"同人于宗"，家族化。用于国家就是"同人于野"，家族扩大化。

家族化，全国都是姬家的，大规模分封诸侯，即"封邦建国"。他们先后建置七十一国，其中武王的兄弟十五人，同宗四十人，外戚和功臣十六人。周天子是天下的共主，又是同姓贵族的最大族长，即天下的大宗。他既代表社稷，又主持宗庙的祭礼，掌握全国的政权和族权。其王位由嫡长子继承，世代为大宗。同姓诸侯对于天子是小宗，在其封邑之内又是大宗。诸侯以下的同姓官员是小宗，在本家又是大宗。对于非同姓贵族，则以婚姻相连，相互成为甥舅关系。这样就像链条，节节相扣。主链旁生出支链，支链又生出支链，形成庞大的统治网络。网络像经脉，流着姬家的血液，分布于全国。这种统治系统叫"宗法制"。这可能是封建社会制度的开始。西周为封建制的到来创造两个基本条件：一是封建主演变成中央无法控制的大小地主，土地所有权下移。二是西周奴隶政策宽松，奴隶向自由民过渡，成贫农雇农。

周人之鼎用上了"玉铉"。玉铉，纯色之铉，宝贵之铉。以血统论，玉洁冰清；周人天下，单一而纯洁的姬家血统的天下。

宗法制在国家形成的早期，对巩固和加强中央政权的统治起了重大作用。对周来说是"大吉，无不利"。

宗法制在中国延续几千年，直到辛亥革命，中华民国成立才结束。大禹把公天下变成家天下，周人把家天下推到顶峰，孙中山又把家天下变成公天下。孙中山名言"天下为公"响彻中华大地。

第六十一章

涣【管蔡谋叛,大周遭遇倒春寒】

坎下巽上　涣。亨,王假有庙。利涉大川,利贞。

（坎下巽上:卦画结构,下坎卦,上巽卦。涣:散,离散,背离。亨:享。假:至,到达。有:语助词,于。利涉大川:出行顺利。）

将内转盘的"河(坎)"旋转至外盘"风(巽)"的位置就是"涣卦",见旅卦转盘图和左小图。

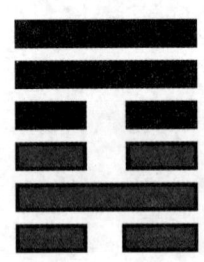

涣,涣散,离散。新兴王朝出了问题。什么问题?领导核心涣散了,离心了;武王的弟弟管叔、蔡叔叛变了,正联合旧势力向朝廷用兵。朝廷别无选择,必须坚决平叛,以保立足未稳的大周政权。王师出发前,先到太庙祭享上帝祖先,"亨,王假有庙",祈祷神明保佑出征胜利,"利涉大川"。

从乐观的角度讲,涣散,离心离德造成的局面不好,但是通过整治,变涣散为聚合,变分裂为团结,清除了消极因素,调动了积极因素,增强了免疫力,坏事变成了好事,"利贞"。

有人说:本卦讲的是古人防洪治水的经验:在洪水来了的时候,人们相互救助才可以避免灾祸扩大;洪水过去了,人们得救了,但千万不能马虎和放松警觉。百花齐放,有此一家。稍微变通一下也可以,是政治洪水。新王朝遭受了政治洪水。战胜了洪水,巩固堤防,洪水再来也不怕。

《序卦》:"说而后散之,故受之以涣。涣者离也。"

第六十一章 涣【管蔡谋叛,大周遭遇倒春寒】

意思：《周易》排序，在涣卦之前是兑卦，兑，欢悦也，欢悦一阵，分散了。所以把分散起名"涣"。涣就是分离的意思。

《彖》曰："涣，亨，刚来而不穷，柔得位乎外而上同。王假有庙，王乃在中也。利涉大川，乘木有功也。"

意思：涣，亨通。涣卦由渐卦变来。渐卦的九三，后退一步就成九二，成了涣卦的顶梁柱，"刚来而不穷，柔得位乎外"。二五同刚，"上同"。四六一为阴一阳，拱卫中央，中央是老五，王位，如王到庙安坐，故说"王假有庙，王乃在中也"。为什么"利涉大川"呢？卦画坎下巽上，坎为水，巽为木，木制作成船不是可以在水上游弋吗？"乘木有功也。"

M：卦画有局限性，不能满足人们的十万个为什么，于是在春秋时代卜筮师们发明"变卦"；此卦解不通或不吉，找点卦画关联，用彼卦说此卦，以达到甲乙双方满意。变卦理论是一种魔术。我说说道理。《系辞·上》对卜筮法有详细阐述。用野蒿秆49根，反复用4整除，按照规定程序处理，可以得九、八、五、四。定九、八为大数，五、四为小数，操作一次，获得一数，或九、或八、或五、或四，三次定一爻，即从九、八、五、四中取三数，产生四种状态：三全大，二大一小，二小一大，三全小。二大一小定阳，二小一大定阴，三全大三全小随意，可阴可阳。这叫六爻十八变。如果十八次"二大一小"就是乾卦，十八次"二小一大"就是坤卦。如果十八次"三全大"或"三全小"就是乾卦或坤卦的变卦。乾坤是互变卦。但是，大量的是"不全"，就是说乾坤二卦以外的六十二卦都是"阴阳相杂"。如果内中有一个"全"，也叫"变爻"。从次序上说，"变爻"可以是从初到上中的任何一个。比如涣卦，初六阴变阳，成中孚，九二阳变阴成观卦……上九阳变阴成坎卦。奥秘出来了吧？此卦不便解，可以另外找答案。螺丝弯弯纠，总有出头路。如果六爻中有两个变爻，数学中叫排列组合，六取二，会产生十五个变卦。有十五个变卦让卜卦者挑选，你可以自由挑选好话说。所谓涣卦由渐卦变来，其理由就是内中有两变爻。因此涣与渐有瓜葛，有说辞。如果一卦中有三变卦，四变卦，五变卦，岂不把六十四卦都包含进去了！所以解卦成了变魔术，夸夸其谈，句句有"根据"。

初六　用拯马壮，吉【危如累卵，周公出手挽危局】

（用：借助、借用、凭借、施行。拯：援救，救助，挽救，拯救。马：兵马）

"用拯马壮，吉。"拯：挽救，拯救。马：兵马。有说是去势之马，此马更具耐力。全句：周公兵强马壮，率师济难涉险，拯救危局，吉利。

武王伐纣，大周成立，分封功臣宗族。分封有双重意义，第一是利益重新分配，老贵族退位，新贵族上台；征战有功的低等级平民，逐步梯阶上升，进入利益阶层。第二是为保护既得利益，必须层层武装。诸侯国自己保卫自己，同时成为保卫中央王朝的屏藩，成为中央王朝的地方军和财源依托之地。

武王所封诸侯有两种，一种是先代和功臣之后，一种是亲属。先代之后有所谓"三恪"。"恪"是"敬"的意思。新王朝给他们的后代以爵位和封地，让远去的君王如三皇五帝有条件得到永远的祭祀。商纣死了，他的儿子武庚就得到"三恪"的优惠，被封于京畿，即殷商首都朝歌及周边地区。周朝对这家伙不放心，把武王的弟弟管叔、蔡叔、霍叔封在武庚封地的周围，对武庚进行监督。

这种安排本来是阿庆嫂倒茶，滴水不漏。可是偏偏积水成灾，堤坝溃决。

周王朝建国六年（有说二年），武王英年早逝，撒手王事。更糟的是接班人太子诵年幼，即了位称成王，却干不了他父亲的业务。叔父周公旦以大局为重出面摄政，没有王的名分，干着王的事情。这一来炸锅了，群臣议论纷纷，分封在外地的武王兄弟们，特别是管叔，义愤填膺，暴跳如雷。

《尚书·金縢》："武王既丧，管叔及其群弟乃流言于国曰：公将不利于孺子。"——（周公姬旦将害死年幼成王）谣言由此而出，流布于朝廷内外。《左传·定公四年》载："管蔡启商，惎（ji）间王室。"商：武庚。惎，毒害，谋划。间，离间，进犯。管蔡开导启发武庚，谋划进犯周王室。哎呀呀，一副内奸嘴脸。武庚，敌酋，本来一只恶虎、饿虎，对大周有杀父灭国仇恨，早就想吃人。管蔡三监是管制恶虎的猎户。想不到监变成奸，为虎作伥，驱虎下山，引虎入室。这下好了，猎户求老虎吃人，猎户和老虎成了亲兄弟。还有东夷各族，对周还处观望态度，本不安分，要扩大地盘，管蔡还拉为同盟。《后汉书·东夷传》说："管蔡畔周，乃招诱夷狄。"你看这管蔡，滑得多远！人家关门自守，他开门揖盗，请东夷来犯。《尚书大传》说：（东夷）"奄君、蒲姑谓禄父曰：武王既死矣，今王尚幼矣，此百世之一时也，请举事。"

于是，战争爆发了。

管蔡向周首都丰镐进军，武庚商贵族向周首都丰镐进军，东夷各族向周首都丰镐进军。

周王朝面临严重的政治危机，有可能夭折。

周的领导集团本来都是皇亲国戚，并且几个闹事的主要人员都是亲兄弟，同一父母所生。同室操戈，这是姬昌生前做梦也没有想到的。后人说《周易》是预测学，一个玩《周易》玩得团团转的姬昌，怎么就没有预测到这件尴尬事。可见《周易》是没有预测功能的。

周初的一场政治危机几乎要了周王朝的命。解决这个问题很棘手。发难的是武王的兄弟们，要平乱的也是武王的兄弟们。明显是骨肉相残，同室操戈。这时周公姬旦有两条路可选，一条，就汤下面，顺水行舟，废成王自立。王位问题，历来不拿道德评判。周公当王，历史重写。再一条，谁反对成王和姬旦就消灭它。目前成王是姬旦，姬旦是成王，代表周王朝。谁闹事就镇压谁，名正言顺，家事服从国事，兄弟情服从君臣情。姬旦毕竟是成熟的政治家、思想家。他的个人品格也有令人崇敬处，公而无私。目前的危机，愈演愈烈，任其蔓延，西岐没了，周人死无葬身之地。姬旦决定镇压。武装的反革命必须用革命的武装对付它。拯救大周，必须开动朝廷的兵强马壮的战争机器，粉碎内外敌人的挑战。"用拯马壮，吉。"丝毫不可犹豫，两军没有调和的余地。武王姬发曾经想刀枪入库马放南山，如果真的那样，岂不让人瓮中捉鳖？历史经验告诫人们：夺取政权靠武装，保卫政权也要靠武装。没有几个保安站在那儿，人家就可以随意到你小区撬门。

事情就这么定了：镇压！

九二　涣，奔其机，悔亡【天赐良机，割除毒瘤正得时】

（机：机关，机要，时机。悔亡：没有退路。）

国难当头，此时的姬旦又是军事统帅。对姬旦来说，打仗是驾轻就熟，况且还有军师姜尚出谋划策。他披上战袍，跨上战马，手持斧钺，率军奔赴前线，奔赴国难，没有退路。"奔其机，悔亡。"周师兵强马壮，统帅部多谋善断。

周师在丰镐，三路敌军都在东边。此次出师也称东征。出师前周公作动员报告，篇名《大诰》，被孔子收入《尚书》。

报告首先搬出文王留下宝贝乌龟给他，经过占卜，宝龟告诉他，有大难于西周，闹事的有殷商宿敌，也有西周自己人。他们将破坏文王武王的功业。

这一刷子很厉害，告诉对方，上天有眼，你们跳什么跳，上帝眼睛盯着，多行不义必自毙。其实上天有啥眼，但是那个时代这样讲很起作用。精神胜利法，起码自己理直气壮。

可恼的是周朝新贵族许多人迷糊了，因为高层斗争，弟兄纠葛，下层不知如何选边站队。姬旦给大家讲，上帝命文王兴周邦，今又命我继承王业。我不敢违背上帝之命。跟谁走？跟上帝走嘛，跟成王和我走嘛。不管兄弟不兄弟，谁代表上帝就跟谁走。

这一招也灵，谁敢不听上帝的。

姬旦还给大家一些信心：有十位有智慧的人当助手，"民献有十夫，予翼。"东征胜利是有把握的。

《大诰》统一了内部认识。周人一贯善于做政治思想工作。

六三 涣其躬，无悔【骨肉相残，历史选择偏正义】

（躬：自身。）

涣，分裂，产生于自己内部。当初只是意见分歧，各人所站的角度不同，看事的方法不同，得出的结论不同，这是很自然的。问题是那几位兄弟太缺乏政治经验，头脑又发烧，分不清大是大非和小是小非，居然呼喊着武力解决，调兵遣将。坏了，矛盾转化了，内部矛盾变成敌我矛盾。糊涂的兄弟们遇上了不糊涂的兄弟们，玩军事不是玩游戏，动起来就是血腥。

出于保卫大周江山，刀枪对准曾经的战友兄弟们，姬旦意决"无悔"，别无选择。

史书上说，闹事的兄弟们担心姬旦谋害成王，才起兵"清君侧"。有一个重要的原因可能被忽视了。因为清了君侧，杀了姬旦，成王还是小孩不能主政。又存在两种可能：另立摄政王，或者废成王另立一个能主政的成年人。谁呢？老三姬叔鲜（史称管叔）最合适。在活着的兄弟中，他年龄最大，排在最前，非他莫属。商去不远，商的王位继承制就是兄终弟及。管叔的兄终弟及思想可能根深蒂固，但是他难以启齿，只得另打旗号，并且不惜孤注一掷。其他小兄弟，头脑简单，随声附和。其结果管叔丢了命，小兄弟丢了前程。

六四　涣其群，元吉。涣有丘，匪夷所思【匪夷所思，事物发展实必然】

（群：众人。丘：山陵。匪夷所思：不是一般所能想象的。）

向朝廷发难的主要人物是武王的三弟姬叔鲜，五弟姬叔度，八弟姬叔处。历史上按他们的封地冠名，称之为"管蔡叛乱"。他们一闹，就把事情搞得特别复杂。底下老百姓不知情，分不清谁是谁非。所以只有尽快结束这种混乱局面才可以统一民心，安定社会，求得"元吉"。

事情的复杂性还在于，武庚及东部夷族的武装叛乱，他们都不是各自独立的闹事者。武庚是刚被推翻的商王朝遗族代表，周人优待他，让他掌管一方，以继商祖先的香火。他见管蔡动兵，立马响应。他的动兵与管蔡兄弟是两码事。管蔡杀姬旦保大周，武庚则是杀周人救活商王朝。东夷另有所图，他们既不喜欢商也不喜欢周，他们动兵只想扩大地盘，捞点人口财产。这三种势力聚成一团形成小丘，"涣有丘"，阻挡周的大车前进，真非一般所能想象的，"匪夷所思"。三种势力，动机不一，目标一致。姬旦和他的智囊团议决，必须一揽子解决，进行二次东征。

九五　涣汗其大号。涣王室，无咎【新朝挺立，螳臂岂能挡大车】

（汗：体液。大号：大政令，王命。）

汗为体液，古有"心悲泪出，心愧汗出"的说法。《前汉刘向传》中有"出令如出汗，汗出而不反"句，表明令出坚决，无回旋余地。周公既大权在握，以成王令平叛合理合法。令出兵随，汗出而不反，"汗其大号"，东征打响。

据《逸周书·作雒解》载，成王"二年，又作师旅（周公率师出征），临卫政殷（兵临武庚封地卫邑，剿杀殷商贵族叛兵），殷大震溃（武庚的殷商贵族兵大败）。降辟三叔（闹事的三位兄弟被绳之以法）。王子禄父北奔（武庚向北逃亡），管叔经而卒（管叔被流放而死），乃囚蔡叔于郭凌（蔡叔被关进郭凌监狱）"。为患王室者被除之。"涣王室，无咎"。

据《今本竹书纪年疏证》载，成王三年（公元前1042年），"王师灭殷，杀武庚禄父。"杀管叔，囚蔡叔。

周王朝乘势大举征伐，"凡所征熊盈族十有七国，俘维九邑。俘殷献民（士大夫），迁于九毕"（《逸周书》语）。

遂伐奄……《孟子·滕文公下》："伐奄，三年讨其君。"

灭蒲姑……《汉书·地理志》："蒲姑氏与四国共作乱，成王灭之。"

背叛者出题目，周王朝正好做文章。一把铁扫帚扫遍天南地北。

《西周史》概括这次东征的意义称："经过周公第二次'克殷'，对殷贵族的控制力量就大大加强了。经过周公攻克东夷许多方国和部落，就把东部原来东夷居住地区归入周的直辖领地。可以说，周公东征的胜利，才使周朝基本上完成了统一的大业，才奠定了创建周朝的基础。"

第六十一章　涣【管蔡谋叛，大周遭遇倒春寒】　543

上九　涣其血去，逖出，无咎【血写教训，后人当思创业难】

（血：血液。逖 ti：借作惕。）

内战外战交叉，实质是外战。此次东征是甲子革命的继续。公元前1051年2月5日（周历庚寅年2月二十日，甲子日）周商牧野决战，结束商王朝五百多年的统治，周人走上中国的政治舞台中心。决战那天是甲子日，把灭商兴周这一历史事件称"甲子革命"省了许多笔墨，也好记忆。此次平叛发生在成王初期，应该称"成王革命"。其规模之大，意义之深，不亚于甲子革命。甲子革命，目标单一，两军分明，同仇敌忾。成王革命，目标多头，军阵纷乱，敌我难分。以前是天命论号召作战，替天行道，大家心里明白；现在不行，要改为天子论。天子论是新理论，大家一时半会也接受不了。

既然是战争，就摆脱不了战争的一般规律：冲锋，厮杀，流血，死人。跟以往不同的是对阵的是自己人，流血的是曾经的战友，死去的是自己的父兄。

由分裂引起内战，由内战转为外战，又一次"血流漂杵"，"涣其血去"。这一次的经验教训比上次丰富多了。周人第一次深刻认识到兄弟间也存在战争的土壤。战争已经过去，流血、死人已成历史，经验教训却在眼前，谨慎小心警戒未来。"其血去，逖出，无咎"。

"涣其血，去逖出，无咎。"通行的《周易》论述都这样断句。但是"去逖出"两个动词夹一名词，如何解？断句有误，害得许多人钻进死胡同。又回到"十翼"。"十翼"《象》曰："涣其血，远害也。"血后的"去"字拉下了。后人自作主张把"去"放于"逖"前，成"去逖出"。是去掉警惕还是出以警惕？鬼知道，一代代糊弄下来。查《康熙字典》，得出合理断句："逖，借作惕，【易·涣卦】血去逖出。"流了血，得出经验教训，永作警示，血不会白流。

第六十二章

井【改邑不改井,国固民安】

巽下坎上,井。改邑不改井,无丧无得。往来井,井汔至,亦未繘井。羸其瓶。凶。

（坎上巽下：井卦组成,上为坎,下为巽。邑：城邑,市镇。井：凿地取水的深穴；井田制。汔 qi：水干,枯竭。至：通窒,窒息,堵塞。繘 yu：通矞,穿,挖。羸 lei：毁坏。羸其瓶：汲水瓶撞破。）

将内转盘的"风（巽）"旋转至外盘"河（坎）"的位置就是"井卦",见大有卦转盘图和左小图。

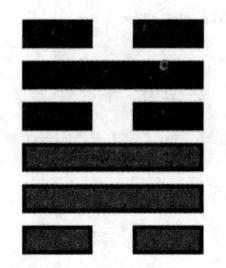

中国自古以农立国。国家大事最重要的是农业生产,农业是一切社会活动的基础。《国语·周语上》说："夫民之大事在农,上帝之粢盛（谷类贡品）于是乎出,民之藩庶（繁衍）于是乎生,事之供给（衣食保证）于是乎成。"商周社会,农业实行井田制。看井字,一片土地分成九块（或八块六块）。甲骨文的井字就是"井田"象形。一块方地,中间有排灌渠道和小道,纵横交错形同"井"字,故名井。土地归国君所有。井田分配给各级大小贵族,由贵族管理奴隶从事农耕,贵族向国家交贡赋。奴隶没有土地、没有农具、也没有人身自由。奴隶只是活工具,属贵族财产的一部分。井田的收成,一块归中央君王,八块归地方诸侯；诸侯留取部分,其余分发给管理者和众多的劳动者。

井田制,在以农业为基础的自然经济时代,是符合社会发展要求的。

据专家们研究，夏商周实行什一税，即收粮十斤，交税一斤。井田九交一，接近什一税制。

井，从地面垂直下挖取水之坑穴，是一种人工水源实体。井中之水来源于地下水或河湖渗透，一般，用之不竭。本卦表面写的是水井，实际写的是井田制，农业管理和农业生产。

西周推翻了殷商王朝，建立大周王朝。在这个新旧交替时期，如何抓好农业，巩固新政权，稳定社会秩序是头等大事。管好井田提到议事日程。

"改邑不改井，无丧无得。往来井。井汔至，亦未繘井。羸其瓶。凶。"

"改邑不改井，无丧无得。往来井。"邑，城镇，转义城镇中居住的人，又特指奴隶主和他们的臣属。革命了，旧官僚贵族倒台了，老贵族走了，新贵族来了。对于井田和在井田上干活的人来说，不存在得失。井田制不改，劳动者不迁，主人换了。历史有载，周朝建国后，先后分封七十一个诸侯属国。所谓分封就是把大面积的土地作为实物工资赏赐给他们，大诸侯再分封给小诸侯，土地及其附着在井田上的奴隶是各级奴隶主的财富。这笔财富不同于金银，它是活的，像井水一般，取之不尽，用之不竭，年年增值。人们来往于井田，开发大地的财富，推进社会发展。

但是，井田曾经存在严重问题。奴隶本来没有社会地位，过去，殷商朝廷又风行残酷的人殉人祭旧俗，成千上万的奴隶死于无辜，奴隶们没有生命保障，逃亡求生。社会秩序混乱，井田生产趋于停滞，农田荒芜。像水井，污泥淤塞，水源截断，"井汔至"。更糟的是，没人清淤，"亦未繘井"，还有人把破碎汲水瓶扔于井中，"羸其瓶"。水井彻底废了，"凶"。人们废了水井难于生活，社会荒废了井田，社会不能生存。殷商垮台的根本原因就在这里。周人把准社会脉搏，找到症结，对症下猛药，来了一个社会大变革，改邑但不改井，改变统治者，不改变井田制。

过了600年，商鞅在秦国变法，废止了井田制，从此后才改邑又改井。

卦辞按高亨《周易古经今注》标点。

《彖》曰："巽乎水而上水，井；井养而不穷也。改邑不改井，乃以刚中也。汔至亦未繘井，未有功也。羸其瓶，是以凶也。"

意思：卦画，巽下坎上，坎为水，是井卦，"巽乎水而上水，井"。井水供人食用永无穷尽。村邑变迁也不改变水井现状，因为二五阳刚处中。井水干涸了也没人下功夫掏一掏，打水用的陶罐也撞破了，看这情境就是一副凶象。

测字先生拆字，卜卦先生拆画，六条棒棒一拼合，"木上有水"，井也；二五阳处中"刚中也"。六条棒棒创造出无限奇迹。我也奇迹一番，雌黄几句：画家司马光，坐船又画缸，船在水上走，水又装满缸。一急砸了缸，大水流满仓。隔板水上水，木上有水缸。蒙了司马光，不知是井还是缸，不知是缸还是仓。张三瞎糊弄，李四背黑缸。

初六　井泥不食，旧井无禽【商王朝失政，旧井无禽】

（禽：鸟类；鸟兽总称；古通擒。）

殷商统治下，井田制失控，下层诸侯、贵族一味肥己，上骗贡税，下刮奴隶，生活奢靡，崇尚厚葬，大批奴隶逃亡，良田荒芜；井田上无人耕种，只有野草没有粮食。人们要活着，吃泥巴去吧，然而井田上的泥不可吃，"井泥不食"；吃野味去吧，可是"旧井无禽"。禽，可以是禽兽，可以经打猎而擒获，也可以是收获井田上的农作物，反正是"旧井无禽"，一切希望渺茫。

周人接了殷商的烂摊子。周人是自愿接的，因此必须面对现实，领导全国上下渡过难关。当下最要紧的是，重申《有亡荒阅》政策，"奴隶归田"（不是田归奴隶），逃亡的奴隶回到井田，不准滥杀无辜，废除人殉人祭，保障奴隶生命与生存。轻徭薄赋，与民休息。这几斧头砍得特别有力，国家经济复苏，新政权逐步巩固。

《象》曰："井泥不食，下也。旧井无禽，时舍也。"

意思：卦画初六，阴，处底层，"下也"，类似井底积满淤泥，淤泥堵塞，井中无水供食用。一口老井，干涸无水，保存下来没有意义，被当时的人们舍弃了。

这干井故事寓意很深，等待人们展开。

第六十二章 井【改邑不改井，国固民安】

九二　井谷射鲋，瓮敝漏【外行逢新事，井谷射鲋】

（鲋：小鱼，青蛙。瓮 weng：大肚陶器。射：放箭，发射，追求。敝：破旧，破烂；衰败。）

"井谷射鲋"，此"井"字双关，既有水井意，也有井田意；虚指水井，实指井田。鲋，青蛙，小鱼。没有那么愚蠢的人拿弓箭射杀小鱼，事实上也没有此种现象。这里的"井"犹如成语井底青蛙之井，借义而已。"井谷射鲋"，拿弓箭射杀井中小鱼或青蛙，是不可能也不存在的事，比喻而已。寓意空忙，吃力不讨好。井谷，"井"与"谷"搭配，解释为水井低洼处，不伦不类。合于情理的解释是，井田中的低洼处，有水有鱼，拿箭射杀，劳而无功。"瓮敝漏"，瓮，盛酒水大肚陶器；敝，破损。破损的瓮，装多少水跑多少水。"瓮敝漏"，是"井谷射鲋"的行为状语，意即井谷射鲋就像漏缸装水，看来忙碌，实际没有收效。

周初，类似井谷射鲋的现象是有的。我们看一看抓农业的新贵，周公、姜子牙他们，都有赫赫战功，文韬武略，搞政治，带兵打仗，那是十二万分内行。搞经济呢？是老外。看那些新诸侯，十几二十几的毛孩子，饭来张口，衣来伸手，从卧室到书斋，从书斋到大院，分不清韭菜和麦苗，他们会抓农业吗？再下的，一线管理，多数是岐山山沟里来的，水土不服，不明当地情况。见着鱼，拿起箭就射，看着田荒，也不顾季节，夏天种麦，青苗一片，秋天不抽穗，冬天成枯草。北方土豆个大粉足，有人好心，拿到南方水地栽种，不但没有收获，还赔了种子费……

军事统帅部面临新形势要改制了。老祖宗后稷本就是农官，近祖季历也曾被封为牧官，"木匠的儿子会拉锯，铁匠的儿子会打钉"，不说遗传基因，就说近朱者赤近墨者黑的道理，他们也易于转型，迅速把经济，主要是农业抓起来。他们知道自己外行，但是民间大有内行在。请来一群代表座谈，开神仙会，座谈几天，办法就出来了。他们领导层根据群众意见和历代经典，拟定出十三条指导全国：一是农不误时，按季节耕种，春种夏锄秋收冬藏。二是因地制宜。南湿北旱，南稻北麦，瓜果五谷，不求一律。三是兴修水利，防旱防涝。四是积肥。肥多禾壮，奶多儿胖。五是除草护苗，草夺肥，"草夹苗，不长苗；苗夹苗，不接桃"。六是颗粒归仓。粒粒汗珠，颗颗黄金。七是轮耕轮作。一年生地两年熟，连种三年吃稀粥；田要息，地要休，仓廪充实喜心头。八是饲养家畜。一个鸡蛋一两肉，遇到饥饿不发愁。九是保护山林，不可乱砍滥伐。成材斤斧惜伐，幼苗手下留情。十是保护能工巧匠，用有所长。奖励多制造陶铜木等日用品，但是适当抑制酿酒。十一是活跃市场，轻抽关税。十二是组织渔猎。十三是兼栽果木。

朝廷有规定，大家有章可循，不敢乱指挥、瞎折腾，农业兴盛起来，市场活跃起来。

《象》曰："井谷射鲋，无与也。"

意思：干"井谷射鲋"的人是蠢人，别人不会应和。

我这是想把《象》辞导入主题。一片好意。但是也会遭来反对：你是一厢情愿，人家《象》说的是卦画；卦画九二阳刚，九五也阳刚，刚对刚，同性恋，"无与也"，互不应与，互不理睬。

九三　井渫不食，为我心恻。可用汲，王明，并受其福【王明有新招，民受其福】

（渫 xie：去污；疏通。恻 ce：悲伤，同情，不忍。）

"井渫不食"，渫：去污；疏通。理解有难点，按词解义，水井经过疏通还不可食用。井疏通后有清水应当可食用，怎么不可食用呢？句的原意该是，井水污秽，不清除污秽，不可以食用

"为我心恻"，我：泛指各级管理农事的官员。恻：悲伤，同情，不忍，牵挂。井水污秽，关系人们生活，官员们牵挂于心，焦急不安。

"可用汲"，清除了污秽，可以食用。

"王明，并受其福"，君王英明，举措得力，国民都享受到他的福泽。

全句：井水污秽，不能食用，官员们悬挂于心，焦急不安，立即分派人员清污。经过清污后，大众有了清水食用，众口一词，歌颂君王英明，举措得力，国民都享受到了他的福泽。

我们仔细推敲，一口井污染，清污，水清，这是个案，事关局部。由此推及王明，共受其福，虽然也可以说得过去，但是似乎有些突兀，前言后语呼应牵强。于是我们不得不想到，《周易》作者本来不是写水井，而是写井田，井田关乎国计民生。井田捋顺了，一切转入正轨，人民生活安

定，共享明王福泽，谁不由衷感谢！

水井清污不是一回了事，清污是经常的事。人要教，井要掏。由此及彼，井田的管理，不是来个突击运动就万事大吉，它是持久的常态的日常管理。

上一节，十三条讲的是朝廷的政策方针，属于政策层面，本节从技术层面讲农田管理。

根据能人代表座谈意见，要保持农业的正常发展，必须：

利器。农闲季节备好农具。旧的要修缮，新的要制作，不可临阵磨枪。专业工匠要有创新精神，石器瓦器要淘汰，尽量采用铜铁。器具先进，才有高效。

选种。"种子不选好，打得一定少。""种好苗壮，苗好一半粮。"经验之谈。选种确实重要。选种三要：一要选适合本地的高产作物，淘汰或减少低产作物；二要选本地高产作物中的个大籽满的；三要因地制宜。"芋头宜湿，棉花宜阳，红苕种在畦地上。"引种外地作物先做试验，不可盲目铺开。凡选出的种子不得吃光。

施肥。"一堆肥料百斤粮，两堆肥料粮满仓。"但是施肥有讲究，要掌握分寸，"庄稼施肥没有巧，看天看地又看苗"，肥多长苗不接子，肥少秆细叶黄瘦成筋。

控水。"水是命，肥是劲。""庄稼怕旱又怕涝，治水有方庄稼好。"要勤修水渠，畅通沟洫。旱时抗旱，涝时排涝。

除草、防虫。"种地不除草，种子白丢掉；种地不治虫，秋收一场空。"

细收。"收麦如救火，割谷似数钱。"金秋时节，颗粒归仓。金秋的果实是人们一年辛苦的回报，吃穿用全在里面。到手的粮食丢一粒都可惜。要田头割尽，路无抛撒，脱粒干净。

储存。"田头熟，仓廪足，过年过节喜悠悠。"仓廪要通风，防止霉烂，定时日晒，预防长虫。仓储窖藏，因地制宜，各行其便，不可强求一律。

加工。舂米磨面，纺纱织布，有饭吃，有衣穿。不能下田的老弱可以作这轻活，强劳力忙过田头忙村头，也应作这些事。

"井渫不食，为我心恻"，井水污浊，牵挂于官；井田不兴，牵挂于王。武王着急死，成王着急顽，周公急得团团转。先出十三条，又出八条，方向明确，措施具体。九州大地从此欣欣向荣。"可用汲，王明，并受其福。"

《象》曰："井渫不食，心恻也。求王明，受福也。"

意思：整治好了的水井，你们不食用，让人心焦。那就求英明皇上吧，他会赐福给大家。

六四　井甃，无咎【费力勘疆界，各守其份】

（井：凿地取水的深穴；井田。甃 zhou：井壁，用砖修砌井壁。）

"井甃，无咎。"甃 zhou：井壁，用砖石修砌。井壁，防止泥涌坍塌，也造就水井封闭空间，保持水质清洁。井田是否也该垒砌井壁呢？不用。但是，有类似井壁的设置；井田是有边界的，用以给井田定量。田间的小路叫阡陌，阡陌是小田边界；九块小田合成井田，井田外界边线也是边界；许多井田又合成某个地区，地区也有边界。

最早追述井田的当属孟子。《孟子·滕文公上》载："夫仁政必自经界始，经界不正，井地不均，谷禄不平……""方里而井，井九百亩，其中为公田，八家皆私百亩，同养公田。公事毕，然后敢治私事。"他前段论述划分井田的重要性，后段描写如何施行井田。指出一平方里为一井，一井九百亩。但是他"公田私田"的概念不准确，商周是奴隶社会，土地归君王（国家）所有，名义上的公有，不存在或少量存在君王以下的私有。所谓公田私田，只是纳贡的划分。按什一税制，不管哪个贵族经营国家派发的井田，都以九分之一（接近什一）的比例交税。因此，说井田中间一块为公田属多余，周围八家也不是八家，是经营人的八份。经营人驱使奴隶在井田上干活，其收获的九分之一交国家，八份归自己。这八份他也不能全得，他要拿出部分养活奴隶，一部分用作成本，以及下一轮经营开支。

大周开国后，社会利益重新分配，出现人口大迁徙，井田大改组（改归属，不改制）。旧领主倒了，杀了，迁了；大量西周人东下，成为全国各地大小领主，成为井田的新经营人（内中不乏革命有功的奴隶）。井田表示财富、荣誉和利益。由于界限不清，为着一小块土地，大家互相聚众持械斗殴，带来新的摩擦与斗争。管理层要做的第一件事情就是给各级经营人划定疆界，各守本分。这工作相当复杂和巨大，要实地勘察、丈量和标界，要区分山地丘陵和平原，要考察土质肥沃和贫瘠，不像在平地（那时没有纸）上画井字那么简单。井田是理想状态，作各地纳税的参考模型。标定疆界的工作，动员全国力量至少也得两年，有的是几千年也扯不清的豆芽菜。

水井，筑有井壁才有水清。井田，有了疆界才有安宁。"井甃，无咎。"

《象》曰："井甃，无咎，修井也。"

意思：井坏了修井吧。没有坏呢？不修吧。明天坏了呢？明天修吧。

九五　井，冽寒，泉食【井田遭天灾，抗灾有方】

（冽 lie：寒冷；与洌同音，一点之差，洌，清澈，音同义不同；有的地方通用。）

"井，冽寒，泉食。"此句五个字，古文无标点，后人有几种理解，几种标法："井冽寒泉食。""井冽，寒泉食。""井，冽寒，泉食。"但是有一点是相同的，都把冽、洌二字解释为清澈；"井水虽然清澈，但是人们喜欢食用寒泉的水。"文字是通顺了，事实上却不存在。既然有寒泉，又何必挖井？既然井水清澈，又何必求寒泉？

问题出在一点之误。原文"冽"，寒冷的意思，解易者觉与井搭配，语义不通，于是改冽为洌，成井水清澈。其实还是应当回到冽的原生含义，冽与后面的寒搭配，"冽寒"，特别冷以至冰冻的意思。井水，冬暖夏凉。冬天，井水温度一般高于地面水温，可是北方有些地方，井水也会结冰。井水结冰则无水食用。此等情况下，只有另寻水源，泉是其一。"井，冽寒，泉食。"

水井结冰不是常有，转义为突发现象、灾难。

井田存在水井结冰的现象。大量的天灾袭击井田。干旱，水涝，雷暴，狂风，冰雹，地震，山洪，虫灾……自然灾害危害井田的程度远比井水结冰大得多。井田受灾即人类受灾。它直接威胁民众生存，威胁政权巩固。发生灾害如何应对呢？"井，冽寒，泉食。"另辟水源，找泉水去。大周新朝廷拟定十二条措施找"泉水"：一曰散利（政府救济），二曰薄征（少收税），三曰缓刑（有罪轻罚），四曰弛力（免除徭役），五曰舍禁（取消山川渔猎禁令），六曰去几（废除关市的稽查），七曰眚礼（省去吉礼），八曰杀哀（简化葬礼），九曰蕃乐（收藏乐器而不奏），十曰多婚（减少婚娶彩礼，使女易嫁，男易娶），十有一曰索鬼神（修复废祀，求鬼神消灾赐福），十有二曰除盗贼。

这十二条后来被记入《周礼·地官上》，篇名《荒政》。

《象》曰："寒泉之食，中正也。"

意思：寒泉之食好，好在五爻中正。

温泉之食呢？邪门。井水之食呢？卡喉。寒泉之食呢，中正。所谓中正，是巫师们规定的第五爻代表君王，代表公道、中正。如果规定五爻表示倒霉、凶险，当然就不中正了。人为规定，主观意识，卜筮游戏，没有实际指导意义。

上六　井收，勿幕，有孚元吉【井田得丰收，处富防贫】

（井收：井田丰收。幕：盖，遮盖，掩盖。通募，募集，募捐。孚：诚信。）

有的，把"收"解释为收井绳，"幕"解释为井盖。收井绳，汲水完毕，盖上井盖，保持水洁，故吉利。但是句中"勿"字无法交代。明明写的"勿幕"，不要盖盖。怎么盖好吉利呢？如此解释则是不盖吉利。

这里几乎与水井不搭边，直述井田丰收，与上述各节相呼应。第一节，"旧井无禽"，旧社会留下破烂摊子，井田荒芜；第二节，外行不懂抓经济，井谷射鲋瞎指挥，乱上添乱；第三节，克服失误，民得其惠，颂王英明；第四节，井田划界，诸侯领主各安其守；第五节，防灾救灾，共渡难关。第六节，井田丰收如何办？两字："勿幕"。不可加收贡赋。幕通募，募集，募捐的意思，转义国家额外收贡纳税。

丰收了，是来自上帝的护佑。人们理所当然要感谢上帝，感谢的形式就是祭祀。

周人在丰收年景不疯狂，记功于上帝祖先，祭祀感恩，"宾祭祭以盛"；对自己布衣简食，不挥霍张扬；对老百姓，"勿幕，有孚"，不额外增加税收，不加重负担，创导以丰防欠，勤俭过日子。诚信待神，实惠在民，事事以勤，"有孚元吉"。

《象》曰："元吉在上，大成也。"

意思：元吉在哪里？"在上"，在上六。上六虽是阴，毕竟在最后。写这些评注有点累，注到上六搁笔，"大成也"，可松口气了

第 六十三 章

噬嗑【刑罚,改造人的强制工具】

震下离上,噬嗑。亨,利用狱。

(噬 shi:咬,咀嚼。嗑 ke:合嘴。噬嗑:用嘴巴咀嚼。狱:刑狱。)

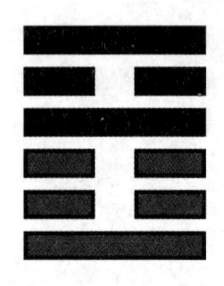

将转盘的"雷(震)"旋转至外盘"电(离)"的位置,就得"噬嗑"卦,见节卦转盘图和左小图。

噬嗑,把食物放进口里咀嚼,食物消化过程开始。人们从食物中汲取营养排出废物,完成体能的成活。这是人的生理现象。历来易学家们对本卦的认识基本一致,其分歧点在,是否以卦画说事。噬嗑不是讲人如何进食,而是讲国家的刑狱,刑狱是法律层面的概念。此卦是姬昌、姬旦父子有关在西周建国后如何制裁犯罪分子的刑律论述。

姬昌有坐牢的经历,对监狱生活深有体会。进出监狱的人,除了狱卒,大量的是犯罪分子。他们衣衫褴褛,瘦骨嶙峋,好好的人进来,或刺墨,或割耳鼻,或砍足,残疾人出去。他身临其境,自己也是他们中的一员,时刻担心着哪一天灾祸降临到自己头上,像他们一样,缺了耳鼻少了腿,还可能砍头。有时麻木了,人总是要死的,死就死吧。有时清醒点,清醒了就考虑,人为什么犯罪?监狱是干什么的?有时想入非非,将来周人得了江山如何管好监狱……还设想,周人的监狱首先把帝辛关起来,让他体验一下犯人的感受。

社会的刑狱犹如人的消化器官,进来都是罪犯,经过暂时咀嚼不断处理出去:(一)回家;(二)就地服苦役;(三)流放;(四)充军;(五)

杀头。刑狱是伴随阶级的产生而存在的，它是半军事性质，又是军事的附属机构。打仗抓了俘虏不可能全杀，也不可能全放。于是监狱派上用场。监狱慢慢消化这些俘虏。经过甄别，放出多数，羁留少数，依据罪行和表现分别定刑。这是监狱的职能之一，或称军事监狱。另一重大职能是关押民事罪犯。人类社会，特别是有阶级的社会，监狱成为一个阶级镇压改造另一个阶级或本阶级反对派的有力工具。人们围绕财富、女人、信仰不断争斗，成为抢劫犯、杀人犯、强奸犯、异教徒、颠覆政权犯等，一句话，这一部分人是现存社会不能容忍的罪恶分子，国家对他们绳之以法。监狱是执法的职能部门。监狱对这一部分人逐个消化。轻的，改造好了放出，重的处以肉刑或者杀头。

　　商周的刑狱主要是用来对付奴隶阶级。刑与狱是两码事，有时又混而为一，刑是判决并用刑，狱是关押。他们以刑为主。他们没有耐心，也缺乏粮食一类物质条件，等待罪犯在监狱回心转意，因此监狱不长期关人，除个别政治犯如姬昌以外。商朝的刑罚称为"汤刑"。国家设有监狱，卜辞的"圉"（yu）字像人手戴桎梏被囚禁在土室中。在河南小屯的一处窖穴里出土了一批陶俑，俑的手腕上都有桎梏。男俑的手梏在背后，女俑的手梏在身前。商王纣甚至命令在铜格下烧炭，强迫触犯奴隶主法律的人在格上行走，活活烧死，称为炮烙之刑（《中国史稿》，第212页）。周朝的刑罚，继承商典。当时已有成文的法律，分为五刑：墨、劓、剕、宫、大辟。（《尚书·吕刑》）墨就是黥（jing），即在额上刺青。对战俘或罪犯，常以黥额作为奴隶的标记，是最普通的常用刑罚之一。劓（yi）是割鼻，剕（fei）是砍脚，即后来的刖（yue）刑。宫刑是割掉男子的生殖器或把女犯人禁锢起来。大辟则是斩首的死刑。周朝开国初期，处太平盛世，社会秩序良好，四十年不用刑罚（这也证明西周法令《有亡荒阅》的基本精神是保护奴隶，到周初时，奴隶逃亡已经成为历史，殷商抓捕逃奴那一套刑罚也随之废止）。后来不行了，犯罪的增多，周朝廷忙立法定律。史载周的刑律共有三千条：墨刑和劓刑各一千条，剕刑五百条，宫刑三百条，大辟二百条。

　　对社会犯罪分子"利用狱"，进行羁押判刑处理，"噬嗑"，逐个消化，有利社会秩序的安定。"亨"。

　　周人被统治的时候，诅咒刑狱，周人得了政权以后，又酷爱刑狱。这就是刑狱的本质，统治者的工具。谁在统治位上，谁就捧为至宝。

　　《彖》曰："颐中有物，曰噬嗑，噬嗑而亨。刚柔分，动而明，雷电合而章。柔得中而上行，虽不当位，利用狱也。"

意思：解此卦有点难，得动点脑筋。我们见过颐卦，卦画像张开的口，首尾两阳，像上下嘴唇，中间四阴，像牙齿，颐就是吃的意思。噬嗑由颐卦变来，中间四阴，有一阴变阳，变成食物，三颗牙齿一根羊肉串。所以"颐中有物，曰噬嗑"。食物进口，几经咀嚼，立即引起吞咽，顺畅进肚，"噬嗑而亨"。卦画下震为长男，上离为中女，刚柔分明；震为动，离为电，雷电并作，震撼大地，光耀四方。"刚柔分，动而明，雷电合而章。"六二，阴阴得位、得中，上行不利，与六五不应。六五阴柔，是中女，女光棍，你六二惹得起码？你只有使点阴坏，把她慢慢吃掉，"柔得中而上行，虽不当位，利用狱也"。

噬嗑卦画、卦名圆满得解。意大利名画家达·芬奇，作一幅名画《蒙娜丽莎》。那画中人，天天微笑，笑了几百年。那勾魂的微笑，让千百观者倾倒，欲解而不得解。我想，如果让我们的解卦圣手出来，则不至于那么为难。

初九　屦校灭趾，无咎【酷刑之一，剁足趾】

（屦 ju：鞋，践踏。屦通屡；屡有拖曳、牵引的意思。校 jiao：木质刑具。灭：消灭；盖没。趾：足趾。咎：灾祸。）

"灭"，历来用它的"盖没"义，联系到商周刑罚的残酷性和随意性，用本义"消灭"更切合实际。

校（读 jiao），古时的一种木质刑具，相当于后来的脚镣、枷锁，限制犯人的行动自由。"屦校灭趾"：砍剁犯人足趾，系绑木质脚镣。姬昌了解到，犯人被收监，判明罪证，依据刑法条律，砍掉脚趾，套上脚镣。这一酷刑主要用来惩罚抢劫犯、偷盗犯。但是这种人不会在监狱关很久，用刑以后，去除脚镣，就可回家。抢劫偷盗靠脚健行，用刑以后，人已经残废，行步艰难，不能再重操旧业，让社会有一分平安。"无咎"。

六二　噬肤灭鼻，无咎【酷刑之一，割鼻】

（噬：咀嚼，咬，吃。肤：皮肤，浅部肌肉。灭：割掉。）

刑罚就是用来治理社会弊端，杀鸡吓猴，杀一儆百。对强奸犯，盗墓贼，杀人未死而致伤残者，割鼻。强奸犯割鼻，是因为残害妇女，特别是幼女。聚集奴隶逃跑首犯，涉案人可能是男，也可能是女。割鼻不影响继续出劳力。盗墓贼之所以判割鼻，则是他们不仅犯盗窃罪而且犯有挖祖坟罪，亵渎神灵，两罪并罚，不割鼻不足以让贵族消气。使人致残者割鼻，是由于犯有血案，罪行严重，但是还没有酿成命案，不够杀头。割鼻，再加点经济赔偿，了结。

给罪犯以切肤之痛，割掉他们的鼻子，"噬肤灭鼻"，毁其容貌，阻止其继续犯罪，社会得到平安，"无咎"。割掉鼻，毁了容，还有何面目见人？脸上作了标记，让人一看，知他不是好人，啐他一口唾沫。他还能干坏事吗？割鼻残酷，却有效，当时社会乐于采用。

六三　噬腊肉，遇毒，小吝，无咎

（腊 xi：腊、昔通用，晾干的肉。非后来意义的腊 la 肉。）

有一种犯人，小偷小摸而已，不够判刑，放了，他们又重操旧业，再抓再放。治理这类人，像啃一块干肉，"噬腊"，费力费神，有时还伤了牙齿，"遇毒"。有时让执法人员心烦，情绪一激动，把罪犯打伤了或者治死了，造成过失，"小吝"。不过上级并不追查，家属也不敢过问。祭肉腐烂变质，小偷偷吃，吃进肚里，说不定闹个肠炎什么的。"噬腊，遇毒，小吝"，没有关系，总比饿死强。

治理这般穷人，朝廷拿不出好手段。纣王不是不知道，他无可奈何，觉得是个难啃的干肉，"噬腊，遇毒"；对他们不可重罚，也不可放纵，"小吝，无咎"。西周人当初治理小偷小摸很有成效，他们着眼于发展生产，提倡勤劳，保障群众基本温饱。小偷小摸自然绝迹。有此一条，武王腰板硬，在前线骂了纣王，也激发了自己的士兵。

《象》曰："遇毒，位不当也。"

意思：请你看卦画，三爻卜得六，六是什么东西？低贱的老阴。它有什么资格坐阳位？"位不当也"。那座位上放的是老鼠药，谁让你吃的？中毒了吧。

九四　噬干胏，得金矢，利艰贞，吉【刑罚之一，劳役】

（胏 zi：带骨的肉脯。金矢：铜箭镞，野兽肉中残留狩猎者的铜箭头。）

战争罪犯，确切说是征战中抓来的俘虏。有战争就有俘虏。古时，一般把俘虏杀掉，后来发现俘虏有用，留作家用，种地，开荒，修路，伐木，筑城，充军等等。原来，俘虏丢掉武器就可以成为劳动力，创造财富，除了养活他们自己，还可以养活别人。姜子牙会打仗，而思想还是古板。伐纣时得到大批俘虏，他就主张杀掉。其他人反对，主张分别对待。于是"噬干胏，得金矢"。大批量的，温和处理，有家回家，无家找家，不找家由军事当局安排，或当兵或当奴。敌方的骨干分子则留下蹲监狱进一步"细嚼"，有才干又愿意改过的，出来带兵，到地方当官。死硬不降的，杀掉。还有一条通融办法：用财产或武器换生命，如"金矢"、战车一类。一定数量的财产或武器可以买得平安回家。

处理俘虏问题比较艰难，处理得好，工作做到家，有利社会，人们会获得一个宽松吉祥的生活环境。"利艰贞，吉。"

《象》曰："利艰贞吉，未光也。"

意思：利于在艰难中坚贞守志，吉祥。但是让你看卦画会有遗憾，上卦为离，离者光明也，刚踏入门槛，"未光也"。曙光在前，希望是有的。

M：点评与卦义相反，人家九四爻辞说得清清楚楚，"利艰贞吉"，《象》给加一个悬念"未光也"。求卦者听谁的？

六五　噬干肉，得黄金，贞厉，无咎【刑罚之一，罚款】

（黄金：黄铜，钱币。）

《礼记·曲礼上》说，"礼不下庶人，刑不上大夫"。商周对奴隶主阶级是格外开恩，奴隶主打死打伤奴隶，用大活人祭祀、殉葬，不属犯罪；奴隶是奴隶主的财富，奴隶主如何处置奴隶是自己的事。朝廷只保护他们的利益，不保护奴隶的利益。如果贵族打死贵族则另当别论，要追究罪责。在商周的法律中规定有赎刑的条款，他们犯了罪，只要缴纳一定数量的金（铜）或丝就可以免刑了（《中国史稿》，第272页），治理这类罪犯也有一定难度。贵族出手的一方，除了有钱，有的后台很硬，地方一霸，横行里巷，草菅人命。五刑：墨、劓、刖、宫、大辟，都不适用于他们。而如果贵族受害一方也非等闲之辈，这种官司可能闹到天子那里。治理贵族罪犯等同于咀嚼干肉，吃的无味，难以下喉。刑罚就开了一道口子：经济解决，特例特办。"噬乾肉，得黄金，贞厉，无咎。"犯罪者拿出点钱，一部分补偿对方，一部分交给国库，皆大欢喜。

说刑罚有阶级性，这里提供明证，犯法经济解决；穷人没有经济实力，唯一选择是服刑，富人拿钱免灾。

《象》曰："贞厉无咎，得当也。"

意思：贵族犯案无咎，老五是什么人？至尊者。"礼不下庶人，刑不上大夫"。经济解决，"得当也"。

上九 何校灭耳，凶【刑罚之一，割耳】

（何：荷，负荷，扛，承受。校 jiao：木质刑具。灭：消灭，割除。）

这是又一类重刑犯，但是还够不上杀头罪，他们中，可能有前科而再犯，或者抢劫、强奸、盗墓、放火，情节更加严重的，刑罚的办法就是割耳。判处"何校灭耳"。"戴上刑具，割掉耳朵。"这里告诫人们，罪犯还可能不断再生，监狱的事没完没了。

古代监狱不长期关押人，关人要人守，要提供饮食，成本太高，犯人是监狱的过客。文王囚羑里七年，时间长是例外。纣王捉放姬昌都没有法律依据，全凭纣王的好恶，也没有走法律程序，使用了天子"金口玉言"的人治。

天子随意杀人的事，历史上屡见不鲜。帝

王们犯案，对他们"屦校灭趾"，"噬肤灭鼻"，"何校灭耳"吗？那个时代，谁敢呢！

★ ★ ★

刑罚如噬嗑。动物的消化系统，吸收营养，排出废物。治理犯罪就是消化犯罪群体，把一部分人强制拉回于社会，把另一部分人排出社会之外，让社会得到安宁。犯罪者不断产生，消化系统不断工作。

第六十四章

艮【铲除"商山",美化岐山】

艮下艮上,艮。艮其背,不获其身;行其庭,不见其人,无咎。

（艮下艮上：艮卦结构,上下都是艮卦。艮（gen）八卦专用字,表示山,古人对山的发音。现代汉语中除了用于姓氏和方言,无意义。背：脊背,山顶。庭：庭院,房屋。咎：轻微的灾患。无咎：无灾患。）

将内转盘的"山（艮）"旋转至外盘"山（艮）"的位置就是"艮卦",见乾卦转盘图和右小图。

艮：山,八卦中所指定的八大自然现象之一。保守地估计,百分之九十的现代中国人不认识这个"艮"字。它只起注音作用,从意义上讲,它与山毫无关系。长沙帛书《周易》记山为"根"。

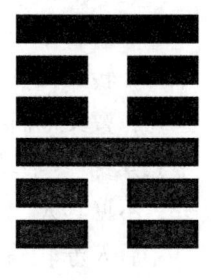

山,古人的栖息地,人类的摇篮。人类已经有二三百万年历史。在漫长的岁月中,人类几乎像动物一样生活着。山上有山洞,能遮风挡雨,避暑御寒,防止野兽袭击,为早期人类提供了安全住所。山上植物茂盛,果实繁多,可供人类充饥;还有许多无毒的青枝嫩叶可作果实的补充。人类还可依靠自己的智慧和力量在山上或下山捕杀野兽,捕捞鱼鳖,用以改善自己的饮食结构。山

有山泉，溪流，瀑布，为人类生存提供了必不可少的生活用水。人类首先把山作为自己的家园，建了窝，增强了体格，锻炼了思维能力，学会了使用和制造工具，结成了社会。考古发现，世界各地的人类早期文明都存留在山洞里。

岐山，黄土高原一座不起眼的山，它不可与终南山相比，更不能跟五岳并论。但是，它的伟大、它的名气、它对中国和世界的影响，却是终南山、五岳不可比拟的。岐山是中华民族的发祥地之一，是炎帝生息、周室肇基之圣地。

三千多年前，姬氏部落来到这里，只是想混口饭吃。岐山周边太富庶了，他们在周原落脚，一住下，就再也不想走了，从此，姬部落被称为周人。这不就是他们追求的天堂吗？一位历史人物登台了，他叫古公亶父，姬姓，夏朝农官后稷之后。他具有中国农民的勤劳、朴实、谦逊、勇敢的优良品德，也有易于满足、不图远大的浅短目光。他决定在岐山建设自己部落的家园。他只想让自己的家族过好日子，并没有分外想法。

"艮其背，不获其身；行其庭，不见其人，无咎。"

艮，名词动词化，意为"处在山的……"背，岐山山区，身，岐山本身，转义为岐山的历史价值。庭，住处，人，周人，周人的远大志向。全句：亶父他们身处岐山，当时还体会不到岐山的历史价值，"艮其背，不获其身"；活动于自己住处，也体现不出周人有什么远大志向，"行其庭，不见其人"。守此本分，当然少了许多麻烦，免却灾难，"无咎"。

后人苏轼写的，"不识庐山真面目，只缘身在此山中"也是这个意思。

《象》曰："艮，止也。时止则止，时行则行，动静不失其时，其道光明。艮其上，止其所也。上下敌应，不相与也。是以不获其身，行其庭不见其人，无咎也。"

意思：艮，静止之意。该静就静，该动就动，动静适时，前程光明。艮艮相重，上下敌应。"是以不获其身，行其庭不见其人。"卦象欠佳，但无大碍。

卜筮师卜了一卦，从卦画上看出，岐山的周人当初很老实，不是惹祸的灾星，还隐隐略略赞颂西周人"动静不失其时，其道光明"。

我假定《象》联系了西周实际，给周人以美好祝福。

初六　艮其趾，无咎，利永贞【基础之牢，高山永固】

（趾：古所谓趾，指足，转义山脚。贞：贞吉，卜得吉。）

岐山周人的好景不长，他自己本分，老实巴交，却有人不喜欢。他们避狄夷之祸来到岐山，到岐山又遭殷商朝廷征剿。征剿理由很简单，"卧榻之旁，岂容他人鼾睡？"岐山是我殷商地盘，你招呼不打就大肆开发，还有王法吗？

殷商首脑武乙多次兴兵伐周。甲骨文载，先后有从仓侯、多子族罙（dɑi）犬侯、多子族从犬侯奉商王令出兵伐周。可怜一群老实农民怎么能经受得住朝廷正规军的剿杀。亶父别无选择，只有投降、归顺、纳贡。

殷商朝廷目的已达到，复命亶父为侯，赐以岐邑。岐山升格为岐邑。西周成了殷商的属国，殷商是西周的宗主。

殷商朝廷武力征服周人，使周人蒙受有史以来的最大损失和羞辱。他们开始反思做人兴国的道理。农民不能光埋头于耕种，部族首脑不能单纯带领大家刨地开荒，还要学会打仗，学会管理国家，学会制伏别人。西岐人在与殷商的多年交往中，发现殷商有许多毛病，几近不治之症，看是庞然大物，实际是一只濒临死亡的病虎，只要立志，西岐人有可能取而代之。

经过深思熟虑，以亶父为首的西岐人决心"蔚商"，拟定出十六字指针："辅国建侯，开荒拓土，三单潜龙，谷熟当收。"行动上，则采取尊崇朝廷，勤朝重贡，攀亲联姻。在岐邑内部，则狠抓农业，开荒拓土，组建强有力的军队，挑选能干大事的接班人。亶父努力的结果，西岐初具国家雏形，有了一支近伐远征的武装力量，娶得皇室贵族女子做儿媳，确立姬昌担纲大事。

"艮其趾，无咎，利永贞。"

处在山的脚下，岐山的山脚下，"艮其趾"，扎扎实实开荒种地，力争有好的收成，不出灾患，"无咎"，有利长此发展下去，"利永贞"。

这是事实也是比喻。岐周人要干一番政治大业就从这里开始。

《象》曰："艮其趾，未失正也。"

意思：停止于开步，没有违背正固的道理。

M：易经神学规定艮为止，静止、停止的意思。按《象》的句义解释，我们就难以知道《象》说的是什么。如果改静为动，改止步为开步，又联系西周实际，那就恰到好处了。

六二　艮其腓，不拯其随，其心不快【山道岩岩，征途险恶】

（腓：腿肚；山之下部。拯：向上举，抬举；拯救，救助。不拯：不抬举，废除。随：尾随，跟随，随从。）

古公亶（dan）父的路线是把此后的周人引向政治建国的路线。

亶父的第三儿子季历得真传。

亶父去世，季历继位。季历在西周历史上就是武功开疆拓土的斗士。

殷商西部疆土常年得不到安宁，鬼方骚扰，戎狄征伐。商帝采取以侯治夷政策，利用周人镇守西疆。季历应运而生。他终其一生，打了七仗，六胜一败。他为朝廷献力，也为西周建军练兵，开疆拓土。西周人在当时的中国杀出了军威，上震朝廷，下震敌营。朝廷视为功臣，又视为猛兽。主政的商帝文丁怕尾大不掉，将其杀死。

"艮其腓，不拯其随，其心不快。"

"艮其腓"人的腿部，山的基部，事业的发展期。拯，拯救。随，随从，皇帝的臣仆。当西周事业正处于良好发展的时候，"艮其腓"，季历遭人诬陷，有人欲置其死地而后快；他是朝廷功臣，商帝当救不救，"不拯其随"。季历屈死牢狱。西周痛失主帅，周人为之心寒，陷入悲痛之中，"其心不快"。

《象》曰："不拯其随，未退听也。"

意：那皇上为什么见死不救呢？他只偏听一方的诬告，而不愿意后退一步听一听受害人季历的申辩。

《象》作者是从卦画中看出门道而发议论的。六二，处中，阴柔，后随是初六，同阴；前行，九三，阳刚，少男。六二没有耐心倾听初六的唠叨，少男的吸引力让她丢了同伴。

季历可怜，除了西周人对其死"其心不快"以外，几百年以后就再也没有人理会他。

九三　艮其限，列其夤，厉，熏心【修德倡仁，磐石之坚】

（限：腰部，门槛。列：裂。夤 yin：夹脊肉；假夤为胂；《说文》"胂，夹脊肉也。"熏：烧烤。厉：危险。）

限，上下的界限，人的腰部，山的中腰。

季历死，儿子姬昌在悲痛、惶恐中继位。开初冒失跟商王帝乙干了一仗，被打得丢盔弃甲，损兵折将。从此知道厉害，立即改弦易辙，带领周人一心建设家乡。他头脑冷静下来，在家闭门思过，总结经验教训，著书立说。在位10年后，殷商帝辛注意到西周的重要性及姬昌的才智，任命姬昌为朝廷大臣，参与核心国事。西周的事业蓬勃发展，民众生活进一步改善，建军有了起色，农工技术大步提高。老百姓思想得到教化。期间，地盘得以扩大，在商王的同意下，并吞了丰邑和镐邑，岐山与丰镐连片。西周人在内外有利形势下大干了30年，一个政治成熟，经济发达，武力雄壮，民众团结，社会和谐的西周崛起了。

西周建立模范特区，有识之士纷纷西来。

姬昌家人丁兴旺，子孙满堂。

"艮其限，列其夤，厉，熏心。"限，腰间，中途；列，分裂，分割；夤，脊背肉；熏，火烤烟熏。西周进入发展的高峰期，如登山，攀到大山的当腰，"艮其限"；已经可以跟朝廷分庭抗礼，蚕食商的属国，"列其夤"；让朝野神魂不安，感到如烟熏火燎，"厉，熏心"。

《象》曰："止其限，危，熏心也。"

意：停止于途中，危险，被烟雾熏烤，迷了心窍。

原来那九三阳刚，是上下卦的临界线，前导两阴，后随两阴，那阴老五女主更吓人，所以危险，"危"，心地摇曳，"熏心也"。

六四　艮其身，无咎【姬昌得志，勇登高峰】

西周崛起对殷商朝廷是严重威胁。商帝出手剪周，囚西伯姬昌于羑里，杀其大子伯夷考。西周事业遭沉重打击。

姬昌伪装服罪，麻痹朝廷。在狱中编修八卦，创造天命转移理论，制定多项革命斗争策略，为西周的下步行动提供理论依据。他以八卦为形体，写出六十四篇文章，阐述商必亡周必胜的客观趋势，以及周人为适应形势发展所应取的态度、方针、政策。

姬昌伪装成功。坐七年牢以后，帝辛将其放出，并授予征伐大权。姬昌借此东伐西讨，大有彻底倾商之势。

"艮其身，无咎。"姬昌自身处于困境，变灾难为炼狱，狱火重生，"无咎"。

《象》曰："艮其身，止诸躬也。"

意思：六四是腰以上的身体部分，阴爻阴位得正，前后有路，可行可止。如《象》云，"时止则止，时行则行，动静不失其时"。停止下来，出于自己的意愿。

西周处于休眠，暂时停止不前，是无奈之举，非出于自己的意愿。

六五　艮其辅，言有序，悔亡【主义切弊，王事当兴】

（辅：腭部，面颊；山顶。序：①次序，秩序。②序言，前言，前奏。③赠言。悔：后悔，困厄，忧虑。悔亡：昔有悔今其悔去也。）

姬昌死于东征道上，年纪大了，劳累死了。二儿子姬发继位，继承父业，东征。

殷商为什么必亡？四个字："人殉人祭。"后人说商亡在纣王罪孽七十条。商纣有罪但是不至于罪孽七十条，许多是后人加的，并且也不是亡商主因。"人殉人祭"导致商亡。《尚书·微子》载"小人方兴，互为仇雠"，说到关节处。

"人殉人祭"，大规模用奴隶活人殉葬、活人祭祀上帝鬼神，长达数代人，多达上万人。

什么是奴隶？下一个抽象定义读者感触不深。学者们把现代奴隶的苦痛，归纳为30条，我删除了部分不雅词条，供读者看个大概。

2. 奴隶是劳动工具。哪里最苦哪里是他们的劳动场所。
3. 奴隶病痛没有医药治疗，病死丢进海里，或随意掩埋荒野。
7. 奴隶不可成家，主人只给饭吃，没有劳动报酬。
8. 家奴要主动做各种家事，担当主人家里的家务，没有空闲休息。
9. 奴隶是主人的性具。奴隶的肉体属于主人所有。女奴所生小孩属主人所有或成为弃婴。

11. 奴隶要跪在主人的面前，听候主人讲话或安排任务，表示位卑、服从。在主人训话时保持安静，更不得插嘴。

13. 除非得到主人的允许，奴隶将始终一丝不挂，奴隶在主人面前无隐私可言。

15. 奴隶为主人清洁身体，吮吸主人的阴部，舔净主人的肛门。

19. 当站着的时候，奴隶应该双腿并拢，两手放在头上，把头低下。坐着时，腰部挺直，双腿并拢，双手放在背后。

20. 在主人调教的时候，奴隶要认真听主人说的每一句话，不准申辩。如果主人喜欢看着奴隶颤动的肌肤，在受到各种严厉鞭打时，即使奴隶已被打得遍体鳞伤，奴隶也不能将身体蜷缩起来。

22. 在任何时候，奴隶都将向主人提供奴隶身上的各个部位，供主人玩赏。

24. 奴隶必须按主人的安排接受任何训练与惩罚。

25. 奴隶不可以参与社会活动，外间世界属于主人。

27. 奴隶是主人的私有财产，奴隶个人不拥有对身体和精神的所有权，奴隶是主人最大的财富，可以买卖，赠送。

30. 奴隶无安全可言，自负事故责任。

这是人类社会进入近代文明初期奴隶们的悲惨遭遇。商周时代与近代文明相比，属野蛮时代，那时的奴隶除了受到现代奴隶痛苦之外，还受到种种野蛮的屠杀。杀奴祭祖，杀奴祭神，奴隶活人殉葬，活人祭奠庙基、祠基，成千上万地屠杀战俘和奴隶。奴隶们稍有犯律，会受到严刑惩处，割鼻、砍足、去阳、杀头。殷商社会的倒行逆施，引起奴隶全国大逃亡；有的奋起反抗，杀人放火，捣毁青苗，烧掉粮仓。奴隶的反抗又造成社会动乱，生产的停滞和破坏，直接威胁朝廷的对外用兵和朝廷的财政收支。

逃亡和抓逃，破坏和反破坏，反抗和镇压，这就是当时阶级斗争的表

现形式。

奴隶主和奴隶间的阶级矛盾尖锐化，也激发统治阶级内部的分化。周人颁布《有亡荒阅》法令，废止活人殉葬祭祀，不滥杀无辜，保障奴隶起码的生活条件。西周人把这场阶级斗争导向正轨。这样一来，奴隶有了活命条件，奴隶主也不再为抓捕逃奴而疲于奔命，农业生产相对稳定。阶级矛盾有所缓和。西周人在商国西部建立了一个模范区，成为人们向往的福地。奴隶们和开明的贵族们都聚集在西周的旗帜下。

西周一呼百应，才有了一天决胜的牧野之战。由奴隶组成的商兵前线倒戈，商纣王走投无路焚火自杀，商朝灭亡。

周武王姬发，荣立首功。大周立国。

"艮其辅，言有序，悔亡。"辅，人的头部，事业的关键时刻；序，秩序，道义。处于最后决战阶段，"艮其辅"，西周高举义旗，弘扬革命道义，"言有序"，率钢铁之军，排除一切杂念，"悔亡"，冲向殷商老巢。

《象》曰："艮其辅，以中正也。"

意思：停止于头部，是因为九五处于中位，至尊，好极。

卦画如何排列，有一定的数理规律，它是客观的。说卦画与人们的吉凶悔吝有联系则不是客观规律，是人为的规定。由于《象》辞按卦画解卦，不联系实际，生搬硬套，就窒息了多彩的现实。

上九　敦艮，吉【高山景行，高歌猛进】

（敦：敦厚。敦实）

周历庚寅年二月二十五日，大周立国，从此翻开历史新的一页。

西岐人经过百年拼搏，前赴后继，终于迎来了新的生活。新贵族进入权力中心。奴隶们翻了身，从动物中划分出来，在世界上第一次享受做人的幸福。科技不发达，人们迷信，有时可能迷信到愚蠢的程度。杀人祭祀神灵祖先、以活人殉葬，如何能体现人类智慧，社会开化，尊重生命呢？它只反映人的愚蠢的一面，体现部分人滥用权力，反映那个时代不尊重生命，更反映那个时代对立利益集团间关系的恶化程度，也预示施暴者的末日即将到来。当日，古公亶父确信能"翦商"，就是基于对奴隶恶劣处境的认识。

亶父的宏愿今日彻底实现了。殷商王朝被埋葬于殷墟,纣王无葬身之地,他的首级被武王拿到丰京烧了。他生前用奴隶祭祖,这回,他被别人用来祭了祖。

"敦艮,吉",敦,敦实,实实在在;实实在在地处于岐山的顶峰;岐周人从岐山出来,登上权力的顶峰,不是虚幻,是实实在在的现实生活。

周人的岐山扎扎实实地高耸九天云空,它的根基则牢牢扎在九州大地,"敦艮,吉"。

"商山"轰然垮塌了,山中的神仙被埋入乱石之中,臣属们遭了灭顶之灾。

《象》曰:"敦艮之吉,厚以终也。"

参考书目

书名	作者编者	出版社	出版时间
周易		中国戏剧出版社	2007
周易讲座	金景芳	吉林大学出版社	1987
周易全书	林甫	远方出版社	2010
周易	李择非	万卷出版公司	2010
周易	崔钟雷	黑龙江美术出版社	2012
易经的智慧	陈博文等	吉林出版集团	2011
易经的智慧	曹金洪	中国言实出版社	2012
周易探源	韩永贤	中国华侨出版公司	1990
全本周易		中国纺织出版社	2012
傅佩荣解读易经	傅佩荣	人民文学出版社	2006
周易古经今注	高亨	中华书局	1984
周易文化大学讲稿	杨军	中国人民大学出版社	2009
白话《易经》	无	内蒙古人民出版社	1997
河洛精蕴	姜慎修	中州古籍出版社	1998
周易预测学指南	廖墨香	中国华侨出版公司	1991
周易与预测学	邵伟华	新疆科学技术出版社	2011
命运	鲁木森	中国国际广播	2006
简明世界史	北大历史	人民出版社	1974
史记	司马迁	中州古籍出版社	1994
殷商史	胡厚宣、胡振宇	上海人民出版社	2003
西周史	杨宽	上海人民出版社	2003
白话史记		岳麓书社	1987

续表

书名	作者编者	出版社	出版时间
中国哲学史简编	任继愈	人民出版社	1973
中国史稿	郭沫若	人民出版社	1977
吕氏春秋	吕不韦	岳麓书社	1989
淮南子	刘安	岳麓书社	1989
春秋左传注	杨伯峻	中华书局	1981
左传全译		贵州人民出版社	1990
夏商周通鉴	柯胜雨	齐鲁书社	2010
古本竹书纪年辑校	王国维	辽宁教育出版社	1987
今本竹书纪年疏证	王国维	辽宁教育出版社	1988
古本竹书纪年	佚名	齐鲁书社	2010
帝王世纪	佚名	齐鲁书社	2011
世本	佚名	齐鲁书社	2012
逸周书	佚名	齐鲁书社	2013
古代文明	北京大学	文物出版社	2003
中国文化概论	张岱年等	北京师范大学出版社	2004
尚书 礼记		中国戏剧出版社	2007
中国儒教史话	加润国等	河北大学出版社	2010
新编中国史话	郭伯南等	上海人民出版社	1984
中国古代史常识		中国青年出版社	1983
中国历史的童年		中华书局	1982
中华国粹大辞典		国际文化出版公司	1997
中国古代史教学参考手册	张传玺	北京大学出版社	1985
中国文明大观	徐世谦	江苏文艺出版社	1989
中国神话	陶阳钟秀	上海文艺出版社	1990
中国神秘术大观	郑小红	百花洲文艺出版社	1993
孔子		内蒙古人民出版社	2007
老子 庄子		沈阳万卷出版公司	2009
庄子		内蒙古人民出版社	2007
四书五经		青海出版社	1999
诗经	吴兆基	长城出版社	
毛泽东点评中国皇帝	唐汉振肖	红旗出版社	1998

续表

书名	作者编者	出版社	出版时间
马克思恩格斯选集		人民出版社	1972
毛泽东选集		人民出版社	1966
物种起源	达尔文	陕西师范大学出版社	2011
现代科学技术基础知识		科学出版社	1994
计算机应用基础	杨国兴	中国电力出版社	2004
心理学		华东师范大学出版社	1984
梦的奥秘	程林章	中国地质大学出版社	1989
知识探源	程戈林	湖北长江出版集团	2011
人类之谜	朱长超	上海远东出版社	1995
说文解字		中原农民出版社	2000
康熙字典		喀什维吾尔文出版社	2002
辞海		上海辞书出版社	1979
古汉语常用字字典	任超奇	湖北长江出版集团	2006
现代汉语词典		商务印书馆	1983
文字源流浅释	康殷	荣宝斋	1979
图说细说汉字	文蕾	中国华侨出版社	2010
简明知识词典		湖北人民出版社	1983
数学词典		上海辞书出版社	1992
数的趣谈	阿西莫夫	上海科技出版社	1980
图腾与禁忌	弗洛伊德	中国民间文艺出版社	1986